한 달 안에 끝내는 목차 이미지 영문법

한 달 안에 끝내는 목차 이미지 영문법

발행일　2015년 12월 22일

지은이　주 장 환
펴낸이　손 형 국
펴낸곳　(주)북랩
편집인　선일영　　　　　　　　　편집　　김향인, 서대종, 권유선, 김성신
디자인　이현수, 신혜림, 윤미리내, 임혜수　제작　　박기성, 황동현, 구성우
마케팅　김회란, 박진관, 김아름
출판등록　2004. 12. 1(제2012-000051호)
주소　　서울시 금천구 가산디지털 1로 168, 우림라이온스밸리 B동 B113, 114호
홈페이지　www.book.co.kr
전화번호　(02)2026-5777　　　　　팩스 (02)2026-5747

ISBN　　979-11-5585-878-3 13740(종이책)　　979-11-5585-879-0 15740(전자책)

이 책의 판권은 지은이와 (주)북랩에 있습니다.
내용의 일부와 전부를 무단 전재하거나 복제를 금합니다.

당신의 영어실력을 2배로 키워라!

한 달 안에 끝내는
목차 이미지 영문법

주장환 지음

동사 + ing동명사

"처음에는 하려고 했는데 도저히 못 할 것 같아서.."
포기(give up)
다음에 하려고
연기(postpone)
하다가 그만두고(quit)

"난 잘하는 타입이야"
즐기고(enjoy)
끝까지 하고(finish)
연습도 하고(practice)
어떻게 하면 잘할까 고려도 하고(consider)
상상도 하고(imagine)
아들한테 해보라고
제의도 하고(suggest) 허락하고(allow)
잘한다고 인정도 해주고(admit)

"본래부터 난 고소공포증이 있어서 못 해요!"
피하고(avoid)
꺼리고(mind)
안 하려고 부인해요(deny)

북랩 book Lab

>>> 머리말

    오랫동안 영어를 지도해오면서 이제는 기존의 영문법 접근방식에서 새로운 패러다임으로의 탈바꿈이 필요하다는 생각이 들었습니다.

    영문법은 어디까지나 영어학습의 수단에 불과하고 목적이 될 수 없으며 과거 문제풀이식 방식의 접근은 지금까지의 과정에서 익히 보아왔듯이 비효율성만 가져올 뿐입니다.

    따라서, 영문법은 단지 '영어문장을 보는 눈을 기르는 역할'만 하면 됩니다. 즉 문장이 어떻게 구성되고 우리말과는 어떻게 다른 구성요소와 배열을 가지고 있으며, 문법적 요소를 독해시에 어떻게 이해할 것인가가 영문법의 가장 중요한 학습목표인 셈입니다.

    영문법이 편견의 시각에서 벗어나 영어학습의 이정표 역할을 할 수 있도록 변혁을 시도하고자 합니다.

    물론, 영문법의 무용론을 주장하는 근거는 그동안 몰입적인 영문법의 폐단에 대한 부정적인 시각에서 출발하고 있다는 인식이지만 모국어가 아닌 이상 영문법의 과정은 영어학습의 전제적인 기본과정으로서 반드시 필요한 법입니다.

    영어학습의 동기부여는 영문법의 틀을 구성하고 이해하는 과정으로부터 출발한다는 것이 저의 지론입니다.

    따라서, 이 교재는 영문법 학습의 효율성을 추구하고자 영문법의 개념설명과 문제풀이 과정을 통해 개념적인 면을 이해하고 문장의 구조적인 측면을 통해 문장을 보는 눈을 형성하는 데 초점을 두었습니다. 쉬운 예문으로 구성되어 있어 혼자서 학습해나갈 수 있기 때문에 그만큼 빨리 진도를 나갈 수 있습니다.

    이 교재를 통해 여러 학습자들이 영어의 기본지식을 터득하는 데 조금이나마 도움이 되길 바랍니다.

〉〉〉 이 교재의 특징

1. 목차를 문장구조에 기반하여 문제유형에 따라 50개로 나누었습니다.
2. 이 목차유형의 암기와 이해의 그루터기를 위해 그림을 추가했습니다.
3. 무작정 암기식이 아닌 개념의 이해를 위해 쉽게 풀어놓은 설명을 덧붙였습니다.
4. 비교적 쉬운 예문을 문법문제 풀이용으로 사용하였으므로 가볍게 진도를 나갈 수 있습니다.
5. 수능·모의기출문제를 통하여 응용문제를 다루어볼 수 있도록 하였습니다.
6. 지문 내에서 스스로 문제 만들어보기의 과정을 실어 문제화 요소를 발견하는 눈을 키우도록 했습니다.
7. 암기사항은 되도록 암기를 위한 독특한 비법을 제시하였습니다.

〉〉〉 이 교재를 통한 학습방법

1. 먼저 50가지의 목차를 암기합니다.
2. 목차는 이미지와 연결되어 있으므로 이미지의 그림과 결부시켜 암기한다면 훨씬 효과적으로 암기할 수 있습니다.
3. 각 단원의 기본 이해를 위한 개념을 차근히 학습합니다.
4. 그리고 기본 문제 풀이과정을 통하여 문제유형에 익숙하게 합니다.
5. 수능·모의기출 문제 학습의 응용 내용을 학습하여 어법적인 학습을 마무리합니다.

  위 과정을 적어도 5번 이상 반복하시면 영문법의 기본 틀이 형성될 것입니다.
  이 교재를 통한 학습이 영문법의 완성을 의미하는 완벽한 교재라고 주장하고 싶지는 않습니다만 적어도 영어의 기본 틀을 세우고 문장을 보는 시각적인 눈을 가지는 데 주효한 결과를 가져오리라 저자는 확신합니다.

>>> 차례

머리말 __ 4
이 교재의 특징 __ 5
이 교재를 통한 학습방법 __ 5
차례 정리 __ 9

CHAPTER 01   어법 문제유형 정리

▌주어 자리

01. 가주어 it ··· 16
02. 구조관련 주어 ·· 23
03. 준동사의 의미상의 주어 ·· 44

▌동사 자리

04. 주어와 동사의 단/복수 일치 ··· 53
05. 현재완료/과거 ·· 79
06. 시간/조건부사절 내의 미래 대신 현재시제 ························· 91
07. 두 과거 행위는 had pp (먼저 행위)/과거(나중 행위) ········· 98
08. 자동사와 타동사 구별 ··· 105
09. 수동태 불가의 자동사 ·· 114
10. 목적어가 '을/를'로 해석이 안 되는 타동사 ······················ 121
11. 대동사 ··· 127
12. 조동사 ··· 134
13. 주장이나 당연한 의미의 should + 원형 ····························· 143

▌특별한 시제

14. 상대적인 빠른 시제의 완료부정사/완료동명사 ·················· 152
15. 가짜 시제는 상상의 표현(가정법) ······································ 160

▌목적어 자리

16. 목적어 자리 to부정사/ing동명사 ··· 181
17. if/whether절을 받는 동사 ·· 196
18. 재귀목적어 ·· 204
19. 가목적어 it ·· 211

주격보어 자리
20. 주격보어 자리의 형용사/ 부사의 구별 ········· 219

목적보어 자리
21. 목적보어 자리의 to부정사/원형부정사/pp/형용사/ing ········· 228

절과 구의 종류 결정자
22. 절의 종류 결정자인 관계사/접속사/what/의문사절의 구별 ········· 244
23. 전치사/접속사의 구별 ········· 270
24. 복합관계사절 ········· 279

같은 품사끼리의 병렬
25. 같은 품사끼리의 짝의 이해 ········· 288
26. 비교의 대상은 같아야~ ········· 297
27. 독립 분사구문의 의미상 주어 ········· 306
28. '따라지' 동사와 문장의 동사 ········· 316

명사를 대신하는 대명사
29. 명사를 대신하는 대명사 ········· 333

어순
30. 간접의문문의 어순 ········· 341
31. 부정어/부사구/목적어의 도치 ········· 350
32. 타동사 + 대명사 + 부사 ········· 361
33. 준동사의 부정은 준동사 앞에 부정어 ········· 366
34. 일반적인 순서를 요하는 경우 ········· 371

동사의 속성인 능동/수동
35. 능동/수동의 ing/pp ········· 379
36. 4형식의 능동/수동 ········· 392
37. 5형식동사의 수동태 ········· 402
38. 여러 가지 능동과 수동의 유형 ········· 415
39. be + pp/pp/과거동사의 구별 ········· 427
40. 감정동사의 능동/수동 ········· 433

유용한 구별
41. 수(셀 수 있고)/양(셀 수 없고)의 구별 ········· 440
42. 주의할 단어의 구별 ········· 446
43. 전치사to/부정사to ········· 452

44. 비교급의 강조 ·· 459
45. 명사와 동명사의 구별 ·· 463

▌품사 간의 관계
46. 품사의 서로의 관계 ··· 469

▌부정사의 부사적 용법
47. 부정사의 부사적 이해 ··· 482

▌문의 완전성 여부
48. 완전문/불완전문의 이해 ·· 487

▌전명구
49. 전명구의 이해 ··· 494

▌암기사항
50. 암기 사항 ··· 504

CHAPTER 02 문장전환 및 이해
01. to부정사의 용법 이해하기 ··· 516
02. 동명사와 현재분사의 구별 ··· 523
03. 현재완료의 용법 ·· 527
04. It의 가주어/진주어와 It be ~ that강조용법 구별 ···················· 531
05. 관계대명사 that과 접속사 that의 구별 ·································· 535
06. 4형식을 3형식으로 ·· 541
07. 직설법과 가정법 구문의 전환 ·· 547
08. 단/복수 동사 ··· 551
09. 분사구문의 전환 ·· 557
10. 능동태의 수동태로의 전환 ··· 560
11. 동격의 이해 ··· 565
12. 독해 시 필요한 연결사들의 모임 ·· 569
13. 부호 ··· 574

차례 정리

종류	세부 목차	참고
주어 자리 (01~03)	01. 가주어 it It(가주어) ~ to부정사(진주어) 　　　　　　　that절(진주어) 　　　　　　　의문사절(진주어)	문두에 It이 등장하면 뒤로 가서 진주어를 찾아라.
	02. 구조관련 주어 1. It 가주어 ~ to부정사/that절/의문사절(진주어) 2. 접속사 + 주어 + 동사, ~ing동명사 주어 + 동사 3. 주어 + 동사 ~,　which/who관계대명사 주어 + 동사 4. 접속사 + 주어 + 동사, ~this/that/it(대명사 주어)+ 동사 5. 주어 + 동사,　~ ing/pp 분사구문 (주어 아님)	한 문장에서는 '접속사 + 주어 + 동사'의 종속절의 구조가 몇 개이든지 간에 반드시 '주어 + 동사'의 주절의 구조는 단 하나만 존재한다. 관계대명사와 분사구문은 접속사를 숨겨둔 구조이다.
	03. 준동사의 의미상의 주어 1. for 목적격 + to부정사 2. 사람의 성향 형용사 + of 목적격 + to부정사 3. 소유격/목적격 + ing동명사 4. 분사의 의미상의 주어는 수식받는 명사	동사의 행위 주체는 주어 준동사(부정사/분사/동명사)의 행위 주체는 의미상의 주어
동사 자리 (04~13)	04. 주어와 동사의 단/복수 일치 1. 단수주어 + 동사 + s, es 　　　　has/is/was 2. 복수주어 + s, es 없는 동사 　　　　have/are/were	주어가 단수명사 + 단수동사 주어가 복수명사 + 복수동사
	05. 현재완료/과거 1. have/has + pp ~ ⇒ 특정한 과거시점이 없음 2. 과거동사 ~　　⇒ 특정한 과거시점이나 때가 있음	현재완료는 과거가 포함된 현재가 중심 과거는 과거가 중심
	06. 시간/조건부사절은 미래시제 대신 현재 1. If + 주어 + will(×) ~, 주어 + will ~ 2. when/until/as soon as + 주어 + will(×) ~, 주어 + will ~	시간, 조건부사절에서는 미래시제 대신 현재시제 사용 미래시제의 중복사용 불필요
	07. 두 과거 행위는 had pp (먼저 행위)/과거(나중 행위) had gotten up,　~washed my face (먼저 일어난 행위)　(나중에 일어난 행위)	두 과거행위의 전후관계의 구별을 위해 먼저 행위는 had pp 나중 행위는 과거동사
	08. 자동사와 타동사 구별 1. 자동사 + 목적어 없음 2. 타동사 + 목적어 있음	'을/를'로 해석이 되는 목적어가 뒤에 있으면 타동사 + 목적어 (O) 없으면 자동사 + 목적어 (×)
	09. 수동태 불가의 자동사 be + pp (×) ⇒ 수동태로의 전환이 불가한 자동사들	자동사는 be + pp의 수동태 불가
	10. 목적어가 '을/를'로 해석이 안 되는 타동사 타동사 + '을/를'로 해석이 안 되는 목적어	타동사이지만 목적어가 '을/를'로 해석이 안 되는 타동사들

종류	세부 목차	참고

동사 자리
(04~13)
	11. 대동사
	  1. 일반동사 ⇒ do/did/does로
	  2. be동사 ⇒ be동사로
	  3. 조동사 ⇒ 조동사로
		앞의 동사를 대신하는 동사들

	12. 조동사
	  1. will/can/may/must/should + 동사원형(본동사)
	  2. may/must/should/cannot/need not + have pp
	  3. used to/had better/ought to/would + 동사원형
		조동사는 반드시 본동사와 결합
		
		조동사 뒤에는 반드시 동사원형

	13. 주장이나 당연한 의미의 should + 원형
	  1. insist + that + (should) + 동사원형
	  2. suggest + that + (should) + 동사원형
	  3. 당위 동사 + that + (should) + 동사원형
	  4. 당연 형용사 + that + (should) + 동사원형
		마땅히 ~해야 한다는
		당연하다는
		당위의 의미는 시제에 관계없이 불변의
		성향이므로 (should) + 동사원형

특별한
시제
(14~15)
	14. 상대적인 빠른 시제의 완료부정사/완료동명사
	  1. 동사 + to have pp (문장의 동사보다 한 시제 빠른 행위)
	  2. 동사 + having pp (문장의 동사보다 한 시제 빠른 행위)
		준동사의 완료형은
		문장의 동사보다 상대적으로
		한 시제 빠른 시제

	15. 가짜 시제는 상상의 표현(가정법)
	  1. If~ had pp, 조동사의 과거형 + have pp (가정법 과거완료)
	  2. If~ 과거동사, 과거조동사 (가정법 과거)
	  3. If~ had pp, 과거조동사 (혼합 가정법)
	  4. If~ were to/should, 과거조동사 (가정법 미래)
		가짜시제의 동사를 써서 현실이 아니고 상
		상이라는 의미를 나타냄
		
		바탕시제와 표현하는 시제가 서로 다름

목적어
자리
(16~19)
	16. 목적어 자리 to부정사/ing동명사
	  1. 타동사 + ing동명사 (과거에 중점)
	  2. 타동사 + to부정사 (미래에 중점)
		동사의 종류에 따라 목적어가 정해짐

	17. if/whether절을 받는 동사
	  ask/wonder/doubt/don't know + if/whether
	  (~인지 아닌지)
		의문사 없는 의문문

	18. 재귀목적어
	  He ~ himself (him ×)
	  I ~ myself (me ×)
		주어가 같은 절 내에서 목적어 자리에서
		반복되면 재귀대명사(~self, ~selves)로
		표현

	19. 가목적어 it
	  1. take it ~ to/that~
	  2. make it
	  3. find it
	  4. think it
	  5. believe it
	  6. consider it
		가목적어(it)를 받는 동사 암기
		딱코 - take
		메이크 - make
		빠이드 - find
		땅크 - think
		빌리브 - believe
		컨시들 - consider

주격보어
자리
(20)
	20. 주격보어 자리의 형용사/부사의 구별
	  1. 주어 + be동사류(유지, 변화, 외관, 감각) + 형용사/명사
	  2. 주어 + 자동사 + 유사보어(형용사/명사)
		보어로는 형용사/명사(O), 부사(×)

종류	세부 목차	참고
목적보어 자리 (21)	21. 목적보어 자리의 to부정사/원형부정사/pp/형용사/ing 　1. elect + 목적어 + 명사 　2. keep/make동사 + 목적어 + 형용사 　3. want/allow + 목적어 + to부정사 　4. 지각/사역동사 + 목적어 + 동사원형 　5. 지각동사/find + 목적어 + ing 　6. 동사 + 수동의 목적어 + pp	목적보어는 5형식동사의 종류에 따라 정해짐 목적보어와 동사는 절친 사이 단, 목적보어 자리의 pp는 동사와는 아무 관련이 없고 오직 목적어와 목적보어의 수동관계인 점을 주의
절과 구의 종류 결정자 (22~24)	22. 절의 종류 결정자인 관계사/접속사/what/의문사절의 구별 　1. 명사(×) + what + 주어 or 목적어(×) 　2. 명사(×) + that (접속사) + 완전문 　3. 명사(O) + that(관계대명사) + 주어 or 목적어(×) 　4. 명사(O) + which + 주어 or 목적어(×) 　5. 명사(O) + 전치사 + which + 완전문 　6. 명사(O) + when/where/why/how + 완전문 　7. 추상명사(O) that(동격) + 완전문	앞의 명사 유무와 뒤의 완전, 불완전문의 규칙에 따라 이해 주어나 목적어 혹은 보어 중에 하나가 없으면 '불완전문'
	23. 전치사/접속사의 구별 　1. 전치사 + 명사/ing동명사 　2. 접속사 + 주어 + 동사	전치사 + 명사, ing동명사 접속사 + 절(주어 + 동사~)
	24. 복합관계사절 　1. whatever/whoever/whichever/whomever + 불완전문 　　　　　　~라도 (양보부사절) 　　　　　　~든지 (명사절) 　2. whenever/wherever/howerver + 완전문 　　　　　　~라도 (양보부사절) 　　　　　　~할 때마다, ~곳에서 (부사절)	~er이 붙은 복합 관계사들
같은 품사 끼리의 병렬 (25~28)	25. 같은 품사끼리의 짝의 이해 　1. A, B, and/or C (A, B, C 품사의 짝이 같아야) 　2. A and B (A, B품사의 짝이 같아야) 　3. A or B (A, B품사의 짝이 같아야)	비교대상이 같아야 함
	26. 비교의 대상이 같아야~ 　1. A ~er ~than B (A와 B의 비교대상이 같아야) 　2. A as~ as B (A와 B의 비교대상이 같아야)	
	27. 독립 분사구문의 의미상 주어 　1. 주어1 + 분사구문, 주어2 + 동사. 　　　　주어가 서로 다르므로 남겨둠 (독립분사구문) 　2. (주어1) + 분사구문, 주어1 + 동사. 　　　　주어가 같으므로 생략 (일반 분사구문)	분사구문의 주어와 주절의 주어가 같은지 다른지를 비교
	28. '따라지' 동사와 문장의 동사 　1. 접속사 + 따라지 동사 　2. 관계대명사 + 따라지 동사 　3. 관계부사 + 따라지 동사 　4. 의문사 + 따라지 동사 　5. what + 따라지 동사 　6. 동격의 that + 따라지 동사	접속사/관계사/의문사/동격절의 that 등과 같은 접속사류가 지배하는 '다'로 해석되지 않는 따라지 동사

종류	세부 목차	참고

명사를 대신하는 대명사 (29)	29. 명사를 대신하는 대명사
	  1. 단수 ⇒ it, its
	     복수 ⇒ they, their
	  2. 명사 ⇒ 바로 그것(it)
	     명사 ⇒ 같은 종류(one, ones)
	  3. 둘 중 ⇒ 하나(one), 나머지 하나(the other)
	     셋 중 ⇒ 하나(one), 또 하나(another), 나머지(the other)
	     여럿 중 ⇒ 일부(some), 나머지 일부들(others)
	     여럿 중 ⇒ 일부(some), 나머지 모두들(the others)
		명사를 대신 받는 단수, 복수대명사
		
		나머지 모두를 지칭할 때는
		반드시 the~를 사용

어순 (30~34)	30. 간접의문문의 어순
	  1. 의문사 + 주어 + 동사는 명사절로서 '지'로 해석한다.
	  2. 의문사 + do you (think류 동사) + 주어+동사
	  3. 'if/whether + 주어 + 동사'의 의문사 없는 의문문
		의문사 + 주어 + 동사의 어순은
		간접의문문으로서 '~지'로 해석
		
		의문사절 = 명사절 = 간접의문문

	31. 부정어/부사(구)/목적어의 도치
	  1. 부정어 + be동사, 조동사, do, did, does + 주어
	  2. 장소, 방향의 부사(구)+동사+주어
	  3. 부사(구) + 대명사 주어 + 동사
		부사(구)가 문두로 나가면
		주어와 동사를 맞바꾸고
		
		부정어가 나가면
		뒤에 의문문의 형태가 나온다.

	32. 타동사 + 대명사 + 부사 이미 알고 있는 정보인 대명사는 부사보다 앞으로	대명사는 앞의 명사를 대신하므로 이미 알고 있는 정보이므로 앞쪽에 둠

	33. 준동사의 부정은 준동사 앞에 부정어
	  1. not + to부정사
	  2. not + ing동명사,
		to부정사나 ing동명사, ing분사의 부정은
		do, did, does를 사용하지 않고
		바로 앞에 부정어를 붙임.

	34. 일반적인 순서를 요하는 경우
	  1. ~thing/body + 형용사
	  2. enough + 명사
	  3. 형용사, 부사 + enough
		어순에 주의

동사의 속성인 능동/수동 (35~40)	35. 능동/수동의 ing/pp
	  1. 뒤에 목적어 있으면 능동의 ing ⇒ ~ing + 명사(O)
	  2. 뒤에 목적어 없으면 수동의 pp ⇒ pp + 명사(×)
	  3. 자동사ing + 목적어(×)
	  4. ing/pp + 명사 ⇒ 전치수식(앞에서 수식)
		동사의 의미적 속성으로서 주어가 행위를 하면서 대상인 목적어가 있는 능동
		
		주어가 행위를 하지 않으면서 대상인 목적어도 없는 수동

	36. 4형식의 능동/수동
	  1. 사람주어 + be pp + 사물목적어
	  2. 사물주어 + be pp + 전치사 + 사람	

	37. 5형식동사의 수동태
	  1. be pp + 명사
	  2. be pp + 형용사
	  3. be pp + to부정사
	  4. be pp + ing현재분사	

종류	세부 목차	참고
동사의 속성인 능동/수동 (35~40)	38. 여러 가지 능동과 수동의 유형(타동사임을 전제로) 　1. 수동: be pp + 　목적어(×) 　　　　　being pp + 목적어(×) 　　　　　to be pp + 목적어(×) 　　　　　has/have/had been pp + 목적어(×) 　2. 능동: 타동사 + 　목적어(O) 　　　　　타동사ing + 목적어(O) 　　　　　to 타동사 + 목적어(O) 　　　　　has/have/had pp + 목적어(O) 39. be + pp/pp/과거동사의 구별(타동사 전제) 　1. be + pp 뒤　⇒ 목적어(×), 다른 동사(×) 　2. pp 뒤　　　⇒ 목적어(×), 다른 동사(O) 　3. 과거형 타동사 뒤 ⇒ 목적어(O), 다른 동사(×)	
	40. 감정동사의 능동/수동 　1. 사람과 관련되면 pp ⇒ 사람은 영향을 받아 감정이 생김 　2. 사물과 관련되면 ing ⇒ 사물이나 행위는 감정을 일으킴	감정동사는 사람은 감정을 받는 수동(pp)의 입장 사물이나 행위는 ~하게 만드는 능동(~ing)의 입장
유용한 구별 (41~45)	41. 수/양의 구별 　1. 셀 수 있는 수와 관련 many, few 　2. 셀 수 없는 양과 관련 much, little	수는 단수, 복수 둘 다 가능 양은 단수만 가능
	42. 주의할 단어의 구별	정확한 의미 파악
	43. 전치사to/부정사to 　1. 전치사to + 명사, ing동명사 　2. 부정사to + 동사원형	같은 to가 아님
	44. 비교급의 강조 　much, still, even, far, a lot + 비교급의 er 　(마치 스틸을 입은 것처럼 파 어랏다, :훨씬)	비교급 강조는 '훨씬'의 의미
	45. 명사와 동명사의 구별 　1. 명사　+ 목적어인 명사(×) 　2. 동명사 + 목적어인 명사(O)	명사는 뒤에 명사를 받을수 없으나 동명사는 동사적 의미를 가지고 있으므로 뒤에 목적어를 받을수 있다.
품사 간의 관계 (46)	46. 품사의 서로의 관계 　1. 형용사는 명사를 수식 　2. 부사는 형용사, 동사, 부사, 문장 전체를 수식 　'부사 + 명사' (×) 부사는 명사 수식 불가	품사간 서로의 친화관계 확인 명사와 부사는 서로 친하지 않음
부정사의 부사적 용법 (47)	47. 부정사의 부사적 이해	to부정사: ~하기 위하여(목적) 　　　　　~ 때문에(이유) 　　　　　~한 결과(결과) 　　　　　~한다면(조건) 　　　　　~하다니(판단) 　　　　　~하기에(형용사 수식)
문의 완전성 여부(48)	48. 완전문/불완전문의 이해 　불완전문은 주어나 목적어 중 하나가 빠진 문장	주어나 목적어가 없으면 불완전문

종류	세부 목차	참고
전명구 (49)	49. 전명구의 이해 　　전명구는 목적어가 아님 　　전명구는 왼쪽만 바라본다.	전명구는 독해시에 잘 챙겨야 함
암기 사항 (50)	50. 암기 사항	

01 CHAPTER

어법 문제유형 정리

01 가주어 it

종업원이 문 입구에서 손님을 안내하면서 필요한 것은 뒤에 앉은 주인에게 가서 문의하라는 그림으로서 문 입구에 서 있는 종업원은 가짜주어인 it, 뒤에 의자에 앉아 있는 주인은 진짜주어인 <u>that의 명사절</u>, <u>to부정사구</u>, 가끔씩 등장하는 <u>의문사절</u>이라고 생각하라.

<u>It</u> is wrong <u>to tell a lie</u>. 거짓말하는 것은 나쁘다.
<u>It</u> is apparent <u>that smoking can cause cancer</u>. 흡연이 암을 일으킬수 있다는 것은 명백하다.

진주어로서는 to부정사와 that절이 거의 대부분이며 단수 취급하므로 대명사의 it으로 받는다.
뒤에 있는 진짜주어가 문장의 실제 주어이다.

* 가게를 들를 때마다 진주어/가주어 구조를 연상하라.

종업원인 it(가주어)이 문두에 등장하면 일단, 뒤에 오는 주인인 진주어의 that절이나 to부정사 혹은 가끔은 의문사절인 명사절을 찾아라.

It ~ to부정사의 명사구
It ~ that절의 명사절
It ~ 의문사절의 명사절

※ It의 가주어 구문은 주로 위와 같은 진주어를 뒤에 두고 있다.

◆ 가짜 주어와 진짜 주어를 찾아보자.

주어란 우리말의 '은, 는, 이, 가'가 붙는 말이며 위치는 문두 혹은 접속사 뒤, 목적격 관계대명사 뒤, 관계부사 뒤 그리고 콤마뒤 주절이 시작되는 문두에 온다.

>   We are friends. → 문두의 주어
>   I know that he is honest. → 접속사(that) 뒤의 주어
>   I have the book which she gave me. → 목적격 관계대명사(which) 뒤의 주어
>   This is the house where she lives. → 관계부사(where) 뒤의 주어
>   When Tom went to the park, he was tired. → 콤마(,) 뒤의 주어

주어 자리에 it이 나오면 일단은 이 it을 가짜 주어라 판단하고 진짜 주어인 that절이나 to부정사 혹은 의문사절이 뒤따라 나왔는지를 살펴보고 '진주어/가주어 구문'인지를 파악하라. 이런 that절이나 to부정사 혹은 의문사절의 어구들이 뒤에 있다면 진주어/가주어 구문이지만 없다면 앞의 내용이나 어구를 가리키는 단순한 대명사 It에 불과하다.

>   **It is difficult <u>to know oneself</u>.** 자신을 아는 것은 어렵다.
>   ➲ 문두에 it이 등장하면 일단은 가짜 주어를 생각하면서 눈을 뒤로 돌려 진짜 주어를 확인하라
>   to부정사가 진주어이고 it은 가주어이다.

>   **It is also interesting <u>to see how different the same event can appear depending on the reporting</u>.**
>   동일한 사건이 보도에 따라 얼마나 다르게 보일 수 있는지를 이해하는 것은 역시 흥미가 있다.
>   ➲ 문두에 it이 등장하면서 뒤에 to부정사가 따라 나왔으므로 전형적인 진주어/가주어 구문이다. to 이하(to see ~)를 진주어로 해석하라.

It was not surprising that many radio listeners believed what they heard on the radio in those days.
그 당시에는 라디오 청취자들이 라디오에서 들은 내용을 믿는 것은 놀랄 일이 아니었다.
➲ 문두에 it이 등장하는데, 뒤쪽에 that절이 있으니 직감적으로 진주어/ 가주어 구문임을 파악하도록. 여기서 it은 가짜 주어인 가주어이고 that절(that many ~)은 진짜 주어인 진주어이다.

It does not matter to me whom she loves. 그녀가 누구를 사랑하는지는 나에게는 중요하지 않다.
➲ 여기서의 it은 의문사절인 whom she loves라는 명사절을 받는 가주어이고 'whom she loves'는 간접 의문문인 명사절로서 진주어이다.

Occasionally, when teenagers play video games, they get motion sickness. That kind of motion sickness has been called simulator sickness. It doesn't affect just video-game players.
종종 십대들이 비디오 게임을 할 때 멀미를 느낀다. 이러한 종류의 멀미를 'simulator sickness'라고 불러 왔다. 이것은 단지 비디오 게임을 하는 사람들에게만 영향을 끼치는 것은 아니다.
➲ 여기서의 it은 진주어/가주어 구문이 아니고 앞의 내용을 가리키는 단순한 대명사이다.

There is a book on the desk. It is mine. 책상 위에 책 한 권이 있다. 그것은 내 것이다.
➲ 단순히 앞의 a book을 가리키는 대명사의 it에 불과하다.

They tried to get a taxi, but they found it difficult.
그들은 택시를 잡으려고 노력했지만 그것이 어렵다는 것을 알았다.
➲ 단순히 앞의 내용을 가리키는 대명사의 it에 불과하다.

It is dark in this classroom. 이 교실은 어둡다.
➲ 여기서 it은 단순히 명암을 가리키는 비인칭의 it에 불과하다.

자!
진주어/가주어 구문에서 문두에 It이 등장하면 일단, 뒤로 눈을 돌려 진주어를 반드시 확인하라. 뒤에, to부정사구 그리고 that절과 의문사절의 명사절 중의 하나가 있다면 진주어/가주어 구문을 먼저 생각하라.

기본 문제 연습

1. (That / **It**) is true that she is very rich. 그녀가 매우 부자라는 것은 사실이다.
   ➲ 가주어/진주어 구문으로서 본래 진짜 주어는 that she is very rich인데 주어가 길어서 뒤로 보내고 대신 가짜 주어인 it을 문두에 사용하는데, 가짜 주어는 반드시 it을 사용하므로 It이 적절하다.
   (= That she is very rich is true.)

2. (This / **It**) is good for our health to exercise. 운동을 하는 것은 우리들의 건강에 좋다.
   ➲ 진주어/가주어 구문에서 진짜 주어는 to exercise인데 뒤로 돌려놓고 문두에는 가주어인 it을 사용하는데, 가주어는 it으로 받으므로 It이 적절하다. (= To exercise is good for our health.)

3. (That / **It**) is certain that he will succeed. 그가 성공할 것은 확실하다.
   ➲ 진주어/가주어 구문에서 진주어는 that명사절인 that he will succeed인데 뒤로 돌려놓고 문두의 가주어가 이 진주어를 대신하는데 이때 가주어는 it으로 받으므로 It이 적절하다.
   (= That he will succeed is certain.)

4. (That / **It**) is true that he often lies. 그가 종종 거짓말하는 것은 사실이다.
   ➲ 진주어/가주어 구문에서 진주어는 that명사절인 that he often lies인데 뒤로 돌려놓고 문두의 가주어가 이 진주어를 대신하는데 이때 가주어는 it으로 받으므로 It이 적절하다.
   (= That he often lies is true.)

5. (That / **It**) is dark. 날씨가 어둡다.
   ➲ 진주어/가주어 구문이 아니라 명암을 나타내는 비인칭의 it으로 여기서는 It이 적절하다.

6. (That / **It**) is difficult to study English. 영어를 공부하는 것은 어렵다.
   ➲ 진주어/가주어 구문이고 진주어는 to study English이며 문두의 가주어는 it을 사용하므로 여기서는 It이 적절하다. (= To study English is difficult.)

7. (That / **It**) is not clear when she met him. 언제 그녀가 그를 만났는지는 분명치 않다.
   ➲ 의문사절인 when she met him이 진주어이며 이 진주어가 뒤로 가면 문두에는 가주어 it을 사용하므로 여기서는 It이 적절하다. (= When she met him is not clear.)

8. (That / **It**) is a mystery why they fall in love. 왜 그들이 사랑에 빠지는지는 수수께끼다.
   ➲ 의문사절인 why they fall in love가 진주어이며 이 진주어가 뒤로 가면 문두에는 가주어 it을 사용하므로 여기서는 It이 적절하다. (= Why they fall in love is a mystery.)

9. (**It** / This) is doubtful whether he will come here. 그가 여기 올지 안 올지는 의심스럽다.
   ➲ 의문사절인 whether he will come here가 진주어이며 이 진주어가 뒤로 가면 문두에는 가주어 it을 사용하므로 여기서는 It이 적절하다. (= Whether he will come here is doubtful.)

CHAPTER 01 어법 문제유형 정리

기출 문제 연습

1. (This / It) is very important to help poor countries, but it's not simple. (모의응용)
   가난한 나라를 도와주는 것은 매우 중요하지만 간단하지 않다.
   ➲ 진주어/가주어 구문으로서 to 이하(to help~)가 진주어이고 가주어는 it으로 받으므로 여기서는 It이 적절하다.

2. As they grew, (it / that) became apparent that they could not see colors and many could not distinguish letters. (모의응용)
   이들이 성장하면서 색깔을 볼 수 없고, 그 중 상당수가 철자를 구별할 수 없었다는 점이 명백해졌다.
   ➲ 진주어/가주어 구문으로서 that절인 that 이하(that they~)가 진주어이고 가주어는 it으로 받으므로 여기서는 It이 적절하다.

3. (This / It) was great for me to be out of the confined boarding school environment and I enjoyed being able to spend more of my free time outside and in nature. (모의응용)
   나는 제한된 기숙학교 환경에서 벗어난 것이 매우 좋았고 야외와 자연에서 좀 더 많은 여가시간을 보낼 수 있다는 점을 즐겼다.
   ➲ 진주어/가주어 구문으로서 부정사인 to 이하(to be out~)가 진주어이고 가주어는 it으로 받으므로 여기서는 It이 적절하다.

4. (It / This) is predicted that there will be more people over 60 than under 15 in 20 years.
   20년 후에는 15세 미만의 사람들보다 60세를 넘은 사람들이 더 많을 거라고 예측된다.
   ➲ 진주어/가주어 구문으로서 that절인 that 이하(that there~)가 진주어이고 가주어는 it으로 받으므로 여기서는 It이 적절하다.

5. (It / That) is a very extreme of pleasure to lie down beneath an old oak tree upon a breezy hill, and hear the wind rustling among the leaves. (모의응용)
   잔잔한 바람이 부는 언덕 위에 있는 오래된 떡갈나무 아래에 누워 나뭇잎 사이로 바스락거리는 바람 소리를 듣는 것은 정말로 즐거움의 극치이다.
   ➲ 진주어/가주어 구문으로서 부정사인 to 이하(to lie~)가 진주어이고 가주어는 it으로 받으므로 여기서는 It이 적절하다.

6. (It / This) is important to remember that a misunderstanding is never ended by an argument but by a sympathetic desire to see the other person's view. (모의응용)
   오해는 결코 논쟁에 의해 끝나지 않고 상대방의 견해를 알고자 하는 공감적인 욕구에 의해 끝난다는 것을 기억하는 것이 중요하다.
   ➲ 진주어/가주어 구문으로서 부정사인 to 이하(to remember~)가 진주어이고 가주어는 it으로 받으므로 여기서는 It이 적절하다.

마무리하고 넘어가기!

- 주어 자리에 it이 등장하면 일단 진주어/가주어 구문으로 생각하고 뒤에 명사구와 명사절이 있는지를 확인하자.

스스로 어법문제 만들어가기

1. **It** is said **that you never forget your first love**. But you should, because memories of it can destroy your relationships for life. Sociologists found that the happiness of young love can become an unreal standard by which all future romances are judged. According to a report, the best way to make sure long-term happiness in a relationship is not to stick to your first love. People with a more practical view of relationships tend to have more successful long-term ones. Because they don't try to recreate the strong passion they once shared with a past lover. (2012.03 고1 모의고사)
   ➲ that you never forget your first love가 진주어로서 가주어는 it으로 받는다.
   사람들은 절대로 첫사랑을 잊지 못한다고 말한다. 그러나 첫사랑에 대한 기억들이 평생 동안 당신의 이성 관계를 망칠 수 있기 때문에 잊어야 한다. 사회학자들은 젊은 시절의 사랑에 대한 행복감이 미래의 로맨스를 어떻게 판단하는지에 대한 비현실적인 기준이 될 수 있다는 것을 밝혔다. 한 보고서에 따르면, 이성 관계에 있어서 장기간의 행복을 보장하는 최고의 방법은 첫사랑에 집착하지 않는 것이다. 이성 관계에 대해 좀 더 현실적인 관점을 가지고 있는 사람들은 좀 더 성공적인 장기적인 관계를 형성하는 경향이 있다. 왜냐하면 그들은 그들이 한때 옛 연인과 나누었던 강렬한 감정을 재현하려고 하지 않기 때문이다.

2. The music business is very popular, and many young people like you are attracted towards this industry. As music becomes more accessible, **it** is increasingly easy for music **to be copied**. Some budding musicians steal other people's work by copying popular artists and presenting it in the market as their own work. That is why music licensing is important. To protect your original songs from being stolen and copied, you as an artist can license what you have made and then sell the right to use your work to others. Then, although someone uses your music without permission, you, the original artist, can still get paid. Licensing protects music from being stolen and preserves both new and older music, and this is why music licensing exists. (2014.06 고1 모의고사)
   ➲ to be copied가 진주어로서 가주어는 it으로 받는다.
   음악 사업은 매우 인기가 있어서, 당신과 같은 많은 젊은이들은 이 산업에 매력을 느낀다. 음악에 접근하기가 더 쉬워지면서, 이 복제되는 것이 점차 쉬워진다. 몇몇 신예 음악가들은 인기 있는 예술가(의 작품)을 복제하고 그것을 자신의 음악으로 시장에 내놓음으로써 다른 사람의 작품을 도용한다. 따라서 음악 사용 허가권

(music licensing)은 중요하다. 도용과 복제로부터 당신의 원곡을 보호하기 위하여, 예술가로서 당신이 만든 작품을 등록하여 다른 사람이 사용할 수 있도록 허가해줄 수 있고, 다른 사람에게 당신의 작품을 사용할 권리를 팔 수 있다. 그러면, 비록 누군가가 허가 없이 음악을 사용할지라도 원작자인 당신은 여전히 대가를 받을 수 있다. 음악 사용 허가권은 음악이 도용되지 않도록 보호하고, 신구 음악 모두를 보존하기 위해서 존재하는 것이다.

3. Are you a forgetful student? Do you often experience headaches? Then perhaps you just need to increase your water intake to revive your brain function. **It** is known **that 85% of our brain tissue is water**. Hence, water is a vital component for the smooth function of our brain. (2013.09 고1 모의고사)

➲ that 85% of our brain tissue is water가 진주어로서 가주어는 it으로 받는다.

당신은 잘 잊어버리는 학생인가? 당신은 종종 두통을 경험하는가? 그러면 아마도 당신은 당신의 뇌기능을 되살리기 위해 수분섭취를 늘릴 필요가 있을 것이다. 뇌조직의 85%가 물이라는 사실이 알려져 있다. 그러므로 물은 우리 뇌의 원활한 기능을 위한 중요한 구성성분이다.

02 구조관련 주어

보통 접속사+주어+동사와 주어+동사의 두 개의 절이 한 문장에서 함께 존재하는 경우 이 접속사+주어+동사는 변신을 잘한다.
변신의 모습은 분사구문 혹은 관계대명사의 모습으로 변신하는데 분사구문은 세쌍둥이 임산부이고 관계대명사는 두쌍둥이 임산부이다.
즉, 분사구문으로서의 임산부인 '~ing~'는 접속사+주어+동사의 세쌍둥이를 가지고 있고
콤마 다음의 관계대명사로서의 임산부인 'who, which'는 접속사+대명사의 두 쌍둥이를 가지고 있다.
'접속사+주어+동사~'가 변해서 ing분사구문의 임산부가 되고 (As he is young = being young)
'접속사+대명사주어'가 변해서 콤마 다음의 관계대명사의 임산부가 된다. (,and it = ,which)
(As he lives here, he~) = (Living~, he~) ...... Living은 세쌍둥이(As /he /lives) 임산부
(He wrote a letter, and it~) = (He wrote a letter, which ~) ...... which는 두 쌍둥이(,and /it) 임산부
주로, 세쌍둥이 임산부의 모습은 (ing~, pp~, 형용사~) / 두쌍둥이 임산부의 모습은 (,who~ ,which~)

* 임산부를 접할 때마다 분사구문의 세쌍둥이, 계속적인 관계대명사의 두쌍둥이를 연상하라.

- 주어부터 시작하느냐, '접속사 + 주어'로 시작하느냐,
- 접속사와 주어가 합쳐진 관계대명사로 시작하느냐,
- '접속사 + 주어 + 동사'의 축소형인 분사구문의 형태(주어가 아님)로 시작하느냐,
- ing동명사로 시작하느냐, 대명사로 시작하느냐,

이것을 이해하라.

일반적으로 '접속사 + 주어 + 동사~, 주어 + 동사~' 문장의 구조에서 '접속사 + 주어 + 동사'의 구조를 제외하고 나면 남아있는 나머지 부분은 항상 완전문의 주절의 구조가 된다.

아래에서 괄호 부분인 '접속사 + 주어 + 동사' 구조를 제외하고 나면 '주어 + 동사' 형태인 주절의 완전한 구조 하나만 남게 된다. 일단, 이 구조는 먼저 눈으로 익힌 다음에 설명 부분을 다 이해한 다음 다시 돌아와서 정리를 하고 넘어가도록.

(접속사 + 주어 + 동사 ~), 주어 + 동사 ~ → ( )부분은 종속절의 부분

종속절이란 '접속사 + 주어 + 동사~'에 있어서 접속사 다음의 '주어+동사~'를 종속절이라 하지만 여기서는 편의상 접속사를 포함한 절 전체를 종속절이라 표기하는 점, 유의 바란다.

아래 ( )부분은 모두 종속절이며 ( )외의 부분은 주절이다.

주어 + 동사 ~, (which/who + 동사 ~)
    ⊃ 접속사 + 대명사(두 쌍둥이)가 포함된 관계대명사가 주어
주어 + 동사 ~, (ing/pp의 분사구문(주어가 아님))
    ⊃ 접속사 + 주어 + 동사(세쌍둥이)가 포함된 절이 축소된 분사구문
(ing/pp의 분사구문), 주어 + 동사 ~
    ⊃ 접속사 + 주어 + 동사가 포함된 절이 축소된 분사구문
(접속사 + 주어 + 동사 ~), ing동명사구의 주어 + 동사 ~ → ing동명사구(명사구)가 주어
(접속사 + 주어 + 동사 ~), 대명사의 주어 + 동사 ~ → 대명사가 주어

접속사와 대명사의 결합인 두 쌍둥이의 관계대명사, 접속사와 주어와 동사의 결합인 세쌍둥이의 분사구문은 종속되는 부수적인 절이므로 일단 괄호를 쳐서 옆으로 제쳐 두어라.

'주어 + 동사'로 시작하는 주절이냐, '접속사 + 주어 + 동사'로 시작하는 종속절이냐의 두 가지 영역을 반드시 나누어 확인하라.

종속절은 '접속사 + 주어 + 동사 / 분사구문 / 관계사절'의 모습이다.

1. 명사구란

'명사구'란 두 단어 이상이면서 동사가 없는 형태로서 명사 역할을 하는 어구를 말한다. to부정사구와 ing동명사구의 두 종류가 있는데 반드시 '것'으로 해석된다.

[to see her] 그녀를 만나는 것 (to부정사구)
[seeing her] 그녀를 만나는 것 (ing동명사구)

1) Tom wants <u>to be a teacher</u>. 탐은 선생님이 되는 것을 원한다.
     (명사구) to부정사가 명사구
2) <u>To master English in a year</u> is difficult. 일 년 만에 영어를 숙달하는 것은 어렵다.
 (명사구) to부정사가 명사구
3) <u>Studying with you</u> is great fun. 너와 함께 공부하는 것은 재미있다.
 (명사구) ing동명사가 명사구
4) She enjoys <u>playing the piano</u>. 그녀는 피아노 치는 것을 즐긴다.
    (동명사구) ing동명사가 명사구

2. 명사절이란

명사절이란 주어와 동사를 갖춘 절이 명사 역할을 한다. 여기에는 네 종류가 있는데, that절 (~라는 사실), wh의문사절(~지), if/whether절(~인지), what절(~지)의 네 가지 경우이다. 이 명사절의 앞뒤로 동사가 올 수 있으며 때로는 전치사 뒤에 오는 경우도 있다.

◆ **명사절의 위치**
 be동사 + 명사절 <u>is that he is honest</u>.
 타동사 + 명사절 <u>know that he is honest</u>.
 명사절 + 동사 <u>That he is honest is</u>
 전치사 + 명사절 <u>about what he said</u>

◆ **명사절의 종류**
1) that절: [that he is kind] 그가 친절하다는 사실(것)
2) 의문사절: [when he came here] 그가 언제 여기에 왔는지
    [where she lives] 그녀가 어디에 살고 있는지
    [who he is] 그가 누구인지
    [whom she loves] 그녀가 누구를 좋아하는지

3) if/whether절: [if/whether he will come back] 그가 돌아올지 안 올지
4) what절: [what he wants to buy] 그가 무엇을 사고 싶어하는지 / 그가 사고 싶어하는 것

  I believe <u>what she said</u>. 나는 그녀가 말했던 것을 믿는다.
     (what절의 명사절)
  I don't know <u>what she said</u>. 나는 그녀가 무엇을 말했는지 모른다.
      (what절의 명사절)
  I replied <u>that I disagreed</u>. 나는 동의하지 않는다고 대답했다.
     (that절의 명사절)
  He asked <u>if/whether he should do the task (or not)</u>. 그는 그가 그 일을 해야 하는지를 물었다.
     (if/whether절의 명사절)
  I don't know <u>where she lives</u>. 나는 그녀가 어디에 살고 있는지를 모른다.
     (의문사절의 명사절)
  <u>What he said</u> is true. 그가 말했던 것은 사실이다.
  (what절의 명사절)
  Pay attention to <u>what you like most about your drawings</u>.
      (what절의 명사절)
  당신의 그림에 대해 당신이 가장 좋아하는 점에 주의를 기울여라.

3. 접속사의 역할

접속사란 우리말의 시간(when, while), 이유(because, as, since), 조건(if, unless) 양보(although), 동시 동작(while, as), 사실절(that), 선택절(if/whether), 의문사절(who, what, when, where...), 관계사절(who, which, when, where...)을 나타내는 이와 같은 어구들인데, <u>두 문장을 하나로 연결하는 기능</u>을 하며 <u>주절, 종속절이 생겨나도록 하는</u> 역할을 한다.

나는 두 딸이 있다(문장). 그들은 결혼했다(문장).
→ 나는 두 딸이 있는데(절), **(그리고)** 그들은 결혼했다(절).
'그리고'라는 접속사가 등장함으로써 '문장'이 '절'로 바뀐다.

우리가 방문했다(문장). 그는 없었다(문장).
→ 우리가 방문했을(절) **(때)**, 그는 없었다(절).
두 문장에서 '때'라는 접속사가 놓임으로써 절로 바뀐다.

접속사를 가지고 있는 절을 종속절이라 하고 접속사가 없는 절을 주절이라 한다.
<u>내가 공부를 하고 있을 **(때)**</u>, 나의 친구가 찾아왔다.
   (종속절)   (주절)
종속절은 동사의 의미가 '다'로 끝나지 않고(있을 때) 그러나, 주절의 동사는 '다'(찾아왔다)로 끝난다.

I saw him. (문장) He ran away. (문장) → 두 개의 문장
내가 그를 보았다.   그는 도망갔다.
When I saw him, (종속절) he ran away. (주절) → 접속사인 when을 붙임으로써 두 문장이
내가 그를 보았을 때.   그는 도망갔다.   각각의 절로 바뀐다.

한 문장 안에서 '접속사 + 주어 + 동사'의 구조가 있으면 반드시 주절에 해당하는 단 하나의 '주어 + 동사' 구조가 따로 존재해야 한다.

예를 들어, When it rains,의 '접속사 + 주어 + 동사'인 이 부분만 가지고는 문장이 성립될 수 없고 he usually stays inside라는 '주어 + 동사' 부분이 합쳐져야 문장이 성립된다.

When it rains, he usually stays inside. 그는 비가 올 때는 보통 집에 머문다.
(접속사)↑ (동사) ↑   (동사)
 (주어)   (주어)

As soon as he saw me, 의 '접속사 + 주어 + 동사 ~'인 이 부분만 가지고는 문장이 성립될 수 없고 he ran away라는 '주어 + 동사' 부분이 합쳐져야 문장이 성립된다.

As soon as he saw me, he ran away. 그는 나를 보자마자 그는 도망갔다.
(접속사)   ↑ (동사) ↑ (동사)
       (주어)   (주어)

따라서 주어를 이해하기 위해서는 반드시 접속사와의 관계적 이해가 필수적이다. '주어 + 동사'가 앞에 접속사를 지니고 있느냐 없느냐는 문장구조를 이해하는 데 아주 중요하다. 접속사 + 주어 + 동사의 종속절이 몇 개이든지 간에 '주어 + 동사'의 주절은 단 하나만 존재한다. 항상, '주어 + 동사 ~ (주절)'의 구조와 '접속사 + 주어 + 동사 ~ (종속절)'의 구조를 함께 생각하면서 문장을 이해하도록.

4. '접속사 + 주어 + 동사 (종속절)'의 변형된 모습

일반적으로 '접속사 + 주어 + 동사'의 구조에서처럼 실체적인 주어가 드러나 있는 경우가 있는 반면에 아래와 같은 분사 구문이나 계속적 관계대명사절 내에서처럼 실제로 주어가 생략되거나 숨어서 드러나지 않는 경우도 있다.

1) 콤마 다음의 계속적 관계대명사절의 경우 (두 쌍둥이)
'콤마(,) + 주격 관계대명사'의 계속적 관계대명사 구조로서 이 관계대명사는 주격인 경우 반드시 '접속사 + 대명사주어'의 두 가지(두 쌍둥이)를 포함하고 있다.

I often meet a man, who is a lawyer. 나는 어떤 남자를 종종 만나는데, 그는 변호사이다.
  ➲ 이 주어(who)는 접속사와 대명사(and + he)를 함께 가지고 있는 복합체(두 쌍둥이)의 주어이다.
    = I often meet a man, and he is a lawyer.

2) ing나 pp로 시작하는 분사구문의 형태의 경우 (세쌍둥이)
ing나 pp로 시작하는 분사구문의 경우에 있어서 여기에는 '접속사 + 주어 + 동사'의 세 가지(세쌍둥이)를 동시에 포함하고 있는 구조이며 주어가 될 수는 없다.
즉, 부사절에서 접속사와 주어를 생략하고, 동사에 ing를 붙인 구조인 분사구문(세쌍둥이)은 결코 그 자체가 주어가 될 수 없다.

Turning to the left, you will find the post office. 왼쪽으로 돌면 너는 우체국을 찾을 것이다.
(분사구문으로서 주어는 아님)
  = If you turn to the left, you will find the post office.
turning은 세쌍둥이인 접속사(if), 주어(you), 동사(turn)의 복합체 구조이다.

다시 말해서, '콤마 + 관계대명사' 구조에는 '접속사와 대명사'가 함께 포함되어 있는(두 쌍둥이) 구조이며, ing/pp분사구문은 '접속사와 주어 그리고 동사'를 포함하고 있는(세쌍둥이) 복합체의 구조라는 점을 명심, 또 명심하길 바란다.

  I have two daughters. (문장) They are married. (문장)
    ➲ 두 개의 문장으로 이루어짐
→ I have two daughters, (절) and they are married. (절)
    ➲ and라는 접속사가 등장함으로써 문장이 절로 바뀜
→ I have two daughters, (절) who are married. (관계대명사절)
    ➲ 접속사인 and와 대명사주어인 they가 합쳐진 관계대명사인 who로 바뀜
  나는 두 딸이 있는데, 그들은 결혼했다.

접속사(and)와 대명사주어(they)가 합쳐져 관계대명사의 주어인 who로 바뀌었다. who 속에 대명사주어가 포함되어 있다.

  나는 세 번 실패하고 나서 드디어 성공했다.
  I had failed three times. (문장) I succeeded at last. (문장)
    ➲ 두 개의 문장으로 이루어진다.
  After I had failed three times, (절) I succeeded at last. (절)

➲ 접속사인 after가 등장함으로써 절로 바뀐다.
　　Having failed three times, (절의 변형) I succeeded at last. (절)

접속사가 있는 종속절에서 접속사인 after과 주어인 I를 생략하고 동사인 have를 having으로 바꿈으로써 복합체인 분사구문으로 전환된다.

접속사(after)와 주어(I)가 생략되고 동사에 ing를 붙여 분사구문의 형태가 되면서 주어가 사라진 형태가 되었다. 따라서, ing로 시작되는 분사구문 속에는 주어가 포함되어 있다. 분사구문 자체가 주어는 아니다.

　　그 책은 서둘러 쓰였기 때문에 철자에 몇 가지 오류를 가지고 있다.
　　The book was written in haste. (문장) It has some errors in spelling. (문장)
　　➲ 두 개의 문장으로 이루어짐
　　→ As the book was written in haste, (절) it has some errors in spelling. (절)
　　➲ 접속사인 as가 등장함으로써 절로 바뀜
　　→ (Being) written in haste, (절의 변형) the book has some errors in spelling. (절)

접속사가 있는 부사절의 종속절에서 접속사인 as와 주어인 the book을 생략하고 동사인 was를 being으로 바꿈으로써 복합체인 분사구문으로 전환한다. 접속사(as)와 주어(the book)가 생략되고 동사에 ing를 붙여 분사구문의 형태가 되면서 주어가 사라진 형태가 되었다. 분사구문에서 being도 역시 생략이 가능하다. 그리고 분사구문 자체가 주어는 될 수 없다.

5. '접속사 + 주어 + 동사'를 제외하고 나면 반드시 '주어 + 동사'가 시작된다

'접속사 + 주어 + 동사'를 모두 제외하고 나면 주절인 '주어 + 동사'의 구조가 반드시 남게 된다. 즉 한 문장 안에서는 접속사를 가지지 않은 주절을 이끄는 '주어 + 동사'의 구조는 단 하나만 존재한다.

　　(Though he is young), he is very smart. 그가 비록 어리지만 매우 영리하다.
　　(접속사 + 주어 + 동사) 　(주어 자리)
　　➲ '접속사 + 주어 + 동사'의 종속절 외의 주절은 '주어 + 동사' (he is~)로 시작한다.

　　(Being young), he is very smart.
　　　(분사구문)　 (주어 자리)
　　➲ 분사구문을 제외하고 나면 반드시 주절인 주어 + 동사(he is~)로 시작한다.

　　Playing the games was for fun, (but the end results were educational).
　　　(주어 자리)　　　　　　　　　 (접속사 + 주어 + 동사)
　　게임을 한 것은 재미를 위해서였겠지만 최종결과는 교육적이었다.

⊃ '접속사 + 주어 + 동사 ~'의 종속절외 주절은 반드시 주어로 시작한다.

She is rich, (which makes her feel happy.)
(주어 자리)   (숨은 접속사 + 주어)

그녀는 부자인데, 그것이 그녀를 행복하게 느끼도록 한다.

⊃ 여기서는 which가 주어 역할을 하고 있다. '주어 + 동사'의 주절을 제외하면, (콤마) 다음에 관계대명사 자체가 주어가 될 수 있다.

(If you are looking to lose 5kg in a week), this is just not healthy.
(접속사 + 주어 + 동사)   (주어 자리)

만약 당신이 일주일에 5kg을 감량하려고 한다면 이것은 건강에 좋지 않다.

⊃ '접속사 + 주어 + 동사'의 종속절 외의 주절은 대명사주어(this)로 시작한다.

(While he is very rich), that doesn't mean that he is happy.
(접속사 + 주어 + 동사)   (주어 자리)

그는 매우 부자이지만, 그것이 그가 행복하다는 것을 의미하는 것은 아니다.

⊃ '접속사 + 주어 + 동사'의 종속절 외의 주절은 대명사주어(that)로 시작하는 경우도 있다.

6. 계속적인 관계대명사가 주어

문장과 문장을 연결할 때에는 반드시 접속사를 사이에 넣어 연결하는데, 이때 이 접속사와 대명사주어를 관계대명사로 바꿀 수 있다. 즉, '주어 + 동사, 접속사 + 대명사주어 + 동사'에서 접속사와 대명사주어를 관계대명사로 바꾼 '주어 + 동사', '관계대명사 + 동사' 구조로 바꿀 수 있다. 이 경우, 관계대명사는 당연히 '접속사 + 대명사'를 대신한다.

I have two daughters, and they(=who) are elementary school teachers.

나는 두 딸이 있는데, 그들은 초등학교 선생님들이다.

He wants to come here, and it(=which) is impossible.

그는 여기에 오기를 원하는데, 그것은 불가능하다.

I met a woman, who is a lawyer. (O)
              (관계대명사)

나는 어떤 여자를 만났는데, 그는 변호사이다.

⊃ who는 두 문장을 이어주는 접속사인 and와 명사인 a woman을 대신하는 대명사(she)의 두 가지 역할을 하고 있다.

= I met a woman, and she is a lawyer.
                (접속사 + 대명사)

⊃ 'and + she'는 관계대명사인 who로 바꿀 수 있다.

I met a woman, she is a lawyer. (×)
              (대명사)

⊃ 두 문장을 이어주는 접속사 없이 주어인 대명사 she만으로는 부적절하다.

I bought a book, which was published in 1967. (O)
　　　　　　　　(관계대명사)
나는 책 한 권을 샀는데, 그것은 1967년 출간되었다.
　　⊃ which는 두 문장을 이어주는 접속사와 대명사의 두 가지 역할을 하고 있다.
= I bought a book, and it was published in 1967.
　　　　　　　　(접속사 + 대명사)
　　⊃ and + it은 관계대명사 which로 바꿀 수 있다.
I bought a book, it was published in 1967. (×)
　　　　　　　　(대명사)
　　⊃ 두 문장을 이어주는 접속사가 없으므로 부적절하다.
I bought a book, that was published in 1967. (×)
　　　　　　　　(대명사)
　　⊃ 이 자리는 두 문장을 이어주는 접속사와 대명사의 두 가지 역할을 하는 관계대명사가 필요한데, 대명사 that은 부적절하다. which로 바꾸어야 한다. 이 경우 관계대명사인 that 역시 불가하다.
I bought a book, what was published in 1967. (×)
　　　　　　　　(관계대명사)
　　⊃ 계속적 관계대명사로서, what은 부적절하다. which로 바꾸어야 한다.

I have many houses, some of which are in Seoul. (O)
나는 많은 집을 가지고 있는데, 그중 몇 채는 서울에 있다.
　　⊃ 관계대명사가 수식어가 붙어있는 복합적 구조이며 주어는 some이며 동사는 are이다. 여기서 which는 접속사와 대명사의 두 가지 역할을 하고 있다. some of라는 부가적인 부분이 관계대명사와 결합되어 있는 경우인데 이 부가된 부분을 제외시켜서 관계대명사만 있는 것처럼 이해하면 된다.
= I have many houses, and some of them are in Seoul.
　　⊃ and some of them은 some of which로 바꿀 수 있다.
I have many houses, some of them are in Seoul. (×)
　　　　　　　　　　(대명사)
　　⊃ 두 문장을 이어주는 접속사가 없으므로 부적절하다.
I have many houses, some which are in Seoul. (×)
　　⊃ 이 구조는 which 이하가 선행사인 some을 수식하는 구조가 되어 some이라는 명사만 남은 꼴이 되므로 부적절한 구조이다.

To be or not to be, that is the question. (O)
죽느냐 사느냐, 그것이 문제로다.
　　⊃ 여기서 that은 대명사로서 주어이며 가능하다.
To be or not to be, which is the question. (×)
　　⊃ 절을 연결하는 관계대명사가 올 자리가 아니고 대명사가 올 자리이므로 '접속사 + 대명사' 역할을 하는 which는 올 수 없다.

While he is young, he is very smart. (O)
젊지만 그는 매우 똑똑하다.

⊃ 이 자리는 주어 자리이므로 주어인 대명사의 he는 적절하지만 접속사를 포함하고 있는 관계대명사인 who는 올 수 없다. 앞에 while이라는 접속사를 가진 절이 있는데 또 다시 접속사를 가진 관계대명사절이 올 수 없기 때문이다.

Tom met a young lawyer, <u>who</u> later wrote a book of his life. (O)
    ⊃ 두 절을 이어주는 관계대명사인 who의 쓰임은 적절하다.
While he is young, <u>who</u> is very smart. (×)
Although the plan is very important, <u>it</u> is not my objective. (O)
Although the plan is very important, <u>which</u> is not my objective. (×)
  그 계획은 매우 중요하지만 나의 목적이 아니다.
    ⊃ which 자리는 주어 자리이므로 주어인 대명사의 it은 적절하지만 접속사를 포함하고 있는 관계대명사인 which는 올 수가 없다. 앞에 although라는 접속사를 가진 절이 있는데 또 다시 접속사를 가진 관계대명사절이 올 수 없기 때문이다.

7. 동명사 ing의 주어

ing동명사는 주어가 될 수 있으며 단수 취급한다.

<u>As it was cold, going on a picnic</u> was canceled.
(접속사 + 주어 + 동사) (ing동명사가 주어)
 (종속절)   (주절)
날씨가 추웠기 때문에, 소풍 가는 것이 취소되었다.
    ⊃ 접속사로 시작되는 절은 종속절(as it was cold)이며, 주절(going on a picnic was canceled)에서는 주어로부터 시작되므로 동명사구(going~)가 주어이다.

It was cold, <u>so going on a picnic</u> was canceled.
(주어 + 동사 ~) (접속사) (ing동명사가 주어)
 (주절)   (종속절)
    ⊃ 종속절은 접속사 다음부터 주어가 시작되므로 going~의 동명사구가 주어이다.

<u>When people are depressed, recalling their problems</u> makes things worse.
(접속사 + 주어 + 동사)   (ing동명사가 주어)
 (종속절)   (주절)
사람들이 우울할 때, 그들의 문제를 회상하는 것은 상황을 악화시킨다.
    ⊃ 접속사로 시작되는 절은 종속절(when people are depressed)이며, 주절(recalling their problems~)에서는 주어로부터 시작되므로 recalling~의 동명사구가 주어이다.

8. ing분사구문은 주어가 될 수 없지만 ing동명사는 주어가 될 수 있다

ing동명사는 주어가 될 수 있지만, ing분사구문은 주어가 될 수 없다.

It being cold, going on a picnic was canceled. (O)
(접속사가 포함된 분사구문)   (ing동명사주어)

날이 추워서 소풍을 가는 것이 취소되었다.

➲ It being cold는 분사구문이며 이 분사구문에는 접속사가 포함되어 있으므로 종속절의 일종이며 주절(going on a picnic was canceled)에서는 주어로부터 시작되므로 going~의 동명사구가 주어이다. (= As It was cold~)

It being cold, so going on a picnic was canceled. (×)
(분사구문의 부사절)   (ing동명사주어)
(= As it was cold~)

➲ 분사구문(It being cold) 속에 접속사가 포함되어 있으므로 주절에 또 접속사(so)를 쓰면 (so going on a picnic was canceled) 접속사(so)가 중복적으로 쓰여 부적절하다.

As it was cold, and going on a picnic was canceled. (×)
(접속사를 가진 종속절)   (ing동명사주어)

➲ 한 문장에 두 개의 접속사인 as와 and를 두 절에 동시에 취할 수 없다.

I ate lunch, watching TV. (O)
(ing분사구문)
(watching TV = While I was watching TV)

나는 TV를 보면서 점심을 먹었다.

➲ ing분사구문은 접속사와 주어가 생략되고 동사에 ing가 붙어 분사로 바뀐 형태이기 때문에 분사구문 자체가 주어가 될 수 없다.

Waiting for the train, I listened to music. (O)
(ing분사구문)

나는 기차를 기다리면서 음악을 들었다.

➲ ing분사구문은 접속사와 주어가 생략되고 동사에 ing가 붙어 분사로 바뀐 형태이기 때문에 분사구문 자체가 주어가 될 수 없다. (Waiting for the train = While I was waiting for the train)

9. ing동명사와 ing분사구문의 구별

ing로 시작하는 문장에서 콤마와 동사 중 동사가 먼저 나오면 동명사이고, 콤마가 먼저 나오고 콤마와의 사이에 동사가 없으면 분사구문이다.

Playing the piano is fun. (동명사는 동사가 콤마보다 먼저 나옴)

피아노를 치는 것은 재미있다.

Having nothing to do, he was bored. (분사구문의 절 내에는 동사가 없음)

해야 할 일이 없어서 그는 지루해졌다.

기본 문제 연습

1. When I arrived at the station, (it / which) was crowded with people.
   내가 역에 도착했을 때, 그곳은 사람들로 붐볐다.
   ➲ 부사절의 when절은 when이라는 접속사가 이미 있으므로 콤마 뒤 주절은 접속사가 중복적으로 쓰일 수 없으므로 접속사의 기능을 가지고 있는 관계대명사는 올 수 없고 접속사의 기능이 없는 주어가 되는 it이 적절하다.

2. They married late, (that / which / it) is the custom these days.
   그들은 늦게 결혼했는데, 그것이 요즘의 관례들이다.
   ➲ 접속사와 대명사의 역할을 함께 하는 관계대명사인 which가 적절하다. it은 절을 연결하는 접속사의 기능이 없어 적절하지 못하다. that은 계속적인 관계대명사로서 사용하지 않는다.

3. I have many friends, (they / who) live near my house.
   나는 많은 친구들이 있는데, 그들은 나의 집 근처에 산다.
   ➲ 접속사와 대명사의 역할(and they)을 함께하는 관계대명사인 who가 적절하다. they는 접속사의 기능이 없어 부적절하며 따로 접속사가 필요하다. 여기서 who는 친구들을 가리키므로 복수주어이다.

4. We camped at the foot of the mountain, (whose top / which top) was snow-covered.
   우리는 산기슭에 야영을 했는데, 그 산의 꼭대기는 눈으로 덮여 있었다.
   ➲ 주어가 '산의 꼭대기'라는 의미이므로 whose top이 적절하다.

5. The boy was walking alone, (he was crying / crying) loudly.
   그 소년은 큰 소리로 울면서 혼자 걷고 있었다.
   ➲ 접속사를 포함하고 있는 분사구문인 crying이 적절하다. 분사구문인 crying~ 속에 접속사와 주어 그리고 동사가 포함되어 있다. he was crying은 두 문장을 연결하는 접속사가 필요하다.

6. While the boy was walking alone, (he was crying / crying) loudly.
   그 소년은 혼자 걸어가면서, 큰 소리로 울고 있었다.
   ➲ while절은 접속사를 가진 부사절이므로 콤마 뒤 주절에 다시 접속사를 포함하고 있는 분사구문 (crying)을 사용하는 것은 접속사를 중복적으로 사용하는 결과가 되므로 접속사가 없는 he was crying이 적절하다.

7. He has two sons, (they / who) are doctors. 그는 두 아들이 있는데, 그들은 의사들이다.
   ➲ 접속사와 대명사의 기능을 함께 가지고 있는 관계대명사인 who가 적절하다. they는 두 문장을 연결하는 접속사가 없다.

8. The sun having set, (and we / we) came down the mountain.
   해가 져서, 우리는 산을 내려왔다.
   ➔ 분사구문인 the sun having set은 As the sun had set과 같은 부사절로서 as라는 접속사를 가지고 있으므로 다시 주절에 접속사가 올 수 없다. and we는 앞의 분사구문 속에 있는 접속사와 중복되므로 부적절하며 we가 적절하다.

9. If idling away in front of a TV is your favorite daily hobby, (which / it) may lead you to an early death.
   TV앞에서 빈둥거리는 것이 당신이 가장 좋아하는 일상의 습관이라면, 그것이 당신을 단명하게 할 수도 있다.
   ➔ 앞에 접속사인 if가 있으므로 역시 접속사를 포함하고 있는 관계대명사인 which를 사용할 수 없고 단순히 대명사인 it이 적절하다.

10. As it was raining, (and going / going) on a picnic was canceled.
    비가 내리고 있었기 때문에 소풍을 가는 것이 취소되었다.
    ➔ 주어가 되는 going의 동명사가 적절하다. 이미 앞 부사절에 접속사가 있으므로 접속사를 가지고 있는 and going은 접속사가 중복적으로 쓰이게 됨으로 부적절하다.

11. It was raining, (so going / going) on a picnic was canceled.
    비가 내리고 있었기 때문에 소풍을 가는 것이 취소되었다.
    ➔ 두 개의 절을 이어주는 접속사를 가지고 있는 so going이 적절하다. 여기서 going~은 동명사구로서 주어이다.

12. I have a book, (the cover of which / the cover which) is black.
    나는 책을 한 권 가지고 있는데, 그 책의 표지는 검다.
    ➔ 접속사가 포함된 of which가 전명구로서 the cover을 수식해주는 구조로서 the cover of which가 적절하다.

13. This is a white house, (the roof of which / the roof which) is covered with snow.
    이것은 흰 집인데, 그 집의 지붕은 눈으로 덮여있다.
    ➔ 전치사와 관계대명사가 결합된 형태인 of which가 the roof를 수식해주는 구조로서 the roof of which가 적절하다. 이때 of which는 whose로 바꿀 수 있다.

14. Since he is smart, (which / it) is easy for him to solve the problem.
    그는 영리하기 때문에, 그가 그 문제를 푸는 것은 쉽다.
    ➔ since는 접속사로서 부사절을 이끌기 때문에 접속사가 포함된 관계대명사절을 이끌 수는 없고 접속사가 없는 주절의 주어가 되는 it이 적절하다. 여기서 it은 to부정사(to solve ~)의 가주어 역할을 한다.

15. He was a foreigner, (as I / I) knew from his accent.
    그는 외국인이었다. 그것을 그의 말투에서 알았다.
    ➲ 두 개의 절을 이어주는 접속사와 대명사인 it이 포함된 관계대명사인 as와 주어인 I의 결합인 as I가 적절하다. I의 단독으로는 접속사와 목적어 역할의 대명사가 없어 부적절하다. 여기서 as는 목적격 관계대명사이며 앞의 He was a foreigner의 절을 받는다.

16. If you eat too much sugar, (that / which) can cause problems with your health.
    만약 당신이 너무 많은 설탕을 먹는다면 그것은 건강문제를 일으킬 수 있다.
    ➲ if는 접속사로서 부사절을 이끌기 때문에 뒤의 주절에 다시 접속사가 포함된 관계대명사인 which를 쓸 수 없다. 대명사 단독의 that이 적절하다. 여기서 that은 관계대명사가 아니라 단순한 대명사에 불과하다.

17. Standing on the hill, (and he / he) watched the sunset.
    그는 언덕에 서서 일몰을 지켜보았다.
    ➲ 분사구문(standing on the hil)은 접속사를 포함하고 있으므로 또다시 접속사를 포함하고 있는 and he는 적절하지 않으며 he가 적절하다.

18. The band began to play, (although the guests / the guests) had not yet arrived.
    손님들이 아직 도착하지 않았지만 밴드는 연주를 시작했다.
    ➲ 두 절을 이어주는 접속사가 필요하므로 although the guests가 적절하다. the guests는 접속사가 필요하다.

19. John said he was ill in bed, (it / which) was not true.
    존은 아파서 누워 있었다고 했는데, 그것은 사실이 아니었다.
    ➲ 두 절을 이어주는 접속사가 필요한데 관계대명사인 which는 접속사와 대명사의 역할을 하므로 여기서는 which가 적절하다. (which = and it)

20. Having lost all my money, (I / and I) had to give up my plan.
    내 돈을 전부 잃어버렸기 때문에 나는 내 계획을 포기해야 했다.
    ➲ 분사구문(having lost all my money)은 접속사를 포함하고 있으므로 접속사를 중복하여 쓸 수 없다. 여기서는 접속사가 없는 I가 적절하다.

21. She has two daughters, (neither of them / neither of whom) is married.
    그녀에게는 두 딸이 있는데 둘 다 결혼하지 않았다.
    ➲ 두 절을 이어주기 위해서는 접속사가 필요하므로 접속사와 대명사의 역할을 하는 관계대명사의 neither of whom이 적절하다.

22. John asked me a question, (that / which) was too difficult for me.
    존이 나에게 질문을 했는데, 그것은 나에게 너무 어려운 질문이었다.

⊃ 두 절을 이어주는 접속사가 필요하므로 접속사를 포함하고 있는 관계대명사인 which가 적절하다. that은 두 절을 이어주는 계속적인 관계대명사로서 사용할 수 없다.

23. (Keeping / Keep) this in mind, you'll have a lot more fun drawing the unique art that comes from you.
    이 점을 명심한다면, 당신이 가진 독특한 예술성을 그림으로 표현함에 있어 훨씬 더 많은 즐거움을 가지게 될 것이다.
    ⊃ keeping~은 분사구문으로 접속사를 포함하고 있으므로 여기서는 접속사를 포함하고 있는 어구가 필요한 자리이다. 따라서 keeping이 적절하다.

24. Published in 1967, (and the book / the book) ultimately made him a noted figure in the literary world.
    1967년에 출간된 이 책은 궁극적으로 그를 문학계에서 주목 받는 인물로 만들었다.
    ⊃ 분사구문인 'Published in 1967'은 접속사를 포함하고 있으므로 접속사를 포함하지 않은 the book이 적절하다.

25. If they can sleep at night, (that / which) is fine.
    그들이 밤에 잘 수만 있다면 그것은 잘 된 일이다.
    ⊃ 앞에는 접속사가 있는 if절이 왔으므로 접속사와 대명사를 가지고 있는 관계대명사인 which는 접속사가 중복적으로 사용되는 결과가 되므로 부적절하다. 앞의 절을 받는 단순 대명사인 that이 적절하다.

26. Although the pearls look real, (some of them / some of which) are fake.
    그 진주들이 진짜 같이 보이지만 그들 중의 몇 개는 가짜이다.
    ⊃ 앞에는 접속사가 있는 although절이 왔으므로 접속사와 대명사를 가지고 있는 관계대명사인 some of which는 접속사가 중복적으로 사용되는 결과가 되므로 부적절하며 some of them이 적절하다.

기출 문제 연습

1. Plastics are synthetic materials, (this / which) means that they are made from chemicals in factories. (모의)
   플라스틱은 합성물질인데, 이 말은 플라스틱이 공장에서 화학물질로부터 만들어진다는 것을 의미한다.
   ⊃ 접속사와 대명사의 기능을 함께 가지고 있으며 주어 역할을 하는 관계대명사인 which가 적절하다. this는 대명사이므로 두 문장을 이어주는 접속사가 추가로 필요하다.

2. Corn is the most important crop in the United States, (it / which) produces about half the world's total. (모의응용)

CHAPTER 01 어법 문제유형 정리

옥수수는 미국에서 가장 중요한 작물로서, 미국에서 세계 총 생산량의 절반 정도를 생산한다.
➲ 접속사와 대명사의 기능을 함께 가지고 있으며 주어 역할을 하는 관계대명사인 which가 적절하다. it은 대명사로서 주어 역할만 하므로 두 개의 절을 이어주는 접속사가 추가적으로 필요하다.

3. The clever mother tore out a page of a magazine, (it / which) contained a picture of the world. (모의응용)
   그 현명한 엄마는 잡지의 한 페이지를 뜯어냈고, 그 종이에는 세계를 그린 그림이 있었다.
   ➲ 접속사와 대명사의 기능을 함께 가지고 있으며 주어 역할을 하는 관계대명사인 which가 적절하다. it은 대명사로서 주어 역할만 하므로 두 개의 절을 이어주는 접속사가 추가적으로 필요하다.

4. Do you see a young parent, (they / who) needs a lot of money for her daughter's education? (모의응용) 딸의 교육을 위해 많은 돈을 필요로 하는 젊은 부모를 보는가?
   ➲ 접속사와 대명사의 기능을 함께 가지고 있으며 주어 역할을 하는 관계대명사인 who가 적절하다. they는 단순한 주어 역할만 하므로 두 개의 절을 연결해주는 접속사가 추가로 필요하다.

5. She received a call from Robby, (he / who) offered to take part in the concert. (모의응용)
   그녀는 Robby로부터 전화를 받았다, 그리고 그는 그 콘서트에 참가하겠다고 말했다.
   ➲ 접속사와 대명사의 기능을 함께 가지고 있으며 주어 역할을 하는 관계대명사인 who가 적절하다. he는 단순한 주어 역할만 하므로 두 개의 절을 연결해주는 접속사가 없으므로 부적절하다.

6. If you do fall into quicksand, (and remember / remembering) to stay calm is important. (모의응용)
   여러분이 흐르는 모래(quicksand) 속에 정말 빠지기라도 한다면 침착하게 있어야 한다는 걸 기억하는 것이 중요하다.
   ➲ 접속사를 가진 if절이 부사절로서 왔으므로 뒤에 오는 주절에는 두 개의 절을 연결하는 접속사가 또 다시 올 수 없다. 단순한 주어가 되는 동명사인 remembering이 적절하다.

7. While it had a simple solution, (which / that) didn't mean that underlying technology was simple. (모의응용)
   그것이 간단한 솔루션을 갖고 있다고 해서 근본 적인 기술이 단순하다거나 기본 사업모델이 단순하다는 것을 의미하지는 않았다.
   ➲ 앞에 접속사인 while이 있으므로 역시 접속사를 포함하고 있는 관계대명사인 which를 사용할 수 없고 단순히 대명사인 that이 적절하다.

8. If you do fall into quicksand, (remember / remembering) to stay calm, and don't move until you have stopped sinking. (모의응용)
   여러분이 흐르는 모래(quicksand) 속에 정말 빠지기라도 한다면 침착하게 있어야 한다는 걸 기억하고 가라앉는 것이 멈출 때까지 움직이지 마라.

➲ if절이 부사절로서 콤마 이후의 주절은 완전문이어야 하지만 주어(you)가 생략된 명령문의 일종으로서 동사원형인 remember가 적절하다. remembering은 여기서 뒤에 동사가 없으므로 동명사역할도 하지 못하고 접속사를 포함하고 있는 분사구문으로서의 역할도 하지 못한다.

9. When you get gray hair, (it / which) might be wise to dye your hair rather than to blame those stressful situations. (모의응용)
당신에게 흰 머리가 생긴다면 긴장을 유발하는 상황들을 비난하는 것보다 머리를 염색하는 것이 더 현명할지도 모른다.
➲ 접속사를 가진 when절이 부사절로서 왔으므로 뒤에 오는 주절에는 두 개의 절을 연결하는 접속사가 또다시 올 수 없고 단순한 주어가 와야 하는데 여기서는 진주어/가주어 구문으로서 진주어의 to부정사를 대신 받는 가주어인 it이 적절하다.

10. Using a specially developed website, (they / who) offered more than 10,000 people the opportunity to download free music. (모의응용)
특별히 개발된 웹사이트를 사용하여 그들은 14000명 이상의 사람들에게 무료로 음악을 내려받을 수 있는 기회를 제공했다.
➲ 분사구문은 접속사를 포함하고 있으므로 역시 접속사를 포함하고 있는 관계대명사인 who는 사용할 수 없고 단순한 대명사인 they가 적절하다.

11. Carbon dioxide gas from burning fossil fuels is released into the air, (that / which) contributes to global warming. (모의응용)
화석 연료 연소로부터 나온 이산화탄소 가스는 대기 중으로 배출되는데 이것이 지구 온난화에 기여한다.
➲ 접속사와 대명사의 기능을 함께 가지고 있으며 주어 역할을 하는 관계대명사인 which가 적절하다. 계속적 용법의 콤마 다음의 관계대명사로는 that이나 what을 쓸 수 없다.

12. Every profession, every art, and every science has its own technical vocabulary, (the function which / the function of which) is partly to designate things or processes which have no names in regular English. (모의응용)
모든 직업, 예술 및 학문들은 나름의 전문적 용어를 가지고 있으며, 이 용어의 기능은 부분적으로는 일반영어가 명칭을 갖고 있지 않은 사물들이나 과정들을 지칭하기 위한 것이다.
➲ 접속사가 포함된 of which가 전명구 역할을 하며 the function을 수식해주는 구조가 되어야 하므로 the function of which가 적절하다.

13. It has been said that it is the small animals in the rainforest, not the large ones, (this / that) make people's life miserable. (모의응용)
사람들의 삶을 비참하게 만드는 것은 큰 동물이 아니라 바로 열대 우림 지역에 사는 작은 동물이라고 전해지고 있다.
➲ 여기서는 it be that 강조구문이므로 be 동사와 that사이에 강조어구를 넣어 강조하는 구조로서 that이 적절하다. 강조되는 어구는 the small ~ ones까지이다.

14. The ultimate life force lies in tiny cellular factories of energy, called mitochondria, (it / that) burn nearly all the oxygen we breathe in. (2014 수능)
궁극적인 생명력은 우리가 들이쉬는 거의 모든 산소를 태우는, 미토콘드리아라고 불리는 아주 작은 에너지 세포 공장에 있다.
   ➲ 콤마와 콤마 사이는 삽입어구로서 생략하고 나면 여기서의 that은 관계대명사로서 tiny cellular factories of energy를 선행사로 받고 있다. 따라서 that이 적절하다. 콤마다음의 that의 구조이지만 삽입의 콤마로서 관계대명사의 계속적용법의 구조를 이끌고 있는 것이 아니므로 삽입을 제외하고 나면 선행사를 수식하는 제한적 용법의 that의 관계대명사절이 된다.

15. Although I had experienced three days of stressful anticipation, (having / but having) that time allowed me to acquire knowledge regarding the threatening event. (모의응용)
비록 내가 3일 동안의 스트레스를 받는 예상을 경험하긴 했지만 그러한 시간을 가진 것은 나로 하여금 위협적 사건에 대해 지식을 습득하도록 해주었다.
   ➲ 두 개의 절을 연결하는 접속사는 하나만 필요하므로 although라는 접속사가 이미 하나가 있으므로 접속사가 중복적인 but having은 부적절하며 having이 적절하다. 여기서 having ~은 주어역할을 하는 동명사구이다.

16. As we look toward a future of more renewable energy dependency, (having / and having) reliable energy storage to back up wind and solar will be necessary for everything to run smoothly. (모의응용)
우리가 더 많이 재생 가능한 에너지에 의존해야 하는 미래를 내다볼 때, 바람과 태양(에너지)을 뒷받침할 수 있는 믿을만한 에너지를 보유하는 것은 모든 것이 원활하게 작동하도록 하기 위해 필요할 것이다.
   ➲ 두 개의 절을 연결하는 접속사는 하나만 필요하므로 as라는 접속사가 이미 하나가 있으므로 접속사가 중복적인 and having은 부적절하며 동명사주어인 having이 적절하다. having은 동명사구로서 주어역할을 하고 있다.

17. If these whirlpools interfere with one another, (which / that) can cause problems with efficiency. (모의응용)
만약 이 소용돌이가 또 다른 소용돌이와 부딪친다면 그것은 효율성에 문제를 야기하게 된다.
   ➲ 두 개의 절을 연결하는 접속사는 하나만 필요하므로 if라는 접속사가 이미 하나가 있으므로 접속사와 대명사를 포함하고 있는 관계대명사인 which는 접속사가 중복되는 형태가 되므로 부적절하며 주어인 단순한 대명사인 that이 적절하다.

마무리하고 넘어가기!

● 접속사를 가진 종속절과 접속사가 없는 주절의 구조 속에서 주어가 될 수 있는 것을 챙기자.

1. 완전한 문장형식을 취하고 있는 주절다음의 , which/who는 주어가 된다.
   주절다음의 콤마 뒤 what, that, it, that, this는 올수가 없다.

2. 접속사를 가진 종속절 다음의 it/that/this/~ing동명사는 주어가 된다.
   콤마 다음의 that이 무조건 틀렸다는 고정관념을 버려라.
   접속사가 있는 종속절이 앞에 왔으면 주절에서는 접속사가 없는 대명사가 주어로 와야 한다는 사실을 명심하라.

3. 분사구문 다음의 it/that/this/~ing동명사는 주어가 된다.
   분사구문은 주어와 접속사를 없애고 동사를 ing로 바꾼 구조이므로 이 분사구문 속에는 반드시 접속사가 숨어있다는 점을 명심하고 또다시 중복적으로 접속사를 쓰는 잘못을 저지르지 않기를…. 주절에서는 대명사 혹은 ing동명사로 시작한다.

4. ing동명사의 옆에는 절이 올 경우 '접속사 + 주어 + 동사 ~'의 종속절이 오고 ing분사구문 옆에는 '주어 + 동사 ~'의 주절이 온다.

스스로 어법문제 만들어가기

1. We should be giving money or food directly to the poor in emergencies like an earthquake or flood. In less emergent situations, however, **providing** food makes people dependent. (2014.03 서울시 교육청, 고1)
   ➲ 문두의 전명구 다음에 오는 ~ing는 뒤에 동사를 가지고 있으면 주어 자리의 동명사이며 분사구문이 아니다. 여기서 ing가 분사구문이 되려면 반드시 주절이 존재해야 한다. 여기서 익혀야 할 학습 포인트는 ing가 동사를 동반하고 있으면 동명사로 이해하자는 것이다. 콤마 다음의 ing는 무조건 분사구문이라는 틀에서 벗어나길.
   지진이나 홍수와 같은 비상사태에 처한 가난한 사람들에게는 돈이나 식량을 직접 주어야 한다. 하지만, 덜 긴급한 상황에서는 식량을 제공하는 것이 사람들을 의존적으로 만든다.

2. Unfortunately, the economy soon grew worse quickly and I spent months looking for another job. I kicked myself for not taking that position, **which** started to look

more and more appealing. I had made a good decision, based upon all the information I had at the time, but **it** didn't lead to a great outcome.

(2014.03 서울시 교육청, 고1)

➲ which앞의 절은 완전한 문장형식의 주절이므로 다음에 올 절은 접속사를 포함하는 종속절이 와야 하는데 콤마 다음의 관계대명사는 접속사를 포함하고 있으므로 적절한데, 관계대명사인 which가 적절하다. 접속사가 없는 this나 it 혹은 that은 올 수가 없다.

➲ 여기서는 앞에 but이라는 접속사가 있으므로 또다시 접속사를 포함한 관계대명사를 사용할 순 없다. 대명사의 it이 주어가 된다.

유감스럽게도, 경제는 곧 빠르게 나빠졌고, 나는 다른 일자리를 찾기 위해 여러 개월을 보냈다. 나는 그 일자리를 선택하지 않은 것에 대해 자책했고, (거절한) 그 일자리는 점점 더 매력적으로 보이기 시작했다. 나는 그 당시에 가진 모든 정보에 기초하여 좋은 결정을 내렸지만, 그것은 그다지 좋은 결과를 가져온 것은 아니었다.

3. When he got to the highest point of the roof, **he** realized he was in trouble. On the way down, he slipped on the fresh paint, fell off the roof, and broke his leg. He was very good at math and reading, but **he** couldn't think of the idea of starting from the top. Sometimes common sense and practical know-how are more useful than intellectual ability. (2014.03 서울시 교육청, 고1)

➲ 앞에 접속사를 가진 종속절이 왔으므로 뒤에는 접속사가 없는 주절이 와야 하므로 he를 사용해야 한다. 만약 이 he가 관계대명사의 who라면 접속사를 포함하고 있으므로 접속사가 중복이 된다.

➲ 이 경우는 he 앞에 접속사인 but이 있으므로 접속사를 가진 관계대명사의 who로 he 대신 사용하지 못한다. 접속사가 포함된 who를 사용하면 접속사의 중복이 된다.

지붕의 가장 높은 지점에 이르렀을 때, 그는 곤경에 처한 것을 알았다. 내려오는 도중에 그는 갓 칠한 페인트에 미끄러져 지붕에서 떨어져서 다리가 부러졌다. 그는 수학과 읽기를 아주 잘 했지만 꼭대기부터 시작한다는 생각을 떠올릴 수 없었다. 때로는 상식과 실용적 노하우가 지적 능력보다 더 쓸모 있다.

4. Early native Americans had to make everything they needed. The kinds of things each tribe used to make tools, clothing, toys, shelter, and food depended upon what they found around them. Also, the things they made fit their life style. Most tribes spoke their own language, **but they** could not communicate with other tribes.

(2014.03 서울시 교육청, 고1)

➲ 주절 다음의 종속절은 반드시 접속사가 있는 종속절이 오므로 but they가 적절하며 they만으로는 접속사가 없으므로 부적절하다.

초기 아메리카 원주민들은 필요한 모든 것을 만들어야 했다. 각 부족이 도구, 옷, 장난감, 주거, 음식을 만드는 데 사용한 각종 재료들은 주변에서 발견한 것에 달려 있었다. 또한, 그들이 만든 것은 자신의 생활 방식에 적합했다. 대부분의 부족은 고유 언어를 사용하고 있었지만, 다른 부족들과 의사소통할 수 없었다.

5. Most people think their conscious minds control everything they do. They generally believe the conscious mind constantly directs their actions. These beliefs are false. Consider walking, for example, **which** is something that most

people do over and over all day long. Do you consciously control the movements of your legs and feet? (2014.03 서울시 교육청, 고1)
⇒ 접속사+대명사인 which가 사용되었다.

대부분의 사람들은 의식적인 생각이 자신들이 하는 모든 것을 통제한다고 생각한다. 그 사람들은 일반적으로 의식적인 생각이 행동을 끊임없이 지시한다고 믿는다. 이러한 믿음은 잘못된 것이다. 예를 들어, 대부분의 사람들이 하루 종일 반복적으로 하는 걷기를 생각해보라. 그것은 대부분의 사람들이 매일 행하는 어떤 것이다. 다리와 발의 움직임을 의식적으로 통제하는가?

◆ 그냥 넘어가려다 한마디…

간혹 주격관계대명사 뒤에 '주어+동사'만의 형태(I think, I believe…) 등과 같은 어구가 삽입되어 들어오는 경우가 있으므로 어법 문제나 해석 시 주의하기 바란다. 이 '주어+동사'의 어구는 삽입 자체이므로 따로 접속사를 필요로 하지 않는다.

This is the man who I think is rich.
내가 생각하기로 이 분이 부자인 사람이다.
⇒ 여기서 'I think'는 삽입절이며 동사 'is'는 선행사인 the man에 맞춘다.

You should know what you believe is important for your audience.
여러분들은 청중에게 중요하다고 믿는 것을 알아야 한다.
⇒ 여기서 'you believe'는 삽입절이며 동사 'is'는 what에 맞춘다.

[CHAPTER 01 어법 문제유형 정리]

03 준동사의 의미상의 주어

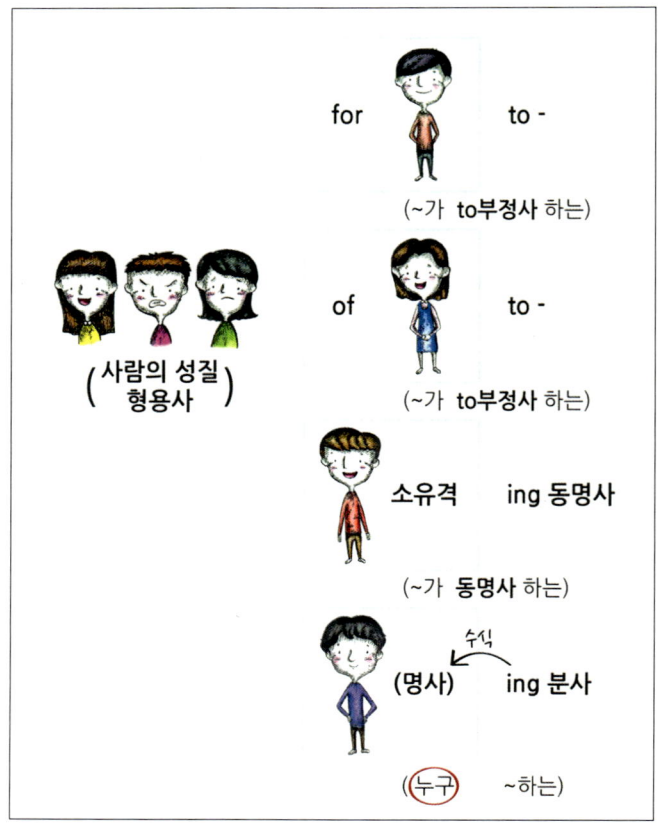

주어(은, 는, 이, 가, 로 끝나는 말)란 해석이 '다'로 끝나는 동사(공부한다: study)의 행위주체이며 의미상의 주어란 행위의 해석이 '다'로 끝나지 않는(공부하는 중: studying, 공부하는 것: studying, 공부하기 위하여: to study) ing분사나 동명사, to부정사의 행위주체를 의미한다.

즉, 모든 행위에는 그 행위가 '다(study)'로 끝나든, '다'로 끝나지 않든(studying, to study) 그 행위주체를 필요로 한다.

동사인 <u>study</u>는 주어를 필요로 하고 준동사인 <u>studying, to study</u>는 문장의 주어가 아닌, 의미적으로만 주어인 의미상의 주어를 필요로 한다.

* 의미상의 주어를 위의 그림을 보면서 이해하라. 특히 사람의 성질을 나타내는 형용사 다음 of + 의미상 주어 + to부정사라는 관점에서 출발해서 전체의 의미상의 주어로 확대해서 이해하길. 친구의 표정을 보면서 of와 결부된 의미상의 주어를 떠올려라. 그리고 다른 의미상의 주어까지….

◆ 의미상의 주어란?

동사의 행위 주체가 아니고 준동사의 행위 주체를 의미한다. 참고로, 준동사란 동사원형 앞에 to를 붙인 부정사나 혹은 동사원형 뒤에 ing를 붙인 동명사나 분사를 의미하는데 이런 준동사의 행위 주체를 의미상의 주어라 하는데 형식상의 주어는 아니고 단지 의미적으로만 주어라는 의미이다. 즉 '공부한다'의 누가라는 행위 주체는 주어이고, '공부하는 중'이나 '공부하는 것'의 누가라는 행위 주체는 의미상의 주어이다.

<u>내가</u>(주어) <u>사랑한다</u>. → 동사가 '다'로 끝났음 (주어)
<u>내가</u>(의미상의 주어) <u>공부하는 중</u> → 동사가 '다'로 끝나지 않았음 (의미상의 주어)
<u>내가</u>(주어) <u>공부한다</u>. → 동사가 '다'로 끝났음 (주어)
<u>내가</u>(의미상의 주어) <u>사랑하는 것</u> → 동사가 '다'로 끝나지 않았음 (의미상의 주어)
<u>내가</u>(의미상의 주어) <u>사랑하기 위해</u> → 동사가 '다'로 끝나지 않았음 (의미상의 주어)

동사가 '다'로 끝나면 그 행위 주체는 주어이고 동사가 '다'로 끝나지 않는 행위 주체는 의미상의 주어라고 생각하면 된다.

<u>I</u> study hard. → I는 주어이고, study는 '다'로 끝나는 동사
There is a book <u>for me</u> to read. → for me 는 to부정사(to read)의 행위 주체인 의미상의 주어
     (내가 읽을)   to부정사는 to가 없으면 동사, to가 붙으면 준동사
There is <u>a baby</u> sleeping in the bed. → a baby가 현재분사(sleeping)의 행위 주체인 의미상의 주어
    (잠자는 아기)   ing현재분사는 ing가 없으면 동사, ing가 붙으면 준동사
I object to <u>his</u> visiting our house. → his가 동명사(visiting)의 행위 주체인 의미상의 주어
  (그가 방문하는 것)   ing동명사는 ing가 없으면 동사, ing가 붙으면 준동사

1. '주어 + 동사'와 '의미상의 주어 + 준동사'의 차이점

1) 주어는 동사의 행위 주체이며 의미상의 주어는 준동사인 to부정사나 ing동명사 그리고 ing분사의 행위 주체이다.

<u>I</u> study → 내가 공부한다 (주어 + 동사)
<u>for me</u> to study → 내가 공부하는 것 / 내가 공부하기 위하여 / 내가 공부할 (의미상의 주어 + to부정사)
<u>my</u> studying → 내가 공부하는 것 (의미상의 주어 + 동명사)
<u>my brother</u> sleeping → 잠자고 있는 중인 나의 동생 (의미상의 주어 + 현재분사)

2) 주어의 동사는 '다'로 끝나지만 의미상의 주어와 결부된 동사는 의미가 '다'로 끝나지 않는다.

<u>I</u> study → 내가(주어) 공부한다.

<u>for me</u> to study → 내가(의미상의 주어) 공부하는 것/내가 공부하기 위하여/내가 공부할
<u>my/me</u> studying → 내가(의미상의 주어) 공부하는 것
<u>my brother</u> sleeping → 잠자고 있는 중인 나의 동생(의미상의 주어)

3) 동사의 주어는 주격이지만, 의미상의 주어는 주격이 아니다.

<u>I</u> study → 내가(I) 공부한다.
　　　　동사의 주어는 주격(I)
<u>for me</u> to study → 내가(for me) 공부하는 것 / 내가(for me) 공부하기 위하여/내가(for me) 공부할
　　　　　　to부정사의 의미상의 주어는 for + 목적격(me)
<u>my/me/Tom('s)</u> studying → 내가(my/me), 탐이 공부하는 것
　　　　　　　　　　동명사의 의미상의 주어는 원칙은 소유격(my/Tom's) 혹은 목적격(Tom/me)
<u>my brother</u> sleeping → 잠자고 있는 중인 동생(명사)
　　　　　　　　분사의 의미상의 주어는 수식받는 명사

4) 동사는 의미가 '다'로 끝나며 동사의 기능만 가지고 있다. 하지만, 준동사인 to부정사, ing분사, ing동명사는 동사가 변해서 동사가 아닌 다른 품사의 기능을 한다. 다만, 이 경우에도 본래의 동사의 의미는 그대로 가지고 있다.

I want <u>to be a teacher</u>. → to부정사로서 목적어 자리의 명사 역할 (선생님이 되는 것)
I enjoy <u>playing the piano</u>. → ing동명사로서 목적어 자리의 명사 역할 (피아노를 치는 것)
The baby <u>sleeping on the floor</u> is my son. → ing분사로서 명사를 수식하는 형용사 역할 (마루에서 잠자고 있는)
I went to the store <u>to buy something</u>. → to부정사로서 부사 역할 (어떤 것을 사기 위하여)
I have many books <u>to read</u>. → to부정사로서 명사를 수식하는 형용사 역할 (읽을)

5) 동명사의 의미상의 주어와 분사의 의미상의 주어는 혼동의 우려가 있어 구별을 잘 할 것

I object to <u>Tom coming here</u>. 나는 Tom이 여기에 오는 것을 반대한다.
➲ 여기서의 Tom은 동명사인 coming의 의미상의 주어이다.

Imagine <u>yourself</u> <u>falling</u> in love with someone as a teenager
10대로서 너 자신이 누군가와 사랑에 빠져 있다고 상상해 봐.
➲ falling은 동명사이고 yourself는 동명사의 의미상의 주어이다.

She was worried about <u>her daughter</u> <u>falling in love with the man</u>.
그녀는 그녀의 딸이 그 남자와 사랑에 빠지는 것에 대해 걱정했다.
➲ 여기서 falling은 전치사인 about의 목적어인 ing동명사이고 her daughter는 이 동명사의 의미상의 주어이다.

International Walk to School Day is a global event that involves <u>children from more than 40 countries</u> walking to school.

'International Walk to School Day'는 40개국 이상의 어린이들을 학교에 도보로 등교하는 데 참여하게 하는 행사입니다.

➲ 여기서 walking to school은 타동사인 involve의 목적어로 온 동명사이고 children from more than 40 countries는 동명사의 의미상의 주어이다.

6) 의미상의 주어에 있어서 시험의 경향은 주로 to부정사의 의미상의 주어 앞에 사람의 성향과 관련된 형용사가 오면 'of + 목적격 + to부정사'의 형태를 많이 묻고 있다.

It was <u>wise of him</u> to think before he acted. 그가 행동하기 전에 생각하는 것은 현명했다.

➲ 그가 가지고 있는 성향/성질 중에(of) to부정사의 행위를 보고 현명하다고 판단한다는 의미이며 사람의 성질은 him과 불가분의 관계를 가지고 있기에 전치사 'of'를 사용한다. 즉 him이 가지고 있는 본질 중에서 to부정사의 행위를 보니 그런 성향을 가지고 있다는 의미이다.

2. 의미상의 주어의 모습

1) to부정사의 행위주체인 의미상의 주어의 표현

원칙적으로 for + 목적격 + to부정사 (목적어가 to부정사 행위를 하다)

* 성질형용사 + of + 목적격 + to부정사
(목적격과 성질형용사는 서로 관련 있는 불가분의 관계이기에 전치사 of를 사용)

They moved aside for me to enter. 그들은 내가 들어가도록 비켜섰다.
(부정사의 의미상의 주어 me가 to부정사의 행위인 들어가는 행위(enter)를 함)

It was careless of you to take her bike without permission.
네가 허락없이 그녀의 자전거를 가져간 것은 부주의했었다.
(의미상의 주어(you)가 부정사의 행위(take)를 한 것은 부주의(careless)했었다)

2) ing동명사의 행위주체인 의미상의 주어의 모습

소유격(your, Tom's)이 원칙이며 구어체에서는 목적격(you, Tom)도 쓴다.

We don't like your / you smoking here.
우리는 네가 여기서 담배 피우는 것을 좋아하지 않는다.

동명사의 의미상 주어로서 무생물 명사인 경우는 명사 자체 그대로 쓴다.

People complain of the train being late.   the train (무생물의 명사)
사람들은 기차가 늦는 것에 대해 불평한다.

3) 분사의 의미상의 주어

Who is the girl dancing with him?
분사(dancing)의 의미상의 주어인 행위자는 수식받는 그 소녀(the girl)

3. 사람의 성질, 성향과 관련된 형용사의 예

kind(친절한), nice(다정한), generous(관대한), selfish(이기적인), polite(공손한), clever(영리한), wise(현명한), foolish(바보스런), silly(어리석은), considerate(동정심이 많은), stupid(우둔한), rude(무례한) cruel(잔인한), careless(부주의한)

kind of him to~	그가 ~하는 것을 보니 친절하구나
nice of him to~	그가 ~하는 것을 보니 다정한 마음을 가졌구나
generous of him to~	그가 ~하는 것을 보니 마음이 관대하구나
selfish of him to~	그가 ~하는 것을 보니 마음이 이기적이구나
polite of him to~	그가 ~하는 것을 보니 마음이 공손하구나
clever of him to~	그가 ~하는 것을 보니 영리하구나
wise of him to~	그가 ~하는 것을 보니 현명하구나
foolish of him to~	그가 ~하는 것을 보니 바보스럽구나
silly of him to~	그가 ~하는 것을 보니 어리석구나
considerate of him to~	그가 ~하는 것을 보니 마음이 동정심이 많구나
stupid of him to~	그가 ~하는 것을 보니 우둔하구나
rude of him to~	그가 ~하는 것을 보니 무례하구나
cruel of him to~	그가 ~하는 것을 보니 잔인하구나
careless of him to~	그가 ~하는 것을 보니 부주의하구나

4. 문제 적용 예

It is dangerous for children to play here. 아이들이 여기서 노는 것은 위험하다.
It is kind of her to take care of children. 그녀가 아이들을 돌보는 것은 친절하다.
It is wise of you to accept the offer. 네가 그 제안을 받아들이는 것은 현명하다.
It is careless of you to have lost your watch. 네가 너의 시계를 잃어버린 것은 부주의하다.
It is cruel of her to hit her child. 그녀가 그녀의 아이를 때리는 것은 잔인하다.
It is foolish of him to say so. 그가 그렇게 말하는 것은 바보스럽다.
It is rude of you not to respect the old. 네가 노인들을 공경하지 않는 것은 무례하다.

기본 문제 연습

1. It is foolish (of him / for him) to quarrel with her. 그가 그녀와 다투는 것은 바보스럽다.
   ➲ 부정사의 의미상의 주어는 사람의 성향(foolish)이 앞에 나오면 의미상의 주어 앞에 of를 쓴다. 따라서 of him이 적절하다.

2. It is easy (for me / of me) to solve the problem. 나에게는 그 문제를 푸는 것은 쉽다.
   ➲ 부정사의 의미상의 주어는 'for + 목적격'을 쓴다. 따라서 for me가 적절하다.

3. It is important (of us / for us) to keep our promise.
   우리들이 우리들의 약속을 지키는 것은 중요하다.
   ➲ 부정사의 의미상의 주어는 'for + 목적격'을 쓴다. 따라서 for us가 적절하다.

4. It takes an hour (of me / for me) to go to school. 내가 학교에 가는 데 한 시간이 걸린다.
   ➲ 부정사의 의미상의 주어는 'for + 목적격'을 쓴다. 따라서 for me가 적절하다.

5. It is foolish (of / for) you to make such a mistake.
   네가 그러한 실수를 저지르는 것은 어리석은 짓이다.
   ➲ 부정사의 의미상의 주어는 사람의 성향(foolish)이 앞에 나오면 의미상의 주어 앞에 of를 쓴다. 따라서 of가 적절하다.

6. It is very kind (for / of) you to help me. 네가 나를 돕다니 매우 친절하구나.
   ➲ 부정사의 의미상의 주어는 사람의 성향(kind)의 형용사가 앞에 나오면 의미상의 주어 앞에 of를 쓴다.

7. There are many books (for / of) you to read. 네가 읽어야 할 많은 책들이 있다.
   ➲ 부정사의 의미상의 주어는 for+ 목적격을 쓴다. 따라서 for가 적절하다.

8. I stepped aside (for / of) people to pass by. 나는 사람들이 지나갈 수 있도록 옆으로 비켜섰다.
   ➲ 부정사의 의미상의 주어는 'for + 목적격'을 쓴다. 따라서 for가 적절하다.

9. (The baby's / The baby) sleeping in the bed is my son.
   그 침대에서 잠자고 있는 아기는 나의 아들이다.
   ➲ 분사의 의미상의 주어는 소유격이 아니고 명사이므로 the baby가 적절하다.

10. We look forward to (for her / her) visiting our village.
    우리들은 그녀가 우리 마을을 방문하기를 바라고 있다.
    ➲ 동명사의 의미상의 주어는 소유격이므로 her가 적절하다.

CHAPTER 01 어법 문제유형 정리

기출 문제 연습

1. Since physical education at the elementary level has seen a decline in recent years, recess has in fact become the main outlet (children / for children) to participate in physical activity in school. (모의응용)
   최근 초등학교에서 체육 시간이 감소하고 있기 때문에 쉬는 시간은 사실 아이들이 학교에서 신체적인 활동을 할 수 있는 중요한 돌파구가 되었다.
   ➲ to부정사의 의미상의 주어는 'for + 목적격 + to부정사'이므로 여기서는 'for + 목적격'인 for children이 적절하다.

2. Activities, friends, and pastimes may cause some difficulties in (your / of you) performing the real job at hand. (모의응용)
   여러 활동, 친구, 오락은 앞에 닥친 실질적인 일을 당신이 수행하는 데 어려움을 일으킬 수 있다.
   ➲ 동명사의 의미상의 주어는 소유격을 쓴다. 따라서 여기서는 your이 적절하다. 전치사인 in 뒤에 왔으므로 분사가 아닌 동명사이다.

3. It is always easier (for others / of others) to do a thing after someone has shown the way. (모의응용)
   누군가가 방법을 보여준 후 다른 사람들이 어떤 일을 하는 것은 항상 더 쉽다.
   ➲ to부정사의 의미상의 주어에 대한 표현은 'for + 목적격 + to부정사'이므로 여기서는 'for + 목적격'인 for others가 적절하다. of는 사람의 성향의 형용사가 의미상의 주어 앞에 있을 때 사용한다.

4. People say that the best way (of / for) us to be healthy is to live in a clean environment. (모의응용)
   우리가 건강을 유지하는 가장 좋은 방법은 깨끗한 환경 속에서 사는 것이라고 사람들은 말한다.
   ➲ to부정사의 행위 주체인 의미상의 주어는 'for + 목적격'의 형태이다. 따라서 여기서는 for가 적절하다.

5. Between 1969 and 1972, the United States sent astronauts to the moon for (their / they) studying of the moon. (모의응용)
   1969년과 1972년 사이에 미국은 우주비행사들이 달을 연구하도록 그들을 달에 보냈다.
   ➲ 동명사의 의미상의 주어는 소유격을 사용하므로 여기서는 their이 적절하다.

마무리하고 넘어가기!

- 의미상의 주어란 준동사인 to부정사, ing동명사와 ing분사의 행위를 하는 주체를 말하는데 시험에 출제되는 경우는 거의 사람의 성향의 형용사 다음에 오는 'of + to부정사'의 구조가 대부분이다.

- 이것만 암기하라. 사람의 '성질형용사 + of + to'를 기억하라.

- '전치사 + 목적격' / '소유격 + ing동명사'의 구조는 해석할 때 주의하라.

스스로 어법문제 만들어가기

1. Researcher Jack Greenberg studied how employees from various career sectors perceived their performance evaluation. He found that, regardless of the industry, it was incredibly important for employees **to feel** that they were active participants in the evaluation process. (2015.03 고3 모의고사)
   ⊃ to부정사(to feel ~)의 의미상의 주어(employees)는 for+목적격을 사용한다.
   Jack Greenberg라는 연구자는 다양한 직업군의 직원들이 업무 평가에 대해 어떻게 인지하는지 연구했다. 그는 업종에 관계없이 직원이 평가 과정에 적극적으로 참여했다고 느끼는 것이 엄청나게 중요하다는 것을 알게 되었다.

2. It's a small world, and business brings people from all cultures together. You may attend a meeting with a foreign visitor, or you may be sent off to a country with a language you don't understand. A language gap is a great opportunity **for good manners** to shine. (2014.03 서울시 교육청, 고1)
   ⊃ for good manners 뒤에 to부정사가 왔으니 good manners가 to부정사의 의미상의 주어인 것 같은데, 앞에는 사람의 성향의 형용사가 아닌 a great opportunity란 명사가 왔으므로 to부정사의 의미상의 주어 앞에 for를 사용하는 것이 적절하다.
   세상은 좁고, 사업은 모든 문화권의 사람들을 함께 모이게 한다. 외국 방문객이 있는 회의에 참석할 수도 있고, 이해하지 못하는 언어를 가진 국가로 파견될 수도 있다. 언어의 차이는 훌륭한 예절이 빛을 발하기 좋은 기회이다.

3. I've been a career woman for the past seven years. For a couple of years after giving birth to my first daughter, it was really tough **for me** to work and take care

of her at the same time. So I know how necessary the babysitting service you're providing is. And I feel really grateful for the service too. (2014.03 서울시 교육청, 고1)
⮕ to부정사의 의미상의 주어는 'for + 목적격'이다.
저는 지난 7년 동안 직장 여성으로 일해왔습니다. 첫째 딸을 출산한 후 2년 동안, 제가 일하면서 동시에 그 아이를 돌보는 것이 참으로 힘들었습니다. 그래서 저는 귀하께서 제공하는 육아 서비스가 얼마나 필요한지 알고 있습니다. 그리고 저는 그 서비스에 정말 고마움을 느끼기도 합니다.

04 주어와 동사의 단/복수 일치

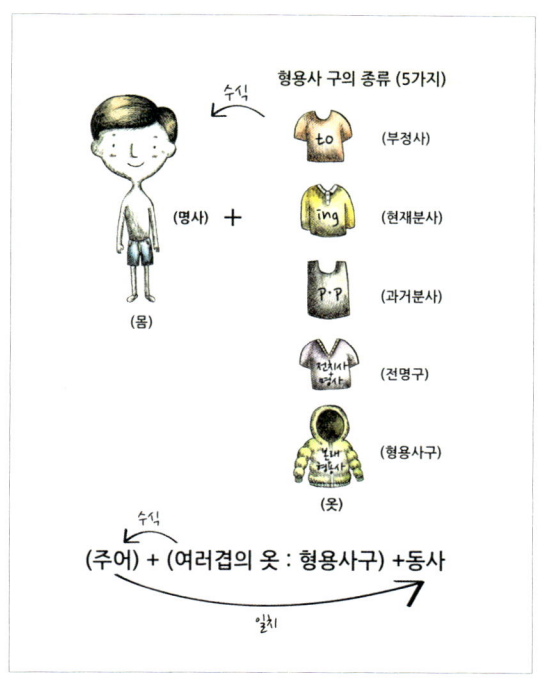

몸은 명사, 옷은 그 명사를 뒤에서 수식하는 형용사 역할을 하는 "후치수식의 형용사구"라고 생각하라.
사계절이 아니라 오계절이 있다고 가정하고 그 오계절 따라 입는 다섯 가지 옷의 종류를 품사와 연결지어 생각하라.

****

명사+ 미래에 입을 옷인 to부정사의 옷 (아이/ 돌 볼.... a child to take care of)
명사+ 현재 입고 있는 옷인 ing현재분사의 옷 (아이/ 열심히 공부하고 있는...the child studying hard)
명사+ 뒤쪽에 단추가 있어 누군가가 입혀주어야 하는 옷인 과거분사인 pp
       (아이/ 파티에 초대되어진... the child invited to the party)
명사+ 길거리에서 구입한 가장 흔한 옷인 전명구 (아이들/ 도시의 .....the children in the city)
명사+ 다른 옷에 받혀 입는 옷인 형용사구
      (아이/ 수학에 뛰어난 .....the child excellent in math)
이 옷들은 두 겹 이상의 옷들이므로 반드시 몸(명사) 뒤쪽에서부터 입어야 한다(후치수식의 형용사구)

* 옷을 입을 때마다 명사 뒤에서 수식해주는 5종류의 형용사구를 연상하라.

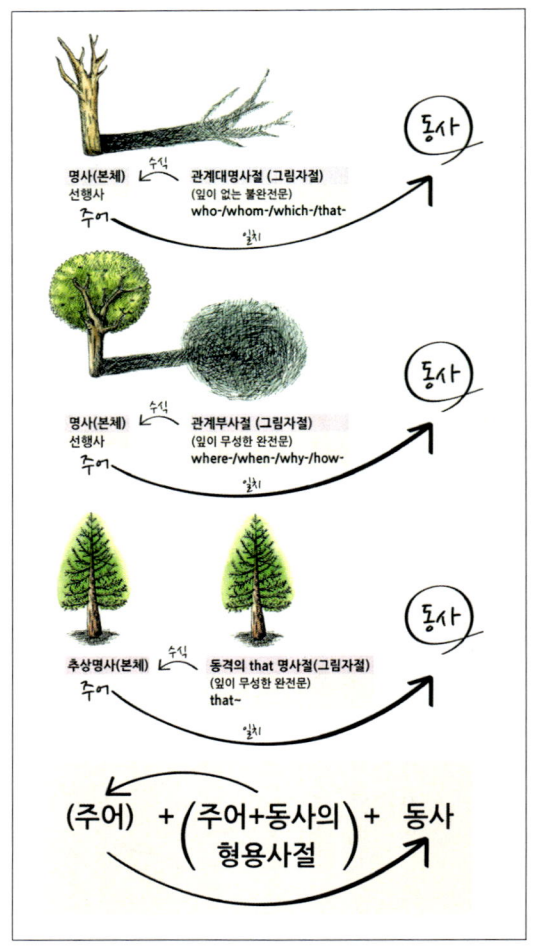

앞에는 본체인 나무가 있고 뒤에는 나무의 그림자가 있는데
이 나무의 그림자가 뒤에서 앞의 나무를 수식해준다

나무 = 본체 = 수식을 받는 선행사
그림자 = 관계대명사절/ 관계부사절/ 동격절 = 명사를 수식하는 형용사절(주어+동사~)

나무+ 잎이 없는 앙상한 겨울 나무 그림자......(주어나 목적어가 없는 불완전문의 관계대명사절)
　　(the book which I read)
나무+ 잎이 무성한 나무 그림자................. (완전문의 관계부사절)
　　(the house where I live)
나무+ 잎이 침엽수인 나무 그림자.............. (완전문의 that동격절)
　　(a possibility that he will come)

* 나무(본체)와 그나무의 그림자(형용사절)를 볼때마다 선행사와 형용사절 및 동격절을 연상하라.

1. 앞의 명사를 뒤에서 꾸며주는 후치수식의 '형용사구'(5가지)

<u>명사(몸) to부정사구(옷)</u>
<u>ing현재분사구(옷)</u>
<u>pp의 과거분사구(옷)</u>
<u>전명구(옷)</u>
<u>본래의 형용사구(옷)</u>

(몸)/(여러 겹의 옷) → '여러 겹의 옷'이 뒤에서 앞의 '몸'을 수식(형용사 역할)

<u>the way</u> **to reach the island** 섬에 도착할 방법(to 부정사)
<u>the babies</u> **sleeping in the bed** 침대에서 잠자고 있는 아기들(현재분사)
<u>everybody</u> **invited to the party** 그 파티에 초대된 모든 사람(pp)
<u>the house</u> **on the hill** 언덕 위에 있는 집(전명구)
<u>a single room</u> **available for tonight** 오늘밤 묵을 싱글룸(순수형용사구)

1) 형용사구의 역할과 위치

영어는 꾸밈을 받는 말이 원칙적으로 먼저 나오고 꾸며주는, 수식하는 어구가 뒤에 나온다. 이것을 '후치수식'이라고 한다. 왜냐하면 중요한 말인 명사가 결국은 수식받는 말이기에 이 중요한 명사를 앞에 내세워 강조하기 위함이다.

중요한 어구를 먼저 던져놓고 수식하는 부연 설명의 부분은 뒤에 두는 형식이 영어의 가장 중요한 포인트이다.

이것이 꾸며주는 말이 항상 먼저 나오고 꾸밈을 받는 말이 뒤에 나오는 우리말 구조와의 결정적인 차이점이다.

여기서 수식받는 말은 명사이고 수식하는 어구는 형용사이다. 형용사는 우리말의 'ㄴ'으로 끝나는 말이라 생각하면 된다. (예쁜, 높은, 빠른, 영리한 등)

이렇게 명사를 수식하는 형용사의 어구가 두 단어 이상이면서 동사가 없는 경우 형용사구라 한다.

이러한 형용사구는 반드시 명사의 뒤에 위치하는 후치수식의 구조이다.

명사 + 두 단어 이상의 형용사구
ex) a book on the desk

언덕 위에 있는 / 집 → 한국어식(꾸며주는 말이 앞에 온다)
집 / 언덕 위에 있는 → 영어식(꾸며주는 말이 뒤에 온다)

the house on the hill
(수식받는 말)　(수식하는 말: 형용사구)

침대에서 잠자고 있는 / 아기 → 한국어식(꾸며주는 말이 앞에 온다)
아기 / 침대에서 잠자고 있는 → 영어식(꾸며주는 말이 뒤에 온다)

a baby sleeping on the bed
(수식받는 말)　(수식하는 말: 형용사구)

단, 한 단어가 명사를 꾸며줄 때에는 구태여 수식어를 뒤에 둘 필요가 없기에 앞에 온다.

a kind girl 친절한 소녀
(형용사) (명사)
a sleeping baby 잠자고 있는 아기
(형용사) (명사)

2) 형용사구의 수식을 받아 길어진 주어와 동사의 일치

이와 같이 영어에 있어서의 뒤에서 앞의 명사를 꾸며주는 형태의 결과로서 나타나는, 대두되는 것이 주어와 동사의 단·복수의 일치문제이다.

보통 일반적인 경우라면 주어 다음에 바로 동사가 나와서 주어와 동사의 일치여부가 간단하지만(I am/He is/Tom goes/The man loves) 만약 이 명사인 주어가 형용사의 수식을 받아서 길어지면 주어와 동사가 떨어진, 주어가 보다 길어진 상태의 조금은 복잡한 구조가 된다.

즉 명사를 꾸며주는 품사를 형용사라 하는데 형용사기능의 수식어구가 붙으면 주어가 길어진, 약간은 복잡한 구조가 된다.

The house is blue.
　(주어)　(동사)
➲ 주어가 한 단어라서 주어 바로 뒤에 동사가 오는 간단한 구조이지만

The house on the hill is blue.
　(주어)　(형용사구) (동사)
➲ 주어인 the house가 전명구의 형용사구인 on the hill의 수식을 받아 길어지면서 주어와 동사가 떨어져 있는 구조가 된다.

The girl playing the piano is my daughter.
　(주어)　(형용사구)　(동사)
➲ 주어인 the girl이 분사의 형용사구인 playing the piano의 수식을 받아 길어지면서 주어와 동사가 떨어져 있는 구조가 된다.

이렇게 주어와 동사가 떨어져 있는 경우는 반드시 주어와 동사의 단·복수를 일치시키는 데 유의해야 한다.

3) 명사를 후치수식 하는 5가지의 형용사구

　주어가 본래 한 단어일 때는 주어 다음에 바로 동사가 나오면서 보다 간단한 문장의 구조이지만, 주어가 수식을 받아 길어진 경우는 보다 복잡한 구조가 되는 데 그렇다면 어떤 어구의 수식을 받아 주어가 길어지게 되는 걸까?

　주어인 명사를 수식해서 주어를 길어지게 하는 경우는 형용사구와 형용사절의 두 종류가 있는데 형용사절은 아래에서 설명하기로 하고 여기서는 형용사구를 살펴보기로 하겠다. 이 형용사구는 동사가 없는 두 단어 이상의 '구'가 뒤에서 주어를 수식해 주어를 길어지게 하고 주어와 동사를 떨어지도록 만드는 역할을 하며 종류는 다섯 가지가 있다.

The way to reach the island is by helicopter. 그 섬에 가는 방법은 헬리콥터에 의해서다.
(명사주어)　↑　(동사)
　(앞의 명사를 수식하는 to부정사의 형용사구)

The babies sleeping in the bed are my sons. 침대에서 잠자고 있는 아기들은 나의 아들들이다.
(명사주어)　↑　(동사)
　(앞의 명사를 수식하는 현재분사의 형용사구)

The people invited to the party are certain to come. 초대 받은 사람들은 꼭 온다.
(명사주어)　↑　(동사)
　(앞의 명사를 수식하는 과거분사의 형용사구)

One man in a thousand tries to do it. 1000명에 한 사람 정도나 그것을 하려고 노력한다.
(명사주어)　↑　(동사)
　(앞의 명사를 수식하는 전명구의 형용사구)

Parking available in nearby pay lots is exorbitant. 인근의 유료 주차장에서의 주차는 지나치게 비싸다.
(명사주어)　↑　(동사)
　(앞의 명사를 수식하는 본래의 형용사구)

앞의 명사를 뒤에서(후치) 동사 없는 두 단어 이상(구)이 수식(형용사 역할)한다고 해서 후치수식의 형용사구라고 한다. 이 경우에는 주어가 다섯 가지의 형용사구의 수식을 받아 길어진 경우가 되어 동사와 떨어져 있는 경우가 되는 데 이 경우가 주어와 동사의 일치 문제의 어법문제가 대두된다.

이와 같이 주어가 길어진 이유는 위의 다섯 가지 '형용사구'로 인한 후치수식 때문에 길어졌기 때문에 다섯 가지 후치수식의 형용사구를 문장 속에서 파악하고 익히려는 태도가 중요하다.

수식을 받아 길어진 주어와 동사를 일치시키는 과정이 어법의 가장 기본적인 구조이다.

여기서 수식받는 명사를 '몸'으로, 수식하는 구를 계절 따라 입는 다섯 가지 종류의 '겹겹의 옷'이라 생각하고 이 옷이 뒤에서 앞의 주어인 몸의 명사를 수식한다고 생각하면서 문장을 보면 어떨까? 옷이 명사를 수식하는데 종류는 오계절에 따라 다섯 가지 종류의 옷이 있다.

위의 다섯 가지는 명사를 뒤에서 후치수식하는 형용사구의 기능을 하는 유형으로서 꼭 익히기 바란다.

- 형용사란 명사를 수식하는 기능을 말하고
- 형용사구란 동사가 없는 두 단어 이상이 명사를 수식하는 기능을 말한다.
- 후치수식이란 뒤에서 앞의 명사를 수식한다는 말이다.
  ⊃ 앞에서 뒤의 명사를 수식하는 경우는 전치수식(a kind boy)이라 한다.

2. 앞의 명사를 뒤에서 꾸며주는 후치수식의 '형용사절'(3가지)

관계대명사절(the book which I bought)
관계부사절 (the house where I live)
동격의 that절 (the fact that she is beautiful)

일반적으로 주어는 한 단어 명사이지만, '주어 + 동사'의 형식을 갖춘 '절'의 수식을 받아 길어진 경우, 주어와 동사 사이에 '절'이 놓이게 되면서 주어와 동사가 떨어져 놓이게 되는 경우가 발생한다.

이러한 앞의 명사를 수식하는 경우의 '형용사절'의 형태는 관계대명사절, 관계부사절, 동격의 that절의 세 가지 경우가 있다.

이 절이 명사를 수식해준다는 의미에서 '형용사절'이라 한다.

내가 사랑하는 / 그 남자 → 한국어식(꾸며주는 말이 앞에 온다)
그 남자 / 내가 사랑하는 → 영어식(꾸며주는 말이 뒤에 온다)
<u>the man</u> <u>whom I love</u>
　╱　　　╲
(수식받는 말)　(수식하는 말: 관계대명사절 = 형용사절)

내가 살고 있는 / 집 → 한국어식(꾸며주는 말이 앞에 온다)
집 / 내가 살고 있는 → 영어식(꾸며주는 말이 뒤에 온다)
<u>the house</u> <u>where I live</u>
　╱　　　╲
(수식받는 말)　(수식하는 말: 관계부사절 = 형용사절)

그가 거짓말쟁이라는 / 사실 → 한국어식(꾸며주는 말이 앞에 온다)
사실 / 그가 거짓말쟁이라는 → 영어식(꾸며주는 말이 뒤에 온다)

the fact that he is a liar.
   ↗   ↖
(수식받는 말) (수식하는 말: 동격의 that절= 형용사절)

The man whom you met is Tom.
 (선행사인 명사)   ↑   (동사)
(앞의 명사를 수식해주는 관계대명사절의 형용사절)

The house where he lives was built in 1900.
 (선행사인 명사)   ↑   (동사)
(앞의 명사를 수식해주는 관계부사절의 형용사절)

The fact that the student was late again annoyed his teacher.
 (선행사인 명사)   ↑   (동사)
   (앞의 명사를 수식해주는 동격의 명사절의 형용사절)

이렇게 주어가 '형용사절'의 수식을 받아 길어진 경우에는 주어와 동사가 멀리 떨어져 있는 경우가 되므로 주어와 동사의 단·복수 일치문제를 묻는 문제가 많이 출제된다.

한편, 이렇게 생각하면 어떨까?

수식받는 명사를 '본체', 수식하는 관계대명사절, 관계부사절, 동격의 that절을 '그림자절'이라고 생각하고 이 그림자절이 앞의 본체를 수식한다고 생각하면 문장 보는 눈이 훨씬 더 올라가지 않을까?

3. 주어와 동사의 일치를 파악해야 하는 유형

우리말에는 없는 법칙이지만 영어에서는 주어가 3인칭 단수이고 동사가 현재이면 반드시 동사에 s/es를 붙인다. 물론 주어가 단수이고, be 동사라면 is나 was를 사용한다.

He goes to school.
She studies hard.
He loves her.
She is pretty.
She was pretty when young.

동사가 현재형이라면 평소에 항상 주어가 단수인지 복수인지를 따져서 동사에 s나 es가 있는지를 확인하는 습관을 들여라.

참고로 만약, 주어가 3인칭 단수이고 동사가 현재일 경우나 동사가 o로 끝나거나 발음이 '즈, 스, 쉬이, 취이'(~z,~s,~x,~sh,~ch)로 끝날때는 es를 붙인다. (buzzes, kisses, washes, teaches...)

일반적으로 주어와 동사가 붙어 있는 경우는 시험에 잘 출제되지 않는다. 주어와 동사가 떨어져 있는 경우에 거의 출제가 된다.

❖ 주어와 동사 사이에 형용사구가 끼어 주어와 동사가 분리
****

1) 구(여러 겹의 옷)가 사이에 끼여서 주어(몸)를 수식하면서 주어와 동사가 떨어져 있는 경우

주어가 '형용사구'의 수식을 받아 길어진 경우 수식을 받는 명사가 주어가 되며 이 주어와 동사를 일치시킨다. 이 형용사구에는 5가지 종류가 있는데, 'to부정사구, ing현재분사구 pp인 과거분사구, 전명구, 일반형용사구'이다.

주어 + (to부정사) + 동사 → <u>The books</u> to read <u>are</u> 읽을 책들은
                     (주어명사)   ↑   (동사)
                          (to부정사: 형용사구)

➲ 동사는 to부정사의 수식을 받는 주어와 일치시켜라.

주어 + (ing현재분사) + 동사 → <u>The babies</u> sleeping in the bed <u>are</u>
                     (주어명사)   ↑   (동사)
                        (ing현재분사: 형용사구)
                       침대에서 잠자고 있는 아기들은

➲ 동사는 ing현재분사의 수식을 받는 주어와 일치시켜라.

주어 + (pp인 과거분사) + 동사 → <u>The books</u> written in Korean <u>are</u> 한국어로 쓰인 책들은
                     (주어명사)   ↑   (동사)
                        (pp인 과거분사: 형용사구)

➲ 동사는 pp과거분사의 수식을 받는 주어와 일치시켜라.

주어 + (전명구) + 동사 → <u>The books</u> on the desk <u>are</u> 책상 위의 책들은
               (주어)   ↑   (동사)
                    (전명구: 형용사구)

➲ 동사는 전명구의 수식을 받는 주어와 일치시켜라.

주어 + (일반형용사구) + 동사 → <u>The person</u> responsible for them <u>is</u>
                    (주어명사)   ↑   (동사)
                         (본래형용사구)
                    그들에 대해 책임 있는 그 사람은

➲ 동사는 뒤에 꼬리가 붙어 길어진 일반형용사구의 수식을 받는 주어와 일치시켜라.

❖ 주어와 동사 사이에 형용사절이 끼어 주어와 동사가 분리
****

2) 절(그림자)이 중간에 끼여 주어(본체인 선행사)를 수식하면서 주어와 동사가 떨어져 있는 경우

주어가 관계대명사절이나 관계부사절 혹은 동격의 that절인 형용사절의 수식을 받아 길어진 경우에 수식받는 명사가 주어가 되면서 전체적으로는 길어진 주어의 형태가 된다.

그리고 주어 다음에 바로 관계대명사나 관계부사나 혹은 동격의 that이 나오면 두 번째 동사가 주어의 동사가 된다.

주어 + (관계대명사) + 동사 → <u>The books</u> which I bought <u>are</u> 내가 샀던 그 책들은
          (명사주어)   ↑ (동사)
            (관계대명사절: 형용사절)

➲ 동사는 관계대명사절의 수식을 받는 주어(the books)와 일치시켜라.

주어 + (관계부사) + 동사 → <u>The house</u> where I was born <u>is</u> 내가 태어난 그 집은
         (명사주어)   ↑ (동사)
           (관계부사절: 형용사절)

➲ 동사는 관계부사절의 수식을 받는 주어(the house)와 일치시켜라.

        <u>The day</u> when I was born <u>was</u> 내가 태어난 그 날은
        (명사주어)   ↑ (동사)
          (관계부사절: 형용사절)

➲ 동사는 관계부사절의 수식을 받는 주어(the day)와 일치시켜라.

추상명사주어 + (동격의 that) + 동사 <u>The possibility</u> that I will succeed <u>is</u> 내가 성공할 가능성은
           (명사주어)   ↑ (동사)
           (동격의 명사절: 형용사절)

➲ 동사는 동격의 that절의 수식을 받는 주어(the possibility)와 일치시켜라.

❖ 주어와 동사 사이에 삽입이 끼어 주어와 동사가 분리

3) 삽입이 끼어 주어와 동사가 떨어져 있는 경우

주어 다음에 콤마와 콤마가 오고 그다음에 동사가 나오는 형태에서 콤마 사이는 삽입으로 본다. 이 경우 삽입은 제외하고 나서 주어와 동사의 관계를 살펴라.
즉 삽입은 '삽'으로 떠서 버리고 나머지를 생각하라.

'주어 + 삽입 + 동사' 형식

  <u>The man</u>, <u>who helps us</u>, <u>is</u> my uncle. 우리를 돕는 그 남자는 나의 삼촌이다.
  (명사주어) ↑ (동사)
     (삽입어구)

➲ 동사는 삽입어구를 제외한 주어와 일치시켜라.

His brother, as far as I know, is honest. 내가 아는 한 그의 형은 정직하다.
(명사주어)   ↑   (동사)
              (삽입어구)

➲ 동사는 삽입어구를 제외한 주어와 일치시켜라.

✤ 덩어리 주어는 단수

4) '구'나 '절'의 덩어리 자체가 주어인 경우 단수 취급

동사가 없는 두 단어 이상의 '명사구'나 주어와 동사를 갖추고 명사역할을 하는 '명사절'에 있어서 그 자체 덩어리가 주어일 경우 단수 취급한다.

① 명사구인 주어(ing동명사구/to부정사구) + 단수동사

To be a teacher is 선생님이 되는 것은
(to부정사구: 명사구) (단수동사)

Playing the piano is 피아노를 치는 것은
(ing동명사구: 명사구) (단수동사)

② 명사절인 주어(that절/의문사절/whether절/what절) + 단수동사

That he is honest is 그가 정직하다는 사실은
(that절: 명사절) (단수동사)

Who broke the window is 누가 창문을 깨뜨렸는지는
(의문사절: 명사절) (단수동사)

Whether he will come is 그가 올지 안 올지는
(의문사 없는 의문사절) (단수동사)

5) each/every~/neither는 단수 취급

each나 every는 각각이라는 단수적 성격이므로 단수 취급한다.

Each student is 각 학생은
Everyone is 모든 사람은
Neither is present. 둘 다 출석하지 않았다.

6) the + 형용사 (= ~하는 사람들(복수))

the + 형용사는 '~하는 사람들'이라는 의미로서 복수 취급한다.

> The rich are 부자들은
> The homeless are 집 없는 사람들은

❖ 가까운 주어가 동사를 지배
****

7) 상관어구에 있어서 선택주어(B에 동사를 맞춤)

상관어구에 있어서는 동사에 가까운 주어와 동사의 짝을 맞춘다. 여기서는 동사와 가까운 B에 맞춘다.

단 as well as는 예외적으로 동사와 먼 곳의 주어와 짝을 맞춘다.

> B as well as A → B가 주어 (A뿐만 아니라 B도) You as well as he are
> either A or B → B가 주어 (A 혹은 B 중의 하나) Either you or he is
> neither A nor B → B가 주어 (A와 B 둘 다 ~아니다) Neither you nor he is
> not only A but also B → B가 주어 (A뿐만 아니라 B도) Not only you but also he is
> both A and B → 복수동사(A와 B 둘 다) Both she and he are
> neither of A → 단수동사(A 중의 어느 ~도 아니다) Neither of them is (간혹 구어체에서는 are 도 가능)

8) 부분주어는 전체가 단수인지 복수인지를 구별해서 정함

부분주어는 '~중의 일부'라는 의미로서 전체가 복수이면 부분도 복수이고 전체가 단수이면 부분도 단수로 취급한다. 단, one of~는 주어가 one이므로 단수 취급한다.

> Some of the apple is → 한 개 중의 일부는 단수
> (한 개 중의 일부)
> Some of the apples are → 여러 개 중의 일부는 복수
> (여러 개 중의 일부)
> One of the apples is → 여러 개 중의 하나는 단수
> (여러 개 중의 하나)

9) 주격관계대명사절 내의 동사는 관계대명사 앞 선행사에 동사의 단·복수를 맞춘다.

주격관계대명사의 선행사는 관계대명사절 내의 동사를 지배한다. 이 경우는 관계대명사를 제외시키고 판단하라. 예) The man who is~ → The man is~

The man who teaches me English 내게 영어를 가르치는 사람
(단수선행사)　　(단수동사)
⊃ 주격관계대명사절 내의 동사(teaches)는 선행사(The man)와 일치시킨다.

The book which was written in Korean 한국어로 쓰인 책
(단수선행사)　　(단수동사)
⊃ 주격관계대명사절 내의 동사(was)는 선행사(The book)와 일치시킨다.

The sons who are doctors 의사들인 아들들
(복수선행사)　　(복수동사)
⊃ 주격관계대명사절 내의 동사(are)는 선행사(sons)와 일치시킨다.

❖ 뒤쪽에서 찾아야 하는 주어

10) There be는 be동사 뒤에 주어가 온다.

There be의 구문은 there이 주어가 아니고 뒤에 도치된 명사가 주어가 된다.

There is a book.
　　(동사) (주어)
There are books.
　　(동사) (주어)

11) 부정어나 부사구의 도치

① 부정어의 도치(부정어 + be/조동사/do/did/does + 주어)

부정어가 문두로 나가면 뒤에는 의문문형태의 구조(조동사, be동사, do, did, does+ 주어)가 된다. 주어가 뒤쪽에 위치한다.

Never do they clean their rooms. 그들은 결코 그들의 방을 청소하지 않는다.
Not only does Tom study English, but he studies Chinese.
탐은 영어뿐만 아니라 중국어도 공부한다.
Only when he studies does he listen to the radio. 그는 공부할 때만 라디오를 듣는다.
Little did I dream of seeing you here. 나는 여기서 너를 보리라고는 꿈에도 생각 못했다.
I don't smoke, and neither do I drink. 나는 담배도 피우지 않으며 술도 먹을 줄 모른다.

② 부사구의 도치('부사구 + 동사 + 주어'/'부사구 + 대명사 + 동사')

장소, 방향의 부사(구)가 주어로 나가면 주어와 동사는 서로 바뀌는 도치가 일어난다.

대명사가 주어라면 도치가 일어나지 않는다.

On the table is a bottle of water. 물 한 병이 테이블 위에 있다.
➲ 부사구가 문두로 나가면 도치

*Here he comes. 그가 여기로 온다.
➲ 대명사는 도치되지 않는다.

③ so~, neither

So do they. 그들도 역시 그렇다.
So is he. 그도 역시 그렇다.
Neither am I. 나도 역시 아니다.

◆ 그냥 넘어가기에는 아쉬워 한마디…

There be 구문의 변형 모습 주의

There is a cat in the corner. 구석에 고양이 한 마리가 있다.
There used to be a tall tree here. 과거에 여기에 큰 나무 한 그루가 있었다.
Recently, there has been much tension between the U.S. and China.
최근 미국과 중국 사이에 많은 긴장이 있어 왔다.

기본 문제 연습

1. There (is / are) a book on the desk. 책상 위에 책 한 권이 있다.
   ➲ there be구문은 주어가 뒤에 있으며 여기서는 a book이 단수주어이므로 동사는 단수인 is가 적절하다.

2. There (is / are) books on the desk. 책상 위에 책들이 있다.
   ➲ 주어가 books이므로 동사는 복수인 are이 적절하다.

3. The books on the desk (are / is) mine. 책상 위에 있는 책들은 나의 것이다.
   ➲ 여러 겹 옷의 형태인 전명구(on the desk)의 수식을 받는 the books가 복수주어이므로 동사는 복수동사인 are이 적절하다.

4. The babies sleeping in the bed (were /was) born in this hospital.
   침대에서 잠자고 있는 그 아기들은 이 병원에서 태어났다.
   ➲ 여러 겹 옷의 형태인 현재분사(sleeping)의 수식을 받는 the babies가 복수주어이므로 동사는 복수인 were이 적절하다.

5. The books for me to read by this Sunday (is / are) on the desk.
   이번 일요일까지 내가 읽어야 할 책들이 책상 위에 있다.
   ➲ 여러 겹 옷의 형태인 to부정사(to read)의 수식을 받는 the books가 복수주어이므로 동사는 복수인 are이 적절하다.

6. The books written in Chinese (are / is) difficult to read.
   중국어로 쓰여진 그 책들은 읽기에 어렵다.
   ➲ 여러 겹 옷의 형태인 과거분사 pp(written)의 수식을 받는 the books가 복수주어이므로 동사는 복수인 are이 적절하다.

7. Each of you (are / is) as different as your fingertips. 너희들 각자는 손가락 끝들만큼이나 다르다.
   ➲ each는 주어로서 단수 취급하므로 동사는 단수인 is가 적절하다.

8. A shelter available for the homeless (are / is) in the middle of the town.
   집 없는 사람들을 위한 거주지가 도시 중앙에 있다.
   ➲ 여러 겹 옷의 형태인 형용사구(available ~의 수식을 받는 a shelter이 단수주어이므로 동사는 단수인 is가 적절하다.

9. The files available for downloading from this website (is / are) limited.
   이 웹사이트로부터 다운로드가 가능한 그 파일들은 제한되어 있다.
   ➲ 여러 겹 옷의 형태인 형용사구(available~)의 수식을 받는 the files가 복수주어이므로 동사는 복수인

are이 적절하다.

10. The apples which I bought yesterday (was / were) very delicious.
    내가 어제 샀던 그 사과들은 매우 맛있었다.
    ⇒ 그림자절인 관계대명사절(which~)의 수식을 받는 the apples가 복수주어이므로 복수동사인 were가 적절하다.

11. Those who were invited to the party (were / was) almost all men.
    그 파티에 초대된 사람들은 거의 모두 남자였다.
    ⇒ 그림자절인 관계대명사절(who~)의 수식을 받는 those가 복수주어이므로 복수동사인 were가 적절하다.

12. The house in which many people lived (was / were) made of wood.
    많은 사람들이 살았던 그 집은 나무로 만들어졌다.
    ⇒ 그림자절인 관계대명사절(in which~)의 수식을 받는 the house가 단수주어이므로 단수동사인 was가 적절하다.

13. Desert lands where few humans live (is / are) away from the river.
    사람들이 거의 살지 않는 그 무인도들은 강으로부터 멀리 떨어져 있다.
    ⇒ 그림자절인 관계부사절(where~)의 수식을 받는 desert lands가 복수주어이므로 복수동사인 are이 적절하다.

14. The days when he really switches off (are / is) when he is on vacation.
    그가 진정으로 (일에 대해) 신경을 끄는 유일한 날들은 우리가 휴가를 가 있을 때이다.
    ⇒ 그림자절인 관계부사절(when~)의 수식을 받는 the days가 복수주어이므로 복수동사인 are이 적절하다.

15. The boys who (are / is) my friends (are / is) all honest.
    나의 친구들인 그 소년들은 모두 정직하다.
    ⇒ 그림자절인 관계대명사절(who~)의 수식을 받는 the boys가 복수주어이므로 복수동사인 are이 적절하다. 그림자절 내의 동사는 본체인 선행사가 주어이므로 주어가 복수인 boys이므로 그림자절 내의 동사도 are이다.

16. I know of the girl who (is / are) good at swimming. 수영을 잘하는 그 소녀를 나는 안다.
    ⇒ 선행사가 the girl인 단수이고 그림자절인 주격관계대명사절(who~) 내의 동사도 이 선행사에 맞추어야 하므로 is가 적절하다.

17. The man, who takes care of the children, (lives / live) near my house.
    그 아이들을 돌보고 있는 그 남자는 나의 집근처에 산다.

CHAPTER 01 어법 문제유형 정리

➲ 주어 다음에 콤마와 콤마가 나오면 콤마 사이는 삽입어구가 되고 그다음에 동사가 나온다. 이 동사와 문두의 주어를 맞추는데, 주어가 the man인 단수이므로 동사는 lives가 적절하다.

18. Learning foreign languages (is / are) difficult. 외국어를 배우는 것은 어렵다.
   ➲ ing동명사구는 단수 취급하므로 단수동사인 is가 적절하다.

19. Swimming in this river (is / are) very dangerous. 이 강에서 수영하는 것은 매우 위험하다.
   ➲ ing동명사구는 단수 취급하므로 단수동사인 is가 적절하다.

20. (This / It) is easy for me to lift the stone. 나에게는 그 돌을 끌어올리는 것이 쉽다.
   ➲ 진주어/가주어 구문으로서 진주어(for me to lift~)를 대신하는 가주어는 반드시 단수인 it으로 받으므로 it이 적절하다. 명사구는 단수 취급하는 논리이다.

21. Whether or not this was true (do not / does not) matter.
   이것이 사실이었는지 아니었는지는 중요하지 않다.
   ➲ whether절은 의문사 없는 의문사절로서 단수 취급하므로 doesn't가 적절하다.

22. That he is kind (is / are) true. 그가 친절하다는 것은 사실이다.
   ➲ that절인 명사절은 단수 취급하므로 단수동사인 is가 적절하다.

23. Who will do it (has / have) not been decided yet.
   누가 그것을 할 것인지는 아직 결정되지 않았다.
   ➲ 의문사절은 명사절로서 단수 취급하므로 단수동사인 has가 적절하다.

24. What he said about the plans yesterday (is / are) true.
   어제 그가 그 계획들에 대해 말했던 것은 사실이다.
   ➲ what절인 명사절은 단수 취급하므로 단수동사인 is가 적절하다.

25. Both boys (is / are) honest. 두 소년들은 정직하다.
   ➲ both는 둘이라는 복수이므로 복수동사인 are이 적절하다.

26. Both sides (seem / seems) to have interpreted the contract differently.
   양측이 계약서 내용을 달리 해석했던 것처럼 보인다.
   ➲ both는 둘이라는 복수이므로 복수동사인 seem이 적절하다.

27. Neither boy (is / are) honest. 어느 소년도 정직하지 않다.
   ➲ neither는 단수 취급하므로 is가 적절하다.

28. Neither I nor he (likes / like) her. 나도 그도 둘 다 그녀를 좋아하지 않는다.
 ⊃ 동사는 가까운 주어인 he 쪽에 맞추므로 likes가 적절하다.

29. A number of boys (were / was) absent. 많은 소년들이 결석했다.
 ⊃ a number of는 '많은'이라는 의미로서 복수명사와 결합하므로 주어는 boys이므로 복수동사인 were이 적절하다.

30. The number of boys (are / is) twenty. 소년들의 수는 20명이다.
 ⊃ the number of~ 구문에서는 '~에 대한 수'라는 의미로서 단수인 the number가 주어이므로 단수동사인 is가 적절하다.

31. I as well as he (am / is) responsible for it. 그뿐만 아니라 나도 그것에 대해 책임이 있다.
 ⊃ B as well as A구문에서는 멀리 떨어진 B에 동사를 맞추므로 am이 적절하다.

32. Not only she but also you (is / are) pretty. 그녀뿐만 아니라 너도 예쁘다.
 ⊃ not only A but also B 구문에서는 동사와 가까운 B에 맞추므로 you에 어울리는 are이 적절하다.

33. Either I or he (am / is) responsible for it. 나나 그 둘 중의 하나는 그것에 책임이 있다.
 ⊃ either A or B에서는 동사에 가까운 B에 동사를 맞추므로 he에 어울리는 is가 적절하다.

34. Each individual in this country (has / have) his or her own house.
이 마을의 각 개인은 각자 자신의 집을 가지고 있다.
 ⊃ each는 단수 취급하므로 단수동사인 has가 적절하다.

35. Each child (was / were) born one year after another. 아이가 연년생으로 태어났다.
 ⊃ each는 단수 취급하므로 단수동사인 was가 적절하다.

36. Some of the apples (were / was) rotten. 사과들의 대부분은 썩었다.
 ⊃ '전체 중의 부분'에 있어서는 전체가 단수이냐 복수이냐에 따라 다른데 여기서는 전체가 복수이므로 were이 적절하다.

37. Some of the apple (were / was) rotten. 사과 중의 일부분이 썩었다.
 ⊃ 전체가 한 개인 단수이므로 그 한 개인 전체 중의 부분 역시 단수이므로 단수동사 was가 적절하다.

38. Heaven helps those who (helps / help) themselves. 하늘은 스스로 돕는 자를 돕는다.
 ⊃ 선행사는 주격관계사절 내의 동사와 맞추는데 여기서는 선행사가 복수인 those이므로 복수동사인 help가 적절하다.

39. The rich (is / are) not necessarily happy. 부자들이 반드시 행복한 것은 아니다.
    ➲ the + 형용사는 '~하는 사람들'이라는 의미로서 복수이므로 복수동사인 are이 적절하다.

40. Not until yesterday (was / were) the play peformed.
    어제 이후에야 비로소 그 연극이 공연되었다.
    ➲ 부정어구(not until yesterday)가 문두로 도치되어 있는 도치구문으로서 주어는 the play이므로 단수동사 was가 적절하다.

41. Not until his thirties (was / were) he rich. 그는 30대가 되어서야 비로소 그는 부자가 되었다.
    ➲ 부정어구(not until thirties)가 문두로 도치되어 있는 도치구문으로서 주어는 he이므로 단수동사 was가 적절하다.

42. When he left here (is / are) uncertain. 그가 여기를 언제 떠났는지는 불확실하다.
    ➲ 의문사절은 명사절로서 단수 취급하므로 is가 적절하다.

43. The poor usually (live / lives) here. 가난한 사람들은 보통 여기에 산다.
    ➲ the poor는 가난한 사람들이라는 의미로서 복수 취급하므로 복수동사인 live가 적절하다.

44. The poor (is / are) not always unhappy. 가난한 사람들이 항상 불행한 것은 아니다.
    ➲ the poor는 가난한 사람들이라는 의미로서 복수이므로 are이 적절하다.

45. Only after ten years (was / were) he used to playing the piano.
    십 년이 지난 후에야 그는 피아노를 치는 데 익숙해졌다.
    ➲ 부사구가 문두로 도치된 구조로서 주어는 he이므로 was가 적절하다.

46. Immortality, which means living forever for many people, (have / has) been an unreachable ambition.
    많은 사람들에게 있어 영원히 사는 것을 의미하는 영생은 도달할 수 없는 야망이었다.
    ➲ 콤마 사이(which means living forever for many people)는 삽입이므로 여기서는 주어가 단수인 immortality이다. 동사는 단수동사인 has가 적절하다.

47. What I learned from experience (is / are) to buy only what you need.
    내가 경험으로부터 배운 것은 당신에게 필요한 것만 구입하는 것이다.
    ➲ 명사절인 what절은 단수 취급하므로 is가 적절하다.

48. Neither of the books (is / are) good. 그 책들의 어느 것도 좋지 않다.
    ➲ 단수인 is가 적절하다. 다만, 구어체에서는 of뒤에 복수명사가 올 경우 are를 쓰기도 한다.

49. One of the most important skills you can develop in human relations (are / is) the ability to see things from others' points of view.
인간관계에서 발전시킬 수 있는 가장 중요한 기술 중 하나는 다른 사람의 관점에서 사물을 보는 능력이다.
⊃ one of 복수명사는 one이 주어이므로 단수동사인 is가 적절하다.

기출 문제 연습

1. Learning about these patterns (help / helps) us to understand the world a little better. (모의)
   이런 패턴들에 대해서 아는 것이 우리가 이 세상을 좀 더 잘 이해하는 데 도움을 준다.
   ⊃ 동명사구인 명사구는 단수 취급하므로 helps가 적절하다.

2. Government officials, only interested in their own personal gain, (was / were) responsible for it. (모의)
   오로지 사리사욕에만 관심이 있는 관료들에게 그것에 대한 책임이 있었다.
   ⊃ '주어 + 콤마 + 삽입 + 콤마 + 동사'의 구조로서 콤마와 콤마 사이는 삽입어구로서 어법문제를 다룰 때는 삽입어구는 배제하고 생각하라. 따라서 여기서는 콤마 사이의 삽입어구를 빼고 나면 Government officials가 주어로서 복수이므로 복수동사인 were이 적절하다.

3. One of mother's pastimes (is / are) telling us a lot of stories from legends, and best of all, ghost stories. (모의)
   엄마의 소일거리들 중 하나는 우리에게 많은 전설 이야기들, 특히 무엇보다도 유령 이야기들을 들려주는 것이다.
   ⊃ one of her pastimes의 어구에서 주어는 '~ 중의 하나라'는 one이므로 단수동사를 받는다. 따라서 is가 적절하다. one of ~는 부분주어이지만 one이라는 단수이므로 항상 단수동사를 받는다.

4. Today's black tires owe (its / their) color to an accidental discovery. (모의응용)
   오늘날의 검은색 타이어의 색깔은 어떤 우연한 발견 때문에 그렇게 된 것이다.
   ⊃ 단, 복수를 구별하는 문제로서 여기서는 tires를 대신하는 대명사이므로 their이 적절하다.
   owe A to B (A는 B 덕택이다)

5. The old buildings of a mountainside farm (was / were) surrounding us, with sheep and cows feeding on the mountain pastures. (모의)
   양과 소들이 산 위 풀밭에서 풀을 뜯고 있고, 산골 농장의 오래된 건물들이 우리를 둘러싸고 있었다.
   ⊃ 'the A of B'의 구조에서는 주로 A가 주어이다. 따라서 여기서는 복수인 'the old buildings가 주어이므로 were가 적절하다.

CHAPTER 01 어법 문제유형 정리

6. The legend says that the marriage of two young lovers on the island (were / was) opposed by both sets of parents. (모의)
   그 전설에 따르면, 그 섬에 있는 젊은 두 연인의 결혼이 양쪽 부모의 반대에 부딪혔다.
   ➔ 주어가 of 이하의 수식을 받는 the marriage인 단수이므로 was가 적절하다.

7. Even though it is five thousand experiments that do not work, the milestones on the road to success (are / is) always the failures. (모의)
   비록 성공하지 못한 실험이 오천 번이나 된다 할지라도, 성공을 향한 길 위의 이정표는 항상 실패이다.
   ➔ 주어가 전명구(on the road)의 수식을 받는 복수인 milestones이므로 동사 are이 적절하다.

8. The rock is so close to the top of the water that all the vessels that try to sail over it (hit / hits) it. (모의)
   그 암초는 물의 상층부에 매우 가까워서 그 위를 항해하려는 모든 배들은 그것에 부딪친다.
   ➔ 주어가 관계대명사(that~)의 수식을 받는 all the vessels가 복수이므로 동사는 hit이 적절하다.

9. Many of the different kinds of coffee drinks that we have around the world (have / has) originated from Italy. (모의)
   세계 이곳저곳에서 마시는 다양한 종류의 커피 음료들 중 많은 것이 이탈리아에서 기원했다.
   ➔ 주어가 many이므로 복수동사인 have가 적절하다.

10. Here are two things you may have heard about bad breath that (is / are) not true. (모의)
    당신이 사실이 아닌 입 냄새에 대해 들어보았을 것들 중에서 사실이 아닌 두 가지가 있다.
    ➔ 주격관계대명사절 내의 동사는 선행사에 맞추어야 한다. 여기서의 주어는 복수인 two things이므로 복수동사인 are이 적절하다.

11. The percentage of drivers who send texts and use mobile devices while on the road (have / has) jumped from 0.6% in 2009 to 0.9% in 2010. (모의)
    운전 중에 문자를 보내고 모바일 기기를 사용하는 운전자들의 숫자가 2009년 0.6%에서 2010년 0.9%로 급격하게 증가했다.
    ➔ 이 문장의 주어는 the percentage이므로 단수동사인 has가 적절하다.

12. Recycling paper (helps / help) reduce the number of trees that (are / is) used every year. (모의응용)
    종이를 재활용하는 것은 매년 소비되는 나무의 수를 줄이는 데 도움이 된다.
    ➔ 동명사구는 단수 취급하므로 recycling paper는 동명사구이다. 그러므로 단수동사인 helps가 맞고 the number of trees에서는 나무들의 수라는 의미가 된다. 주격관계대명사절 내의 동사는 선행사인 trees에 맞추어 복수동사인 are이 적절하다.

13. In the map, there (were / was) three small islands lying between an ocean and a continent. (모의응용)
    그 지도에는 바다와 대륙 사이에 세 개의 작은 섬들이 있었다.
    ➲ there be동사의 구조에서는 주어가 뒤에 있다. 여기서는 복수인 islands가 주어이므로 복수동사인 were이 적절하다.

14. One of the ways to identify your values (are / is) to look at what frustrates or upsets you. (모의응용)
    당신의 가치관을 알아보는 방법 중 하나는 무엇이 당신을 좌절시키고 화나게 하는지를 살펴보는 것이다.
    ➲ 주어가 one의 단수이므로 is가 적절하다. one of~는 '~ 중의 하나'라는 의미이므로 단수라는 점 유의하길.

15. Consider how running, yoga, and weight lifting (increases / increase) counter effects among them. (모의응용)
    달리기와 요가 그리고 역기 들기가 어떻게 서로 상호 보완하는지 생각해 보라.
    ➲ running, yoga, and weight lifting은 병렬구조로서 주어가 둘 이상의 복수 형태이므로 동사는 s/es가 없는 복수형 동사가 적절하므로 increase가 적절하다.

16. More than one-third of the undergraduate grades awarded in the spring semester 2005 (was / were) A's. (모의응용)
    2005년 봄 학기에 부여된 학부성적의 1/3 이상이 A였다.
    ➲ 주어가 복수인 the undergraduate grades의 1/3 이상을 의미하는 복수이므로 were이 적절하다.

17. The role of humans in today's ecosystems (differ / differs) from that of early human settlements. (모의응용)
    오늘날 생태계에서 인간의 역할은 초기 인간 정착민들의 그것과는 다르다.
    ➲ 주어가 the role의 단수이므로 동사는 단수동사인 differs가 적절하다.

18. John Ray, the English naturalist, believed there (were / was) a good reason why birds reproduce by laying eggs. (모의응용)
    영국 동식물 연구가인 John Ray는 새가 알을 낳아 번식하는 타당한 이유가 있다고 여겼다.
    ➲ there be 구조에서는 주어가 뒤에 있다. 주어가 단수인 a good reason이므로 단수동사인 was가 적절하다.

19. It is known that 85% of our brain tissue (are / is) water. (모의응용)
    뇌조직의 85%가 물이라는 사실이 알려져 있다.
    ➲ 부분을 나타내는 of에 있어서 전체가 복수이면 부분도 복수, 전체가 단수이면 부분도 단수 취급한다. 여기서는 전체가 단수인 brain tissue이므로 동사는 is가 적절하다.
    A of B (B 중의 A) → B가 단수이면 A도 단수, B가 복수이면 A도 복수

CHAPTER 01 어법 문제유형 정리

20. The founding population of our direct ancestors (are / is) not thought to have been much larger than 2,000 individuals. (모의응용)
   우리의 직계 조상의 기초를 세운 인구는 2,000명이 넘었던 것으로 생각되진 않는다.
   ⮕ 주어가 the founding population의 단수이므로 동사는 is가 적절하다. the A of B에서 A가 주어인 경우가 일반적이다.

21. The percentage of A's awarded to graduate students (was / were) even higher. (모의응용)
   대학원 학생들에게 부여된 A의 비율은 심지어 더 높았다.
   ⮕ 단수인 the percentage가 주어이므로 was가 적절하다.

22. The major change in mapping in the past decade, as opposed to in the previous 6,000 to 10,000 years, (are / is) that mapping has become personal. (모의응용)
   과거 10년 동안 지도 제작의 주된 변화는, 이전 6천 년에서 만 년 동안의 시간과 대조적으로, 지도 제작이 개인적이 되었다는 것이다.
   ⮕ 여기서 삽입구조인 콤마 사이를 뺀다. 그리고 전명구(in ~)의 수식을 받는 주어는 the major change인 단수이므로 is가 적절하다.

23. Having a grand breakfast (is / are) not a one-size-fits-all rule that applies to everyone. (모의응용)
   거대한 아침 식사를 하는 것이 모든 사람에게 적용되는 만능 규칙(a one-size-fits-all rule)은 아니다.
   ⮕ 명사구나 명사절은 한 묶음으로 보아 단수로 취급한다. 여기서는 주어가 단수인 동명사구(Having a grand breakfast)이므로 단수동사인 is가 적절하다.

24. Nervousness, loud noises, stress and tension (affects / affect) the number of times we blink. (모의응용)
   신경과민, 큰 소리, 스트레스와 긴장감이 우리가 눈을 깜박이는 횟수에 영향을 미친다.
   ⮕ 주어가 열거된 nervousness, loud noises, stress and tension의 복수이므로 동사에 s/es가 없는 affect가 적절하다.

25. Studying families with rare genetic disorders (has allowed / have allowed) doctors to trace the genetic basis of disease through generations. (모의응용)
   희귀한 유전 질환을 가진 가족을 연구하는 것이 의사들로 하여금 세대에 걸친 유전 질환을 추적하도록 허용했다.
   ⮕ 명사구나 명사절은 한 묶음으로 보아 단수로 취급한다. 주어가 명사구의 일종인 동명사(studying~)이므로 단수동사인 has allowed가 적절하다.

26. Humans, like most animals, (have / has) a strong preference for immediate reward over delayed reward. (모의응용)
   인간은 대부분의 동물들처럼 지연된 보상보다 즉각적인 보상에 더 강한 선호를 보인다.

➲ 콤마 사이의 삽입구조를 빼고 나면 주어가 humans의 복수이므로 동사는 have가 적절하다. 항상, 주어 다음에 콤마와 콤마가 올 경우 그 사이는 삽입(like most animals)이며 그 삽입을 제외하고 주어와 바로 동사를 연결해서 생각하도록.

27. The woman, encouraged by their responses, (feels / feel) proud of her work. (모의응용)
그 여자는 그들의 반응에 고무되어 그녀의 작품에 자부심을 느낀다.
➲ 주어 다음의 콤마와 콤마 사이는 삽입(encouraged by their responses)으로서 이 삽입은 제외하고 주어와 바로 동사를 연결한다. 따라서 여기서는 주어가 단수인 the woman이므로 feels가 적절하다.

28. Adapting novels (are / is) one of the most respectable of movie projects, while a book that calls itself the novelization of a film is considered barbarous. (수능기출)
소설을 각색하는 것은 가장 훌륭한 영화 프로젝트들 중에서 하나인 반면, 영화를 소설화했다고 하는 책은 당연히 상스럽게 보인다.
➲ adapting이 동명사이므로 동명사는 단수 취급하므로 단수동사인 is가 적절하다.

29. One company developed what it called a 'technology shelf,' created by a small group of engineers, on which (was placed / were placed) possible technical solutions that other teams might use in the future. (수능기출)
한 회사는 '기술 선반'이라고 부르는 것을 개발했는데, 그것은 소집단의 기술자들에 의해 만들어졌고, 그 위에는 장차 다른 팀이 사용할 수도 있는 가능한 기술적인 해결책들이 올려져 있었다.
➲ 계속적관계대명사가 전치사를 동반하고 있는데, 이 전치사 + 관계대명사는 관계부사와 같은 역할을 하므로 뒤에는 완전문이 오며 그리고 여기서는 관계대명사절의 수식을 받아 길어진 뒤쪽의 possible technical solutions가 주어이므로 were placed가 적절하다.

마무리하고 넘어가기!

- 이 단원에서 가장 중요한 부분은 영어에서는 수식하는 어구가 반드시 뒤에 존재하는 후치수식 구조이며 우리말과의 결정적인 차이점중의 하나라는 것이다. 그리고, 주어가 수식을 받아서 길어진 경우에 어디까지가 수식어구 단위인지를 파악해서 그다음에 나오는 동사와 주어를 단, 복수개념으로 일치시키는 능력이 중요하다.

- 뒤에서 수식하는 '구'들을 여러 겹의 꾸며주는 옷의 개념으로 이해하도록 하고 이것을 5가지의 종류로 나누어 놓았으므로 잘 익히길 바란다. 관계사절 및 동격의 절 역시 뒤에서 앞의 명사를 수식하는 형용사절로서 '그림자절'이라는 인식으로 접근하라. 특히, 절의 구조가 주어를 수식하면 두 번째 동사가 주어의 동사가 되므로 두 번째 동사를 주목하라.

(**Students who study in class** are ~)
두 번째 동사(are)앞 전체가 주어이지만 동사는 수식받는 선행사(students)에 맞춘다.

- 시제가 현재인 동사가 등장하면 주어가 단수인지 복수인지를 따지는 습관을 들여라.

- 현재시제의 동사와 be동사가 보이는 곳에는 반드시 단·복수를 구별하는 습관을 들여야 한다. 단수주어인 동사에는 s/es를 붙이고 복수주어인 동사에는 붙이지 않는다.

<u>스스로 어법문제 만들어가기</u>

1. Plastics are synthetic materials, which means that they are made from chemicals in factories. The chemicals come mainly from oil, but also from natural gas and coal. An important quality of plastics **is** that they are easy to shape. They can be used to make objects of all kinds. (2009.09 고1 모의고사)
   ⇨ 동사가 is인데 주어가 전명구가 결합된 An important quality of plastics이지만 구체적으로 어떤 어구가 주어인지 헷갈리는데, 이런 경우 주어를 찾는 방법은 각각의 어구를 주어로 놓고 해석해보면 알 수 있다. 여기선 플라스틱의 성질이 모양을 만들기에 쉬운 건지, 플라스틱이 모양을 만들기에 쉬운 건지를 따져보면 되는데, 플라스틱의 성질이 모양을 만들기에 쉽다는 의미로 봐야 한다. 따라서 주어는 An important quality의 단수주어이므로 동사는 is가 적절하다.

   플라스틱은 합성물질이다. 이 말은 플라스틱이 공장에서 화학물질로부터 만들어진다는 것을 의미한다. 화학물질은 주로 석유에서 나올 뿐만 아니라, 천연가스나 석탄에서 나오기도 한다. 플라스틱의 중요한 성질은 모양을 만들기가 수월하다는 점이다. 그것은 모든 종류의 물건들을 만들기 위해 사용될 수 있다.

2. But the underlying reason for joining just about all school activities **is** to make connections with others. Meeting new people who might be different from you **is** fun, and it's easy if you share an interest. It can be especially exciting to make friends with people who are not in your immediate social circle. (2011.11 고2 모의고사)
   ⇨ is 부분은 주어가 단수라는 의미인데, 일단 주어를 찾아 거슬러 올라가보면 두 개의 전명구의 수식을 받는 the underlying reason이 주어이므로 당연히 동사는 단수주어를 받는 is가 적절하다.
   ⇨ 뒤의 is 역시 주어가 단수라는 의미인데, 앞으로 거슬러 올라가보면 관계대명사가 보이고 그 앞에 선행사인 명사가 주어일 것 같지만 아니다. 앞쪽에 동명사 ~ing 형태가 있으므로 이 어구가 동명사로서 주어라는 것을 알 수 있다. 동명사주어는 단수 취급하므로 단수동사인 is가 적절하다.

   그러나 모든 학교 활동에 참여하는 근본적인 이유는 바로 다른 사람들과 관계를 맺는 것이다. 당신과 다를지도 모르는 새로운 사람과 만나는 것은 재미있고, 당신이 관심사를 나눈다면 그것이 쉽다. 당신의 가까운 사회적 집단 속에 있지 않은 사람들과 사귀는 것은 특히 재미있다.

3. It shows the result of a survey in nine different countries with the question, 'Do you text at mealtime?' In Malaysia, China, and India, people are more open to texting at mealtime than those from the other countries. The percentage of the people who answered negatively in the U.S. **is** the same as the Netherlands. (2011.11 고2 모의고사)
   ⇒ 여기선 is동사의 앞쪽을 보니까, 전명구가 보이고 그리고 관계대명사도 보이는데 그 앞에는 of와 결합된 어구가 있는데, 이 어구가 주어이다. 그렇다면 the people이 주어일까? 아니면 the percentage가 주어일까? 이 경우는 뒤에 동사부분의 서술어적인 부분의 의미를 보고 판단할 수밖에 없는데, 사람들이 네덜란드(의 비율)과 같다는 의미가 아니라 비율이 네덜란드(의 비율)와 같다는 의미이므로 단수인 the percentage가 주어이다.

   그것은 '당신은 식사시간에 문자 메시지를 합니까?'라는 질문에 대한 아홉 개의 다른 나라에서의 조사 결과를 보여준다. 말레이시아, 중국, 인도에서 사람들은 나머지 다른 나라의 사람들보다 식사시간에 문자 메시지를 하는 것에 대하여 더 수용적이다. 미국에서 부정적으로 답을 한 사람들의 비율은 네덜란드와 같다.

4. The 'elephant in the room' is an English idiom for an obvious truth that is being ignored or goes unaddressed. It is based on the idea that an elephant in a room would be impossible to overlook; thus, people who ignore 'the elephant in the room' **concern** themselves with small and irrelevant issues rather than deal with the big one. This idiomatic expression is often used to describe an issue that involves a social taboo. (2011.09 고2 모의고사)
   ⇒ concern의 동사에 's, es'가 없으니 주어는 분명히 복수일 것 같은데 앞으로 가다보면 뒤에서 꾸며주는 전명구와 관계대명사가 보인다. 그렇다면 people이 주어일 수밖에 없다. 따라서 동사는 복수동사인 s/es가 없는 concern이 적절하다. 이 한 가지는 명심하길! 만약 선행사가 주어라면 관계대명사가 지배하는 동사(ignore)는 '다'로 끝나는 문장의 동사가 아니고 '따라지'동사이며 문장의 동사(concern)는 그 다음의 두 번째로 나온다는 사실을 명심하기 바란다.

   'elephant in the room'은 무시되거나 언급되지 않는 명백한 진실을 가리키는 영어 표현이다. 이것은 방 안에 있는 코끼리를 못 본 체하는 것이 불가능하다는 생각에 근거하고 있다. 그러므로, '방 안에 있는 코끼리'를 무시하는 사람들은 큰 문제를 해결하기보다는 작고 무관한 문제들과 자신을 연관 지으려고 한다. 이 표현은 종종 사회적으로 금기시 되는 것을 설명할 때 사용된다.

5. Fascinated by how easily fish slip through water, scientists and sportswear designers alike have examined fish skins at the molecular level to determine why they have less friction than humans. Researchers were surprised to discover that shark skin, which is rough enough to be used as sandpaper when dried, **is** one of the animal skins with the least friction. (2014.03 고3 모의고사)
   ⇒ 콤마 뒤의 동사는 콤마와 콤마 사이의 삽입을 생각하면서 주어를 파악해야 한다. '주어 + 콤마 (삽입) 콤마 + 동사'의 구조를 이해해야 하며, 여기서는 which is rough enough to be used as sandpaper when dried 는 콤마 사이의 삽입어구이며 is의 주어는 단수인 shark skin이다.

   물고기가 얼마나 쉽게 물길을 헤치고 미끄러지듯이 나아가는지에 매혹되어, 과학자들과 스포츠 의류 디자이너들은 똑같이 왜 그들이 인간보다 마찰을 적게 받는지를 밝히기 위해 물고기 피부를 분자 수준에서 조사했다. 연구자들은 상어 가죽이 마르면 사포로 쓰일 정도로 거친데도 최소한의 마찰만을 받는 동물 가죽 중 하나라는 것을 발견하고 놀랐다.

◆ **그냥 넘어가기에는 아쉬워 한마디…**

관계대명사가 주어인 경우 단, 복수 형태에 유의

1. Plastics are synthetic materials, which means that they are made from chemicals in factories.
   플라스틱은 합성물질이다. 이 말은 플라스틱이 공장에서 화학물질로부터 만들어진다는 것을 의미한다.
   ⊃ 여기서 which는 앞 절을 가리키므로 단수 취급한다. 따라서 동사는 단수동사인 means.

2. I have two sons, who are both teachers. 나는 두 아들이 있는데, 그들은 선생님들이다.
   ⊃ 여기서 who는 two sons를 가리키므로 복수동사인 are.

3. We see many buildings, which are usually just concrete structures.
   우리는 많은 빌딩들을 보게 되는데 그들은 보통 콘크리트 구조물들이다.
   ⊃ 여기서 which는 앞의 many buildings를 가리키므로 복수이다.

4. What he said is true. 그가 말했던 것은 사실이다.
   ⊃ 여기서 what은 단수이다.

5. What are in the box are books. 상자 안에 있는 것들은 책들이다.
   ⊃ 여기서 what은 복수주어이다.

05 현재완료/과거

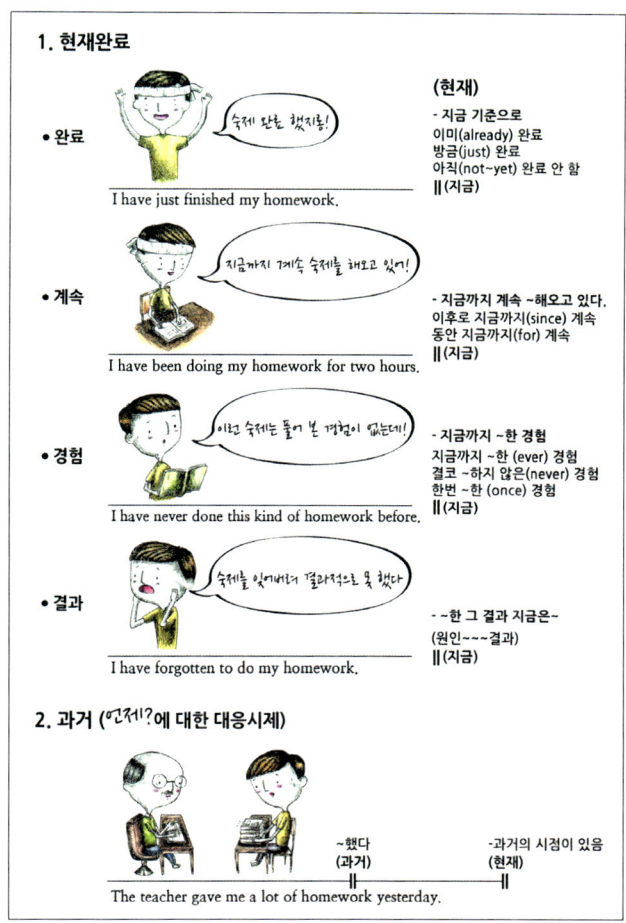

1. 현재완료의 표현(has/have +pp)........지금이 기준
   - **지금을 기준으로 현재** 숙제를 다 **완료**해놓았다고 환호를 지르고 있는 모습 (완료)
   - **지금까지** 머리를 동여매고 숙제를 **계속**해오고 있는 모습 (계속)
   - **지금까지** 이런 숙제는 해본 **경험**이 없다는 퉁명스런 표정의 모습 (경험)
   - 숙제를 할 것을 잊어버려 **그 결과로 지금** 하지 못했다는 난감한 표정의 학생 (결과)

2. 과거의 표현 ......과거가 기준
   어제 선생님이 많은 숙제를 **내주셨다** (과거동사)

* 숙제를 할 때마다 현재완료의 4가지 유형을 연상하라.

CHAPTER 01 어법 문제유형 정리

시간과 시제는 다른 개념이다. 시간은 시간 자체를 의미하지만 시제는 시간에 행위가 결부된 용어이다. 참고로 모든 행위는 행위의 시점을 가지는데 이것이 바로 시제이다.

현재완료의 형태는 have / has + pp(과거분사) 구조이다. 여기서 has나 have는 현재형이다. 따라서 분명히 현재와 관련되어 있다는 의미다. 뒤의 pp인 과거분사는 과거와 관련되어 있다는 의미다.

그런데, 과거의 행위가 현재와 관련되어 있다는 의미는 무엇일까? 곰곰이 생각해보면 이해할 수 있다.

　　엄마: 너! 숙제해 놓았어?
　　아이: 엄마! 저! 숙제 다 해 놓았어요.

여기서 엄마의 물음의 의미는 지금을 기준으로 숙제가 다 끝난 상태냐는 의미이고 아이의 대답은 지금을 기준으로 숙제가 완료되었다는 완료의 의미이며 서로 간의 대화의 요지는 숙제를 구체적으로 언제 했는지의 과거는 전혀 관심도 없고 밝힐 이유도 없다. 오직 현재만이 중요하다.

구체적으로 언제 했는지 과거의 행위시점은 드러나지는 않았지만 그 행위가 과거 언젠가 이루어졌고 기준은 바로 '현재'라는 의미다. 이것이 현재완료의 개념이다.

　　I <u>have already finished</u> my homework.
　　과거 언젠가 숙제를 끝마치고 벌써 숙제가 끝나 있는 지금의 상태라는 의미

나는 친구에게 시계를 하루쯤 빌려줄 수 없겠느냐고 물었다. 그 친구가 '난 나의 시계를 잃어버렸어.'라고 말했다고 하자.

이 경우, 그 친구가 하고자 하는 말의 의도는 과거 언젠가 시계를 잃어버려 현재 가지고 있지 않다는 의미다. 즉, 시계를 언제 잃어버렸는지의 과거의 시점은 전혀 관심 없고 오직 현재의 결과적 상태가 관심의 대상이다. 잃어버린 과거 행위로 인한 결과가 지금도 영향을 주고 있다는 의미를 현재완료로 표현한 것이다.

　　I <u>have lost</u> my watch.
　　나는 나의 시계를 과거 언젠가 잃어버려 그 영향으로 지금 가지고 있지 않다는 의미

나는 영화배우를 본 적이 있다.
지금까지 과거 언젠가 영화배우를 본 적이 있다는 경험의 의미이다. 이 경우는 경험의 의미를 현재완료로 표현한 것이다. 행위는 과거 언젠가 이루어졌지만 기준은 오직 현재가 결부된 현재까지이다. 경험의 기준은 어디까지나 '지금까지 중에서'이다.

　　I <u>have seen</u> a movie star before
　　나는 전에 영화배우를 본 적이 있다.

나는 2년 동안 서울에서 살아오고 있다.
지금을 기준으로 2년이라는 기간 동안 죽 살아왔다는 계속의 의미이다. 이 경우는 기간의 단위를 사용하면서 현재까지의 계속적인 행위의 의미를 현재완료의 형태로 표현한 것이다.

    I have lived in Seoul for two years. 나는 2년 동안 서울에서 계속 살아오고 있다.

나는 2012년 이후로 지금까지 서울에서 살아오고 있다.
'언제 이후로'라는 유일하게 과거 시점을 드러내주는 경우이다. 과거 언제부터 지금까지의 계속의 의미를 현재완료로 표현한 것이다.

    I have lived in Seoul since 2012. 나는 2012년 이후로 서울에서 죽 살아오고 있다.

즉 현재완료라는 시제는 우리말에는 없는 시제이다. '현재완료'란 시간의 기준인 현재와 현재를 포함한 과거의 행위가 결합된 형태로 볼 수 있다. 시간은 현재가 기준이고 행위는 현재를 포함한 과거이다.

    시간의 기준은 → 현재
    행위의 기준은 → 현재를 포함한 과거

과거행위의 시점은 나타나지 않는다. 왜냐하면 현재만이 관심의 대상이고 중요하니까.
과거의 시점이 있으면 반드시 과거시제로 표현해야 한다.

1. 현재완료의 완료 (already, just, not ~ yet)

엄마가 "숙제 다 했니?"라고 물었다. 묻는 의도는 언제 숙제를 했는지가 아니라 '지금 현재 다 해놓았니?'이다. 지금이 기준이 된다.

1) 현재완료

숙제를 완료했다. '지금을 기준으로 본다면 ~완료'의 의미가 포함되어 있다. 과거시점을 나타내는 어구가 없다는 점을 명심하길.

    I have already finished my homework. → 현재완료로서 지금 현재 시간을 기준으로 벌써 끝냈다.
                                           과거 언제 했는지는 중요하지 않음
    I have just finished my homework. → 지금을 기준으로 방금 끝냈다는 의미
    I have not finished my homework yet. → 지금을 기준으로 아직 끝내지 못했다는 의미

2) 과거시제

 I finished my homework two hours ago. → 과거 두 시간 전에 끝냈다는 의미 (명확한 과거시점이 있음)
              과거 언제 끝냈는지가 중요함

2. 현재완료의 계속 (since, for)

몇 시간 동안 공부해오고 있니? → '지금까지 계속'이라는 의미가 포함되어 있다.

1) 현재완료

 I have been studying for two hours. → 2시간 동안 계속 지금까지 공부해오고 있다.
 I have been studying since two. → 2시 이후로 계속 공부해오고 있다.
 I have been studying until now. → 지금까지 공부해오고 있다.

2) 과거시제

 I studied for two hours yesterday. → 지금과는 아무 관련이 없는 과거인 어제 2시간 동안 공부했었다.

3. 현재완료의 경험 (ever, never, once, twice …)

넌 호랑이를 본 경험이 있니? → '지금까지 ~한 경험'의 의미가 포함되어 있다.

1) 현재완료

 I have never seen a tiger. → 현재완료로서 지금까지 본 적이 한 번도 없다는 의미
 I have once seen a tiger. 나는 지금까지 호랑이를 한 번 본 경험이 있다.
 I have twice seen a tiger. 나는 지금까지 호랑이를 두 번 본 경험이 있다.
 Have you ever seen a tiger? 너는 지금까지 호랑이를 본 경험이 있니?

2) 과거시제

 I saw a tiger yesterday. 나는 어제 호랑이를 보았다.
        지금과는 아무 관련 없는 과거인 어제 호랑이를 보았다.

4. 현재완료의 결과

과거에 일어난 행위의 결과가 지금도 영향을 미치고 있다는 의미이며 의미의 내용은 원인이 된다.

1) 현재완료

    I have eaten lunch. 점심을 먹어서(원인) → 현재 결과적으로 배가 부르다.
    I have lost my watch. 나는 시계를 잃어버려서(원인) → 현재 결과적으로 시계가 없다.
    He has left for Seoul. 그는 서울을 향해 떠나서(원인) → 그 결과 지금은 여기 없다.

2) 과거시제

    I lost my watch yesterday. 나는 어제 나의 시계를 잃어버렸다.
    → 현재와는 무관한 과거 시점의 행위만 언급

5. 현재완료와 과거시제의 차이점

1) 현재완료는 현재시간을 중심으로 과거행위
    He has lost his watch now. 그는 과거 언젠가 시계를 잃어버려서 지금은 안 가지고 있다.

   과거시제는 과거시간을 중심으로 과거행위
    He lost his watch yesterday.
   그는 어제 그의 시계를 잃어버렸다. 다만, 지금은 찾았는지 못 찾았는지는 알 수 없다.

2) 현재완료에는 과거를 나타내는 어구가 없고 과거시제에는 과거를 나타내는 어구가 있다.

    I have studied. 나는 공부해오고 있다.(현재완료)
    I studied two hours ago. 나는 2시간 전에 공부했었다.(과거)
    I have been watching TV for two hours. 지금까지 2시간 동안 TV를 시청해오고 있다는 의미(현재완료)
    I watched TV for two hours last night. 어젯밤 2시간 동안 TV를 시청했었다는 의미(과거)

3) 현재완료는 어디까지나 현재가 중심이므로 과거를 나타내는 말인 **ago, yesterday, last~, when**, 과거년도 등과는 함께 쓸 수가 없다. 이런 과거표시 부사(구)가 있을 경우는 반드시 과거로 표현한다.

    I have studied yesterday. (×)
    ➲ 현재완료(have studied)는 현재와 관련 있으므로 과거를 나타내는 말(yesterday)과는 함께 쓸 수 없다.

He has left Seoul in 2013. (×)
➲ 명백한 과거(연도)를 나타내는 어구가 있을 때에는 과거시제로 표현
He left Seoul in 2013. (O) 그는 2013년에 서울을 떠났다.

He has met her a month ago. (×)
➲ 명백한 과거(ago)를 나타내는 어구가 있을 때에는 과거시제로 표현
He met her a month ago (O) 그는 한 달 전에 그녀를 만났다.

He is doing it since then. (×)
➲ since는 '~한 이래로 쭉'이란 의미로서 완료 형태(have/has/had+pp)와 결합하며 여기서는 현재완료로 표현해야 한다. (has been doing)
He has been doing it since then (O) 그는 그때 이후로 그것을 해오고 있다.

When have you finished it? (×)
➲ 명백한 과거(when)를 나타내는 어구가 있을 때에는 과거시제로 표현
When did you finish it? (O) 너는 언제 그것을 끝냈느냐?

4) last week / in(for) the last week
past week / in(for) the past week

last week (지난주의 과거시점을 나타냄)
I was here last week. 나는 지난주에 여기에 있었다.

in the last week (지난 1주일 동안의 기간을 나타냄)
I have been here in (for) the last week. 나는 지난 주 내내 여기에 있어 왔다.

* 현재완료와 현재완료진행의 구별
 - 동작동사의 현재완료는 완료이고 현재완료의 진행은 지금도 진행 중

I have read the newspaper. (현재완료의 완료: 끝)
나는 그 신문을 읽었다.

I have been reading the newspaper for two hours. (현재완료의 진행: 지금도)
나는 두 시간 동안 신문을 읽어오고 있다.

I have read the newspaper for two hours. (어색한 표현)
동작동사의 계속은 완료진행형으로 표현해야 한다.

기본 문제 연습

1. He (finished / has finished) his homework an hour ago.
   그는 한 시간 전에 그의 숙제를 끝냈다.
   ➲ 명백한 과거를 나타내는 an hour ago가 있으므로 과거형인 finished가 적절하다.

2. He (has just now finished)/ has just finished) his homework. 그는 그의 숙제를 방금 끝냈다.
   ➲ 과거표시부사(구)가 없으며 just는 현재완료와 결합하므로 has just finished가 적절하다. just now는 과거시제와 결합한다.

3. He (studied / has studied) English since then. 그는 그때 이후로 영어를 공부해오고 있다.
   ➲ since는 ~ 이후로 지금까지라는 의미로서 현재완료와 어울리므로 has studied가 적절하다.

4. I (have studied / studied) for three hours yesterday. 나는 어제 세 시간 동안 공부했다.
   ➲ 명백한 과거인 yesterday가 있으므로 과거시제인 studied가 적절하다.

5. He (has studied / studied) for two hours now. 그는 지금 두 시간동안 공부해왔다.
   ➲ now가 있으므로 지금까지라는 의미의 has studied가 적절하다.

6. I (have been sleeping / was sleeping) then. 나는 그때 잠을 자고 있었다.
   ➲ 과거를 나타내는 then이 있으므로 was sleeping이 적절하다.

7. I (met / have met) her last week. 나는 지난주에 그녀를 만났다.
   ➲ last week이라는 명백한 과거가 있으므로 과거동사인 met이 적절하다.

8. When (did you meet / have you met) her? 너는 언제 그녀를 만났니?
   ➲ when이라는 명백한 과거가 있으므로 과거동사인 did you meet이 적절하다.

9. The weather (has been / had been) very hot lately. 최근에 날씨가 매우 더웠다.
   ➲ lately는 '최근에'라는 의미로서 현재완료와 어울리므로 has been이 적절하다. of late도 lately와 거의 같은 용법으로 쓰이나 recently는 현재완료와 과거에 자유롭게 쓰인다.

10. I have studied English (for / since) ten years. 나는 십년 동안 영어를 공부해오고 있다.
    ➲ for 뒤에는 기간이, since 뒤에는 시점이 나오므로 기간 앞에 오는 for가 적절하다.

11. He (has gone / went) to America last year. 그는 작년에 미국에 가버렸다.
    ➲ last year이라는 명백한 과거가 있으므로 과거동사인 went가 적절하다.

12. She (has gone / went) to China now. 그는 지금 중국에 가 있다.
    ⊃ now가 있으므로 지금의 상태, 즉 가버리고 여기 없다는 것을 의미하므로 has gone이 적절하다.

13. (Did you meet / Have you met) a president so far? 너는 지금까지 대통령을 만난 적이 있니?
    ⊃ 지금까지라는 so far는 현재완료와 함께 쓰이므로 have you met이 적절하다.

14. I (have watched / watched) TV for two hours yesterday. 나는 어제 2시간 동안 TV를 봤다.
    ⊃ 어제(yesterday)라는 과거를 나타내는 어구가 있으므로 과거형인 watched가 적절하다.

15. There (have been / were) a lot of fires in this city in the past three weeks.
    지난 3주 동안 많은 화재가 있었다.
    ⊃ in the past three weeks는 지난 3주 동안이라는 의미로서 현재완료와 결합하므로 have been이 적절하다.

16. He (started / has started) this business two years ago. 그는 2년 전에 이 사업을 시작했다.
    ⊃ ago는 과거를 나타내므로 여기서는 started가 적절하다.

17. I have (been / gone) to the station. 나는 역에 갔다 왔다.
    ⊃ have been to는 '~에 갔다 왔다'이고 have gone to는 '~에 가버렸다'는 의미이므로 여기서는 been이 적절하다.

18. I have studied for (then / two hours). 나는 두 시간 동안 공부해왔다.
    ⊃ '동안'의 의미인 for뒤에는 시간의 양적인 개념의 어구가 오므로 two hours가 적절하다.

19. I have studied since (then / two hours). 나는 그때 이후로 계속 공부해오고 있다.
    ⊃ '~ 이후로'의 의미인 since 뒤에는 시작점인 개념의 시점의 어구가 오므로 then이 적절하다.

기출 문제 연습

1. Since then, its rediscovery (provided / has provided) a detailed insight into the life at the height of the Roman Empire. (모의)
   그때 이후로, 그 재발견은 전성기 로마 제국의 생활상을 자세하게 엿볼 수 있는 기회를 제공하고 있다.
   ⊃ since는 그때 이후로 지금까지라는 의미로서 현재완료를 사용한다. 따라서 has provided가 적절하다.

2. We have spent many happy times together (at / **since**) our first meeting at the airport. (모의응용)
   공항에서 첫 만남 이후로 함께 많은 행복한 시간을 보내고 있다.
   ⇒ 현재완료형태(have spent)가 왔으므로 '~이후로 지금까지'의 계속적 용법인 의미인 since가 적절하다.

3. The pace of my life (**has been** / was) too fast since I came to America. (모의응용)
   미국으로 건너온 이후 나의 삶의 속도는 빨라졌다.
   ⇒ '~ 이후로'라는 계속적 의미의 since가 있으므로 현재완료인 has been이 적절하다.

4. James (has married / **got married**) ten years ago and has two children now. (모의)
   James는 10년 전에 결혼해서 지금은 두 아이를 두고 있다.
   ⇒ 10년 전이라는 명백한 과거가 있으므로 현재완료를 사용할 수 없으며 과거형인 got married가 적절하다.

5. The Mirai Seico, which (**has sold** / sold) bettles in vending machines since 1999, says that it wants to help people own these rare insects. (모의)
   1999년 이래로 자동판매기를 통해 풍뎅이를 판매해온 Mirai Seico사는 사람들이 희귀한 곤충을 소유하는 것을 돕고 싶다고 말한다.
   ⇒ since는 '~이후 지금까지'라는 계속적 의미로서 현재완료와 함께 사용된다. 따라서 여기서는 '1999년 이후로 지금까지'라는 의미이므로 has sold가 적절하다.

6. Even though Hippocrates (has lived / **lived**) nearly 2,500 years ago, many of his ideas sound very familiar today. (모의응용)
   비록 히포크라테스가 거의 2,500년 전에 살았을지라도 그의 견해 중 많은 것들이 오늘날에도 아주 친숙하게 들린다.
   ⇒ 명백한 과거를 나타내는 어구는 현재완료와 함께 사용할 수 없다. 여기서는 2,500 years ago라는 명백한 과거를 의미하는 부사구가 있으므로 과거로 표현해야 한다. lived가 적절하다.

7. Since the day my mom gave that book to me, I (**have read** / read) it several times. (모의응용)
   엄마가 나에게 그 책을 주었던 그날 이후로 나는 그것을 여러 번 읽었다.
   ⇒ since는 '~이후로'라는 의미로서 현재완료가 이어지므로 have read가 적절하다.

8. In the 1980s, scientists (have developed / **developed**) methods to compare the DNA sequence of different individuals. (모의응용)
   1980년대에는 과학자들이 다양한 개인들의 DNA 순서를 비교하는 방법을 개발했다.
   ⇒ 명백한 과거인 In the 1980s가 있으므로 현재완료는 쓰지 못하고 과거동사를 사용해야 하므로 developed가 적절하다.

9. Since the beginning of time, creative people (sought / have sought) out an audience. (모의응용)
   태초부터 창의적인 사람들은 관객을 찾아 왔다.
   ➲ since가 '~이후로'의 의미일 때에는 현재완료(have sought)가 적절하다.

10. Susan and I still contact each other and we (spent / have spent) many happy times together since our first meeting at the airport. (모의응용)
    Susan과 나는 지금도 여전히 연락을 하고 지내고, 공항에서 첫 만남 이후로 함께 많은 행복한 시간을 보내었다.
    ➲ since가 '~이후로'의 의미일 때에는 현재완료 (have spent)가 적절하다.

마무리하고 넘어가기!

- 이 단원에서는 현재완료란 과연 무엇인가라는 개념이 중요한데, 현재완료란 현재의 시제와 과거를 포함한 현재까지의 행위가 결합된 것이라 할 수 있는데 현재가 빠진 과거만을 지칭하는 과거표시어구와는 함께 사용할 수 없다는 점 잊지 말기를.

- '~끝냈어?/~해본 적 있어?/얼마동안, 언제부터 해오고 있는 거야?/그게 지금 어떻게 됐다는 거야?'와 같은 어구는 현재완료의 대표적인 표현 대상이며 '너! 언제 ~했어?'와 같은 언제라는 말에 대한 표현 대상은 과거로 표시한다고 보면 된다.

- 따라서, 언제라는 물음과 관련해서는 과거어구가 포함되어 있을 것이므로 반드시 과거시제로 표현하고 현재완료시제로 표현할 수는 없다.

스스로 어법문제 만들어가기

1. Two undeniable pieces of evidence **have emerged** since the adoption by all states of the uniform speed limit. First, traffic death rates **have been** greatly reduced since then. It is obvious that a collision at a lower speed is less likely to result in death or serious injury. Second, it has been proved that less fuel is consumed at low speeds than at high speeds. (2012.11 고1 모의고사)
   ➲ 일단, since가 보이면 ~때문이라는 의미도 있지만 '~이후로'라는 의미인 경우에는 현재완료라는 형태를 머릿속에 꼭 담고 있어라. 그리고 ~for이 '~동안'이라는 의미일 때도 현재완료 형태를 떠올려라.

모든 주에서 동일한 속도 제한을 채택한 이래로 두 가지 부인할 수 없는 증거가 나타났다. 첫째, 그때 이후로, 교통사고 사망률이 크게 감소해왔다. 더 낮은 속도에서의 충돌이 사망 또는 중상을 덜 초래할 것 같다는 것은 분명하다. 둘째, 낮은 속도에서는 높은 속도에서보다 적은 연료가 소비된다는 것이 증명되어왔다.

2. People don't realize their moods are always on the run. They think instead that their lives **have suddenly become** worse in the past day, or even the last hour. So, someone who is in a good mood in the morning might love his wife, his job, and his car. He is probably optimistic about his future and feels grateful about his past. But by late afternoon, if his mood is bad, he claims he hates his job, thinks of his wife as a trouble, thinks his car is junk, and believes he's going nowhere in his career. If you ask him about his childhood while he's in a low mood, he'll probably tell you it was extremely difficult. (2009.11 고1 모의고사)

➲ 이런 경우는 놓치기 쉬운 구조인데 뒤에 보면 in the past day나 혹은, in the last hour이 보이는데, 이 어구의 의미는 '지난 며칠 만에', '지난 몇 시간 만에'라는 의미로서 지금까지라는 기간의 의미를 담고 있어 현재완료의 형태를 취한다.

사람들은 그들의 기분이 항상 변한다는 것을 알아차리지 못한다. 대신 그들은 삶이 지난날, 또는 몇 시간 만에 갑자기 잘못되었다고 생각한다. 그래서 어느 날 아침에 기분이 좋은 어떤 사람은 자신의 아내, 자신의 직업, 자신의 자동차를 사랑할 것이다. 그는 아마도 자신의 미래에 대해 낙관적이고 그의 과거에 대해 감사한 마음을 가질 것이다. 그러나 늦은 오후 기분이 나빠지면 그는 자신의 직업을 싫어하고, 아내를 성가신 사람이라고 생각하며, 자신의 자동차를 고물이라고 생각하고, 자신이 직업상 실패할 것이라고 믿게 된다. 만약 그가 기분이 좋지 않을 때 당신이 그에게 어린 시절을 물어보면 그는 아마도 자신의 어린 시절이 무척 힘들었다고 말할 것이다.

3. In our modern society, people often lack patience. People nowadays expect immediate results all the time. We can see patience in a clerk who is polite to a customer even though the clerk **has already been** at work for seven or eight hours. (2009.09 고1 모의고사)

➲ already는 이미 ~했다는 의미로서 그 속뜻은 이미 행위가 이루어진 완료구조의 의미를 지니고 있으므로 일반적으로 already가 있으면 일단은 has, have, had +pp의 완료구조를 생각하라

현대사회에서 사람들은 종종 인내심이 부족하다. 오늘날 사람들은 항상 즉각적인 결과를 기대한다. 우리는 비록 이미 7시간 내지 8시간 일을 했어도 손님에게 공손한 점원에게서 인내심을 볼 수 있다.

4. There are a great number of nannies working in American homes. Nannies are basically the women who take care of young children in the children's own homes. Recently, the demand for nannies **has risen** sharply. This **has made** wages go up and increased competition. This trend created a new class of nannies: highly-educated nannies. (2009.11 고1 모의고사)

➲ 둘 다 '최근에'라는 의미로서 lately는 주로 현재완료형으로 쓰이고 드물게는 과거, 현재형으로도 쓰인다.

recently 역시 현재완료형에도 쓰이나 과거형에도 쓰인다.

미국의 가정에는 많은 수의 유모들이 있다. 유모는 원래 아이들의 집에서 어린 아이들을 보살피는 여성이다. 최근에 유모에 대한 수요가 급격히 증가하여 왔다. 이것은 임금을 상승시켰고, 경쟁을 증가시켰다. 이러한 경향은 새로운 부류의 유모를 탄생시켰다. 그들은 곧 고등 교육을 받은 유모들이다.

◆ 영어 공부에 대하여 한마디…

영어는 언어란 점을 반드시 염두에 두어야 한다.
언어란 수학처럼 논리성이 한번 갖추어지면 그대로 기억 속에 머물러 있는 것이 아니다.
반드시 반복을 해주어야 한다.

따라서 영어 공부를 투 트랙으로 하라는 조언을 하고 싶다.
먼저 내가 공부했던 독해 지문, 혹은 쉬운 지문 5개 정도를 고른다.
그리고 단어도 단어집에서 이미 익힌 단어 300개 정도를 준비한다.
이 분량의 내용을 하루에 20번 이상 빠르게 읽는다.
시간 날 때마다, 즉 식사 전후 등의 자투리 시간을 이용해서 무조건 반복에 반복을 거듭한다.
이 분량에 대한 반복이 어느 정도 익혀지면 다음에 또 다른 같은 분량의 내용을 준비해서 순차적으로 해 나가면 된다.

그리고 학습, 즉 공부를 위한 독해나 단어공부는 새로이 학습해야할 부분이므로 기존의 방식대로 해 나가면 된다.
이것이 영어 공부의 투 트랙 방식이다.
언어적 접근은 쉽게, 학습은 약간 어렵게 접근하는 방식이다.

단 한 달 만이라도 해 보라.
엄청난 효과를 얻을 수 있을 것이다.

06 시간/조건부사절 내의 미래 대신 현재시제

시간 부사절인 when절이나 조건부사절인 if절 등에서는 미래시제 대신 현재시제를 사용한다.

시간부사절이거나 조건부사절인 나는 뱀을 무척 싫어하는데,
뱀처럼 생긴 미래형의 will이 정말 싫어!
저리가!
현재형의 모습으로 다가오면 받아줄게.....
If / When I (will meet , meet) her, I will ~~
조건절이나 시간부사절에서의 will의 미래적 성향의 표현은 주절과 중복이 되므로 주절의 미래적 성향의 표현만으로 충분하므로 현재형으로 미래시제를 대신한다.

* 뱀이라는 실체를 접할 때마다 시간, 조건부사절에서는 현재시제를 생각하라.

시간이나 조건부사절에서는 will이라는 미래표현을 사용하지 않는다. 예를 들어, '내일 너를 만날 때 선물을 줄께' 혹은 '네가 간다면 나도 갈 거야'

즉 '~한다면 ~할 것이다' 혹은 '~할 때 ~할 것이다'라는 문장에 있어 의미적으로는 '미래에 너를 만날 때 미래에 선물을 줄께' 혹은 '미래에 네가 간다면 미래에 나도 갈래'라는 주절이나 종속절 모두가 미래 의미로 이루어져 있다. 이처럼 미래성향의 두 절을 구태여 will이라는 미래적조동사를 중복적으로 쓸 필요가 없기에 부사절이나 조건절에서는 단순히 현재형을 써서 미래시제를 대신하고 주절에서는 미래시제의 의미를 그대로 표현한다는 논리이다. 위에서 본 바와 같이 이런 예는 유독 시간이나 조건부사절에서 나타난다.

1. 시간부사절이나 조건부사절에서는 현재시제가 미래시제를 대신

접속사가 있는 시간부사절 혹은, if의 조건부사절 등의 경우에서는 미래를 의미하는 will을 주절과 중복적으로 쓸 필요가 없으므로 will의 미래시제 대신 현재시제를 사용한다. 즉 미래시제와 미래시제의 결합일 때에는 시간, 조건부사절의 종속절의 미래시제를 현재시제로 대신한다는 원리이다.

If/when/as soon as/until + 현재형~, 주어 + will ~ (O)
If/when/as soon as/until + will ~, 주어 + will ~ (×)

If you will meet her, you will be happy. (×) 당신이 그녀를 만나게 된다면 행복할 것이다.
If you meet her, you will be happy. (O)

When he will meet you, he will be happy. (×) 그가 너를 만나게 될 때 행복할 것이다.
When he meets you, he will be happy. (O)

2. 시제가 미래의 중복적이 아닌 현재와 미래의 결합일 경우 will을 써야 한다

1) 주어 + 현재 + if will(미래)

이 경우 if절은 명사절이며 미래시제를 그대로 사용한다.

I don't know if he will come here tomorrow. (O) 나는 그가 내일 여기 올지 안 올지를 모른다.
　　(현재)　　　　(미래)
I don't know if he comes here tomorrow.(×)
　　(현재)　　　(현재)

2) 주어 + 현재 + when will(미래)

이 경우 when절은 명사절이며 미래시제를 그대로 사용한다.

　　I <u>wonder</u> when she <u>will marry</u>.(O) 나는 그녀가 나중에 언제 결혼할지가 궁금하다.
　　　(현재)　　　　　　(미래)
　　I <u>wonder</u> when she <u>marries</u> in the future. (×)
　　　(현재)　　　　　　(현재)

3. 주어의 의지를 표현할 때는 if절에 will을 쓸 수도 있다

주어의 의지를 표현할 때는 if절에 will이 올 수도 있음에 주의해야 한다.

　　If you will smoke, please go outside.
　　만약 당신이 담배를 피우려면 밖으로 나가주세요.

기본 문제 연습

1. If you (will turn / **turn**) to the right, you will find the station.
   네가 오른쪽으로 돈다면 너는 그 역을 발견할 것이다.
   ➜ 주절에 미래형(will find)이 있으므로 if절에서는 현재시제가 미래시제를 대신한다. 따라서 turn이 적절하다.

2. When he (will come / **comes**) back, I will tell him everything.
   그가 돌아올 때, 나는 그에게 모든 것을 말해줄 것이다.
   ➜ 주절에 미래형(will tell)이 있으므로 when절에는 현재시제가 미래시제를 대신하므로 comes가 적절하다.

3. Let's wait until she (will come / **comes**). 그녀가 올 때까지 기다리자.
   ➜ until절에서는 현재시제가 미래시제를 대신하므로 comes가 적절하다.

4. If it (**rains** / will rain) tomorrow, the plan will be called off.
   내일 비가 온다면 그 계획은 취소될 것이다.
   ➜ 주절에 미래형(will be)이 있으므로 if절에서는 현재시제가 미래시제를 대신하므로 rains가 적절하다.

5. I don't know when he (comes / **will come**). 나는 그가 언제 올지를 모른다.
   ➜ 주절이 현재(don't~)로서 미래시제가 중복되지 않으므로, when절에서는 그대로 미래시제(will come)를 쓴다. when의 의문사절은 명사절이며 '~지'로 해석한다.

6. I wonder whether he (comes / **will come**). 나는 그가 올지 안 올지를 궁금히 여긴다.
   ➜ 주절이 현재(wonder)이므로 미래시제가 중복되지 않으므로 when절에서는 그대로 미래시제(will come)를 쓴다. whether절은 명사절이며 '~지'로 해석한다.

7. As soon as the rain (will stop / **stops**), I will go out. 비가 오자마자 나는 외출할 것이다.
   ➜ as soon as 시간부사절에서는 미래시제일지라도 현재형(stops)을 쓴다.

8. Unless he (will come / **comes**) by six, I will eat it by myself.
   만약 그가 6시까지 오지 않는다면, 나는 혼자서 그것을 먹을 것이다.
   ➜ unless절에서는 현재시제가 미래시제를 대신한다. 따라서 comes가 적절하다.

9. I will call off the departure, if it (will snow / **snows**) tomorrow.
   나는 만약 내일 눈이 온다면, 나의 출발을 취소할 것이다.
   ➜ if절에서는 현재시제가 미래시제를 대신한다. 따라서 snows가 적절하다.

기출 문제 연습

1. They will get some skills and experience after they (will find / find) a job. (모의)
   그들은 취직을 하고 난 이후에 어떤 기술과 경험을 얻을 것이다.
   ➲ 시간이나 조건부사절에서는 미래적 의미의 will을 사용하지 않는다. 현재시제가 미래시제를 대신하므로 여기서는 find가 적절하다.

2. After you (will have / have) completed this survey, please hand it to one of the checkout clerks. (모의응용)
   이 설문지를 완성하신 후에 이 설문지를 계산대 직원 중의 한 명에게 건네 주시기 바랍니다.
   ➲ 시간이나 조건부사절에서는 미래시제를 사용하지 않는다. 여기서는 after이 시간부사절을 이끌고 있으므로 현재완료시제가 미래완료시제를 대신하므로 have가 적절하다.

3. If you (will be / are) ill or under tremendous stress, you will probably need to sleep longer than you usually do. (모의응용)
   만약 당신이 아프거나 엄청난 스트레스를 받는다면, 아마도 당신은 평소에 그러한 것보다 더 오랫동안 자야 할 필요가 있을 것이다.
   ➲ 조건절(if~)이나 시간부사절(when~ / until~ / as soon as~) 같은 부사절에서는 주절에 미래를 의미하는 will 이나 기타 어구가 있으면 중복해서 미래를 표시할 필요가 없으므로 현재형(are)을 사용한다.

4. If you (will be / are) getting sufficient sleep, you should feel refreshed and not have trouble getting out of bed in the morning. (모의응용)
   만약 당신이 충분한 잠을 잔다면, 당신은 아침에 기분이 상쾌해야 하고 잠자리에서 일어나는 데 문제가 없어야 한다.
   ➲ 조건절(if~)이나 시간부사절(when~ / until~ / as soon as~) 같은 부사절에서는 현재시제가 미래시제를 대신하므로 현재형(are)을 사용한다.

5. If you (will offer / offer) me $10 today or $11 tomorrow, I'll probably say 'I'd rather have the $10 today.' says Zweig. (모의응용)
   만일 당신이 나에게 오늘 10달러 혹은 내일 11달러를 준다면 아마도 나는 오늘 10달러를 갖겠다고 말할 것이라고 츠바이크는 말한다.
   ➲ 주절에 will이 있으므로 중복을 피한다는 의미에서 if절에서는 현재형으로 표현한다. 따라서 여기서는 현재형인 offer이 적절하다.

마무리하고 넘어가기!

- 미래형의 중복형 피하기

1. 미래형과 미래형이 중복이 되면 시간, 조건부사절에서는 현재형을 사용한다.
   '너를 만나면 선물을 줄께'에서 만나는 시기도 미래이고 주는 시기도 미래, '네가 합격하면 선물을 줄께'에서도 합격하는 시기도 미래이고 주는 시기도 미래이므로 중복을 피하여 주절에 한 번만 미래시제를 사용한다.

2. 현재와 미래형의 결합의 경우에는 그대로 본래 시제 그대로를 인정해서 사용해라.
   '난 내일 비가 올지 안 올지 몰라'/'난 언제 그가 나를 방문할지 몰라'에서 모른다는 시기는 지금이고 비가 오거나 나를 방문하는 시기는 미래이므로 각각이 중복되지 않는 현재와 미래 시제이므로 미래시제를 나타내는 will을 그대로 쓴다.

스스로 어법문제 만들어가기

1. Usually, children enjoy their parents' attention while listening to bedtime stories. Probably, they are afraid that this special attention will disappear if they **learn** to read. So, they need to be told that their parents will continue to read bedtime stories even when they **learn** to read by themselves. (2009.03 고1 모의고사)
   ➲ 조건부사절의 if절이나 시간의 부사절이 등장하면 일단은 주절에 will이나 미래형 동사가 있는지를 확인하고 부사절에서는 현재형인지를 확인하라. 이 경우 현재형이 미래시제를 대신한다. 여기서는 if절에 미래시제 대용인 현재형인 learn이 왔고 주절에는 will의 조동사 시제가 온 구조이다.
   대개, 아이들은 옛날이야기를 듣는 동안에 부모에게서 받는 관심을 즐긴다. 아마도, 그들은 글을 읽는 것을 배우게 되면 이러한 특별한 관심이 사라지게 될 것을 두려워하는 것 같다. 그러므로, 그들은 자기들이 혼자서 읽는 법을 알고 있을 때도 부모가 옛날이야기를 계속해서 읽어줄 것이라는 말을 들을 필요가 있다.

2. In most cases sound reaches the ear through the air; but air is not the only medium through which sound is carried. When we **make** a loud noise, it will frighten fish and cause them to swim away. So we conclude that the sound must have reached them through the water. (2013.06 고1 모의고사)
   ➲ when절의 부사절에서는 현재시제가 미래시제를 대신하므로 현재형인 make가 적절하다.
   대부분의 경우, 소리는 공기를 통해 귀에 도달한다. 하지만 공기는 소리가 전달되는 유일한 매개체가 아니다. 우리가 큰 소리를 내면, 그 소리는 물고기를 놀라게 하고 그것들이 헤엄쳐 달아나게 만든다. 그래서 우리는 소리가 물을 통해 그들에게까지 전달된 것이 틀림없다는 결론을 내린다.

3. Planning for the future is good, but it should not be at the cost of the present. Do every job at the appropriate time, and if your luck **is** not bad, you will be able to receive its benefits. Instead of working hard, if one **spends** time just worrying about the uncertainties of life, he will make life miserable and unsuccessful. (2009.11 고1 모의고사)

   ➲ if절의 부사절이 보이면 일단은 주절에 미래형의 시제가 있는지를 확인하고 있다면 중복적이지 않게 부사절에서는 현재형을 사용하므로 현재형인지를 확인하라. 위에서는 주절에 미래시제의 will이 왔으므로 if절에서는 현재형인 is와 spends가 온 것을 알 수 있다.

   미래를 계획하는 것은 좋지만 현재를 희생해서는 안 된다. 적절한 시기에 모든 일을 해보아라. 그러면 당신이 운이 나쁘지 않는 한, 당신은 그로 인한 이득을 얻을 수 있을 것이다. 열심히 일을 하는 대신 인생의 불확실성에 대한 걱정을 하면서 시간을 보낸다면 인생이 비참하게 되고 실패하게 될 것이다.

4. Before you **leave** your house, pick up some plastic bags to take with you. If you **take** some bags to the shop, you will not need to bring any more bags home with you. Do you know that most people bring home at least ten new plastic bags a week from their visits to the shops? It is a good idea to take plastic bags to the supermarket with you. (2009.11 고1 모의고사)

   ➲ 위에서 첫 번째 문장에서는 시간부사절인 before절이 보이는데 주절에는 명령형의 주절이 왔다. 명령형 역시 미래시제의 일종으로 볼 수 있으므로 부사절 역시 현재형(leave)이 미래시제를 대신한다.
   ➲ if절 역시 현재시제인 take가 미래시제를 대신한다는 점을 이해하길.

   집을 떠나기 전에, 가져갈 비닐봉투를 챙겨라. 당신이 몇 개의 봉투를 가지고 가게에 간다면, 당신은 더 이상 봉투를 집으로 가져올 필요가 없게 된다. 당신은 대부분의 사람들이 가게에 방문해서 일주일에 최소한 10개의 봉투를 집으로 가져온다는 것을 아는가? 슈퍼마켓에 갈 때 비닐봉투를 가져가는 것은 좋은 생각이다.

◆ 그냥 넘어가려다 한마디…

* 상태동사와 동작동사의 이해

- 동작동사는 행위의 동작이 행해지는 동사 (go, play, cook…)

    He usually goes to school by bus. 그는 보통 버스로 학교에 간다.
    (동작동사의 현재시제는 습관, 반복적인 행위)
    He is going to the park. 그는 공원에 가고 있는 중이다.
    (동작동사의 진행시제는 진행 중인 행위)

- 상태동사는 상태의 지속을 나타내는 동사 (know, have, is…)

    We knows the value of time. 우리는 시간의 가치를 안다.
    (상태동사는 상태의 지속을 나타내므로 원칙적으로 진행형 불가)

07 두 과거 행위는 had pp (먼저 행위)/과거(나중 행위)

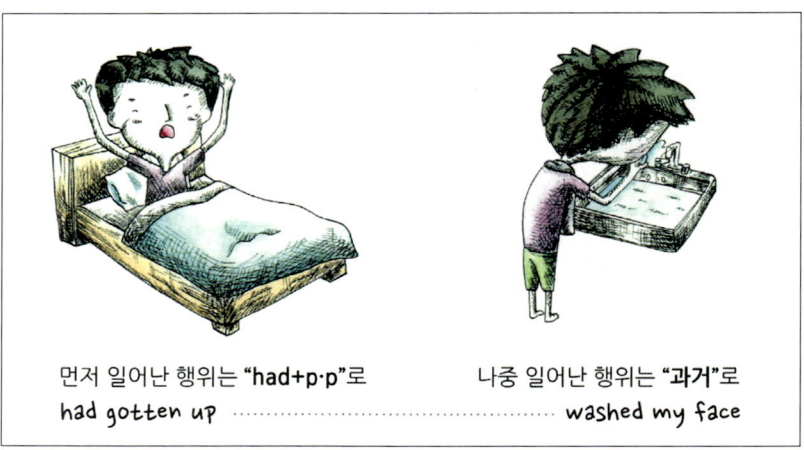

먼저 일어난 행위는 "had+p·p"로
had gotten up

나중 일어난 행위는 "과거"로
washed my face

우리들이 보통 아침에 행동하는 순서는 먼저 침대에서 일어나 그리고 나서 세수를 하게 된다.
이 행위들을 아침에 일어난 두 과거행위로 간주했을 때 반드시 일어나 그리고 나서 세수를 하게 되는 순서가 당연하다.

이 경우 영어식의 표현에 있어서
'아침에 침대에서 일어난 먼저 한 행위'는 과거완료인 had pp로,
'나중에 한 행위인 세수하는 행위'는 과거시제로 표현한다.
영어는 과거 두 행위의 순서를 had pp와 과거동사를 통하여 명확히 전후관계를 구별해준다.

He lost the book that he had bought the day before. (그는 그 전날 산 책을 잃어버렸다.)

[유의] 1. 과거진행형 / 과거 (과거진행의 동작행위 중에 다른 과거행위 발생)
While he was studying, the phone rang. 그가 공부할 동안 전화가 울렸다.

2. 과거 / 과거 (두 과거행위 중 when절이 논리적으로 먼저 발생)
When he arrived home, it began to rain. 그가 집에 도착했을 때 비가 오기 시작했다.

3. 과거 / 과거 (두 과거행위가 동시적)
When he slept, he dreamed of her. 그는 잠잘 때 그녀에 대한 꿈을 꾸었다.

* 아침에 일어나서 세수를 할 때마다 두 과거동작의 우선순위인 had pp와 과거시제를 연상하라.

영어에서는 과거의 두 행위를 언급할 경우에 일반적으로 전후 관계를 명확히 구별해주는데 두 행위 중 먼저 일어난 행위는 과거완료인 had pp로, 나중에 일어난 행위는 과거시제로 표현한다.

다시 말하면 과거완료시제는 기준시제인 과거가 반드시 존재한다는 사실이다. 아버지가 존재해야 할아버지가 존재하는 것처럼 말이다.

물론 우리말에는 이렇게 구별하는 방법이 따로 없다. 다만, 우리말에는 '~하고나서, 혹은 그리고 나서, 그 이후, ~전에'와 같은 표현을 사용한다.

had+ pp의 형태는 두 가지로 나눌 수 있는데, 순서상으로 과거보다 먼저 일어난 행위를 의미하는 대과거의 경우와 현재완료의 4가지 용법의 경우를 그대로 과거 쪽으로 한 시제 옮겨간 형태로 볼 수 있는 과거 어떤 시점까지의 완료, 경험, 결과, 계속의 의미를 지닌 과거완료의 두 가지의 경우가 있다.

1. 대과거

1) 과거보다 단순히 먼저 일어난 형태인 대과거의 표현

I <u>lost</u> the book which I <u>had bought</u> the day before.
　나중에 잃어버림　　　　　　먼저 샀음

나는 그 전날 샀던 책을 잃어버렸다.

2. 과거완료

1) 과거 어떤 시점 이전에 완료된 행위

I <u>had already arrived</u> at the hotel before night <u>fell</u>.
　　먼저 도착했음　　　　　　　　　　　나중에 왔음

밤이 오기 전에 이미 나는 호텔에 도착했었다.

2) 과거 어떤 시점까지 계속 행해오고 있음

He <u>had lived</u> here for two years when I <u>met</u> him.
　그때까지 살아왔음　　　　　　　만났을 때
　　(먼저행위)　　　　　　　　　(나중행위)

내가 그를 만났을 때 그는 2년 동안 여기에서 살아왔었다.

3) 과거 어떤 시점을 기준으로 그때까지의 경험

I had never seen an elephant till I visited the zoo.
그때까지 본 적이 없음   방문했을 때
   (먼저행위)   (나중행위)

내가 동물원을 방문했을 때까지는 코끼리를 본 적이 없었다.

4) 과거 어떤 시점에 그 이전의 행위의 결과가 영향을 미치고 있음

I had sold my house when I left Korea.
먼저 팔은 상태   떠났을 때
 (먼저행위)   (나중행위)

나는 집을 팔고서 한국을 떠났다.

> ※ 어법문제에 관한 한 단순히 두 과거행위 중에서 우선순위만 따지도록 하자.
>
> I lost my watch which she had bought for me yesterday.
>   (나중 행위)   (먼저 행위)
>
> 그녀가 어제 나에게 사주었던(먼저 행위), 시계를 잃어버렸다(나중 행위).
>
> My father had bought a book, and he gave it to me.
>   (먼저 행위)   (나중 행위)
>
> 나의 아버지는 책을 한 권 사서(먼저 행위), 그리고 그것을 나에게 주었다(나중 행위).
>
> I recognized the man at once, since I had seen him before.
>   (나중 행위)   (먼저 행위)
>
> 나는 그 남자를 즉시 알아보았다(나중 행위), 왜냐하면 이전에 그를 본 적(먼저 행위)이 있기에.
>
> The train had started when I got to the station.
>   (먼저 행위)   (나중 행위)
>
> 내가 역에 이르렀을 때에는(나중 행위), 기차는 떠나 버렸었다(먼저 행위).
>
> He had been studying for two hours, when I visited him.
>   (먼저 행위)   (나중 행위)
>
> 그는 두 시간 동안 공부해오고 있었다(먼저 행위), 내가 그를 방문했을 때(나중 행위).

기본 문제 연습

1. I lost the wallet that she (had bought / bought) for me.
   나는 그녀가 나를 위해 사주었던 그 지갑을 잃어버렸다.
   ➲ 잃어버린 과거(lost) 시점보다 산시점이 빠른 과거완료(had bought)이므로 had bought가 적절하다.

2. The bus (had already left / already left) when I got to the terminal.
   그 버스는 내가 터미널에 도착했을 때 이미 떠났다.
   ➲ 내가 도착한 시점(got to)보다 버스가 이미 떠나버린 시점(had already left)이 빠르므로 had already left가 적절하다.

3. When I (had finished / finished) my homework, my friend came in.
   내가 나의 숙제를 끝냈을 때 친구가 들어왔다.
   ➲ 내가 숙제를 끝낸 시점(had finished)이 친구가 들어온(came in)보다 빠르므로 과거완료형태인 had finished가 적절하다.

4. I (had never met / never met) her, until I moved here.
   내가 여기로 이사 오기 전까지는 그녀를 결코 만난적이 없다.
   ➲ 이사 온 시점(moved)보다는 만나본 적이 없는 시점(had never met)이 더 빠르므로 과거완료 형태인 had never met이 적절하다.

5. I (never saw / had never seen) a tiger till I visited the zoo.
   그때 이전에 그때까지 호랑이를 본 적이 있니? 나는 그 동물원을 방문할 때 까지는 호랑이를 본적이 없었다.
   ➲ 동물원을 방문한 시점(visited)보다는 호랑이를 본적이 없는 사실이 더 먼저의 행위이므로 had never seen이 적절하다.

6. No sooner (did he see / had he seen) me than he ran away. 그는 나를 보자마자 도망갔다.
   ➲ 도망간 시점(ran away)보다는 본 시점(had seen)이 먼저이므로 과거완료형태인 had he seen이 적절하다.

7. When I met her, she (lived / had lived) in America for ten years.
   내가 그녀를 만났을 때, 그녀는 미국에서 10년 동안 살아오고 있었다.
   ➲ 만난 시점은 과거이지만 살아온 과정은 그 이전이므로 과거보다 한 시제 빠른 과거완료형태의 had lived가 적절하다.

8. He lent me the book he (had bought / has bought) the day before.
   그는 전날 구입했던 책을 빌려주었다.
   ➲ 주절의 시제의 과거시제인 lent보다 한 시제 빠른 과거완료의 had bought가 적절하다.

[CHAPTER 01 어법 문제유형 정리]

기출 문제 연습

1. The vending machine was empty and unplugged, and even the rest rooms were locked. We found a tap on an outside wall and turned it, but the water (was / had been) shut off. (모의응용)
   자동판매기는 비어 있었고 전원은 꺼져 있었으며, 심지어 화장실은 잠겨 있었다. 외부 벽에 달린 수도꼭지를 발견하고는 그것을 돌려보았지만, 물이 끊겨 있었다.
   ➲ 수도꼭지를 발견하고(found), 틀어본 것(turned)보다는 이미 물이 끊겨 있었던 시점(had been)이 먼저 일어난 행위이므로 과거완료인 had been이 적절하다.

2. Later that night he came by to tell Jane that a man (has / had) given him a meal. (모의)
   그날 밤 늦게, 그는 Jane에게 어떤 남자가 자기에게 음식을 주었다고 말하려고 왔다.
   ➲ 음식을 준 사실이 먼저이고 온 사실이 나중의 행위이므로 여기서는 먼저 일어난 행위는 had pp로 표현한다. 따라서 여기서는 had가 정답이다.

3. Once, a friend whom I (hadn't talked / didn't talk) to in twenty years called me. (모의응용)
   한 번은 20년간 대화를 나눈 적이 없던 친구가 나에게 전화를 했다.
   ➲ 두 과거행위 중 먼저 일어난 행위는 had pp, 나중 행위는 과거동사의 형태로 표현한다. 따라서 여기서는 대화를 나눈 적이 없는 행위(hadn't talked)가 먼저 일어난 행위이기 때문에 과거완료의 형태로 표현한다. 따라서 hadn't talked가 적절하다.

4. The doctor would inquire about the family health history to see if any relatives (suffered / had suffered) from similar diseases. (모의응용)
   그 의사는 친척 중 누군가가 비슷한 질병을 앓았었는지를 알아보기 위해 가족병력에 대해 물어보곤 했다.
   ➲ 과거 두 행위 중 먼저 일어난 행위는 과거완료로, 나중에 일어난 행위는 과거로 표현한다. 따라서 여기서는 질병을 앓았던 것이 물어본 행위보다 먼저 일어난 일이므로 과거완료(had suffered)가 적절하다.

5. He was excited because he (had bought / bought) the speakers at half price. (모의응용)
   그는 그 스피커를 반값에 구매했기 때문에 들떠 있었다.
   ➲ 구입한 것이 들떠 있는 사실보다 먼저 일어난 행위이므로 먼저 일어난 행위는 과거완료형태(had bought)로 표현한다.

6. On the next visit, I noticed that the parking fairy (had left / left) a ticket with about 45 minutes remaining in the slot of the machine for some lucky person to use. (모의응용)
   다음에 그 주차장을 찾았을 때 나는 그 주차 요정이 어떤 운 좋은 사람이 사용하도록 기계의 동전 구멍에 약 45분이 남아 있는 티켓을 두고 갔다는 것을 알아챘다.
   ➲ 알아챈 시점(noticed)보다는 남겨놓은 시점(had left)이 먼저 일어난 행위이므로 had left가 적절하다.

102 | 동사 자리

마무리하고 넘어가기!

- 두 가지의 과거 행위를 언급할 때에는 먼저 행위는 had pp의 과거완료의 형태를 사용하고 나중의 행위는 그대로 과거형으로 표시한다.
물론 과거완료의 형태를 현재완료의 성격의 유형과 견주어서 볼 수 있지만 어법적 접근은 두 가지의 전후관계를 구분한다는 것에 의미를 둔다.

- 과거완료가 존재하는 곳엔 반드시 과거라는 기준이 있다는 점을 명심하라.
우리말은 특별히 이 두 가지를 구분하는 기준의 어구가 별도로 없다. 단지 '~하고 나서' 혹은 '~하기 전에'라는 표현으로 나타낼 뿐이다.
had pp의 과거완료시제가 등장하면 일단 과거시제어구를 찾아서 서로의 관계를 확인하라.

스스로 어법문제 만들어가기

1. The plane was only in the air for a few seconds before there was a loud bang. Flames came out from one of the engines. The people in the control tower heard the pilot say, 'I'm coming back around!' Then there were two more explosions. The plane went off the radar screen in the control tower. When the police arrived at the scene, more than half of the plane **had already sunk** into the ocean. (2013.06 고1 모의고사)
    ➲ had pp의 과거완료는 과거가 기준이 되는 바 경찰이 도착한(arrived)시점보다 배가 이미 가라앉았던 (had already sunk)시점이 먼저 일어난 일이기에 도착한 시점은 과거로, 이미 가라 앉은 시점은 과거완료로 표현했다.
    큰 소리가 나기 전 비행기는 하늘에 몇 초 동안만 떠 있었다. 화염이 엔진 중 한 곳에서 일어났다. 관제탑에 있는 사람들은 조종사가 '회항합니다!'라고 말하는 소리를 들었다. 그리고 나서 두 번의 폭발이 더 있었다. 비행기는 관제탑 레이더 화면에서 사라졌다. 경찰이 현장에 도착했을 때 비행기의 절반 이상이 이미 바다에 가라앉아 버렸다.

2. I arrived at Portland airport to discover that her flight had been delayed. So I decided to sit down and have coffee. Then a woman came in and also ordered coffee. I asked which flight she was waiting for. Susan, as she introduced herself, was waiting for the same plane. We both said that we **had forgotten** to check arrival times before heading for the airport. (2009.09 고1 모의고사)
    ➲ had pp의 과거완료가 보이면 일단 과거시제와의 전후관계를 항상 생각하길. 두 과거 행위 중 먼저 일어난 일은 과거완료로 표시하는 데 말한 (said)시점보다는 잊어버린 시점(had forgotten)이 더 먼저

일어난 일이므로 had forgotten으로 표현했다.

나는 Portland 공항에 나갔지만 비행기는 지연되었다. 그래서 나는 앉아서 커피를 마시기로 했다. 그때 한 여자가 와서 역시 커피를 주문하였다. 나는 그녀에게 어느 비행기를 기다리느냐고 물어보았다. 그녀는 자신을 Susan이라고 소개하고 같은 비행기를 기다렸다. 우리는 둘 다 공항에 오기 전에 비행기 도착시간을 확인하는 것을 잊어버렸다고 말하였다.

3. A friend of mine had a wife who was habitually late. He **had nagged and nagged** his wife about her being late, but nothing changed. Finally, he realized he could not change her; he could only change his response to her. (2009.11 고1 모의고사)

　　➲ had pp의 과거완료 형태가 나오면 일단은 과거기준의 어구를 찾아라. 두 과거 행위 중 먼저 일어난 일은 과거완료로 표시하는 데 여기서는 변했다(changed)라는 시점보다는 잔소리한 시점(had nagged)이 먼저 행위이므로 had nagged로 표현했다.

내 친구 중, 아내가 습관적으로 늦는 한 친구가 있었다. 그는 아내의 늦는 행동에 대해 계속 잔소리를 했지만 아무런 변화가 없었다. 마침내 그는 아내를 변화시킬 수 없으며 단지 그녀에 대한 자신의 반응을 변화시킬 수밖에 없다는 것을 깨달았다.

◆ 그냥 넘어가기엔 아쉬워 한 마디…

1. as soon as는 과거의 거의 동시적 행위를 나타낼 경우 주절과 종속절 모두 동일한 과거시제를 사용한다.
   As soon as I got home, I turned on my computer.
   나는 집에 도착하자마자 컴퓨터를 켰다.

2. before나 after은 자체가 전후관계를 표현하므로 둘다 과거형으로 표현해도 무방하다.
   He took shower before he went to bed.
   그는 잠자리에 들기 전에 샤워를 했다.
   She got a cold after she caught in the rain last night.
   그녀는 지난밤 비를 맞은 후 감기가 들었다.

08 자동사와 타동사 구별

자동사		plays (논다)	alone 목적어(을,를X)
		smiles (웃는다)	brightly 목적어(을,를X)
		gets up (일어난다)	in the morning 목적어(을,를X)
타동사		kicks (찬다)	a ball 목적어(을,를O)
		reads (읽는다)	a book 목적어(을,를O)
		writes (쓴다)	a letter 목적어(을,를O)

자동사는 주어의 행위만으로 한정되어 '을/를'이 붙는 목적어가 되는 대상이 없는 동사들이며
    주어인 아기가 스스로 논다(자동사)
    주어인 아기가 스스로 웃는다(자동사)
    주어인 아기가 스스로 일어난다(자동사)

타동사는 그 대상이 물건이든 사람이든 대상을 필요로 하는 동사이며 보통 의미적으로 '을/를'을 필요로 하는 동사들이다.
    찬다(타동사)..........(무엇을?)........공을(목적어)
    읽는다(타동사)........(무엇을?) ......책을(목적어)
    쓴다(타동사)...........(무엇을?).......편지를(목적어)

* 웃으면서 일어나서 노는 행위 등은 자동사, 뒤에 ~을, 를이 들어가는 말인 차거나(공을), 읽는(책을), 쓰는(편지를) 행위는 타동사란 점을 연상하라.

동사는 우리말의 '다'로 끝나는 말이다. 이 동사에는 자동사와 타동사의 두 가지 구별이 있다.

그렇다면 자동사와 타동사란 과연 무엇이며 어떻게 구별할까?

쉽게 말하자면 뒤에 '을/를'이 붙는 동사행위의 대상이 있으면 타동사이고 없으면 자동사라고 편의상 구별해도 상관없다.

나는 / 먹는다 / 사과를
⇨ 먹으려면 '무엇을'이라는 대상에 해당하는 목적어가 필요하다 (타동사)

연기가 / 올라간다
⇨ 올라간다는 것은 스스로 올라가므로 아무런 대상도 필요하지 않다 (자동사)

다시 말해서, 자동사는 주어가 대상을 필요로 하지 않는 동사이고, 타동사는 그 동사의 행위의 대상이 필요한데 그대상이 우리말로 옮길 때 주로 '무엇을'에 대응되는 '을/를'이 붙는다는 관점에서 '을/를'이 붙으면 타동사이고 안 붙으면 자동사라고 이해해도 무방하다는 것이다.

자동사는 주어의 행위가 주어의 영역에만 한정되는 행위를 하는 경우의 동사들이다. 예를 들어, '일어난다'(get up)라는 동사는 주어가 '일어나는' 행위 외에 그 행위를 통한 다른 어떤 대상을 전혀 필요로 하지 않는다. '웃는다'(smile)라는 동사는 '웃는'데 있어 주어가 그 어떤 대상도 필요로 하지 않는다. 주어만의 스스로 한정된 행위의 의미에 불과하다. 이와 같이 그 어떤 대상도 필요로 하지 않고 주어의 행위에만 한정되는 동사를 자동사라 한다.

He gets up. (자동사)
She smiles. (자동사)

그렇다면, 타동사는 대상을 필요로 하는 동사인데 그 '대상'이라는 게 도대체 뭘까?
'~을 ~한다'처럼 우리말로 해석할 때 '을/를'이 붙는 동사를 타동사라고 생각하면 별무리가 없고 그 '을/를'이 붙는 어구는 목적어라고 한다.

나는 (읽는다) (책을)
⇨ 당연히 뒤에 '을/를'이 붙는다. 여기서 '읽는다'는 타동사이고 '책'은 목적어라고 한다.

나는 (만났다) (친구를)
⇨ 여기서 만났다는 타동사이고 '친구'는 목적어가 된다.

그는 (사랑한다) (그녀를)
⇨ 사랑한다는 타동사이고 '그녀'는 목적어이다.

'을/를'로 해석되는 대상어가 와야만 의미가 자연스러운 동사는 타동사이고 '을/를'로 해석되는 대상어는 목적어가 된다.

read(타동사) a book(목적어) 읽는다 / 책을
met(타동사) a friend(목적어) 만났다 / 친구를
love(타동사) her(목적어) 사랑한다 / 그녀를

이와 같이 타동사는 뒤에 목적어가 반드시 필요하지만, 자동사는 뒤에 목적어를 필요로 하지 않는다. 인간의 삶이나 사회관련적으로 본다면 대상을 필요로 하는 동사의 의미가 훨씬 많기에 상대적으로 얼마 되지 않는 자동사는 반드시 따로 암기하도록 한다. 물론, 대부분의 동사들이 자동사와 타동사의 혼용으로 쓰이기도 한다.

타동사는 뒤에 '을/를'로 해석되는 목적어인 명사를 받을 수 있으나 자동사인 경우에는 뒤에 목적어를 받지 않는다. 즉, 자동사 뒤에는 명사인 목적어가 오지 않고 주로 전명구형태의 부사구나 부사가 많이 따라 나온다.

특히, 전명구(예:on the bed)는 목적어가 아니라는 점을 명심하길 바란다.

sleep(자동사) on the bed (전명구)
➲ 전명구는 목적어가 아니다.

◆ 자동사/타동사의 구별 연습

'자'는 자동사이고 '타'는 타동사이다.

use a computer
사용하다(타) / 컴퓨터를 → 컴퓨터를(을/를이 붙는다 타동사)
live in a country
살다(자) / 시골에서 → 시골에서(을/를이 안 붙는다 자동사)
find a wallet
발견하다(타) / 지갑을 → 지갑을(을/를이 붙는다 타동사)
need a car
필요로 하다(타) / 차를 → 차를(을/를이 붙는다 타동사)
visit my friend
방문하다(타) / 나의 친구를 → 나의 친구를(을/를이 붙는다 타동사)
grow fast
자라다(자) / 빠르게 → 빠르게(을/를이 안 붙는다 자동사)
happen early
발생하다(자) / 일찍 → 발생하다(을/를이 안 붙는다 자동사)
send a letter
보내다(타) / 편지를 → 편지를(을/를이 붙는다 타동사)

die young
죽다(자) / 어려서 → 죽다(을/를이 안 붙는다 자동사)

buy a book
사다(타) / 책을 → 사다(을/를이 붙는다 타동사)

wash hands
씻다(타) / 손을 → 손을(을/를이 붙는다 타동사)

arrive at the park
도착하다(자) / 공원에 → 공원에(을/를이 안 붙는다 자동사)

disappear far away
사라지다(자) / 멀리 → 사라지다(을/를이 안 붙는다 자동사)

use his telephone
사용하다(타) / 그의 전화를 → 사용하다(을/를이 붙는다 타동사)

need any help
필요로 하다(타) / 어떤 도움을 → 필요로 하다(을/를이 붙는다 타동사)

find information
찾다(타) / 정보를 → 찾다(을/를이 붙는다 타동사)

learn French
배우다(타) / 프랑스어를 → 배우다(을/를이 붙는다 타동사)

last long
지속하다(자) / 오래 → 지속하다(을/를이 안 붙는다 자동사)

◆ 구별에 주의할 동사

현재 - 과거 - 과거분사의 형태가 다르다.

1. 현재   과거   과거분사
   lay   laid   laid   ~을 놓다 / ~를 눕히다 (타동사)
   lie   lay   lain   놓여있다 / 누워있다 (자동사)
   lie   lied   lied   거짓말하다

* lay 암기방식:

   누워 있었다   (자동사/과거)   쿨쿨 잔다고 <u>누워 있었다</u>. (과거형의 자동사)
   눕힌다 아기를   (타동사/현재)   그런데 아기가 깨서 울길래 달래면서 다시 <u>아기를 눕힌다</u>.
                                          (현재형의 타동사)

2. 현재   과거   과거분사
   rise   rose   risen   일어나다 (자동사)
   raise   raised raised   ~를 들어 올리다 (타동사)

* a가 붙어 있으면 타동사

3. 현재   과거   과거분사
   sit   sat   sat   앉다 (자동사)
   seat   seated seated   앉히다 (타동사)

4. 현재   과거   과거분사
   fall   fell   fallen   떨어지다 / 내리다 (자동사)
   fell   felled felled   ~을 쓰러뜨리다 (타동사)

5. 현재   과거   과거분사
   find   found   found   ~을 찾다, 발견하다 (타동사)
   found   founded founded   ~을 설립하다 (타동사)

6. 현재   과거   과거분사
   bound   bounded bounded   튀어 오르다 (자동사)
   bind   bound   bound   ~을 묶다 (타동사)

7. 현재   과거   과거분사
   wait   waited waited   기다리다 (자동사)
   await   awaited awaited   ~을 기다리다 (타동사)
   *await = wait for

8. 현재   과거   과거분사
   arise   arose   arisen   발생하다 (자동사)
   arouse aroused aroused   ~을 야기하다 (타동사)

◆ 중요한 자동사들

work   일하다, 작동하다, 효과 있다
He works hard.   그는 열심히 일한다.
This machine doesn't work.   이 기계가 듣지 않는다.
This medicine doesn't work on the baby.   그 아기에게 이 약은 듣지 않는다.

matter   중요하다
Our age doesn't matter when it comes to   배움과 관련해서는 우리들의 나이는 중요하지 않다.
learning.

count   중요하다
Money counts.   돈은 중요하다.

CHAPTER 01 어법 문제유형 정리

기본 문제 연습

1. He (lay / lays) on the grass then. 그는 그때 풀밭에 누워 있었다.
    ➲ lay는 '누워 있었다'라는 자동사의 과거형이다. 여기서는 목적어가 없으니 과거형이면서 자동사인 lay가 적절하다. lay가 현재형이라면 주어가 3인칭 단수이므로 lays가 되어야 한다. 물론 뒤에 과거표시 then이 있으므로 불가하지만 말이다. 그리고 이 경우는 타동사이므로 뒤에 목적어를 받는다.

2. He often (lies / lays) down on the grass. 그는 종종 풀밭에 누워 있다.
    ➲ lies는 '누워 있다'라는 자동사이고 lays는 타동사로서 '~를 눕히다', '~를 놓다'라는 타동사이므로 목적어가 없으므로 자동사인 lies가 적절하다. lays가 현재형이라면 타동사이므로 목적어를 필요로 한다.

3. She (lays / lay) the baby in the bed when it cries. 그녀는 아기가 울 때는 아기를 침대에 눕힌다.
    ➲ lays는 타동사로서 현재형이며 목적어(her baby)를 받는다. lay는 과거동사로서 자동사이므로 목적어를 취할 수 없다. 따라서 목적어를 취하는 lays가 적절하다. lays가 현재형이라면 뒤에 목적어를 받는다. 만약 과거형이라면 자동사이므로 목적어가 불필요하다. 그리고 lay가 현재형이고 주어가 단수라면 당연히 lays가 되어야 한다.

4. He (raises / rises) his right hand when he asks a question. 그는 질문을 할때는 오른손을 든다.
    ➲ raise는 타동사로서 뒤에 목적어(his right hand)를 취한다. rises는 자동사로서 목적어를 취할 수 없다. 따라서 목적어(his right hand)가 있으므로 raises가 적절하다.

5. The sun (rises / raises) in the east. 태양이 동쪽에서 떠오른다.
    ➲ rises는 자동사로서 뒤에 목적어가 오지 않는다. raises는 '~를 들어 올리다'의 의미의 타동사로서 목적어를 취한다. 따라서 여기서는 목적어가 없으므로 목적어를 취하지 않는 rises가 적절하다. in the east의 전명구는 목적어가 아니다.

6. She (lay / laid) her hand on her son's shoulder.
    그녀는 그녀 아들의 어깨 위에 그녀의 손을 놓았다.
    ➲ laid는 타동사의 과거형으로서 뒤에 목적어(her hand)를 취한다. lay는 자동사의 과거형으로서 뒤에 목적어를 취하지 않는다. 만약 둘 다 타동사이고 뒤에 목적어를 받지만 현재형이라면 lays가 되어야 하므로 여기서는 laid가 적절하다.

7. She (founded / found) him to be charming. 그녀는 그가 매력적인 것을 발견했다.
    ➲ founded는 설립했다는 의미이므로 발견했다는 의미의 과거동사인 found가 적절하다.

8. The company was (founded / found) in 1907. 그 회사는 1907년도에 설립되었다.
    ➲ found는 설립한다는 의미이므로 설립되었다는 수동태의 과거분사인 founded가 적절하다.

110 | 동사 자리

9. A mass of rock (felled / fell) down the mountain. 바위 덩어리가 산 아래로 굴러 떨어졌다.
   ⊃ felled는 타동사인 과거형태로 목적어를 취하지만 여기서는 목적어가 없으므로 자동사의 과거형인 fell이 적절하다.

10. Thousands of trees are illegally (fallen / felled) every year.
    수천 그루의 나무들이 매년 불법적으로 벌목된다.
    ⊃ 쓰러뜨려진다는 의미의 felled가 적절하다. fallen은 자동사이므로 수동태로 전환할 수 없으며 타동사인 felled가 적절하다.

11. This building was (found / founded) a hundred years ago. 이 건물은 100년 전에 세워졌다.
    ⊃ 여기서 found는 발견하다인 find의 pp이지만 founded는 설립하다라는 found의 pp이므로 여기서는 founded가 적절하다.

12. It (isn't / doesn't) matter how old you are. 당신의 나이가 얼마인지는 중요하지 않다.
    ⊃ matter은 형용사가 아닌 일반동사이므로 부정은 doesn't를 사용한다.

13. Beauty (lies / lays) in the eye of the beholder. 제 눈에 안경이다(미는 보는 사람의 눈에 있다).
    ⊃ lie는 자동사로서 놓여있다는 의미이나 lays는 ~를 놓다, ~를 눕히다라는 타동사로 목적어를 취한다. 여기서는 목적어가 없으므로 자동사인 lies가 적절하다. in the eye는 전명구로서 목적어가 아니다.

14. Please (sit / seat) yourself in a chair. 의자에 앉으십시오.
    ⊃ sit는 자동사이므로 목적어를 취할 수 없지만 seat는 타동사로서 목적어를 취하므로 여기서는 목적어(yourself)가 있으므로 seat가 적절하다.

기출 문제 연습

1. While I was shopping in a department store, I accidentally left my wallet (laying / lying) on a counter of handbags. (모의)
   백화점에서 쇼핑을 하다가 나는 우연히 핸드백을 두는 판매대에 내 지갑을 놓아두었다.
   ⊃ laying은 '놓다, 눕히다'라는 타동사의 분사형이고 lying은 놓여 있다, '누워 있다'라는 자동사의 분사형이므로 여기서는 뒤에 목적어가 없고 또한 내 지갑이 놓여있는 상태이므로 lying이 적절하다. laying은 '~를 놓다'라는 목적어를 받는 타동사의 분사형이다.

CHAPTER 01 어법 문제유형 정리

2. But dolphins don't limit themselves to imitating each other. Unlike a dolphin, Anika (laid / lay) on her side, imitating Tommy's sleeping position. (모의)
   하지만 돌고래들은 서로를 흉내 내는 것에 자신들을 제한시키지 않는다. 돌고래답지 않게, Anika는 Tommy의 잠자는 자세를 흉내 내어 옆으로 누웠다.
   ⊃ laid는 '~를 눕히다'라는 타동사로 목적어를 받지만 여기서는 목적어가 없으므로 목적어를 받지 않는 과거형으로서 자동사인 lay가 적절하다.

3. The Republic of South Africa is a country located at the southern tip of Africa, with a 2,798 km coastline on the Atlantic and Indian Oceans. To the north (lay / lie) Namibia, Botswana and Zimbabwe; to the east are Mozambique and Swaziland. (모의)
   아프리카 남쪽 끝에 있는 남아프리카 공화국은 2,798km의 해안선이 대서양과 인도양에 접해 있다. 북쪽으로 Namibia, Botswana, Zimbabwe 동쪽으로는 Mozambique와 Swaziland가 있다.
   ⊃ 주어는 Namibia, Botswana, and Zimbabwe로서 도치되어 있는데, lay는 타동사이고 lie는 자동사인데 목적어가 없으므로 자동사인 lie가 적절하다. 도치되기 전의 순서는 Namibia, Botswana, and Zimbabwe lie to the north이다.

4. The females don't have rear wings, and their front wings are narrower and shorter than the abdomen. They (lie / lay) between 100 and 300 eggs which have very thick shells. (모의)
   암컷은 뒷날개가 없고, 앞날개는 복부보다 더 좁고 짧다. 암컷은 껍데기가 매우 두꺼운 100개에서 300개의 알을 낳는다.
   ⊃ lie는 자동사로서 목적어를 취하지 않지만 lay는 현재형일 때는 타동사로서 목적어를 취하므로 여기서는 목적어가 있으므로 타동사의 현재형인 lay가 적절하다.

5. They (founded / found) that the more complicated people thought their diet plan was, the sooner they were likely to drop it. (모의)
   그들은 사람들이 자신들의 다이어트 계획이 더 복잡하다고 생각할수록 더 빨리 포기하게 된다는 점을 알아냈다.
   ⊃ 둘 다 타동사로서 founded는 found(설립하다)의 과거형이며 found는 find(발견하다)의 과거형이므로 의미상 발견했다의 found가 적절하다.

6. When the train came to his station, he got up and stood patiently in front of the door, (waiting for / waiting) the door to open. (모의)
   전동차가 역에 들어 왔을 때 그는 자리에서 일어나 문이 열리기를 기다리며 문 앞에 끈기 있게 서 있었다.
   ⊃ wait은 자동사이므로 뒤에 목적어(the door)를 바로 받을 수 없고 waiting for가 적절하다. wait for는 await과 같다.

112 | 동사 자리

마무리하고 넘어가기!

- 타동사는 목적어를 취하고 자동사는 목적어를 취하지 못한다.
전치사+명사인 전명구는 목적어가 아니라는 사실을 명심하길.

스스로 어법문제 만들어가기

1. In most offices, the phone is constantly ringing, people are stopping by, and it is impossible to focus on one problem. I have always found it hard to be creative in a doorless office. In such an office, we cannot stare into space for a long time, pace the floor, or **lie** down for a few minutes. However, all of these things I do regularly when I am coming up with an idea behind closed doors. The generation of ideas is closely linked to physical comfort. (2011.06 고2 모의고사)

   ➲ 일단, lie라든지 lay라는 동사가 보이면 두 동사를 구별하는 습관을 들이길. lie는 자동사로서는 '누워 있다'라는 현재형이고, 과거형은 lay이다. '거짓말하다'라는 의미도 lie이지만 여기서는 의미상 전혀 어울리지 않는다. lay는 '누워 있었다'라는 자동사의 과거형이면서 동시에 타동사로서는 '~를 눕히다'라는 현재형이다. lay는 두 가지 종류의 차이를 정확히 구별해야 한다. lay가 과거형이라면 '누워 있었다'라는 자동사이고 현재형이라면 '~를 눕힌다'라는 타동사이다. 여기서는 자동사이면서 조동사 뒤 동사원형이므로 lie가 적절하다.

   대부분의 사무실에서는, 전화가 끊임없이 울리고, 사람들이 찾아오며, 한 가지 문제에 집중하기가 불가능하다. 나는 늘 문이 없는 사무실에서는 창의적인 생각을 하기가 어렵다고 생각해왔다. 그런 사무실에서는 오랫동안 허공을 응시하거나 바닥을 서성거리거나 혹은 몇 분간 누워 있을 수가 없다. 그러나 나는 닫힌 문 뒤에서 아이디어를 생각해낼 때는 흔히 이 모든 일들을 한다. 아이디어를 만들어내는 일은 신체적 편안함과 밀접하게 연관되어 있다.

2. Cantor's giant softshell turtles can grow up to 6 feet in length. The turtle spends 95 percent of its life buried and motionless under the sand in the water, and **rises** to the surface only twice a day to take a breath. It **lays** 20 to 28 eggs in February or March on riverbanks. (2012.06 고1 모의고사)

   ➲ rise는 '올라가다'라는 의미로서 자동사이며 타동사인 '들어 올리다'라는 raise와 항상 함께 염두에 두길. 그리고 lays는 '~를 낳다'라는 목적어를 취하는 타동사의 현재형이며 동사의 변화는 lay-laid-laid이다.

   큰 자라는 최대 6피트 길이까지 자랄 수 있다. 그 자라는 생애의 95%를 수중의 모래 속에 파묻혀 움직이지 않고 보내며, 숨을 쉬기 위해서 하루에 두 번만 수면으로 올라온다. 그것은 2월이나 3월에, 강둑에 20개 내지 28개의 알을 낳는다.

09 수동태 불가의 자동사

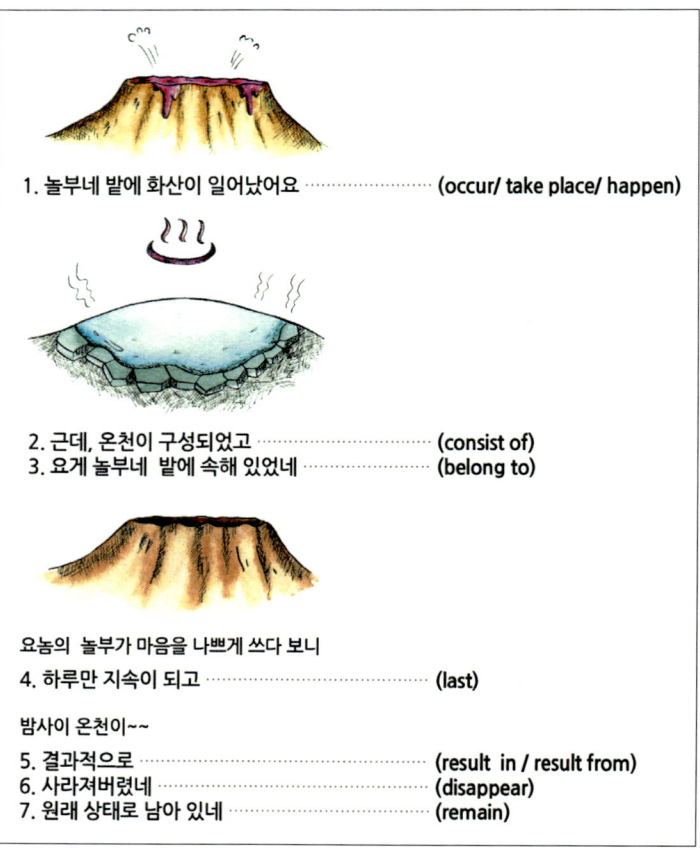

1. 놀부네 밭에 화산이 일어났어요 ········· (occur/ take place/ happen)
2. 근데, 온천이 구성되었고 ········· (consist of)
3. 요게 놀부네 밭에 속해 있었네 ········· (belong to)

요놈의 놀부가 마음을 나쁘게 쓰다 보니
4. 하루만 지속이 되고 ········· (last)
밤사이 온천이~~
5. 결과적으로 ········· (result in / result from)
6. 사라져버렸네 ········· (disappear)
7. 원래 상태로 남아 있네 ········· (remain)

자동사는 주어가 스스로 그 행위를 하는 주체이므로 주어가 행위대상이 되는 수동태로는 불가하다.
(예를 들어, 화산이 스스로 발생(occur)하는 것이지 누구의 힘에 의해 발생되어지는(be occurred) 것이 아니다.
여기 동사들은 누군가의 영향을 받아 이루어지는 수동의 행위처럼 착각을 일으켜
수동태(be+pp)의 모습으로 표현되어야 할 것처럼 보이지만 온전히 주어가 스스로 행위를 하는 의미의 자동사들이므로 수동태(be+pp)로 표현될 수가 없다.

이와 관련된 동사들을 암기해야 하는 데 암기하는 방식은
어느 날
욕심 많은 놀부의 밭에 화산이 발생해서 온천이 구성되어 많은 돈을 벌 것처럼 보였지만
결국에는 욕심으로 사라지는 과정으로 암기스토리를 구성해보았다.

* 화산, 온천을 접하거나 들을 때마다 수동태불가 자동사(be pp X)의 동사들을 연상하라.

타동사는 행위의 대상이 있다. 해석할 때 '을/를'로 끝나는 이 대상을 '목적어'라 한다.

나는 사랑한다. (타동사)　　그녀를(목적어)　　사랑하는 대상이 그녀
나는 읽는다. (타동사)　　　책을(목적어)　　　읽는 대상이 책
나는 먹는다. (타동사)　　　바나나를(목적어)　먹는 대상이 바나나

<u>I</u>　　<u>love</u>　　　<u>her</u>.
(사랑하는 행위 주체)↑　(사랑하는 행위를 하지 않고 받기만 하는 대상)
　　　(능동의 행위)

주어가 직접 행위를 하는 능동의 주체이므로 <u>능동태</u>

<u>She</u>　　<u>is loved</u>　　<u>by me</u>.
(사랑하는 행위를 하지 않고 받는 주체)↑　(사랑하는 행위 주체)
　　　　(수동의 행위)

주어가 직접 행위를 하지 않는, 받는 입장의 주체이므로 <u>수동태</u>

목적어는 행위를 직접 행하는 주체가 아니고 행위를 받는 입장에 있다.

I love her(목적어)
⇨ 목적어인 her은 사랑하는 주체가 아니라 사랑받는 대상일 뿐이다.

즉 주어는 행위를 하는 주체의 입장이지만, 목적어는 행위를 전혀 하지 않는 일방적으로 행위의 영향을 받는 입장이다. 행위를 하지 않는, 움직임이 전혀 없는, 가만히 있는 대상인 목적어가 주어로 나가면 능동의 형태가 아니라 be + pp의 수동의 형태가 되어야 한다.

그러나, '일어난다든지(get up), 웃는다든지(smile)'와 같은 자동사들은 동사의 행위가 영향을 주는 행위의 대상이 없기 때문에 행위의 대상이 주어로 나가게 되면서 변하게 되는 수동태 구조로의 전환이 안 된다.

She smiles.

그녀의 웃는 행위로 인해 영향을 받는 대상인 목적어가 없으므로 결과적으로 주어로 나갈 대상어인 목적어가 없다.

이러한 동사들을 자동사라하고 이 자동사들은 수동태로 바꿀 수 없으므로 이런 수동태 불가의 자동사들을 암기해야 한다.

다시 말해서. 이런 자동사들은 자기 스스로 행해지는 행동을 한다는 의미이며 다른 대상에 의해 행해지는 건 아니라는 의미에서 be + pp의 수동태 구조로 표현할 수 없다. 행동을 직접 능동적

으로 하는 자동사개념의 주체가 주어인 구조에서는 수동태 구조의 형태가 될 수 없다.

She smiles. '그녀는 웃는다.'에서 그녀가 주어이면서 행위 주체이므로 그녀스스로 웃는다는 의미이지만 She is smiled. (×) '그녀는 웃어진다.' 뭔가 어색하다. 주어 스스로 웃는다는 의미인데 누군가에 의해 강제로 영향을 받아 웃음이 웃어진다는 건 어불성설이다. 따라서 웃는다는 표현은 자동사이므로 수동태로의 형태로 표현할 수 없다. 자동사는 오직 능동으로 표현해야 한다.

◆ 수동태 불가의 자동사의 암기방법

마음 고약한 놀부의 땅에 화산이 자동적으로 발생해서 온천이 이루어지고 사라지는 과정을 상상하면서 암기

1. 놀부의 땅에 화산이 (발생해서)	occur, take place, happen	be occurred (×)
		be taken place (×)
		be happened (×)
2. 그 땅에 온천이 (구성되고)	consist of	be consisted of (×)
3. 땅주인인 놀부에게 (속하고)	belong to	be belonged (×)
4. 하루만 (지속이 되고)	last	be lasted (×)
5. 놀부의 욕심 때문에 다음날 (결과적으로)	result in, result from	be resulted (×)
6. (사라져 버리고)	disappear	be disappeared (×)
7. 본래의 상태로 (남아있다)	remain	be remained (×)

◆ 어법보다는 의미에 중점을 두어야 하는 자동사들

1. do 충분하다.
   That will do.   그것이면 충분할 것이다.

2. work 일하다, 효과 있다, 작동하다.
   He works at a factory.   그는 공장에서 일한다.
   The medicine will work on her.   그 약은 그녀에게 효과가 있을 것이다.
   The machine does not work.   이 기계가 잘 작동하지 않는다.

3. matter 중요하다.
   Does it matter who starts first?   누가 먼저 시작하는지가 중요하니?

4. count 중요하다.
   I think that every customer counts.   나는 모든 고객이 소중하다고 생각한다.

5. pay 수지가 맞다.
   This project doesn't pay well.   이 프로젝트는 수지가 잘 맞지 않다.

기본 문제 연습

1. Water (is consisted / consists) of hydrogen and oxygen.
   물은 산소와 수소로 구성되어 있다.
   ➲ consist는 자동사이므로 be pp구조의 수동태로 바꿀 수 없으므로 consists가 적절하다.

2. My key (was disappeared / disappeared). 나의 열쇠가 사라졌다.
   ➲ '사라지다'라는 의미의 disappear는 자동사로서 수동태로 바꿀 수 없으므로 과거동사인 disappeared가 적절하다.

3. That (belongs / is belonged) to me. 그것은 나에게 속해 있다.
   ➲ belong은 자동사로서 수동태로 바꿀 수 없으므로 belongs가 적절하다.

4. Job changes often (occur / are occurred) in the United States.
   직업변화가 미국에서 종종 일어난다.
   ➲ occur은 자동사로서 수동태로 바꿀 수 없으므로 occur이 적절하다.

5. This (results / is resulted) in a rise in the demand for goods.
   이것은 상품의 수요에 대한 증가의 결과이다.
   ➲ result는 자동사로서 수동태로 바꿀 수 없으므로 results가 적절하다.

6. Continuous efforts (resulted / were resulted) in a good success.
   계속적인 노력이 훌륭한 성공의 결과를 가져왔다.
   ➲ result는 자동사로서 수동태로 바꿀 수 없으므로 과거형인 resulted가 적절하다.

7. They (are resembled / resemble) each other in a lot of ways.
   그들은 여러 면에서 서로서로를 닮았다.
   ➲ resemble은 타동사이지만, 의미적으로 수동태로 바꿀 수 없으므로 resemble이 적절하다.

8. The storm (was lasted / lasted) for three days. 폭풍우는 사흘을 끌었다.
   ➲ '지속되다'라는 의미일 때에는 상태를 나타내는 자동사로서 수동태가 불가하므로 과거형인 lasted가 적절하다.

9. He decided (to be remained / to remain) single all his life.
   그는 평생을 독신으로 지내기로 작정했다.
   ➲ remain은 자동사이므로 수동태로 사용할 수 없으므로 to remain이 적절하다.

CHAPTER 01 어법 문제유형 정리

기출 문제 연습

1. When they interacted, however, it often (was resulted / resulted) in debates or violent fights. (모의응용)
   하지만 그들이 서로 교류할 때, 이것은 논쟁이나 폭력적인 싸움의 문제가 될 수 있었다.
   ➲ result는 자동사이므로 be pp형태의 수동태를 취할 수 없다. 따라서 resulted가 적절하다.

2. It is obvious that a collision at a lower speed is less likely (to be resulted / to result) in death or serious injury. (모의응용)
   더 낮은 속도에서의 충돌이 사망 또는 중상을 덜 초래할 것 같다는 것은 분명하다.
   ➲ result는 자동사이므로 be pp 형태인 to be resulted의 수동태를 취할 수 없다. 따라서 to result가 적절하다.

3. They were over-hunted by humans and other animals. After they (disappeared / were disappeared), the Calvaria Tree soon stopped sprouting seeds. (모의응용)
   인간과 다른 동물들이 그들을 지나치게 사냥했다. 그들이 사라진 이후에 Calvaria 나무는 바로 싹 틔우기를 멈추었다.
   ➲ disappear는 자동사이므로 be pp형태의 수동태를 취할 수 없다. 따라서 disappeared가 적절하다.

4. A typical American breakfast, for instance, might (consist / be consisted) of bacon, sausage, scrambled eggs, and fruit juice. (모의응용)
   예를 들어, 전형적인 미국인의 아침식사는 베이컨, 소시지, 스크램블드 에그와 과일 쥬스로 이루어져 있다.
   ➲ consist는 자동사이므로 be + pp의 수동태 구조로 할 수가 없다. 따라서 consist가 적절하다.

5. Consequently, pregnant birds would be killed, and before long all birds would (be disappeared / disappear). (모의응용)
   따라서 새끼를 밴 새는 목숨을 잃게 될 것이고 머지않아 모든 새는 사라질 것이다.
   ➲ disappear는 자동사로서 'be + pp' 구조의 수동태 구조로 사용할 수 없다. 따라서 disappear이 적절하다.

6. There are many tents on the right side, which (belong to / are belonged to) friends and colleagues. (모의응용)
   오른쪽에는 많은 텐트들이 있었는데 이것들은 친구들과 동료들의 소유이다.
   ➲ belong은 자동사로서 be + pp 구조의 수동형으로 사용할 수 없다. 따라서 belong to가 적절하다.

7. The longer one goes without a market trauma, the worse the damage when a real crisis (is occurred / occurs). (모의응용)
   시장 쇼크 없이 오래 갈수록, 진짜 위기가 닥칠 때 피해는 더 심하다.
   ➲ occur은 자동사로서 be + pp 구조의 수동형으로 사용할 수 없다. 따라서 occurs가 적절하다.

8. When discussing the animal kingdom, each creature (belongs / is belonged) to a species scale of generalists to specialists. (모의응용)
   동물계에 대해 논의를 할 때, 각각의 동물은 일반종(generalist)에서 전문종(specialist)까지의 종의 한 범주에 속한다.
   ➲ belong은 자동사로서 be + pp 구조의 수동형으로 사용할 수 없다. 따라서 belongs가 적절하다.

마무리하고 넘어가기!

- 자동사는 '을/를'로 해석되는 목적어를 취할 수 없고 목적어가 없으므로 이 목적어가 주어로 나가서 이루게 되는 수동태 구조를 만들 수 없어 be pp의 수동태 구조로 불가하다. 그러나 타동사는 목적어를 취할 수 있어 이 목적어가 주어로 나가서 수동태 구조를 이룰 수 있다.

- 쓴다 편지를 / 편지가 쓰여진다. (O)
  편지는 자신이 쓰는 것이 아니라 타인의 힘에 의해 쓰여지므로 be + pp의 수동태 구조
  (타동사는 그 행위가 대상을 필요로 하며 그 대상이 주어로 나가면 수동태 구조가 된다.)

- 일어난다 / 일어나진다. (×)
  스스로 일어나며 타인의 힘에 의해서 일어나지는 것이 아니므로 수동태 불가
  (자동사는 그 동사의 행위가 영향을 미치는 목적어가 없음)

스스로 어법문제 만들어가기

1. In ages past, the Earth passed through a series of ice ages, in which much of the Northern Hemisphere was covered with glaciers. The mild temperatures we're familiar with **occur** between ice ages. It is thought that very slight changes in the position of the Earth relative to the sun are behind these shifts in climate.
   (2011.03 고2 모의고사)
   아주 옛날에 지구는 여러 번의 빙하기를 거쳤고, 그때 북반구의 대부분이 빙하로 덮였다. 우리에게 익숙한 온화한 기후는 빙하기와 빙하기 사이에 있었다. 지구와 태양 사이의 미세한 상대적인 위치 변화가 이러한 기후 변화의 배후에 있다고 한다.
   ➲ '일어난다, 발생한다'라는 의미의 occur은 be pp의 수동태로의 전환이 안 된다. 이 동사의 행위의 영향을 받는 대상인 목적어가 없는 자동사이기 때문이다.

2. When a person experiences stress, the brain releases stress hormones. Once the factor causing stress **disappears**, the stress hormones quiet down. The body gradually goes back to normal. (2009.11 고1 모의고사)
어떤 사람이 스트레스를 겪으면 뇌는 스트레스 호르몬을 분비한다. 일단 스트레스를 일으키는 요인이 사라지면, 스트레스 호르몬은 잦아든다. 신체는 점차 정상적인 상태로 돌아가게 된다.
  ⇒ '사라지다'라는 동사인 disappear는 '사라지다'라는 우리말의 수동적인 뉘앙스 때문에 수동태 형태로 표현되어야만 될 것 같은 느낌이 든다. 하지만 목적어를 취하지 않는 자동사이므로 수동태로의 전환은 안 된다.

3. According to statistics from the first quarter this year. A large percentage of these poverty-stricken households **consist of** one or two senior citizens who are no longer economically active and face difficulties sustaining their livelihoods.
올해 1분기의 통계에 따르면, 빈곤에 처한 많은 세대들이 더 이상 경제적인 활동 능력이 없거나 그들의 생계를 유지하는 데 어려움에 직면해 있는 한두 명의 노인들로 구성되어 있다.
  ⇒ ~로 구성되다라는 consist of는 구성되다라는 수동형의 뉘앙스를 가지고 있지만 자동사이므로 수동태로의 표현이 불가하다.

4. Hundreds of species of small fishes exist in well-defined social organizations called schools. Fish schools vary in size from a few individuals to enormous populations extending over several square kilometers. Schools usually **consist of** a single species, with all members similar in size or age. For small animals with no other means of individual defense, schooling behavior provides a degree of protection. (2013.09 고3 모의고사)
수백 종의 작은 물고기들과 오징어, 상어, 돌고래 몇 종은 떼라고 불리는 매우 잘 규정된 사회조직 안에서 살아간다. 물고기 떼는 몇 마리의 개체에서부터 몇 제곱킬로미터가 넘는 엄청난 개체군까지 그 규모가 다양하다. 물고기 떼는 일반적으로 크기와 연령대가 비슷한 단일 종으로 구성된다. 떼를 짓는 것은 개인적인 방어의 다른 수단이 없는 작은 동물들에게 어느 정도의 보호를 제공한다.
  ⇒ ~ 로 구성되다라는 consist of는 자동사로서 수동태가 불가하다.

10 목적어가 '을/를'로 해석이 안 되는 타동사

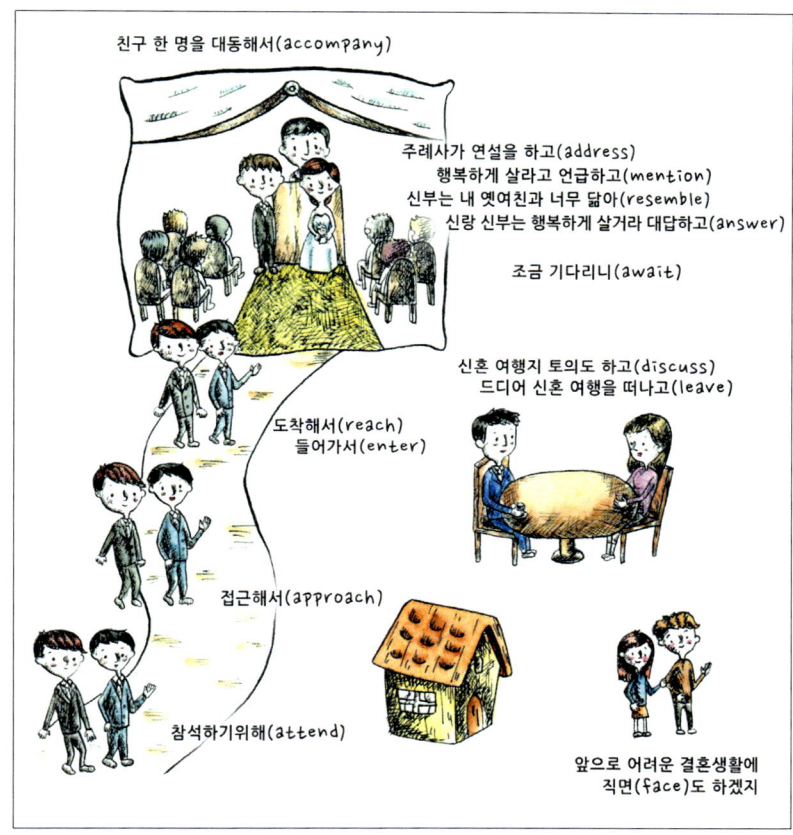

타동사는 뒤에 목적어를 받는데 이 목적어는 대부분 '을/를'로 해석이 된다.
(예: 사랑한다/ 철수를, 읽는다 / 책을, 만났다/ 그녀를)
하지만,
이렇게 '을/를'로 해석이 안 되는 타동사들이 있는데
(예: 결혼한다/그녀와, 닮았다/그의 동생과, 토론하다/그것에 관해)
이런 타동사들은 거의 몇 개로 한정되어 있으므로 따로 암기를 해두어야 한다.
암기하는 방식은 친구가 결혼하는 과정을 예식장을 중심으로 스토리를 엮어 암기에 도움이 되도록 구성하였다.
이제 결혼을 하니 '<u>을/를</u>'(얼라: 아기)이 당연히 없지!

* 결혼, 예식장을 접할 때마다 '을, 를'로 해석이 되지 않는 타동사를 연상하라.

CHAPTER 01 어법 문제유형 정리

타동사 뒤에 오는 목적어는 동사행위의 대상이라고 볼 수 있는데 이 대상어를 우리말로 옮길 때 이 대상어인 목적어에 대해 보통 '을/를'이 붙는다. 이 경우 앞의 동사를 타동사라고 한다.

read / a book

읽는다 / 책을

⊃ 타동사(read) 뒤의 목적어(a book)는 이렇게 우리말로 옮길 때 '을/를'이 붙는다.

want / to be a doctor

원한다 / 의사가 되는 것을

⊃ 타동사(read) 뒤의 목적어(to be a doctor)는 이렇게 우리말로 옮길 때 '을/를'이 붙는다.

하지만, 아래동사들은 이 대상에 대해 우리말로 옮길 때 '을/를'이 붙지 않는 타동사들이기에 따로 암기를 해야 한다.

marry / her

결혼하다 / 그녀와

⊃ 타동사(marry) 뒤에 목적어(her)가 오는 경우이지만 이 목적어가 뒤에 '을/를'이 붙지 않는다.

marry with her (×)

⊃ 그녀와 결혼하다라는 의미에서 '~와'라는 뜻의 with를 붙이는 것이 더 자연스러워 보일 수도 있지만 붙이면 안 된다. 우리말로 해석할 때의 자연스럽지 못한 불일치 때문에 일어나는 현상인데 이런 동사들은 타동사이므로 뒤에 전치사가 오지 않고 바로 목적어가 나와야 한다.

◆ 친구의 결혼식을 축하해주기 위하여 참석하는 과정을 통하여 단어를 암기하는 방식

1. 결혼을 하는데(marry)   marry with (×)
2. 결혼식에 참석하기 위해(attend)   attend to (×)
3. 친구를 동반해서(accompany)   accompany with (×)
4. 예식장에 접근해서(approach)
5. 예식장에 도착해서(reach)   reach at (×)
6. 예식장 안으로 들어가서(enter)   enter into (시작하다)
7. 신부를 보니 여친과 너무 닮아(resemble)   resemble with (×)
8. 결혼식 시간이 조금남아 기다렸다가(await)   await for (×)
9. 주례사가 연설을 하고(address)
10. 주례사가 파뿌리가 되도록 잘 살 거냐고 언급하고(mention) mention about (×)
11. 신혼부부는 대답하고(answer)
12. 어디로 신혼여행 갈 것인지를 토의해서(discuss)   discuss about (×)
13. 신혼 여행을 떠나고(leave)
14. 앞으로 어려운 결혼 생활에 직면(face)도 하겠지   face with (×)

1. marry	+ 목적어	~누구와 결혼하다.
2. attend	+ 목적어	~에 참석하다.
3. accompany	+ 목적어	~와 동반하다.
4. approach	+ 목적어	~에 접근하다.
5. reach	+ 목적어	~에 도착하다.
6. enter	+ 목적어	~에 들어가다.
7. resemble	+ 목적어	~와 닮다.
8. await	+ 목적어	~를 기다리다.
9. address	+ 목적어	~에게 연설하다.
10. mention	+ 목적어	~를 언급하다.
11. answer	+ 목적어	~에 답하다.
12. discuss	+ 목적어	~에 대해 토의하다.
13. leave	+ 목적어	~를 떠나다.
14. face	+ 목적어	~에 직면하다.

CHAPTER 01 어법 문제유형 정리

기본 문제 연습

1. He (married with / married) his girlfriend. 그는 여자친구와 결혼했다.
   ⇨ marry는 타동사이므로 전치사를 받지 않고 바로 목적어를 취하므로 married가 적절하다.

2. They (discussed / discussed about) the matter. 그들은 그 문제를 토의 했다.
   ⇨ discuss는 타동사이므로 전치사를 받지 않고 바로 목적어를 취하므로 discussed가 적절하다.

3. I will try to (join / join at) the broadcasting club at school.
   나는 학교에서의 그 방송클럽에 가입할 것이다.
   ⇨ join은 타동사이므로 전치사를 받지 않고 바로 목적어를 취하므로 join이 적절하다.

4. He went there to (attend / attend to) the meeting. 그는 그 모임에 참석하기 위해 그곳에 갔다.
   ⇨ attend는 타동사이므로 전치사를 받지 않고 바로 목적어를 취하므로 attend가 적절하다.

5. She (entered / entered into) the room. 그녀는 그 방에 들어갔다.
   ⇨ entered은 타동사이므로 전치사를 받지 않고 바로 목적어를 취한다. 그러므로 entered가 적절하다.
   참고로 enter into는 ~를 시작하다의 의미이다.

6. He (survived / survived than) his children. 그는 그의 자식들보다 더 오래 살았다.
   ⇨ survived는 타동사이므로 전치사를 받지 않고 바로 목적어를 취하므로 survived가 적절하다.

7. They (approached / approached to) the house in the dark.
   그들은 어둠 속에서 그 집에 다가갔다.
   ⇨ approach는 타동사이므로 전치사를 받지 않고 바로 목적어를 취하므로 approached가 적절하다.

8. He (resembles / resembers with) his brother. 그는 그의 형을 닮았다.
   ⇨ resemble은 타동사이므로 전치사를 받지 않고 바로 목적어를 취하므로 resembles가 적절하다.

9. He (reached / reached at) the top of hill. 그는 산꼭대기에 도착했다.
   ⇨ reach는 타동사이므로 전치사를 받지 않고 바로 목적어를 취하므로 reached가 적절하다.

10. He was survived (from / by / from by) his wife. 그는 그의 아내를 남겨두고 죽었다.
    ⇨ survived는 타동사이므로 뒤에 전치사(from)를 동반하지 않으므로 수동태에 의한 by가 적절하다.

기출 문제 연습

1. After moving to the new city, I (joined to / **joined**) the company baseball team. (모의)
   새로운 도시로 이사를 한 후, 나는 회사 야구팀에 가입했다.
   ➔ join 동사는 타동사이기에 바로 뒤에 전치사가 오지 않고 바로 목적어를 받는다. 따라서 joined가 적절하다.

2. You're at your office talking with someone when another person (approaches at / **approaches**) you. (모의응용)
   사무실에서 누군가와 이야기하고 있을 때, 또 다른 사람이 당신에게 다가온다.
   ➔ approach는 타동사로서 바로 뒤에 목적어를 바로 받는다. 전치사가 오지 않는다 approaches가 적절하다.

3. Share a hobby or other interests. Together, you can hunt for fossils or (attend to / **attend**) a poetry reading. (모의응용)
   취미나 다른 흥미를 공유해라. 함께 당신은 화석을 찾고, 시를 읽는 모임에 참여할 수도 있다.
   ➔ attend는 참석하다의 의미일 때에는 타동사로서 목적어가 바로 뒤따라 나오며 전치사가 올 수가 없다. attend가 적절하다.

4. The man who has not the habit of reading is imprisoned in his immediate world, in respect to time and space. But the moment he takes up a book, he immediately (**enters** / enter into) a different world. (모의응용)
   독서하는 습관을 지니지 못한 사람은 시간과 공간의 측면에 있어서 눈앞에 보이는 세상에 갇히게 된다. 그러나 그가 책을 손에 집어 드는 순간, 그는 그 즉시 다른 세상으로 들어간다.
   ➔ enter은 타동사로서 목적어를 바로 취한다. enters가 적절하다.

5. The human heart (resembles with / **resembles**) the shape and size of a fist. The heart is a muscle with lots of blood supplied to it. (모의응용)
   사람의 심장은 주먹의 모양과 크기에 가깝다. 심장은 심장에 공급되는 많은 피를 포함하고 있는 근육이다.
   ➔ resemble은 닮다라는 의미로서 타동사이므로 바로 뒤에 목적어를 취한다. resembles가 적절하다.

6. They found that the authors who heavily (**mentioned** / mentioned about) social roles in their life stories lived, on average, five years longer than those who did not. (모의응용)
   그들은 자신의 삶의 이야기에서 사회적 역할을 비중 있게 언급한 작가들이 그렇지 않은 사람들보다 평균적으로 5년 더 살았다는 것을 발견했다.
   ➔ mention은 언급하다라는 타동사로서 목적어를 바로 취하므로 mentioned가 적절하다.

마무리하고 넘어가기!

- 타동사 뒤에 오는 대상어인 목적어는 우리말로 옮길 때 '을/를'로 해석이 되는 데 이와 같은 '을/를'이 목적어에 붙지 않는 타동사는 타동사인데도 불구하고 자동사로 잘못 판단해서 전치사를 붙여야 하는 것으로 보여질 수 있지만 타동사이므로 전치사를 붙이면 안 되므로 이런 동사들은 반드시 암기를 해야만 한다. 바로 뒤에 전치사가 따라오는 자동사처럼 느껴지지만 바로 목적어를 취하는 동사들이다.

스스로 어법문제 만들어가기

1. The flying fox is not a mammal but a fish found in Borneo and Sumatra. This fish is called the flying fox because it swims at a high speed and **resembles** a fox in appearance. (2011.06 고2 모의고사)
   flying fox는 포유류가 아니라 보르네오와 수마트라에서 발견되는 어류이다. 이 물고기가 flying fox로 불리는 것은 빠른 속도로 헤엄치고 모양이 여우와 닮았기 때문이다.
   ➔ resemble의 동사는 타동사로서 바로 목적어를 취하며 전치가 뒤따라 나올 수 없다. resemble with는 잘못된 표현이다. resemble 동사가 나오면 일단은 목적어가 '을/를'로 해석되지 않는 동사임을 명심하라.

2. H. Mephisto **survives** huge pressure from the ground above. In addition, it lives in groundwater with extremely low levels of oxygen. No wonder it is also called a devil's worm. (2013.03 고1 모의고사)
   H. Mephisto은 지상으로부터의 엄청난 압력으로부터 살아남는다. 게다가 그것은 산소가 극도로 희박한 지하수에서 산다. 그것이 악마의 벌레라고도 불리는 것은 놀라운 일이 아니다.
   ➔ survive동사는 '~보다 오래 살다', '~로부터 살아남다'라는 타동사로서 바로 목적어를 취한다. survive from은 잘못된 표현이다. 여기에 덧붙이자면 이러한 종류의 동사로는 become (어울리다), inhabit (~에 살다), excel (뛰어나다)등도 있다.

11 대동사

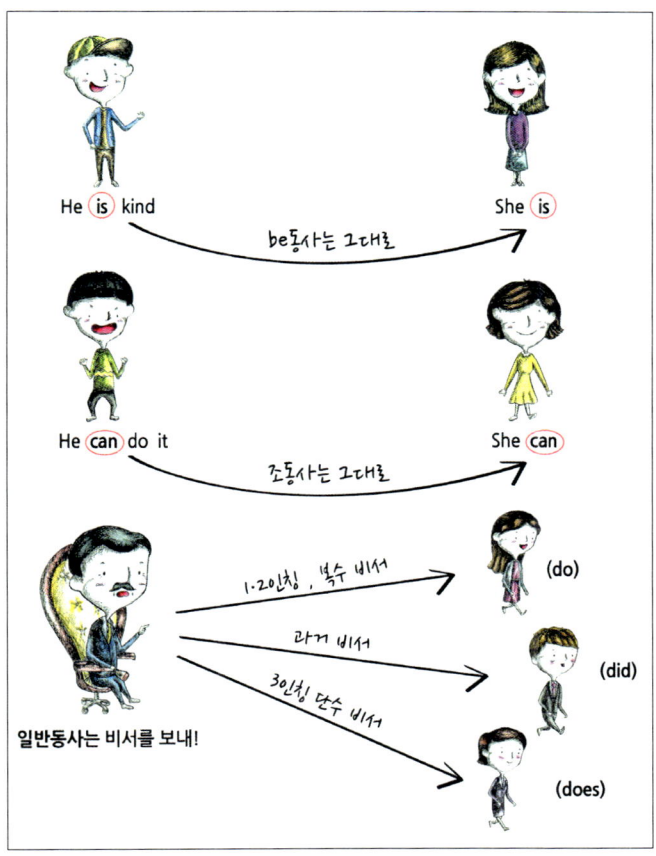

대동사란 앞의 동사를 대신하는 동사라는 의미인데
be동사는 be동사 자신이 직접 대신하고
조동사도 조동사 자신이 직접 대신하지만...
일반동사는 대동사(do, did, does)를 사용한다.
일반동사는
무게감 있는 귀하신 사장님이라 자신은 그 자리에서 자리를 지키며 옮겨가지 않고 대신, 할 일이 있으면 꼭 비서인 대동사(do, did, does)를 내보낸다.

비서의 종류는
일반동사의 과거형을 대신하는 과거비서인 did,
일반동사의 3인칭, 현재, 단수형을 대신하는 비서인 does,
그리고 1.2인칭 혹은 복수비서인 do가 있다.

* 사장과 비서라는 어구를 접할 때마다 동사와 대동사를 연상하라.

CHAPTER 01 어법 문제유형 정리

구체적인 행위를 또다시 언급할 경우에 반복하지 않고 be동사는 be동사로, 조동사는 조동사로, 일반동사는 do/ did/ does를 대신 사용하여 반복을 피하는 구조이며 앞의 동사를 대신하는 동사라 하여 '대동사'라 한다.

1. 대신하는 동사의 형태는

be동사는	be동사 그대로
조동사(will/can/may/must)는	조동사 그대로
일반동사의 과거형(went/studied)은	did로
s/es 붙은 현재형(goes/studies)은	does로
s/es 없는 현재형(go/study)은	do로

Do you like me?	Yes, I do.	(do = like)
Did you finish your homework?	Yes, I did.	(did = finished)
Does she love him?	Yes, she does.	(does = loves)
Can you play the piano?	Yes, I can.	(can = can play)
Are you a student?	Yes, I am.	(be(am) = be(are))

2. so + 조동사/be동사/do/did/does + 주어

be동사는	be동사로
조동사(will/can/may/must)는	조동사로
일반동사의 과거형(went/studied)은	did로
s/es 붙은 현재형(goes/studies)은	does로
s/es 없는 현재형(go/study)은	do로

He is a student.	So am I.	(be동사 be동사로)
He can swim.	So can I.	(조동사 조동사로)
He studies English.	So does she.	(일반동사 does)
They study English.	So do we.	(일반동사 do)
He finished his homework.	So did I.	(일반동사 did)

3. 일반적인 대동사의 예

1) You are under the false impression that you do not have as many items to pack as you really do.(2009수능)
   (당신은 꾸려야 할 짐이 실제로 가지고 있는 짐보다 많지 않다는 잘못된 생각을 갖고 있다.)
   이 경우 do는 have의 일반동사를 대신하고 있다. are를 대신하고 있지는 않다.
2) Many users probably spend more time on the Internet than they do in their cars.
   (많은 사용자들이 그들이 차에서 보내는 것보다 인터넷에서 더 많은 시간을 보낼 수도 있다.)
   이 경우 do는 앞의 spend의 일반동사를 대신하고 있다.

4. 부가의문문의 대동사

부가의문문이란 서술적인 형태 다음에 의문문의 형태가 덧붙여지는 문장구조이다.
앞뒤 동사의 관계는 대동사적인 성격을 가지고 있다.

1) be동사는 be동사로
   They are students aren't they? 그들은 학생들이다 그렇지 않니?
2) 조동사는 조동사로
   Tom can swim can't he? 탐은 수영할수 있다 그렇지 않니?
3) 일반동사는 do, did, does로
   Tom goes to school doesn't he? 탐은 학교에 다닌다 그렇지 않니?
   Tom finished his homework didn't he? 탐은 그의 숙제를 끝냈다 그렇지 않니?
   1. He is kind, isn't he?
   2. He can't swim, can he?
   3. He studies hard, doesn't he?
   4. He studied hard, didn't he?
   5. They study hard, don't they?
   6. Let's study hard, shall we?
   7. Study hard, will you?
   8. You have to study, don't you?
   9. He has studied hard, hasn't he?
   10. You had better study hard, hadn't you?
   11. He used to study, didn't he?
   12. This/That is a book, isn't it?
   13. I am very tall, aren't I?

CHAPTER 01 어법 문제유형 정리

기본 문제 연습

1. My mother told me to clean my room, and I (was / **did**) so.
   엄마는 나에게 방을 청소하라고 말했는데, 나는 그렇게 했다.
   ➲ 앞의 clean의 동사를 대신 받으므로 did가 적절하다.

2. They bloom soon after tulips (**do** / will). 그들은 튤립이 꽃을 피운 후에 곧 꽃을 피운다.
   ➲ bloom의 일반동사를 대신하므로 do가 적절하다.

3. The woman is beautiful, so (**is** / does) her daughter.
   그 여자는 아름답다. 그녀의 딸도 역시 아름답다.
   ➲ be동사 이후를 대신 받으므로 is가 적절하다.

4. She can swim, and so (**can** / does) he. 그녀는 수영할 수 있다. 그도 역시 수영할 수 있다.
   ➲ 조동사 can을 대신 받으므로 can이 적절하다.

5. She plays the piano better now than she (**did** / does) last week.
   그녀는 지난주보다 지금은 피아노를 더 잘 친다.
   ➲ 일반동사인 plays를 대신 받으며 과거 이므로 did가 적절하다.

6. He studied hard, (**didn't he** / isn't he)? 그는 열심히 공부했다, 그렇지 않았니?
   ➲ 일반동사 과거형인 studied를 대신 받는 didn't he가 적절하다.

7. She has been to Canada, (**hasn't** / doesn't) she? 그녀는 캐나다에 가본 적이 있다, 그렇지 않니?
   ➲ 조동사인 has를 대신 받으므로 hasn't가 적절하다.

8. She is pretty, and so (does / **is**) her sister. 그녀는 예쁘다, 그리고 그녀의 여동생 역시 예쁘다.
   ➲ be동사를 대신 받으므로 is가 적절하다.

기출 문제 연습

1. Selfish adults or kids do not make sound decisions as well as (do / are) grateful people. (모의)
   이기적인 어른들 또는 아이들은 감사할 줄 아는 사람들만큼 건전한 결정을 내리지 못한다.
   ⊃ as well as에서 뒤의 as는 비교급의 원급의 as로서 뒤쪽은 도치가 되면서 동시에 앞의 make를 대신하는 대동사 do가 적절하다.

2. It is important to think of the reader because words often do not mean exactly the same thing to the reader that they (are / do) to the writer. (모의)
   독자를 고려하는 것은 중요한데, 왜냐하면 낱말들은 그것들이 저자에게 의미하는 것과 똑같은 것을 독자에게 의미하지는 않기 때문이다.
   ⊃ mean이라는 동사를 대신하므로 do가 적절하다.

3. Then, would the toast mean less than it (did / was) at first, before you knew it was written by a paid professional? (모의응용)
   그러면 당신은 그것이 보수를 받은 전문가에 의해 쓰였다는 것을 알기 전인 처음에 그 축사(toast)가 의미했던 때보다 축사의 의미가 덜하다는 것인가?
   ⊃ 앞의 일반동사인 mean을 의미하는 did가 적절하다.

4. Sadly, our environment is even filthier than it (was / did) in the past. (모의)
   슬프게도 우리의 환경은 과거보다 훨씬 더 더럽다.
   ⊃ 여기서는 앞의 is동사와 짝이 맞는 was가 적절하다.

5. Our immune systems are not functioning as effectively as they (do / being) when we are well rested. (모의응용)
   우리의 면역 체계는 우리가 휴식을 잘 취했을 때만큼 효과적으로 작동하고 있지는 않다.
   ⊃ are functioning을 대신 받는 동사는 do를 사용하므로 do가 적절하다.
      여기서 are는 단순 진행형의 형태만을 나타내고 실질적인 의미는 기능한다는 functioning이므로 일반동사로 받는 것이 적절하다.

6. Just as copyrights may be transferred in writing, moral rights may be abandoned if they (are done / do) so in writing too. (모의응용)
   저작권이 서면을 통해 양도될 수 있는 것처럼 저작 인격권 역시 서면으로 양도된다면, (권리가) 포기될 수도 있을 것이다.
   ⊃ be transferred를 받으므로 are done이 적절하다.

마무리하고 넘어가기!

- 영어는 반복을 싫어하므로 같은 어구가 반복될 때에는 앞의 동사를 대신하는 의미의 대동사를 사용한다. 엄밀히 말하면 be동사나 조동사는 뒤에 나오는 중복되는 어구를 생략한다는 의미이며 진정한 대동사는 일반동사를 대신하는 do, did, does라 할 수 있다.

스스로 어법문제 만들어가기

1. Three psychology professors at Newcastle University conducted an experiment in their department's coffee area. Colleagues and students were able to help themselves to coffee and were asked in return to leave fifty cents for coffee. For ten weeks, the professors alternated two posters-one of flowers and one of staring eyes-over the area. On the weeks the eyes were watching them, people contributed 2.76 times more money than they **did** when the flower poster was up. (2014.09 고1 모의고사)
   ➲ 앞의 contributed를 대신하는 대동사로서 did가 사용되었다.
   Newcastle 대학의 심리학 교수 세 명은 그들 학과의 커피 마시는 장소에서 실험을 했다. 동료들과 학생들은 커피를 마음대로 마시고 커피에 대한 대가로 50센트를 남기도록 요구 받았다. 10주 동안 교수들은 그 곳에 두 개의 포스터, 꽃 포스터와 응시하고 있는 눈동자 포스터를 번갈아 가며 교체했다. 눈동자가 사람들을 지켜보고 있던 주 동안에는, 꽃 포스터가 걸려 있을 때보다 사람들이 2.76배 더 많은 돈을 냈다.

2. Some researchers assumed early human beings ate mainly the muscle flesh of animals, as we **do** today. By "meat" they meant the muscle of the animal. Yet focusing on the muscle appears to be a relatively recent phenomenon. In every history on the subject, the evidence suggests that early human populations preferred the fat and organ meat of the animal over its muscle meat. Vihjalmur Stefansson, an arctic explorer, found that the Inuit were careful to save fatty meat and organs for human consumption while giving muscle meat to the dogs. In this way, humans ate as other large, meateating mammals eat. Lions and tigers, for instance, first eat the blood, hearts, livers, and brains of the animals they kill, often leaving the muscle meat for eagles. These organs tend to be much higher in fat. (2015.03 고2 모의고사)
   ➲ 앞의 일반동사인 ate를 대신하는 대동사로서 현재형인 do가 사용되었다. be동사인 are로 대신할 수 없다.
   몇몇 연구가들은 초기 인류가 오늘날 우리들이 하는 것처럼 주로 동물의 기름기 없는 살코기를 먹었을 것으로 추정했다. 그들에게 '고기'는 동물의 기름기 없는 고기를 의미했다. 하지만 기름기 없는 고기에 주목하는 것은 비교적 최근의 현상으로 보인다. 이 주제에 관한 모든 역사에서, 초기 인류가 기름기 없는 고기보다는 동물의 비계와 내장 육을 더 선호했다는 것을 시사하는 증거가 있다. 북극 탐험가 Vihjalmur Stefansson은 이누이트 족이 지방이 많은 고기와 내장 육은 인간의 섭취를 위해 주의 깊게 보관하는 반면 기름기 없는 고기는 개에게 준다는 사실을 알아냈다. 이런 식으로, 인간은 다른 큰 육식 포유동물이 먹는 것처럼 먹었다. 예를 들어, 사자나 호랑이는 흔히 그들이 죽인 동물의 피, 심장, 간, 그리고 뇌를 먼저 먹고, 기름기 없는 고기는 독수리를 위해 남긴다. 이런 내장은 지방이 훨씬 많은 경향이 있다.

12 조동사

	조동사	본동사
(풀 수 있다)	can	solve the problem.
(공부해야 한다)	must	study hard.
(열심히 공부했음에 틀림없군)	must	have studied hard.
(열심히 공부했어야 했는데)	should	have studied hard.
(~하곤 했다)	used to / would	swim in this river.

조동사는 본동사를 도와주는 동사인데
조동사+본동사는 현재와 관련되어 있음에 반해 조동사+have pp는 현재와 과거가 결합되어 있다.

문제를 풀 수 있으려면 ....can solve the problem
열심히 공부해야 하고 ....must study hard
S대에 입학한 것을 보니..................공부를 열심히 했음에 틀림없다 (과거 단정적 추측)
　　　　　　　　　　　　　　　　must have studied hard
S대에 들어가지 못한 후회로써............열심히 공부했어야만 했는데 (과거에 대한 후회)
　　　　　　　　　　　　　　　　should have studied hard
전학 간 소식이 궁금한 공부 잘했던 친구..........열심히 공부했을지도 모른다.
　　　　　　　　　　　　　　　　may have studied hard
전학 간 소식이 궁금한 놀기만 했던 친구..........열심히 공부했을 리가 없다.
　　　　　　　　　　　　　　　　can not have studied hard
낭만적인 어릴 때를 회상하면서 과거습관으로써 ....이 강에서 수영하곤 했는데 (과거 습관)
　　　　　　　　　　　　　　　　　　used to (=would) swim in this river
used to...현재는 아닌 과거 장기적인 규칙적(~마다, 죽)인 동작의 반복이나 상태의 지속(~가 있었다)
would ....주관적이고 단기적인 불규칙적(때때로, 종종)인 동작의 반복적인 과거습관

* 그 친구는 ~유명대학에 들어간 걸 보니 정말 열심히 공부했겠구나!!(must have studied)
  근데 난 이게 뭐야!! 좀 더 열심히 공부했어야 했는데(should have studied) 후회감만….

조동사는 시간적으로나 의미적으로 본동사를 도와주는 역할을 한다. '사랑한다'는 본동사이지만 '사랑해야 한다(사랑한다+해야 한다)' 혹은 '사랑할 것이다(사랑한다 + ~할 것이다)'는 본동사와 조동사가 결합된 형태이다.

예를 들어, '공부해야만 한다'에서 '공부한다'는 본동사이지만 '해야 한다'는 조동사이다.

 공부한다(본동사) + 해야 한다(조동사) 공부해야 한다(본동사 + 조동사)
 study(본동사) + must(조동사) must study (본동사 + 조동사)

'방문할 것이다'에서 '방문한다'는 본동사이지만 '할 것이다'는 조동사이다.

 방문한다(본동사) + 할 것이다(조동사) 방문할 것이다 (본동사 + 조동사)
 will(조동사) + visit(본동사)   will visit (본동사 + 조동사)

'열심히 공부했어야만 했는데'에서 '공부했었다'는 본동사이고 '해야 한다'는 조동사이다.

 should(~해야 한다: 조동사) + had studied (공부했었다: 본동사)
       ↓
 should have studied (조동사 + 본동사) 공부했어야 했는데
  ➲ 조동사 뒤이므로 had가 have로 전환

'열심히 공부했음에 틀림없다'에서 '공부했다'는 본동사이고 '~임에 틀림없다'는 조동사이다.

 must (~임에 틀림없다: 조동사) + had studied (공부했었다: 본동사)
    ↓
 must have studied (조동사 + 본동사) 공부했음에 틀림없다
  ➲ 조동사 뒤이므로 had가 have로 전환

'방문하곤 했었다'에서 '방문하다'는 본동사이고 '하곤 했었다'는 조동사이다.

 used to (~하곤 했었다: 조동사) + visited (방문했다: 본동사)
    ↓
 used to visit (조동사 + 본동사) 방문하곤 했었다
  ➲ 조동사 뒤이므로 visited가 visit로 전환

이처럼 조동사는 본동사를 '시간적'으로나 '의미적'으로 보조해 주는 역할을 한다. 그리고 조동사 뒤에는 반드시 동사원형이 온다.

 He can <u>swimming</u>. (×)   can의 조동사 다음에는 동사원형인 swim
 He can <u>solved</u> the problem. (×) can의 조동사 다음에는 동사원형인 solve

He will came here. (×)   will의 조동사 다음에는 동사원형인 come
She should takes care of her baby. (×)   should의 조동사 다음에는 동사원형인 take

조동사는 시간의 때를 알려주는 시제만큼이나 의사소통에서 중요한 역할을 한다. 조동사의 대표적인 유형을 암기해야 한다.

◆ 암기사항

1. must have pp ~했음에 틀림없다.
   She must have married him.
   그녀는 그와 결혼했음에 틀림없다.

2. should have pp   ~했어야 했는데
   You should have been there.
   너는 그곳에 왔었어야 했는데.

3. may have pp ~였을지도 모른다.
   He may have missed the bus.
   그는 그 버스를 놓쳤을지도 모른다.

4. need not have pp ~할 필요가 없었는데
   You need not have done it.
   너는 그것을 할 필요가 없었는데.

5. could have pp ~하려면 할 수도 있었다
   I could have lent you the money.
   나는 너에게 그 돈을 빌려줄 수도 있었을 것이다.

6. can not have pp ~였을 리가 없다
   She can not have said so.
   그녀가 그렇게 말했을 리가 없다.

7. used to + 동사원형 과거에만 ~하곤 했었다 (규칙적으로)
   * used to + 명사/ ing동명사 ~하는 데 익숙하다. (used는 형용사로서 익숙한, to는 전치사)
   She used to play the piano all day when young.
   그녀는 어렸을 때, 하루종일 피아노를 치곤 했었다.

8. would ~하곤 했었다 (불규칙적으로)
   I would take a rest after lunch.
   나는 점심을 먹고 난 이후는 쉬곤 했었다.

9. can not ~일 리가 없다
   He can not be honest.
   그는 정직할 리가 없다.

10. must be ~임에 틀림없다
    He must be a liar.
    그는 거짓말쟁이임에 틀림없다.

11. had better ~하는 게 낫다
    You had better not cross this line.
    너는 이선을 넘지 않는 게 좋을 걸.

12. may well ~하는 게 당연하다
    She may well say so.
    그녀가 그렇게 말하는 것도 당연하다.

13. may as well ~하는 게 더 낫다
    You may as well go home.
    너는 집에 가는 게 낫겠어.

14. would rather ~하는 편이 낫겠다.
    We would rather go by taxi.
    우리는 택시로 가는 편이 낫겠어.

15. would rather A than B B하기보다는 차라리 A하고 싶다
    He would rather play than study.
    그는 공부하기보다는 차라리 놀고 싶어한다.

    He would rather meet her than send an email to her
    그는 이메일을 보내기 보다는 차라리 그녀를 만나고 싶어한다.

◆ 추가 암기 사항

1. will ~일 것이다(단순미래)/~할 것이다 (의지미래)
   He will be twenty next year.
   ~될 것이다 (단순미래)
   I will go there tomorrow.
   ~할 것이다 (의지미래)
   be going to ~할 예정이다

CHAPTER 01 어법 문제유형 정리

2. can ~할 수 있다 (능력, 추측)
 = be able to
 I can swim.
 It can not be true. 그것은 사실일 리가 없다.

3. must ~해야 한다(의무)/~임에 틀림없다 (단정적 추측)
 = have to
 I must do it now. ~해야 한다
 나는 지금 그것을 해야 한다.
 He must be honest. ~임에 틀림없다
 그는 정직함에 틀림없다.

4. may ~해도 좋다(허가)/~일지 모른다 (추측)
 You may use my car. ~해도 좋다
 너는 나의 차를 사용해도 좋다.
 She may come here. ~일지 모른다
 그녀는 여기에 올지도 모른다.

5. should ~해야 한다 (의무)
 You should not drink and drive.
 너는 술 마시고 운전해서는 안 된다.

6. ought to ~해야 한다 (의무)
 You ought to apologize.
 너는 사과해야 한다.

기본 문제 연습

1. He used to (living / live) in America. 그는 미국에 살았었다.
   ⊃ used to는 '과거에만 ~하곤 했다'라는 의미의 조동사로서 뒤에 동사원형이 오므로 live가 적절하다.

2. He didn't used (to live / live) in America. 그는 미국에 살지 않았었다.
   ⊃ ~하곤 했다라는 used to의 부정이므로 to live가 적절하다.

3. She would (to swim / swim) every morning. 그녀는 매일 아침 수영하곤 했다.
   ⊃ would는 ~하곤 했다의 의미로서 조동사 뒤에는 동사원형이 오므로 동사원형인 swim이 적절하다.

4. He is very stupid, so he (must have solved / can't have solved) the problem.
   그는 매우 우둔하다, 그래서 그는 그 문제를 풀었을 리가 없다.
   ⊃ 과거의 부정적인 추측의 '~였을 리가 없다'는 의미인 can't have solved가 적절하다.

5. We (should have started / must have started) when we were much younger.
   우리는 우리가 어렸을 때 더 일찍 시작했어야만 했는데.
   ⊃ ~했어야 했는데의 과거의 후회를 나타내는 의미의 should have started가 적절하다.

6. We (ought to not / ought not to) be late. 우리는 늦지 말아야 한다.
   ⊃ to부정사 앞에 부정어를 사용하므로 ought not to가 적절하다.

7. He (must have been / should have been) poor then. 그는 그때 가난했음에 틀림없다.
   ⊃ ~했음에 틀림없다의 과거의 단정적 추측의 의미인 must have been이 적절하다.

8. You (must receive / should have received) the letter by then.
   너는 그때까지 그 편지를 받았어야만 했는데.
   ⊃ '~했어야 했는데'의 과거후회적인 의미의 should have received가 적절하다.

9. You (had better not / had not better) be late. 너는 늦지 않는 게 좋겠다.
   ⊃ had better은 부정어는 뒤에 놓이므로 had better not이 적절하다.

10. I feel sick. I (may have eaten / shouldn't have eaten) so much bread.
    나는 아프다. 나는 너무 많은 빵을 먹지 말았어야 했는데.
    ⊃ '먹지 말았어야 했는데'의 의미인 shouldn't have eaten이 적절하다. may have eaten은 먹었을지 모른다의 의미이다.

11. The news (can not have been / should have been) true. Everyone denied the fact

then. 그 뉴스는 사실이었을 리가 없다. 모든 사람들이 그때 그 사실을 부인했었다.
➲ ~였을 리가 없다라는 과거의 부정적 추측의 의미인 can not have이 적절하다.

13. Such a kind man (should have / can not have) lied.
    그러한 착한 남자가 거짓말을 했을 리가 없다.
    ➲ ~였을 리가 없다의 과거의 부정적 추측의 의미인 can not have lied가 적절하다.

14. He would rather (to listen / listen) than talk. 그는 말을 하느니보다는 차라리 말을 듣고 싶어한다.
    ➲ would rather A than B에서 B하느니 차라리 A하겠다라는 의미로서 A, B는 동사원형이다. 따라서 listen이 적절하다.

15. I would rather (to go / go) by bus. 나는 차라리 버스로 가겠다.
    ➲ would rather은 '오히려 ~하는 게 낫다'의 의미의 조동사로서 뒤에는 go가 적절하다.

16. This brush (used to / is used to) paint small pictures. 이 붓은 작은 그림을 그리는 데 쓰인다.
    ➲ used to + 동사원형은 '~하곤 했다'이고 is used to + 동사원형은 ~하는데 사용되다라는 의미이므로 여기서는 is used to가 적절하다.

17. He (is used to / used to) swimming. 그는 수영하는 데 익숙하다.
    ➲ used to + 동사원형은 '~하곤 했다'이고 is used to + ing는 ~하는데 익숙하다라는 의미이므로 여기서는 is used to가 적절하다.

18. He (could have won / must have won) the race, but he tripped over a stone.
    그는 그 경주에서 이길 수 있었는데, 돌에 걸려 넘어졌다.
    ➲ must have won은 이겼음에 틀림없다라는 의미이므로 여기서는 ~이길 수 있었는데라는 의미의 could have won이 적절하다.

기출 문제 연습

1. I thought that my cow (should / must) have knocked over a gas lamp. (모의)
   나는 나의 소가 가스램프를 넘어뜨렸음에 틀림없다라고 생각했다.
   ➲ should have pp는 ~했어야 했는데의 과거 후회적인 표현이며 must have pp는 ~했음에 틀림없다라는 과거단정적인 추측의 표현으로서 여기서는 의미적으로 must가 적절하다.

2. You (should have received / may have received) an e-mail that, if left unopened, will have an impact on how you are perceived. (모의응용)

당신은 열지 않은 채 두면 당신이 어떻게 인식되는가에 영향을 줄 이메일을 받았을지도 모른다.
⊃ may have received는 '받았을지도 모른다'는 의미이고 should have received는 '받았어야만 했는데'의 의미이므로 여기서는 받았을지도 모른다는 의미의 may have received가 적절하다.

3. Put your focus not on what (must have been / should have been) done, but rather on the best of what can be done now. (모의응용)
'무엇이 행해졌어야 했는데'에 집중하지 말고, 오히려 '지금 행해질 수 있는 최선책'에 집중하라.
⊃ 여기서는 무엇이 행해졌음에 틀림없다는 의미의 must have been done의 의미가 아니라 '무엇이 행해졌어야 했는데'라는 후회의 의미의 should have been의 의미가 적절하다.

4. Planning for the future is good, but it (should not be / should not have been) at the cost of the present. (모의응용)
미래를 계획하는 것은 좋지만 현재를 희생해서는 안 된다.
⊃ should not have been는 '~하지 말았어야 했는데'의 의미이고 should not be는 '~하지 말아야 한다'는 의미이므로 여기서는 should not be가 적절하다.

5. The kinds of things each tribe (used to / is used to) make tools, clothing, toys, shelter, and food depended upon what they found around them. (모의응용)
각 부족이 도구, 옷, 장난감, 주거, 음식을 만드는 데 사용한 각종 재료들은 주변에서 발견한 것에 달려 있었다.
⊃ 여기서의 'used'는 '사용했다'라는 과거동사이고 'to make'는 '만들기 위하여'라는 부정사의 부사적용법이다. The kinds of things each tribe used to make ~ 은 각 부족이 '~를 만들기 위하여 사용했던 각종재료'라는 의미이다. 따라서 여기서는 used to가 적절하다.

마무리하고 넘어가기!

- 조동사는 본동사를 도와주는 역할을 하며 조동사 뒤에는 동사원형이 온다는 점을 명심하기 바란다. 그리고 여기서 다루는 조동사의 의미를 잘 익혀두는 것이 필요하다.

스스로 어법문제 만들어가기

1. He went to war, firmly believing that he would be victorious. However, he was defeated. Taken prisoner by his enemy, he sent messengers to complain to the Oracle about the bad prediction. The Oracle answered him: 'The Oracle predicted

that if you went to war against your enemy, you would destroy a great empire. In light of this answer, you **should have asked** the god which empire he spoke of, your own or your enemy's.' (2011.06 고2 모의고사)

➲ should have pp는 '~했어야 했는데'라는 의미의 과거 아쉬움의 표현이므로 의미적으로 판단해야 한다. 여기서는 '질문했어야 했는데'의 의미이다.

그는 승리를 굳게 믿으면서 전쟁을 일으켰다. 하지만 그는 패했다. 적에게 포로로 잡힌 그는 전령을 보내서 틀린 예언에 대해 신관에게 항의했다. 신관이 그에게 답을 보냈다. '신관인 저는, 왕께서 적을 상대로 전쟁을 하면 큰 제국을 파멸시킬 것이라고 예언했습니다. 이 대답에 비추어볼 때 왕께서는 신께 어느 제국을 말씀하시는 것인지, 왕의 제국인지 아니면 적국인지를 질문하셔야 했습니다.'

2. He took out some old clothes and sewed them in the form of a raincoat. When he wore it, he asked his servant to paint it with a brush. He painted the raincoat just as one paints a door! Dr. Vaigyanik then stood for some time before a heater and went outside. You can just imagine what he **must have looked** like in the street! (2009.09 고1 모의고사)

➲ must have pp는 '~했음에 틀림없다'라는 의미로서 과거의 단정적 추측을 나타내는데 should have pp와의 비교측면에서 확인해야 한다. 여기서는 '어떤 모습임이 틀림없었겠는지를'이란 의미이다.

그는 몇 벌의 낡은 옷을 꺼내서 우비의 형태로 그것들을 꿰맸다. 그가 그것을 입었을 때, 하인에게 솔로 그것에 페인트를 칠하도록 요청했다. 그는 문을 칠하듯이 우비에 페인트칠을 했다! 그런 다음 Vaigyanik 박사는 얼마 동안 히터 앞에 서 있다가 밖으로 나갔다. 거리에서 그가 어떤 모습이었겠는지 상상할 수 있을 것이다!

3. Before picking out a souvenir to take home, consider how it was made and where it came from. If animal products such as animal bone or skin **were used to** make it, just leave it on the shelf. Picking your souvenirs directly from nature is another bad idea. That is because sea shells are more beautiful on the beach than on your desk. Instead, choose something which does not have negative effects on the place you visit, such as paintings or crafts produced by local artists. (2014.03 고1 모의고사)

➲ 여기서의 were used는 전형적인 수동태 구조이므로 사용된다는 의미이고 뒤의 to make는 만들기 위하여라는 부정사의 부사적 용법(목적)이다. '사람주어(주로) be used to +명사/ ing동명사'는 ~하는 데 익숙하다라는 의미이고 '사물주어(주로) be used to +동사'는 ~to부정사하기 위하여 사용되다라는 의미이다.

집으로 가져갈 기념품을 고르기 전에 그것이 어떻게 만들어졌는지 그리고 그것의 출처가 어디인지 고려해라. 만일 그것을 만들기 위해 동물의 뼈나 가죽과 같은 동물의 산물이 사용되었다면 그것을 판매대 위에 그대로 남겨두어라. 자연에서 바로 기념품을 집어 오는 것도 좋지 않은 생각이다. 조개껍데기는 당신의 책상 위에서보다 해변에서 더 아름답기 때문이다. 대신에 그 지역의 예술가들이 그린 그림이나 그들이 만든 공예품처럼 당신이 방문하는 장소에 부정적인 영향을 끼치지 않는 것을 선택하라.

13 주장이나 당연한 의미의 should + 원형

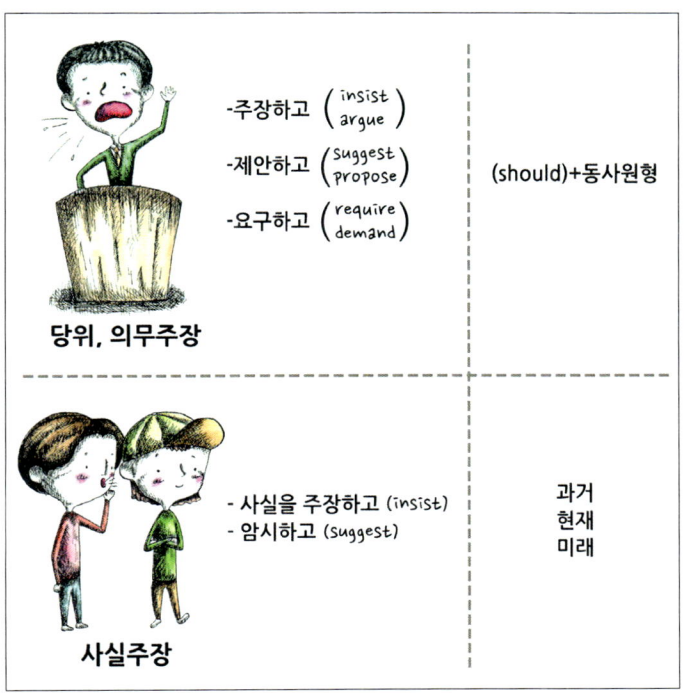

연사가 단상에서
당연히 해야 할 당위성의 의무를 강력히 주장하고 있다.
당위의 내용을 주장할 경우는 언제나 당연히 행해져야 하는 내용이므로 should를 반드시 염두에 둔다.
즉, that절에서 반드시 (should)+동사원형의 형태로 표현한다. 물론, should는 생략 가능하다.
 <u>insist</u> that he <u>(should) study</u> hard. (그가 열심히 공부해야 한다고 주장한다.)

하지만
사실을 주장하는 경우는 귓속말로 전달하고 있다.
이 경우 시제는 때에 알맞게 과거, 현재, 미래시제를 적절하게 사용한다.
<u>insisted</u> that he <u>studied</u> hard when young. (그가 어렸을 때 열심히 공부했다고 주장했다.)

* 교장선생님의 훈시는 당위성의 주장인 'should 원형'으로, 친구들 간의 귓속말은 '사실 전달'로.

> 1. 시제를 묻지 않는 경우 (언제나 should)
>   당위 주장(insist, suggest, require)　　　　should + 원형
>   He insists that students (should) study hard. (시제와 관계없는 당위주장)
>   그는 학생들이 열심히 공부해야 한다고 주장한다.
>
> 2. 시제가 필요한 경우 (현재, 과거, 미래)
>   사실주장은 해당 시제 그대로　　　　현재사실 주장 (현재)
>   　　　　　　　　　　　　　　　　　과거사실 주장 (과거)
>   　　　　　　　　　　　　　　　　　미래사실 주장 (미래)
>
>   She insists that he is a liar. (현재사실 주장)
>   그녀는 그가 거짓말쟁이라고 주장한다.
>   She insists that he was a liar. (과거사실 주장)
>   그녀는 그가 거짓말쟁이였다라고 주장한다.
>   She insists that he will come here. (미래사실 주장)
>   그녀는 그가 여기에 올 것이라고 주장한다.

주장이나 제안의 의미는 다음 두 가지와 관련되어 있다.

하나는 '그렇게 해야만 해'라는 의무나 당위에 대한 주장이고 다른 하나는 그러한 사실이 있었거나 있거나 있을 거라고 주장하는 사실에 대한 주장의 두 종류가 있다.

이 두 종류 중 그러해야만 한다는 의무나 당위주장에 대해서만 that절에 'should + 동사원형'의 형태를 사용한다. 이 경우 should는 물론 생략할 수 있다. 당위의 주장이나 요구는 시간의 때에 관계없이 변하지 않는 의무적 성격의 당위이기 때문에 'should + 동사원형'의 형태를 취한다.

예를 들어, 학생은 공부를 해야만 한다라는 주장은 시간이 흘러도 변하지 않는 당위적인 (should) 명제이다.

　그는 주장한다 / 학생들은 열심히 공부해야 한다는 사실을

따라서 이 경우는 언제든 (should)+ 동사원형의 모습을 취한다.

　They insist/suggest that students (should) study hard.
　그들은 학생들이 열심히 공부해야 한다고 주장한다/제안한다.

하지만, 사실에 대한 주장인 경우는 시제가 현재든, 과거이든 미래이든 그 시제에 맞게 적절하게 사용하면 된다. 왜냐하면 사실은 항상 시간의 때가 필수적인 요소이기 때문이다.

예를 들어, 비가 내린다는 사실을 주장할 경우

그는 주장한다/ 어제 비가 내렸다라는 사실을
/ 지금 비가 내리고 있다라는 사실을
/ 내일 비가 내릴 거라는 사실을

이렇게 사실에 대한 주장은 시기에 맞는 적절한 시제를 사용한다. 이 경우는 당위적인 주장이 아니라 사실에 대한 주장이기 때문에 that절에 should를 사용할 수 없다.

They insist that it rained/ rains/ will rain.
그들은 주장한다/ 비가 내렸다/ 비가 내린다/ 비가 내릴 것이라고.
They insist/ suggest that the student studied hard then. (O)
그들은 그 학생이 열심히 공부했었다라는 사실을 주장한다/ 암시한다.
They insist/ suggest that the student studies hard every day. (O)
그들은 그 학생이 매일 열심히 공부한다라는 사실을 주장한다/ 암시한다.
They insist/ suggest that the student will study from tomorrow. (O)
그들은 그 학생이 내일부터 열심히 공부할 것이라는 사실을 주장한다/ 암시한다.

그리고 기억해야 할 것은 의무나 당위에 대한 주장이나 제안에 부정적인 행위는 끼어들 여지가 없다는 것이다. 왜냐하면 부정적인 행위를 주장하거나 제안할 수는 없으므로 주장(insist)이나 제안(suggest)등을 나타내는 동사들에서는 that절에 당연히 부정적인 의미의 내용이 올 수가 없다는 것이다.

They insist/suggest that the student (should) be a liar. (×)
그들은 그 학생이 거짓말쟁이여야 한다고 주장한다/제안한다.
They insist/suggest that the student is a liar. (O)
그들은 그 학생이 거짓말쟁이라는 사실을 주장한다/암시한다.

그리고 당위나, 감정판단의 형용사, 역시 당연하다거나 어떠한 사실에 대해 어떤 감정을 가지게 된다는 것은 당연하다는 의미이므로 that절에 'should + 동사원형'의 형태로 표현한다.

1. insist

He insists that the woman (should) take a walk every day.
→ 당위적 의무주장이므로 (should) take의 원형
그는 그녀가 매일 산책을 해야 한다고 주장한다.

He insists that the woman takes a walk everyday. → 현재동사인 takes이므로 사실주장
그는 그녀가 매일 산책을 하고 있다는 사실을 주장한다.
He insists that the woman will take a walk everyday. → 미래 의미인 will take이므로 사실주장
그는 그녀가 매일 산책을 할 거라는 사실을 주장한다.
He insists that the woman took a walk everyday. → 과거동사인 took이므로 사실주장
그는 그녀가 매일 산책을 했다는 사실을 주장한다.

2. suggest

He suggests that she (should) marry his son. → suggest는 당위주장으로서 제안하다의 의미
그는 그녀가 그의 아들과 결혼해야만 한다고 제안한다.
He suggests that she is a liar. → suggest는 사실주장으로서 암시하다의 의미
그는 그녀가 거짓말쟁이라는 사실을 넌지시 말한다.
He suggests that she married his son last year. → suggest는 사실주장으로서 암시하다의 의미
그는 그녀가 작년에 그의 아들과 결혼했다는 사실을 암시한다.

3. 당위동사

I ordered that she (should) clean the room herself. → 명령동사는 that절에 (should) + 동사원형
나는 그녀가 직접 그 방을 청소해야 한다고 말했다.
They demanded that the game (should) be put off. → 요구동사는 that절에 (should) + 동사원형
그들은 그 경기가 연기되어야 한다고 요구했다.
The contracts require that we (should) finish the work in a week.
→ 요구동사는 that절에 (should) + 동사원형
계약(서)에는 1주일 내에 일을 마치도록 요구하고 있다.

4. 이성, 감정 판단의 형용사

1) 주관적인 이성의 당위적 의미를 지닌 형용사의 that절에서는 should+동사원형을 사용한다. 이 경우 should를 생략하고 동사원형만 사용할 수 있다.

It is natural that he (should) help her. → 이성적판단의 should
그가 그녀를 도와야하는 것은 당연하다.

It is <u>necessary</u> that students <u>(should) study</u> hard. -> 이성적판단의 should
학생들이 열심히 공부해야하는 것이 필요하다.

It is necessary that she exercise regularly. -> 이성적판단의 should생략
그녀가 규칙적으로 운동해야하는 것은 필요하다.

2) 주관적인 감정을 드러내는 형용사(strange, surprising...)가 있는 경우 that절에는 should+동사원형을 사용하며 이 경우에는 should를 생략할 수 없다.

It is <u>strange</u> that she <u>should give</u> me a present → 감정적 판단의 should
그녀가 나에게 선물을 주다니 참 이상하다.

It is <u>surprising</u> that he <u>should graduate</u> first on the list. → 감정적 판단의 should
그가 일등으로 졸업하다니 참 놀라운 일이다.

CHAPTER 01 어법 문제유형 정리

기본 문제 연습

1. He insisted that I (do / did) the task by today. 그는 내가 오늘까지 그 일을 해야 한다고 주장했다.
   ➲ ~해야 한다는 당위주장은 (should) + 동사원형의 형태이므로 should가 생략된 do가 적절하다.

2. He insisted that he (do / did) the task yesterday. 그는 어제 그가 그 일을 했었다고 주장했다.
   ➲ 사실행위에 대한 주장은 적절한 시제를 사용하는데, 여기서는 과거사실이므로 did가 적절하다.

3. Economists insist the recession (worsen / will worsen) in the coming year.
   경제학자들은 불경기가 내년에는 더 악화될 것이라고 주장한다.
   ➲ 미래에 대한 사실 주장이므로 will worsen이 적절하다.

4. It is natural that she (should get / gotten) angry. 그녀가 화를 내는 것도 당연하다.
   ➲ 당위적인 의미의 natural은 that절에 (should) + 동사원형의 형태가 오므로 should get이 적절하다.

5. It is recommended that dangerous products (are / be) kept out of the reach of children. 위험한 물품들은 어린이의 손이 닿지 않는 곳에 보관되어져야 한다고 권해진다.
   ➲ 주절에 권장되어진다는 당위의 의도(is recommended)가 있으므로 that절에는 동사원형이 와야하므로 be가 적절하다.

6. All the evidence suggests (that) the boy (steal / stole) the money.
   그 모든 증거가 그 소년이 그 돈을 훔쳤음을 시사한다.
   ➲ suggest가 암시하다라는 의미일 때는 알맞은 때의 시제를 사용하므로 여기서는 stole이 적절하다.

7. His family doctor suggests that he (takes / take) a walk every day.
   그의 단골 의사는 그에게 매일 산책을 하라고 권한다.
   ➲ 당위적인 내용의 제안하다라는 의미이므로 (should) + 원형에서 should가 생략된 take가 적절하다.

8. They insist that he (be / is) a liar. 그들은 그가 거짓말쟁이라고 주장한다.
   ➲ 사실주장이므로 원형이 아닌 현재형인 is가 적절하다.

9. He suggested that he (should sleep / was sleeping) then.
   그는 그때 잠자고 있었다고 넌지시 말했다.
   ➲ 사실주장이므로 원형이 아닌 과거시제인 was sleeping이 적절하다.

10. Neglecting his duties suggests that he (was / be) dismissed last year.
    업무태만(그의 직무를 게을리 한 것)이 그가 작년에 해고되었다라는 사실을 시사한다.
    ➲ 당위적인 제안이 아니라 사실에 대해 시사하고 있다는 의미이므로 과거동사인 was가 적절하다.

148 | 동사 자리

11. The library clerk required that I (return / will return) this book at once.
    도서관 직원은 내가 즉시 그 책을 반납할 것을 요구했다.
    ➲ 주장이나 요구동사의 명사절에서는 (should) + 동사원형의 형태이므로 should가 생략된 return이 적절하다.

12. The opposition party proposes that the Government (held / should hold) an inquiry.
    야당은 정부가 청문회를 실시해야 한다고 제안한다.
    ➲ 주장이나 요구동사의 명사절에서는 (should) + 동사원형의 형태이므로 should hold가 적절하다.

13. Some museums insist that many of the antiquities (are / be) too fragile to move.
    어떤 박물관들은 유물의 상당수가 이동하기에는 너무 깨지기 쉽다고 주장한다.
    ➲ 깨지기 쉽다는 사실에 대한 주장이지 해야 한다는 당위에 대한 주장이 아니기 때문에 여기서는 are이 적절하다.

기출 문제 연습

1. Researchers suggest this (should be / may be) one of the reasons why tooth erosion is more common in Europe than America. (모의응용)
   연구자들은 이것이 유럽에서의 치아부식이 미국에서보다 더 흔한 이유 중 하나라고 말한다.
   ➲ 이유 중의 하나가 되어야 한다는 당위(should be)보다는 이유 중의 하나가 될지도 모른다는 사실을 주장하고 있으므로 may be가 적절하다.

2. A new study suggests that children who often get serious ear infections (should be / are) twice as likely to become overweight later in life than kids with healthier ears. (모의응용)
   한 새로운 연구에 따르면 귀에 심한 염증이 자주 생기는 아이는 건강한 귀를 가진 아이들 보다 나중에 과체중이 될 가능성이 두 배에 가깝다고 한다.
   ➲ 두 배가 되어야 한다는 당위적 주장의 의미(should be)가 아니라 두 배이다라는 사실주장이므로 현재형인 are이 적절하다.

3. So electric cars could be dangerous to some pedestrians, especially the blind. In response to this concern, groups of scholars, blind people, and police insist that a sound-making function (is / should be) introduced in these eco-friendly vehicles. (모의응용)
   그래서 전기차는 보행자 특히 맹인들에게 위험할 수도 있다. 이런 걱정으로 학자들, 맹인들 그리고 경찰들은 이 환경 친화적인 차량에 소음을 유발하는 기능을 도입해야 한다고 주장한다.

⊃ 도입해야 한다는 당위적인 주장을 하고 있으므로 that절에 should be가 적절하다.

4. Nasrudin assured him that he had not made a mistake at all. On the contrary, he insisted that there (be / was) another lesson concealed here. (모의응용)
   Nasrudin은 그(주인)가 어떤 실수도 저지르지 않았다고 그에게 확신시켰다. 반대로 그는 여기에 또 다른 교훈이 숨겨져 있다고 말했다.
   ⊃ 또 다른 숨겨진 교훈이 있었다는 사실을 주장하고 있으므로 사실행위인 was가 적절하다.

5. Physical activity is so rare that experts suggest you (may do / should do) some sort of extra movement throughout the day. (모의응용)
   신체적인 활동이 너무 부족하여 전문가들은 여러분들이 하루 중에 추가적인 동작 같은 것을 해야 한다고 제안한다.
   ⊃ 추가적인 동작 같은 것을 해야 한다는 당위적인 의미이므로 that절에 (should) + 동사원형을 사용한다. 따라서 should do가 적절하다.

6. He argues that heated foods (be / are) what allowed our ancestors to grow bigger brains and evolve into the intelligent creatures we are today. (모의응용)
   그는 익힌 음식이 우리 조상으로 하여금 뇌가 더 커지도록 그리고 오늘날의 지적인 동물로 진화하도록 해 준 것이라고 주장한다.
   ⊃ 익힌 음식이 ~이 되도록 해주었다는 사실 주장을 하고 있으므로 are이 적절하다.

마무리하고 넘어가기!

- insist는 사실주장이라면 각각에 맞는 현재, 과거, 미래시제가 오지만 마땅히 그러해야만 하는 당위주장이라면 시제와는 무관하게 that절에 'should + 동사원형'이 온다.
  이 경우 should는 생략이 가능하다.

- suggest는 사실 주장인 경우는 넌지시 암시하다, 시사하다라는 의미로서 that절에 각각의 시제에 맞는 현재, 과거, 미래의 시제가 오지만 당위주장일 때에는 제안하다라는 의미로서 'should + 동사원형'이 온다. 물론, 이 경우도 should는 생략이 가능하다.

스스로 어법문제 만들어가기

1. On the way home, she kept seeing for the first time all these things that most everyone else had stopped noticing. She read street signs and billboards aloud. She pointed out sparrows sitting on the telephone wires. At home, Tara insisted that I **try** on her glasses. I put them on, and the world turned into fuzzy, unfocused shapes. I took a few steps and banged my knee on the coffee table. It was at that very moment that I truly understood Tara for the first time. I realized why she did not like to go exploring, or why she did not recognize me at school. (2011.06 고3 모의고사)

   ➲ 안경을 써보라고 주장하는 당위주장이므로 should가 생략된 동사원형의 try로 표현했다.

   돌아오는 중에 그녀는 계속해서 처음으로 거의 모든 사람들이 보려고 멈추지 않았던 모든 것을 보고 있었다. 그녀는 거리 간판들과 광고판을 크게 읽었다. 그녀는 전화선 위에 참새들을 가리켰다. 집에서 Tara는 내가 안경을 착용해 보기를 권했다. 나는 착용하였고 세상이 흐릿하고 초점이 맞지 않는 상으로 변했다. 나는 몇 걸음을 걸었고 커피 테이블에 무릎을 부딪쳤다. 내가 진정으로 처음으로 Tara를 이해한건 바로 그 순간이었다. 나는 왜 그녀가 탐험놀이를 좋아하지 않았는지 혹은 학교에서 나를 못 알아 봤는지를 깨달았다.

2. Vancouver Olympic organizers announced that they couldn't allow women ski jumpers to compete next year. Fifteen female ski jumpers are in the British Columbia Supreme Court this week, insisting that the court **should order** the Vancouver Organizing Committee either to hold women's ski jumping in 2010 or to cancel all ski jumping events. (2009.09 고1 모의고사)

   ➲ insist가 당위적인 행위를 제안한다는 의미인 경우는 that절에 should + 원형의 형태가 온다. 단, should 는 생략이 가능하다. 여기서는 법원이 명령을 내려야만 한다고 주장하는 당위주장의 의미이다.

   밴쿠버 올림픽 조직위는 여자 스키 점퍼 선수들이 내년 대회에 출전하는 것을 허락할 수 없다고 발표했다. 15명의 여자 스키 선수들은 이번 주에 캐나다의 British Columbia 대법원에 모여서, Vancouver 올림픽 조직위원회가 2010년에 여자 스키 점프 경기를 개최하거나 아니면 모든 스키 점프 경기를 취소하도록 법원이 명령을 내려야 한다고 주장했다.

3. When you write e-mail messages to people you don't know well or to people of higher position, there are a few things that you need to remember. One of them is to keep your messages brief. We would suggest that you **should not burden** your readers with messages that are too long or include unnecessary information. (2013.03 고1 모의고사)

   ➲ suggest가 제안하다라는 의미일 때에는 that절에 'should + 동사원형'의 형태를 취한다.
   　 여기서는 부담주말 것을 제안한다는 당위적 의무의 의미이다.

   당신이 잘 모르거나 더 높은 지위에 있는 사람들에게 이메일을 쓸 때, 기억해야 할 몇 가지가 있다. 그것들 중 하나가 당신의 메시지를 간결하게 하는 것이다. 우리는 너무 길거나 불필요한 정보를 포함한 메시지로, 읽는 사람에게 부담을 주지 않을 것을 제안한다.

CHAPTER 01 어법 문제유형 정리

 상대적인 빠른 시제의 완료부정사/완료동명사

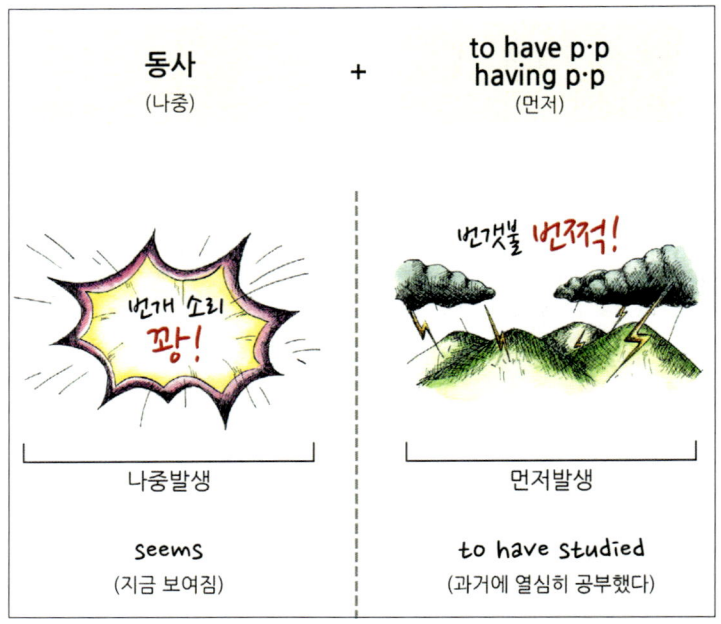

번갯불과 천둥소리에 있어서
"투해번쩍(to have pp), 해빙번쩍(having pp)" 하는 번갯불이 먼저 비춰지고 꽝 하는 천둥소리는 나중에 들린다.

먼저 발생한 번갯불은 완료부정사인 to have pp나 완료분사/동명사인 having pp를 의미한다고 가정하고 그 이후에 들리는 천둥소리는 그 이후의 행위시점을 나타내는 동사로 가정해서 그 두 가지 서로 간의 행위의 시간적 우선순위를 결정한다.
즉, 완료부정사인 to have pp나 완료분사/완료동명사인 having pp는 관련동사보다 한 시제 상대적으로 앞선다는 의미이다.
He seems to have been rich. (그는 과거에 부자였던 것처럼 지금 그렇게 보여)
I am sure of his having been rich. (나는 그가 과거에 부자였다고 지금 확신해)

* 번갯불을 보거나 천둥소리를 듣거나 접할 때마다 한 시제 빠른 완료부정사/동명사/분사를 연상하라.

to have pp나 having pp를 각각 완료부정사나 완료동명사라 하는데 이 구조의 의미는 관련동사보다는 상대적으로 한 시제가 빠르다는 걸 의미한다. to부정사나 ing동명사는 행위를 나타내는 동사의 의미를 지니고 있고 관련동사도 행위를 나타내는데 이 두 행위 중 준동사의 행위인 완료 to부정사나 완료 ing동명사의 행위는 관련동사보다 행위시점에 있어서 한 시제 빠르다는 것을 의미할 때 나타내는 구조이다. 빠르다는 것은 상대적인 비교차원에서 빠르다는 것을 의미하는데, 즉 동사가 현재인 경우 완료부정사(to have pp)나 완료동명사(having pp)는 과거시제, 동사가 과거인 경우 완료부정사나 완료동명사는 과거완료시제로서 한 시제가 더 빠르다는 것을 의미한다.

그리고, 단순히 to부정사나 ing동명사는 단순시제라는 용어를 사용하면서 단순부정사나 단순동명사라 하고 관련동사와는 시제가 동일하다.

He is said to have been smart when young.
　　　(현재)　　(과거)　　　　완료부정사

➲ 과거 어릴 때에 영리했다고 지금 말해진다는 의미

He is said to be smart.
　　(현재) (현재)　　단순부정사

➲ 지금 영리하다고 지금 말해진다는 의미

문장의 동사가 현재이면 완료부정사나 완료동명사의 시제는 과거, 관련동사가 과거이면 완료부정사나 완료동명사는 과거완료이다.

이런 시제의 형태는 절대적인 시제가 아닌 비교차원의 상대적인 시제의 관계라고 이해하면 된다.

즉 완료시제(to have pp/ having pp)는 상대적으로 한 시제가 빠르다라는 의미이다.

1. 완료부정사/완료동명사

1) 동사 + to have pp (완료부정사)
　　　　　having pp (완료동명사)

　(과거) < (과거완료)
　→ 과거와 과거완료의 관계 (과거동사의 내용보다는 to have pp/having pp의 내용이 먼저 일어남)
　(현재) < (과거)
　→ 현재와 과거의 관계 (현재동사의 내용보다는 to have pp/having pp의 내용이 먼저 일어남)

(1) It seems that he was rich ten years ago.
     (현재)   (과거)

   He seems to have been rich ten years ago.
      (현재) (완료부정사: 과거)

   그는 10년 전에는 부자였던 것처럼 현재 그렇게 보인다.

(2) He is proud that he was rich then.
      (현재)   (과거)

   He is proud of having been rich then.
      (현재)   (완료동명사: 과거)

   그는 그때 부자였던 것을 지금 자랑스럽게 여긴다.

(3) It seemed that he had been rich then.
      (과거)   (과거완료)

   He seemed to have been rich then.
       (과거) (완료부정사: 과거완료)

   그는 그 이전에는 부자였던 것처럼 보였다.

(4) He was proud that he had been rich.
       (과거)   (과거완료)

   He was proud of having been rich.
       (과거)   (완료동명사: 과거완료)

   그는 그 이전에 부자였던 것을 자랑스럽게 여겼다.

2. 단순부정사/단순동명사

1) 동사 + to동사(부정사) / 동사ing(동명사)
    (현재)   (현재)   동사와 to부정사/ing동명사는 같은 시제
    (과거)   (과거)   동사와 to부정사/ing동명사는 같은 시제

(1) It seems that he is rich now.
     (현재)   (현재)

   He seems to be rich now.
     (현재) (단순부정사: 현재)

   그는 지금 부자인 것처럼 보인다.

(2) He is proud that he is rich.
      (현재)   (현재)

   He is proud of being rich.
      (현재)   (현재)

   그는 지금 부자인 것을 자랑스럽게 여긴다.

(3) It seemed that he was rich.
       (과거)   (과거)

   He seemed to be rich.
       (과거) (단순부정사: 과거)

   그는 부자였던 것처럼 보였다.

(4) He was proud that he was rich.
        (과거)   (과거)

   He was proud of being rich.
        (과거)   (단순동명사: 과거)

   그는 부자였던 것을 자랑스럽게 여겼다.

2) 미래 의미동사 뒤의 단순부정사는 관련동사보다 한시제 나중시제를 의미하기도 한다.

   미래 의미의 동사 + to부정사(관련 동사보다 한시제 나중시제)

   They are likely to win the game.
   = It is likely that they will win the game.
   그들이 게임에서 이길 것 같다.

3. 완료분사형

(1) Having seen the movie before, she didn't want to go again.
    (과거 이전: 완료분사형)   (과거)

   = As she had seen the movie before, she didn't want to go again.

   이전에 그 영화를 본적이 있기에 그녀는 다시 보러가기를 원치 않았다.

(2) Having seen the movie yesterday, she doesn't want to go again.
    (과거: 완료분사형)   (현재)

   = As she saw the movie yesterday, she doesn't want to go again.

   그 영화를 어제 보았기에 그녀는 다시 보러가기를 원치 않는다.

기본 문제 연습

1. He seems (to have been / **to be**) rich now. 그는 지금 부자인 것처럼 보인다.
   ➲ 동사의 시제와 단순 to부정사의 시제는 동일하므로 to be가 적절하다.

2. He seems (**to have been** / to be) rich then. 그는 그때는 부자였던 것처럼 보인다.
   ➲ 완료to부정사는 현재시제인 동사(seems)보다 한 시제 앞선 과거이므로 to have been이 적절하다.

3. She seems (to have / **to have had**) a good time at the party yesterday.
   그녀는 어제 파티에서 좋은 시간을 보냈던 것처럼 보인다.
   ➲ 파티에서 보낸 시제가 그렇게 보이는 시제보다는 빠르므로 완료to부정사 시제인 to have had가 적절하다.

4. Tom is ashamed of (**having cheated** / cheating) last exam.
   탐은 마지막 시험에서 부정행위를 했던 것을 부끄러워하고 있다.
   ➲ 부정행위를 한 행위의 시제가 부끄러워하고 있는 시제보다 빠르므로 완료동명사 시제인 having cheated가 적절하다.

5. I am sorry about (**not having attended** / not attending) the meeting yesterday.
   나는 어제 그 모임에 참석하지 않았던 것이 아쉽다.
   ➲ 그 모임에 참석한 행위가 아쉬워하는 행위보다 한 시제 빠르므로 완료동명사시제인 not having attended가 적절하다.

6. She is proud of her husband (having been / **being**) famous now.
   그녀는 그녀의 남편이 지금 유명한 것을 자랑스러워한다.
   ➲ 유명한 시점과 자랑스러워하는 시점이 동일하므로 단순시제동명사인 being이 적절하다.

7. I am ashamed of (**having been** / being) idle when young.
   나는 젊었을 때 게을렀던 것을 부끄러워한다.
   ➲ 게을렀던 시점이 현재 부끄러워하는 시점보다 한 시제 빠르므로 완료동명사인 having been이 적절하다.

기출 문제 연습

1. The founding population of our direct ancestors is not thought (to be / to have been) much larger than 2,000 individuals. (모의응용)
   우리의 직계 조상의 기초를 세운 인구는 2,000명이 넘는 것으로 생각되진 않는다.
   ➲ to have pp의 완료부정사는 본동사보다 한 시제 빠르며 단순부정사인 to + 동사원형인 경우는 본동사와 시제가 동일하지만, 여기서는 과거에 2000명이 넘었다고 현재 생각되지 않는다는 의미이므로 상대적으로 빠른 시제를 나타내는 to have been이 적절하다.

2. People are loyal to their e-mail. There appears (to have been / to be) an unwritten expectation that you are accessible and available. (모의응용)
   사람들은 이메일에 충성한다. 당신이 접근 가능하고 시간을 내는 것이 가능하다는 불문의 기대감이 있는 것 같다.
   ➲ to have pp의 완료부정사는 본동사보다 한 시제 빠르며 단순부정사인 to + 동사원형인 경우는 본동사와 시제가 동일하다. 여기서는 불문의 기대감이 있는 것이 현재 그렇게 보인다는 의미에서 시제가 동일하므로 시제가 같은 단순부정사인 to be가 적절하다.

3. I confess to (being / having been) a bit homesick during my first fall away from home. (모의응용)
   고백하건대, 나는 집을 떠나 첫 학기를 보내는 동안 향수병을 앓았다.
   ➲ 향수병을 앓은 시기가 고백하는 시기보다 먼저 일어난 행위이므로 완료동명사인 having been이 적절하다.

4. People with a more practical view of relationships tend (to have / to have had) more successful long-term ones. (모의응용)
   관계에 대해 좀 더 현실적인 관점을 가지고 있는 사람들은 좀 더 성공적인 장기적인 관계를 형성하는 경향이 있다.
   ➲ 여기서는 현재 더 성공적인 장기적인 관계를 가지고 있는 것처럼 현재 그러한 경향이 있는 것이므로 단순부정사인 to have가 적절하다.

5. He really wanted (to have helped / to help) the boy to feel like he was part of the class. (모의응용)
   그는 정말로 그 아이가 그도 반의 일부라는 것을 느끼도록 돕고 싶었다.
   ➲ 도와주려던 시점과 원했던 시점이 동일하므로 단순부정사인 to help가 적절하다.

6. I just want to tell you what a thrill this was and how happy I am (to have come / to come) in third! (모의응용)
   저는 단지 이 상황이 얼마나 감격스러운지, 그리고 제가 3등으로 들어와서 얼마나 행복한지 알려드리고 싶어요!
   ➲ 행복해하는 시점보다는 3등으로 들어온 시점이 한 시제 빠르므로 to have come이 적절하다.

마무리하고 넘어가기!

- 완료시제인 to have pp나 having pp는 본동사의 시제보다 상대적으로 한 시제 빠르다는 것을 의미한다.
  상대적이라는 말은 본동사의 시제가 현재이면 완료시제는 과거, 본동사의 시제가 과거이면 완료시제는 과거완료시제를 의미한다.

스스로 어법문제 만들어가기

1. Cell phones seem **to have achieved** the status of having the shortest life cycle of all the electronic consumer products. The average person in America and Britain throws away his or her cell phone within eighteen months of purchase, even though cell phones will last for ten years on average. Every year more than 130 million stillworking cell phones in the United States and 15 million in Britain are retired. (2013.06 고2 모의고사)
   ➲ to have pp의 완료 형태를 보는 순간 본동사보다 한 시제 빠르다는 인식을 가지도록. 여기서는 보이는 (seems)것 보다는 지위를 획득해온 사실(to have achieved)이 먼저이므로 완료부정사로 표현했다.
   휴대 전화는 모든 소비자 전자 제품 중 가장 짧은 수명을 갖는 지위를 획득해온 것 같다. 비록 휴대 전화가 평균적으로 10년 동안 지속되더라도 미국과 영국의 보통 사람들은 자신의 휴대 전화를 구입한 지 18개월 이내에 버린다. 매년 미국에서는 여전히 작동되는 1억 3천만 개가 넘는 휴대 전화가 폐기되고 영국에서는 1,500만 개의 휴대 전화가 폐기된다.

2. The experimental craft was developed as an aid to the military experiment of flying parachute-equipped troops behind enemy lines and also as a possible means of transporting goods economically. In a test flight, the unique transport was said **to have reached** a speed of 180 miles an hour. (2010.11 고1 모의고사)
   ➲ to have pp는 본동사보다 한 시제 빠르다는 사실을 인식하고 여기서는 180마일에 도달했다는 사실이 말해진 사실보다는 한 시제가 빠르므로 완료부정사인 to have reached를 사용했다.
   이 시험적인 비행기는 적진 후방으로 낙하산 장비를 갖춘 부대를 실어 보내려는 군사적 실험을 위한 보조 기구로 또, 경제적으로 화물을 운송하기 위한 가능한 수단으로 개발되었다. 시험 비행에서, 이 독특한 수송기는 시속 180마일의 속도에 도달했다고 말하여졌다.

3. Napoleon is known **to have lost** the battle of Waterloo because of his painful disease. A 1970 movie may have led to this myth. In the film, Napoleon is watching the battle when he becomes ill and he has to retreat to his tent. His

commanders, without his lead, then launch an attack on the British and his French forces never recover. However, there is no actual document of this happening. Napoleon's defeat was the result of a number of conditions, not the least of which was the fact that he was outnumbered. (2012.03 고2 모의고사)

➲ to have pp는 본동사보다 한 시제가 빠르다는 점을 명심하고 여기서는 알려져 있는 사실보다는 패배했던 사실이 상대적으로 먼저 일어난 사실이므로 완료부정사인 to have lost의 형태로 표현했다.

Napoleon은 고통스런 질병 때문에 Waterloo 전투에서 패배했다고 알려져 있다. 1970년의 한 영화가 이런 잘못된 믿음을 초래했는지도 모른다. 그 영화에서 Napoleon은 아파서 막사로 물러나 그 전투를 지켜보고 있었다. 그의 지휘 없이, 부하 장군들은 영국군에 대한 공격을 시작했고 프랑스 군대는 결국 회복되지 못했다. 하지만, 이에 대한 실제 역사 기록은 없다. Napoleon의 패배는 다양한 조건의 결과였으며, 그 중 중요한 것은 그가 수적 열세였다는 사실이었다.

4. Ignorance about the African continent has led to some enormous errors in mapmaking. One of the errors happened in the 1700s, when a European explorer reported **having seen** mountains in southern Mali. From that report, a mapmaker drew in a long line of mountains. As a result, these 'Kong Mountains,' as he called them, were drawn on almost all maps of Africa in the 19th century. However, in the late 1880s, a French explorer proved that there were no mountains in that part of Africa. Following that discovery, the 'Kong Mountains' disappeared from maps of Africa. (2010.06 고2 모의고사)

➲ having pp는 본동사보다 한 시제가 빠르므로 여기서는 산맥을 본 사실이 탐험가가 보고한 사실보다도 한 시제 빠르므로 having seen으로 표현했다.

아프리카 대륙에 대한 무지는 지도를 만드는 데 있어 몇 가지 매우 큰 실수들을 초래했다. 그러한 실수 중 하나가 1700년대에 발생했는데, 이는 유럽의 한 탐험가가 Mali 남부에서 산맥을 보았다고 보고한 것이었다. 그 보고를 근거로, 어떤 지도 제작자가 긴 산맥 선을 그려 넣었다. 그 결과, 그가 이름을 붙인 이 'Kong 산맥'은 19세기 아프리카의 거의 모든 지도에 그려지게 되었다. 하지만, 1880년대 후반에, 한 프랑스 탐험가가 아프리카의 그 지역에는 산맥이 없다는 것을 입증했다. 그 발견 이후 'Kong 산맥'은 아프리카의 지도에서 사라지게 되었다.

15 가짜 시제는 상상의 표현(가정법)

가정법은 모양 및 어구의 개수가 중요하다.

- 과거 시절에는 <u>가정법과거완료</u> 모양으로...
가진 것은 두 개의 옷날개로(had / pp) ...... 날아갈 때는 세 개의 옷날개처럼 (조동사과거 / have / pp)

- 현재에는 <u>가정법과거</u> 모양으로
가진 것은 한 개의 옷날개로(과거동사) .... 날아갈 때도 한 개의 옷날개로(과거조동사)

- 과거와 현재가 혼합되어있는 시절에는 <u>혼합가정법</u>의 모양으로
과거엔 가진 것은 두 개의 옷날개였지만(had / pp) ...... 지금 날아갈 때는 한 개의 옷날개로(과거조동사)

* 슈퍼맨의 영상이나 그림을 보면서 달린 날개의 개수와 날아갈 때 사용하는 날개의 개수로 가정법을 연상하라. 그리고 달린 날개에 쓰인 어구에 관심을….

가정법은 우리말과의 많은 차이점을 가지고 있고 또한 복잡하기 때문에 이해를 통해서 이 과정을 습득해야 한다. 따라서 부분적으로 보다 많은 설명과 예를 통하여 이해를 하도록 구성하였으므로 다소 양이 많더라도 꼼꼼히 챙겨서 학습하도록….

가정법이란 현재나 과거사실에 대해 반대로 가정해서 상상하는 경우를 의미하는 표현법인데 현재 사실을 그대로 말하는 것 보다는 돌려서 말하는 완곡어법의 표현이다.

'내가 돈이 없어 빌려줄 수 없다'라는 직접적인 표현보다는 '내가 돈이 있다면 빌려줄 수 있을 텐데'라는 우회적인 표현이 더 부드러운 표현의 일종이라 볼 수 있다. 이러한 표현이 가정법의 구조이다.

상상을 나타내는 방법은 우리말은 '~였으면~였을 텐데', '~라면~일 텐데' 이렇게 표현하면 되지만 영어에 있어서는 이런 상상의 표현을 동사의 시제를 한 시제 뒤로 당긴 가짜시제와 조동사의 과거형을 써서 표현한다.

If he were a doctor now, he~
➲ 물론 그는 현재는 의사는 아니지만 그런데, 만약 그가 의사라면. 여기서 실제로는 시제가 현재인데 (now), 가짜시제인 과거형태의 were를 쓴 이유는 실제와는 반대되는 상황을 가정해보는 의미를 표현하는 방법이기 때문이다.

즉 동사의 시제를 실제의 시제와 다른 가짜로 표현하는 것이다. 이것이 우리말의 '~한다면~텐데'로 영어로는 상상의 의미의 가정법 표현이다.

I could do it now if~
➲ 사실은 내가 그것을 할 수는 없지만 '~라는' 조건이 주어진다면 나는 그것을 할 수도 있을 텐데라는 의미이다. 완곡어법을 나타내는 조동사가 가정법 표현의 가장 중요한 필수요소 중의 하나이다. 즉, 'if절의 조건의 내용이 주어지면, 조동사의 행위를 할 수 있을 텐데'의 내용이다.

1. 가정법의 이해

1) 가정법은 직접적으로 말하기보다는 조금은 부드럽게 돌려서 말하는 구조이다.
(주절에 한 시제 과거로 당긴 과거형이나 과거완료형의 조동사를 써서 부드러운 표현)
'~해서 ~하다'라는 표현보다는 '~하다면 ~텐데'의 표현이 더 부드러운 표현이다. 이것이 가정법이다. 예를 들어, '나 돈 없어 못 빌려줘'보다는 '나 돈이 있으면 너한테 빌려줄 텐데'라는 완곡어법이 더 부드러운 표현이다.

I don't have any money, so I can't help you.
➲ 이렇게 돈이 없어 도와줄 수 없다는 직접적인 직설 표현보다는

If I had some money, I could help you.
- ➲ 약간은 완곡한 표현방식인 '내가 돈이 있다면 너를 도울 수 있을 텐데'의 가정법 표현이 더 부드럽다. 이것이 가정법의 표현의 핵심이다.

- ➲ '지금 비가 와서 나갈 수가 없어' 보다는 지금 비가 오지 않는다면 밖에 나갈 수 있을 텐데⋯.
- ➲ '그때 너무 놀았어 이렇게 공부를 못하잖아'보다는 그때 열심히 공부했더라면 지금 공부 잘할 텐데⋯.
- ➲ '내가 남자라서 싫어'보다는 내가 여자라면 좋을 텐데⋯.

이처럼 직접적인 표현보다는 이렇게 돌려서 가정적으로 말하는 것이 오히려 훨씬 부드러운 표현일 것이다. 이러한 표현 방식이 가정법의 방식이다. 이 가정법은 반드시 주절에 조동사의 과거형이나 과거완료형을 써서 완곡어법으로 표현된다. 일종의 심리상태를 표현하는 방법이다. 이 심리상태의 표현은 상상, 가정, 바람, 소망 등을 포함하고 있다고 볼 수 있다.

2) 사실을 모르고서 가정해보는 직설법의 조건절과 사실을 알고서 반대로 가정해보는 가정법
 (가정법은 현실이 아닌 불가능의 영역을 다루는 상상의 나래를 펼치는 심리의 상상의 표현방식)

지금 그녀가 나를 좋아한다면!

이 말은 두 가지 의미를 담고 있다.

첫째, 그녀가 정말 나를 좋아하는지 안하는지를 모르고 가정해보는 경우인데 그녀가 실제로 나를 좋아할 가능성도 있는 경우이다. 이 경우는 직설법의 조건절이다.

If she loves me now, 그녀의 마음을 잘 모르고서 그녀가 나를 좋아한다면.
- ➲ 현재시제인 실제시제(now)와 현재시제인 표현시제(loves)가 현재로서 일치하므로 가정법이 아닌 조건절의 직설법이다.

둘째로, 그녀가 정말로 나를 좋아하지 않는데 나를 좋아한다고 가정해보는 경우인데 이 경우가 가정법이다. 가정법은 실제 시제와 다른 가짜의 시제로 표현하며 사실을 정확히 알고서 반대로 상상해보는 의미이다.

If she loved me now, 그녀가 나를 좋아하지 않는다는 마음을 알고서, 그녀가 나를 좋아한다면
- ➲ 현재시제인 실제시제(now)와 과거시제인 표현시제(loved)가 불일치하므로 가정법이다.

자! 내가 아주 좋아하는 여학생이 한명 있는데 그녀는 아주 멀리 살고 있기에 자주 볼 수가 없어 아쉬워...

이 경우 그녀를 자주 볼 수 있는 상황의
'그녀가 여기에 산다면'의 표현은 (멀리 사는 것을 알고 있으면서 반대상황을 희망)
 If she lived here now. 그녀는 여기 살지 않는데 여기에 산다면(가정법)

실제시제 (now)는 현재인데 표현시제(lived)는 과거로서 서로 다르므로 가정법
실제사실을 알고서 거꾸로 비현실적인 상황을 가정해보는 심리적 상태의 표현이 가정법이다.

난 그녀가 어디 사는지 전혀 몰라. 멀리 사는지 가까이 사는지...
근데 가까이 산다면 자주 볼수 있겠지... 이 경우
'그녀가 지금 여기에 산다면'의 표현은 (멀리 사는지 가까이 사는지를 모르고서 가정해봄)
If she lives here now. 어디 사는지는 모르지만 그녀가 여기에 산다면(직설법)
실제시제(now)가 현재이면서 표현시제(lives)도 현재이므로 직설법의 조건절
실제적인 상황의 발생 여부를 알 수 없는 경우에 가정해보는 경우가 직설법의 조건절이다.

3) 가정법은 사실과 불일치하는 가짜시제를 사용하고 직설법의 조건절은 사실과 일치하는 시제를 사용한다.

If the beggar were a president now,
→ 거지가 대통령일 리는 없으므로 시제를 가짜로, 과거(were) ≠ 현재(now)
⮕ 실제시제는 현재인 now인데, 표현하는 시제는 과거인 were이다. 이처럼 영어는 시제를 실제와 다른 가짜의 불일치하는 시제를 사용함으로써 현실이 아닌 상상의 심리적 표현을 나타낸다.

If the politician is a president now,
→ 정치가라면 대통령일수도 있을 가능성이 있으므로 시제를 진짜로, 현재(is) = 현재(now)
⮕ 실제시제는 현재인 now인데, 표현하는 시제 역시 현재인 is이다. 이 경우는 시제를 가짜로 써서 현실적으로 불가능한 의미의 상상을 표현하기보다는 현실적으로 발생이 가능할 수도 있다는 의미를 나타낸다.

지금, 나는 돈이 한 푼도 없어. 뭐 좀 사먹고 싶은데

이때 현실과는 반대로의 '내가 돈이 있다면'을 어떻게 표현할까?

'if I had money,'라고 표현해야 한다. 그런데 의미는 현재인데 왠 과거를 쓸까? 그건 말하는 사람의 상상의 내용을 가정해본다는 의미이다. '~했으면' 하고 말이다. 이처럼 영어는 상상을 나타내는 말을 한 시제 과거로 당긴 가짜시제를 써서 나타낸다.

4) 현재사실에 대한 반대로 상상해보는 것은 가정법 과거, 과거사실에 대한 반대로 상상해보는 것은 가정법 과거완료다.

① 현재사실에 대한 반대
지금 나는 너무 게으르고 공부가 싫어.
하지만 나는 꼭 열심히 공부해서 그 시험에 합격하고 싶은데

이러한 현재사실에 대한 반대로 상상을 동원하여 가정법으로 표현하면

'내가 지금 공부를 열심히 한다면, 나는 그 시험에 합격할 수 있을 텐데'
  If I studied hard now, I could pass the exam.
  ➲ 현재사실에 대한 반대인 상상이므로 가정법 과거이며

② 과거사실에 대한 반대
  나는 그때 너무 게을렀다보니 시험에 떨어졌다.
  그때 공부를 열심히 안했었기 때문에 지금 생각해보면 무척이나 아쉽고 후회스럽다.

이때 과거사실에 대한 반대로의 상상으로서 '내가 그때 공부를 열심히 했더라면, 나는 그 시험에 합격할 수 있었을 텐데.'의 표현은

  If I had studied hard then, I could have passed the exam.
  ➲ 과거사실에 대한 반대인 상상이므로 가정법 과거완료이다.

2. 가정법의 모습

1) 가정법 과거
  (실제로는 현재시제를 써야 하지만 과거라는 가짜시제를 써서 상상을 나타내는 가정법)
  (if 머리부분은 과거동사, 꼬리부분은 조동사과거)

  형태: if주어 +과거동사,   주어 + 조동사과거형 → ~한다면 ~할 텐데
       (if 머리부분)   (조동사 꼬리부분)

이해를 위하여 if절의 종속절을 if 머리부분, 주절의 조동사부분을 조동사 꼬리부분이라 편의상 이름 붙이기로 한다. 실제의 의미나 흐름의 내용이 현재인데 if 머리절에 과거동사가 나온다든지 조동사 꼬리부분인 주절에 조동사의 과거형인 would나 could가 나오면 가정법 과거이며 해석은 상상의 표현으로서 ' ~한다면 ~ 할 텐데'로 해석한다.

반드시 지금이나 현재라는 말을 넣어서 해석한다. 동사가 과거시제인 표현의 모양에 신경쓰지 말도록….

시제의 표현(모양)만 과거이지 의미는 현재이다. 그렇게 표현하는 이유는 상상을 나타내기 위함이다.

직설법은 '~다'로 끝나는 사실을 나타내지만 가정법은 '~텐데'로 끝나는 상상의 표현이다. 예를 들어, 직설법현재와 가정법 과거의 예를 살펴본다면

When I meet him, I usually play the computer game with him. (직설법 현재)
　　　현재시제　　　　　　　현재시제　　　　　　　　　　　　　　　　~한다

내가 그를 만날 때 나는 보통 그와 컴퓨터게임을 한다.

현재시제(meet, play)는 실제 시제로서 실제 일어나고 있는 상황을 의미하며 직설법 현재이다.

If I met him, I would play the computer game with him. (가정법 과거)
　　　과거시제　　　　과거시제　　　　　　　　　　　　　　　　~할 텐데

내가 그를 만난다면 나는 그와 함께 컴퓨터게임을 할 텐데.

사실은 지금 그를 만나서 컴퓨터게임을 안 하지만 과거시제(met, would)라는 가짜의 시제를 사용해서 실제가 아닌 마음의 상상을 나타내는 가정법 과거이다.

가정법 과거의 모양의 암기와 이해를 위하여 if절을 if 머리부분이라 보고 주절을 조동사 꼬리부분이라 이름 붙인 것은 이해의 편의를 위해서라는 점은 이미 언급하였다.

if 주어 + 과거동사(머리부분), 주어 + 조동사의 과거형(조동사 꼬리부분)

(1) 직설법현재

　As he is diligent, he gets up early in the morning.
　　그는 부지런하기 때문에 아침에 일찍 일어난다.
　　➲ 현재사실의 직설법으로서 현재사실을 나타낸다. 즉, '현재 ~이 어떠하다'라는 의미이다.

(2) 가정법 과거의 여러 표현

　If he were not diligent, he would not get up early in the morning.
　　만약 그가 부지런하지 않다면 그는 아침에 일찍 일어나지 않을 텐데.
　　(사실은 그는 부지런해서 아침에 일찍 일어난다)
　　➲ if절 내의 과거동사는 시제가 가짜이고 주절의 would도 시제가 가짜인 가정법이다. 본래 동사는 현재 시제를 써야 하는데 가짜동사를 사용함은 상상을 나타내기 위함이다.

　= Were he not diligent, he would not get up early in the morning.
　　➲ if는 생략이 가능한데 생략되고 나면 주어와 동사가 바뀌는 도치구문(were he = If he were)이 된다.

　= But for his diligence, he would not get up early in the morning.
　　만약 그의 부지런함이 없다면 그는 아침에 일찍 일어나지 않을 텐데.
　　➲ but for 구문의 가정법은 조동사 꼬리부분(would)을 보고 가정법 과거라는 것을 파악할 수 있다.

　= Without his diligence, he would not get up early in the morning.
　　➲ without 구문의 가정법은 조동사 꼬리부분(would)을 보고 가정법 과거라는 것을 파악할 수 있다.

= If it were not for his diligence, he would not get up early in the morning.
- ◐ If it were not for his diligence는 '그의 부지런함이 없다면'의 의미로서 가정법 과거이다.

= Were it not for his diligence, he would not get up early in the morning.
- ◐ if가 생략되고 나면 주어와 동사가 바뀌는 도치구문(were it = If it were)이 된다.
- ◐ 가정법 과거는 현재사실에 대한 반대로의 상상을 나타낸다. 부지런하니까 일찍 일어나는데 만약 부지런하지 않다면 일찍 일어나지 않는다라는 의미이다.

(3) 가정법 과거의 예

① If I <u>were</u> a teacher, I <u>would</u> be happy.
    (if 머리절의 과거동사)   (조동사 꼬리부분의 조동사의 과거)

모양: 과거   과거
의미: 현재   현재

- ◐ 의미는 현재인데 표현은 현재가 아닌 가짜시제인 과거(were/ would)이다. 따라서 상상을 나타내는 가정법과거이다. if절을 머리로, 콤마(,) 이후의 주절을 조동사 꼬리로 보고 머리부분과 꼬리부분을 반드시 일치시켜야 한다. 머리부분이 if과거동사(were)라면 콤마(,) 이후 주절의 조동사 꼬리부분은 조동사의 과거형(would)으로 표현해야 한다. 내가 지금 선생님이라면 나는 행복할 텐데.

② If I <u>were</u> you, I <u>would</u> not believe what she says.
    (if 머리절의 과거동사) (조동사 꼬리부분의 조동사의 과거)

모양: 과거   과거
의미: 현재   현재

- ◐ 의미는 현재인데 표현은 현재가 아닌 가짜시제인 과거(were/ would)이다. 따라서 상상을 나타내는 가정법 과거이다. if절을 머리로, 콤마(,) 이후의 주절을 꼬리로 보고 if 머리부분이 과거동사(were)라면 콤마(,) 이후 조동사 꼬리부분인 주절은 동사의 과거형(would)을 쓴다. 가정법 과거에서 be동사는 반드시 were를 사용한다. 만약 내가 너라면 나는 그녀가 말하는 것을 믿진 않을 텐데.

③ If this food <u>had</u> less salt, it <u>would</u> taste better.
         (if 머리절의 과거동사)   (조동사 꼬리부분의 조동사의 과거)

모양: 과거   과거
의미: 현재   현재

- ◐ 의미는 현재인데 표현은 현재가 아닌 가짜시제인 과거(had/ would)이다. 따라서 상상을 나타내는 가정법 과거이다. if절을 머리로, 콤마(,) 이후의 주절을 조동사 꼬리로 보고 if 머리부분이 과거동사(had)라면 콤마(,) 이후 꼬리부분의 주절은 조동사의 과거형(would)을 쓴다.
이 음식이 조금 더 적은 소금을 가지고 있다면, 더 좋은 맛이 날 텐데

2) 가정법 과거완료

(실제의 과거시제를 과거완료라는 가짜시제를 써서 상상을 나타내는 가정법)
(머리는 if~ had pp, 조동사 꼬리는 would/ could/ should/ might have pp)

형태: <u>if 주어 + had pp</u>, <u>주어 + would/could/should/might + have pp</u>
      (if절 머리부분)   (조동사 꼬리부분)

가정법 과거완료는 과거사실에 대한 반대로의 상상이다.

예를 들어, 사실은 어제 비가 오지 않았는데 '만약 어제 비가 왔었더라면'의 표현은 가정법 과거완료이다. 그리고 가정법 과거완료의 형태는 과거동사시제를 쓰는 것이 아니라 한 시제 빠른 가짜시제인 과거완료형태의 시제를 사용한다.

바탕의 의미나 흐름의 내용이 과거인데 if 머리절에 had pp가 나온다든지 조동사 꼬리부분의 주절에 would/ could/ should/ might +have pp가 나오면 가정법 과거완료이며 해석은 '과거에 ~했었다면 ~했을 텐데'로 해석하고 동사의 표현은 if~ had pp나 would /could/ should/ might+have pp의 과거완료형태이지만 의미는 과거시제로 해석한다. 실제시제보다 한 시제 빠른 가짜시제로 표현하는 이유는 상상을 나타내기 위함이다.

가정법 과거인지 과거완료인지는 had pp 혹은 would/could/should/might+have + pp가 있으면 가정법 과거완료라는 사실을 꼭 명심하길.

직설법의 과거와 가정법 과거완료에 있어 직설법은 ~했다로 끝나는 사실을 나타내지만 가정법은 ~했었을 텐데로 끝나는 상상의 표현이다.

예를 들어,

    As I <u>did not meet</u> him yesterday, I <u>did not tell</u> him the good news.
            (과거)   (과거)   ~했다
    내가 어제 그를 만나지 못했기 때문에 나는 그에게 그 좋은 소식을 전해주지 못했다.
    ➲ 과거상황을 말하고 있으므로 직설법과거이다.

    If I <u>had met</u> him yesterday, I <u>would have told</u> him the good news.
        (과거완료)   (조동사 과거완료)   ~했을 텐데
    내가 어제 그를 만났더라면 나는 그 좋은 소식을 그에게 말해 주었었을 텐데.
    ➲ (had met/would have told)는 가짜시제로서 마음의 상상을 나타내는 가정법 과거완료이다.

가정법 과거완료의 모양은 if절을 머리부분이라고 보고 주절을 조동사 꼬리부분이라고 보았을 때 <u>if 주어 +had pp</u> (머리부분), <u>주어 + would/could/should/might have pp</u> (조동사 꼬리부분)의 형태이며 과거 사실에 대한 반대로의 상상이다.

(1) 직설법과거

    As I <u>helped</u> you then, you <u>could succeed</u>.
    내가 그때 너를 도왔기 때문에 너는 성공할 수 있었다.
    ➲ 과거사실의 직설법으로서 과거의 사실을 나타낸다. 즉 과거 어느때 ~했다라는 의미이다.

(2) 가정법 과거완료의 여러 모습

If I had not helped you then, you could not have succeeded.
내가 그때 너를 도우지 않았더라면, 너는 성공할 수 없었을 텐데.
⊃ if 머리절 내의 had pp는 가짜시제이고 주절의 조동사 꼬리부분인 could not have succeeded도 가짜 시제인 가정법 과거완료이다. 상상을 나타내기 위함이다.

= Had I not helped you then, you could not have succeeded.
⊃ if는 생략이 가능한데 생략되고 나면 주어와 동사가 바뀌는 도치구문이 된다. (had I = If I had)

= But for my help then, you could not have succeeded.
그때 나의 도움이 없었다면, 너는 성공하지 못했었을 텐데.
⊃ but for 구문의 가정법은 조동사 꼬리부분을 보고 가정법 과거완료라는 것을 파악할 수 있다.

= Without my help then, you could not have succeeded.
⊃ without 구문의 가정법은 조동사 꼬리부분을 보고 가정법 과거완료라는 것을 파악할 수 있다.

= If it had not been for my help then, you could not have succeeded.
⊃ If it had not been for my help는 나의 도움이 없었다면의 의미이다.

= Had it not been for my help then the, you could not have succeeded.
⊃ if가 생략되고 나면 주어와 동사가 바뀌는 도치구문이다. (had it = If it had)
내가 그때 너를 돕지 않았더라면 너는 성공할 수 없었을 텐데.

(3) 가정법 과거완료의 예

① If I had had a lot of money, I could have bought the computer.
(if절의 머리부분 had pp)　　(조동사 꼬리부분 would/could/should/might have pp)

모양: 과거완료　　　　　　　　과거완료
의미: 과거　　　　　　　　　　과거

⊃ 의미는 과거인데 표현은 과거가 아닌 가짜시제인 과거완료(had had /could have bought)이다. 따라서 상상을 나타내는 가정법 과거완료이다. if절을 머리로, 콤마(,) 이후의 주절을 조동사 꼬리로 보고 머리부분이 if had pp(had had)라면 콤마(,) 이후 조동사 꼬리부분인 주절은 would/could/should/might+have + pp형태 (could have bought)를 쓴다.
내가 많은 돈을 가지고 있었더라면 나는 그 컴퓨터를 살 수 있었을 텐데.

② If I had heard of your marriage then, I would have attended.
　　(if절의 머리부분 had pp)　　　　　　　(조동사 꼬리부분 would have pp)

모양: 과거완료　　　　　　　　과거완료
의미: 과거　　　　　　　　　　과거

⊃ 의미는 과거인데 표현은 과거가 아닌 가짜시제인 과거완료(had heard /would have attended)이다. 따라서 상상을 나타내는 가정법 과거완료이다. if절을 머리로, 콤마(,) 이후의 주절을 조동사 꼬리로 보

고 머리부분이 if had pp(had heard)라면 콤마(,)이후 조동사 꼬리부분인 주절은 would/could/ should/ might+have + pp형태 (would have attended)를 쓴다.

내가 너의 결혼소식을 들었더라면 나는 참석했었을 텐데.

③ If I <u>had not spent</u> all the money on books, I <u>could have bought</u> a gift.
　　 (if절의 머리부분 had pp)　　　　　　　　　　　(조동사 꼬리부분 could have pp)
　　모양: 과거완료　　　　　　　　　　　　　　　　과거완료
　　의미: 과거　　　　　　　　　　　　　　　　　　과거

⇨ 의미는 과거인데 표현은 과거가 아닌 가짜시제인 과거완료(had not spent /could have bought)이다. 따라서 상상을 나타내는 가정법 과거완료이다. if절을 머리로, 콤마(,) 이후의 주절을 조동사 꼬리로 보고 머리부분이 if had pp(had not spent)라면 콤마(,) 이후 조동사 꼬리부분인 주절은 would/could/ should/might + have + pp형태 (could have bought)를 쓴다.

내가 책에 모든 돈을 소비하지 않았더라면 나는 선물을 살 수 있었을 텐데.

3) 혼합 가정법
　　(if절의머리부분에서는 과거사실의 반대로, 조동사 꼬리부분에서는 현재사실의 반대로의 상상을 나타내는 표현)
　　(if 머리부분은 if~ had pp, 조동사 꼬리부분은 조동사의 과거형)

　　형태: If 주어 + **had pp**, 주어 + <u>조동사의 과거형</u>
　　　　　　　↗　　　　　　　　　↖
　　　　if 머리부분(가정법 과거완료)　조동사 꼬리부분(가정법 과거)

if 머리절의 시제와 주절의 꼬리부분의 시제가 서로 다른 혼합된 경우이다. 주로, if절 머리부분은 과거사실에 바탕을 두고 있으므로 표현은 **had pp**, 조동사 꼬리부분인 주절은 현재사실에 바탕을 두고 있으므로 조동사의 과거형태를 쓰는 경우이다.

즉 if절 머리부분은 가정법 과거완료이고 조동사 꼬리부분은 가정법 과거형태의 구조이다.

혼합가정법이란 흔히 우리가 평소에 '과거에 ~했더라면 지금 ~할 텐데'라는 의미에서 보듯 과거시제와 현재시제가 함께 존재하는 혼합적인 구조이다.

이런 구조의 예는

　　그때 열심히 일했더라면, 지금은 ~부자일 텐데.
　　그때 그 길을 택하지 않았더라면, 지금은 의사일 텐데.

예를 들어,

　　'그때 내가 열심히 일했더라면 지금은 부자일 텐데'
　　If I <u>had worked</u> hard then, I <u>would</u> be rich now.

실제시제가 과거와 현재의 두 종류가 함께 혼합적으로 존재하는 경우이다. 가정법으로는 실제의 과거시제는 가정법 과거완료형태로, 실제의 현재시제는 가정법 과거형태로 표현한다.

학창시절에 공부를 더 열심히 했더라면(가정법 과거완료),
지금은 성공한 모습일 텐데(가정법 과거).
그녀와 그때 결혼했더라면(가정법 과거완료), 지금은 행복할 텐데(가정법 과거).

위와 같은 구조로서 과거에 대한 상상은 가정법 과거완료형태로 사용하고 현재에 대한 상상은 가정법 과거형태로 표현한다.

- 직설법

  As he <u>didn't take</u> the doctor's advice then, he <u>is</u> not healthy now.
           (과거)   (현재)

  그가 그때 의사의 충고를 받아들이지 않았기 때문에 그는 지금 건강하지 않다.

- 가정법

  = If he <u>had taken</u> the doctor's advice then, he <u>would be</u> healthy now.
       (had pp)   (조동사과거형)
    (가정법 과거완료)   (가정법 과거)

  만약 그가 그때 의사의 충고를 받아들였더라면, 지금 그는 건강할 텐데.

혼합가정법의 모양은 if절을 머리부분이라고 보고 주절을 조동사 꼬리부분이라고 보았을 때 <u>if 주어 + had pp</u>(머리부분), ~ <u>주어 + 조동사의 과거형</u>(꼬리부분)의 형태이며 if절 머리부분은 과거사실에 대한 반대로의 상상(가정법 과거완료)이고 꼬리부분인 주절은 현재사실에 대한 반대(가정법 과거)로의 상상이다.

주로 if절 머리부분은 과거표시 부사가 존재하고 조동사 꼬리부분은 현재를 나타내는 어구가 주로 존재한다.

    If he <u>had worked</u> hard when young, he <u>would be</u> rich now.
     (if 머리절의 had pp)   (꼬리절인 주절의 조동사 과거)
     (가정법 과거완료)   (가정법 과거)   혼합가정법
     모양: 과거완료   과거
     의미: 과거   현재

    ⇨ if절 머리부분은 과거사실(when young)에 대한 반대로서 가정법 과거완료인 had pp(had worked)를 쓰고 주절에는 현재사실(now)의 반대로서 가정법 과거인 조동사의 과거형(would)으로 표현한다.
      만약 그가 젊었을 때 열심히 일했더라면 지금 그는 부자일 텐데

    = As he <u>didn't work</u> hard when young, he <u>is</u> not rich now.
              (과거)   (현재)

    그는 젊었을 때 열심히 일하지 않아서 지금은 그는 부유하지 않다.

➲ 직설법으로서 as 절에서는 과거사실(didn't work)이고 주절에서는 현재사실(is)의 표현이다.

If I <u>had exercised</u> hard then, I <u>would be</u> tall now.
  (if 머리절의 had pp)   (꼬리절인 주절의 조동사과거)
  (가정법 과거완료)   (가정법 과거) 혼합가정법
  모양: 과거완료   과거
  의미: 과거   현재

➲ 머리부분의 if절은 과거사실(then)의 반대인 가정법 과거완료(had exercised)이고 콤마(,) 이후 꼬리 부분인 주절은 현재사실(now)의 반대인 가정법 과거의 (would) 혼합가정법이다.
내가 그때 열심히 운동했더라면 지금 키가 클 텐데.

= As I <u>didn't exercise</u> hard then, I <u>am not</u> tall now.
        (과거)   (현재)

그때 내가 열심히 운동을 하지 않았기 때문에 지금 나는 키가 크지 않다.
➲ 직설법으로서 종속절에서는 과거사실(didn't exercise)이고 주절에서는 현재사실(am)의 표현이다.

3. 가정법 전체의 유형 이해

실제로 일어날 수 없는 상상의 기분을 표현하는 가정법의 실체는 시제를 올바르게 사용하는 것이 아니라 한 시제 빠른 가짜시제를 사용해서 불가능한 상상의 바램의 기분을 사실과 반대의 의미로 표현하는 방식이다. 각각의 유형을 잘 익히기 바란다.

1) 가정법 과거

   If 과거동사, ~ 과거조동사(would/should/could/might)

   If she <u>loved</u> me, I <u>could marry</u> her.
   그녀가 나를 사랑한다면 나는 그녀와 결혼할 수 있을 텐데.
   As she <u>doesn't love</u> me, I <u>can't marry</u> her.
   그녀가 나를 사랑하지 않기 때문에 나는 그녀와 결혼 할 수 없다.

2) 가정법 과거완료

   If had pp, ~ would/could/should/might + have pp

   If she <u>had loved</u> me then, I <u>could have married</u> her.
   그녀가 그때 나를 사랑했었더라면 나는 그녀와 결혼했었을 텐데.
   As she didn't love me then, I <u>couldn't marry</u> her.
   그녀가 그때 나를 사랑하지 않았기 때문에 나는 그녀와 결혼할 수 없었다.

3) 혼합가정법

If had pp, ~ 과거조동사

If she had loved me then, I could remember her now.
그녀가 그때 나를 사랑했었더라면 나는 지금 그녀를 기억할 수 있을 텐데.
As she didn't love me then, I can not remember her now.
그녀가 그때 나를 사랑하지 않았기 때문에 나는 지금 그녀를 기억할 수 없다.

4) It is time ~과거동사 (~했어야 할 시간인데)

It is time 주어 + 과거동사
It is time 주어 + should
It is time to부정사

'~했어야 할 시간이다'의 표현으로서 가정법의 모습으로 표현하기도 한다. 과거로 표시하는 이유는 아직 이루어진 행위는 아니지만 '이미 ~했어야 했는데…'의 표현이 숨어 있다.

It is time I went to school. → 지금 학교 갈 시간이다. (~했어야 할 시간이라는 의미이므로 과거시제 사용)
= It is time I should go to school.
= It is time for me to go to school.

5) I wish~ (~했으면 좋으련만 가정법)

조동사부분이 있는 주절의 조동사 꼬리부분이 없고 if절의 머리부분만을 보고 가정법 과거인지 가정법 과거완료인지를 판단하는 구조다. I wish 뒤에 과거동사가 있으면 가정법 과거이고 I wish 뒤에 had pp가 있으면 가정법 과거완료이다.

'만약 ~한다면(했더라면) 좋으련만'의 의미이다.

I wish I were an adult. → 내가 어른이면 좋으련만! (가정법 과거)
= I am sorry that I am not an adult. → 내가 어른이 아니어서 유감이야!

I wish I had married her then. → 내가 그녀와 결혼했더라면 좋으련만! (가정법 과거완료)
= I am sorry that I didn't marry her then. → 내가 그녀와 결혼하지 않아서 유감이야!

6) as if~ (마치~인 것처럼)

이 구문은 '사실은 아니지만 마치~인것처럼'의 가정의 표현 방식으로서 주의할 것은 as if절 내에 과거동사가 있으면 주절의 시제와 동일하고, had+ pp가 있으면 주절의 시제보다 한 시제 빠르다는 점 잘 익혀두도록.

as if절 내의 시제는 상대적으로 주절의 시제와 같느냐 한 시제 앞서느냐의 기준만 알려주는 역할을 한다.

만약 as if절내의 동사의 시제가 had pp인 과거완료시제라면 주절의 시제보다 한시제 앞서고 as if 절내의 시제가 과거동사이면 주절의 시제와 동일하다.

(1) He talks as if he studied hard.
   표현: (현재)   (과거)
   의미: (현재)   (현재)
   그는 마치 현재 열심히 공부하고 있는 것처럼 현재 말한다.

(2) He talks as if he had studied hard.
   표현: (현재)   (과거완료)
   의미: (현재)   (과거)
   그는 마치 과거에 열심히 공부했던 것처럼 현재 말한다.

(3) He talked as if he studied hard.
   표현: (과거)   (과거)
   의미: (과거)   (과거)
   그는 마치 과거에 열심히 공부했던 것처럼 말했다.

(4) He talked as if he had studied hard.
   표현: (과거)   (과거완료)
   의미: (과거)   (과거완료)
   그는 마치 그 이전에 열심히 공부했던 것처럼 말했다.

7) but for/ without (~이 없다면 가정)

단순히 '~가 없다면'으로 가정해보는 if가 없는 가정법으로서 조동사부분이 있는 조동사 꼬리부분만 보고 가정법 과거인지 가정법 과거완료인지를 구별해야 한다.

조동사의 과거형이 있으면 가정법 과거이고, 조동사의 과거형+have pp가 있으면 가정법 과거완료이다.

- 가정법 과거
  But for/ without water, we could not live. 물이 없다면, 우리는 살 수가 없을 텐데.
  = If it were not for water, we could not live.

- 가정법 과거완료
  But for/ without water, we could not have lived. 물이 없었다면, 우리는 살 수 없었을 텐데.
  = If it had not been for water, we could not have lived.

8) 가정법 미래

가정법과거나 과거완료는
과거나 현재의 그 상황의 불가능함을 전제(내가 외계인이라면)로 하는 데 반해
가정법 미래란
미래의 가능성이 지극히 희박하거나 불가능한 상황을 전제로 가정해서 표현하는 방식
(로또에 당첨된다면/ 해가 서쪽에서 뜬다면: 가정법 미래)

- If 주어+ should ~, 주어+ 조동사의 현재/과거 (현실가능성으로 조동사현재도 가능)
  그럴 리 없겠지만 '혹시라도 ~한다면, ~할 것이다.' (미래에 대한 강한 의심)

  1) If it should rain tomorrow, they will(would) not come.
     (내일 비가 올 상황은 거의 아님) 혹시라도 내일 비가 온다면 그들은 오지 않을 것이다.

  2) If she should be late, we will have to start without her.
     (늦는 경우 거의 없음) 혹시라도 그녀가 늦는다면 그녀 없이 시작해야 할 것이다.

  3) If she should know it, she would(will) be astonished.
     (그것을 알 리가 없지만) 혹시라도 그녀가 그것을 알게 된다면 놀랄 텐데.

- If 주어+ were to ~, 주어+ 조동사의 과거 (불가능성의 강조로 조동사의 과거형만)
  불가능하겠지만 ~한다면, ~할 것이다. (실현 불가능한 미래가정)

  1) If the sun were to rise in the west tomorrow, I would not change my mind.
     (일어날 수 없는 일) 내일 태양이 서쪽에서 뜬다 할지라도 나는 마음을 바꾸지 않겠다.

  2) If I were to be young again, I would be a lawyer.
     (다시 태어나는 일은 불가능한 사실이지만) 다시 젊어진다면 변호사가 될 것이다.

◆ wish / wished

뒷부분의 종속절이 과거이면 앞의 주절의 시제와 같고 had pp이면 주절의 시제보다 한 시제 앞선다.

I wish I were tall. 내가 키가 컸으면(현재) 나는 바란다(현재).
I wished I were tall. 내가 키가 컸었기를(과거) 나는 바랐다(과거).
I wish I had helped him. 그를 도왔더라면(과거) 하고 나는 바란다(현재).
I wished I had helped him. 그를 도왔더라면(과거이전) 하고 나는 바랐다(과거).

기본 문제 연습

1. If I had time, I (could meet / could have met) you.
   만약 내가 시간이 있다면 너를 만날 수 있을 텐데.
   ➲ 가정법 과거로서 if절 머리부분에 과거동사(had)가 있으므로 주절의 꼬리부분은 조동사의 과거형인 could meet이 적절하다.

2. If I (had / had had) time, I could play with you.
   만약 내가 시간이 있다면 너와 함께 놀 수 있을 텐데.
   ➲ 가정법 과거로서 주절의 꼬리부분에 조동사의 과거형인 could play가 있으므로 if절 머리부분은 과거동사인 had가 적절하다.

3. If I had had time, I (could meet / could have met) you yesterday.
   만약 내가 시간이 있었다면 어제 너를 만날 수 있었을 텐데.
   ➲ 가정법 과거완료로서 if절 머리부분이 had pp이므로 주절의 꼬리부분에는 could have met이 적절하다.

4. If I (had had / had) time, I could have met you yesterday.
   만약 내가 시간이 있었다면 내가 어제 너를 만날 수 있었을 텐데.
   ➲ 가정법 과거완료로서 주절의 꼬리부분이 could have met이므로 if절 머리부분은 had pp인 had had가 적절하다.

5. If you had made a reservation, we (would not wait / would not have waited) so long.
   만약 네가 예약을 했었더라면, 우리는 그렇게 오래 기다리지 않았을 텐데.
   ➲ 가정법 과거완료로서 if절 머리부분이 had made인 과거완료이므로 주절의 꼬리부분은 would not have waited가 적절하다.

6. If you (had made / made) a reservation, we would not have waited so long.
   만약 네가 예약을 했었더라면, 우리는 그렇게 오래 기다리지 않았을 텐데.
   ➲ 가정법 과거완료로서 주절의 꼬리부분에 would not have waited가 있으므로 if절 머리부분은 had made가 적절하다.

7. If you had made a reservation then, we (would not be waiting / would not have been waiting) so long right now.
   만약 네가 그때 예약을 해두었더라면 지금 우리는 그렇게 오래 기다리지 않을 텐데.
   ➲ 혼합가정법으로서 if절 머리부분은 가정법 과거완료이고 주절의 꼬리부분은 가정법 과거형태로서 꼬리부분은 would not be waiting이 적절하다.

8. If I had married her then, I (would have been / **would be**) happy now.
   만약 내가 그때 그녀와 결혼했더라면, 나는 지금 행복할 텐데.
   ⊃ 혼합가정법으로서 if절 머리부분은 가정법 과거완료이고 주절 꼬리부분은 가정법 과거형태로서 꼬리부분은 would be가 적절하다.

9. Were it not for water, we (**could not live** / could not have lived).
   만약 물이 없다면 우리는 살 수 없을 텐데.
   ⊃ but for와 동일한 가정법 과거 구문으로서 if절 머리부분은 if it were not for에서 if가 생략되어 it과 were가 도치된 가정법으로서 if절 머리부분이 과거동사인 were이므로 주절의 꼬리부분도 조동사의 과거형인 could not live가 적절하다.

10. Had it not been for your help, I (**could not have succeeded** / could not succeed).
    만약 너의 도움이 없었더라면, 나는 성공할 수 없었을 텐데.
    ⊃ but for와 동일한 가정법 과거완료 구문으로서 if절 머리부분은 if it had not been for에서 if가 생략되어 it과 had가 도치된 가정법으로서 if절 머리부분이 과거완료인 had been이므로 주절의 꼬리부분은 could not have succeeded가 적절하다.

11. But for your help then, I (**could not have finished it** / could not finish it).
    만약 내가 그때 너의 도움이 없었더라면, 나는 그것을 끝낼 수 없었을 텐데.
    ⊃ then이라는 과거를 나타내는 부사가 있으므로 과거사실에 대한 반대로의 상상으로서 but for의 가정법 과거완료구문으로서 주절의 꼬리부분은 could not have finished it이 적절하다.

12. But for your help now, I (could not have finished it / **could not finish it**).
    만약 내가 지금 너의 도움이 없다면, 그것을 끝낼 수 없을 텐데.
    ⊃ 현재를 나타내는 now가 있으므로 현재사실의 반대로의 상상을 나타내는 가정법 과거로서 주절의 꼬리부분에 조동사의 과거형인 could not finish it이 적절하다.

13. (I were rich / **Were I rich**), I would buy the land. 만약 내가 부자라면 나는 그 땅을 살 텐데.
    ⊃ 가정법 과거로서 if가 생략되면 주어와 동사의 도치가 일어난다. 따라서 I와 were가 도치된 were I rich가 적절하다.

14. I wish I (**were** / are) a man now. 내가 남자라면 좋으련만.
    ⊃ 현재 사실의 반대인 경우를 가정하는 가정법 과거로서 과거동사인 were가 적절하다. 머리부분만 보고 가정법 과거란 것을 판단한다.

15. I wish I (**had studied** / studied) hard when young. 내가 젊었을 때 열심히 공부했더라면 좋으련만.
    ⊃ 과거사실(when young)을 반대로 가정하는 가정법 과거완료로서 had studied가 적절하다. 머리부분만 보고 가정법 과거완료란 것을 판단한다.

16. I am out of work. I wish I (had / have) a job.
    나는 지금 실직상태에 있다. 내가 직업을 가지고 있다면 좋으련만.
    ➲ 현재사실(am)의 반대로의 상상의 가정인 가정법 과거로서 had가 적절하다.

17. It is time that I (go / went) home.
    내가 집에 갈 시간이다.
    ➲ 내가 집에 갔었어야 할 시간이라는 의미로 아직 가지는 않았지만 갔었어야라는 의미를 나타내는 가정법이므로 went가 적절하다.

기출 문제 연습

1. He pointed out that if their young developed in an internal womb, pregnant birds (would be / would have been) too heavy to fly. (모의응용)
   그는 지적했다. 새끼가 체내 자궁에서 성장한다면, 새끼를 밴 새는 너무 무거워서 날지 못할 것이다.
   ➲ if 머리절에 과거동사인 developed가 있는 가정법 과거이므로 꼬리부분인 주절에는 would be가 적절하다.

2. If Beethoven were alive today, he (would have been / would be) surprised to see the audience keeping silent while his works were being played. (모의응용)
   만약 베토벤이 오늘날 살아 있다면, 그의 음악이 연주되는 동안에 청중들이 조용히 있는 것을 보고 놀랄 것이다.
   ➲ if 머리절에 과거동사인 were가 있는 가정법 과거이므로 꼬리부분인 주절에는 would be가 적절하다.

3. If this (had been / were) the case with any other activity, people would be eager to know why they had failed in it. (모의응용)
   만약 이것이 다른 활동의 경우라면, 사람들은 자신이 실패한 이유를 알아볼 것이다.
   ➲ 꼬리부분인 주절에 조동사의 과거형인 would가 있으므로 가정법 과거이며 따라서 if 머리절에서는 과거동사인 were이 적절하다.

4. If an enemy spy from outer space were planning to take over Earth, and if his strategy were to prepare mankind for this takeover by making children as stupid as possible, he (could have found / could find) no better way to do it than to require them, for many hours a day, to be still and quiet. (모의응용)
   만약 우주에서 온 스파이가 지구를 지배하려고 한다면, 그리고 그의 전략이 아이들을 가능한 한 멍청하게 만듦으로써 이 계획의 실현이 용이하도록 인간들을 준비시키는 것이라면, 그는 아이들을 하루에 여러 시간 움직이지 않고 조용히 있게 하는 것보다 더 나은 방법이 없다는 것을 알게 될 것이다.
   ➲ if 머리절에 were / were to가 있으므로 가정법 과거로서 꼬리부분인 주절에는 조동사의 과거형인

could find가 적절하다.

5. You (would be / would have been) foolish to buy a cow if you lived in an apartment. (모의응용)
    당신이 아파트에 산다면 소를 사는 것은 어리석은 일일 것이다.
    ➲ if 머리절에 과거동사인 lived가 있으므로 가정법 과거로서 꼬리부분인 주절에는 조동사의 과거형인 would be가 적절하다.

6. How would you feel if your children (had wanted / wanted) to imitate a celebrity who has a troubled private life? (모의응용)
    당신의 아이들이 개인적인 생활에 문제가 있는 유명인사를 모방하고 싶어 한다면 어떻게 느낄 것인가?
    ➲ 꼬리부분인 주절에는 조동사의 과거형인 would가 있으므로 가정법 과거로서, if 머리절에는 wanted가 적절하다.

7. If Wills (allowed / had allowed) himself to become frustrated by his outs, he would have never set any records. (모의응용)
    만약 Wills가 아웃된 것에 의해서 자신이 좌절하도록 내버려두었다면, 그는 결코 어떠한 기록도 세우지 못했을 것이다.
    ➲ 꼬리부분인 주절에 would have never set이 있으므로 가정법 과거완료로서, if 머리절에는 had allowed가 적절하다.

8. If the decision to get out of the building hadn't been made, the entire team (would have been killed / would kill). (모의응용)
    만약 건물을 빠져나오라는 결정이 내려지지 않았다면 그 팀 전체가 사망했을지도 모른다.
    ➲ if 머리절에 hadn't been이 있으므로 가정법 과거완료로서 꼬리부분인 주절에는 would have been killed가 적절하다.

9. We know that if everyone were motivated by fear, then nothing creative or progressive (would be/ would have been) achieved. (모의응용)
    우리는 만약 사람들이 겁에 질릴 때, 창조적이거나 진보적인 그 무엇도 얻을 수 없다는 것을 잘 알고 있다.
    ➲ if 머리절에 과거동사인 were이 있으므로 가정법 과거로서 꼬리부분인 주절에는 would be가 적절하다.

10. If you (were / had been) a baseball fan during the early 1960s, you probably remember a baseball player named Maury Wills. (모의응용)
    만약 당신이 1960년대 초에 야구팬이었다면, 당신은 아마도 Maury Wills라는 이름을 가진 야구선수를 기억할 것이다.
    ➲ 가정법이라면 불가능한 일을 가정함으로써 시제를 가짜로 사용해야겠지만 여기서는 현실적으로 가능할 수도 있는 일인 즉 1960년대에 야구팬이었을 수도 있는 일을 가정하고 있으므로 가정법이 아니며 과거일을 가정하는 직설법의 과거표현이므로 과거직설법 시제에 맞는 were이 적절하다.

11. If he had allowed himself to become frustrated by his outs, he (would have never set / would never set) any records now. (모의응용)
   만약 그가 아웃된 것에 의해서 자신이 좌절하도록 내버려두었다면, 그는 결코 어떠한 기록도 세우지 못할 것이다.
   ➲ if머리부분이 had allowed의 과거완료형태이지만 주절에는 now가 있는 현재사실이므로 혼합가정법으로서 would never set이 적절하다.

12. If idling away in front of a TV (were /is) your favorite daily hobby, it may lead you to an early death. (모의응용)
   TV 앞에서 빈둥거리는 것이 당신이 가장 좋아하는 일상의 습관이라면, 그것이 당신을 단명하게 할 수도 있다.
   ➲ TV 앞에서 빈둥거리는 상황이 현실적으로 일어날 수 있는 사실이므로 여기서는 가정법이 아니고 직설법의 조건절이므로 설령, if절이라할지라도 현재동사를 사용한다. 따라서 is가 적절하다.

마무리하고 넘어가기!

1. 가정법이란 현실적으로 불가능한 상황을 반대로 가정해보는 상상의 한 표현이다.
2. 표현 방법은 실제로 현실적인 사실과 구별하기 위해 한 시제 과거로 후퇴시킨 시제를 사용함으로써 직설법과 구별한다. 즉 시제는 가짜시제를 사용한다는 의미이다.
3. 가정법 부분은 모양의 구조를 잘 익히기 바란다. 가정법 과거는 if + 과거동사~, 과거조동사 + 동사원형의 구조이며, 가정법 과거완료는 if had + pp~, would, should, could, might + have + pp의 구조이다.
4. 가정법의 어법적 접근은 일단은 구성형태가 핵심인바 if절과 주절의 짝을 맞추는 것이 핵심이다.

스스로 어법문제 만들어가기

1. If humans **were** truly at home under the light of the moon and stars, we **would** go into darkness happily. Instead, we are diurnal creatures, with eyes adapted to living in the sun's light. We've done a lot to the night: We've filled it with light. Its benefits come with consequences called light pollution. (2009.06 고1 모의고사)
   ➲ 가정법의 핵심파악은 구성형태를 파악하는 데서부터 시작된다. 여기서는 if 머리절이 동사의 과거형(were)이고 꼬리절부분이 조동사의 과거형이므로 가정법 과거이다. 가정법의 어법적 접근은 모양이 핵심이다.
   만약 사람들이 달빛이나 별빛 아래에서 정말로 편안함을 느낀다면 우리는 어둠 속에서 행복하게 지낼 수 있을 것이다. 하지만 우리는 햇빛 아래에서의 생활에 적응된 눈을 가지고 있는 낮에 활동하는 동물이다. 우리는 밤을 수없이 변화시켰다. 밤을 조명으로 채웠다. 그에 따른 이점은 빛공해라는 결과를 동반했다.

2. One person can't do all of those things alone. Instead, each person performs one highly specialized job such as growing vegetables, designing a building or composing music. The advantage of this division of labor is that everyone can learn to perform one job well. Thus every task can be done by an expert, and everything gets done better. If you **built** your own house and **grew** your own food, your shelter and food **would** probably be inferior to what you normally enjoy in a society with division of labor. (2012. 06 고2모의고사)
   ➲ if머리절에 built와 grew라는 과거동사와 주절 꼬리부분에 조동사의 과거형인 would와 짝을 이루는 가정법과거구조이다.

한 사람이 이 모든 일을 혼자서 할 수는 없다. 대신에, 각 개인은 채소를 재배하거나, 건물을 디자인 하거나, 음악을 작곡하는 것과 같은 매우 특화된 일을 수행한다. 이러한 분업의 이익은 모든 사람이 하나의 일을 잘 수행하도록 배울 수 있다는 것이다. 그러므로 각 일은 전문가에 의해 수행될 수 있고, 그래서 모든 일은 더 잘 이루어진다. 만약 당신이 자신의 집을 짓거나 식량을 재배한다면, 당신의 집과 식량은 아마도 노동의 분화가 이루어진 사회에서 당신이 보통 향유하는 것에 미치지 못할 것이다.

3. Nasrudin assured him that he had not made a mistake at all. On the contrary, he insisted that there was another lesson concealed here. He thanked his master for saving his life explaining that if he **had continued** with him into the forest, the forest people **would have taken** him for sacrifice and surely he would have died. (2010.09 고2 모의고사)
   ➲ 여기서는 if 머리절에 had continued의 과거완료구조가 있으므로 가정법 과거완료로서 주절에는 would have taken과 짝을 이룬다.

Nasrudin은 그(주인)가 어떤 실수도 저지르지 않았다고 그에게 확신시켰다. 반대로 그는 여기에 또 다른 교훈이 숨겨져 있다고 말했다. 그는 만약 주인이 숲으로 자기를 계속 데리고 갔다면 부족 사람들이 자신을 희생제물로 데려가서 자신은 분명히 죽었을 것이라고 설명하면서 그의 생명을 구해준 것에 대해 주인에게 감사했다.

◆ **지나가다 한마디!!**

* as if + 현재시제 (as if절에 현재형)

가정법이 아닌 직설법으로서 현실적으로 가능할 수도 있는 경우를 나타낸다.

He looks as if he **needs** our help.
그는 우리의 도움을 필요로 하는 것처럼 보인다.
(실제로 그가 우리의 도움을 필요로 할 수도 있는 불확실한 상황)

16 목적어 자리 to부정사/ing동명사

동명사는 현재를 포함한 과거지향적
(즐긴다는 의미는 과거부터 현재까지 오랫동안 피아노를 많이 쳐왔다는 의미로서 과거성향)
I enjoy playing the piano. (과거에도 지금도/ 나는 피아노를 치는 것을 즐긴다.)

to부정사는 미래지향적
(미래에 음악가가 되겠다는 의미로서 미래성향)
I want to become a famous musician. (미래에/ 나는 유명한 음악가가 되기를 원한다.)

* 걸어가면서 지나온 길의 과거를 돌아보며 ing동명사를,
  앞으로의 걸어가야 할 길의 미래를 쳐다보면서는 to부정사를 연상하라.

ing동명사는 과거와 관련이 있고 to부정사는 미래와 관련이 있다.
여기서는 동명사 위주와 관련, 과거 직간접으로의 번지점프의 경험을 통한 동명사를 받는 동사들의 암기 방식을 구성해보았다.

본래 번지점프를 한다는 건 무서운 행위이므로 여기에 임하는 행동패턴을 암기에 도움이 되도록 세그룹으로 구성해보았다.

1. 원래 잘하는 그룹 (도전의지도 강하고 운동이라면 뭐든지 잘해!)
2. 할려다가 중간에 포기하는 그룹 (처음에는 자신있게 도전했는데 도저히 못해!)
3. 그리고 처음부터 싫어하는 그룹 (소심하고 겁이 많아 처음부터 싫어함)

이렇게 세 그룹으로 나누어 암기의 편리성을 도모하였다.

* 번지점프라는 놀이를 접할 때마다 ing 동명사를 받는 세 그룹의 동사 유형을 연상하라

to부정사는 주로 미래적인 성향을 나타내며 동명사는 과거적인 성향을 나타내는데 특히 동명사를 받는 동사를 잘 익혀두도록 한다.

예를 들어, 계획하다(plan)는 미래적 성향의 동사로서 to부정사를 목적어로 받는데, 앞으로 할 것을 계획한다는 의미이지, 과거에 했던 것을 계획하는 것은 아니다. 따라서 미래적 의미의 to부정사를 목적어로 받는 것은 당연한 논리다. to부정사를 친근한 용어인 '미래 친구'라고 이해하자.

하지만, 동명사는 과거적 성향이 강하다.
예를 들어, 즐기다(enjoy)같은 동사는 좋아하고 관심이 있는 분야라 과거에 많이 행해졌다는 의미이며 피한다거나(avoid) 꺼려한다(mind)와 같은 동사들은 과거의 어떤 계기로 인해 싫어하는 경험을 가졌다는 의미의 동사들이며 포기하다(give up)와 연기하다(postpone)와 같은 동사들은 과거에 이미 계획이나 시작된 행위들의 중단된 형태나 연기하는 과거성향적 동사들이며 상상하거나(imagine) 고려하거나(consider) 제안하는(suggest) 내용 역시 과거의 많은 시간의 과정을 겪으면서 숙고했다는 점에서 과거적 성향의 동사들이기에 ing동명사를 목적어로 받는 건 당연하다. ing동명사를 친근한 용어인 '과거 친구'라고 이해를 하자.

이 두 가지 유형 중 일단은 ing동명사를 받는 동사는 거의 한정되어 있으므로 이 동사들만 우선적으로 암기하기 바란다.

1. 동명사를 목적어로 받는 동사 암기

번지점프의 예를 통하여 알아보자.
심리적 유형에 따라 쉽게 암기해보자.

- 번지점프를 자유로이 즐겁게 잘해서 끝에 서 있는 부류
- 번지점프의 높은 곳까지 올라가기는 했는데 도저히 겁이 나서 못해서 중간에 포기하는 부류
- 아예 처음부터 겁이 많아 올라가기조차 못하고 밑에 있는 부류

1) 운동신경이 발달하여 잘하는 경우
(1) 잘하니까 끝낼 때까지 잘하겠지 → finish + ing (끝내다)
(2) 잘하니까 즐기지. → enjoy + ing (즐기다)
(3) 틈틈이 연습도 하겠지 → practice + ing (연습하다)
(4) 어떻게 하면 잘할지 고려도 해보고 → consider + ing (고려하다)
(5) 항상 재미난 장면을 상상도하고 → imagine + ing (상상하다)
(6) 아들에게 제안도 하고 → suggest + ing (제안하다)

(7) 좋아하는 아들에게는 하도록 <u>허락도 해주고</u> → allow + ing (허락하다)
(8) 아들이 잘하면 <u>인정도 해주고</u> → admit + ing (인정하다)

2) 약간 겁이 나는 친구는 하려다가 포기
(9) 처음에는 하려다 <u>포기</u> → give up + ing (포기하다)
(10) 지금은 못하지만 연기해서 <u>나중에 할게</u> → postpone + ing (연기하다)
(11) 아무래도 <u>연기해야 할 것 같아</u> → put off + ing (연기하다)
(12) 하려다가 <u>그만두어</u> → quit + ing (그만두다)

3) 처음부터 싫어하거나 반대
(13) 처음부터 <u>피함</u> → avoid + ing (피하다)
(14) <u>꺼려함</u> → mind + ing (꺼리다)
(15) 하려고 했던 사실을 <u>부인조차 하고</u> → deny + ing (부인하다)

2. to부정사를 목적어로 받는 동사 암기

아름다운 여자친구를 사귀고 싶어 하는 마음으로 아래 과정을 통하여 암기하자.

1) 예쁜 여자친구를 사귀고 싶어요.
 (1) **want** ~to love (원하다)
 (2) **hope** ~to love (희망하다)
 (3) **wish** ~to love (원하다)
 (4) **intend** ~to love (의도하다)

2) 친구들도 동의하고
 (5) **agree** ~to love (동의하다)

3) 그래서 결정을 내렸어요.
 (6) **decide** ~to love (결정하다)

4) 선물을 살 여유도 좀 가지고 고르기도 하고
 (7) **afford** ~to buy (~할 여유가 있다)
 (8) **choose** ~to (선물도 골라 선택하고)

5) 구체적으로 사랑에 대해 배우고 알아볼 필요도 있겠죠
(9) learn ~to love (배우다)
(10) need ~to love (필요로 하다)

6) 계획을 세워서
(11) plan ~to (~를 계획하다)

7) 드디어 시도를 해봤어요.
(12) attempt ~to love (시도하다)

8) 그럭저럭 여차여차해서
(13) manage ~to love (그럭저럭 ~하다)

9) 약속날짜를 잡았는데
(14) promise ~to love (약속하다)

10) 갑자기 거절을
(15) refuse ~to love (거절하다)

3. to부정사나 ing동명사 둘 다를 목적어로 받고 의미도 동일한 동사

1) 사랑하기
   love + ing/to (~하는 것을 좋아하다)
   like + ing/to

2) 시작해서
   start + ing/to (~하는 것을 시작하다)
   begin + ing/to

3) 계속하다
   continue + ing/to (~하는 것을 계속하다)

4. to부정사나 ing동명사 둘 다 목적어로 받지만 의미가 다른 동사

여기에 관련되는 동사들은 이렇게 암기하면 쉽다.

기억해야할 것을(remember) 잊어버려서(forget) 후회하지만(regret) 노력을 해서(try) 그런 습관을 스톱했어요(stop).

1) 기억해야 할 것을
　　remember ~to (~할 것을 기억하다)
　　remember ~ing (~했던 것을 기억하다)
　　I remember meeting her once. 나는 전에 그녀를 만났던 것을 기억한다.
　　I remember to meet her tomorrow. 나는 내일 그녀를 만날 것을 기억한다.

2) 잊어버려서
　　forget ~to (~할 것을 잊어버리다)
　　forget ~ing (~했던 것을 잊어버리다)
　　Don't forget to feed the cat. 고양이에게 먹이 주는 것을 잊지 말아라.
　　I will never forget seeing her at the party. 파티에서 그녀를 만났던 것을 잊지 못할 것이다.

3) 후회해서
　　regret ~to (~하게 되어 유감이다)
　　regret ~ing (~했던 것을 후회하다)
　　I regret to say that he did not pass the examination.
　　그가 시험에 합격하지 못했다고 이야기하게 되어 유감스럽다.
　　She deeply regretted losing her temper.
　　그녀는 화를 냈던 것을 아주 후회했다.

4) 다시 시도해서
　　try ~to (~할 것을 시도하다)
　　try ~ing (시험 삼아 ~해보다)
　　She tried painting her own portrait. 그녀는 그녀 자신의 초상화를 시험 삼아 그려보았다.
　　She tried to clean the room. 그녀는 그 방을 청소하려고 했다.

5) 해오던 것을 멈춤
　　stop　~to (~하기 위하여 멈추다)
　　stop　~ing (~해오던 것을 그만두다)

He stopped to smoke. 그는 담배를 피우기 위하여 멈췄다.
He stopped smoking. 그는 담배피우는 것을 끊었다.

5. ing동명사를 받는 중요어구

1) keep + ing → 계속 ~하다
   Keep smiling whatever happens.
   무슨 일이 있어도 계속 웃으라.

2) be busy + ing → ~하느라고 바쁘다
   She is busy preparing for the party.
   그녀는 파티를 준비하느라 바쁘다.

3) spend + 시간/돈 + ing → ~하느라고 시간을 보내거나 돈을 소비하다
   spend + 시간/돈 + on + 명사
   She spends most of her free time playing the piano.
   그녀는 그녀의 자유시간의 대부분을 피아노 치면서 보낸다.
   She spends much money on clothes.
   그녀는 옷에 많은 돈을 쓴다.

4) have difficulty(trouble) + ing → ~하는 데 어려움을 가지다
   She has difficulty eating unfamiliar food.
   그녀는 생소한 음식을 먹는 데 어려움이 있다.

5) end up ~ing → 결국 ~하게 되다
   Shoppers end up buying things that are not really needed.
   쇼핑객들은 결국에는 필요치 않은 물건들을 사게 된다.
   People can actually end up appearing more foolish when they act as if they had knowledge that they do not.
   실제로 사람들은 없는 지식을 마치 가지고 있는 것처럼 행동할 때, 결국 더 어리석어 보일 수 있다.

CHAPTER 01 어법 문제유형 정리

기본 문제 연습

1. I want (teaching / to teach) English. 나는 영어를 가르치는 것을 원한다.
   ⊃ want는 '원하다'라는 의미로서 to부정사를 목적어로 받는다. 미래 친구격인 to부정사의 '~할 것을 필요로 하다'이지 과거친구격인 '~했던 것을 필요로 하다'는 의미적으로 부적절하다. 따라서 to teach가 적절하다.

2. I enjoy (to teach / teaching) English. 나는 영어를 가르치는 것을 즐긴다.
   ⊃ enjoy는 즐기다라는 의미로서 ing동명사를 목적어로 받는다. 즐긴다라는 것은 과거에 많이 행해왔다는 사실을 의미하므로 과거 친구격인 ing동명사인 teaching이 적절하다.

3. I hope (teaching / to teach) English. 나는 영어를 가르치는 것을 희망한다.
   ⊃ hope는 바라다라는 의미로서 to부정사를 목적어로 받는다. 따라서 to teach가 적절하다. 미래 친구격인 to부정사의 '~할 것을 희망하다'이지 과거친구격인 '~했던 것을 희망하다'는 의미적으로 부적절하다.

4. I decided (teaching / to teach) English. 나는 영어를 가르치는 것을 결정했다.
   ⊃ decide는 결정하다라는 의미로서 to부정사를 목적어로 받는다. 따라서 to teach가 적절하다. 미래 친구격인 to부정사의 '~할 것을 결정하다'이지 과거 친구격인 '~했던 것을 결정하다'는 부적절하다.

5. I suggested (to go / going) in my car. 나는 내차로 갈 것을 제안했다.
   ⊃ suggest는 제안하다라는 의미로서 ing동명사를 목적어로 받는다. 따라서 going이 적절하다. 제안하다라는 의미는 오랫동안 생각해왔던 내용을 제안한다는 과거적 의미이므로 과거 친구격인 ing동명사를 목적어로 받는다.

6. I am considering (going / to go) to London. 나는 런던에 갈 것을 고려하고 있다.
   ⊃ consider은 고려하다라는 의미로서 ing동명사를 목적어로 받는다. 따라서 going이 적절하다. 고려하다라는 의미는 오랫동안 생각해왔던 내용을 고려하다는 의미로서 과거적 의미이므로 과거 친구격인 ing동명사를 목적어로 받는다.

7. He is trying to quit (to smoke / smoking). 그는 담배피우는 것을 끊으려고 노력하고 있다.
   ⊃ quit는 그만두다라는 의미로서 ing동명사를 목적어로 받는다. 따라서 smoking이 적절하다. 그만두다라는 의미는 어쨌든 과거에 행해져 오던 것을 그만둔다는 과거적 의미이므로 과거 친구격인 ing동명사를 목적어로 받는다.

8. They are likely to agree (to know / knowing) about their health.
   그들은 그들의 건강에 관해 더 알려고 할 것 같다.
   ⊃ agree는 동의하다라는 의미로서 to부정사를 목적어로 받는다. 따라서 to know가 적절하다. 미래

친구격인 to부정사의 '~할 것을 동의하다'이지 과거친구격인 '~했던 것을 동의하다'는 의미적으로 부적절하다.

9. They can also choose (to give / giving) financial or material aid.
   그들은 재정적 혹은 물질적인 도움을 주는 것을 선택할 수 있다.
   ➲ choose는 고르다라는 의미로서 to부정사를 목적어로 받는다. 따라서 to give가 적절하다. 미래 친구격인 to부정사의 '~할 것을 선택하다'이지 과거 친구격인 '~했던 것을 선택하다'는 의미적으로 부적절하다.

10. Alhough I don't like the cold, I can't give up (to ski / skiing).
    비록 내가 추위를 싫어하지만, 나는 스키 타는 것을 포기할 수 없다.
    ➲ give up은 포기하다라는 의미로서 ing동명사를 목적어로 받는다. 따라서 skiing이 적절하다. 포기하다라는 의미는 어쨌든 행해져 오던 것을 그만둔다는 의미로서 과거적 의미이므로 과거 친구격인 ing동명사를 목적어로 받는다.

11. They won't mind (working / to work) hard into the night.
    그들은 밤 늦게까지 열심히 일하는 것을 꺼려하지 않을 것이다.
    ➲ mind는 꺼리다라는 의미로서 ing동명사를 목적어로 받는다. 따라서 working이 적절하다. 꺼리다라는 의미는 어쨌든 과거에 안 좋은 경험이 있기에 꺼린다는 의미로서 과거적 의미이므로 과거 친구격인 ing동명사를 목적어로 받는다.

12. He has learned (driving / to drive) a car. 그는 차를 운전하는 것을 배워오고 있다.
    ➲ learn은 배우다라는 의미로서 to부정사를 목적어로 받는다. 따라서 to drive가 적절하다. 미래 친구격인 to부정사의 '~할 것을 배우다'이지 과거 친구격인 '~했던 것을 배우다'는 의미적으로 부적절하다.

13. I need to practice (to write / writing) neatly. 나는 깔끔하게 글 쓰는 것을 연습할 필요가 있다.
    ➲ practice는 '연습하다'라는 의미로서 ing동명사를 목적어로 받는다. 따라서 writing이 적절하다. '연습하다'라는 의미는 어쨌든 과거에 여러 번 실행을 해오고 있다는 의미로서 과거적 의미이므로 과거 친구격인 ing동명사를 목적어로 받는다.

14. When you plan (to make / making) this, you have to think of several things.
    네가 이것을 만드는 것을 계획할 때, 너는 여러 가지에 대해 생각해야 한다.
    ➲ plan은 계획하다라는 의미로서 to부정사를 목적어로 받는다. 따라서 to make가 적절하다. 미래 친구격인 to부정사의 '~할 것을 계획하다'이지 과거 친구격인 '~했던 것을 계획하다'는 의미적으로 부적절하다.

15. He put off (to come / coming) here until Sunday. 그는 일요일까지 여기에 오는 것을 연기했다.
    ➲ put off는 연기하다라는 의미로서 ing동명사를 목적어로 받는다. 따라서 coming이 적절하다. 연기하다라는 의미는 과거에 이미 ~하기로 했던 것을 연기하다는 의미로서 과거적 의미이므로 과거친구격인

ing동명사를 목적어로 받는다.

16. The number of elementary school students keeps (to decrease / decreasing).
초등학교 학생들의 수가 계속 감소하고 있다.
⊃ keep + ~ing는 ~를 계속하다라는 의미로서 decreasing이 적절하다. 계속하다라는 의미는 해오던 것을 계속하다라는 의미로서 과거적 의미이므로 과거 친구격인 ing동명사를 목적어로 받는다.

17. He quit (to drink / drinking) coffee. 그는 커피 마시는 것을 끊었다.
⊃ quit은 그만두다라는 의미로서 ing동명사를 목적어로 받는다. 따라서 drinking이 적절하다. 그만두다라는 의미는 해오던 것을 그만둔다는 과거적 의미이므로 과거 친구격인 ing동명사를 목적어로 받는다.

18. Companies tend to postpone (to upgrade / upgrading) their software.
회사들은 그들의 소프트웨어를 업그레이드하는 것을 연기하는 경향이 있다.
⊃ postpone은 연기하다라는 의미로서 ing동명사를 목적어로 받는다. 따라서 upgrading이 적절하다. 연기하다는 과거에 이미 하려고 했던 것을 연기한다는 과거적 의미이므로 과거 친구격인 ing동명사를 목적어로 받는다.

19. Imagine (earning / to earn) that much money. 그와 같은 많은 돈을 버는 것을 상상해 보라.
⊃ imagine은 '상상하다'라는 의미로서 ing동명사를 목적어로 받는다. 따라서 earning이 적절하다. 상상하다라는 의미는 오랫동안 생각에 젖어왔다는 의미로서 과거적 의미이므로 과거 친구격인 ing동명사를 목적어로 받는다.

20. She has difficulty (controlling / to control) her appetite.
그녀는 그녀의 식욕을 억제하는 데 어려움을 가지고 있다.
⊃ '~하는 데 어려움을 겪다'는 have difficulty (in) ~ing형태를 취하므로 controlling이 적절하다.

21. He is busy (preparing / to prepare) for the school concert.
그는 학교 콘서트를 준비하느라고 바쁘다.
⊃ '~하느라고 바쁘다'는 be busy ~ing의 형태를 취하므로 preparing이 적절하다.

22. She kept (to play / playing) the piano. 그녀는 계속 피아노를 쳤다.
⊃ keep ~ing는 계속 ~하다라는 의미이므로 playing이 적절하다.

23. More people keep (to move / moving) in. 많은 사람들이 계속해서 안으로 들어오고 있다.
⊃ keep ~ing는 계속~하다라는 의미이므로 moving이 적절하다.

24. I remember (to mail / mailing) the letter to her yesterday.
나는 어제 그녀에게 편지를 보냈던 것을 기억한다.

⊃ 여기서의 remember+ ~ing는 ~했던 것을 기억하다의 과거행위를 기억하다는 의미로서 동명사의 형태의 mailing이 적절하다.

25. Stop (interfering / to interfere) in other people's business. 다른 사람들의 일에 끼어들지 마라.
    ⊃ 'stop + ~ing'는 '~하던 것을 그만 두다'라는 의미로서 여기서는 다른 사람들의 일에 끼어드는 행위를 그만 두어라는 의미이므로 ing동명사를 목적어로 받으므로 interfering이 적절하다.

26. My sister stopped (to play / playing) the piano two years ago.
    나의 여동생은 2년 전에 피아노를 치는 것을 그만두었다.
    ⊃ 'stop + ~ing'는 '~하던 것을 그만두다'라는 의미로서 뒤에 ing동명사를 받으므로 playing이 적절하다.

27. Truck drivers stop (to eat / eating) at diners on the highway.
    트럭 운전사들은 고속도로변의 간이 식당에 차를 세우고 식사한다.
    ⊃ 'stop + to'~는 '~하기 위하여 멈추다'라는 의미로서 뒤에 to부정사를 받으므로 to eat이 적절하다.

28. I do regret not (to be / being) educated then. 나는 교육받지 못했던 것을 정말 후회한다.
    ⊃ regret는 + ing는 ~했던 것을 후회하다는 의미는 뒤에 동명사를 받으므로 being이 적절하다.

29. I regret (saying / to say) that I am unable to help you.
    나는 당신을 도울 수 없음을 말하게 되어 유감입니다.
    ⊃ regret는 뒤에 to부정사를 목적어로 받으면 '~하게 되어 유감이다'라는 의미이므로 여기서는 to say가 적절하다.

30. I could not avoid (saying / to say) so. 나는 그렇게 말하지 않을 수 없었다.
    ⊃ avoid는 ~를 피하다라는 의미로서 ing동명사를 목적어로 받는다. 피하다라는 의미는 어쨌든 과거에 안 좋은 경험이 있기에 피한다는 의미로서 과거적 의미이므로 과거 친구격인 ing동명사를 목적어로 받는다. 따라서 saying이 적절하다.

31. Men are more likely to deny (to feel / feeling) jealous.
    남자들은 질투를 느끼는 것을 더 부인할 것 같다.
    ⊃ deny는 '~를 부인하다'는 의미로서 목적어로서 ing동명사를 받는다. 따라서 feeling이 적절하다. 부인하다라는 의미는 어쨌든 과거의 어떤 사실에 대하여 부인한다는 의미로서 과거적 의미이므로 과거 친구격인 ing동명사를 목적어로 받는다.

32. He admits (to have / having) done it himself. 그는 그 자신이 직접 그것을 했던 것을 인정한다.
    ⊃ admit은 '~를 인정하다'라는 의미로서 ing동명사를 목적어로 받는다. 따라서 having이 적절하다. 인정하다라는 의미는 어쨌든 과거의 어떤 사실을 인정한다는 의미로서 과거적 의미이므로 과거 친구격인 ing동명사를 목적어로 받는다.

CHAPTER 01 어법 문제유형 정리

33. I need (to put / putting) some money into my account.
    나는 나의 계좌로 얼마의 돈을 입금하는 것이 필요하다.
    ➲ need는 '필요로 하다'라는 의미로서 to부정사를 목적어로 받는다. 따라서 to put이 적절하다.

34. I regret (to have / having) done such a thing then. 나는 그때 그러한 짓을 했던 것을 후회한다.
    ➲ regret ~ing동명사는 ~했던 것을 후회하다는 의미로서 having이 적절하다.

35. Remember (to keep / keeping) calm. 조용히 할 것을 기억해라.
    ➲ remember + to부정사는 '~할 것을 기억하다'라는 의미이므로 여기서는 to keep이 적절하다.

36. I remember (to hear / hearing) about it on the radio.
    나는 라디오를 통해 그것에 관해 들었던 것을 기억한다.
    ➲ remember + ing동명사는 '~했던 것을 기억하다'라는 의미로서 여기서는 hearing이 적절하다.

37. Don't forget (writing / to write) back to me. 나에게 답장을 쓸 것을 잊지 마라.
    ➲ forget + to는 '~할 것을 잊지 않다'라는 의미로서 여기서는 to write가 적절하다.

38. Don't forget (fastening / to fasten) your seatbelt. 너의 안전 띠를 맬 것을 잊지 마라.
    ➲ forget + to는 '~할 것을 잊지 않다'라는 의미이므로 여기서는 to fasten이 적절하다.

39. His friends always try (ignoring / to ignore) him.
    그의 친구들은 항상 그를 외면하려고 노력한다.
    ➲ try + to부정사는 '~하기 위하여 노력하다'라는 의미이므로 여기서는 to ignore가 적절하다.

40. No one can help (being embarrased / to be embarrassed). 어느 누구도 당황하지 않을 수 없다.
    ➲ help가 피하다라는 의미일 때는 동명사를 목적어로 취하므로 being embarrased가 적절하다.

기출 문제 연습

1. I kept (hearing / to hear) someone shouting, 'Way to go'. (모의)
   그 때 나는 누군가가 '힘내요'라고 소리치는 것을 계속 들었다.
   ➲ keep ~ing는 '~를 계속하다'라는 의미로서 여기서는 ~ing동명사를 받는다. 따라서 여기서는 hearing이 적절하다.

2. These caravans, which can have two to six beds, can be moved and many families enjoy (to travel / traveling) from place to place on holidays. (모의응용)
   2개에서 6개까지 침대가 있는 이 캐러밴은 이동할 수 있으며, 많은 가족들은 휴일마다 여기저기 여행 다니는 것을 즐긴다.
   ➲ enjoy다음에는 ing동명사를 목적어로 받는다. 따라서 traveling이 적절하다.

3. He decided (to work / working) on stress management. (모의)
   그는 스트레스 관리를 시작하기로 마음먹었다.
   ➲ decide는 to부정사를 목적어로 받는다. 따라서 to work가 적절하다.

4. I remember (to run / running) a workshop last year for a group of senior academics on how they might improve collaboration. (모의)
   작년에 나는 나이든 교수들을 대상으로 그들이 어떻게 협동심을 향상시킬 수 있는지에 관한 워크숍을 운영했던 것을 기억한다.
   ➲ remember동사 뒤에 to부정사가 나오면 미래적 의미의 '~할 것을 기억하다'이고 동명사가 나오면 '~했던 것을 기억하다'의 과거적인 의미이다. 따라서 여기서는 과거적인 의미의 워크숍을 운영했던 것을 기억한다는 의미이므로 running이 적절하다.

5. But why do consumers keep (watching / to watch) them? (모의)
   하지만 왜 소비자들이 그것들을 계속 보는가?
   ➲ Keep + ~ing는 계속~하다라는 의미이므로 따라서 여기서는 watching이 적절하다.

6. Remember (brushing / to brush) your tongue, too. (모의)
   혀를 닦는 것도 기억하라.
   ➲ to부정사는 ~할 것을 기억하다이고 ~ing동명사는 ~했던 것을 기억하다는 의미이다. 따라서 여기서는 '~할 것을 기억하다'라는 의미이므로 to brush가 적절하다.

7. His brother, Robert, enjoyed (to point / pointing) out the errors in Simon's emails. (모의응용)
   그의 형인 Robert는 Simon의 이메일에 있는 오류 지적하기를 즐겼다.
   ➲ enjoy동사는 목적어로 ing동명사를 받는다. 따라서 pointing이 적절하다.

8. Don't forget (to put on / putting on) creams and lotions immediately after bathing or showering. (모의응용)
목욕이나 샤워를 한 직후 크림이나 로션을 바를 것을 잊지 마라.
➲ 바를 것을 잊지 마라의 의미이므로 미래적 의미의 to부정사인 to put on이 적절하다.

마무리하고 넘어가기!

1. 목적어 자리에 to부정사를 받는 동사들은 미래적인 의미를 가진 동사들이다.
   예를 들어, want는 할 것을 원하는 거지, 했던 것을 원하는 것이 아니므로 미래적 성향인 to부정사를 사용한다.
   ~할 것인지 ~했던 것인지 의미를 넣어 해석해보면 적절한 답을 찾을 수 있다.

2. 목적어 자리에 ing동명사를 받는 동사들은 과거 및 현재성향의 의미를 가진 동사들이다.
   주로 오랫동안 해오고 있는 행위라든지, 과거적인 경험으로 인한 싫어하거나 반대이거나 포기적인 동사들임을 명심하라.

스스로 어법문제 만들어가기

1. Simon was a high school graduate who was not good at grammar. His brother, Robert, enjoyed **pointing** out the errors in Simon's e-mails. Simon knew that his brother was very 'book smart,' but didn't think he was 'street smart.' (2013.09 고1 모의고사)
   ➲ enjoy동사는 즐기다라는 의미로서 즐긴다는 것은 과거에 많은 행위를 해왔다는 의미를 반영하므로 과거성향이라고 볼 수 있다. 따라서 ing동명사인 pointing을 목적어로 받는다.
   Simon은 문법에 능숙하지 않은 고등학교 졸업생이었다. 그의 형인 Robert는 Simon의 이메일에 있는 오류 지적하기를 즐겼다. Simon은 그의 형이 굉장히 'book smart'임을 알고 있었지만 그가 'street smart'라고는 생각하지 않았다.

2. At some point in your life, you probably wanted something with your whole heart and it didn't happen. And that hurt. You might have stopped dreaming. Maybe you didn't do it consciously, but you began to avoid **letting** yourself go after scary goals. It's a universal occurrence — it happens to almost everyone. But you can overcome this common limitation and start dreaming again. (2013.11 고2 모의고사)
   ➲ avoid는 꺼리다라는 의미로서 꺼린다는 의미는 과거에 뭔가 꺼려지게 되는 과거 경험을 가지고 있

다고 볼 수 있기에 과거 성향의 ing동명사를 목적어로 받는다. 따라서 letting이 온 경우이다.

당신 인생의 어떤 시점에서 당신은 아마도 진심을 다해 무언가를 원했지만 그 일이 일어나지 않았을 것입니다. 그리고 그것이 상처를 주었습니다. 당신은 꿈꾸는 것을 멈추었을지도 모릅니다. 아마 당신은 의식적으로 그렇게 하지는 않았지만, 자신이 두려운 목표를 쫓도록 하는 것을 피하기 시작했을 것입니다. 그것은 보편적인 일이며 거의 모두에게 발생합니다. 그러나 당신은 이러한 보편적인 한계를 극복할 수 있고 다시 꿈꾸기 시작할 수 있습니다.

3. As many observers have commented, today's social-network-addicted people cannot seem to stop **sharing** what they think, like, and want— with everyone, all the time. (2013.09 고2 모의고사)
   ➲ 여기서는 ~해오던 것을 그만두다라는 의미의 ing동명사를 목적어로 받으므로 sharing이 적절하다.
   관찰해온 많은 사람들이 말한 것처럼, 오늘날의 소셜 네트워크에 중독된 사람들은 그들이 생각하고 좋아하고 원하는 것에 대해 모든 사람들과 항상 공유하는 것을 멈추지 못하는 것처럼 보인다.

4. I **plan to** be here until mid-January and **hope to** see each of you at the museum before then. I am honored to have been president of this museum and to have had your help in caring for it. (2009.11 고1 모의고사)
   ➲ plan은 계획하다라는 의미로서 과거 일을 계획하는 것이 아니라 미래 일을 계획한다는 의미이므로 미래성향의 to부정사를 목적어로 받는다. hope도 마찬가지로 미래적인 것들을 희망한다는 의미에서 to부정사를 목적어로 받는다.
   나는 1월 중순까지 여기에 있을 계획이고 그때까지 박물관에서 여러분 한분 한분을 뵙기를 바랍니다. 나는 이 박물관장이었으며, 이 박물관을 관리함에 있어 여러분의 도움을 받은 것을 영광스럽게 생각합니다.

[CHAPTER 01 어법 문제유형 정리]

 if/whether절을 받는 동사

아이가 고개를 갸우뚱하는 "인지 아닌지"의 궁금증을 담고 있는 선택의 여부를 묻는 의미로서 if/whether이 이끄는 명사절을 받는 동사를 암기한다.
의문사가 없는 의문문이 다른 문장의 일부가 되는 경우 연결하는 접속사가 if/whether의 접속사이다.

I don't know + Is he rich? -〉 I don't know whether/if he is rich.
(예: 모른다 / 인지 아닌지를)

* 고민하는 모습인 고개를 갸우뚱하는 모습에서 if/ whether절을 생각하라.

if/whether구문은 '~인지 아닌지"라는 의미로서 의문사 없는 간접의문문의 형식이라 할 수 있는데, 주로 목적어 자리에 명사절로서 오는 경우가 많다.

예를 들어, '나는 물어보다'와 '그는 학생이다.'의 두 문장을 연결할 때, 의문사는 없지만 의문의 의미를 가진 '물어보다'의 동사의 목적어로서 if나 whether을 접속사로 하는 if/whether의 명사절이 온다.

I asked + he was a student

I asked if(whether) he was a student.
　　　　(명사절 = 의문사 없는 의문문)
나는 그가 학생이었는지를 물어보았다.

즉 선택의 여부와 관련된 의미를 목적어로 받는 동사 뒤에 오는 절을 이끄는 접속사가 if/whether이다. 이 if/whether절이 목적어 자리에 오는 절의 형태의 경우 명사절이라고 한다. 이 if/whether절은 뒤에 완전문의 형태를 취한다.

❖ 완전문이란 주어나 혹은 목적어가 빠진 것이 없는 경우를 말한다.

I read a book. → 주어나 목적어가 모두 있으므로 완전문

I know (목적어). → 타동사인 know의 목적어가 없으므로 불완전문

I live in (목적어). → 전치사(in)의 목적어가 없으므로 불완전문

(주어) loves me. → 주어가 없으므로 불완전문

- 인지 아닌지의 if/ whether절의 명사절이 주어 자리에 올 경우에는 if절은 올 수 없고 whether절만 올 수 있다. 왜냐하면 if절이 주어 자리에 올 경우 '~면'의 조건절과의 혼동을 일으킬 수 있어 인지 아닌지의 if절은 주어 자리에 올 수 없고 whether절만 온다.

Whether he will come here or not is very doubtful. (O)
→ whether절이 명사절로서 주어 자리에 올 수 있다.

If he will come here or not is very doubtful. (×) → if절이 명사절로서 주어 자리에 올 수 없다.
그가 여기에 올지 안 올지는 의심스럽다.

- 전치사의 목적어 자리에는 whether절만 올 수 있다.

He is thinking about whether I'm going to buy the car or not.
그는 그 차를 사야 할지에 대해 생각중이다.

He is thinking about if I'm going to buy the car or not. (×) → if절이 전치사 뒤에 올 수 없다.

There is some dispute <u>over whether the contract is valid</u>.
그 계약이 유효한지에 대한 논란이 있다.

- whether절이 때로는 양보부사절을 이끌 수도 있다.

Whether you like it or not, you must finish it.
좋아하든 싫어하든 간에, 너는 그것을 끝내야 한다.

Whether you love her or not, you must marry her.
네가 그녀를 사랑하든지 안하든 간에, 너는 그녀와 결혼해야 한다.

Whether you think you can or you think you can't, you are right.
할 수 있다고 생각하건 할 수 없다고 생각하건 간에, 당신의 생각이 옳다.

- whether or not (or not이 바로 뒤에 오는 경우는 whether)
  if/whether ~ or not (or not이 목적절 맨 뒤에 오는 경우는 if/whether)

I asked <u>whether/ if</u> they would approve of my plan or not.
→ or not이 목적절의 맨 뒤에 오는 경우는 if나 whether의 둘 다 가능하다.

I asked <u>whether</u> or not they would approve of my plan.
→ or not이 접속사의 바로 뒤에 오는 경우는 whether만 가능하다.
나는 그들이 내 계획을 승인할 것인지 아닌지를 물었다.

- if/whether절을 목적어로 받는 동사들은 주로 정해져 있는데 이 동사들을 꼭 익히기 바란다.

◆ **내 얼굴이 잘 생겼는지에 관한 궁금증을 기준으로 스토리로 엮어 본 암기방식구조**

동사	의미	암기요령
1. don't know → if/whether~	~인지를 모르다	내가 평소 잘 생겼는 줄을 모르고 (don't know) 있었는데
2. tell → if/whether~	~인지를 알다	잘생겼다고 주위에서 그렇게 알아주니 (tell)
3. wonder → if/whether~	~인지를 궁금히 여기다	때로는 궁금하기도(wonder) 하고
4. doubt → if/whether~	~인지를 의심하다	의심스럽기도(doubt) 하고
5. find out → if/whether~	~인지를 알아내다	이참에 객관적으로 알아내서(find out)
6. see → if/whether~	~인지를 알아보다	살펴보기(see) 위해
7. ask → if/whether~	~인지를 물어보다	진정으로 사람들에게 물어 봐야지(ask)

1. I <u>don't know</u> if/whether she's married.

    나는 그녀가 결혼을 했는지 안 했는지를 모른다.

2. He couldn't <u>tell</u> if/whether she was laughing or crying.

    그는 그녀가 웃는지 우는지를 알 수가 없었다.

3. I <u>wonder</u> if/whether she will come here.

    나는 그가 여기에 올지 안 올지를 궁금히 여긴다.

4. I <u>doubt</u> if/whether you are telling the truth.

    나는 네가 진실을 말하고 있는지 아닌지를 의심스럽다.

5. I want to <u>find out</u> if/whether this is normal or not.

    나는 이것이 정상적인지 아닌지를 알고 싶다.

6. Let's <u>see</u> if/whether he does well.

    그가 잘 하고 있는지를 알아보자.

7. I <u>asked</u> if/whether he lived with his parents.

    나는 그가 그의 부모님과 함께 사는지를 물었다.

CHAPTER 01 어법 문제유형 정리

기본 문제 연습

1. I asked (if / that) she would come here. 나는 그녀가 여기에 올지 안 올지를 물었다.
    ➲ ask if는 ~인지 아닌지를 물어보다는 의미이다. if절은 ask의 타동사의 목적어 자리에 온 절로서 명사절이다. 선택의 여부를 묻는 동사의 목적어 자리의 명사절에 인지 아닌지의 의미의 if절이 적절하다.

2. I wonder (that / whether) or not she is a teacher. 나는 그녀가 선생님인지를 궁금히 여긴다.
    ➲ wonder는 ~를 궁금히 여기다라는 의미로서 or not이 있고 whether절을 받으므로 whether이 적절하다.

3. Ask him (that / if) it is true or not. 그것이 사실인지 아닌지를 그에게 물어봐라
    ➲ '~에게 ~인지 아닌지를 물어보다'의 의미로서 뒤에 or not이 있으므로 if가 적절하다.

4. I don't know (whether / while) he will lend his car.
    나는 그가 그의 차를 빌려줄 것인지를 모른다.
    ➲ '모른다'라는 의미인 don't know 뒤에는 if/ whether의 명사절이 올 수 있지만 부사절을 이끄는 while의 접속사는 올 수 없다. 따라서 여기서는 whether이 적절하다.

5. We will decide (which / if) any action is necessary after that.
    그 이후에 우리는 어떤 조치가 필요할지를 결정할 것이다.
    ➲ '결정하다'라는 의미인 decide 뒤에는 if절의 명사절이 올 수 있지만 여기서 which의 의문사는 의문사로나 의문 형용사로서도 어울리지 않는다. 따라서 여기서는 if가 적절하다.

6. Please let us know (which / if) you are unable to attend.
    네가 참석할 수 없다면 나에게 알려달라.
    ➲ 참석할 수 없다면 알려달라는 의미이므로 조건의 if절을 이끄는 if가 적절하다.

7. I doubt (what / if) such a thing is of any practical use.
    그런 것이 과연 실익이 있을지 의심스럽다.
    ➲ '~인지 아닌지를 의심한다'는 의미이므로 if절을 이끄는 if가 적절하다. 여기서 if절은 타동사의 목적어 자리에 온 명사절이다. what의 의문사절에는 불완전문이 온다.

8. I don't know (that / whether) it is feasible or not. 그 일이 가능한지를 나는 모른다.
    ➲ 인지 아닌지 모른다는 의미로서 뒤에 or not이 있으므로 whether이 적절하다.

9. I wasn't sure (what / whether) it was exactly the kind of thing you wanted.
    나는 그것이 정말 네가 원했던 종류의 것이었는지 확신하지 못했다.
    ➲ what은 뒤에 불완전문이 오며 whether은 뒤에 완전문이 오므로 여기서는 뒤에 완전문이 왔으므로 접속사인 whether이 적절하다. 그리고 여기서는 '~인지 아닌지를 확신하지 못했다'라는 의미이다.

10. I don't know (that / whether) he did it or not. 나는 그가 그것을 했는지는 알 수가 없다.
    ⊃ '인지 아닌지를 모른다'라는 의미로서 뒤에 or not이 있으므로 whether이 적절하다.

11. I'll ask (that / if) it's all right to park here. 여기에 주차해도 되는지를 물어볼게.
    ⊃ '~인지를 물어보다'라는 ask의 목적어로는 if절의 명사절을 받는다.

12. It is no wonder (which / that) parents love their children.
    부모가 자식을 사랑하는 것은 당연하다.
    ⊃ wonder이 부정어를 동반하여 놀랍지 않다라는 사실절의 의미일 때는 that절이 적합하다, 여기서는 that의 절이 진주어로서 명사절이다.

13. I wonder (that / whether) or not she has left. 나는 그녀가 떠났는지 궁금하다.
    ⊃ wonder은 '~를 궁금히 여기다'라는 의미의 형태로 or not이 있으므로 whether절이 적절하다. 의문의 의미를 갖는 동사인 wonder의 목적어 자리에 온 절로서 선택의 명사절이다.

14. They wondered(if / what) the moon was made of.
    그들은 달이 무엇으로 만들어졌는지 궁금해 했다.
    ⊃ if절은 뒤가 완전문이며 what절은 불완전문이 오는데 뒤가 전치사인 of의 목적어가 없는 불완전문이므로 여기서는 what이 적절하다.

15. We don't know (whether / what) he wants to do.
    우리들은 그가 무엇을 하고 싶어 하는지를 모른다.
    ⊃ whether절은 의문사 없는 의문문으로서 뒤에 완전문이 오며 what의 의문사절은 뒤에 불완전문이 오므로 여기서는 do의 목적어가 없는 불완전문이 왔으므로 what이 적절하다.

기출 문제 연습

1. I met my wife and son and asked (if / that) they knew who was shouting encouragement in the stand. (모의)
   나는 아내와 아들을 만나서 관중석에서 응원을 외친 사람을 아는지 물었다.
   ⊃ ask 동사는 선택의 여부를 묻는 동사로서 '인지 아닌지'의 선택의 의미를 지닌 if절을 목적절로 받는다.

2. They wonder (that / if) their work will lead to anything meaningful or not, and they ask for different responsibilities. (모의응용)
   그들은 자기의 일이 의미 있는 어떤 것이 될지 아닐지를 의심하고, 다른 책임을 요구한다.
   ⊃ wonder은 ~인지를 궁금히 여기다라는 의미로서 뒤에 or not이 있으므로 선택의 if절을 받는다. 따라

서 if가 적절하다.

3. Simon smiled and asked him (that / if) he had gotten a receipt and heard of the return policy. (모의응용)
Simon은 웃으면서 그가 영수증을 받았는지와 환불정책에 대해 들었는지를 물어보았다.
➲ 선택의 동사인 ask동사의 직접목적어 자리엔 if절이 온다.

4. See (whether / that) there are other options which are less expensive or more specific to your needs. (모의응용)
좀 덜 비싸거나 당신의 요구에 보다 더 적합한 것들이 있는지 살펴봐라.
➲ '인지 아닌지를 살펴보다'란 의미로서 뒤에 or이 있으므로 whether이 적절하다.

5. I'm not saying that knowledge is not good or powerful, but it just makes me consider (if / whether) or not we are truly better off with it. (모의응용)
나는 지식이 좋은 것이 아니라거나 강력하지 않다고 말하는 것이 아니다. 그러나 지식은 우리가 이것을 가지고 좀 더 좋은 삶을 살 수 있는가라는 생각을 하게 한다.
➲ or not이 바로 붙어 있는 경우에는 if절 대신 whether절을 쓴다. 따라서 whether절이 적절하다.

6. In fact, they're so prolific that you'll have a thousand little baby spider plants in no time, (that / whether) you like it or not. (모의응용)
사실, 자주달개비는 아주 무성하게 번식하기 때문에, 좋든 싫든, 얼마 지나지 않아 엄청나게 많은(천여 개의) 어린 자주달개비를 갖게 될 것이다.
➲ 양보부사절을 이끄는 접속사는 whether절이다. 따라서 여기서는 whether이 적절하다.

마무리하고 넘어가기!

- 의문사가 없지만 의문의 의미가 있는 두 문장을 연결할 때 if나 whether의 접속사를 사용한다. 이 경우 if / whether절은 명사절이며 뒤에 완전문이 오고 주로 사용되는 동사는 정해져 있다.

스스로 어법문제 만들어가기

1. We currently have a dumpster that will hold the paper recycling, but we need containers for individual classrooms to meet our goal. We would like to request 20 containers. We also need 2,000 clear trash bags in order to allow students and staff to get the paper to the recycle dumpster. So, we are asking your company **if** it will donate these items so that we may succeed in conserving our natural resources. Please contact me **if** you have any questions. (2014.03 고3 모의고사)
   ➲ 'asking your company if~'는 '~할 수 있는지를 귀사에 문의한다'는 의미로서 if절의 명사절이 온 형태이다. 두 번째 if절은 '~한다면'의 직설법 조건절의 부사절이다.

   저희에게는 현재 종이 재활용을 수용할 대형 쓰레기 수거함은 있지만, 저희의 목표를 달성할 수 있도록 각 교실의 수거함이 필요합니다. 저희는 20개의 수거함을 요청하고자 합니다. 저희는 또한 학생과 교직원이 종이를 대형 재활용 수거함으로 가져갈 수 있도록 2,000개의 투명 쓰레기봉투도 필요합니다. 그래서 저희가 우리의 천연자원을 보존하는 데 기여할 수 있도록 귀사에서 이러한 물품들을 기증해 주실 수 있는지 문의 드리는 바입니다. 질문이 있으시면 저에게 연락해 주십시오.

2. People who consider themselves a valuable person are more likely to agree to know about their health. To test this idea, researchers set up a scenario that mimicked an annual checkup. In this checkup, they told participants about a serious but fictional disease, and then asked **whether** the participants would like to be tested for it. (2012.09 고1 모의고사)
   ➲ '인지 아닌지'의 의미의 의문사 없는 절은 whether절을 이끌며 타동사로서 ask가 사용되었다. 이 경우 that절은 사실절이므로 올 수가 없다.

   그들 자신이 가치 있는 사람이라고 여기는 사람들은 건강에 대해 아는 것에 동의할 가능성이 더 높다. 이런 생각을 확인하기 위하여 연구자들은 연간 정기검진을 흉내 낸 각본을 설정했다. 이 검진에서 그들은 참여자들에게 심각하지만 꾸며낸 질병에 대해 이야기했고, 그런 다음 참여자들이 그것에 대해 검진받기를 원하는지 아닌지를 물었다.

18 재귀목적어

주어가 행한 동작이 주어 자신에게 다시 돌아간다는 의미인데
주어가 다시 커튼 뒤에서 "짠"하고 나타나는 그림으로서 주어가 동일인물로서 목적어 자리에 다시 언급될 때는 반드시 재귀대명사(~self/~selves)를 사용한다.

* 잠시 나갔다가 다시 금방 나타나는 동료를 보고 재귀목적어를 연상하라.

재귀대명사는 같은 절 내에서 앞에서 언급된 동일대상을 다시 언급할 때 사용되는 대명사를 말한다. 주어와 동일한 목적어는 재귀대명사형태의 목적어를 사용하며 이 경우를 재귀적 용법이라 하며 주어나 목적어를 강조할 때에도 역시, 재귀대명사를 사용한다. 이 경우는 강조용법이라 한다.

재귀목적어는 타동사의 목적어 역할을 하므로 반드시 문장의 한 요소가 되지만 강조용법은 제외하더라도 문장의 구성에는 아무런 영향이 없다.

I love myself. → myself가 목적어 역할을 하므로 제외하면 문장이 불완전해진다(재귀목적어)
I love (목적어가 없는 불완전문)

I did it myself. → myself가 없더라도 나머지만으로도 완전한 문장이 된다(강조용법)
I did it. (완전문)

◆ 재귀대명사의 모습

I (나) - myself (나 자신)
we(우리) - ourselves (우리 자신들)
you(너) - yourself (너 자신)
you(너희들) - yourselves (너 자신들)
he(그) - himself (그 자신)
she(그녀) - herself (그녀 자신)
it (그것) - itself (그 자체)
they(그들) - themselves (그 자신들)

1. 재귀목적어

주어가 같은 절 내에서 목적어 자리에서 다시 언급되는 경우에는 재귀대명사를 사용한다.

I love myself. 나는 나 자신을 사랑한다.
We love ourselves. 우리들은 우리 자신들을 사랑한다.
You should love yourself. 너는 너 자신을 사랑해야 한다.
She loves herself. 그녀는 그녀 자신을 사랑한다.
They love themselves. 그들은 그들 자신들을 사랑한다.

2. 재귀대명사의 강조용법

명사와 동격으로 쓰여 그 명사를 강조하는 용법으로서 강조용법의 재귀대명사는 생략하더라도 문의 구성에는 아무 문제가 없다.

>She cooked the chicken herself. 그녀는 닭 요리를 직접 했다.
>I did it myself. 내가 직접 그것을 했다.
>She took care of the baby herself. 그녀는 자신이 직접 그 아기를 돌보았다.

3. 재귀 대명사의 주요 암기사항

1) for oneself (혼자 힘으로)
>She finished it for herself. 그녀는 혼자 힘으로 그것을 끝냈다.

2) by oneself (혼자서)
>She lives here by herself. 그녀는 여기에서 혼자 산다.

3) in itself (본질적으로)
>That is not wrong in itself. 그것은 본질적으로는 잘못되지 않았다.

4) of itself (저절로)
>The candle went out of itself. 촛불이 저절로 꺼졌다.

기본 문제 연습

1. She saw (herself / her) in the mirror. 그녀는 거울속의 자신을 보았다.
   ➲ 주어가 다시 목적어의 대상으로서 다시 언급되므로 재귀대명사인 herself가 적절하다.

2. You ought to be ashamed of (you / yourself). 너는 너 자신에 대해 부끄러워해야 한다.
   ➲ you를 다시 언급하고 있으므로 yourself가 적절하다.

3. They enjoyed (themselves / them) at the party. 그들은 파티에서 즐겁게 놀았다.
   ➲ 주어인 they가 목적어 자리에서 다시 언급되고 있으므로 themselves가 적절하다.

4. I burnt (myself / me) cooking dinner. 나는 요리를 하다가 불에 데었다.
   ➲ 목적어 자리에서 주어인 I를 다시 언급하고 있으므로 myself가 적절하다.

5. I smiled at (me / myself) in the mirror. 나는 거울 속의 나 자신에게 미소를 지었다.
   ➲ 목적어 자리에서 주어인 I를 다시 언급하고 있으므로 myself가 적절하다.

6. Heaven helps those who help (themselves / them). 하늘은 스스로 돕는 자를 돕는다.
   ➲ 주어인 관계대명사의 선행사인 those를 다시 언급하고 있으므로 themselves가 적절하다.

7. I saw the dog attacking me to defend (himself / him).
   나는 개가 그 자신을 보호하기 위하여 나를 공격하고 있는 것을 보았다.
   ➲ the dog를 다시 언급하고 있으므로 himself가 적절하다.

8. He couldn't make (him / himself) understood in English.
   그는 그 자신을 영어로 이해시킬 수가 없었다.
   ➲ 주어인 he가 다시 목적어 자리에서 언급되고 있으므로 재귀대명사인 himself가 적절하다.

9. She (her / herself) saw it. 그녀는 그것을 직접 보았다.
   ➲ 주어를 강조하고 있는 구조로서 주어인 she의 재귀대명사인 herself가 적절하다.

10. He did it (himself / him). 그는 자신이 직접 그것을 했다.
    ➲ 그자신이 직접 했다는 강조의 의미인 재귀대명사로서 himself가 적절하다.

기출 문제 연습

1. Kids and adults who live as grateful people are able to motivate (them / themselves). (모의)
   감사할 줄 아는 사람들로서 살아가는 아이들과 어른들은 스스로를 동기 유발시킬 수 있다.
   ➲ 주어가 다시 목적어 자리에 언급될 때에는 재귀대명사를 사용한다. 따라서 여기서는 앞의 kids and adults가 다시 목적어 자리에서 언급되고 있으므로 themselves가 적절하다.

2. For almost three decades, Robert dedicated (him / himself) to the business. (모의응용)
   거의 30년 동안 Robert는 그 사업에 전념했다.
   ➲ dedicate to는 ~에 헌신하다는 의미이며 주어가 목적어 자리에서 다시 언급되고 있으므로 himself가 적절하다.

3. I know a carpenter who has devoted (himself / him) to his work for years. (모의응용)
   나는 오랜 세월 동안 자기 일에 모든 것을 바친 목수 한 분을 알고 있다.
   ➲ devote oneself to는 ~헌신하다는 의미이며 주어가 목적어 자리에서 다시 언급되고 있으므로 himself가 적절하다.

4. He begged for money to keep (himself / him) warm and fed, and he liked his carefree life. (모의응용)
   그는 몸을 따뜻하게 하고 먹을 것을 해결하기 위해 돈을 구걸하였다. 그는 자신의 근심 없는 삶을 즐겼다.
   ➲ 주어인 he가 목적어 자리에서 다시 언급되므로 himself가 적절하다.

5. She has to learn to take responsibility for (her / herself). (모의응용)
   그녀는 스스로 책임지는 것을 배워야만 한다.
   ➲ 주어자신을 다시 언급하고 있으므로 herself가 적절하다.

6. Good looks can be an advantage. However, you should not complain about (you / yourself) for what you received from your parents. (모의응용)
   훌륭한 외모는 장점이 될 수 있다. 그러나 부모로부터 물려받은 자신의 모습에 대해 불평을 해서는 안 된다.
   ➲ 주어인 you를 다시 언급하고 있으므로 yourself가 적절하다.

7. My friend Don considered (himself / him) a musician. (모의응용)
   내 친구 Don은 자신을 음악가로 여겼다.
   ➲ 주어가 목적어 자리에서 다시 언급되고 있으므로 himself가 적절하다.

마무리하고 넘어가기!

- 주어가 목적어나 보어로서 반복적으로 다시 언급될 때 재귀대명사를 사용하며 재귀용법과 강조용법의 두 가지가 있다.

스스로 어법문제 만들어가기

1. If idling away in front of a TV is your favorite daily hobby, it may lead you to an early death. That's what Australian researchers found after tracking nearly 9,000 people for an average of six years. Regardless of whether or not they were overweight, subjects who watched television for more than four hours daily had a 46 percent higher risk of premature death, compared with subjects who channel-surfed for less than two hours a day. "Television **itself** isn't the problem," says study author David Dunstan. Instead, the danger comes from all that sitting, which takes the place of activity-including even the lightest kind that naturally occurs when you are not glued to the tube. "Too much sitting is, simply, bad for you," Dunstan says. (2014.06 고2 모의고사)
   ⊃ Television을 강조하는 재귀대명사로서 itself로 표현되었다.
   TV 앞에서 빈둥거리는 것이 당신이 가장 좋아하는 일상의 습관이라면, 그것이 당신을 단명하게 할 수도 있다. 이는 호주의 연구자가 9,000명을 평균 6년 동안 추적 조사를 한 후에 밝혀낸 것이다. 그들이 과체중이든 아니든 상관없이, 매일 4시간 이상 TV를 본 피실험자들은 하루에 2시간 이내로 TV를 보는 사람들과 비해서 조기 사망의 확률이 46퍼센트 더 높았다. "TV 자체는 문제가 아니다."라고 연구 저자인 David Dustan은 말한다. 대신, 위험은 앉아 있는 것에서 온다. 앉아 있는 행위는 움직임을 대체해버린다. 당신이 TV 앞에 붙어 있지 않을 때 자연스럽게 발생할 수 있는 가벼운 종류의 활동을 포함해서. "너무 많이 앉아 있는 것이 당신에게 위험하다."라고 Dustan은 말한다.

2. It's important to remember that good decisions can still lead to bad outcomes. Here is an example. Soon after I got out of school, I was offered a job. I wasn't sure that was a great fit for me. After carefully considering the opportunity, I decided to turn it down. I thought that I would be able to find another job that was a better match. Unfortunately, the economy soon grew worse quickly and I spent months looking for another job. I kicked **myself** for not taking that position, which started to look more and more appealing. I had made a good decision, based upon all the information I had at the time, but in the short run it didn't lead to a great outcome. (2014.03 고1 모의고사)

⊃ I를 다시 언급하는 형태인 myself로 표현했다.

좋은 결정을 내린다 해도 나쁜 결과가 올 수 있음을 기억하는 것은 중요하다. 여기 한 가지 사례가 있다. 내가 학교를 졸업하자 곧 일자리를 제안 받았다. 그것이 나에게 아주 잘 맞는 것인지 확신이 없었다. 나는 그 기회에 대해 곰곰이 생각해 본 후, 그 제안을 거절하기로 마음먹었다. 나는 그보다 더 잘 맞는 다른 일자리를 찾을 수 있을 것이라고 생각했다. 유감스럽게도, 경제는 곧 빠르게 나빠졌고, 나는 다른 일자리를 찾기 위해 여러 개월을 보냈다. 나는 그 일자리를 선택하지 않은 것에 대해 자책했고, (거절한) 그 일자리는 점점 더 매력적으로 보이기 시작했다. 나는 그 당시에 가진 모든 정보에 기초하여 좋은 결정을 내렸지만, 단기적인 관점에서 보면 그것은 그다지 좋은 결과를 가져온 것은 아니었다.

3. Hippocrates was the first to understand the physical illness caused by emotional stress. He even made suggestions on what we call bedside manner. He said physicians should pay as much attention to the comfort and welfare of the patient as to the disease **itself**. (2013.11 고1 모의고사)

⊃ 여기서 itself는 the disease를 강조하는 강조용법이다.

히포크라테스는 정서적 스트레스로 인해 야기된 신체적 질병을 이해한 최초의 사람이었다. 그는 심지어 의사가 환자를 대하는 태도라고 일컫는 것에 관해서도 제안을 했다. 그는 의사가 질병 자체만큼 환자의 안락함과 행복에도 많은 관심을 기울여야 한다고 말했다.

19 가목적어 it

가목적어와 진목적어는 가주어와 진주어 구조와 동일한데
가주어인 종업원과 진주어인 주인의 관계는 1층에서의 관계이지만
It is easy to solve the problem.

가목적어와 진목적어의 구조에 있어서는
2층에서의 종업원과 주인의 관계로서
6개의 동사의 계단을 올라가면 2층 매장에서 종업원인 가목적어인 it이, 그리고 뒤쪽에는 주인인
진목적어가 있다. 진목적어는 주로 to부정사나 that절이 온다.
I found it easy to solve the problem.

가주어(종업원) / 진주어(주인).........1층
6개의 동사의 계단을 올라가서 가목적어(종업원) / 진목적어(주인).....2층

* 2층에 있는 가게의 계단을 올라갈 때마다 종업원과 주인을 보면서 가목적어, 진목적어를 연상하라.

5형식에 대해서는 뒤편에서 다시 언급하겠지만 여기서는 간단히 언급하면 두 개의 문장을 결합시켜놓은 것이라고 보면 된다.

예를 들어,

<u>나는 원한다/ 그가 나와 함께 놀기를</u>
(<u>I want</u>) + (<u>he will play with me</u>) → 두 문장
(주어) (동사)　(주어)　　(술부)

<u>I</u> <u>want</u> <u>him</u> <u>to play with me</u>. → 두 문장의 결합
(주어)(동사)(목적어)　(목적보어)

이처럼 '주어 + 동사~'의 한 문장(?)과 주어 + 술부의 또 한 문장을 결합시켜 만들 때 뒤의 문장의 주어는 목적어가 되고 동사 이후의 술부는 목적보어가 된다.

나는 보았다/ 그가 집으로 가고 있는 것을
(<u>I saw</u>) + (<u>he was going home</u>.) → 두 문장
(주어) (동사)　(주어)　　(술부)

<u>I</u> <u>saw</u> <u>him</u> <u>going home</u>. → 두 문장의 결합
(주어) (동사)(목적어) (목적보어)

하지만 다음의 경우처럼 5형식에서 목적어 자리에 to부정사나 that절 등의 명사절이 오는 경우, 목적어 자리에는 to부정사나 that절 등의 명사절이 올 수는 없고 대신 가목적어인 it을 쓰고 그 to부정사나 that절 등의 명사절은 맨 뒤로 돌린다.

나는 생각한다 / 영어를 공부하는 것이 어렵다.
(<u>I think</u> + <u>To study English is difficult</u>) → 두 문장
(주어) (동사)　　(주어)　　　(술부)

이 두 문장을 결합하면

<u>I</u> <u>think</u> <u>to study English</u> <u>(to be) difficult</u>. (×) → 5형식에서 목적어 자리에 to부정사를 사용 못 함
(주어) (동사)　(목적어)　　(목적보어)

<u>I</u> <u>think</u> <u>it</u> <u>difficult</u> <u>to study English</u>. (O)
(주어) (동사) ↑ (목적보어) (진짜 목적어)
　　　　(가목적어)

목적어 자리에 to부정사가 올 수 없고 그 to부정사 대신 가목적어인 it을 쓰고 진짜목적어인 to부정사는 맨 뒤로 돌린다.

- 5형식에서 목적어 자리에는 to부정사나 that절 등의 명사절이 오지 않는다.

    I <u>found</u> <u>to solve the problem</u> <u>easy</u>. (×)
      (타동사)   (목적어)   (목적보어) 5형식에서 목적어 자리에 to부정사가 올 수 없다.

    I <u>found</u> <u>it</u> <u>easy</u> <u>to solve the problem</u>. (O)
    (타동사) ↑ (목적보어) (진목적어) 5형식에서 목적어 자리에 to부정사가 올 수 없으므로 가목적어 it을 쓰고
        (가목적어)   to부정사는 맨 뒤로 돌린다.
    나는 그 문제를 푸는 것이 쉽다는 것을 알았다.

    I <u>believe</u> <u>that he is honest</u> <u>true</u>. (×)
     (타동사)   (목적어)   (목적보어) 5형식에서 목적어 자리에 that의 명사절이 올 수 없다.

    I <u>believe</u> <u>it</u> <u>true</u> <u>that he is honest</u>. (O)
      (타동사) ↑ (목적보어)   (진목적어) 5형식에서 목적어 자리에 명사절이 올 수 없으므로
         (가목적어)   가목적어 it을 쓰고 that절은 맨 뒤로 돌린다.
    나는 그가 정직하다는 것이 진실이라고 믿는다.

이상에서 살펴본 것처럼 5형식에서 목적어가 to부정사나 that절인 경우 그대로 목적어 자리에 쓰는 것이 아니라 it을 쓰고 to부정사나 that절은 맨 뒤로 돌린다. 이때 목적어 자리에 쓰인 it은 가목적어 it이라 하고, 본래 목적어인 to부정사나 that절은 이를 진목적어라 한다.
아래 동사들이 주로 이같은 가목적어/ 진목적어 형태를 취하고 있으므로 이 동사들을 꼭 암기해야 한다.

    (테이커/메이크/파인더/띵크/빌리브/컨시들) 잇/투우, 댓

이렇게 외우면 편리하다.

take it → to~ or that~
make it
find it
think it
believe it
consider it

- 2층 공간에서의 종업원과 주인의 관계(가목적어/ 진목적어)

    We <u>found</u> <u>it</u> <u>difficult</u> <u>to master English in a year</u>.
         계단 종업원   주인
      (동사) (가목적어)   (진목적어)
    우리는 일년만에 영어를 숙달하는 것이 어렵다는 것을 알았다.

CHAPTER 01 어법 문제유형 정리

◆ 공부에 흥미를 가져가는 과정을 통해 암기

1. I take it for granted that students should study English.
   나는 학생들이 열심히 공부해야 한다는 것을 당연하다고 여겨서

2. Students make it a rule to study English every day.
   학생들이 매일 영어를 공부하는 것을 규칙으로 만들면

3. Students find it easy to study English.
   학생들이 공부하는 것이 쉽다는 것을 발견하게 되고

4. Students think it very interesting to study English.
   학생들이 공부하는 것이 매우 즐겁다고 생각하게 되고

5. Students believe it desirable to take a regular break while studying English.
   영어를 공부하면서 주기적으로 휴식을 취하는 것도 바람직하다고 믿으며

6. Students consider it wrong to cheat on an examination.
   학생들이 시험에서 부정행위를 하는 것은 나쁘다고 여겨야겠지

- 목적어가 수식어와 함께 길어진 경우 목적보어와 서로 맞바꾸어 도치시킨다.
  단, 이 경우 가목적어 it을 쓰면 안된다.

  The financial contributions made possible the building of a new city hall.
                                  (목적어보어)   (목적어)
  그 금전적인 기부가 새로운 시청의 건축을 가능하도록 했다.

  The financial contributions made it possible the building of a new city hall.(×)

  Sound made almost useless the techniques that directors had acquired
             (목적보어)   (목적어)
  through years of silent films.
  소리는 영화감독들이 오랜 무성영화시대를 통해 획득한 기술을 거의 쓸모없게 만들어 버렸다.

  Sound made it almost useless the techniques that directors had acquired through years of silent films. (×)

  Modern medical technology allows us to keep alive human beings lacking a variety
                                                 (목적보어)   (목적어)
  of variety of vital organs.
  현대 의학 기술은 여러 중요 장기가 없는 인간의 생명을 유지할 수 있도록 해준다.

- 목적어가 너무 길어(human beings ~ organs) 목적보어(alive) 뒤로 도치시켰으며 이 경우는 가목적어 it을 사용하지 않는다.

기본 문제 연습

1. I found it easy (to swim / swim). 나는 수영을 하는 것이 쉽다는 것을 알았다.
   ➲ 5형식에서 목적어 자리에는 to부정사가 올 수 없고 대신, 가목적어 it을 쓰고 그리고 진목적어인 to부정사는 맨 뒤로 보낸다. it은 가목적어, to이하는 진목적어이다. 여기선 진목적어인 to swim이 적절하다.

2. I found (it / that) easy to swim. 나는 수영을 하는 것이 쉽다는 것을 알았다.
   ➲ 5형식에서 목적어 자리에는 to부정사가 올 수 없고 대신, 가목적어 it을 쓰고 그리고 to부정사는 맨 뒤로 보낸다. it은 가목적어, to 이하는 진목적어이다. 여기선 가목적어로 받는 it이 적절하다.

3. I make it a rule (take / to take) a walk every morning.
   나는 매일 아침 산책하는 것을 규칙으로 하고 있다.
   ➲ 5형식에서 목적어 자리에는 to부정사가 올 수 없고 대신, 가목적어 it을 쓴다. 그리고 to부정사는 맨 뒤로 간다. it은 가목적어, to 이하는 진목적어이다. 여기선 to take가 적절하다.

4. I think it difficult (to make / make) money. 나는 돈을 버는 것이 어렵다고 생각한다.
   ➲ 5형식에서 목적어 자리에는 to부정사가 올 수 없고 대신에, 가목적어 it을 쓴다. 그리고 to부정사는 맨 뒤로 보낸다. it은 가목적어, to 이하는 진목적어이다. 여기선 진목적어인 to make가 적절하다.

5. I think (this / it) difficult to make money. 나는 돈을 버는 것이 어렵다고 생각한다.
   ➲ 5형식에서 목적어 자리에는 to부정사가 올 수 없고 가목적어 it을 쓴다. 그리고 to부정사는 맨 뒤로 간다. it은 가목적어, to 이하는 진목적어이다. 여기선 가목적어로 받는 it이 적절하다.

6. We (take it / take) for granted that opportunities don't always wait.
   나는 기회가 항상 기다리지는 않는다는 것을 당연히 여긴다.
   ➲ 5형식에서 목적어 자리에는 that절이 올 수 없고 대신에, 가목적어 it을 쓴다. 그리고 that절은 맨 뒤로 간다. it은 가목적어, that절 이하는 진목적어이다. 진목적어가 뒤로 가는 대신 가목적어인 it을 반드시 사용해야 한다. 따라서 take it이 적절하다.

7. They think it strange (if / that) she was absent for one week.
   그들은 그녀가 1주 동안 결석했다라는 사실이 이상하다고 생각한다.
   ➲ 5형식에서 목적어 자리에는 that절이 올 수 없고 대신에, 가목적어 it을 쓴다. 그리고 that절은 맨 뒤로 간다. it은 가목적어, that절 이하는 진목적어이다. 여기선 that이 적절하다.

8. We consider it a serious problem (that / if) young kids have no time to play.
   우리들은 어린 아이들이 놀 시간이 없다는 것을 심각한 문제라고 여긴다.
   ➲ 5형식에서 목적어 자리에는 that절이 올 수 없고 대신에, 가목적어 it을 쓴다. 그리고 that절은 맨 뒤로 간다. it은 가목적어, that절 이하는 진목적어이다. 의미적으로 ~라는 사실절을 이끄는 that이 적절하다.

9. He found it hard (to put / put) together the machine.
   그는 기계를 조립하는 것이 어렵다는 것을 알았다.
   ⇒ 5형식에서 목적어 자리에는 to부정사가 올 수 없고 대신에, 가목적어 it을 쓴다. 그리고 to부정사는 맨 뒤로 간다. it은 가목적어, to 이하는 진목적어이다. to put이 적절하다.

10. I thought it unwise (to make / make) her angry.
    나는 그녀를 화나게 하는 것은 현명하지 못하다고 생각했다.
    ⇒ 5형식에서 목적어 자리에는 to부정사가 올 수 없고 대신에, 가목적어 it을 쓴다. 그리고 to부정사는 맨 뒤로 간다. it은 가목적어, to 이하는 진목적어이다. 따라서 여기선 to make가 적절하다.

11. I thought (this / it) unwise to make her angry.
    나는 그녀를 화나게 하는 것은 현명하지 못하다고 생각했다.
    ⇒ 5형식에서 목적어 자리에는 to부정사가 올 수 없고 대신에, 가목적어 it을 쓴다. 그리고 to부정사는 맨 뒤로 간다. it은 가목적어, to 이하는 진목적어이다. 여기선 가목적어로 받는 it이 적절하다.

12. The old man found (it very hard / very hard) to jog every morning.
    그 노인은 매일 아침 조깅을 하는 것이 어렵다는 것을 알았다.
    ⇒ 5형식에서 목적어 자리에는 to부정사가 올 수 없고 대신에, 가목적어 it을 쓴다. 그리고 to부정사는 맨 뒤로 간다. it은 가목적어, to 이하는 진목적어이다. 여기서는 it very hard가 적절하다.

13. X-rays are able to pass through objects, and thus make (it visibly / visible) details that are otherwise impossible to observe.
    X레이는 물체를 통과할 수 있어서, 그렇지 않다면 관찰이 불가능한 상세한 것들을 보일 수 있도록 해준다.
    ⇒ 5형식에서 목적어가 수식을 받아 길어진 경우 목적어를 맨 뒤로 돌리고 가목적어는 사용하지 않는다. 즉 목적어와 목적어를 서로 도치시킨다는 의미이다. 목적보어 자리엔 형용사인 visible이 적절하다. details이하는 수식을 받아 길어진 목적어로서 목적보어(visible)뒤로 위치시켰다.

기출 문제 연습

1. His habit of skepticism made (them / it) easy to question many long standing scientific assumptions. (모의)
   그의 회의론적인(skepticism) 습관은 오랫동안 지속되어온 여러 가지 과학적 가설 (scientific assumption)에 대해 쉽게 의문을 제시(question)할 수 있게 해주었다.
   ⇒ to question 이하의 진목적어를 받는 가목적어 자리이므로 가목적어는 it으로 받기 때문에 it이 적절하다.

2. Depression really does change the way you see the world. People with the condition find (it / that) easy to interpret larger images or scenes. (모의)
우울증(depression)은 당신이 세상을 보는 방식을 바꾼다. 이 증상이 있는 사람들은 큰 이미지나 장면을 해석하는 것은 쉽다고 생각한다.
➲ to interpret 이하의 진목적어를 받는 가목적어 자리이므로 가목적어는 it으로 받기 때문에 it이 적절하다.

3. When they come to a fork in the river, they find (it / what) difficult to decide which way to go by themselves. (모의)
그들은 강이 갈라지는 곳에 갈림길에 도달했을 때 스스로 어느 길을 가야 할지 결정하기가 어렵다고 생각한다.
➲ 5형식의 목적어 자리에는 to부정사가 올 경우에는 그 자리엔 가목적어인 it을 쓰고 to부정사구는 맨 뒤로 돌린다. 이 경우 it은 가목적어이고 to부정사구는 진목적어이다. 따라서 it이 적절하다.

4. If a developed country gives food to a poor country, its local farmers will find (that / it) difficult to produce food to sell. (모의응용)
만약 선진국이 가난한 나라에 식량을 준다면, 그 나라의 현지 농부들은 내다 팔 식량을 생산하는 데 어려움을 겪을 것이다.
➲ 5형식의 목적어 자리에는 to부정사가 올 경우에는 그 자리엔 가목적어인 it을 쓰고 to부정사구는 맨 뒤로 돌린다. 이 경우 it은 가목적어이고 to부정사구는 진목적어이다. 따라서 it이 적절하다.

5. The bribes may corrupt their moral education and make (harder / it harder) for them to learn the virtue of gratitude. (모의응용)
이런 유인책은 그들의 도덕 교육을 망하게 하며, 감사의 미덕을 배우는 것을 힘들게 할 것이다.
➲ 5형식의 목적어 자리에는 to부정사가 올 경우에는 그 자리엔 가목적어인 it을 쓰고 to부정사구는 맨 뒤로 돌린다. 이 경우 it은 가목적어이고 to부정사구는 진목적어이다. 여기서는 가목적어인 it이 있는 it harder가 적절하다.

6. Lower air pressure may make it easier (to produce / produce) the burst of air that is a key characteristic of ejective consonants. (모의응용)
더 낮은 기압이 방출음의 주된 특성인 공기의 방출을 더 쉽게 만들지도 모른다.
➲ to부정사가 진목적어이며 it이 가목적어이므로 여기서는 to produce가 적절하다.

CHAPTER 01 어법 문제유형 정리

마무리하고 넘어가기!

- 주어 + 타동사+ 목적어 + 목적보어의 5형식의 구조에서 목적어 자리엔 to부정사나 that절의 명사절이 올 수 없고 이 자리에는 가목적어인 it을 쓰고 가짜목적어라 하고 본래의 to부정사나 that절의 명사절은 맨 뒤로 옮겨가는데 이것을 진목적어라 한다.
이런 가목적어와 진목적어의 구조를 받는 동사들이 따로 있다는 사실 명심하길
그 동사들 다음에 it이 등장하면 일단은 뒤로 눈을 돌려 to부정사나 혹은 that절이 있는지 파악하도록. 없으면 it은 가목적어/진목적어 구조가 아니다.

스스로 어법문제 만들어가기

1. There is no fixed method of taking notes, and not every teacher gives notes. You may find **it** difficult **to both listen to the lecture and take notes**. In other words, when you enjoy a good lecture you cannot write down the points, and if you begin to write down, you cannot enjoy the lecture. You cannot eat and drink together.
   (2009.11 고1 모의고사)
   ➲ 5형식에서 목적어 자리엔 to부정사가 올 수 없으므로 이 자리엔 가목적어 it을 쓰고 진목적어인 to부정사는 맨 뒤로 위치시킨다. find동사 다음에 it이 등장하면 일단은 뒤로 눈을 돌려 to부정사나 that절이 있는지를 확인하라.
   필기를 위한 정해진 방법은 없으며 모든 선생님들이 필기를 해주는 것은 아니다. 당신이 강의를 들으면서 필기를 하는 것이 어려울 수도 있다. 다시 말해서, 당신이 훌륭한 강의를 즐기면서 강의의 요점을 정리할 수는 없다. 그리고 당신이 필기를 시작하게 되면 강의를 즐길 수가 없다. 먹는 것과 마시는 것을 동시에 할 수는 없다.

2. What do you get from the air around you? You can't see it, but you take **it** in every breath. It's a gas called oxygen. All animals need oxygen. Animals that live in water get their oxygen from the water. Plants also need gases from the air. They need carbon dioxide to make food during the day and oxygen to use food at night.
   (2013.03 고1 모의고사)
   ➲ take동사 다음에 it이 나왔다고 해서 무조건 가목적어/진목적어라는 생각은 버려라. 반드시 뒤에 to부정사나 that절의 진목적어가 존재해야만 가목적어/진목적어 구조가 된다. 여기서의 it은 단순한 대명사에 불과하다.
   당신은 주변의 공기로부터 무엇을 얻는가? 당신은 그것을 볼 수는 없지만, 호흡할 때마다 그것을 받아들인다. 그것은 산소로 불리는 기체이다. 모든 동물은 산소를 필요로 한다. 물 속에 사는 동물들은 물에서 산소를 얻는다. 식물들도 공기로부터 기체를 필요로 한다. 그들은 낮 동안 영양분을 만들기 위해 이산화탄소를 필요로 하고 밤에는 영양분을 사용하기 위해 산소를 필요로 한다.

20 주격보어 자리의 형용사/부사의 구별

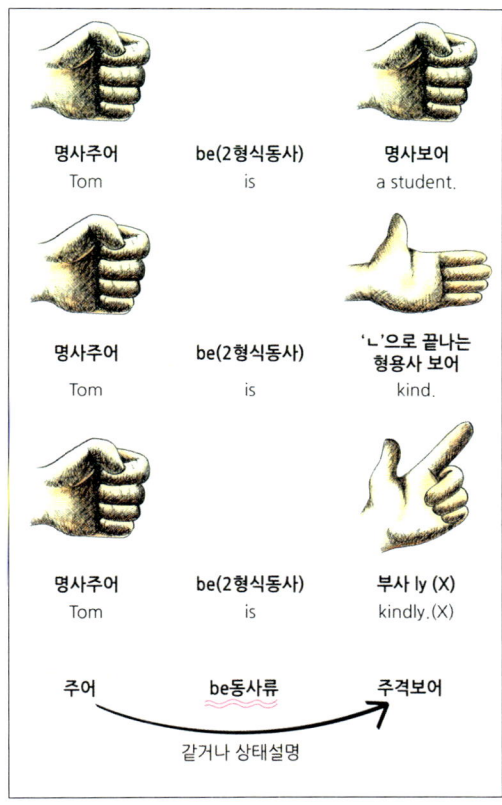

be동사를 중심으로 왼쪽은 주어, 오른쪽은 보어(주격보어)가 되는데
명사는 '주먹'을, 형용사는 '보'를, 부사는 '가위'로 정하기로 한다.

주어는 명사로서 주먹이며
보어로는 명사인 '주먹'이나 형용사인 '보'가 올 수 있으나 부사인 '가위'는 올 수 없다.

1. 보어가 주먹(명사)일 때는 주어인 주먹(명사)과 동일
   탐 (명사주어) = 학생 (명사보어)

2. 보어가 형용사(보)인 경우에는 주어인 명사를 감싸 안을 수도(수식하거나 상태 설명) 있음
   탐 (명사주어) ~ 친절한 (형용사보어)

3. 그러나
   보어 자리에 부사인 가위는 올 수가 없다.
   탐 (명사주어) ~ 친절하게 (부사보어x)

* 가위바위보를 할 때마다 내가 주어, 상대방을 주격보어로 놓고 서로의 품사 관계를 연상하라.

CHAPTER 01 어법 문제유형 정리

주격보어란 주어를 소개한다는 개념으로 이해하면 된다. 예를 들어, 'Tom은 어떤 사람인데?' 하면 '그는 친절한 사람이야' 혹은 '그는 의사야' 하는 식으로 주어를 보다 구체적으로 설명해주는 '친절한'이나 '의사'가 주어인 Tom과의 보어관계이다. 즉 주어에 대해 어떤 내용을 보충해서 완성해준다는 의미이다.

Tom is kind. → Tom은 주어, kind는 주어를 설명해주는 형용사의 주격보어
Tom is a doctor. → Tom은 주어, a doctor은 주어를 설명해주는 명사의 주격보어
Tom is kindly. (×) → Tom은 주어, kindly는 부사로서 주어인 Tom을 설명해줄 수가 없으므로 부사는 주격보어가 될 수 없다.

이와 같이 주어를 설명해주는 관계에 있는 경우를 주격보어라고 한다. 또는 보충해준다고 해서 '보어'라고 한다. 이 자리에는 부사는 올 수 없다. 왜냐하면 부사는 주어인 명사를 설명해줄 수 없고 동사를 설명해주기 때문이다.

The leaves will turn red soon. 잎들이 곧 빨간 상태로 변할 것이다.

red의 형용사는 turned라는 동사를 수식한다기보다는 주어인 the leaves와 관련이 있다. 여기서 red는 주격보어이고 the leaves는 주어이다. 주격보어는 주어를 설명해주는 관계이다. 그리고 부사인 soon은 동사인 turn을 꾸며준다.

'잎(leaves)이 빨간 상태(red)'로 '곧(soon) 변한다(turn)'라는 의미이다. 명사(잎)가 형용사(빨간)인 상태이며 부사(곧)가 동사(변한다)를 수식하는 구조이다.

I get up early. (1형식동사)
⊃ early(일찍)의 부사는 주어인 I와 관련성이 있는 것이 아니고 동사(get up)와 관련이 있다. 즉 '일찍(early)'은 주어인 '나'와 관련 있는 것이 아니고 '일어난다'의 동사와 관련이 있다.

주격보어 자리에 형용사가 맞는지 부사가 맞는지는 2형식동사를 제외시켜보면 확연히 드러난다.

Tom is smart. | Tom / smart
명사인 Tom과 형용사인 smart는 절친한 사이이다.

Tom is smartly. (×) | Tom / smartly (×)
명사인 Tom과 부사인 smartly와는 친하지 않다.

탐은 / 이다 / 친절한 (형용사 주격보어) → Tom is kind.
탐은 / 이다 / 의사 (명사 주격보어) → Tom is a doctor.
탐은 / 되었다 / 의사 (명사 주격보어) → Tom became a doctor.
탐은 / 이다 / 영리한 (형용사 주격보어) → Tom is smart.
그 음식은 / 냄새난다 / 맛있는 (형용사 주격보어) → The food smells delicious.

그는 / 느낀다/ 아픈 (형용사 주격보어) → He feels ill.

즉 be동사(2형식동사) 뒤에는 형용사나 명사가 온다. 부사는 올 수가 없다. 그리고 look이나 feel 혹은 감각동사인 smell, sound, taste 뒤에는 형용사가 온다.

1. 자주 등장하는 다음 동사들 뒤에는 형용사

1) <u>is</u> kind
   She is kind. 그녀는 친절하다.

2) <u>look</u> + 형용사(honest)
   <u>look</u> like + 명사(a doctor)

   He looks happy. 그는 행복해 보인다.
   The animal looks like a cat. 그 동물은 고양이처럼 보인다.
   ⊃ look 다음에 명사가 오려면 앞에 전치사가 놓인다.

3) <u>feel</u> + 형용사(happy)
   He feels sleepy. 그는 졸리다.
   He feels so lonely. 그는 너무 외로움을 느낀다.

2. 부사는 완전문과 친구

She is happily married. 그녀는 행복한 결혼생활을 하고 있다.

happily가 없더라도 완전문(She is married)이다. be동사 뒤는 무조건 형용사라는 생각은 버려라. 때로는 be동사 뒤 '부사 + 형용사'인 구조의 보어 형태가 올 수 있다.

He is <u>very</u> smart. 그는 매우 영리하다.
   be동사 뒤 부사 + 형용사(smart)의 보어구조이다.

종류	예문	참고
A(주어) is B(보어) 주어가 보어상태를 유지하다. (상태유지)	John is a student. 존은 (상태이다) 학생인 (명사주어) (명사보어) John is kind. 존은 (유지한다) 친절한 상태로 (명사주어) (형용사보어)	보어는 동사가 아닌 주어와 관련이 있다. 형용사와 명사만이 보어가 될 수 있고 부사는 보어가 될 수 없다.
A(주어) become B(보어) 주어가 보어상태로 변하다. (상태변화)	John became a student. 존은 (변하게 되었다) 학생으로 (명사주어) (명사보어) John grew wiser. 존은 (변했다) 더 현명한 상태로 (명사주어) (형용사보어)	
A(주어) look B(보어) 주어가 보어상태로 보이다. (상태의 외형적 판단)	John looks kind. 존은 (보인다) 친절한 상태 (명사주어) (형용사보어) John looks like a student. 존은 (보인다) 학생처럼 (명사주어) (전명구보어)	
A(주어) feel B(보어) 주어가 보어상태로 감각되다. (상태의 감각)	I feel cold. 나는 (느낀다) 추운 상태로 (명사주어) (형용사보어)	
A(주어) 자동사 B(유사보어) A는 보어인 상태로 ~하다. (자동사 뒤에서 보어로 역할)	He died young. 그는 (죽었다) 젊은 상태로 (명사주어) (유사보어) He returned rich. 그는 (돌아왔다) 부자인 상태로 (명사주어) (유사보어)	

3. 2형식동사의 유형

◆ 보어가 형용사가 맞는지 부사가 맞는지를 확실히 구별하는 방법

1) 주어와 보어를 보어관계와 수식관계로 해석해본다.
   Tom is smart. (O)
   똑똑한 탐(수식관계) ↔ 탐은 똑똑하다(보어관계) (O)

2) 그리고 2형식동사가 없는 수식관계로 해석해본다.
   Tom is happily. (×)
   행복하게 탐 ↔ 탐은 행복하게 (×)

◆ 2형식동사 익히기

아래 2형식동사들의 예들을 잘 익히기 바란다.

1) 주어가 유지되는 보어로
    be(이다), remain(남아있다), keep(유지하다)

    He <u>is</u> a lawyer. 그는 변호사이다.
    He <u>is</u> honest. 그는 정직하다.
    He <u>remains</u> silent. 침묵을 지키고 있다.
    Students <u>keep</u> calm. 학생들은 조용한 상태로 있다.

2) 주어가 변화하는 보어로
    become, prove, run, come, turn, grow, go, fall, get: ~되다

    He <u>became</u> a doctor. 그는 의사가 되었다.
    The rumor <u>proved</u> false. 그 소문은 거짓으로 판명되었다.
    The well <u>ran</u> dry. 우물이 말랐다.
    My dream <u>came</u> true. 나의 꿈이 실현되었다.
    His hair <u>turned</u> white in a night. 그의 머리가 밤 사이에 백발이 되었다.
    He <u>grows</u> tall. 그는 키가 자란다.
    The apple <u>went</u> bad. 그 사과는 상했다.
    He <u>fell</u> asleep. 그는 잠이 들었다.
    Things <u>got</u> old. 상황이 나빠졌다.

3) 주어가 외관으로 보이는 보어로
    seem, look, appear: ~처럼 보이다

    She <u>seems</u> tired. 그녀는 지친 것처럼 보인다.
    He <u>looks</u> rich. 그는 부자인 것처럼 보인다.
    The apple <u>appears</u> rotten. 그 사과는 썩은 것처럼 보인다.

4) 주어가 감각되는 보어로
    smell(냄새나다), taste(맛나다), sound(들리다), feel(느끼다)

    This rose <u>smells</u> good. 이 장미는 냄새가 좋다.
    This candy <u>tastes</u> sweet. 이 사탕은 달콤하게 맛난다.
    The story <u>sounds</u> plausible. 그 이야기는 그럴듯하게 들린다.
    I <u>feel</u> hungry. 나는 배고픔을 느낀다.

CHAPTER 01 어법 문제유형 정리

기본 문제 연습

1. I felt (nervous / nervously). 나는 긴장되었다.
   ➲ feel의 2형식 감각동사 다음에는 주격보어로서 형용사인 nervous가 적절하다.

2. She looks (prettily / pretty). 그녀는 예뻐 보인다.
   ➲ look의 2형식 외관동사 다음에는 보어로서 형용사인 pretty가 적절하다.

3. The pizza tastes (delicious / deliciously). 그 피자는 맛있게 느껴진다.
   ➲ taste의 2형식 감각동사 다음에는 보어로서 형용사인 delicious가 적절하다.

4. This rose smells (sweetly / sweet). 이 장미는 달콤한 냄새가 난다.
   ➲ smell의 2형식 감각동사 다음에는 보어로서 형용사인 sweet가 적절하다.

5. This coffee tastes (burntly / burnt). 이 커피는 탄내가 난다.
   ➲ taste의 2형식 감각동사 다음에는 보어로서 형용사인 burnt가 적절하다. burntly는 존재하지 않는 단어이다.

5. He is as (rich / richly) as Tom. 그는 탐만큼 부자이다.
   ➲ be동사 다음에는 보어로서 형용사인 rich가 적절하다. 어법문제를 다룰 때는 원급비교급에서의 앞의 as는 없다고 가정하라.

6. Today looks as (cold / coldly) as yesterday. 오늘은 어제만큼 추운 것처럼 보인다.
   ➲ look의 2형식 외관동사 다음에는 보어로서 형용사인 cold가 적절하다. as~as 구문에서는 앞의 as를 항상 배제시키고 생각하라.

7. China is twenty times as (large / largely) as Japan. 중국은 일본보다 20배나 크다.
   ➲ be동사 다음에는 보어로서 형용사인 large가 적절하다. largely는 주로의 의미이다.

8. Their opinions are (most / mostly) about Korean people
   그들의 의견들은 주로 한국 사람들에 관한 것이다.
   ➲ 의미적으로 주로의 의미인 mostly가 적절하다. most는 '가장 ~한' 혹은 '대부분'의 의미이며 mostly는 주로의 의미이다.

9. My happiness is (closely / close) tied to my family. 행복은 나의 가족과 밀접하게 얽혀 있다.
   ➲ is tied의 완전문 사이에는 부사인 closely가 적절하다. be동사 바로 뒤의 부사는 무조건 틀렸다는 생각은 버려라. 그 뒤에 형용사가 올 수도 있다.

10. They run (short / shortly) of money for food. 그들은 그 음식을 살 돈이 부족하다.
    ➲ run이 '~가 되다'라는 2형식 변화동사가 되면 보어인 형용사의 short가 적절하다.

11. Her latest songs in the album sound so (tender /tenderly).
    그녀의 앨범에 있는 가장 마지막노래들은 너무 부드럽게 들린다.
    ➲ sound의 2형식 감각동사 다음에는 보어로서 형용사인 tender가 적절하다.

12. The front hall is as (large / largely) as a house. 그 현관의 홀은 주택만큼이나 크다.
    ➲ be동사 뒤에는 형용사인 large가 적절하다. largely는 '주로'라는 의미이다. as~as구문에서는 앞의 as는 부사이므로 없는 것으로 간주하고 생각하라.

13. He is (well / good) qualified as a teacher. 그는 선생님으로서의 자질을 갖추고 있다.
    ➲ is qualified가 완전하기 때문에 그 사이는 부사가 들어가야 하므로 well이 적절하다.

14. The work was (well / good) planned; therefore, the results were (well /good).
    그 일은 잘 계획되어, 그 결과는 좋았다.
    ➲ was planned는 완전문이므로 그 사이는 부사인 well이 적절하고 were의 be동사 뒤는 good인 형용사가 적절하다.

15. She (looks like / looks) someone who is in love. 그녀는 사랑에 빠진 사람처럼 보인다.
    ➲ look 다음에는 형용사가 오고 look like다음에는 명사가 온다 여기서는 뒤에 명사(someone)가 왔으므로 looks like가 적절하다.

기출 문제 연습

1. I put the bag of food inside my shirt. I tried to look (calmly / calm) with a paper bag down the front of my shirt, walking towards the fence. (모의응용)
   나는 내 셔츠 안에 음식 봉지를 넣었다. 나는 내 셔츠 앞에 종이 봉지를 하나 든 채 침착하게 보이려고 애쓰며, 담장 쪽으로 걸어가고 있었다.
   ➲ look은 2형식 외관동사로서 주격보어로는 형용사가 온다. 따라서 calm이 적절하다.

2. Humans are (exceptionally / exceptional) good at recognizing faces they've seen before. (모의응용)
   인간은 자신이 예전에 본 얼굴을 기억해내는 데 놀라울 정도로 뛰어나다.
   ➲ be동사 바로 뒤에는 무조건 형용사가 온다는 생각은 버려라. be동사 뒤에 부사가 나오고 그 뒤에 형용사가 나와서 부사가 형용사를 꾸며주는 관계라면 be동사와 형용사사이에 부사가 올 수도 있다.

ing분사나 pp인 과거분사는 형용사 취급한다. 여기서는 부사인 exceptionally가 형용사인 good을 수식하고 있으므로 exceptionally가 적절하다.

3. Indeed, for most of us, our reactions to life, particularly stress, are (fair / fairly) easy to guess. (모의응용)
   실제로 우리들 대부분의 경우에 삶, 특히 스트레스에 대한 반응은 예측하기가 꽤 쉽다.
   ➲ be동사 뒤에 부사가 나오고 그 뒤에 형용사가 나와서 부사가 형용사를 꾸며주는 관계라면 적절하다. 여기서는 부사인 fairly가 형용사인 easy를 수식하고 있으므로 fairly가 적절하다.

4. Even though Hippocrates lived nearly 2,500 years ago, many of his ideas sound very (familiar / familiarly) today. (모의응용)
   비록 히포크라테스가 거의 2,500년 전에 살았을지라도 그의 견해 중 많은 것들이 오늘날에도 아주 친숙하게 들린다.
   ➲ sound라는 감각동사 뒤에서는 '~한 상태로 감각된다'라는 의미이므로 형용사(familiar)가 적절하다.

5. As a source of plot, character, and dialogue, the novel seemed more (suitable / suitably). (2013 수능)
   줄거리, 등장인물, 대화의 공급원으로서 소설이 (연극보다 영화에) 더 적합해 보였다.
   ➲ 2형식의 외관동사인 seem뒤에는 형용사가 오므로 suitable이 적절하다.

마무리하고 넘어가기!

- 주격보어는 주어를 좀 더 구체적으로 설명해주는 관계이다. 동사와의 관계가 아니다.
  주어는 명사이다. 주격보어는 이 명사의 상태를 알려주는 형용사이거나 주어와 같은 명사인 동격의 관계이다. 그러나 부사는 명사인 주어와 어울릴 수 없으므로 보어 자리엔 부사는 올 수가 없다. '그는 이다 똑똑한'은 가능하지만 '그는 이다 똑똑하게'는 안 된다.

스스로 어법문제 만들어가기

1. According to a survey, 93 percent of Americans know that too much exposure to the sun is unhealthy. However, 81 percent of them still think they look **good** after having been out in the sun. With this reason, people love to go to the beaches for vacations and turn their faces to the sun. (2011.11 고2 모의고사)

➲ look의 2형식 외관동사 뒤에는 주격보어가 오는데 이 보어 자리에는 주어인 they를 설명해주는 형용사인 good이 온다.

한 조사에 따르면 미국인들의 93퍼센트는 태양에 대한 지나친 노출이 건강에 좋지 않다는 것을 알고 있다. 그러나 그들 중 81퍼센트는 여전히 밖에서 햇볕을 받고 나면 좋아 보인다고 생각한다. 이런 이유로 사람들은 휴가 때 해변으로 가서 태양 쪽으로 얼굴을 향하는 것을 좋아한다.

2. Nowadays it seems there are fewer places to take a walk in the city. Meanwhile, with remote controls and computers, we can have just about anything we want without even getting out of our chair. Physical activity is so **rare** that experts suggest you should do some sort of extra movement throughout the day. (2009.09 고1 모의고사)

➲ be동사 뒤에는 형용사가 오는데, 여기서는 형용사인 rare가 적절하며 앞의 부사인 so는 형용사를 수식하는 관계이므로 상관 없다.

오늘날 도시에서 산책을 할 수 있는 장소가 더 줄어드는 것처럼 보인다. 한편, 리모컨과 컴퓨터로 인해 우리는 의자에서 일어나지 않고도 원하는 것을 무엇이든지 가질 수 있다. 신체적인 활동이 너무 부족하여 전문가들은 여러분들이 하루 중에 추가적인 동작 같은 것을 해야 한다고 제안한다.

3. My suggestion is to understand and make use of the changes in people's strengths and weaknesses as they grow **older**. We can say that useful attributes tending to decrease with age include ambition, desire to compete, physical strength and endurance, and capacity for sustained mental concentration. Conversely, useful attributes tending to increase with age include experience of one's field, understanding of people and relationships, and ability to help other people without one's own ego getting in the way. These shifts in strengths result in many older workers choosing to devote more of their efforts to supervising, administering, advising, and teaching. (2014.03 고3 모의고사)

➲ 여기서 grow는 '되다'라는 의미로서 2형식동사이며 뒤에 부사가 올 수 없고 형용사가 오므로 older의 형태가 온 경우이다.

나이가 들어가면서 사람들의 강점과 약점의 변화를 이해하고 이용하라는 것이 나의 제안이다. 나이가 들어가면서 감소하는 경향이 있는 유용한 특성에는 야망, 경쟁하려는 욕망, 체력과 인내심, 그리고 정신적 집중력을 유지하는 능력이 포함된다고 말할 수 있다. 반대로, 나이가 들어가면서 증가하는 경향이 있는 유용한 특성에는 자기 분야의 경험, 사람과 관계에 대한 이해, 자기 자아의 방해를 받지 않고 다른 사람을 도와주는 능력이 포함된다. 이러한 강점의 변화는 많은 나이 든 근로자들이 감독, 관리, 조언, 그리고 가르치기에 더 많은 양의 노력을 쏟도록 결정하게 한다.

[CHAPTER 01 어법 문제유형 정리]

21. 목적보어 자리의 to부정사/원형부정사/pp/형용사/ing

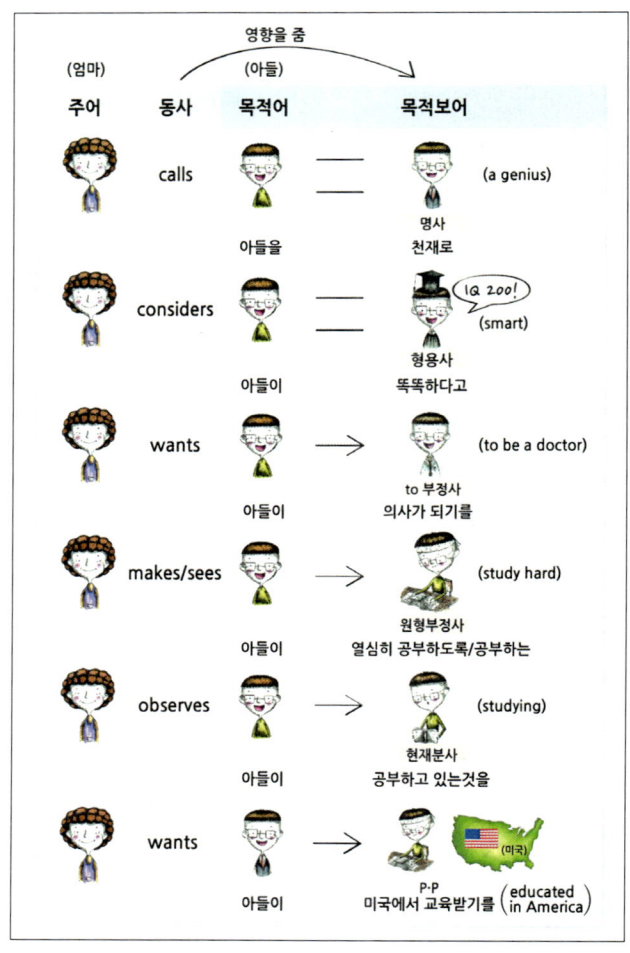

5형식의 구조를 엄마와 아들의 두 주체의 행위동작에 중점을 두고 이해하는 데 있어서 엄마와 아들의 관계는 엄마는 주어로 아들은 목적어로 이해한다.
주어인 엄마가 행하는 동작은 동사이고 목적어인 아들이 행하는 동작이나 상태는 목적보어이다.
엄마의 행위(동사)가 아들이 행하는 동작이나 상태(목적보어)를 지배하면서 밀접한 관계를 가지므로
엄마의 동작과 아들의 동작이나 상태와의 관계를 위 그림을 보고 잘 이해하길...

* 엄마가 어떤 행위를 할 때, 그에 따라 아들이 어떤 행위를 하거나 상태인지를 보면서 5형식 구조를 연상하라.

1. 5형식 구조의 개념이해

5형식이란 다음과 같이 두 문장을 하나로 합쳐 놓은 것과 같은 문장들이다. 즉, 한문장인 집에서 엄마의 행위는 주어와 동사로 아들의 행위는 목적어와 목적보어로 가정하고 이해하기바란다. 엄마의 행위인 동사는 아들의 행위인 목적보어에 절대적.인 영향을 준다.

1) 5형식 문장구조를 우리말의 구조를 통해 이해

  (엄마가 행한다) (아들이 행한다) → 엄마의 행위가 아들의 행위에 영향을 미침
   주어 + 동사   목적어 + 목적보어

우리는 부른다 / 그가 민수라고
나는 유지시킨다 / 그 문을 열어놓은 상태로
엄마는 시킨다 / 딸이 방을 청소하도록
우리는 원한다 / 우리의 미래가 더 나아지기를
나는 기대한다 / 그녀가 그 모임에 참가할 것을
나는 보았다 / 나의 아들이 공부하고 있는 것을
나는 시켰다 / 나의 머리가 깎이도록

2) 5형식의 예문을 통해(목적보어의 6가지의 품사를 기준으로)

We call / him Minsu. (우리는 부른다 / 그가 민수라고)
            (명사)
I keep / the window open. (나는 둔다 / 그 창문이 열려있는 상태로)
              (형용사)
She has / her daughter clean the room. (그녀는 시킨다 / 그녀의 딸이 그 방을 청소하도록)
                   (원형부정사)
We hear / her sing a song. (우리는 듣는다 / 그녀가 노래부르는 것을)
            (원형부정사)
I expect / her to attend the meeting. (나는 기대한다 / 그녀가 그 모임에 참석할 것을)
             (to부정사)
I saw / my son studying. (나는 보았다 / 나의 아들이 공부하는 것을)
            (현재분사)
I had / my hair cut. (나는 시켰다 / 나의 머리가 깎이도록)
           (pp의 과거분사)

3) 5형식 문장구조의 용어 이해

여기서 주어 + 동사는 하나의 묶음이고 목적어와 목적보어가 또 하나의 묶음이다. 즉 한집이라는 한문장안에서 엄마(주어+동사)와 아들(목적어+목적보어)의 두주체가 각각 행하는 형태의

구조이다.

 We call / him Minsu. → 목적보어는 명사
(주어) (동사) / (목적어) (목적보어)

 I keep / the window open. → 목적보어는 형용사
(주어) (동사) / (목적어) (목적보어)

 She has / her daughter clean her room. → 목적보어는 원형동사
(주어) (사역동사)/ (목적어) (목적보어)

 We heard / her sing a song. → 목적보어는 원형동사
(주어) (지각동사) / (목적어) (목적보어)

 I expect / her to attend the meeting. → 목적보어는 to부정사
(주어) (동사) /(목적어) (목적보어)

 I saw / my son studying. → 목적보어는 현재분사
(주어)(지각동사)/ (목적어) (목적보어)

 I had / my hair cut. → 목적보어는 과거분사(PP)
(주어) (동사)/ (목적어) (목적보어)

4) 5형식 문장구조는 원래는 두 문장의 결합

여기서 5형식은 두 문장의 구조에서 왔다는 사실을 이해하자면, '주어 + 동사'는 그대로이지만 뒷문장의 '주어 + 동사'는 '목적어 + 목적보어'로 바뀐다.

 We call / him Minsu. → 우리는 부른다 / 그가 민수라고
(주어)(동사) (목적어)(명사: 목적보어)
 We call + He is Minsu. → 우리는 부른다 + 그는 민수이다
(주어) (동사) (주어) (술부)

 I keep / the window open. → 나는 둔다 / 그 창문이 열린 상태로
(주어)(동사) (목적어) (형용사: 목적보어)
 I keep + The window is open. → 나는 둔다 + 그 창문이 열려있다
(주어)(동사) (주어) (술부)

 She had / me clean the room. → 그녀는 하게 했다 /내가 그 방을 청소하도록
(주어)(동사) (목적어)(원형부정사: 목적보어)
 She had + I cleaned the room. → 그녀는 하게 했다 + 내가 그 방을 청소했다
(주어)(동사) (주어) (술부)

 We heard / her sing a song. → 우리는 들었다 / 그녀가 노래를 부르는 것을
(주어) (동사) (목적어) (원형부정사: 목적보어)
 We heard + She sang a song. → 우리는 들었다 + 그녀가 노래를 불렀다
(주어) (동사) (주어) (술부)

　　　　I expect / her to attend the meeting. → 나는 기대한다 / 그녀가 그 모임에 참석할 것을
　　(주어) (동사)　(목적어)　(to부정사: 목적보어)

　　　　I expect + She will attend the meeting. → 나는 기대한다 + 그녀는 그 모임에 참석할 것이다
　　(주어) (동사)　(주어)　　(술부)

　　　　I saw / my son studying. → 나는 보았다 / 나의 아들이 공부하고 있는 것을
　　(주어) (동사)　(목적어)　(현재분사: 목적보어)

　　　　I saw + My son was studying. → 나는 보았다 + 나의 아들이 공부하고 있는 중이다
　　(주어) (동사)　(주어)　　(술부)

　　　　I had / my car fixed. → 나는 시켰다 / 나의 차가 고쳐지도록
　　(주어) (동사)　(목적어)　(과거분사: 목적보어)

　　　　I had + my car was fixed. → 나는 시켰다 + 나의 차가 고쳐졌다
　　(주어) (동사)　(목적어)　(과거분사: 목적보어)

2. 5형식구조에서의 필수암기사항

목적보어는 동사와 밀접한 관련이 있으므로 목적보어와 어울리는 동사를 반드시 암기하기 바란다.

1) 동사 + 목적어 + to부정사

목적보어 자리에 to부정사가 오는 동사들은 반드시 암기를 해야 한다. 암기하는 방식은 나름대로 엄마가 아들을 공부시키기 위해서 노력하는 과정을 스토리 식으로 엮어보았다.

반드시 번호와 단어를 일치시켜 암기하도록.

(1) 엄마는 아들이 스스로 공부하기를 원함
　① want my son to study 아들이 공부할거라 원하고
　② expect my son to study 기대하고

(2) 약간의 강요조로 요구
　③ tell my son to study 아들이 공부하라고 말도 해주고
　④ ask my son to study　　　　요구도 하고
　⑤ require my son to study　　요구도 하며
　⑥ urge my son to study　　　촉구하고

(3) 강하게 강요하고
　⑦ force my son to study 아들이 공부하도록 강요하고
　⑧ get my son to study　　　　~ 시키고

⑨ <u>compel</u> my son to study   ~ 강요하고
⑩ <u>order</u> my son to study   ~ 명령하고
⑪ <u>warn</u> my son to study   ~ 경고도 하고
⑫ <u>cause</u> my son to study   ~ 하게 하고

(4) 다시 유화정책인 좋은 말로 설득
⑬ <u>allow</u> my son to play the game 아들이 게임도 하라고 허락해주고
⑭ <u>permit</u> my son to play the game   허락해주고
⑮ <u>invite</u> my son to play with his friends 친구들과 놀도록 권유도 하고
⑯ <u>enable</u> my son to play with his friends 친구들과 노는 것을 가능하게 하고
⑰ <u>persuade</u> my son to study   공부하도록 설득도 하고
⑱ <u>advise</u> my son to study   충고도 하고
⑲ <u>encourage</u> my son to study   용기도 주고
⑳ <u>teach</u> my son to study   가르쳐도 주고

2) 동사 + 목적어 + to 없는 원형부정사

가장 시험에 많이 나오는 구조로서 지각동사와 사역동사의 종류를 이해하고 이 동사들이 보이는 순간 목적보어 자리에 to가 없는 원형부정사를 생각하라.

to가 없다는 것은 목적보어의 행위가 그만큼 미래적인 성향이 약하다는 의미이다.

(1) 지각동사
① 보고 (see, watch) my teacher <u>explain</u> 선생님이 설명하는 것을 보다
② 듣고 (hear, listen to) my teacher <u>explain</u> 듣다
③ 느끼고 (feel) my heart <u>beat</u> violently 나의 심장이 몹시뛰는 것을 느끼고
④ 관찰하고 (observe) my teacher <u>explain</u> 나의 선생님이 설명하는 것을 관찰하고
⑤ 인식하고 (notice) someone <u>come in</u> 누군가 들어오는 것을 알아차리고

✤ 지각동사는 목적보어 자리에 to부정사가 올 수 없다. (지각이라는 즉시성에 의해 미래성의미 약화)

(2) 사역동사 (해버/렛/메이크)
have(시키다) students <u>calm down</u> 학생들이 조용히 하도록 시키다
let(허락하고) students <u>go home</u> 집으로 가도록 허락하다
make(시키다) students <u>sit down</u> 앉아 있도록 시키다

✤ 사역동사는 목적보어 자리에 to부정사가 올 수 없다. (미래적 의미의 약화)
✤ help동사는 목적보어 자리에 to부정사나 to 없는 원형부정사의 두 가지 모두 올 수 있다.

I helped him to lift his car. (O)
I helped him lift his car. (O)

3) 동사 + 목적어 + ing현재분사

아래 동사들이 주로 목적보어 자리에 ing현재분사가 오는 경우이며 동사의 종류를 반드시 암기하도록.

see him going home 그가 집으로 가는 것을 보다
keep me waiting for a long time 나를 오래 기다리도록 한다
leave the baby crying for a long time 아기를 울도록 내버려 두다
find the baby crying for a long time 아기가 울고 있는 것을 발견하다
catch the student cheating in an examination 학생이 부정행위하는 것을 발각해내다

4) 동사 + 목적어 + 형용사

아래동사들은 주로 목적보어 자리에 형용사가 오는 경우이며 부사가 올 수 없다는 점 주의하도록.

(1) keep + 목적어 + 형용사 keep the door open 문이 열려있도록 유지하다
(2) make + 목적어 + 형용사 make his son happy 그의 아들을 행복하도록 만들다
(3) find + 목적어 + 형용사 find the door open 문이 열려있는 것을 발견하다

5) 동사 + 목적어 + pp(과거분사)

이 경우는 동사와의 관계라기보다는 목적어와 목적보어의 관계이다. 목적어와 목적보어가 수동의 관계이면 목적보어 자리에는 pp인 과거분사가 온다.

I want the computer repaired by him. 나는 원한다 / 컴퓨터가 수리되기를
I want him to repair the computer.   / 그가 컴퓨터를 수리하기를
I expect the room cleaned by her. 나는 기대한다 / 그 방이 그녀에 의해 청소되기를
I expect her to clean the room.   / 그녀가 그방을 청소하기를

6) 동사 + 목적어 + 명사

여기서 목적어와 목적보어의 경우는 일반적으로 동격의 관계이다.

(1) elect + 목적어 + 명사
(2) call + 목적어 + 명사
    We elected him chairman. 우리는 그를 의장으로 선출했다.

CHAPTER 01 어법 문제유형 정리

We call him <u>Tom</u>. 우리는 그를 탐으로 부른다.
We consider him a coward. 우리는 그를 겁쟁이라고 생각한다.

* have + 목적어 + ~ing
　~을 ~상황으로 해두다/ 내버려두다/ 겪다

I will have you driving in two weeks.
2주일이면 네가 차를 운전하도록 해주겠다.
We had water dripping from the ceiling.
천장에서 물이 떨어지고 있었다.
She had us all laughing.
그녀는 우리 모두를 웃게 했다.

기본 문제 연습

1. My mother made me (clean / to clean) my room.
   나의 엄마는 내가 나의 방을 청소하도록 시켰다.
   ➲ 사역동사 made가 있으므로 목적보어 자리에는 원형부정사인 clean이 적절하다.

2. My mother had my room (clean / to clean / cleaned) by me.
   나의 엄마는 내 방이 청소되도록 시켰다.
   ➲ 나의 방이 청소된다는 의미의 목적어와 목적보어의 관계가 수동의 관계이면 동사에 관계없이 수동인 pp를 사용하므로 cleaned가 적절하다.

3. My mother had me (clean / to clean / cleaned) my room.
   나의 엄마는 내가 나의 방을 청소하도록 했다.
   ➲ 사역동사 had가 있으므로 목적보어 자리에는 원형부정사인 clean이 적절하다.

4. I had my picture (take / taken). 나는 나의 사진이 찍혀지도록 시켰다.
   ➲ 목적어(my picture)와 목적보어(taken)의 관계가 나의 사진이 찍혀지는 의미의 수동의 관계이므로 pp인 taken이 적절하다.

5. My mother let me (play / to play) a computer game.
   나의 엄마는 내가 컴퓨터 게임을 하도록 허락했다.
   ➲ let은 5형식에서 '허락하다'라는 사역동사이므로 원형부정사인 play가 적절하다.

6. I had my arm (broken / break). 나는 내 팔이 부러지는 것을 당했다.
   ➲ have(had)동사인 경우 주어가 시키는 것이 아니라 당하는 수동의 입장이라면 목적보어 자리에 pp인 broken이 적절하다. 해석은 '당하다'로 한다.

7. I saw her (play / to play) the piano. 나는 그녀가 피아노를 치는 것을 보았다.
   ➲ see(saw)는 지각동사로서 목적보어 자리에 동사원형인 play가 적절하다.

8. I heard my name (call / called) by her. 나는 그녀에 의해 나의 이름이 불리는 것을 들었다.
   ➲ 나의 이름이 불리다는 의미의 목적어와 목적보어의 관계가 수동의 관계이므로 called가 적절하다.

9. I want my son (to teach / teach) English. 나는 나의 아들이 영어를 가르치기를 원한다.
   ➲ want는 목적보어 자리에 to부정사를 받는다. 따라서 to teach가 적절하다.

10. I often tell my friends (shop / to shop) here. 나는 나의 친구들이 여기서 쇼핑할 것을 종종 말한다.
    ➲ tell은 목적보어 자리에 to부정사가 온다. 따라서 to shop이 적절하다.

CHAPTER 01 어법 문제유형 정리

11. I will ask her (marring / to marry) me. 나는 그녀에게 나와 결혼할 것을 요구할 것이다.
    ➲ ask는 목적보어 자리에 to부정사가 온다. 따라서 to marry가 적절하다. 이 경우 ask는 요청하다로 해석한다.

12. I couldn't get him (signed / to sign) the contract. 그가 계약서에 서명하도록 만들지(하지) 못했다.
    ➲ get은 목적보어 자리에 to부정사가 온다. 시키다라는 사역의 의미를 가지고 있지만 목적보어 자리에 to부정사가 온다. 따라서 to sign이 적절하다.

13. Can you get him (phoning / to phone) me at the office?
    제 사무실로 전화해 달라고 해 주시겠습니까?
    ➲ get은 목적보어 자리에 to부정사가 온다. 시키다라는 사역의 의미를 가지고 있지만 목적보어 자리에 to부정사가 온다. 따라서 to phone이 적절하다.

14. I will get him (accepted / to accept) your offer.
    나는 그가 당신의 제의를 받아들이도록 하겠다.
    ➲ get은 목적보어 자리에 to부정사가 온다. 따라서 to accept가 적절하다.

15. She compelled him (supporting / to support) the child after it was born.
    그녀는 아이가 태어난 후 그가 부양하도록 강요했다.
    ➲ compel은 목적보어 자리에 to부정사가 온다. 따라서 to support가 적절하다.

16. I ordered him (left / to leave) the room. 나는 그가 그 방을 떠나도록 명령했다.
    ➲ order은 목적보어 자리에 to부정사가 온다. 따라서 to leave가 적절하다.

17. He warns them (stay / to stay) away. 그는 그들이 가까이 접근하지 않도록 경고한다.
    ➲ warn은 목적보어 자리에 to부정사가 온다. 따라서 to stay가 적절하다.

18. His aging does not permit him (working / to work) anymore.
    그의 노화는 그가 더 이상 일하는 것을 허용하지 않는다.
    ➲ permit은 목적보어 자리에 to부정사가 온다. 따라서 to work가 적절하다.

19. She made her husband (happy / happily). 그녀는 그녀의 남편이 행복하도록 만들었다.
    ➲ make는 목적보어 자리에 형용사(happy)가 온다.

20. He kept the door (open / openly). 그는 그 문을 열어 놓았다.
    ➲ keep은 목적보어 자리에 형용사(open)가 온다.

21. I saw him (going / to go) home. 나는 그가 집으로 가는 것을 보았다.
    ➲ saw는 지각동사로서 목적보어 자리에 to부정사가 올 수 없고 위의 경우는 목적보어 자리에 ing현재

분사가 온다. 따라서 going이 적절하다.

22. I invited him (explain / to explain) why they are not good enough.
    나는 그에게 왜 그것들이 충분하지 않은지 설명해달라고 요청했다.
    ➲ invite는 목적보어 자리에 to부정사가 온다. 따라서 to explain이 적절하다.

23. His father taught him (reading / to read) and write.
    그의 아버지는 그가 읽고 쓰는 것을 가르쳤다.
    ➲ teach(taught)는 목적보어 자리에 to부정사가 온다. 따라서 to read가 적절하다.

24. I expect my son (teach / to teach) English. 나는 나의 아들이 영어를 가르칠 것을 기대한다.
    ➲ expect는 목적보어 자리에 to부정사가 온다. 따라서 to teach가 적절하다.

25. I saw him (go / to go) home. 나는 그가 집으로 가는 것을 보았다.
    ➲ see(saw)는 지각동사로서 목적보어 자리에 원형부정사가 온다. 따라서 go가 적절하다.

26. I require him (to work / working) hard. 나는 그가 열심히 일할 것을 요구한다.
    ➲ require는 목적보어 자리에 to부정사가 온다. 따라서 to work가 적절하다.

27. The things enable us (do / to do) it. 그 상황은 우리들이 그것을 하는 것을 가능하도록 한다.
    ➲ enable은 목적보어 자리에 to부정사가 온다. 따라서 to do가 적절하다.

28. This caused her (changed / to change) her mind. 이것이 그녀가 그녀의 마음을 바꾸도록 했다.
    ➲ cause는 목적보어 자리에 to부정사가 온다. 따라서 to change가 적절하다.

29. I advised him (accept / to accept) the offer. 나는 그가 그 제의를 받아들이도록 충고했다.
    ➲ advise는 목적보어 자리에 to부정사가 온다. 따라서 to accept가 적절하다.

30. They persuaded us (go / to go) there. 그들은 우리들이 그곳에 가도록 설득했다.
    ➲ persuade는 목적보어 자리에 to부정사가 온다. 따라서 to go가 적절하다.

31. He forced me (to study / study) harder. 그는 내가 더 열심히 공부하도록 강요했다.
    ➲ force는 목적보어 자리에 to부정사가 온다. 따라서 to study가 적절하다.

32. My father made me (happy / happily). 나의 아버지는 나를 행복하도록 만들었다.
    ➲ make(made)는 5형식에서 목적보어 자리에 부사가 올 수 없고 형용사(happy)가 적절하다.

33. I will encourage those who do their best (to succeed / succeeding).
    나는 최선을 다하는 사람이 성공하도록 용기를 줄 것이다.

CHAPTER 01 어법 문제유형 정리

⊃ encourage는 목적보어 자리에 to부정사가 온다. 따라서 to succeed가 적절하다.

34. He allowed the woman who had to take care of her baby (to spend / spending) two month's holiday.
    그는 아기를 돌보아야 하는 그 여자가 두 달 간의 휴가를 가지도록 허락했다.
    ⊃ allowed는 목적보어 자리에 to부정사가 온다. 따라서 to spend가 적절하다.

35. My friend helped me (to do / doing) my homework.
    나의 친구는 내가 나의 숙제를 하는 것을 도왔다.
    ⊃ help는 목적보어 자리에 to부정사이든, to 없는 원형부정사이든 모두 올 수 있다. 따라서 여기서는 to do가 적절하다.

36. He kept me (to await / waiting) for a long time. 그는 오랫동안 나를 계속 기다렸다.
    ⊃ keep은 여기서는 계속 ~하게 한다는 의미로서 목적보어 자리에 ing현재분사가 온다. 따라서 waiting이 적절하다.

37. She left the baby (cry / crying) for long time. 그녀는 아기가 오랫동안 울도록 내버려두었다.
    ⊃ 여기서는 아기가 울도록 내버려 두다라는 의미로서 leave (left)는 여기서는 목적보어 자리에 ing현재분사가 온다. 따라서 crying이 적절하다.

38. She found the baby (cried / crying) in the room. 그녀는 아기가 방에서 울고 있는 것을 발견했다.
    ⊃ 아기가 울고 있는 것을 발견했다라는 의미로서 find (found)는 여기서는 목적보어 자리에 ing현재분사가 온다. 따라서 crying이 적절하다.

39. The teacher caught the student (to cheat / cheating) in an examination.
    그 선생님은 그 학생이 시험에서 부정행위하는 것을 적발했다.
    ⊃ 학생이 부정행위를 하는 것을 적발했다라는 의미로서 catch (caught)는 목적보어 자리에 ing현재분사가 온다. 따라서 cheating이 적절하다.

40. Some people wait until they are ill to make an attempt (to restore / restore) their health.
    어떤 사람들은 몸이 아파서 그들의 건강을 회복하기 위한 어떤 시도를 할 때까지 기다리기도 한다.
    ⊃ 여기서 make는 5형식의 사역동사로서의 역할을 하는 것이 아니라 3형식의 타동사 역할을 하므로 사역동사가 부수적으로 가져오는 원형부정사를 동반하는 것이 아니라 단순히 '~하기 위한'의 to부정사의 형용사적 용법으로 사용된 to restore가 적절하다.

41. I had my hat (blowing / blown) off. 바람에 모자를 날려 버렸다.
    ⊃ 이 경우 had는 목적어가 목적보어 행위되어짐을 당하다라는 의미로 목적어와 목적보어가 수동의 관계에 있다. 따라서 여기서는 blown의 과거분사가 적절하다.

42. He let his computer (be used / using).
    그는 그의 컴퓨터를 사용하게 했다.
    ➲ 동사와의 관계에서보다는 목적어와의 관계에서 보아야 하기 때문에 컴퓨터가 사용된다는 의미이므로 pp인 be used가 적절하다. 그리고 let은 수동관계일 때에는 be pp의 형태로 사용된다.

기출 문제 연습

1. Collect 100 amazing artists in a room and have them (to draw / draw) the same chair. (모의)
   100명의 대단한 예술가들을 한 방에 불러 똑같은 의자를 그리도록 시켜보아라.
   ➲ 목적보어 자리에 to부정사를 받는지 아니면 to 없는 원형부정사를 받는지는 앞쪽에 지각/ 사역동사가 있는 지를 확인하라. 여기서는 have라는 사역동사가 있으므로 to 없는 원형부정사가 적절하다. 따라서 draw가 적절하다.

2. I enjoyed the ride home and watched my fellow passengers (to get off / get off) at their stops. (모의)
   나는 버스를 타고 집까지 가는 것을 즐겼고, 승객들이 정류장에서 내리는 것을 지켜보았다.
   ➲ watch는 지각동사로서 목적보어 자리에 to 없는 원형부정사를 사용하므로 get off가 적절하다.

3. I didn't want anyone (to know / know) that I'm your son. (모의)
   나는 다른 사람이 제가 아빠 아들이라는 것을 알기를 원하지 않았다.
   ➲ want는 목적보어 자리에 to부정사를 받는 동사이므로 to know가 적절하다.

4. That causes many boats and ships (crash / to crash) onto the rock. (모의)
   그것은 많은 소형 배와 큰 선박들이 그 바위에 충돌하게 만든다.
   ➲ cause라는 동사는 목적보어 자리에 to부정사를 받는다. 따라서 여기서는 to crash가 적절하다.

5. This, researchers say, can teach us (being / to be) self-improving. (모의)
   연구자들은 이것이 우리가 스스로 발전할 수 있도록 가르칠 수 있다고 말한다.
   ➲ teach동사는 목적보어 자리에 to부정사를 받는 동사이므로 여기서는 to be가 적절하다.

6. The Safety Board is working to make cellphone use from talking hands-free to texting (illegal / illegally) in all states. (모의)
   안전위원회에서는 모든 주에서 핸즈프리로 대화하는 것부터 문자보내기에 이르기까지 휴대폰 사용을 불법으로 하려고 추진 중이다.
   ➲ 5형식구조에서 타동사 make동사는 목적보어 자리에 부사가 올 수 없고 형용사가 와야 하므로 따라서 여기서는 형용사인 illegal이 적절하다.

CHAPTER 01 어법 문제유형 정리

7. Never raise your voice to make yourself (understand / understood). (모의)
   당신이 당신자신을 다른 사람에게 이해시키려고 당신의 목소리를 높여서는 절대 안 된다.
   ➲ 뒤에 목적어가 없고 너 자신이 이해되어지게 한다는 의미이므로 목적어(yourself)와 목적보어 (understood)의 관계가 수동의 관계이므로 understood가 적절하다.

8. Feathers help to keep a bird (warm / warmly) by trapping heat produced by the body close to the surface of the skin. (모의)
   깃털은 피부 표면에서 생긴 열을 가두어 새를 따뜻하게 해 준다.
   ➲ 5형식 구조로서 keep동사는 ~를 ~한 상태로 유지시킨다는 의미에서 형용사를 목적보어로 받으므로 따라서 여기서는 warm이 적절하다.

9. Keep your heart (open / openly) to accept the best in everyone. (모의)
   모든 사람들이 지니고 있는 최고의 것을 받아들일 수 있도록 마음을 열어 두어라.
   ➲ keep 동사의 목적보어 자리에는 부사가 올 수 없고 형용사가 온다. 따라서 정답은 open이 적절하다. 마음이 열린 상태로/열린 마음의 상태로 유지하라는 의미이다. 이 경우 open은 형용사이다.

10. We always try our best to make your shopping visits (enjoyable / enjoyablely). (모의응용)
    우리는 여러분의 쇼핑방문이 즐겁도록 해드리기 위해 항상 최선을 다하고 있습니다.
    ➲ 여기서의 make는 5형식동사로서 '~를 ~한 상태로 만들다'라는 의미로서 목적보어 자리에 부사가 올 수 없고 형용사가 온다. 따라서 enjoyable이 적절하다.

11. He always finds every game (exciting / funnily). (모의)
    그는 항상 모든 경기가 흥미롭다는 것을 안다.
    ➲ 5형식구조에서는 목적보어 자리에 부사가 올 수 없고 형용사가 온다. 따라서 여기서는 exciting이 적절하다.

12. Eating those delicious foods together is the way we make relationships (strongly / strong). (모의응용)
    그 맛있는 음식들을 함께 먹는 것이 우리가 사람과의 관계를 끈끈하게 만드는 방식이다.
    ➲ 목적보어 자리에는 부사가 올 수 없고 형용사가 온다. 따라서 여기서는 형용사인 strong이 적절하다.

13. One way to make a pursuer (work / to work) harder is to zigzag. (모의응용)
    추격자를 더 힘들게 하는 한 가지 방법은 갈지자로 움직이는 것이다.
    ➲ 앞에 사역동사가(make)가 있으므로 목적보어 자리에는 동사원형인 work가 적절하다.

14. The increased flexibility from yoga will lengthen your running stride, allowing you (to run / running) smoother and faster. (모의응용)
    요가로 향상된 유연성은 당신의 달리기 보폭을 늘여 줄 것이고, 당신이 좀 더 부드럽고 빠르게 달릴 수 있도록 해 준다.
⊃ allow 동사는 여기서는 5형식 동사로서 목적보어 자리에 to부정사를 받으므로 to run이 적절하다.

15. Ethical decision making requires us (look / to look) beyond the immediate moment and beyond personal needs. (모의응용)
윤리적 의사결정은 우리에게 당장의 순간과 개인적인 필요를 넘어서 바라보도록 요구한다.
⊃ require동사는 5형식일 때 목적보어 자리에 to부정사가 온다. 따라서 to look이 적절하다.

16. Never ever let yourself (to get / get) thirsty because you are making your brain shrink, become restless and forgetful. (모의응용)
결코 갈증이 나도록 내버려두지 마라. 왜냐하면 당신이 뇌를 수축하게 만들고 불안해지고 잘 잊어버리게 되기 때문이다.
⊃ let의 사역동사가 있으므로 여기서는 목적보어 자리에 get의 원형부정사가 적절하다.

17. We often let emotion (affect / to affect) our judgement. (모의응용)
우리는 감정이 우리의 판단에 영향을 미치게 한다.
⊃ let은 사역동사로서 to 없는 원형부정사를 목적어로 받는다. 따라서, to 없는 원형부정사인 affect가 적절하다.

마무리하고 넘어가기!

- 5형식에서는 동사와 목적보어는 불가분의 관계에 있다. 동사의 종류에 따라 목적보어에 오는 구조가 결정된다. 만약 동사가 지각, 사역동사라면 목적보어 자리에 to 없는 원형부정사가 온다. 동사가 make, keep 등인 경우 목적보어 자리에 형용사가 오는 경우도 있다. 그리고 to가 오는 동사들은 반드시 암기하길 바란다.

CHAPTER 01 어법 문제유형 정리

스스로 어법문제 만들어가기

1. Dinner and a movie can **make** you **spend** all your allowance. But wise daters can still have a wonderful time with less money. Here are some inexpensive ways to release your inner Cupid. Prepare a meal together. It will be more memorable for having created it as a team. (2009.09 고1 모의고사)
    - ➲ 사역동사인 make는 5형식구조에서 목적보어 자리에 to 없는 원형부정사인 동사원형이 온다. to부정사가 올 수 없다. 따라서 여기서는 목적보어 자리에 원형부정사인 spend가 왔다.

    저녁 먹고 영화를 보느라 당신의 용돈을 소진할 수도 있다. 하지만 현명한 연인들이라면 적은 돈으로도 여전히 멋진 시간을 보낼 수 있다. 여기에 당신의 사랑을 표시할 수 있는 저렴한 방법들이 있다. 식사를 함께 준비하라. 팀으로 식사를 준비한 것이 더 나은 추억이 될 것이다.

2. Some people **see** something **happen** in a dream and then experience the same thing later in real life. Immediately after the Titanic sank in the Atlantic Ocean, there were at least two dozen reports of people who canceled their trip because of predictive dreams they had about the sinking. No one knows how many had the same warning and ignored it, going to a death they could have avoided. (2009.06 고1 모의고사)
    - ➲ 지각동사인 see는 5형식구조에서 목적보어 자리에 to 없는 원형부정사인 동사원형이 온다. to부정사가 올 수 없다. 따라서 여기서는 목적보어 자리에 원형부정사인 happen이 왔다.

    몇몇 사람들은 꿈속에서 어떤 일이 일어나는 것을 본 후에 나중에 현실 속에서 똑같은 일이 일어나는 것을 경험한다. 대서양에서 Titanic호가 침몰한 직후, 최소한 20여 명 가량의 사람들이 침몰에 대해 예언하는 꿈을 꾸었기 때문에 여행을 취소했다고 말했다. 얼마나 많은 사람들이 피할 수도 있었을 죽음을 향해 가면서 똑같은 경고를 받고도 그것을 무시했는지는 아무도 모른다.

3. When humans encounter a dangerous circumstance, their breathing becomes faster, their heart rate increases, and their throat and nose muscles open up to **allow** more air **to get** to the lungs. This physical reaction prepares the body either to fight the danger or to escape it. (2013.09 고1 모의고사)
    - ➲ allow동사는 5형식구조에서 목적보어 자리에 to부정사가 온다. 따라서 여기서는 allow 동사 뒤 목적보어 자리에 to부정사인 to get이 왔다.

    인간이 위험한 상황에 처하면 호흡이 빨라지고 심장박동수가 증가하고 목과 코의 근육이 확장되어 더 많은 공기가 폐로 들어가게 된다. 이러한 신체적 반응은 몸이 위험과 싸우거나 그것을 피하도록 준비시킨다.

4. Paul was an old man who lived under a bridge in the streets of Paris. He begged for money to **keep** himself **warm** and fed, and he liked his carefree life. (2009.09 고1 모의고사)
    - ➲ keep동사는 5형식구조에서는 목적보어 자리에 부사는 올 수가 없고 형용사는 올 수 있다. 따라서 여기서는 목적보어 자리에 형용사인 warm이 왔다.

    Paul은 Paris 거리의 다리 아래에서 사는 노인이었다. 그는 몸을 따뜻하게 하고 먹을 것을 해결하기 위해 돈을 구걸하였다. 그는 자신의 근심 없는 삶을 즐겼다.

5. Compared to past generations, we are quite well off. In the past fifty years, the average buying power has more than tripled. We own a lot of electronic devices that are designed to **make** our lives **easier**, but still, as sociologists are eager to point out, there is no end to the list of things to do in our daily lives. (2014.03 고2 모의고사)
   ➲ 5형식구조에서 make동사의 목적보어 자리에는 부사가 올 수 없고 형용사는 올 수 있다. 여기서는 형용사의 비교급인 easier이 온 경우다.

   과거 세대와 비교해 볼 때, 우리는 꽤 유복하다. 지난 50년 동안 평균 구매력은 세 배 이상 증가했다. 우리는 생활을 더 쉽게 해줄 목적으로 고안 된 많은 전자기기들을 소유하고 있지만, 사회학자들이 열심히 지적 하듯이, 여전히 우리의 일상생활에서 해야 할 일들의 목록은 끝이 없다.

◆ 영단어 공부에 관해 한마디

일단, 시중에서 가장 많이 팔리는 단어집을 한 권 구입한다.

그리고
이 단어집 한 권만을 반복하고 또 반복해서
적어도 3일에 한 번씩 전체를 훑어 볼 수 있을 정도로 숙달한다.

그리고 나서
반드시 3일에 한 번씩은 처음부터 끝까지 반복해준다.

이렇게 회독 수를 적어도 30번은 넘겨라.
그러면 영어에 대한 노출 시간이 많아지면서 자연스레 영어의 감이 생겨난다.
그 외 학습하면서 모르는 단어가 나오면 이 책의 여백에 추가하면서 포함시켜라.

나만의 훌륭한 단어집, 나의 소중한 자산의 일부가 될 것이다.

영단어는 많이 접함으로써 '지식'을 뛰어넘어 '감'이 생겨난다.
여러분의 영어 실력이 정체되어 있거나 방법을 모른다면 먼저 이것부터 시도해 보라!
이 전략으로 각종 영어 시험에서 성공하는 경우를 많이 보아 왔기에….

22. 절의 종류 결정자인 관계사/접속사/what/의문사절의 구별

분류	명사 유/무	종류	완전문/불완전문	
하류층	명사(X)	What (관계대명사)	불완전문	앞에 명사없고 뒤에는 불완전문 /그래서 하류층
중산층	명사(O)	that (관계대명사)	불완전문	앞에 명사있고 뒤에는 불완전문 /그래서 중산층
	명사(X) (주로 동사)	that (접속사)	완전문	앞에 명사없고 뒤에는 완전문
	명사(O)	which (관계대명사)	불완전문	앞에 명사있고 뒤에는 불완전문
상류층	명사(O)	whose (관계대명사)	완전문	앞에 명사있고 뒤에는 완전문 /그래서 상류층
	명사(O)	in which (전치사+관계대명사)	완전문	앞에 명사있고 뒤에는 완전문
	명사(O)	when (관계부사)	완전문	앞에 명사있고 뒤에는 완전문
	명사(O)	where (관계부사)	완전문	앞에 명사있고 뒤에는 완전문
	추상명사(O)	that (동격의 that)	완전문	앞에 명사있고 뒤에는 완전문
의심스러운층 (의문사) 의문사가 해석이 됨	명사(X)	which ('어느 것' 이란 의문사) who ('누구' 라는 의문사) what ('무엇' 이라는 의문사)	불완전문	앞에 명사없고 뒤에는 불완전문
	명사(X)	where ('어디에서' 의문사) when ('언제' 라는 의문사) why ('왜' 라는 의문사) how ('어떻게' 라는 의문사)	완전문	앞에 명사없고 뒤에는 완전문 의문사가 해석이 됨 간접의문문이라 함
계속되는층 ,~	,(컴머)	who (그리고 그는: 계속적인 관계대명사) whom (그리고 그를: 계속적인 관계대명사) which (그리고 그것은/ 그리고 그것을: 계속적인 관계대명사)	불완전문	앞에 컴머있고 뒤에는 불완전문
		where (그리고 그 곳에서: 관계부사) when (그리고 그때: 관계부사)	완전문	앞에 컴머있고 뒤에는 완전문

자산이 되는 부분을
앞부분은 명사의 유/무, 뒷부분은 완전문/불완전문의 두 가지 경우를 설정해놓고
이 두 가지를 전제로 명사를 가지면서 완전문이면 상류층, 이 중 하나만 가지면 중산층, 어느 하나도 없으면 하류층이라는 기준으로 계층구조를 구성해보았다.
어떻게 이러한 접속사들의 쓰임과 구조를 이해할 수 있을까에 대한 많은 고민의 산물로 나름대로 독창성을 가지고 이 도표를 만들어 보았다.

* 빈부격차나 계층구조라는 말을 접할 때마다 접속사류의 계층구조를 연상하라.

이 단원은 복잡하지만 나름대로 공식처럼 체계화를 시도해 보았다. 즉 앞에는 '명사가 있고 없고'와 뒤에는 '완전문과 불완전문'의 형태를 기준으로 구별방식을 구성해보았다.

◆ **불완전문의 예**

※ 완전문/불완전문의 기준은 주어나 목적어 혹은 보어 중에서 하나가 없는 경우 불완전문이라고 한다.

(주어) is kind. → 주어가 없으므로 불완전문
Tom loves (목적어). → 타동사의 목적어가 없으므로 불완전문
Tom is (보어). → 보어가 없으므로 불완전문
Tom thinks about (목적어). → 전치사의 목적어가 없으므로 불완전문

1. 명칭을 기준으로 구별

1) 관계대명사는 관계대명사를 기준으로 앞에 선행사인 명사가 오고 뒤에는 주어나 목적어가 빠진 불완전문이 온다.

   the book which I read (목적어 ×) 내가 읽었던 책
   the friend whom I met (목적어 ×) 내가 만났던 친구
   the man who (주어 ×) helps the poor 가난한 사람들을 돕는 그 남자

2) 관계부사는 관계부사를 기준으로 앞에 선행사인 명사가 오고 뒤에는 완전문이 온다.

   the house where I live (완전문) 내가 살고 있는 집
   the day when I first met her (완전문) 내가 처음 그녀를 만났던 그날

3) what은 what을 기준으로 앞에는 선행사인 명사가 없고 뒤에는 불완전문이 온다.

   (주어 ×) what she said (목적어 ×) 그가 말했던 것
   (주어 ×) what I expected (목적어 ×) 내가 기대했던 것

4) '전치사 + 관계대명사'를 기준으로 앞에 선행사인 명사가 오고 뒤에는 완전문이 온다.

   a house in which I live (완전문) 내가 살고 있는 집
   a friend with whom I played (완전문) 내가 놀았던 친구

5) 동격의 that접속사를 기준으로 앞에 추상명사가 오고 뒤에는 완전문이 온다.

a rumor <u>that</u> Tom loves her (완전문) 탐이 그녀를 사랑한다는 소문
the possibility <u>that</u> he will pass the exam (완전문) 그가 시험에 합격할 가능성

6) 간접의문문의 의문접속사일 때에는

(1) 의문사가 의문대명사(whom/who/which/what)일 때에는 의문대명사를 기준으로 앞에 명사가 없고 뒤에 불완전문이 온다.

know <u>who</u> he is (보어 ×) 그가 누구인지를 알다
don't know <u>which</u> is his book (주어 ×) 어느 것이 그의 책인지 알지 못한다
asked <u>what</u> he bought (목적어 ×) 그가 무엇을 샀는지를 물었다

(2) 의문사가 의문부사(where/ when/ how/ why)일 경우에는 의문부사를 기준으로 앞에 명사가 없고 뒤에 완전문이 온다.

don't know <u>where</u> he lives (완전문) 그가 어디에 살고 있는지를 모른다
don't know <u>when</u> he lived here (완전문) 그가 언제 여기에 살았는지를 모른다
don't know <u>how</u> he solved the problem (완전문) 그가 그 문제를 어떻게 풀었는지를 모른다

2. 명사 유무와 완전문, 불완전문을 기준으로 하류층, 중산층, 상류층의 구별

앞에 명사를 가지지 못하고 뒤에 불완전문인 경우 → 하나도 가지지 못한 하류층
앞에 명사를 가지고 뒤에 불완전문인 경우 → 하나만 가진 중산층
앞에 명사를 가지지 못하고 뒤에 완전문인 경우 → 하나만 가진 중산층
앞에 명사를 가지고 뒤에 완전문인 경우 → 둘 다를 가진 상류층

1) 하류층: 명사(×) + what + 불완전문 → 둘 다를 가지지 못했으므로

2) 중산층: 명사(O) + that(관계대명사) + 불완전문 → 둘 중 하나는 가짐
   명사(×) + that(접속사) + 완전문 → 둘 중 하나는 가짐

3) 상류층: 명사(O) + where/when/how/why + 완전문 → 둘 다를 가지고 있음
   명사(O) + 전치사 + which + 완전문 → 둘 다를 가지고 있음
   추상명사(O) + that + 완전문 → 둘 다를 가지고 있음

4) 의문의 층: 명사(×) + 의문접속사인 의문대명사: who, whom, which, what + 불완전문
명사(×) + 의문접속사인 의문부사: when, where, why, how + 완전문

5) 계속적인 관계대명사절(who, whom, which) + 불완전문 (명사는 항상 불완전문과 친구)
계속적인 관계부사절(when, where) + 완전문 (부사는 항상 완전문과 친구)

3. 각각의 품사를 기준으로 이해

1) what

관계대명사/ 의문대명사로서 앞에 명사가 없고 뒤에는 불완전문이 온다.

This is <u>what</u> he bought. 이것이 그가 샀던 것이다.
<u>What</u> made her angry was his lie. 그녀를 화나게 만들었던 것은 그의 거짓말이었다.
<u>What</u> he did is unknown. 그가 무엇을 했는지는 알려져 있지 않다.

2) that

관계대명사로서 앞에 명사가 있고 뒤에는 불완전문이 온다.

a book <u>that</u> I read 내가 읽었던 책
the book <u>that</u> is on the desk 책상 위에 있는 책

3) that

접속사로서 앞에 명사가 없고 뒤에는 완전문이 온다.

know <u>that</u> he is honest 그가 정직하다는 사실을 안다
think <u>that</u> she loves me 그녀가 나를 사랑한다고 생각한다

4) that

동격의 that접속사로서 앞에 추상명사가 있고 뒤에는 완전문이 온다.

the possibility <u>that</u> he will pass the exam 그가 그 시험에 합격할 것이라는 가능성

5) which

관계대명사로서 앞에 명사가 있고 뒤에는 불완전문

a car <u>which</u> I drive 내가 운전하는 차

the letter which was written in English 영어로 쓰여진 그 편지

6) in/on which(전치사 + 관계대명사), with whom (전치사 + 관계대명사)

'전치사 + 관계대명사'로서 앞에 명사가 있고 뒤에는 완전문이 온다.

the house in which I live 내가 살고 있는 집
the chair on which I sit 내가 앉는 의자
the friend with whom I played 내가 함께 놀았던 친구

7) where/ when

관계부사로서 앞에 명사가 있고 뒤에는 완전문

the house where I live 내가 살고 있는 집
the Sunday when I first met her 내가 그녀를 처음 만났던 일요일

8) 의문사절

앞에는 명사가 없고 뒤에는 '의문사 + 주어 + 동사' 어순의 간접의문문의 의문사절

know what he did 그가 무엇을 했는지를 안다
⇒ what은 관계대명사 혹은 의문대명사이므로 명사가 차지하는 부분을 빼면 뒤에는 불완전
 * don't know who visited me (who의 의문사 자체가 주어) 누가 나를 방문했는지를 모른다.
⇒ who는 의문대명사이므로 대명사가 차지하는 부분을 빼면 뒤에는 불완전

know when he visited me 언제 그가 나를 방문했는지를 안다
⇒ when은 의문부사이므로 부사는 빠지더라도 뒤에는 완전문
kncow where he lives 그가 어디에 살고 있는지를 안다
⇒ where은 의문부사이므로 뒤에는 완전문
know how he succeeded 그가 어떻게 성공했는지를 안다
⇒ how는 의문부사이므로 뒤에는 완전문
know who he is 그가 누구인지를 안다.
⇒ who는 의문대명사이므로 뒤에는 불완전문
wonder which teams can advance to the final. 어느 팀들이 결승전에 나갈지를 궁금히 여기다.
⇒ which teams는 덩어리의문대명사(which 자체는 의문 형용사)이므로 뒤에는 불완전문

9) whose

whose가 '의'란 의미를 가지고 있으며 앞에는 명사가 있고 바로 뒤에도 명사가 있는 완전문의 형태

I met a woman <u>whose</u> daughter is a lawyer. 나는 딸이 변호사인 여자를 만났다.
➲ whose 뒤는 완전문 (daughter is a lawyer)
I have a book <u>whose</u> cover is black. 나는 표지가 검은 책 한 권을 가지고 있다
➲ whose 뒤는 완전문 (cover is black)

10) , who/, whom /, which

콤마(,) 다음의 관계대명사절 뒤에는 항상 불완전문이 온다.

, who is my friend 그리고, 그는 나의 친구이다.
, whom I respect 그리고, 나는 그분을 존경한다.
, which made me happy 그리고, 그것이 나를 행복하도록 만들었다.
, which I bought 그리고, 나는 그것을 샀다.

11) , where/, when

콤마(,) 다음의 관계부사인 where, when 뒤에는 항상 완전문이 온다.

, where I lived for two years 그리고 그곳에서, 나는 2년 동안 살았다.
, when we loved each other 그리고 그때, 우리는 서로를 사랑했다.

각 절 총정리

1. 명사절

명사절의 종류는 that절, 의문사절, if/whether절/ what절/ 복합관계대명사절로 나눌 수 있으며 그 절 자체는 단수 취급한다.

절이 명사의 역할을 한다. 주로 '지'나 '것'으로 끝나는 의미를 가지고 있다.

종류	예문	의미
1. that + 주어 + 동사	that he is a student	그가 학생이라는 사실/것
2. if/whether + 주어 + 동사	whether he is a student	그가 학생인지 아닌지
3. what + 주어 + 동사	what he studies	그가 무엇을 공부하는지
4. what + 동사	what makes him study	무엇이 그를 공부하도록 만드는지
5. who + 주어 + 동사	who he teaches	그가 누구를 가르치는지
6. who + 동사	who makes him study	누가 그를 공부하도록 만드는지
7. where + 주어 + 동사	where he studies	그가 어디에서 공부하는지
8. when + 주어 + 동사	when he studies	그가 언제 공부하는지
9. why + 주어 + 동사	why he studies	그가 왜 공부하는지
10. how + 주어 + 동사	how he studies	그가 어떻게 공부하는지
11. 의문사ever + 주어 + 동사	whatever he chooses	그가 무엇을 선택하든지

2. 형용사절

절이 앞의 명사를 수식하는 구조로서 수식받는 명사는 선행사이며 수식하는 절은 명사를 수식하므로 형용사절이라 한다. 이해의 편의를 위해 선행사인 명사를 '본체', 명사를 수식하는 관계사절을 '그림자절'이라고 설정하자. '그림자절'은 '관계사절'이며 '형용사절'이다.

종류	예문	의미
1. <u>사람</u> who + 동사 (선행사) (주격관계대명사절인 형용사절) 　본체　　　그림자절	<u>the man</u> who loves me (선행사) (주격관계대명사절인 형용사절) 　본체　　그림자절	나를 사랑하는 그 남자 　(그림자절)　(본체)
2. <u>사람</u> whom + 주어 + 동사 (선행사) (목적격관계대명사절인 형용사절) 　본체　　　그림자절	<u>the man</u> whom I love (선행사) (목적격관계대명사절인 형용사절) 　본체　　그림자절	내가 사랑하는 그 남자 　(그림자절)　(본체)

종류	예문	의미
3. 사람 whose + 주어 + 동사 (선행사) (소유격관계대명사절인 형용사절) 본체 그림자절	the man whose son is my friend (선행사) (소유격관계대명사절인 형용사절) 본체 그림자절	아들이 내 친구인 <u>그 남자</u> (그림자절) (본체)
3. 사물 which + 동사 (선행사) (주격관계대명사절인 형용사절) 본체 그림자절	the book which is interesting (선행사) (주격관계대명사절인 형용사절) 본체 그림자절	<u>재미있는</u> 책 (그림자절) (본체)
4. 사물 which + 주어 + 동사 (선행사) (목적격관계대명사절인 형용사절) 본체 그림자절	the book which I read (선행사) (목적격관계대명사절인 형용사절) 본체 그림자절	<u>내가 읽은</u> 책 (그림자절) (본체)
5. 사물 whose + 주어 + 동사 (선행사) (소유격관계대명사절인 형용사절) 본체 그림자절	the book whose cover is black (선행사)(소유격관계대명사절인 형용사절) 본체 그림자절	<u>표지가 검은</u> 책 (그림자절) (본체)
6. what +동사 (보여지는 모습) = the thing(s) which(that)+동사 (숨겨져 있는 모습: 형용사절)	what matter(s) =the thing(s) which matter(s)	중요한 것(들)
7.what +주어+동사 (보여지는 모습) =the thing(s) which(that)+주어+동사 (숨겨져 있는 모습: 형용사절)	what he said =the thing(s) which he said	<u>그가 말했던</u> 것(들)
8. 장소 where + 주어 + 동사 (선행사) (관계부사절인 형용사절) 본체 그림자절	the classroom where we study (선행사) (관계부사절인 형용사절) 본체 그림자절	우리들이 공부하는 <u>교실</u> (그림자절) (본체)
9. 시간명사 when + 주어 + 동사 (선행사) (관계부사절인 형용사절) 본체 그림자절	the time when we study (선행사) (관계부사절인 형용사절) 본체 그림자절	우리들이 공부하는 <u>시간</u> (그림자절) (본체)
10. the reason why+ 주어 + 동사 (선행사) (관계부사절인 형용사절) 본체 그림자절	the reason why we study (선행사) (관계부사절인 형용사절) 본체 그림자절	우리들이 공부하는 <u>이유</u> (그림자절) (본체)
11. the way (how)+ 주어 + 동사 (선행사) (관계부사절인 형용사절) 본체 그림자절	(the way) (how) we study (선행사) (관계부사절인 형용사절) 본체 그림자절	우리들이 공부하는 <u>방법</u> (그림자절) (본체)

앞의 본체를 뒤의 그림자절이 꾸며준다고 생각하면서 이해를 한다.

3. 부사절

시간, 이유, 조건, 양보, 결과, 목적의 의미를 가지고 있으면서 부사절을 이끄는 접속사의 형태들이다. 절이 부사 역할을 한다는 의미이다.

이 부사절을 이끄는 접속사 뒤에는 완전한 문이다.

종류		예문
시간	1. when (때)	When it rains, I usually stay at home. (비가 올 때엔 나는 대개 집에 있다.)
	2. while (동안)	While I was reading, I fell asleep. (나는 독서하는 동안에 잠들어 버렸다.)
	3. as soon as (하자마자)	As soon as he saw me, he ran away. (그가 나를 보자마자 그는 도망갔다.)
	4. as (때)	She came up as I was speaking. (내가 이야기하고 있을 때 그녀가 왔다.)
	5. before (전에)	I got up before the sun rose. (해가 뜨기 전에 나는 일어났다.)
	6. after (후에)	I will go after I finish my homework. (나는 나의 숙제를 끝낸 후에 갈 것이다.)
	7. until (까지)	We did not start until the rain stopped. (비가 그칠 때까지 우리는 출발하지 않았다)
	8. since (이후로)	He has lived here since he was ten years old. (그는 열 살때 이후로 여기서 살아오고 있다)
이유	9. because (때문에)	I passed the exam because I studied hard. (내가 공부를 열심히 했기 때문에 시험에 통과했다.)
	10. as (때문에)	As it was cold last night, I caught cold. (지난밤 추웠기 때문에 나는 감기가 들었다)
	11. since (때문에)	Since he doesn't have money, he can't buy it. (그는 돈이 없기 때문에 그것을 살 수 없다)
	12. , for (왜냐하면)	It is morning, for the sun is rising. (아침이다, 왜냐하면 해가 떠오르고 있으니)
조건	13. if (한다면)	If she doesn't come, I can not see her. (그녀가 오지 않는다면 나는 그녀를 볼 수 없을 것이다)
	14. as long as (~하는 한)	I will never forget your kindness as long as I live. (내가 살아있는 한 당신의 친절함을 잊지는 않을 것이다)
	15. unless (~하지 않는다면)	Unless she comes, I will not see her. (그녀가 오지 않는다면 나는 그녀를 볼 수 없을 것이다)
	16. provided given that (~라면)	I will go, provided she goes also. (그녀가 역시 간다면 나는 갈 것이다)
	17. once (일단 ~하면)	Once you start, you must finish it. (일단 시작했으면 너는 그것을 끝내야 한다)

종류		예문
	18. , and (그러면)	Go straight on, and you will see a park on the right. (곧바로 가라, 그러면 너는 오른쪽에 공원을 발견하게 될 것이다)
	19. , or (그렇지 않으면)	Start at once, or you will miss the bus. (즉시 출발하라, 그렇지 않으면 너는 그 버스를 놓칠 것이다)
결과	20. so ~that (너무나 ~해서 그 결과)	He was so late that he missed the bus. (그는 너무나 늦어서 버스를 놓쳤다)
	21. , so (that) (그 결과)	I had a headache, so (that) I went to bed. (나는 두통이 있어서 그래서 잠자리에 들었다.)
	22. such ~ that (너무나 ~해서 그 결과)	It was such a good day that we went on a picnic. (너무나 좋은 날이라서 우리는 소풍을 갔다.)
목적	23. so (that) (~하기 위하여)	Speak a little louder so(that) we can hear you. (우리가 너의 말을 들을 수 있도록 조금 더 크게 말해라.)
양보	24. although (~이지만)	Although he is poor, he is happy. (그는 비록 가난하지만 그는 행복하다.)
	25. ~ever~, (~든지 간에) (~할지라도)	However rich he may be, he never wastes his money. (비록 그는 부자이지만 그는 결코 돈을 낭비하지 않는다.) Whatever you do, you must do your best. (너는 무엇을 하든지 간에 너의 최선을 다해야 한다.)
	26. while (~이지만)	While I like his personality, I doubt his ability. (나는 그의 인격은 좋아하지만 그의 능력은 의심한다.)
	27. 무관사명사/형용사/부사/동사+as+주어+동사 (~이지만)	Child as he is, he is very smart. (그는 아이지만 매우 똑똑하다.) Poor as she is, she is very happy. (가난하지만 그녀는 매우 행복하다.) Try as he would, he couldn't finish it. (그는 아무리 노력해도 그것을 끝낼 수가 없었다.)
양태	28. as(~처럼)	Do in Rome, as the Romans do. (로마에서는 로마인들이 하는 대로 해라.)
	29. like (주로 구어체에서 사용)	I will not do like you do. (나는 네가 하는 것처럼 하지 않을 것이다.)
등위	30. and(그리고)	John is secretive and his brother is candid. (존은 숨기는 것이 많은데 그의 형은 솔직하다.)
	31. but (그러나)	I love her but she doesn't love me. (나는 그녀를 사랑하는데 그녀는 나를 사랑하지 않는다.)

* once는 시간부사절의 접속사로도 쓰인다. (Once I was back home, I felt comfortable.)

4. that절을 받는 동사들 (think that, know that…)

접속사 that은 영어학습에 있어서 아주 중요하며 빈도수도 가장 높다고 할 수 있다. 이 접속사 that이 특히 타동사의 목적어 자리에 온 경우 목적절이라 볼 수 있지만 일반적으로 명사절이라 칭하는데 이 that절을 받는 동사가 따로 존재하므로 반드시 암기를 해야만 학습의 효율을 기할 수 있다.

외우는 방식은 아래방식을 통하여 구성해 보았다.

즉 아빠는 가정 전체를 생각하고 엄마는 가족 내에서 사소한, 교육적인 부분을 책임지고 큰 아들은 말 잘 듣고 공부도 잘하지만 작은 아들은 약간 말썽꾸러기라고 가정하고 동사암기방식을 구성해 보았다.

	동사	의미		
1	think that~	that 이하라고 생각하다	아버지	아버지는 항상 가족을 어떻게 먹여살릴까? 생각하고(think) 고려하고(consider) 그리고 행동은 항상 모범을 보여주고(show) 부모로서 약속을(promise) 지켜야 하며 모든 집안일에 최후 결론을(conclude) 내리고 어쨌든 큰 결정 내리는 (decide) 건 아빠의 몫
2	consider that~	that 이하를 고려하다		
3	show that~	~를 보여주다		
4	promise that~	~를 약속하다		
5	conclude that~	~를 결론내리다		
6	decide that~	~라고 결정내리다		
7	know that~	~라고 알다	어머니	어머니는 자식들의 모든 행동을 노(know)련 (learn)하게 발견해서(find) 인식하고(notice) 생각하며(figure) 알아서(be aware) 자식들의 말을 잘 듣고(hear) 그에 따라 말해주고(say) 설명해주고(explain) 언급하고(mention) 답변하고(reply) 그리고 내 큰 아이(recognize)는 필히(feel)재능을 발견해서(discover) 이해해서(understand) 깨닫게(realize) 해주고 동의(agree) 해주는 것은 엄마의 몫
8	learn that~	~를 알다		
9	find that~	~를 알다		
10	notice that~	~를 알아채다		
11	figure that~	~라고 생각하다		
12	be aware that~	~를 알다		
13	hear that~	~를 듣다		
14	reply that~	~라고 대답하다		
15	mention that~	~라고 말하다		
16	say that~	~라고 말하다		
17	explain that~	~라고 설명하다		
18	recognize that~	~을 인식하다		
19	feel that~	~을 느끼다		
20	discover that~	~을 발견하다		
21	understand that~	~을 이해하다		
22	realize that~	~을 깨닫다		
23	agree that~	~에 동의하다		

24	hope that~	~을 희망하다	큰아들	우리 집 큰아들은 아주 공부를 잘하는데! 부모는 그 큰아들이 훌륭한 의사가 될 것을 희망을(hope) 걸고 기대하고(expect) 믿고(believe) 그리고 확신하고 있다(be sure). 그리고 그의 모든 행동을 인정도(admit) 해주고. 그리고 그것은 바로 명문대 의대를 간다는 것을 가정해 보고(suppose) 그것을 의미한다(mean)는 거지.
25	expect that~	~을 기대하다		
26	believe that~	~을 믿다		
27	be sure that~	~을 확신하다		
28	admit that~	~을 인정하다		
29	suppose that~	~라고 생각하다		
30	mean that	~을 의미하다		
31	doubt that~	~을 의심하다	작은아들	작은 애는 참 말썽꾸러기인데/물론, 나중에 잘 될거라 믿지만. 작은아들에 대해선 사실, 조금 의심도(doubt) 들고 때로는 부인하고(deny)싶기도 하고 불평도(complain) 하고 못마땅한 점을 지적하기도 하고(indicate) 논쟁의(argue) 대상이 되기도 한다. 따라서 약간은 걱정스럽고(worry) 걱정스럽다 (be concerned)
32	deny that~	~을 부인하다		
33	complain that~	~라고 불평하다		
34	indicate that~	~를 나타내다		
35	argue that~	~를 주장하다		
36	worry that~	~를 걱정하다		
37	be concerned that~	~를 걱정하다		

5. 4형식의 수여동사의 직접목적어 자리의 that절

의미	암기 요령
tell 목 that~ ~에게 that이하 내용을 말해주다 He told me that he lived in Seoul. 그는 서울에서 살고 있다고 나에게 말해주었다.	영어샘이 숙제를 말씀(tell)해 주셨다.
show 목 that~ ~에게 that이하 내용을 보여주다 She showed me that it was true. 그녀는 그것이 진실임을 내게 증명해 주었다.	마침 결석한 친구에게 알림장도 보여주고(show)
inform 목 that~ ~에게 that이하 내용을 알려주다 I informed him that she had been successful. 나는 그에게 그녀의 성공을 알렸다.	그리고 알려주었다(inform/ notify)
notify 목 that~ ~에게 that이하 내용을 알려주다 They notified me that I had passed the examination. 그들은 나에게 합격했다는 통지를 했다.	
remind 목 that~ ~에게 that이하 내용을 상기시켜주다 Remind him that I will visit him. 내가 그를 방문할 것이란 것을 일러두어라.	까먹을까봐 상기시켜주고(remind)

의미	암기 요령
teach 목 that~ ~에게 that이하 내용을 가르쳐주다 The teacher has taught us that reading poetry is fun. 그 선생님은 우리들에게 시를 읽는 즐거움을 가르쳐 주었다.	내가 공부를 잘하니까 가르쳐도 주고(teach)
promise 목 that~ ~에게 that이하 내용을 약속해주다 She promised me that she would come at six. 그녀는 6시에 오겠다고 나에게 약속했다.	그렇게 하리라 약속도 해주고(promise)
convince 목 that~ ~에게 that이하 내용을 확신시켜주다 He tried to convince her that he was innocent. 그는 자기의 무죄를 그녀에게 납득시키려 했다.	그 약속을 확신까지(convince) 시켜 주었다.

6. 직접목적어 자리에 의문사절

종류	예 문	암기 요령
ask	He asked me what was the correct answer. 　그는 무엇이 정답인지를 나에게 물었다. He asked me if it was the correct answer. 　그는 나에게 그것이 정답인지를 물었다.	나에게 ~지를 물어봐서(ask) 보여주고(show) 말해주고(tell) 알려주면서(inform) 가르쳐 주었지(teach)
show	He showed me what it's like to live in rural areas. 　그는 나에게 시골에서 사는 것이 어떠한지를 보여주었다. She showed me where the bank is. 　그녀는 은행이 있는 곳을 나에게 가리켜 주었다.	
tell	He told me where she was born. 　그는 나에게 그녀가 어디에서 태어났는지를 얘기해 주었다.	
inform	The letter informed me when the man was coming. 　그 편지는 그 사람이 언제 도착하는지를 나에게 알려주었다.	
teach	He taught us how we should do it. 　그는 우리들에게 우리가 그것을 어떻게 해야 하는지를 가르쳐주었다.	

기본 문제 연습

1. I like the girl (who / whose) enjoys playing the piano.
   나는 피아노 치는 것을 즐기는 그 소녀를 좋아한다.
   ➲ 앞에는 사람선행사인 명사가 왔고 뒤에는 주어 없는 불완전문이 왔으므로 관계대명사인 who가 적절하다. whose는 앞에 선행사가 있고 뒤에는 완전문이 온다.

2. The computer (which / what) I bought is not working now.
   내가 샀던 그 컴퓨터는 지금 작동되지 않는다.
   ➲ 앞에는 사물선행사이고 뒤에는 bought의 목적어가 없는 불완전문이므로 관계대명사인 which가 적절하다. what은 앞에 명사인 선행사가 없고 뒤에는 불완전문이 온다.

3. This is a desk (which / what) I made. 이것은 내가 만들었던 책상이다.
   ➲ 앞에 선행사인 명사가 있고 뒤에는 타동사인 made의 목적어가 없는 불완전문이므로 관계대명사인 which가 적절하다.

4. The desk (that / what) was made of wood broke. 나무로 만들어진 그 책상이 부서졌다.
   ➲ 앞에 선행사인 명사가 있고 뒤에는 불완전하므로 관계대명사인 that이 적절하다. what은 앞에는 명사가 없고 뒤에는 불완전문이 온다.

5. Is this the key (which / what) you lost? 이것이 네가 잃어버린 열쇠이냐?
   ➲ 앞에 명사인 선행사가 있고 뒤에는 불완전하므로 관계대명사인 which가 적절하다. what은 앞에는 명사가 없고 뒤에는 불완전문이 온다.

6. (What / That) he said is true. 그가 말했던 것은 사실이다.
   ➲ 앞에 명사가 없고 뒤에는 said의 목적어가 없는 불완전문이 왔으므로 what이 적절하다.
   접속사 that은 앞에는 명사가 없고 뒤에는 완전문이 온다.

7. I met the man (whom / whose) son is my friend. 나는 아들이 내 친구인 그 남자를 만났다.
   ➲ whose는 '의'로 해석되고(그 남자의 아들) 앞에는 명사가 오고 뒤에는 완전문이 온다. 따라서 여기서는 관계대명사인 whose가 적절하다. 관계대명사인 whom은 앞에 사람명사가 오고 뒤에는 불완전문이 온다.

8. I believe (that / what) you said. 나는 네가 말했던 것을 믿는다.
   ➲ 앞에 명사인 선행사가 없고 뒤에는 불완전문이 왔으므로 what이 적절하다. 접속사 that은 앞에는 명사가 없고 뒤에는 완전문이 온다.

9. This is the house (which / where) I live. 이 집은 내가 살고 있는 집이다.
   ➲ 앞에 장소명사인 선행사가 있고 뒤에는 완전문이 왔으므로 관계부사인 where이 적절하다. 관계대명사인 which는 앞에 선행사인 명사가 있고 뒤에는 불완전문이 온다. I live는 완전문이다.

CHAPTER 01 어법 문제유형 정리

10. This is the house (which / where) I live in. 이 집은 내가 살고 있는 집이다.
    ⊃ 앞에 선행사인 명사가 있고 뒤에는 in의 전치사의 목적어가 없는 불완전문이 왔으므로 관계대명사인 which가 적절하다. 관계부사인 where은 앞에 선행사인 명사, 뒤에 완전문이 온다. I live in은 불완전문이다.

11. (What / which) he said is false. 그가 말했던 것은 거짓이다.
    ⊃ 앞에는 선행사인 명사가 없고 뒤에는 타동사인 said의 목적어가 없는 불완전문이 왔으므로 what이 적절하다. 관계대명사인 which는 앞에 선행사인 명사가 있고 뒤에는 불완전문이 온다

12. I don't know the year (which / when) he was born. 나는 그가 태어난 연도를 모른다.
    ⊃ 앞에 시간명사인 선행사가 있고 뒤에는 완전문이 왔으므로 when의 관계부사가 적절하다. 관계대명사인 which는 앞에 선행사인 명사가 있고 뒤에는 불완전문이 온다. he was born은 완전문이다.

13. I will not forget the day (when / which) I first met her.
    나는 내가 처음 그녀를 만났던 그날을 잊지 않을 것이다.
    ⊃ 앞에 시간명사인 선행사가 있고 뒤에는 완전문이 왔으므로 여기서는 관계부사인 when이 적절하다. 관계대명사인 which는 앞에 선행사인 명사가 있고 뒤에는 불완전문이 온다.

14. He is so rich (that / which) he can buy a car. 그는 너무나 부자여서 차를 살 수 있다.
    ⊃ 여기서 that절은 접속사로서 so와 호응하여 결과의 부사절을 이끈다. 접속사인 that이 적절하다. which는 앞에 선행사인 명사가 있고 뒤에는 불완전문이 온다.

15. I have many friends, some of (them / whom) live near my house.
    나는 많은 친구들이 있는데, 그 중에서 몇 명은 나의 집 근처에 산다.
    ⊃ them은 두 절을 이어주는 접속사가 없어 불가하고 접속사와 대명사의 두 가지 역할을 하는 관계대명사인 whom이 적절하다.

16. We cannot really love anybody (whom / with whom) we never laugh.
    함께 있을 때 웃음이 나오지 않는 사람과는 결코 진정한 사랑에 빠질 수 없다
    ⊃ 앞에 명사가 있고 뒤에 완전문이 나왔으므로 전치사 + 관계대명사인 with whom이 적절하다. whom은 앞에 명사가 있고 뒤에는 불완전문이 온다.

17. I have many books, one of (which / them) I bought yesterday.
    나는 많은 책들을 가지고 있는데, 그중의 한 권은 어제 샀다.
    ⊃ 접속사 + 대명사의 역할을 할 수 있는 것은 관계대명사이므로, which가 적절하며 다른 어구(one of)와 결합되어 있다. them은 단순한 대명사일 뿐이며 만약 them을 정답으로 한다면 두 절을 이어주는 접속사가 더 필요하다.

18. I don't know (that / where) to go. 나는 어디로 가야 할지를 모르겠다.
    ⊃ 의문사 + to부정사의 구조로서 where이 적절하다. where to go는 where I should go로 바꿀 수 있다.

19. I don't know (what / where) he went. 나는 그가 어디로 갔는지 모른다.
   ➲ 앞에는 명사가 없고 뒤에는 완전문의 형태이며 의문사가 해석이 되는 where의 의문부사가 적절하다. where이 '어디에'라고 해석이 되면 의문부사이다. 뒤가 완전문이므로 what은 불가하다.

20. I know (that / where) he is honest. 나는 그가 정직하다는 사실을 안다.
   ➲ 문법의 형식으로는 that/ where의 둘 다 가능하지만 의미적으로는 where은 불가하며 that이 적절하다.

21. All you have to do is to know (what / where) you are going.
   네가 해야 할 모든 것은 네가 어디로 가고 있는지를 아는 것이다.
   ➲ 앞에는 명사가 없고 뒤에는 완전문이 왔으며 '어디로'라는 의미이므로 의문부사인 where이 적절하다.

22. That was (why / because) he didn't come. 그것이 그가 오지 않았던 이유다.
   ➲ why뒤에는 원인에 대한 결과가 온다. 오지 않았다는 것은 결과다. because는 원인의 접속사이고 he didn't come은 결과적 내용이다. 따라서 여기서는 why가 적절하다.

23. He was absent from school (because / why) he was sick.
   그는 아팠기 때문에 그는 학교에 결석했다.
   ➲ because는 뒤에 결과를 가져오는 '원인'이 나온다. 그가 아팠다는 것은 원인이다. 따라서 because가 적절하다.

24. He is very choosy about (which / what) he eats. 그는 먹는 것에 대해 까다롭다.
   ➲ 앞에는 선행사가 없는 전치사이고 뒤에는 eat의 목적어가 없는 불완전문이 있으므로 what이 적절하다. 전치사 + which는 앞에 선행사인 명사가 오고 뒤에 완전문이 온다.

25. (That / What) you need is a sedative. 네가 필요로 하는 것은 진정제이다.
   ➲ 앞에는 선행사인 명사가 없고 뒤에는 need의 목적어가 없는 불완전문(you need)이 왔으므로 what이 적절하다.

26. Can you imagine (how / what) it was like. 그것이 어떠했는지를 상상할 수 있겠니?
   ➲ what은 앞에는 선행사인 명사가 없고 뒤에는 불완전문(it was like)이 온다. 의문부사인 how는 앞에는 명사가 오지 않고 뒤에는 완전문이 온다. 따라서 여기서는 뒤에 전치사인 like의 목적어가 없는 불완전문이 왔으므로 what이 적절하다.

27. It warms the air (from which / which) helps the plants grow.
   그것은 식물이 자라도록 돕는 공기를 따뜻하게 한다.
   ➲ 관계대명사인 which는 앞에는 선행사인 명사가 있고 뒤에는 주어나 목적어가 없는 불완전문이 오므로 여기선 which가 적절하다.

28. It depends on (whose / what) it is. 그것은 그것이 무엇이냐에 달려있다.

◐ what은 앞에는 명사가 없고 뒤에는 불완전문(it is)이 온다. 따라서 what이 적절하다. whose는 '의'를 넣어 의미가 통해야하는데 여기서는 부적절하다.

29. There are many issues (what / which) threaten world peace.
   세상의 평화를 위협하는 많은 문제들이 있다.
   ◐ which는 앞에는 선행사인 명사가 있고 뒤에는 주어나 목적어가 없는 불완전문이 온다. 따라서 관계대명사인 which가 적절하다.

30. That (which / what) is bought cheaply is the dearest. 싸구려를 사면 돈만 버린다.
   ◐ 앞에는 선행사인 명사(that)가 있고 뒤에는 주어가 없는 불완전문이 왔으므로 관계대명사인 which가 적절하다. what은 앞에 선행사인 명사가 올 수 없다.

31. The age at (what / which) a person can begin driving varies from state to state.
   어떤 사람이 운전을 시작할 수 있는 나이는 주마다 다르다.
   ◐ 앞에 전치사가 있고 뒤에는 완전문이 왔으므로 여기서는 관계대명사인 which가 적절하다. 즉 전치사 + which 뒤에는 완전문이 온다. 그리고 what은 앞에 선행사인 명사가 없고 뒤에 불완전문이 온다.

32. It's fortunate (what / that) you weren't hurt. 네가 다치지 않았던 것은 행운이다.
   ◐ 접속사 that은 앞에는 명사가 없고 뒤에는 완전문이 온다. 여기서 that절은 진주어이고 it은 가주어이며 that은 뒤에 완전문이 오고 what은 뒤에 불완전문이 오므로 여기서는 뒤가 완전문이므로 접속사인 that이 적절하다.

33. It is quite different from (which / what) I expected. 그것은 내가 기대했던 것과는 전혀 다르다.
   ◐ what은 앞에는 선행사인 명사가 없고 뒤에는 주어나 목적어가 없는 불완전문이 온다. 그러나 관계대명사인 which는 앞에 전치사가 있을 경우 뒤에는 완전문이 온다. 따라서 여기서는 뒤에 불완전문이 왔으므로 what이 적절하다. 그리고 전치사 + which앞에는 선행사인 명사가 온다.

34. Experience Life is a journey in (what / which) one often faces a lot of hardships.
   경험적 삶이란 사람이 자주 많은 시련들을 겪는 한 여정이다.
   ◐ which는 앞에 전치사가 있을 경우 뒤에는 완전문이 온다. 전치사 + which앞에는 명사가 오고 뒤에는 완전문이 온다. 여기서는 뒤에 완전문이 왔으므로 관계대명사인 which가 적절하다.

35. The subject in (which / what) I'm interested is computer technology.
   내가 관심을 가지고 있는 과목은 컴퓨터 기술이다.
   ◐ which는 앞에 전치사가 있을 경우 뒤에는 완전문이 온다. 전치사 + which 뒤에는 완전문이 온다. 여기서는 뒤에 완전문이 왔으므로 관계대명사인 which가 적절하다.

36. I judged by the sound (that / which) the fall was a mere slip.
   나는 떨어지는 소리가 단지 미끄러지는 소리라는 걸 소리에 의해서 판단했다.

➲ 접속사 that은 앞에 명사가 없고 뒤에는 완전문이 오는 형태로서 that이 적절하다. 여기선 주의해야 할 것은 by the sound는 단지 전명구로서 부사어구인 삽입어구에 불과하다. judged that~의 형태로 이해해야 한다. the sound를 선행사인 명사로 보지 않도록 한다.

37. Talk to your doctor about (that / which) pain medications are best for your situation.
어떤 진통제가 당신 상황에 가장 좋을지 의사와 상의하세요.
➲ 여기서의 which는 뒤의 명사를 수식하는 의문형용사로서 의문사절을 이끌고 있으며 접속사 that은 앞에 전치사 in이나 except를 제외하곤 올 수 없고 또한 관계대명사인 경우에는 앞에 전치사가 올 수 없다. 따라서 여기서는 앞에 명사가 없고 의문사인 which가 뒤의 명사(pain medications)를 수식하는 의문형용사로서 명사와 함께 의문사절을 이끌므로 적절하다.

38. The probability is (what / that) he likes her. 그가 그녀를 좋아할 가능성이 있다.
➲ that은 접속사로서 앞에는 명사가 없고 뒤에는 완전문의 형태이다. what은 앞에는 명사가 없고 뒤에는 불완전문이 오므로 여기서는 앞에 명사가 없고 뒤에 완전문이 왔으므로 접속사의 that이 적절하다.

39. I guessed (that / what) the midterm exam would have questions like that.
중간고사에 그런 문제가 나오리라고 예상했었다.
➲ that은 접속사로서 앞에는 명사가 없고 뒤에는 완전문의 형태이다. what은 앞에 명사가 없고 뒤에는 불완전문이 오므로 여기서는 뒤에 완전문이 왔으므로 접속사의 that이 적절하다.

40. She is the teacher (whose / who) daughter is a doctor. 그녀는 딸이 의사인 선생님이다.
➲ whose는 '의'로서 해석이 되고 (선생님의 딸) 앞에는 명사가 있고 뒤에는 완전문이 온다. whose는 앞에 명사가 있고 뒤에는 완전문의 형태이고 whose의 앞의 명사와 뒤의 명사가 '의'로서 의미가 자연스럽게 연결될 수 있다. 따라서 여기서는 whose가 적절하다. 관계대명사인 who는 앞엔 선행사인 명사가 뒤에는 불완전문이 온다.

41. I am sure (what / that) he will succeed. 나는 그가 꼭 성공할거라 확신한다.
➲ be sure that~은 that이하를 확신한다는 의미로서 이 경우의 that은 접속사로서 앞에는 명사가 없고 뒤에는 완전문이 온다. 따라서 여기서는 접속사의 that이 적절하다.

42. I am reading a book (which / whose) contents is difficult to understand.
나는 내용이 이해하기에 어려운 책을 읽고 있다.
➲ 관계대명사인 whose는 '의'로서 해석이 되고 (책의 내용) 뒤에는 완전문이 온다. which는 뒤에 불완전문이 오므로 여기서는 뒤에 완전문이 왔으므로 whose가 적절하다.

43. A woman (whose / whom) husband is dead is called a widow.
남편이 죽은 여자는 과부라 불린다.
➲ 관계대명사인 whose는 앞의 선행사와 뒤의 명사와의 '의'로서 해석이 되고 (여자의 남편) 뒤에는 완전문이 온다. 따라서 여기서는 whose가 적절하다. 관계대명사인 whom은 앞에는 사람선행사인 명

CHAPTER 01 어법 문제유형 정리

사가 오고 뒤에는 목적어가 없는 불완전문이 온다.

44. A movie usually has a climax (where / which) the conflict reaches its peak.
   영화는 보통 갈등이 최고조에 달하는 클라이막스를 가지고 있다.
   ➲ where는 관계부사로서 앞에는 장소명사가 오고 뒤에는 완전문이 온다. 따라서 여기서는 뒤가 완전문이므로 where이 적절하다.

45. I recalled to my mind the day (which / when) I had forgotten for a long time.
   나는 오랫동안 잊고 있었던 그날을 회상했다.
   ➲ 관계대명사인 which는 앞에는 선행사인 명사가 오고 뒤에는 주어나 목적어가 없는 불완전문이 온다. 관계부사인 when은 앞에 명사가 오고 뒤에는 완전문이 오는데 여기서는 뒤에 불완전문이 왔으므로 관계대명사인 which가 적절하다.

46. We went to the seashore (which / where) they had recommended to us.
   우리는 그들이 우리들에게 추천했던 그 해변으로 갔다.
   ➲ 관계대명사인 which는 앞에는 선행사인 명사가 있고 뒤에는 주어나 목적어가 없는 불완전문이 온다. 관계부사인 where는 앞에 장소명사가 오고 뒤에는 완전문이 오는데 여기서는 뒤에 목적어가 없는 불완전문이 왔으므로 which가 적절하다.

47. I live in the house (where / which) my father bought for me.
   나는 나의 아버지가 나를 위해 사주었던 집에서 산다.
   ➲ 관계대명사인 which는 앞에는 선행사인 명사가 있고 뒤에는 주어나 목적어가 없는 불완전문이 온다. 관계부사인 where은 앞에 명사가 오고 뒤에는 완전문이 오는데 여기서는 뒤에 목적어가 없는 불완전문이 왔으므로 which가 적절하다.

48. They are often asked to say (that / which) is more important.
   그들은 종종 어느 것이 더 중요한지를 말하도록 질문받는다.
   ➲ 의문대명사인 which 앞에는 명사가 없고 뒤에는 불완전문이 오며 '어느것'이라는 의문사로서의 의미를 가지고 있으면 의문사절이며 간접의문의 형태이다. 따라서 which가 적절하다.

49. We wonder (if / who) he is. 우리들은 그가 누구인지를 궁금히 여긴다.
   ➲ if는 접속사로서 뒤에 완전문이 오지만 who는 의문접속사로서 앞에 명사가 없고 뒤에는 불완전문이 온다. 따라서 여기서는 뒤에는 보어가 없는 불완전문이 왔으므로 의문대명사인 who가 적절하다.

50. I don't know (where / which) he lives. 나는 그가 어디에 살고 있는지 모른다.
   ➲ where는 의문접속사로서 앞에 명사가 없고 뒤에는 완전문이 온다. 관계대명사인 which는 뒤에 불완전문이 오므로 여기서는 뒤에 완전문이 왔으므로 where이 적절하다.

51. We would like to know (who / when) the baby was born.

그 아기가 언제 태어났는지를 우리는 알고 싶다.
  ➲ when은 의문접속사로서 앞에는 명사가 없고 뒤에는 완전문이 온다. who는 의문대명사로서 뒤에는 불완전문이 오지만 여기서는 뒤에 완전문이 왔으므로 when이 적절하다.

기출 문제 연습

1. I explained to him (what / that) I lived just up the next street. (모의)
   나는 그에게 바로 다음 거리에 산다고 설명했다.
   ➲ what은 앞에 선행사인 명사가 없고 뒤에는 불완전문이 와야 하며, 접속사 that은 앞에 명사 없이 주로 동사가 나오며 뒤는 완전문이 나온다. 여기서는 뒤가 완전문이므로 접속사인 that이 적절하다. to him은 전명구로서 부사구의 삽입어구이다. explained that 이라고 바로 연결해서 생각하도록.

2. A long downward road without cross streets could be the perfect area (which / where) you practice basic skills. (모의)
   교차로가 없는 긴 내리막길은 너가 기본 기술을 연습할 수 있는 완벽한 장소가 될 수 있을 것이다.
   ➲ 앞에 선행사의 명사가 있고 뒤에 완전문이 나왔으므로 관계부사인 where이 적절하다. 관계대명사인 which는 앞에 명사가 있고 뒤에는 불완전문이 온다.

3. Pay attention to (what / that) you like most about your drawings. (모의)
   당신의 그림에 대해 당신이 가장 좋아하는 점에 주의를 기울여라.
   ➲ 앞에는 선행사인 명사가 없고 뒤에는 타동사인 like의 목적어가 없는 불완전문이 왔으므로 what이 적절하다. 만약 that이 접속사라면 앞에 전치사인 except나 in외에는 올 수 없으며 관계대명사의 that 이라면 앞에 전치사가 올 수 없다.

4. The last thing (which / what) I wanted to do was spend hours in traffic. (모의응용)
   내가 가장 꺼렸던 일은 교통체증에 걸려 몇 시간을 보내는 것이었다.
   ➲ 앞에 선행사인 the last thing이 있고 뒤에는 타동사인 do의 목적어가 없는 불완전문이 왔으므로 관계대명사인 which가 적절하다. what은 앞에 선행사인 명사가 올 수 없고 뒤에는 불완전문이 온다.

5. She has also told many stories (what / which) she claims are her own adventures. (모의)
   할머니는 그녀가 주장하기로 직접 겪은 모험이야기라고 하는 많은 이야기들을 또한 들려주신다.
   ➲ 앞에는 명사인 선행사가 있고 뒤에는 주어가 없는 불완전문이 왔으므로 관계대명사인 which가 적절하다. 그리고 여기서는 she claims는 삽입절이다.

6. They discovered (that / what) the carbon-colored rubber tires were five times more durable than the uncolored ones. (모의)
   놀랍게도 그들은 탄소 색소를 넣은 고무 타이어가 색깔을 넣지 않은 고무 타이어보다 다섯 배나 더 오래 간다는 사실을 발견했다.
  ○ 여기서는 앞에 명사가 없고 뒤에 완전문이 왔으므로 접속사인 that이 적절하다.

7. As the morning fog lifted, the sharp peaks of the Hohe Tauern mountain range slowly emerged, some of (which / what) were very much alive. (모의응용)
아침 안개가 걷히면서, Hohe Tauern 산맥의 날카로운 봉우리들이 서서히 모습을 드러냈고, 그 중 일부 봉우리들은 생동감으로 가득 차 있었다.
  ○ 콤마(,) 다음에 관계대명사가 오는 계속적 용법의 관계대명사로서는 that이나 what은 사용하지 못한다. 따라서 여기서는 관계대명사인 which가 적절하다. 그리고 some of가 덧붙여 결합된 관계대명사의 형태이다.

8. These voluntary groups (in which / which) people share a particular problem are often conducted without a professional therapist. (모의)
특정 문제를 공유하는 이러한 자발적인 모임들은 흔히 전문 치료사 없이 운영된다.
  ○ 전치사 + which의 경우는 앞에 선행사인 명사가 있고 뒤에는 완전문이 온다. 전치사 + 관계대명사는 관계부사 역할을 한다. 따라서 여기서는 앞에는 명사가 있고 뒤에는 완전문이 나왔으므로 in which가 적절하다.

9. The rest of the body seems to have been covered in much shorter feathers, (which / that) would have kept out the cold. (모의)
몸의 나머지 부분은 훨씬 짧은 깃털로 덮여 있었던 것으로 보이며, 그것이 추위를 막아줬을 것이다.
  ○ 콤마(,) 다음의 계속적관계대명사는 which는 가능하나 that은 안 된다. 따라서 여기서는 which가 적절하다.

10. A legend from the Hawaiian island of Kauai explains (what / how) the naupaka flower got its unusual shape. (모의)
하와이에 있는 Kauai섬의 한 전설은 naupaka 꽃이 어찌하여 특이한 모양을 가지게 되었는지 설명한다.
  ○ what은 의문대명사로서 뒤에 불완전문이 나오지만 how는 의문부사이므로 뒤에 완전문이 온다. 여기서는 뒤가 완전문이 왔으므로 how가 적절하다.

11. Life and sports present many situations (which / where) critical and difficult decisions have to be made. (모의응용)
인생과 스포츠는 중요하고 어려운 결정이 내려져야 하는 많은 상황들을 제시한다.
  ○ 관계대명사인 which는 앞에 선행사인 명사가 있고 뒤에는 불완전문이 오지만, where는 앞에 명사인 선행사가 오고 뒤에는 완전문이 오므로 따라서 여기서는 관계부사인 where이 적절하다.

12. We were discussing behavior that should exist (that / what) has been shown to improve productivity. (모의응용)
우리는 생산성을 향상시켰다고 입증되어 왔고, 또한 존재해야만 하는 행동들에 대해 토론을 하고 있는 중이었다.
  ○ behavior을 이중으로 관계대명사절이 수식하는 구조로서 앞에는 선행사인 behavior의 명사가 있고

뒤에는 둘 다 공통적으로 주어가 없는 불완전문이 왔으므로 관계대명사인 that이 적절하다.

13. It is an altered state (that / what) we frequently go into and out of. (모의응용)
    그것은 우리가 자주 빠져 들어갔다가 나오는 변화된 상태이다.
    ➲ 앞에 명사가 있고 뒤에 불완전문이 왔으므로 관계대명사인 that이 적절하다.

14. Dogs can tell (what / whether) you like them or not. (모의응용)
    개는 당신이 그들을 좋아하는지 좋아하지 않는지를 알 수 있다.
    ➲ 여기서의 의미는 인지 아닌지를 말해줄 수 있다라는 의미이고 뒤에는 완전문의 형태이므로 접속사인 whether이 적절하다.

15. You're the only artist in the world (who / which) can draw the way you do. (모의응용)
    당신은 당신만의 방식대로 그림을 그리는 이 세상의 유일한 예술가이다.
    ➲ 여기서의 선행사인 명사는 사물인 the world가 아니라 사람인 artist이므로 관계대명사인 who가 적절하다.

16. So he fastened a floating mark to the rock with a strong chain, on top of (it / which) a bell was attached. (모의응용)
    그래서 그는 단단한 체인으로 부표를 암초에 묶었는데 그 부표의 윗부분에는 종 하나가 달려있었다.
    ➲ 콤마 다음에는 동사가 있는 경우 반드시 접속사가 있어야 하는데 관계대명사는 접속사 + 대명사의 역할을 하므로 여기서는 관계대명사인 which가 적절하다. it이 정답이라면 두 절을 이어주는 접속사가 추가적으로 필요하다.

17. We all like to watch people in situations (where / which) we ourselves might be pressured. (모의응용)
    우리 모두는 우리 자신이 압박감을 느낄지도 모르는 상황에 있는 사람들을 보고 싶어한다.
    ➲ 앞에 선행사인 명사가 있고 뒤에는 완전문이 왔으므로 관계부사인 where이 적절하다.

18. It was the Italians (that / what) first started the trend with the cappuccino which has coffee, milk, and an addition of milk foam on top. (모의응용)
    커피, 우유 그리고 맨 위에 첨가물인 우유 거품이 있는 카푸치노로 그 유행을 처음 시작한 것은 바로 이탈리아 사람들이었다.
    ➲ it be ~that의 강조구문으로서 여기서는 that이 적절하다. 이 경우 that은 who로 바꿀 수 있다.

19. In some cases two species are so dependent upon each other (that / which) if one becomes extinct, the other will as well. (모의)
    어떤 경우에는 두 개의 종이 매우 상호의존적인 관계라서 한 종이 멸종하면 다른 한 종도 역시 멸종하게 되는 경우가 있다.
    ➲ 여기서는 앞의 so와 호응해서 접속사인 that이 적절하다. 그리고 이 that절은 결과를 나타내는 부사절이다. so ~ that절은 너무나 ~해서 ~하다는 의미이다.

CHAPTER 01 어법 문제유형 정리

20. The truth is (that / what) most people only brush their teeth for 30 to 45 seconds, which just doesn't solve the problem. (모의)
    사실은 대부분의 사람들이 30~45초 동안만 치아를 닦는다. 하지만 이것만으로는 그 문제(입 냄새)를 없앨 수 없다.
    ⊃ that은 앞에 명사가 없는 경우 뒤에는 완전문이 오지만 what은 앞에 명사가 없는 경우 뒤에는 불완전문이 온다. 따라서 여기서는 뒤가 완전문이 왔으므로 접속사인 that이 적절하다.

21. (Unless / Once) you are a millionaire, you will have to work in order to have money to live. (모의응용)
    만일 당신이 백만장자가 아니라면 당신은 생활비를 벌기 위해 일을 해야만 할 것이다.
    ⊃ 접속사인 unless는 '만약 ~하지 않는다면'의 if ~nor의 의미로서 여기서는 문맥상 unless가 적절하다. once는 '일단 ~하면'의 의미이다.

23. They asked me (what / that) the score was. (모의)
    그들은 나에게 득점이 어떻게 되는지 물었다.
    ⊃ 득점이 어떠냐고 물어보는 의미이므로 what이 적절하다. 접속사인 that은 뒤에 완전문이 와야 한다.

24. The book was so absorbing (that / if) she could not put it down. (모의응용)
    그 책이 정말 재미있어서 그녀는 그것을 내려놓을 수가 없었다.
    ⊃ so 와 상관적인 that은 결과부사절을 이끄는 접속사이므로 여기서는 that이 적절하다. so ~ that은 너무나 ~해서 결과적으로 ~하다는 의미이다.

25. He even made suggestions on (which / what) we call bedside manner. (모의응용)
    그는 심지어 의사가 환자를 대하는 태도(bedside manner)라고 일컫는 것에 관해서도 제안을 했다.
    ⊃ 전치사 + which의 형태인 '전치사 + 관계대명사'인 구조인 경우에 앞에 선행사인 명사가 오고 뒤에는 완전문이 온다. 하지만 여기서는 뒤에 불완전문(we call bedside manner)이 왔으므로 what이 적절하다. 관계대명사인 which라면 앞에 전치사가 있으므로 뒤에는 완전문이 와야 한다. 여기서는 뒤에 타동사인 call의 목적어가 없는 불완전문이 온 구조이다.

26. The astronomers at Lowell were so impressed with the young amateur's powers of observation (that / which) they invited him to work at the observatory. (모의응용)
    Lowell의 천문학자들은 그 젊은 아마추어의 관측 역량에 무척 감명을 받아서 그를 천문대에서 일하도록 초빙했다.
    ⊃ so 와 상관적인 that은 결과부사절을 이끄는 접속사이므로 여기서는 that이 적절하다.

27. Running improves aerobic capacity, (that / which) will enhance your endurance. (모의응용)
    달리기는 유산소 능력을 향상시키고, 그것은 지구력을 향상시킬 수 있다.
    ⊃ 콤마 다음의 관계대명사는 what이나 that은 사용하지 못하고 which가 적절하다.

28. The students, of course, may be happy (why / because) they received high grades.
    (모의응용)
    물론, 학생들은 높은 성적을 받아 기쁠지도 모른다.
    ⇨ why절은 결과적인 이유를 언급하고 because절은 원인적인 이유를 언급한다. 여기서는 높은 성적을 받았기 때문이라는 원인을 언급하고 있으므로 because가 적절하다.

30. Lots of media reports claim (which / that) breakfast is the most important out of the three meals of the day. (모의응용)
    많은 보도 기사가 아침 식사는 하루 세 끼 식사 중에서 가장 중요하다라고 주장한다.
    ⇨ 앞에 선행사인 명사가 없고 뒤에는 완전문이므로 관계대명사인 which는 올 수 없고 접속사인 that이 적절하다.

31. It is rather what kind of food people eat for each meal than just increasing the volume of breakfast (what / that) plays a more significant role in improving one's health. (모의응용)
    건강을 향상시키는 데 더 중요한 역할을 하는 것은 아침 식사의 양을 단순히 늘리기 보다는 사람들이 매 끼니를 위해 어떤 종류의 음식을 먹느냐이다.
    ⇨ 위 문장은 it be ~that의 강조구문으로서 that이 적절하다. rather what~ breakfast가 강조되는 어구이다.

32. Movies were first seen as an exceptionally potent kind of illusionist theatre, the rectangle of the screen corresponding to the proscenium of a stage, (on which / which) appear actors. (수능)
    직사각형 모양의 화면이 배우가 출연하는 앞무대와 유사하게 보이면서, 초기에 영화는 특별히 유력한 일종의 마술 공연장으로 보였다.
    ⇨ 여기서 on which는 and on the proscenium of a stage의 의미로서 부사구 역할을 하고 있으며 주어는 actors이며 동사는 appear로서 부사구가 문두에 위치함으로써 주어와 동사가 도치되어 있다. 따라서 여기서는 on which가 적절하다.

33. After seven months, the first toys made landfall on beaches near Sitka, Alaska, 3,540 kilometers from (what / where) they were lost. (2012 수능)
    7개월 후에 잃어버린 장소에서 3,540킬로미터 떨어진 알래스카의 Sitka 근처 해변 육지에 첫 번째 장난감들이 도달했다.
    ⇨ 본래는 the place where ~의 잃어버린 곳이란 의미로서 where이 적절하다.

34. The ultimate life force lies in tiny cellular factories of energy, called mitochondria, (where / that) burn nearly all the oxygen we breathe in. (수능)
    궁극적인 생명력은 우리가 들이쉬는 거의 모든 산소를 태우는, 미토콘드리아라고 불리는 아주 작은 에너지 세포 공장에 있다.
    ⇨ 콤마와 콤마 사이는 삽입어구로서 어법문제 접근 시에는 이 부분을 제외하고 문장을 보면 된다. 여기

서는 양쪽 콤마 사이에 있는 삽입어구를 없애면 that은 관계대명사가 되고 선행사는 tiny cellular factories of energy이다. 그리고 뒤에는 불완전문이 왔으므로 that이 적절하다. 콤마 다음에는 무조건 that이 올 수 없다는 고정관념은 버리도록.

마무리하고 넘어가기!

- 이 단원은 시험에도 자주 나올 뿐만 아니라 독해시에도 결정적인 중요한 포인트가 되므로 잘 익혀두길 바란다.

1. 관계대명사(who, whom, which, that)는 앞에는 명사가 오고 뒤에는 주어나 목적어 혹은 보어 중에서 하나가 빠진 불완전문이 온다.
2. 관계부사(where, when, how, why)는 앞에는 명사가 오고 뒤에는 완전문이 온다.
3. what은 앞에는 명사가 오지 않고 뒤에는 불완전문이 온다.
4. 전치사 + 관계대명사는 앞에 명사가 오고 뒤에는 완전문이 온다.
5. 의문대명사(who, which, what)는 앞에 명사가 오지 않고 뒤에는 불완전문이 온다.
6. 의문부사(when, where, how, why)는 앞에 명사가 오지 않고 뒤에는 완전문이 온다.
7. 의문사와 관계사의 차이점은 앞에 명사의 유무이다. 명사가 있으면 관계사이고 없으면 의문사이다. 왜냐하면 관계사는 앞에 수식받는 명사가 반드시 존재하기 때문이다.

스스로 어법문제 만들어가기

1. The broadcast was not of a real event—but it seemed so real **that** it caused a national panic. It was not surprising **that** many radio listeners believed **what** they heard on the radio in those days. (2009.09 고1 모의고사)
   ⊃ 첫 번째 that은 'so'와 대응하는 접속사 that으로서 결과부사절을 이끈다.
   ⊃ 두 번째 that은 접속사로서 명사절을 이끄는 데 여기서는 진주어 역할을 하고 있다.
   ⊃ what은 앞에 선행사인 명사가 없고 뒤에는 불완전문이 온 경우의 관계대명사이다.
   그 방송은 실제 사건은 아니었지만 너무나 생생해서 전국적인 패닉을 일으켰다. 그 당시에는 라디오 청취자들이 라디오에서 들은 내용을 믿는 것은 놀랄 일이 아니었다.

2. Touring caravans are mobile homes **which** are connected to the back of your family car and towed to **where** you want to go. These caravans, **which** can have two to six beds, can be moved and many families enjoy traveling from place to place on holidays. Many families can go anywhere they want if there is a camp site or caravan park open. (2012.03 고1 모의고사)
   ➲ 첫 번째 which는 관계대명사로서 앞에 선행사인 명사가 있고 뒤에는 불완전문이 온다.
   ➲ where은 ~곳이라는 의미로서 명사절을 이끄는 데 여기서는 전치사의 목적어 자리의 명사절이다.
   ➲ 세 번째의 which는 관계대명절을 이끌며 이 절은 콤마 사이의 삽입절로서 사용되었다.

   여행용 캐러밴은 당신의 자동차 후미에 연결되어 당신이 가기를 원하는 곳까지 끌려가는 이동식 주택이다. 2개에서 6개까지 침대가 있는 이 캐러밴은 이동할 수 있으며, 많은 가족들은 휴일마다 여기저기 여행 다니는 것을 즐긴다. 많은 가족들은 캠핑장이나 캐러밴 공원이 개방되어 있으면 자신들이 원하는 어디든지 갈 수 있다.

3. Nature is timed to the alternating rhythm of light and dark produced by Earth's rotation. Birds sing, and blossoms open and close in tune with this twenty-four-hour cycle. Daylight also sets the pace for the activity of our mind. When deprived of regular intervals of dark and light, the mind can lose its bearings. This is especially true with elderly people. For example, some older people **whose** brain function is fine at home can become confused when hospitalized where artificial light is always on. (2013.11 고1 모의고사)
   ➲ 관계대명사인 whose는 '의'로 해석이 가능하며 뒷부분은 완전문이 온다. 여기서는 '몇몇 노인들의 뇌 기능'이라는 말이 자연스럽게 연결이 되고 'brain~ home'은 완전문이다.

   자연은 지구 자전에 의해 만들어진 빛과 어둠이 번갈아 일어나는 규칙적인 반복에 맞춰져 있다. 이 24시간의 주기에 맞춰 새는 노래하고 꽃은 피고 진다. 햇빛은 또한 우리 정신 활동의 속도를 정한다. 어둠과 빛의 규칙적인 간격을 빼앗기면, 정신은 방향을 잃을 수 있다. 이는 노인들에 있어 특히 그러하다. 예를 들어, 집에서는 뇌 기능이 정상인 몇몇 노인들이 인위적인 조명이 언제나 켜져 있는 곳에 입원하면 혼란스러워질 수 있다.

4. Before a person can overcome self-esteem problems and build healthy selfesteem, it helps to know what might cause them. Obviously, self-esteem can be hurt when someone **whose** acceptance is important (like a parent or teacher) constantly puts you down. But criticism doesn't have to come from other people. Self-esteem can also be damaged by **how** we see ourselves. (2013.09 고2 모의고사)
   ➲ 소유격관계대명사인 whose는 '의'로 해석이 가능하며 뒤 부분은 완전문이 온다. 여기서는 '누군가의 인정'이라는 말이 자연스럽게 연결이 되고 acceptance is important는 완전문이다. how는 여기서는 의문부사적 접속사로서 뒤에는 완전문이 온다. 여기서 'we see ourselves'은 완전문이다.

   어떤 개인이 자존감에 대한 문제를 극복하고 건강한 자존감을 형성하기 전에, 무엇이 그것의 원인이 되는지를 아는 것이 도움이 된다. 분명히 자존감은 그 사람의 인정이 중요한(부모나 교사와 같은) 누군가가 당신을 계속해서 깎아 내릴 때 손상될 수 있다. 하지만 비판은 다른 사람들로부터 오는 것만은 아니다. 자존감은 또한 우리가 우리 스스로를 어떻게 보는가에 의해 손상될 수도 있다.

23. 전치사/접속사의 구별

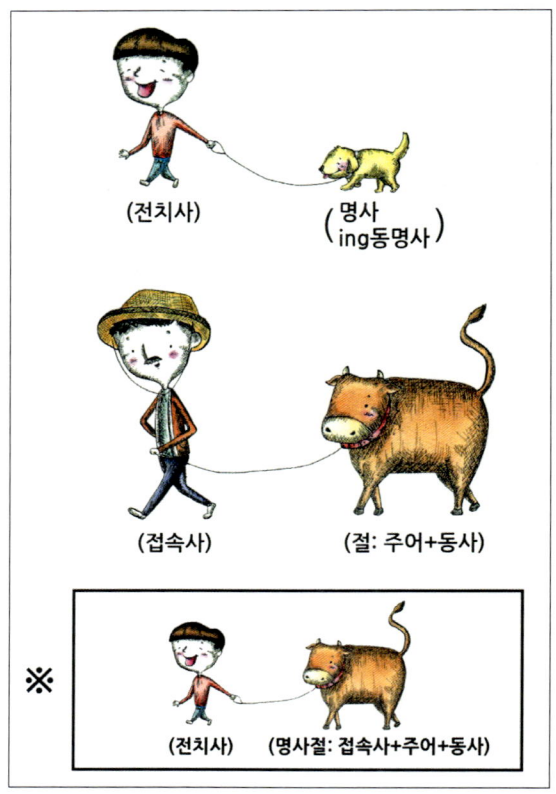

전치사는 뒤에 명사나 ing동명사가 오며
접속사는 뒤에 주어+동사 형태의 절이 오는데

전치사와 명사의 관계는 짧고 간단한 모양이나 의미의 구조로 보아
전치사인 아이가 조그만 동물인 '명사나 ing동명사'인 '강아지'를 몰고 가는 그림이며
during this vacation (이번 방학동안)

접속사와 절은
모양이나 의미의 구조가 긴 경우로서
접속사인 어른이 '긴 구조의 절'인 '황소'를 몰고 가는 그림을 연상한다.
while the child is playing, (그 아이가 놀고 있는 동안)

그러나
때로는 드물게 아이(전치사)가 황소(명사절)를 몰고 가는 경우도 있다.
in that the child is very smart (그 아이가 매우 똑똑하다는 점에 있어서)
about how the internet changed over the years. (인터넷이 수년 동안 어떻게 변했는지에 관해)

* 강아지와 황소를 보면 전치사와 접속사를 연상하라.

전치사는 우리말의 명사 뒤에 붙는 조사라 생각하면 된다. 예를 들어,

    <한국어식>   <영어식>
    책상(명사) 위에(조사)   on(전치사) the desk(명사)
    버스(명사)로(조사)   by(전치사) bus(명사)
    겨울(명사) 동안(조사)   during(전치사) the winter(겨울)

영어에 있어서는 우리말의 조사에 해당하는 말을 영어에서의 전치사로 보면 되는데 이 전치사는 명사 앞에 온다. 명사 앞에 온다고 해서 전치사라 한다. 그리고 이 전치사 뒤에는 명사의 종류인 명사, ing동명사가 나온다.

    I looked at the river.
          (전치사) (단어목적어)
    나는 그 강을 바라보았다.

    I am looking forward to seeing her.
                    (전치사) (동명사구 목적어)
    나는 그녀를 만나기를 기대하고 있다.

그러나 접속사 뒤에는 반드시 주어 + 동사의 구조인 절이 나온다.

    Because he is smart,
    (접속사) (주어)(동사) → 접속사 뒤에는 '주어 + 동사'의 구조가 나온다.
    그가 영리하기 때문에

    Although he is smart,
    (접속사) (주어)(동사) → 접속사 뒤에는 '주어 + 동사'의 구조가 나온다.
    비록 그가 영리하지만

전치사 다음에 명사절이 오는 경우도 있다. 접속사 뒤에는 반드시 '주어 + 동사'의 구조가 오지만 때로는 전치사 뒤에도 접속사를 가진 명사절이 뒤에 올 수도 있다는 점을 꼭 기억하도록.

    in that he is a famous actor
   (전치사)   (that의 명사절)
    그가 유명한 배우라는 점에 있어서

    except that he is a foreigner
   (전치사)   (that의 명사절)
    그가 외국인이라는 점을 제외하고는

    about where he lived then
   (전치사) (wh의문사절의 명사절)
    그가 그때 어디서 살았는지에 대해

<u>by</u> <u>how we see ourselves</u>.
(전치사)   (명사절 목적어)
우리가 우리 스스로를 어떻게 보는가에 의해

결론적으로 어법적 접근형태에서는 전치사는 뒤에 명사나 ing동명사를 취하지만, 접속사는 뒤에 '주어 + 동사'가 있는 문장형태의 절을 취한다.

　　전치사 + 명사
　　전치사 + ing동명사
　　접속사 + '주어 + 동사'의 절
　*전치사+ 접속사 + 주어 + 동사

1. 전치사와 접속사의 구별

1) because/ because of/due to/owing to (~ 때문에)

because는 접속사이며 뒤에는 문장형식의 절이 오고 because of/ due to /owing to는 전치사로서 뒤에는 명사나 ing동명사가 온다.

　　<u>Because</u> <u>I am not rich</u>, I can't buy the car. 나는 부자가 아니기 때문에 그 차를 살 수가 없다.
　　(접속사)   (절)
　　<u>Because of</u> <u>poverty</u>, I can't buy the car. 가난 때문에 그 차를 살 수가 없다.
　　(전치사)   (명사)
　　Your failure is mainly <u>due to</u> <u>your negligence</u>. 너의 실패는 주로 너의 게으름에 원인이 있다.
　　　　　　　　　　　　(전치사)   (명사)
　　The match was called off <u>owing to</u> <u>rain</u>. 그 경기는 비 때문에 취소되었다.
　　　　　　　　　　　　　　(전치사)   (명사)

2) although/ despite (~ 이지만, 불구하고))

although는 접속사이며 뒤에는 문장형식의 절이 오고 despite는 전치사로서 뒤에는 명사나 ing동명사가 온다.

　　<u>Although</u> <u>it rained</u>, we played tennis on the ground.
　　(접속사)   (절)
　　비가 왔지만 우리는 운동장에서 테니스를 쳤다.

　　<u>Despite rain</u>, we played tennis on the ground.
　　(전치사) (명사)
　　비에도 불구하고 우리는 운동장에서 테니스를 쳤다.

3) while/during/for (~ 동안)

while은 접속사이며 뒤에는 문장형식의 절이 오고 during/for는 전치사로서 뒤에는 명사나 ing동명사가 온다.

They always eat snacks at the store <u>during</u> <u>break time</u>.
　　　　　　　　　　　　　　　　　(전치사) (특정기간 명사)
휴식시간 동안 그들은 종종 그 상점에서 과자를 사먹는다.

They always eat snacks at the store, <u>while</u> <u>they take break time</u>.
　　　　　　　　　　　　　　　　　　(접속사)　　　(절)
그들은 종종 휴식시간을 가질 동안 항상 그 상점에서 과자를 사먹는다.

They stayed in China <u>for</u> <u>two months</u>. 그들은 중국에 두 달간 머물렀다.
　　　　　　　　　　(전치사) (숫자기간의 특정되지않은 명사)

2. 전치사와 접속사의 두 가지 모두의 용법으로 사용되는 어구

아래 어구들은 접속사로 쓰여 뒤에 절이 오거나 전치사로 쓰여 명사나 ing동명사가 오는 두가지 형태 모두로 쓰인다.

1) like(접속사로 사용되는 경우는 주로 구어체)

I cannot do it <u>like</u> <u>you do</u>. 너처럼은 못하겠다.
　　　　　　　(접속사)　(절)
The child talks <u>like</u> <u>a man</u>.　　그 아이는 어른스럽게 말한다.
　　　　　　　(전치사) (명사)

2) since

I have eaten nothing <u>since</u> <u>yesterday</u>. 나는 어제부터 아무 것도 안 먹었다.
　　　　　　　　　　(전치사)　(명사)
I have known her ever <u>since</u>　<u>she was a child</u>. 나는 아이 때부터 그녀를 잘 알고 있다.
　　　　　　　　　　　(접속사)　　　(절)

3) before

He sat <u>before</u> us in the theater.　그는 극장에서 우리 앞에 앉아 있었다.
　　　(전치사) (명사)
We shook hands with each other <u>before breaking up</u>. 헤어지기 전에 우리는 서로 악수했다.
　　　　　　　　　　　　　　　　(전치사)　 (동명사)

It was long <u>before</u> <u>he came</u>. 오랜 시간이 지난 뒤에야 그가 왔다.
　　　　　　(접속사)　(절)

4) after

<u>After</u> <u>they are cooled</u>, put them in the fridge. 그것들이 식은 후에, 냉장고에 넣으세요.
(접속사)　　(절)

We'll leave <u>after</u> <u>supper</u>. 저녁식사 후에 우리는 떠날 것이다.
　　　　　(전치사) (명사)

5) than

He is taller <u>than</u> <u>I am</u>. 그는 나보다 키가 더 크다.
　　　　　(접속사) (절)

He is taller <u>than</u> <u>me</u>.
　　　　　(전치사)(목적어)

*6) likely(형용사)

It <u>is likely to rain</u>. 비가 올 것 같다.
　　　　　(to부정사)
be likely to ~일 것 같다

It <u>is likely that</u> <u>he will come</u>. 그가 올 것 같다.
　　　　　(접속사)　　　(절)
be likely that ~일 것 같다

기본 문제 연습

1. I didn't go out (because of / because) rain. 나는 비 때문에 외출하지 않았다.
   ➲ because는 접속사로서 뒤에 문장형태의 절이오고 because of 뒤에는 명사나 ing동명사가 오므로 rain이 명사이므로 because of가 적절하다.

2. I didn't go out (because of / because) it rained. 나는 비가 와서 외출하지 않았다.
   ➲ because는 접속사로서 뒤에 문장형태의 절이 오고 because of 뒤에는 명사가 오므로 it rained가 절이므로 because가 적절하다.

3. (Despite / Although) the rain, I went out. 비에도 불구하고 나는 외출했다.
   ➲ despite는 '~에도 불구하고'라는 전치사로서 뒤에 명사인 목적어(rain)를 받으므로 despite가 적절하다.

4. (Despite / Alhough) it rained, I went out. 비가 내렸음에도 불구하고 나는 외출했다.
   ➲ Although는 '~이지만'의 접속사로서 뒤에는 문장형태의 절이 왔으므로 Although가 적절하다.

5. I studied (for / while) two hours. 두 시간동안 나는 공부했다.
   ➲ 숫자기간을 받는 '동안'의 의미는 for이다. for는 전치사로서 뒤에 명사나 ing동명사를 받는다.

6. He visited me (while / during) I was studying. 내가 공부하고 있을 때 그는 나를 방문했다.
   ➲ '동안'의 의미인 while은 접속사로서 뒤에 문장형태의 절이 오므로 여기서는 절이 왔으므로 while이 적절하다. during은 전치사로서 뒤에 명사나 ing동명사가 온다.

7. He (is due to speaking / is due to speak) tonight. 그는 오늘밤 연설할 예정이다.
   ➲ be due to + 동사원형은 '~할 예정이다'의 의미이고 이 경우 to는 부정사의 to이고 be due to + (동)명사는 '~에 기인하다'의 의미로서 이 경우의 to는 전치사이다. 따라서 여기서는 ~할 예정이다라는 의미이므로 is due to speak가 적절하다.

8. Rail services were shut down (because / due to) cold winter weather.
   철도운행이 추운 겨울날씨 때문에 중단되었다.
   ➲ 'due to + 명사'는 '~때문에'라는 의미로 뒤에 명사를 받는다. 따라서 due to가 적절하다.

9. (In spite of /Though) hard efforts, he failed. 열심히 노력했음에도 불구하고 그는 실패했다.
   ➲ in spite of는 '~에도 불구하고'의 의미로서 뒤에 명사인 목적어(hard efforts)를 받으므로 in spite of가 적절하다. Though는 접속사로서 뒤에 문장형식의 절을 받는다.

10. He took a break (for / while) two hours. 그는 두 시간 동안 휴식을 가졌다.
    ➲ for는 '동안'의 의미로서 전치사이며 뒤에는 명사를 받으므로 for가 적절하다.

CHAPTER 01 어법 문제유형 정리

기출 문제 연습

1. It is up to the family to make sure they have food, water, electricity, gas, and whatever else is needed (during / while) their stay. (모의)
   음식, 물, 전기, 가스 그리고 그밖에 가족이 머무르는 동안에 필요한 것은 어떤 것이든 그 가족이 준비해야 한다.
   ➲ while은 접속사로서 뒤에 주어 + 동사의 문장형식의 절이 오지만 during은 전치사로서 뒤에 명사나 ing동명사가 온다. 따라서 여기서는 뒤에 명사가 왔으므로 during이 적절하다.

2. Pompeii was destroyed and buried (while / during) a long eruption of the volcano Mount Vesuvius in 79 AD. (모의)
   서기 79년경 오랜 기간에 걸친 Vesuvius 화산 분출동안 Pompeii는 파괴되고 묻혀 버렸다.
   ➲ while은 접속사로서 뒤에 '주어 + 동사' 형태의 구조가 오고 전치사인 during다음에는 명사가 오는데 여기서는 뒤에 명사가 왔으므로 during이 적절하다.

3. If you were a baseball fan (while / during) the early 1960s, you probably remember a baseball player named Maury Wills. (모의)
   만약 당신이 1960년대 초에 야구팬이었다면, 당신은 아마도 Maury Wills라는 이름을 가진 야구선수를 기억할 것이다.
   ➲ during은 뒤에 명사가 오지만 while은 접속사로서 '주어 + 동사'를 가진 문장형식의 절이 온다. 따라서 여기서는 뒤에 명사가 나왔으므로 during이 적절하다.

4. (Although / Despite) various state-law bans and nationwide campaigns to prevent texting from behind the wheel, the number of people texting while driving is actually on the rise. (모의)
   운전 중에 문자 보내는 것을 금하는 다양한 주의 금지법과 전국적인 캠페인에도 불구하고 운전 중에 문자를 보내는 사람들의 숫자가 실제로 늘어나고 있다.
   ➲ although는 접속사로서 뒤에 주어 + 동사형식의 절을 받지만, despite는 전치사로서 뒤에 명사가 온다. 여기서는 뒤에 명사가 왔으므로 despite가 적절하다.

5. I never smoke (because / because of) it is really bad for health. (모의응용)
   나는 절대 담배를 피우지 않는데, 그것은 건강에 해롭기 때문이다.
   ➲ 뒤에 주어, 동사를 갖춘 절이 왔기 때문에 접속사인 because가 적절하다.

6. He wanted to go around here and there, but he couldn't do so (because / because of) the traffic and the high prices. (모의응용)
   그는 이리저리 돌아다니고 싶었지만, 교통과 높은 물가 때문에 그렇게 할 수 없었다.
   ➲ because는 뒤에 문장형식의 절이 오지만 because of는 뒤에 명사가 온다. 여기서는 뒤에 명사가 왔으므로 because of가 적절하다.

7. Yet (although / despite) all these limitations, when our imperfect opinions are gathered in the right way, our collective intelligence is often excellent. (모의응용)
이러한 모든 한계에도 불구하고 우리의 불완전한 의견들이 적절한 방식으로 모아질 때 우리의 집단 지능은 종종 뛰어나다.
   ➲ although는 접속사이므로 뒤에 문장형태의 절을 받고 despite는 전치사로서 명사상당어구인 명사가 오는데, 여기서는 명사(all these limitation)가 왔으므로 despite가 적절하다.

마무리하고 넘어가기!

- 전치사는 뒤에 목적어인 명사나 ing동명사를 받고 접속사는 뒤에 주어 + 동사의 문장형식인 '절'을 목적어로 받는다.

스스로 어법문제 만들어가기

1. In reality, recess has become more important than ever. Since physical education at the elementary level has seen a decline in recent years, recess has in fact become the main outlet for children to participate in physical activity in school. With this in mind, what should happen **during** recess is that students have a chance to participate in physical activity in a setting that is helpful for learning. What actually occurs is that students are left to engage in unorganized activities **during** this 'free time.' As a matter of fact, recess is much more than free time. Recess should be viewed as an opportunity for students not only to engage in physical activity, but also to build their character and develop social interaction skills.
(2009.09 고1 모의고사)
   ➲ 동안의 의미로서는 while은 접속사로서 뒤에 문장형태의 절을 받지만 during은 전치사로서 뒤에 명사 형태를 받는데, 여기서는 recess와 this 'free time'이라는 명사를 각각 받고 있다.
   현실적으로 쉬는 시간은 이전보다 더 중요해졌다. 최근 초등학교에서 체육 시간이 감소하고 있기 때문에 쉬는 시간은 사실 아이들이 학교에서 신체적인 활동을 할 수 있는 중요한 돌파구가 되었다. 이런 상황을 염두에 둔다면, 학생들은 쉬는 시간에 학습에 도움이 되는 환경 속에서 신체활동을 하는 기회를 가져야 할 것이다. 실제로 일어나고 있는 것은 학생들이 이 '자유 시간'에 계획성 없는 활동을 하게 되는 것이다. 사실 쉬는 시간은 자유 시간 그 이상이다. 쉬는 시간은 학생들이 신체활동에 참여할 뿐 아니라 그들의 인성을 쌓고 사회적인 상호작용 기술을 개발할 수 있는 기회로 여겨져야 한다.

2. Scientists say the reason women love to spend hours browsing in shops **while** men prefer to be in and out of the store in minutes is down to their hunter-gatherer past.

While women spent their days gathering food, men were hunters who made specific plans about how to catch and kill their prey. (2010.03 고2 모의고사)
➲ while은 접속사로서 뒤에 주어+동사 형식의 절을 받으며 '~이지만, 반면에, ~동안'의 의미를 가진다.

남자들이 상점에 들어갔다가 몇 분 만에 나오는 것을 선호하는 반면에 여자들이 상점에서 여기저기를 둘러보면서 몇 시간을 보내는 것을 좋아하는 이유는 과거의 수렵채집인 시절로 거슬러 올라간다고 과학자들은 말한다. 여자들은 온종일 식량을 채집하면서 시간을 보냈던 반면에 남자들은 그들의 먹잇감을 잡고 죽이는 방법에 대해 구체적인 계획을 세웠던 사냥꾼들이었다.

3. People hate losses. Losing something makes you twice as miserable as gaining the same thing makes you happy. Such a tendency to avoid losses helps produce a strong desire to stick with your current holding. If you are reluctant to give up what you have **because** you do not want to suffer losses, then you will turn down trades you might have otherwise made. (2010.06 고2 모의고사)
➲ because는 접속사로서 뒤에 문장형식의 '절'을 받는다. 여기서는 뒤에 'you do not want to suffer losses'라는 절이 왔다.

사람들은 손해를 싫어한다. 무언가를 잃어버린다는 것은 똑같은 것을 얻어 기쁠 때보다 당신을 두 배나 불행하게 만든다. 손해를 피하려는 사람들의 경향은 사람들로 하여금 현재 가지고 있는 것을 계속 움켜쥐고 있으려는 강한 욕망을 가지게 한다. 만약 손해 보는 것이 싫어서 가지고 있는 것을 포기하기를 주저한다면, 그렇게 하지 않았더라면 성사되었을 수도 있는 거래를 거절하는 것이다.

4. Dave Dobbs, a sociologist, introduces the idea of two types of people, 'dandelions' and 'orchids.' Dandelions can thrive anywhere, **despite** their environment. However, orchids are more sensitive and require a stable environment to survive. They are likely to be affected by mood disorders and psychological disease. (2010.09 고2 모의고사)
➲ '~에도 불구하고'에 있어서 despite는 뒤에 명사가 나오고 although는 뒤에 주어 + 동사의 형식인 절이 나온다. 여기서는 뒤에 명사가 나왔으므로 despite가 적절하다.

사회학자인 Dave Dobbs는 두 가지 유형의 인간으로 '민들레형'과 '난초형'을 소개했다. 민들레형의 인간들은 그들의 환경과 상관없이 어디에서든 성공할 수 있다. 그러나 난초형의 인간들은 더 민감하고 생존하는 데 안정적인 환경을 필요로 한다. 그들은 기분 장애와 심리적인 질병에 영향을 받기 쉽다.

5. **Although** grains had been found at Neanderthal sites before, it wasn't known whether they were cultivated for food or perhaps for some other reason. The new findings show that the food was actually being consumed as it was found in the mouth of a Neanderthal. (2011.06 고2 모의고사)
➲ Although는 뒤에 주어 + 동사형식의 문장형식의 '절'이 온다.

네안데르탈인 거주 지역에서 전에도 곡물이 발견되었지만 식량을 얻기 위해 재배한 것인지 혹은 다른 어떤 이유에서 재배한 것인지는 밝혀지지 않았다. 새로운 발견은 네안데르탈인의 입 안에서 음식이 발견되었으므로 곡식을 실제로 먹었다는 것을 보여준다.

24 복합관계사절

복합관계사는 관계사에 ever이 붙은 구조로서 부사절과 명사절을 이끈다.
(whoever she loves ~, / may invite whomever you like)

1. 복합관계대명사절 (Whoever studies hard is~) 열심히 공부하는 학생은 누구든지/
   주어, 보어, 목적어의 명사절로 쓰일 때는 "~든지"라는 의미로서 좋아서 껴안는 느낌으로…
2. 복합관계대명사절 (Whoever may say so,) 누가 그렇게 말한다 할지라도,/
   주로 콤마를 동반하는 양보부사절로 쓰일 때는 "~라도"라는 의미의 밀어내는, 배척하는 느낌으로…
3. 복합관계부사절 (Whenever I meet her,) 내가 그녀를 만날 때마다, /
   부사절로서 "언제나" "~곳에서나" 라는 의미로서 좋아서 껴안는 느낌으로…
4. 복합관계부사절 (However hard you study,) 네가 아무리 열심히 공부하더라도,/
   양보부사절로서는 "~라도"라는 의미의 밀어내는, 배척하는 느낌으로…

* 큰 짐을 들고 가거나/ 들고 가기 싫어하는 모습에서 복합관계사절을 연상하라.

◆ 복합관계대명사

whoever, whomever, whichever, whatever는 복합관계대명사로서 명사절이나 양보부사절을 이끌며 해석은 명사절인 경우는 '~든지' 양보부사절은 '~라도'로 해석한다.

<u>Whoever comes here</u> will help her. → 명사절(~든지)을 이끈다.
= <u>Anyone who comes here</u> will help her.
여기에 오는 사람은 누구든지 그녀를 도울 것이다.

<u>Whatever happens</u>, I won't change my mind. → 양보부사절(~라도)을 이끈다.
= <u>No matter what happens</u>, I won't change my mind.
무엇이 일어난다 할지라도, 나는 나의 마음을 바꾸지 않을 것이다.

◆ 복합관계부사

whenever, wherever, however 등은 복합관계부사로서 부사절이나 양보부사절을 이끈다.

<u>Whenever my son comes</u>, he brings his friends. (부사절)
= <u>At any time when my son comes</u>, he brings his friends.
나의 아들은 올 때마다 그의 친구들을 데려온다.

<u>Whenever you may come</u>, she will welcome you. (양보부사절)
= <u>No matter when you may come</u>, she will welcome you.
네가 언제 올지라도 그녀는 너를 환영할 것이다.

Sit <u>wherever you like</u>. (부사절)
= Sit <u>at any place you like</u>.
네가 마음에 드는 어느 곳이든지 그곳에 앉아라.

<u>Wherever you may go</u>, I will follow you. (양보부사절)
= <u>No matter where you may go</u>, I will follow you.
네가 어디를 간다 할지라도, 나는 너를 따라갈 것이다.

<u>However fast you can run</u>, I will beat you. (양보부사절)
= <u>No matter how fast you can run</u>, I will beat you.
네가 아무리 빨리 달릴 수 있다 할지라도, 나는 너를 이길 것이다.

1. 복합관계대명사절이 명사절을 이끈다

복합관계대명사가 명사절을 이끌고 있으며 '~든지'로 해석한다.

1) Whoever wants the book may have it. 그 책을 원하는 누구든지 그것을 가질 수 있다.
   = Anyone who wants the book may have it.

2) I don't mind whomever you like. 나는 네가 좋아하는 누구든지 꺼려하지 않는다.
   = I don't mind anyone whom you like.

3) I can do whatever I please. 나는 내가 하고 싶은 무엇이든지 할 수 있다.
   = I can do anything that I please. (정해지지 않은 범위 내에서 어느 것)

4) Choose whichever you like. 네가 맘에 드는 어느 쪽이든지 고르라.
   = Choose anything that you like. (정해진 범위 내에서 어느 것)

2. 복합관계대명사절이 양보부사절을 이끈다

복합관계대명사가 양보부사절을 이끈다. 해석은 '~한다 할지라도'로 해석한다.

1) Whoever I meet, I have nothing to fear. 내가 누구를 만날지라도, 나는 두려워할 어떤 것도 없다.
   = No matter who I meet, I have nothing to fear.

2) Whatever happens, I will do it. 무슨 일이 일어나더라도, 나는 그것을 하겠다.
   = No matter what happens, I will do it.

3) Whoever may say so, you need not believe it.
   = No matter who may say so, you need not believe it.
누가 그렇게 말하더라도, 너는 그것을 믿을 필요가 없다.

3. 복합관계부사절이 부사절을 이끈다

1) You can visit me whenever you want. 네가 원할 때는 언제든지 너는 나를 방문할 수 있다.
   = You can visit me at any time when you want.

2) Whenever she is in trouble, she talks with others.
   = At any time when she is in trouble, she talks with others.
   그녀가 어려움에 있을 때마다, 그녀는 함께 이야기를 나눈다.

3) She is welcomed wherever she visits. 그녀는 방문하는 어느 곳에서든지 환영을 받는다.
   = She is welcomed at any place where she visits.

4. 복합관계부사절이 양보부사절을 이끈다

1) Wherever she goes, there are crowds of people waiting to see her.
   = No matter where she goes, there are crowds of people waiting to see her.
   그녀가 어디를 간다 할지라도, 그녀를 보기 위하여 기다리는 무리의 사람들이 있다.

2) However early we start, we can't get there by 3:00.
   = No matter how early we start, we can't get there by 3:00.
   우리가 아무리 일찍 출발한다 할지라도, 우리는 세시까지 그곳에 도착할 수 없다.

5. 복합관계형용사절

복합관계대명사가 뒤의 명사를 수식한다.

1) They are good at whatever job they do. 그들이 하는 어떤 일이든지 간에 그들은 능숙하게 잘한다.
   = They are good at any job that they do.

2) Whichever side wins, I shall be satisfied. 어느 편이 이기든 나는 만족이다.
   = No matter which side wins, I shall be satisfied.

3) It takes three hours, whichever route you take.
   = It takes three hours, no matter which route you take.
   네가 어느 길을 선택한다 할지라도, 세 시간이 걸릴 것이다.

* what money I have
 = all the money that I have (내가 가진 모든 돈)

기본 문제 연습

1. I will eat (whatever / whenever) she cooks for me.
   나는 나를 위해 그녀가 요리해준 무엇이든지 먹을 것이다.
   ➲ whenever는 복합관계부사로서 뒤에 완전문이 오지만 whatever는 복합관계대명사로서 뒤에 불완전문이 온다. 여기서는 cook의 목적어 역할을 하고 있는 whatever가 적절하다.

2. I will meet (whoever / who) wants to meet me.
   나는 나를 만나기를 원하는 사람은 누구든지를 만날 것이다.
   ➲ whoever은 선행사를 포함한 복합관계대명사로서 anyone who의 형태이고 who는 앞에 따로 선행사를 필요로 한다. 여기서는 따로 선행사가 없으므로 whoever가 적절하다.

3. (Wherever / Whatever) you may go, I will follow you.
   네가 어디를 갈지라도, 나는 너를 따를 것이다.
   ➲ 양보의 의미를 이끄는 복합관계부사로서 여기서는 wherever가 적절하다. whatever은 뒤에 불완전문이 온다.

4. (Whatever / What) you say, I will not trust you.
   네가 무엇을 말하더라도, 나는 너를 믿지 않을 것이다.
   ➲ whatever는 부사절을 이끌 수 있지만 what은 부사절을 이끌 수 없고 명사절을 이끌므로 여기서는 양보의 의미를 지닌 부사절을 이끄는 whatever가 적절하다.

5. You may take (whatever / whenever) you like. 너는 네가 좋아하는 무엇이든지를 가질 수 있다.
   ➲ whenever은 복합관계부사로서 뒤에 완전문이 오고 whatever은 복합관계대명사로서 뒤에 불완전문이 온다. 여기서는 불완전문(you like)이 왔으므로 whatever가 적절하다.

6. You can come, (whenever / whatever) you want to.
   너는 네가 오기를 원하는 언제든지, 올 수 있다.
   ➲ whenever는 복합관계부사로서 뒤에 완전문이 오고 whatever는 복합관계대명사로서 뒤에 불완전문이 온다. 여기서는 완전문(you want to come)이 왔으므로 whenever가 적절하다.

7. Give it to (whoever / whomever) wants to have it.
   그것을 가지기를 원하는 사람 누구에게나 그것을 주라.
   ➲ whoever는 주격복합관계대명사로서 여기서는 주어가 필요한 자리이므로 whoever가 적절하다. 절 전체의 관점에서 역할을 보아야지, 앞의 전치사인 to에 맞추어서는 안 된다.

8. (No matter what / No matter how) you want to buy, you can buy it in this store.
   당신은 무엇을 사기를 원한다 할지라도, 당신은 이 상점에서 살 수 있다.
   ➲ 양보절을 이끄는 경우이며 no matter what은 뒤에 불완전이 와야 하고 no matter how는 뒤에 완전문이 오므로 뒤에서 buy의 목적어가 없는 불완전문이 왔으므로 no matter what이 적절하다. No matter what은 whatever로 바꿀 수 있다.

9. (However / Whatever) hard you try, you will not solve the problem.
   당신이 아무리 노력한다 할지라도, 당신은 그 문제를 풀 수 없을 것이다.
   ➲ 양보절을 이끄는 경우이며 whatever는 뒤에 불완전이 와야 하고 however은 뒤에 완전문이 오므로 뒤에는 완전문이 왔으므로 however가 적절하다. 또한, hard는 부사로서 이 부사를 수식하는 것은 however이다.

10. I will give the present to (whoever / who) arrives first.
    나는 처음 도착하는 사람 누구에게든지 그 선물을 줄 것이다.
    ➲ whoever은 선행사를 포함한 anyone who의 형태이고 who는 앞에 따로 선행사를 필요로 한다. 여기서는 선행사가 없으므로 whoever가 적절하다.

11. You can have (whenever / whatever) you want.
    너는 네가 원하는 무엇이든지를 가질 수 있다.
    ➲ 여기서는 want의 목적어 역할을 할 수 있는 명사절인 whatever가 적절하다. 그리고 whatever의 절은 명사절을 이끈다. whenever절은 명사절이 아니라 부사절을 이끈다.

12. (Whatever / How) you may say, she will not change her mind.
    네가 무엇을 말한다 할지라도, 그녀는 마음을 바꾸지 않을 것이다.
    ➲ whatever은 콤마 있는 양보부사절을 이끌 수 있지만 how는 의문사로서 명사절을 이끌 수 있으므로 여기서는 양보부사절을 이끄는 whatever가 적절하다.

13. (Whatever / However) she says is true. 그녀가 말하는 무엇이든지 사실이다.
    ➲ whatever은 타동사인 says의 목적어 역할을 하면서 동시에 명사절을 이끌어 주어 자리에 올 수 있지만 however는 양보부사절을 이끌므로 여기서는 says의 목적어 역할과 문장의 주어 역할을 하는 whatever절이 적절하다.

14. She will not believe (whatever / whenever) you say.
    그녀는 네가 말하는 무엇이든지 믿지 않을 것이다.
    ➲ believe의 목적어 역할을 할 수 있는 명사절이 와야 하는데 whatever의 절이 believe의 목적어 자리에서 명사절의 역할을 할 수 있고 뒤에는 불완전문이 온다. whenever는 명사절이 아니라 부사절을 이끌며 뒤에는 완전문이 오므로 여기서는 불완전문이 왔으므로 whatever가 적절하다.

15. You can do it (however old / how old) you may be.
    너는 아무리 나이가 많을지라도 그것을 할 수 있다.
    ➲ however은 양보부사절을 이끌 수 있지만 how old는 의문사로서 명사절을 이끈다. 여기서는 양보부사절의 형태가 알맞으므로 however old가 적절하다.

16. You may choose (however / whichever) way you wish.
    너는 네가 원하는 어느 것이든지를 고를 수 있다.
    ➲ 여기서는 choose의 목적어 역할을 할 수 있는 명사절을 이끄는 whichever의 절이 와야 한다. however은 복합관계부사로서 양보부사절을 이끌 수 있지만 명사절은 이끌 수 없으므로 여기서는 목

적어 자리의 명사절이 와야 하므로 whichever가 적절하다.

17. (Which road / Whichever road) you may take, you will come to the same place.
   네가 어느 길을 택할지라도, 너는 똑같은 입장이 될 것이다.
   ⊃ which road에 있어서 which는 명사(road)를 수식하는 의문형용사로서 명사절을 이끌며 여기서 부적절하며 whichever road에 있어서 whichever은 명사(road)를 수식하는 복합관계형용사로서 부사절을 이끌 수도 있으므로 여기서는 whichever road가 적절하다.

18. You can have (which / whichever) you like.
   너는 네가 좋아하는 어느 것이든지 가질 수 있다.
   ⊃ 여기서는 타동사인 have의 목적어 자리에 올 수 있는 anything의 선행사를 가진 whichever절을 이끄는 whichever이 적절하다.

19. (However you may try hard / However hard you may try), the result will be the same.
   너가 아무리 노력한다 할지라도 결과는 똑 같을 것이다.
   ⊃ however는 뒤에 부사나 형용사가 존재할 때 반드시 바로뒤에 위치시켜야 하므로 'However hard you may try'가 적절하다.

기출 문제 연습

1. She has become a wonderful friend I can rely on (whatever / whenever) I am in need. (모의응용)
   그녀는 내가 필요할 때마다 기댈 수 있는 가장 멋진 친구가 되었다.
   ⊃ whatever는 복합관계대명사로서 뒤에 불완전문이 오지만 whenever는 복합관계부사로서 뒤에 완전문이 온다. I am in need는 완전문이므로 여기서는 whenever가 적절하다.

2. Now Matt can go out with her into the sea (wherever / whenever) he wants. (모의응용)
   이제는 Matt가 원할 때는 언제든지 그녀와 함께 바다로 나갈 수 있다.
   ⊃ 의미적으로 '그가 원할 때는 언제든지'가 어울리므로 whenever가 적절하다.

3. After young monkeys learn the alarm call for seeing an eagle, they use it (whenever / however) they see a large bird. (모의응용)
   어린 원숭이들이 독수리를 본 것에 대한 경고음을 배운 후에 그 원숭이들은 큰 새를 볼 때마다 그 경고음을 사용한다.
   ⊃ 의미적으로 '그들이 큰새를 볼때마다'이므로 whenever가 적절하다.

4. Acting against adversity means cultivating positivity in (however / whatever) way you can. (모의응용)
역경에 맞서 행동하는 것은 여러분이 할 수 있는 어떤 방식으로든지 적극성을 기른다는 것을 의미한다.
➲ 명사인 way를 수식할 수 있는 것은 복합관계부사인 however가 아니라 복합관계형용사인 whatever가 적절하다. 이 복합관계형용사절이 in의 목적절인 명사절을 이끌고 있다.

5. Of course some of this decline in newspaper reading has been due to the fact that we are doing more of our newspaper reading online. We can read the news of the day, or the latest on business, entertainment or (however / whatever) news on the websites of the New York Times, the Guardian or almost any other major newspaper in the world. (2013 수능기출)
물론 신문 읽기가 이처럼 감소하는 까닭의 일부는 우리들이 신문 읽기를 온라인으로 더 많이 하고 있다는 사실 때문이다. 우리는 그날의 뉴스, 사업계나 연예계의 최신뉴스, 뉴욕타임즈나 가디언이나 또는 세계의 거의 모든 주요 신문의 웹사이트에서 어떤 뉴스든지 읽을 수 있다.
➲ 명사인 news를 수식할 수 있는 것은 복합관계부사인 however이 아니라 복합관계형용사인 whatever가 적절하다.

마무리하고 넘어가기!

- whichever, whatever, whoever, whomever의 복합관계대명사는 양보부사절을 이끌거나 명사절을 이끌 수 있다. 그리고 뒤에는 불완전문이 온다.
- wherever, whenever, however의 복합관계부사는 부사절이나 양보부사절을 이끌 수 있다. 그리고 뒤에는 완전문과 함께 온다. ever가 없는 의문사절은 명사 역할을 한다.
- 명사를 수식하는 복합관계형용사는 반드시 복합관계대명사만이 가능하다.

스스로 어법문제 만들어가기

1. Cushions make the sofa more comfortable. Creating a cushion from your old T-shirts or sweaters is a fun project. Pick your fabric. Sweaters are soft and comfortable. T-shirts are a fun idea as well, because you can draw pictures on them. **Whichever fabric** you choose, make sure that you are okay with cutting it. (2013.06 고1 모의고사)
➲ 여기서 whichever는 복합관계형용사로서 fabric을 수식한다. 이 복합관계형용사절이 양보부사절을

이끌고 있다.

쿠션은 소파를 더 편안하게 만들어 준다. 오래된 티셔츠나 스웨터를 가지고 쿠션을 만드는 것은 재미있는 작업이다. 천을 고르라. 스웨터는 부드럽고 편안하다. 위에 그림을 그릴 수 있으므로, 티셔츠도 역시 재미있는 아이디어이다. 어떤 천을 선택하든, 그것을 잘라도 되는지 확인하라.

2. **Whenever** a geneticist unlocks new secrets of the DNA molecule, it adds to our knowledge base and enables us to better the human condition. Remember that life is a game where there are multiple winners. (수능)
   ➲ whenever는 복합관계부사절로서 부사절을 이끈다. 뒤에는 완전문이 온다.
   유전학자가 DNA 분자의 새로운 비밀을 알아낼 때마다, 그것은 우리 지식의 기반에 더해져서 우리로 하여금 인간 상황을 더 좋게 만들 수 있다. 인생은 다수의 승리자가 있는 경기임을 명심하라.

3. Two brothers were convicted of stealing sheep. They each were branded on the forehead with the letters ST for 'sheep thief'. One brother was so embarrassed by this branding that he ran away; he was never heard from again. The other brother, filled with regret, chose to stay in the village and try to make amends for his offenses. **Whenever** there was work needing to be done, the sheep thief came to help with a lending hand. Never accepting pay for his good deeds, he lived his life for others. Many years later, a traveler came through the village. Sitting at a sidewalk cafe, the traveler saw an old man with a strange brand on his forehead seated nearby. He noticed that all the villagers who passed the man stopped to share a kind word or to pay their respects. Curious, the stranger asked a resident of the village what the letters stood for. The villager replied, "I don't know. It happened so long ago… but I think it stands for 'saint.'" (2014.09 고2 모의고사)
   ➲ 여기서 whenever는 복합관계부사로서 부사절을 이끌고 있으며 '~ 할 때마다'의 의미이다.
   두 형제가 양을 훔친 죄로 유죄선고를 받았다. 그들은 각각 '양 도둑'을 뜻하는 'ST'라는 글자의 낙인이 이마에 찍혔다. 한 형제는 이렇게 낙인 찍히는 것이 너무나 부끄러워서 도망쳤고, 다시는 그의 소식을 들을 수 없었다. 후회로 가득한 다른 형제는 마을에 머무르면서 자신의 잘못을 보상하고자 노력할 것을 선택하였다. 해야 할 일이 있을 때마다 그 양 도둑은 도움의 손길을 주러 왔다. 선행에 대한 대가를 받지 않으며 그는 평생을 남을 위해 살았다. 수년 후에 한 여행자가 그 마을을 지나가게 되었다. 그 여행자는 길가에 있는 카페에 앉아, 이마에 이상한 낙인이 있는 한 노인이 근처에 앉아있는 것을 보았다. 그는 그 사람 곁을 지나가는 모든 마을 사람들이 덕담을 나누거나 경의를 표하고자 가던 길을 멈춘다는 것을 알아차렸다. 이를 궁금히 여긴 여행자는 마을의 한 주민에게 그 글자가 무엇을 뜻하는지 물어보았다. 그 마을 주민이 대답했다. "잘 모르겠습니다. 그 일이 너무 오래 전에 일어나서요. 하지만 제 생각에는 '성인'을 뜻하는 것 같습니다."

25 같은 품사끼리의 짝의 이해

and 등의 등위접속사를 기준으로 열거하는 경우에는 반드시 같은 품사의 짝을 맞추어야 하는데 이 그림에서는 같은 품사는 같은 모습들이라는 개념으로 이해하라는 의미이다.

예를 들어,
'연필' and '공책'에서 and를 중심으로 '연필'과 '공책'의 품사의 짝이 같아야 한다는 것이나
'여름이나' or '겨울이나'에서도 or를 중심으로 '여름이나' '겨울이나'가 서로 같아야 한다는 원칙이다.
열거는 주로 등위접속사인 and나 or를 중심으로 일어난다.

하지만
'연필을 가지고 and 공책'..... '연필을 가지고' 와 '공책'은 품사의 짝으로서 어울리지 않는다.

* 주위에서 친구끼리나 누군가 손을 잡고 가는 모습을 보면서 영어에서의 품사의 짝을 연상하라. 손을 잡고 간다는 건 친한 품사끼리의 관계이다.

영어는 반복을 싫어하므로 생략의 구조가 많다. 이러한 경향은 등위접속사인 and나 혹은 or를 기준으로 많이 일어난다.

예를 들어,

    I have a pen and I have an mp3.

자! 여기서 'I have'는 공통으로 양쪽 절에 포함되어 있기 때문에 뒤의 공통부분을 생략하고 나면 'I have a pen and an mp3.'의 구조가 되어 결과적으로 and를 기준으로 명사인 a pen과 an mp3의 명사가 서로 짝을 이루게 된다. 이 공통의 부분이 어법으로 자주 등장하게 된다.

1. A and B, A or B

1) He <u>sleeps</u> by day <u>and</u> <u>works</u> by night. 그는 낮에는 잠자고 밤에는 일한다.
      (단수동사)   and (단수동사)

2) The doll is <u>lovely</u> <u>and</u> <u>pretty</u>. 그 인형은 사랑스럽고 예쁘다.
        (형용사) and (형용사)

3) I tried to get students to <u>sit up</u> <u>and</u> <u>pay</u> attention in class.
                          (동사원형) and (동사원형)
   나는 학생들이 수업 시간에 바로 앉아서 주목하게 하려고 애썼다.

4) By <u>helping</u> each other <u>and</u> <u>trusting</u> in the ropes, we finally reached the top safely.
     (동명사)   and (동명사)
   서로를 돕고 로프에 의지함으로써 우리는 마침내 정상에 안전하게 도착했다.

5) You can <u>go</u> around <u>or</u> <u>sit</u> for a while.
        (동사원형)   or (동사원형)
   여러분들은 돌아다니거나 잠깐 앉아 있을 수 있다.

2. A, B, and/or C

   <u>Red</u>, <u>yellow</u>, <u>and</u> <u>green</u> are colors. 빨강, 노랑, 푸름은 색깔들이다.
   (명사)   (명사)   and (명사)

3. from A to B

Her attempts went from talking to crying. 그녀의 노력은 대화에서 울부짖음으로 바뀌었다.
　　　　　　　　　　　(동명사)　　(동명사)

➲ 'from A to B'에서 A, B는 명사 혹은 동명사

기본 문제 연습

1. He is very tall and (handsome / handsomely). 그는 매우 키가 크고 잘 생겼다.
   ➲ and를 중심으로 형용사인 tall과 handsome이 짝을 이루고 있다. 따라서 handsome이 적절하다.

2. He sleeps by day and (works / work) by night. 그는 낮에는 잠자고 밤에는 일한다.
   ➲ and를 중심으로 동사인 sleeps와 works가 짝을 이루고 있다. 따라서 works가 적절하다.

3. Cover the jar and (leave / leaves) it for two days. 항아리를 덮고 이틀 동안 그대로 두어라.
   ➲ and를 중심으로 동사인 cover과 leave가 짝을 이루고 있다. 따라서 leave가 적절하다.

4. The house is between the school and (the park / in the park). 그 집은 학교와 공원사이에 있다.
   ➲ and를 중심으로 명사인 the school과 the park가 짝을 이루고 있다. 따라서 the park가 적절하다.

5. She was dancing and (singing / to sing). 그녀는 춤추고 노래했다.
   ➲ and를 중심으로 현재분사인 dancing과 singing이 짝을 이루고 있다. 따라서 singing이 적절하다.

6. I decided to sit down and (had / have) coffee. 나는 앉아서 커피를 마시기로 맘먹었다.
   ➲ and를 중심으로 동사원형인 sit과 have가 짝을 이루고 있다. 따라서 have가 적절하다.

7. We headed for the information desk and (asking / asked) an airline worker.
   우리는 안내데스크에 가서 항공사 직원에게 물었다.
   ➲ and를 중심으로 과거동사인 headed와 asked가 짝을 이루고 있다. 따라서 asked가 적절하다.

8. People started screaming and (runs / running) in different directions.
   사람들이 소리치면서 달아나기 시작했다.
   ➲ and를 중심으로 현재분사인 screaming과 running이 짝을 이룬다. 따라서 running이 적절하다.

9. They love their siblings or (with the rest of the family / the rest of the family).
   그들은 형제나 다른 식구들을 사랑한다.
   ➲ and를 중심으로 명사인 their sibling과 the rest of the family가 짝을 이루고 있다. 따라서 the rest of the family가 적절하다.

10. They are social animals, and (lives / live) in groups of four to seven individuals.
    그들은 사회적 동물이며, 4~7마리씩 무리지어 산다.
    ➲ 복수동사인 are와 짝인 복수동사인 s나 es가 없는 live가 적절하다.

CHAPTER 01 어법 문제유형 정리

11. Ancient Egyptians changed their style of art from (carving / to carve) to painting.
고대 이집트인들은 예술 양식을 조각에서 회화로 바꿨다.
➔ from A to B에서 A와 B는 같은 품사인 짝을 이루는데, 동명사인 carving과 painting이 짝을 이룬다. 따라서 carving이 적절하다.

12. There is an important difference between having an ideal and (make / making) a rule to live by.
이상을 가지는 것과 지키며 살아갈 규칙을 만드는 것 사이에는 중요한 차이가 있다.
➔ 여기서 병렬구조인 짝은 having과 making이므로 여기서는 making이 적절하다.

13. You make them feel valued, acknowledged, and (importantly / important).
당신은 그들이 가치 있고, 인정받으며, 중요하다고 느끼도록 만든다.
➔ 형용사기능의 병렬구조이므로 important가 적절하다.

14. You're buying a used car, moving into a new apartment, or (determine / determining) which doctor should treat your cancer.
당신이 중고차를 사거나 새 집으로 이사하거나 또는 어느 의사가 당신의 암을 치료할지를 결정하려 한다고 하자.
➔ buying, moving, determining이 병렬구조의 짝이므로 여기선 determining이 적절하다.

기출 문제 연습

1. Be sure to wear protective equipment such as a helmet, wrist guards, and elbow pads even if your friends point and (laugh / to laugh). (모의)
혹 당신의 친구들이 손가락질하며 웃어도, 헬멧, 손목 보호대 그리고 팔꿈치 패드와 같은 보호 장비를 반드시 착용하라.
➔ and 뒤에 오는 어구는 앞의 품사와 짝을 맞춘다. 앞의 품사가 동사인 point이므로 짝으로서 laugh가 적절하다.

2. Touring caravans are mobile homes which are connected to the back of your family car and (tow / towed) to where you want to go. (모의)
여행용 캐러밴은 당신의 자동차 후미에 연결되어 당신이 가기를 원하는 곳까지 끌려가는(towed) 이동식 주택이다.
➔ and 뒤에 밑줄이 그어져 있으면 앞으로 가서 같은 품사의 짝을 찾는다. 여기서는 connected의 과거분사와 짝인 towed가 적절하다.

3. He believed that government leaders must be humane, honest and (fair / fairly). (모의)

   그는 정부의 지도자들이 인간적이고 정직하며 공정한 관리가 되어야 한다고 믿었다.
   - ⊃ A, B and C의 구조는 A, B, C가 짝으로서 항상 같은 품사끼리 온다. 여기서는 humain, honest와 형용사의 짝인 fair이 짝으로서 적절하다.

4. I stood 3,346 feet above sea level on a steep mountain slope and (found / find) it was easy to feel a little breathless. (모의)

   나는 해발 3,346 피트의 가파른 산비탈에 서서, 숨이 쉽게 차오름을 느꼈다.
   - ⊃ and 바로 뒤의 품사는 앞의 품사와 짝을 맞추는데, 여기서는 앞의 stood인 과거동사와 짝인 found가 적절하다.

5. After that the body was packed with dry material such as linen or straw and (wrapped / wapping) in bandages. (모의)

   그 후에 시체는 리넨이나 짚과 같은 건조한 물질로 채워졌고, 붕대로 감겨졌다.
   - ⊃ and 뒤에는 항상 짝을 생각하라. 여기서는 앞의 과거분사의 pp인 packed와 어울리는 wrapped가 적절하다.

6. Have you ever taken a long trip and not (remembering / remembered) a town you drove through? (모의)

   장기간의 여행을 하면서 당신이 운전해 지나간 마을을 기억하지 못한 적이 있는가?
   - ⊃ and 뒤에는 항상 품사의 짝을 생각하라. 여기서는 과거분사의 pp인 taken과 짝이 맞는 remembered가 적절하다.

7. The U.S. space agency NASA is currently on the Hundred Years Starship, a project of exploring new habitable planets and (help / helping) people settle down there. (모의)

   미항공우주국 NASA는 거주 가능한 새로운 행성을 탐사하여 사람들이 그곳에 정착하도록 도와주는 Hundred Years Starship 프로젝트를 현재 추진하고 있다.
   - ⊃ and 뒤에는 항상 품사의 짝을 생각하라. 여기서는 앞의 동격의 of의 목적어 역할을 하는 동명사인 exploring과의 짝인 helping이 적절하다.

8. Right after finishing his program and (received / receiving) his degree, Martin moved to Boulder. (모의)

   자신의 학업 과정을 마치고 학위를 취득한 직후, Martin은 Boulder로 이사했다.
   - ⊃ 등위접속사인 and 뒤에는 앞의 해당 품사와 짝을 생각하라. 여기서는 앞의 전치사의 목적어인 finishing의 동명사와 짝인 receiving의 동명사가 적절하다.

9. I think the law takes away the right of revenge from people and (give / gives) the

right to the community. (모의응용)
나는 법이 사람들로부터 복수할 권리를 빼앗아서 그 권리를 공동체에 주는 것이라고 생각한다.
◐ 등위접속사인 and 뒤에는 앞의 품사와 짝이 어울려야 하는데, 여기서는 앞의 동사인 takes와의 짝인 gives가 적절하다.

10. If someone sends you something, you will read it, (understand / understands) it, and respond immediately. (모의응용)
만약 누군가가 당신에게 무언가를 보내면, 당신은 그것을 읽고, 이해하고, 즉시 답을 할 것이다.
◐ A, B, and C는 병렬구조로서 A, B, C 품사의 기능이 같아야 한다. 여기서는 '조동사 will + 동사원형' 구조인 read와 understand 그리고 respond가 병렬로서 understand가 적절하다.

11. Blinking makes the eyes wet and (keeps / keep) the front portion clear for good vision. (모의응용)
깜박거림은 눈을 적셔주고 좋은 시력을 위해 앞부분을 깨끗하게 해준다.
◐ and 뒤는 같은 품사를 연결하는 짝인 병렬구조로서 여기서는 현재동사인 makes와 짝인 keeps가 적절하다.

12. When humans encounter a dangerous circumstance, their breathing becomes faster, their heart rate increases, and their throat and nose muscles (opening / open) up to allow more air to get to the lungs. (모의응용)
인간이 위험한 상황에 처하면 호흡이 빨라지고 심장박동수가 증가하고 목과 코의 근육이 확장되어 더 많은 공기가 폐로 들어가게 된다.
◐ 절의 짝인 병렬구조로서 절의 동사들인 becomes, increases, open등의 동사가 짝을 이루므로 open이 적절하다.

13. This kind of genetic tracking helps doctors to predict the likelihood of a person getting a disease and (diagnosing / to diagnose) it. (모의응용)
이러한 종류의 유전 추적은 의사들이 어떤 한 사람이 병에 걸리게 되는 가능성을 예측하고 그것을 진단할 수 있도록 도움을 준다.
◐ and 뒤 짝인 병렬구조이므로 help동사의 목적보어 자리인 to predict와 짝인 to diagnose가 적절하다.

14. The book covered every situation, from constructing boats, huts, and tents in a hurry to (catching / catch) fish without a line. (모의응용)
그 책은 보트, 오두막, 텐트를 서둘러 만드는 것부터 낚시줄 없이 고기를 잡는 것까지 모든 상황을 다루었다.
◐ A로부터 B까지라는 의미의 from A to B에서 A와 B는 명사나 동명사형태이므로 여기서는 동명사인 catching이 맞다.

마무리하고 넘어가기!

- 등위접속사 뒤에는 반드시 기능이 같은 품사끼리 짝을 맞추는 것이 필요하다.
  and나 or이 나오면 일단은 같은 기능의 품사를 생각하라.

스스로 어법문제 만들어가기

1. Though he tried to ignore their troubles, Paul soon found himself **caring** for the family **and sharing** his unusual home under the bridge with them. But the children missed having a home of their own. (2009.09 고1 모의고사)
   ⊃ and 뒤에는 기능이 같은 품사끼리 맞추는데 여기서는 found동사의 목적보어 역할을 하는 caring과 sharing을 맞춘다.
   Paul은 그들의 어려움을 무시하려고 애를 썼지만, 곧 자신이 그 가족을 돌보고 그들과 함께 다리 아래의 자신의 별난 집에서 함께 살고 있음을 깨닫게 된다. 그러나 아이들은 자신들의 집이 있었던 때를 그리워하였다.

2. Maji is produced using the following steps. First, small pieces of hemp are soaked in water for some time and then cut into tiny pieces. Next, these pieces are turned into a slippery pulp by using a grindstone. After that, it is **steamed, cleaned** with water, **ground** again and **placed** in a tank. (2009.09 고1 모의고사)
   ⊃ and 뒤에는 기능이 같은 품사끼리 짝을 맞추는데 여기서는 be pp구조의 pp인 steamed와 cleaned 그리고 ground와 placed를 짝을 맞춘다.
   마지는 다음의 순서로 제작된다. 첫째, 대마 조각들을 물에 얼마 동안 적셔 두고 나서 작은 조각으로 자른다. 그 다음, 이 조각들이 맷돌에서 갈려 끈적끈적한 펄프로 만들어진다. 그리고 나서 김을 쐬고, 물로 행구고, 다시 갈아서 큰 통에다 둔다.

3. **Stop** thinking about what you don't have and **find** a solution yourself! You weren't trained to be a 'gym' teacher; you were trained to teach physical education. 'Gym' teacher is an old-fashioned term that some people still use to describe a physical educator, and some people still use the word 'gym' to describe physical education. (2010.03 고2 모의고사)
   ⊃ and 뒤에는 기능이 같은 품사끼리 맞추는데 여기서는 명령문의 형태인 stop과 find가 짝을 이룬다.
   갖고 있지 않은 것에 대해 생각하지 말고 해결책을 스스로 찾도록 하라! 당신은 'gym' 교사가 되도록 훈련을 받은 것이 아니라, 체육 교육을 실시하도록 훈련을 받았다. 'gym' 교사라는 말은 일부 사람들이 체육 교사를 가리키기 위해서 아직도 사용하고 있는 구시대의 말이며, 일부 사람들은 체육 교육을 지칭하기 위해서 'gym'이라는 단어를 아직도 사용하고 있다.

4. Teenagers who use their cell phones excessively are more likely to have difficulty **falling** asleep and **staying** asleep at night. Results showed that compared with light users, teens who were heavy users woke up more often during the night, and spent more time tossing and turning before falling asleep.(2010.03 고2 모의고사)
　◯ and 뒤에는 기능이 같은 품사끼리 맞추는데 여기서는 동명사구조인 falling와 staying을 짝을 맞춘다.
　휴대전화를 과도하게 사용하는 십대들은 밤에 잠들거나 잠든 상태를 유지하는 데 어려움을 겪을 가능성이 더 많다. 실험 결과 경미한 사용자들과 비교할 때, 과도한 사용자였던 10대들은 밤에 더 자주 잠에서 깨었으며 잠들기 전에 더 많은 시간을 잠자리에서 뒤척이며 보냈다.

26 비교의 대상은 같아야~

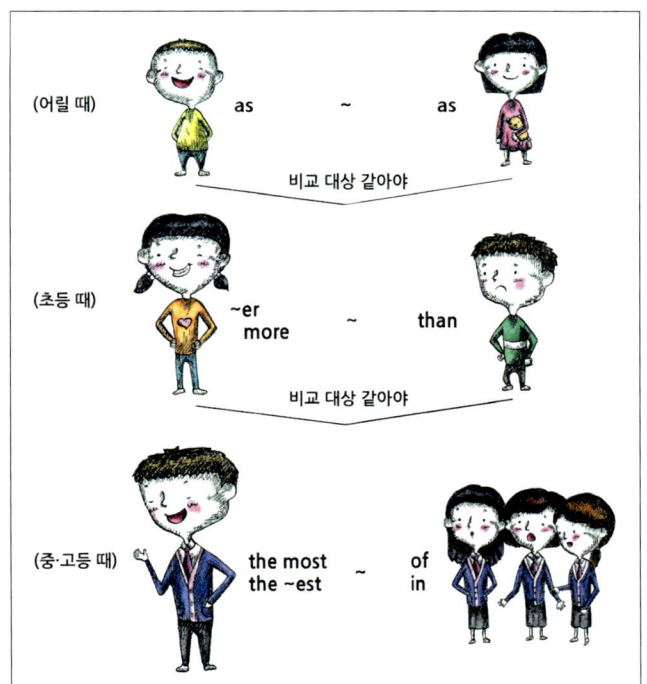

비교한다는 것은
같은 내용을 두고 서로 다른 두 대상을 비교한다는 것인데 반드시 그 대상이 같아야 한다.
(그는 키가 크다...그녀는 키가 크다).... 비교대상은 그와 그녀/ 비교내용은 키 큰이다.
따라서 비교대상은 다른 동일종류이고 비교내용은 같아야 비교의 의미가 존재한다.

위 그림에서 비교대상은 남학생과 여학생이 비교되고 있고 비교 내용은 키의 크기이다.
비교 대상은 종류에 있어서 반드시 동일해야 한다는 원리이다.
남학생과 학교를 두고 비교한다는 것은 비논리적이다.

이해의 편의를 위하여 내용은 키를, 대상은 남학생과 여학생을 예로 든다면
보통 어릴 때는 키의 크기가 <u>남학생이 여학생과 비슷하지만</u> (as ..... as)
초등학생 때가 되면 <u>여학생이 남학생들보다 더 크고</u> (~er, ~more ..... than)
중.고등학생 때가 되면 대체로 어떤 남학생이든지 평균적으로
<u>거의 모든 여학생 중에서 키가 가장 크다는</u> (the ~est, the most~...in~, of~)
가정하에서 비교급을 생각하도록.

* 남학생과 여학생의 키의 비교에서 비교급을 연상하라.

CHAPTER 01 어법 문제유형 정리

우리들이 키 크는 과정을 보면 어릴 때는 남자아이와 여자아이들이 키가 비슷해지다가 초등생이 되면 여학생이 조금 더 크다가 드디어 중·고생이 되면 대체로 어떤 남학생의 키가 평균적인 여학생들 모두 보다도 가장 크다.

이 과정을 연상하면서 비교급의 틀을 잡아보길 바란다. 비교급은 모양이 중요하다.

비교급 이해하기

◆ 키 크는 과정으로 비교급 이해

1. 어릴 때는 남자아이가 여자아이만큼 크고
   여자(as)~여자(as)만큼은 커야   (as~as/여자~여자만큼은 커야!)

2. 초등학생 때는 여학생이 남학생들보다 더 크고
   일(~er)~단(than)은 보다 더 커야   (er~ than/일단은 ~보다 더 커야!)

3. 중·고생 때는 남학생이 대부분의 평균적인 여학생들보다 가장 크다.
   더 스타 (the ~est)로서~가장 커야   (the ~est /더 스타는 모두 중에서 가장 ~한)

◆ 비교급의 이해를 위한 연습

비교대상은 '철수와 영희'이며 비교 내용은 '키 큰, 많은, 열심히, 유명한'이다.
비교내용은 형용사나 부사이다.

1. A는 B만큼 크다. → A is as tall as B.
   A는 B보다 더 크다. → A is taller than B.
   A는 모두 중에서 가장 크다. → A is the tallest of all.

2. A는 B만큼 많은 책을 읽는다. → A reads as many books as B does.
   A는 B보다 더 많은 책을 읽는다. → A reads more books than B does.
   A는 모두 중에서 가장 많은 책을 읽는다. → A reads the most books of all.

3. A는 B만큼 영어를 열심히 공부한다. → A studies English as hard as B does.
   A는 B보다 더 영어를 열심히 공부한다. → A studies English harder than B does.
   A는 모두 중에서 가장 영어를 열심히 공부한다. → A studies English hardest of all.

4. A는 B만큼 유명하다. → A is <u>as famous as</u> B.
   A는 B보다 더 유명하다. → A is <u>more famous than</u> B.
   A는 모두 중에서 가장 유명하다. → A is <u>the most famous</u> of all.

◆ 비교급의 기본적 원리

   A as ~ as B → A는 B만큼 그 정도로 ~ 하다.
   A ~er/more than B → A는 B보다 더 ~ 하다.
   A most/~est in/of B → A는 B중에서 가장 ~ 하다.

비교구문은 보통 세 가지 유형으로 나눌 수 있다. 누구와 같다(원급)든지 아니면 누구보다도 더 ~하다(비교급)든지 그리고 ~중에서 가장 ~하다(최상급)든지의 이 세 가지가 비교의 대표적 유형이다.

첫째, 원급이 만들어지는 과정을 살펴보면 '같다'라는 비교는 원급의 비교라 하며 '~는 ~한 정도인데 다른 ~도 원래의 그 정도'란 의미의 표현이다.

   He is tall.   I am tall.
   (그는 키가 크다.) (나는 키가 크다.)

이 두 문장을 원급을 써서 비교하기 위해 두 문장을 as로 연결하면

   He is tall as I am tall. (비문)
   ⊃ 이때 as는 '만큼'의 접속사이다.

중복적으로 쓰인, 뒤쪽의 tall을 빼면

   He is tall as I am. (비문)

강조적 의미로 형용사인 tall 앞에 부사인 '그 정도로'의 의미인 as를 한 번 더 붙이면

   He is as tall as I am.
   (원급비교: 그는 나만큼 그 정도로 키가 크다.)

특히, 배수를 추가하고자 하면 앞의 as앞에 배수를 놓는다.

   He is <u>twice</u> as tall as I am. 그는 나보다 두 배나 키가 크다.

둘째, 비교급이 만들어지는 과정을 보면 비교급에 의한 비교는 '~는 ~한데 ~는 더 ~하다'의 의미의 표현이다.

CHAPTER 01 어법 문제유형 정리

He is tall. I am tall.

비교급을 써서 두 문장을 비교하면 두 문장사이에 **than**을 붙이고

He is tall. than I am tall. (비문)

그리고 중복적으로 쓰인 뒤의 **tall**을 없애면

He is tall than I am. (비문)

그리고 **tall**의 형용사 뒤에 **er**을 붙이면 비교급에 의한 비교가 완성이 된다.

He is taller than I am.
(비교급에 의한 비교: 그는 나보다 더 키가 크다)

특히 배수의 비교급에서는

He is three times taller than his son. 그는 그의 아들보다 세 배나 키가 더 크다.

셋째, 최상급은 '~중에서 가장 ~하다'이거나 '~에서 가장 ~하다'의 의미의 표현이다.

He is the tallest in his class.
He is the tallest of all the students.

◆ 비교의 대상은 반드시 동일한 대상의 A 와 B

한국의 기후는 러시아의 기후보다 더 온화하다.(O)
The climate of Korea is milder than the climate of Russia.
The climate of Korea is milder than that of Russia. (the climate = that)
➡ 비교대상은 한국의 기후와 러시아의 기후이고 비교내용은 온화하다는 내용이다.

한국의 기후는 러시아보다 더 온화하다. (×)
The climate of Korea is milder than Russia. (×)
➡ 비교대상은 한국의 기후와 러시아이고 비교내용은 온화하다는 내용이다. 비교대상이 논리적으로 적절하지않다.

교육의 가치는 건강의 가치만큼 중요하다.
The value of education is as important as that of health. (O) (the value = that)
The value of education is as important as those of health. (×) (the value ≠ those)

300 | 같은 품사끼리의 병렬

토끼의 귀는 고양이의 귀보다 더 길다.
The ear of the rabbit is longer than that of the cat. (O)
⊃ 수식을 받는 대명사는 that은 가능하다
The ear of the rabbit is longer than it of the cat. (×)
⊃ 수식을 받는 대명사의 it은 불가하다

1. He prefers <u>English</u> to <u>mathematics</u>. → 명사의 비교
   그는 수학보다는 영어를 더 좋아한다.
2. <u>She is</u> as tall as <u>I am</u>. → 주어의 비교
   그녀는 나만큼 키가 크다.
3. We know <u>sending an email</u> is as simple as <u>playing a game</u>. → ing동명사의 비교
   우리는 이메일을 보내는 것이 게임을 하는 것만큼이나 간단하다는 것을 안다.
4. <u>Renting an apartment</u> is cheaper than <u>buying a house</u>. → ing동명사의 비교
   아파트를 빌리는 것이 집을 사는 것보다 더 싸다.
5. <u>To doubt</u> is safer than <u>to be secure</u>. → to부정사의 비교
   의심하는 것이 확신하는 것보다 더 안전하다.

CHAPTER 01 어법 문제유형 정리

기본 문제 연습

1. The climate of Busan is warmer than (that of Seoul / Seoul).
   부산의 날씨는 서울의 날씨보다 더 포근하다.
   ⊃ 부산의 날씨(the climate of Busan)와 서울의 날씨(the climate of Seoul)를 비교하고 있다. the climate of Busan과 Seoul을 비교하고 있는 것은 아니다. 따라서 that of Seoul이 적절하다.

2. The houses of the rich are usually bigger than (those of the poor / the poor).
   부자들의 집은 가난한 사람들의 집보다 더 크다.
   ⊃ the houses of the rich와 those of the poor를 비교하고 있다. 따라서 those of the poor이 적절하다.

3. My computer is far older than (yours / you). 나의 컴퓨터는 너의 것보다 훨씬 더 오래 되었다.
   ⊃ my computer와 your computer = yours를 비교하고 있다. 따라서 소유대명사인 yours가 적절하다.

4. The old man doesn't drive as well as he (was / did) while young.
   노인들은 젊었을 때 운전하는 것만큼 그렇게 잘하지 못한다.
   ⊃ drive와 drived의 두 동사를 비교하고 있으므로 drived를 대신하는 did가 적절하다.

5. It is hotter today than it (did / was) yesterday. 어제보다도 오늘이 더 덥다.
   ⊃ is hot today와 was hot yesterday를 비교하고 있으므로 was가 적절하다.

6. His bag is three times as heavy as (mine / me). 그의 가방은 나의 가방보다 세 배나 무겁다.
   ⊃ 비교대상이 그의 가방과 나의 가방이므로 나의 가방이란 의미의 소유대명사인 mine이 적절하다.

7. The history of war is as old as (man / that of man).
   전쟁의 역사는 인간의 역사만큼 오래 되었다.
   ⊃ 비교대상이 전쟁의 역사와 인간의 역사이므로 that of man이 적절하다.

8. The cover of this book is blacker than (it / that) of the magazine.
   이 책의 표지는 그 잡지의 표지보다 더 검다.
   ⊃ 비교대상이 책의 표지와 잡지의 표지이며 it이라는 대명사는 수식을 받는 성질의 대명사가 아니므로 수식을 받을수 있는 that이 적절하다.

기출 문제 연습

1. The percentage of people who bought e-books in the USA was four times higher than (France / that in France). (모의응용)
   미국에서 전자책을 구매한 사람들의 비율은 프랑스보다 4배 더 높았다.
   ➲ 비교급에서는 비교대상이 같아야 한다. 여기서는 전자책을 구매한 사람들의 수를 비교하고 있으므로 사람들의 수와 프랑스 자체와는 비교대상이 될 수 없다. 따라서 비교대상이 같은 that in France가 적절하다.

2. In the entire age group, the percentage of women who volunteered was higher than (men / that of men) who did. (모의응용)
   전체 연령 집단에서 봉사활동을 한 여성의 비율은 남성의 비율보다 더 높았다.
   ➲ 비교급에서는 비교대상이 같아야 하는데 여기서는 여자들의 비율인 the percentage of women과 남자들의 비율인 that of men이 비교대상이므로 that of men이 적절하다.

3. Each year, the number of Koreans going abroad is larger than (that of foreigners / foreigners) visiting Korea. (모의응용)
   매년 외국으로 나가는 한국인의 수는 한국을 방문하는 외국인의 수보다 더 많다.
   ➲ 여기서는 한국인들의 수와 외국인들의 수가 비교대상이므로 that of foreigners가 적절하다. 한국인의 수와 단순히 외국인이 비교대상이 될 수는 없다.

4. Doing science in the school laboratory can be much more interesting than (read / reading) about it. (모의응용)
   학교 실험실에서 과학을 하는 것은 과학에 관하여 읽는 것보다 훨씬 더 흥미로울 수 있다.
   ➲ 여기서 비교대상은 doing과 reading을 비교하고 있으므로 reading이 적절하다.

5. Children who often get serious ear infections are twice as likely to become overweight later in life than (kids with healthier ears / healthier ears). (모의응용)
   귀에 심한 염증이 자주 생기는 아이는 건강한 귀를 가진 아이들 보다 나중에 과체중이 될 가능성이 두 배에 가깝다.
   ➲ 여기서의 비교대상은 '심각한 귀 염증을 가지고 있는 아이들(Children who often get serious ear infection)'과 건강한 귀를 가지고 있는 아이들과 비교이므로 kids with healthier ears가 적절하다.

6. The role of humans in today's ecosystems differs from (that of early human settlements / early human settlements). (모의응용)
   오늘날 생태계에서 인간의 역할은 초기 인간 정착민들의 그것과는 다르다.
   ➲ 비교 대상이 the role이므로 초기 인간 정착민들(early human settlements)이 아닌 초기 인간 정착민들의 역할(that of early human settlements)이 적절하다.

CHAPTER 01 어법 문제유형 정리

7. The rate of men who volunteered in age group 55 to 64 was twice as high as (that of men / men) who did in age group 25 to 34. (모의응용)
   55세에서 64세 사이의 남성이 봉사활동을 한 비율은 25세에서 34세 사이의 남성이 봉사활동을 한 비율보다 두 배가 더 높았다.
   ➲ 비교대상이 봉사활동을 한 비율을 의미하므로 that of men이 적절하다.

8. Of all energy sources, the percentage of fossil fuels is the largest, which is about four times as high as (those / that) of renewables. (모의응용)
   전체 에너지 자원 가운데서 화석연료의 비율이 가장 큰데, 이 비율은 재생에너지의 약 4배에 이른다.
   ➲ 비교대상이 화석연료의 비율(the percentage of fossil)과 재생에너지의 비율(the percentage of renewables)이므로 비율(percentage)이라는 단수를 받으므로 that이 적절하다.

마무리하고 넘어가기!

- 어떤 기준에 대해서 두 대상을 비교하는 것이 비교급이며 비교대상의 품사는 반드시 같아야 한다.

스스로 어법문제 만들어가기

1. Obviously, saving 150 lives is better **than saving** 98 percent of 150 lives, but a measure that saved 98 percent of the lives seems clearly cost-effective. The 98 percent figure provides the students with a frame that 150 lives by itself does not. Whether the money spent on safety is seen as a wise decision or not will depend on the context of comparison. (2013.11 고2 모의고사)
   ➲ 동명사(saving~)와 동명사를 서로 비교하고 있다.
   명백히, 150명 중 98퍼센트보다는 150명을 구하는 것이 더 낫지만, 98퍼센트를 구하는 대책이 분명히 비용 효과가 커 보인다. 98퍼센트라는 수치는 150명이라는 수치 자체가 주지 못하는 인식의 틀을 학생들에게 제공해 준다. 안전에 지출된 비용이 분별 있는 결정으로 보일지 않을지는 비교의 상황에 달려있다.

2. In the field of science, however, finding out what does not work is as important as **finding** out what does. In fact, real advances in science tend to occur when solutions do not fit the predictions. Although students should not be constantly faced with frustrating learning situations, a positive attitude toward failure may

better serve them in developing problem-solving skills. (2014.03 고2 모의고사)
⊃ 여기서는 as를 기준으로 동명사인 finding out what does not work(잘 되지 않는 것을 알아내는 것)와 finding out what does(잘되는 것을 알아내는 것)를 서로 비교하고 있다.

그렇지만, 과학의 영역에서는 (생각했던 대로) 잘 되지 않는 것을 알아내는 것이 잘 되는 것을 알아내는 것만큼 중요하다. 사실, 과학에서 진정한 진보는 해결책이 예상에 들어맞지 않을 때 일어나는 경향이 있다. 비록 학생들이 지속적으로 좌절감을 주는 학습 상황에 직면해서는 안 되지만, 실패에 대한 긍정적인 태도는 문제를 해결하는 능력을 개발하는 데 있어서 그들에게 더 도움이 될 수 있다.

CHAPTER 01 어법 문제유형 정리

27 독립 분사구문의 의미상 주어

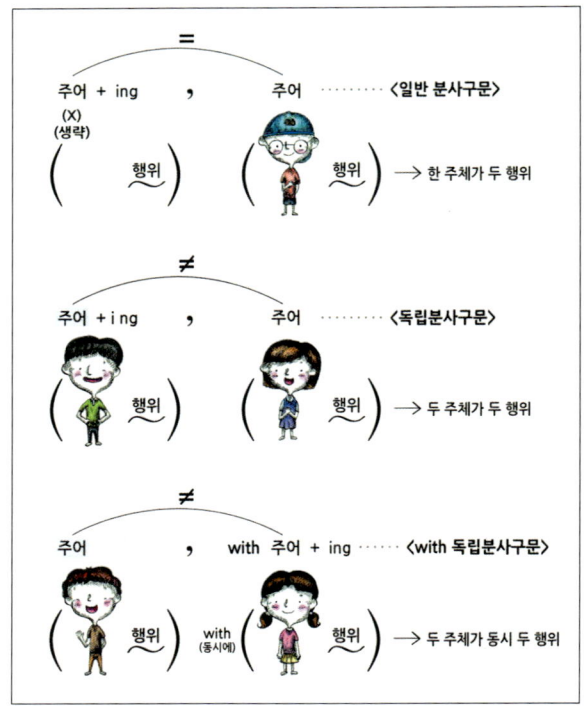

1. 분사구문의 주어와 주절의 주어가 같으면 주절의 주어만 남기고 분사구문의 주어는 생략
   위 그림에서 남자가 분사구문의 행위 / 남자가 주절의 행위
   (Tom 생략) Being unable to afford a car, Tom bought a bicycle.
   (Tom은) /차를 살 여유가 없어서 //Tom은 / 자전거를 샀다.)
2. 주절의 주어와 분사구문의 주어가 다른 경우 독립분사구문으로서 분사구문의 주어를 남겨.
   위 그림에서 남자가 분사구문의 행위 / 여자가 주절의 행위
   Her husband taking her car, she went to work by taxi.
   (그녀의 남편이/ 그녀의 차를 가져가서 //그녀는 /택시를 타고 출근했다.)
3. with +분사구문
   역시, 주절의 주어는 남자이고 분사구문의 주어는 여자로서 서로 다르므로 둘 다 남겨둔다.
   위 그림에서 남자는 주절의 행위 / 동시에(with) 여자는 분사구문의 행위
   Tom was reading a book with his wife watching TV.
   (Tom은/ 책을 읽고 있었고// 동시에 그의 아내는/ TV를 보고 있었다.)

* 싱글인 남자 아빠가 밥도 하고 / 청소도 하면 일반분사구문,
   남자인 아빠가 청소하기 때문에 / 여자인 엄마는 밥을 하면 독립분사구문
   남자인 아빠가 청소하고 / 동시에 여자인 엄마가 밥을 하면 동시(with) 독립분사구문
   엄마, 아빠의 집 안에서 역할 행위를 보면서 분사구문의 종류를 연상하라.

분사구문이란 부사절에 있어서 일단은 접속사를 생략하고 그리고 종속절의 주어가 주절에서와 같은 주어이면 주어를 생략하고 동사에 ing를 붙여 좀 더 간단한 구문으로 만들어 놓은 것을 말한다.

즉 다시 말해서 부사절을 민낯이라 보고 분사구문을 화장한 얼굴이라 가정하여 부사절에서 분사구문으로 전환 시에는 화장을 한다고 생각해보자.

먼저 접속사는 지우고 (접속사는 점이라는 발음과 비슷하므로 점과 연관시켜 점을 지우고)
점이 만약 매력적이라면 남겨두기도 한다.(때로는 접속사를 남겨 둠)

둘째로 주어가 주절의 주어와 같으면 지우고 (주어는 주근깨와 같은 발음으로 주근깨와 연관시켜 주근깨를 지우고) 주근깨가 양쪽 볼에서 매력적으로 다르다면 서로 남겨둔다. (주어가 서로 다르면 남겨둠)

마지막으로 동사를 원형으로 고쳐 ing를 붙인다. (발음이 동사와 비슷한 '젊어 보이는 얼굴의 동안'으로 만든다.)

만약 동사가 be동사라면 being이 되는데 생략할 수 있다.

 Though I live next to her house, I don't know her.
 (접속사) (주어) (동사) →〜〜접속사를 지우고, 주어가 같으므로 지우고 living으로 고친다.(부사절을 분사구문으로)
  (점) (주근깨) (동안) →〜〜점을 지우고 주근깨를 지우고 얼굴을 동안으로 만든다.(민낯을 화장한 얼굴로)
 Living next to her house, I don't know her.

다시 간단히 정리하자면 화장 시에는 먼저 접속사인 점을 지우고, 주어인 주근깨를 지우고, 동사에 ing를 붙여 동안의 얼굴로 만드는 화장의 과정이 부사절을 분사구문으로 만드는 과정이라 가정하길.

이 경우 분사구문의 문장을 접근할 때에는 주어를 중심으로 문장구조와 의미를 파악하는 것이 중요하다. 분사구문의 주어가 주절의 주어와 같느냐 다르느냐를 반드시 챙겨서 파악하도록.

 When I arrived at the station, I met my old friend. → 두 절의 주어가 'I'로서 서로 같음

이 부사절에서 접속사인 when을 없애고 주어인 I는 주절의 주어와 서로 같으므로 생략하고 동사의 원형에 ing를 붙이면 다음과 같은 분사구문이 된다.

 Arriving at the station, I met my old friend.

CHAPTER 01 어법 문제유형 정리

하지만

If all things are equal, I will employ her. → 두 절의 주어가 'all thing'와 'I'로서 서로 다름)

이 부사절에서 접속사인 if를 없애고 주어인 all things는 주절의 주어인 'I'와 서로 다르므로 그대로 두고 동사는 원형에 ing를 붙이면 다음과 같은 분사구문이 된다.

All things being equal, I will employ her.

여기서 분사구문자체의 주어인 all things와 주절의 주어인 I는 서로 다른데 이처럼 주어가 서로 다른 경우, 이 경우의 분사구문을 독립분사구문이라고 한다. 독립이란 주어가 서로 다른 독립이란 의미이다.

즉 분사구문의 행위의 주체인 의미상의 주어는 주절의 주어와 같으면 생략하고 다르면 남겨두어야 한다.

분사구문의 의미상의 주어와 주절의 주어가 서로 다른 분사구문을 독립분사구문이라 한다.

(주어A) + ing (주어A) + 동사 → 주어가 같으면 분사구문의 주어인 A는 생략
(주어A) + ing (주어B) + 동사 → 주어가 다르면 분사구문의 주어인 A는 생략 불가

그리고 특히, 분사구문의 주어와 주절의 주어가 서로 다른 독립분사구문에 있어 분사구문 앞에 with를 붙여 좀 더 현실감의 느낌을 주는 형태가 있는데 이 경우는 with독립분사구문이라고 칭하기로 한다.

I dusted the furniture with the window open. 나는 창문을 열어 둔 채로 가구의 먼지를 털어냈다.
➲ 두 절의 주어가 I와 the window로서 서로 다름

With his hands trembling, he opened the package. 손을 떨면서, 그는 소포를 열었다.
➲ 두 절의 주어가 his hands와 he로서 서로 다름

1. 일반 분사구문(분사구문의 주어 = 주절의 주어)

분사구문의 주어와 주절의 주어가 같기 때문에 분사구문의 주어를 생략한 형태이다.

1) (I) Waiting for her, I ran into an old friend.
   주어(I)   주어(I) → 주어가 같으므로 앞의 주어(I)는 생략
   그녀를 기다리는 동안 나는 옛 친구를 만났다.
   (그녀를 기다리고 있던 나는 옛 친구를 만났다.)

2) (He) Arriving home, he realized that he had no keys.
      주어(he)   주어(he) → 주어가 같으므로 앞의 주어(he)는 생략

   집에 도착했을 때, 그는 열쇠가 없다라는 사실을 깨달았다.
   (집에 도착한 나는 열쇠가 없다라는 사실을 깨달았다.)

2. 독립 분사구문(분사구문의 주어 ≠ 주절의 주어)

분사구문의 주어와 주절의 주어가 서로 다르기 때문에 분사구문의 주어를 생략하지 않는다.

1) School being over, we played on the ground.
      주어(school)   주어(we) → 주어가 다르므로(school ≠ we) 주어들을 남겨 둠

   수업이 끝난 후에 우리는 운동장에서 놀았다.

2) His father being dead, he had to give up school.
      주어(his father)   주어(he) → 주어가 다르므로(his father ≠ he) 주어들을 남겨 둠

   그의 아버지가 돌아가셨기 때문에 그는 학교를 그만두어야 했다.

3) It being fine yesterday, we went out for a walk.
      주어(It)   주어(we) → 주어가 다르므로(It ≠ we) 남겨 둠

   어제 날씨가 좋아서 우리는 산책을 나갔다.

3. with 독립분사구문

with 독립분사구문은 두 개의 동작이 동시에 이루어지는 상황(부대상황)을 묘사한다.

분사구문의 주어와 주절의 주어가 다른 독립분사구문에 있어 두 동작의 동시상황이나 부수적으로 일어나는 상황을 좀 더 생생하게 표현하는 형식이며 with를 분사구문 앞에 붙인다.

1) With the deadline coming in a week or so, I was very busy.
     (with)   (주어)   (주어)

   → 주어가 서로 다름 (the deadline ≠ I)
   마감일이 일주일 앞으로 다가왔으므로 나는 매우 바빴다.

2) With our work finished, we were very happy. → 주어가 서로 다름 (our work ≠ we)
     (with)   (주어)   (주어)

   우리의 일이 끝나서 우리들은 매우 기뻤다.

3) She was running with her hair flying in the wind. → 주어가 서로 다름 (she ≠ her hair)
   (주어)   (with)   (주어)
   그녀는 그녀의 머리카락이 바람에 날리는 채로 뛰어가고 있었다.

4) You must not sleep with your mouth (being) open. → 주어가 서로 다름 (you ≠ your mouth)
   (주어)   (with)   (주어)
   너는 너의 입을 벌린 채로 잠을 자서는 안 된다.

4. with 독립 분사구문에서의 주로 사용되는 신체일부는 주로 pp인 수동

신체일부의 행위는 결코 능동적으로 일어날 수는 없다. 팔이 마음대로 움직인다든지, 눈이 스스로 감겨지는 현상이 일어난다면 큰일이다.

따라서 신체일부의 움직임은 대뇌의 작용에 의한 수동적 행위이므로 반드시 **pp**인 수동으로 표현한다.

하지만, 신체일부라 할지라도 심장의 행위는 항상 능동적이다.

1) He sat on a chair with his legs (being) crossed.
   (주어)   (with) (주어)   (pp인 수동) → 신체일부의 의미상 주어(his legs)
   그는 그의 다리를 꼬인 채로 의자에 앉아 있었다.

2) The boy sat on a big sofa with his eyes (being) fixed on the TV.
   (주어)   (with) (주어)   (pp인 수동) → 신체일부의 의미상 주어(her eyes)
   그 소년은 그의 눈이 TV에 고정된 채로 큰 소파에 앉아 있었다.

3) She lay with her eyes (being) closed.
   (주어)   (with) (주어)   (pp인 수동) → 신체일부의 의미상 주어(his eyes)
   그녀는 그녀의 눈을 감은 채로 누워 있었다.

4) With my right hand (being) wounded, I couldn't lift the heavy bag.
   (with)   (주어)   (pp인 수동) (주어) → 신체일부의 의미상 주어(my right hand)
   오른손을 다쳐서 나는 그 무거운 가방을 들어 올릴 수가 없었다.

5) He sat still with his eyes (being) closed.
   (주어)   (with) (주어)   (pp인 수동) → 신체일부의 의미상 주어(his eyes)
   그는 그의 눈을 감은 채 조용히 앉아 있었다.

6) He stood leaning against the window with his arms (being) folded.
　　(주어)　　　　　　　　　　　　　　　(with)　(주어) → 신체일부의 의미상 주어(his arms)
　　그는 그의 팔짱을 낀 채 창문에 기대어 서 있었다.

*7) I felt my heart throbbing with joy.
　　나는 나의 심장이 즐거움으로 두근거림을 느꼈다.
　　⊃ 심장은 항상 ~ing 능동으로 표현한다.

* with독립분사구문의 의미 및 구별

　　Don't enter the room with your shoes on. 구두를 신은 채로 방에 들어가지 마라.
　　구두를 신은 채로(your shoes on), 주어+술어관계가 성립하므로 분사구문(O)

　　I played with my friend yesterday. 나는 어제 친구와 놀았다.
　　내 친구와 어제(my friend yesterday), 주어+술어의 관계가 성립하지 않으므로 분사구문(×)

　　With her husband traveling abroad, the house seemed pretty empty.
　　그녀의 남편이 해외 여행 중이었으므로 집이 텅 빈 것 같았다. (부대상황의 이유)

　　It is a misty morning, with little wind blowing.
　　바람기 거의 없는 안개 낀 아침이다. (부대상황의 상태)

　　He sat reading, with his wife watching TV beside him.
　　그는 책을 읽으면서 앉아 있었고 그의 아내는 그 옆에서 텔레비전을 보고 있었다. (부대상황의 동시동작)

기본 문제 연습

1. (It being / Being) fine, we played baseball. 날씨가 좋기 때문에, 우리는 야구를 했다.
   ➲ 분사구문의 주어인 it과 주절의 주어인 we가 서로 다르므로 분사구문의 주어인 it을 남겨 둬야 한다. 따라서 it being이 적절하다.

2. Having read the book, (I sold it / it was sold).
   그 책을 읽고 난 이후 나는 그것을 팔았다.
   ➲ 분사구문인 having read the book의 주어와 주절의 주어가 'I'로서 서로 같으므로 분사구문의 주어가 생략되어 있다. 따라서 I sold it이 적절하다. 만약 it이 주어라면 having read the book의 의미상의 주어가 되어 책이 책을 읽는다는 의미가 되므로 의미적으로 어울리지 않는다.

3. (Being / There being) a lot of time, I can talk with him for a long time.
   많은 시간이 있기 때문에, 나는 오랫동안 그와 얘기할 수 있다.
   ➲ 유도부사인 there는 주어는 아니지만 생략할 수 없으므로 반드시 남겨 둬야 한다. 여기서 분사구문의 주어는 a lot of time이고 주절의 주어는 I이다 따라서 there being이 적절하다.

4. He sat on the chair, with his dog (dozed / dozing).
   그는 의자에 앉아 있었고, 그의 개는 졸고 있었다.
   ➲ with분사구문으로서 주절의 주어는 he 이고 분사구문의 주어는 his dog이며 능동이므로 dozing이 적절하다.

5. He was walking on the street with his shirt (hanging / hung) in the wind.
   그는 그의 셔츠가 날리는 채로 거리를 걷고 있었다.
   ➲ with분사구문으로서 주절의 주어는 he 이고 분사구문의 주어는 his shirt이며 능동이므로 hanging이 적절하다.

6. I went home with my dog (followed / following) me. 나는 나의 개와 함께 집으로 갔다.
   ➲ with분사구문으로서 주절의 주어는 I이고 분사구문의 주어는 my dog이며 능동이므로 following이 적절하다.

7. He was sleeping with the window (open / opening).
   그는 창문을 열어놓은 채로 잠자고 있었다.
   ➲ with분사구문으로서 주절의 주어는 he이고 분사구문의 주어는 the window이며 형용사인 open이 적절하다.

8. He couldn't see well with his eye (bandaged / bandging).
   그는 눈이 붕대로 감겨져 있었기 때문에 잘 볼 수가 없었다.
   ➲ with분사구문으로서 주절의 주어는 he이고 분사구문의 주어는 his eye이며 수동이므로 bandaged가 적절하다.

기출 문제 연습

1. (All these things considered / All these things consider), it might be better to ask for the services of a moving company. (수능기출)
   이 모든 것을 고려한다면 이삿짐 회사에 부탁하는 게 더 나을지도 모른다.
   ➥ 주절의 주어(it)와 분사구문의 주어(all these things)가 다르므로 분사구문의 의미상의 주어를 남겨 둔다. 그리고 분사구문은 반드시 동사를 수반하지 않으며 ing, pp,혹은 형용사를 수반한다. 따라서 All these things considered가 적절하다. 여기서 it은 가주어이며 to ask~가 진주어이다.

2. He found a boy rolling on the ground with (his clothes catching / his clothes catch) fire. (모의응용)
   그는 옷에 불이 붙은 채 땅바닥에서 구르고 있는 소년을 발견했다.
   ➥ with분사구문으로서 주절의 주어는 a boy이고 with독립분사구문의 의미상의 주어는 his clothes이다. with 이후는 분사구문의 형태가 와야 하므로 분사구문형태인 his clothes catching이 적절하다.

3. It features sports like sky surfing in which people jump from airplanes with (surfboards attached / surfboards attaching) to their feet. (모의응용)
   그것은 스카이 서핑과 같은 스포츠들을 특징으로 하는데 사람들이 발에 서프보드를 부착하고 비행기에서 뛰어내린다.
   ➥ 분사구문으로서 주절의 주어는 people이며 with독립분사구문의 의미상의 주어는 surfboards이다. 주어가 surfboards이고 뒤에 목적어가 없으므로 과거분사인 pp의 surfboards attached가 적절하다.

4. Anika lay on her side, (imitates / imitating) Tommy's sleeping position.
   Anika는 Tommy의 잠자는 자세를 흉내 내어 옆으로 누웠다.
   ➥ 주절의 주어와 분사구문의 주어가 동일한 Anika이므로 분사구문에서 의미상의 주어가 생략되어 있으며 여기서는 분사구문 형태인 imitating이 적절하다.

마무리하고 넘어가기!

- 분사구문의 형태는 부사절에서 접속사와 주어를 생략하고 동사를 ing를 붙여 분사로 만든 축소판이다.
- 주어의 같음과 다름의 유무에 따라 분사구문의 종류가 나뉜다.
- with독립분사구문에 주의하기 바란다.

CHAPTER 01 어법 문제유형 정리

스스로 어법문제 만들어가기

1. American Coots build floating nests in wetlands or shallow lakes. The female lays 9 to 12 eggs, light with brown spots. Both parents sit on the eggs and feed the young. They eat a variety of food such as insects and plants. They migrate from August to December, **with males** moving south before the females and their babies. (2013.09 고1 모의고사)
   ⊃ with males moving은 with독립분사구문으로서 독립분사구문의 의미상의 주어는 males이고 주절의 주어는 they이다.
   American Coots는 습지나 얕은 호수에 떠있는 둥지를 짓는다. 암컷은 갈색 점이 있는 밝은 색의 9~12개의 알을 낳는다. 암컷과 수컷 모두 알을 품으며 새끼에게 먹이를 준다. 그들은 곤충과 식물 같은 다양한 먹이를 먹는다. 그들은 8월에서 12월까지 이동하는 데 암컷과 새끼보다 수컷이 먼저 남쪽으로 이동한다.

2. An Indian man goes into a curry house in Singapore and orders three dinners. He eats all three meals by himself. 'Are you hungry?' asks the owner. 'I am one of three brothers,' he replies. 'One brother lives in Delhi and the other in Beijing. So we always eat like this to remember each other.' Every time the Indian comes to the restaurant, he eats three dinners. After a year of this, he comes into the restaurant looking sad. Weeping, he orders only two dinners. The owner approaches **with his head** bowed. He expresses his sorrow for the death of the Indian's brother. The Indian says: 'Oh, neither of my brothers is dead. My doctor advised me to go on a diet.' (2013.03 고1 모의고사)
   ⊃ with his head는 with독립분사구문으로서 독립분사구문의 의미상의 주어는 his head이고 주절의 주어는 the owner이다. 신체일부인 그의 머리가 숙여진 의미인 pp의 bowed가 적절하다.
   한 인도인이 싱가포르의 카레 식당에 가서 3인분의 저녁을 주문한다. 그는 혼자서 3인분을 다 먹는다. '배고프세요?'라고 주인이 묻는다. '나는 삼형제 중의 한 명이에요.'라고 그는 대답한다. '한 명은 델리에 살고 다른 한 명은 베이징에 살아요. 그래서 우리는 항상 서로를 기억하기 위해 이렇게 먹는답니다.' 그 인도인이 식당에 올 때마다 그는 3인분의 저녁을 먹는다. 이렇게 1년이 지난 후, 그는 슬픈 얼굴로 식당에 온다. 그는 흐느끼며, 2인분의 저녁을 주문한다. 주인이 고개를 숙이며 다가온다. 그는 그 인도인의 형제가 죽은 것에 조의를 표한다. 그 인도인은 이렇게 말한다. '오, 나의 형제는 누구도 죽지 않았어요. 의사가 나에게 다이어트를 하라고 조언했어요.'

3. **Fascinated** by how easily fish slip through water, scientists and sportswear designers alike have examined fish skins at the molecular level to determine why they have less friction than humans. Researchers were surprised to discover that shark skin, which is rough enough to be used as sandpaper when dried, is one of the animal skins with the least friction. (2014. 03 고3 모의고사)
   ⊃ 문두에 pp(fascinated)가 온 분사구문으로서 주어는 주절의 주어와 동일한 상태이므로 생략된 구조

이다. 주어는 scientists and sportswear designers이다.
물고기가 얼마나 쉽게 물길을 헤치고 미끄러지듯이 나아가는지에 매혹되어, 과학자들과 스포츠 의류 디자이너들은 똑같이 왜 그들이 인간보다 마찰을 적게 받는지를 밝히기 위해 물고기 피부를 분자 수준에서 조사했다. 연구자들은 상어 가죽이 마르면 사포로 쓰일 정도로 거친데도 최소한의 마찰만을 받는 동물 가죽 중 하나라는 것을 발견하고 놀랐다.

◆ 지나가다 아쉬워 한마디…

분사구문의 모습은 일반적으로 ~ing로부터 시작하지만 과거분사인 pp나 형용사 앞의 being이나 having been은 생략할 수 있어 생략되고 나면 남아있는 과거분사(PP)나 혹은 형용사로 시작하는 경우도 있다.
이 경우는 분사구문을 부사절로 고칠 때 반드시 앞에 be동사를 포함시키는 것을 염두에 두어야 한다.

* 분사구문의 모습
1. ing~~, 주어+동사
2. pp~~, 주어+동사 (pp 앞에 being이나 having been 생략)
3. 형용사~~, 주어+동사 (형용사 앞에 being이나 having been 생략)

1. pp~~, 주어+동사

   Left alone, she began to cry.
   = Being left alone, she began to cry.

   혼자 남겨졌을 때 그녀는 울기 시작했다.

2. 형용사~~, 주어+동사

   Anxious to please him, she bought him a present.
   = <u>Being</u> anxious to please him, she bought him a present.

   그를 기쁘게 해주려고 그녀는 그에게 선물을 사주었다.

28 '따라지' 동사와 문장의 동사

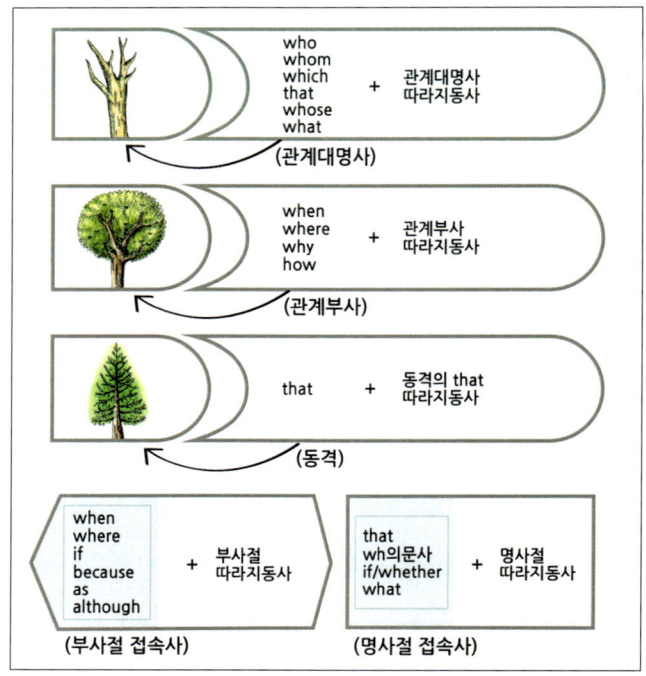

문장의 동사는 "다"로 끝나는 동사이며 그 어떤 접속사류도 앞에 위치되지 않는다.
그러나
따라지동사는 "다"로 끝나는 문장의 동사가 아니며 어떤 종류의 접속사류든 그 접속사가 앞에 놓이며 그 접속사를 따라다니는 동사이다.

 After he <u>finished</u> his homework, Tom <u>went</u> to bed.
  　　　(끝낸 이후에-따라지동사) 　　(잤다-문장의 동사)
'따라지동사'가 있으면 반드시 앞에 '접속사류'가 있고 '접속사류'가 있으면 뒤에 '따라지동사'가 있다.

전체 접속사류의 종류는 크게 나누어 5가지로 이해한다.
 1. <u>관계대명사</u>를 따라다니며 앞의 나무를 꾸며주는 관계대명사절 내의 '따라지동사'가 있다.
 2. <u>관계부사</u>를 따라다니며 앞의 나무를 꾸며주는 관계부사절 내의 '따라지동사'가 있다.
 3. <u>동격의 접속사 that</u>을 따라다니며 앞의 나무를 꾸며주는 '따라지동사'가 있다.
 4. <u>육각형의 부사절</u>을 이끄는 부사절접속사를 따라다니는 '따라지동사'가 있다.
 5. <u>직사각형의 명사절</u>을 이끄는 명사절접속사를 따라다니는 '따라지동사'가 있다.

* 나무를 보면 형용사절을, 육각형을 볼 때는 부사절, 사각형을 볼 때는 명사절을 연상하라.

'따라지 동사'는 여러분에겐 조금 생소한 말로, 저자가 만든 독창적인 용어이다. 앞에 접속사류들을 가지고 있어서 '다'로 끝나지 않는 그 접속사류를 따라다니는 동사들을 '따라지 동사'라 부르기로 한다.

예를 들어,

(1) '내가 서울에 <u>도착했을 때</u>, 나의 삼촌을 <u>만났다</u>.'에서 두 개의 동사가 존재하는데 '도착했다'와 '만났다'의 두 가지 동사들이다. 만났다의 동사는 '다'로 끝나는 동사이지만 도착했다라는 동사는 '다'로 끝나는 것이 아니라 '때'로 끝나는 동사이다. 여기서 '때'로 끝나는 이 동사는 앞에 '때(when)'라는 접속사가 있기 때문이며 이 동사를 접속사를 따라다니는 '따라지 동사'라 부르기로 한다.

    When I <u>arrived</u> at Seoul, I <u>met</u> my uncle.
    → arrived는 접속사(when)를 따라다니는 '따라지 동사'/ met은 문장의 동사
    내가 서울에 도착했을 때, 나는 나의 삼촌을 만났다.

(2) '나는 그녀가 누구를 <u>좋아하는지를 모른다</u>.'에서 좋아한다라는 동사는 '좋아한다'인 '다'로 끝나지 않는 '좋아하는지'로 끝나므로 '따라지 동사'라 하고 '모른다'라는 동사는 '다'로 끝나므로 문장의 동사라 칭한다.

    I <u>don't know</u> who she <u>likes</u>.
    → likes는 의문사(who)를 따라다니는 '따라지 동사'/ don't know는 문장의 동사
    나는 그녀가 누구를 좋아하는지 모른다.

(3) '내가 <u>만났던</u> 그 사람은 서울에 <u>산다</u>.'에서 만났다라는 동사는 만났다가 아니라 '다'로 끝나지 않는 '만났던'으로 끝나므로 '따라지 동사'라 부르고 '산다'라는 동사는 '다'로 끝나므로 문장의 동사라 부른다.

    The man whom I <u>met</u> <u>lives</u> in Seoul.
    → met은 관계대명사(whom)을 따라다니는 '따라지 동사'/ lives는 문장의 동사
    내가 만났던 그 사람은 서울에 산다.

(4) '내가 그녀에게 <u>청혼했던</u> 그날을 <u>기억한다</u>.'에서 '청혼했다'라는 동사는 '다'로 끝나는 동사가 아닌 '청혼했던'으로 끝나므로 '따라지 동사'이고 '기억한다'라는 동사는 '다'로 끝나므로 문장의 동사이다.

    I <u>remember</u> the day when I <u>proposed</u> to her.
    → proposed는 관계부사인 when을 따라 다니는 '따라지 동사'이고 remember는 문장의 동사
    나는 그녀에게 청혼했던 그날을 기억한다.

(5) '그녀가 나를 좋아한다라는 그 소문은 사실이다.'에서 '좋아한다'라는 동사는 '다'로 끝나는 동사가 아닌 '좋아한다'로 끝나므로 '따라지 동사'이고 '이다'라는 동사는 '다'로 끝나므로 문장의 동사이다.

The rumor that she loves me is true.
→ loves는 동격의 that을 따라 다니는 '따라지 동사'이고 is는 문장의 동사이다.
그녀가 나를 사랑한다라는 소문은 사실이다.

이 '따라지 동사'들은 접속사/의문사/관계대명사/관계부사/동격의 that을 따라 다닌다고 보면 된다. 어떠한 문장이든 문장의 동사는 단 하나밖에 없지만 이 '따라지 동사'는 접속사의 개수에 따라 여러 개가 있을 수 있다. 접속사류를 찾으려면 거꾸로 따라지 동사를 통해서 찾으면 편리할 때도 있다.

When I arrived at Seoul, I met my uncle

접속사인 when이 있으니까 이 접속사를 따라다니는 '따라지 동사'가 있을 수 있다는 점과 거꾸로 met의 동사는 앞에 그 어떤 접속사류도 위치하고 있지 않으므로 문장의 동사이며 이러한 문장의 동사가 있으므로 그 외의 arrived라는 동사는 반드시 앞에 어떤 접속사류를 지니고 있는 '따라지 동사'라는 점 반드시 염두에 두길.

(6) 등위접속사가 있는 문장에서는 주절과 종속절의 구별이 없으므로 '따라지동사'라는 개념이 적용될 여지가 없지만 등위접속사의 뒤쪽을 편의상 따라지동사의 개념으로 이해하도록 하자.

두 동사를 "~다"로 끝나는 문장의 동사개념으로 이해하면서 균형구조로 보면 된다.
He lives in Seoul, and his son lives abroad.
　　　(산다)　　　　　　　　　(산다)
→ 그는 서울에 산다. 그리고 그의 아들은 외국에서 산다.

He went to the meeting, but I stayed home.
　　(갔다)　　　　　　　　(머물렀다)
→ 그는 그 모임에 갔다. 그러나 나는 집에 머물렀다.

1. 접속사 + 따라지 동사

문장과 문장을 연결하는 것이 접속사인데 이 접속사가 두 문장을 연결함으로써 본래의 문장들은 '절'로 바뀐다.

I don't like him. He is lazy. → 나는 그를 좋아하지 않는다.(문장)/ 그는 게으르다.(문장)
(문장)　　　　(문장) → 끝이 '다'로 끝나면 문장이다.

I don't like him, (because) he is lazy.
(주절)　　　　(접속사)　(종속절) → 두 문장에서 접속사(because)를 붙이면 '절'로 바뀐다. 접속사가 있는 절이 종속절이다. '절'은 항상 완전문이다. 왜냐하면 완전문인 문장에서 왔기 때문이다.

I don't like him, because he is lazy. → 좋아하지 않는다(문장의 동사) / 이다(따라지 동사)
그가 게으르기 때문에 나는 그를 싫어한다.

1) As she grew older, she became pretty. 그녀는 나이 들수록 그녀는 예뻐졌다.
　(접속사) (따라지 동사)　　　(문장의 동사) → grew는 접속사인 as를 따라다니는 따라지 동사

2) If you study hard, you will succeed. 만약 네가 열심히 공부한다면 너는 성공할 것이다.
　(접속사) (따라지 동사)　　　(문장의 동사) → study는 접속사인 if를 따라다니는 따라지 동사

3) When I was ten years old, I lived in Seoul. 내가 열 살이었을 때 나는 서울에서 살았다.
　(접속사) (따라지 동사)　　　　(문장의 동사) → was는 접속사인 when을 따라다니는 따라지 동사

4) I will wait for her until she comes back. 나는 그녀가 돌아올 때까지 기다리겠다.
　(문장의 동사)　　　(접속사)　(따라지 동사) → comes는 접속사인 until을 따라다니는 따라지 동사

5) Although she doesn't love me, I love her. 비록 그녀가 나를 사랑하지 않지만 나는 그녀를 사랑한다.
　(접속사)　　(따라지 동사)　　(문장의 동사) → doesn't love는 접속사인 although를 따라다니는 따라지 동사

2. 관계대명사 + 따라지 동사

따라지 동사를 포함한 관계대명사절이 앞의 선행사인 명사를 수식한다.

I have two sons. They are doctors. → 나는 두 아들이 있다. (문장) / 그들은 의사들이다. (문장)
(문장)　　　　(문장) → 끝이 '다'로 끝나면 문장이다.

I have two sons (and) they are doctors.
　(주절)　　　(접속사)　(종속절=수식절) → 접속사를 붙이면 '절'로 바뀐다. 접속사가 있는 절이 종속절이다.

CHAPTER 01 어법 문제유형 정리

I have two sons (who) are doctors.
    (주절)   (관계대명사)(종속절=수식절) → 관계대명사절이 되어 앞의 선행사인 명사를 수식해주는 기능을 한
                                                                            다.(who= and they)
→ 접속사인 and와 대명사인 they를 합해서 관계대명사인 who로 바뀌어

I have two sons who are doctors. → are는 관계대명사인 who를 따라다니는 따라지 동사
나는 의사인 두 아들이 있다.

1) The boy whom you met is my brother. 네가 만났던 그 소년은 나의 형이다.
        (관계대명사)   ↑ (문장의 동사) → met은 관계대명사인 whom을 따라다니는 따라지 동사
                    (따라지 동사)

2) I live in the house which is on the hill. 언덕 위에 있는 그 집에서 나는 살고 있다.
   (문장의 동사)   (관계대명사)↑   → is는 관계대명사인 which를 따라다니는 따라지 동사
                            (따라지 동사)

3) The man who helped you is my father. 너를 도왔던 그남자는 나의 아버지이다.
         (관계대명사) ↑   (문장의 동사) → helped는 관계대명사인 who를 따라다니는 따라지 동사
                   (따라지 동사)

3. 관계부사 + 따라지 동사

따라지 동사를 포함한 관계부사절이 앞의 선행사인 명사를 수식한다.

This is the house. I live in the house. → 이것은 집이다.(문장) / 나는 그집에서 살고 있다.(문장)
    (문장)   (문장) → '다'로 끝나면 문장이다.

This is the house (and) I live in the house.
    (주절)   (접속사)   (절)
→ 접속사를 붙이면 '절로 바뀐다. 접속사가 있는 절이 종속절이다.

This is the house (where) I live. → 접속사인 and와 부사인 in the house를 합해서
    (주절)   (관계부사) (절) → 관계부사인 where로 바뀌어 앞의 선행사를 수식하는

This is the house where I live. → 형용사기능을 한다. (where = and + in the house)
이곳이 내가 살고 있는 집이다.

1) This is the house where I live. 이것이 내가 살고 있는 집이다.
   (문장의 동사)   (관계부사)(따라지 동사) → live는 관계부사인 where를 따라다니는 따라지 동사

2) Today is the day when we met for the first time. 오늘이 처음으로 우리가 만났던 날이다.
     (문장의 동사)   (관계부사) (따라지 동사) → met은 관계부사인 when을 따라다니는 따라지 동사

4. 의문접속사 + 따라지 동사

의문사가 접속사역할을 할 때에는 대체로 의문사+ 주어+동사의 어순이며 간접의문문 혹은 명사절 또는 의문사절이라고 불리기도 한다.

  I don't know it. Who is he?
    (문장)   (문장)
  I don't know who he is. 그가 누구인지를 나는 모른다.
    (주절) (의문사절)

의문사절이 다른 문장과 결합될 때에는 의문문 형태가 아닌 평서문의 형태가 된다. 의문문의 형태란 '의문사 + 동사 + 주어'의 형태이나 (When did you meet her?) 평서문 형태란 간접의문문의 형태로서 '의문사 + 주어 + 동사'의 형태를 말한다. (when you met her)

1) I don't know when the baby was born. 나는 언제 그 아기가 태어났는지를 모른다.
  (문장의 동사) (의문접속사) (따라지 동사) → was가 의문접속사인 when을 따라다니는 따라지 동사

2) I know where she lives. 나는 그녀가 어디에서 살고 있는지를 안다.
  (문장의 동사)(의문접속사) (따라지 동사) → lives가 의문접속사인 where를 따라다니는 따라지 동사

3) I don't know why he lied. 나는 왜 그가 거짓말했는지 모른다.
  (문장의 동사)(의문접속사) ↑ → lied가 의문접속사인 why를 따라다니는 따라지 동사
         (따라지 동사)

5. 동격의 that + 따라지 동사

추상명사 뒤에 접속사인 that이 이끄는 완전한 절이 오면 동격의 that절이라 한다. 추상명사와 명사절인 that절이 서로 명사의 동격을 이루어 해석은 '~라는'으로 해석한다.

선행사는 반드시 추상명사이다. 이 동격의 that은 앞에 추상명사를 가지고 있으며 따라지 동사를 가진 이 명사절이 앞의 추상명사를 수식한다.

  소문(추상명사) + 그의 아버지가 의사이다.(문장)
  The rumor that his father is a doctor is true. 그의 아버지가 의사라는 소문은 사실이다.
   (추상명사) (접속사) (명사절) → 추상명사 + that의 명사절은 동격관계

1) There is no proof that he is a liar. 그가 거짓말쟁이라는 증거는 없다.
  (문장의 동사)(추상명사)(접속사) ↑ → is가 접속사인 동격의 that을 따라다니는 따라지 동사
         (따라지 동사)

2) I didn't know the fact that he was ill. 나는 그가 아픈 사실을 몰랐다.
    (문장의 동사) (추상명사) (접속사)   ↑ → was가 접속사인 동격의 that을 따라다니는 따라지 동사
                       (따라지 동사)

6. 생략된 접속사 that

접속사 that은 생략될 수 있다. 이 경우 생략되고 나면 남아있는 꼴은 '동사 + 주어 + 따라지 동사'의 형태를 취하고 있다.

   I think (that) he is smart.
   I think he is smart.
   (문장의 동사) (따라지 동사)

1) I think he lives in Seoul. 나는 그가 서울에 살고 있다고 생각한다.
    (문장의 동사) (따라지 동사) → he앞에 접속사that이 생략되어 있으며 접속사의 따라지 동사는 lives이다.
   = I think that he lives in Seoul.

2) I know she has a son. 나는 그녀가 아들하나가 있다는 사실을 안다.
    (문장의 동사) (따라지 동사) → she앞에 접속사that이 생략되어 있으며 접속사의 따라지 동사는 has이다.
   = I know that she has a son.

3) We believe he is honest. 우리는 그가 정직하다고 믿는다.
    (문장의 동사) (따라지 동사) → he 앞에 접속사that이 생략되어 있으며 접속사의 따라지 동사는 is이다.
   = We believe that he is honest.

7. 생략된 목적격 관계대명사

목적격 관계대명사는 생략할 수 있다. 이 경우 생략되고 나면 남아있는 꼴은 '명사 + 주어 + 따라지 동사'의 형태를 취하고 있다.

   This is a book which she gave me.
       (명사)   ↑   (주어) ↑
      (목적격관계대명사) (따라지 동사)

   This is a book she gave me. 이것은 그녀가 나에게 주었던 책이다.
      (명사) (주어) ↑
           (따라지 동사)

1) He has no friend (whom) he helps. 그는 그가 돕는 친구가 없다.
             (명사)   ↑   (주어) ↑
                  (목적격관계대명사) (따라지 동사)

  = He has no friend he helps.
      (문장의 동사) (명사) (주어) (따라지 동사)

2) The girl (whom) you met is my sister. 네가 만났던 그 소녀는 나의 여동생이다.
      (명사) ↑ (주어) ↑
         (목적격관계대명사) (따라지 동사)

  = The girl you met is my sister.
     (명사) (주어) ↑ (문장의 동사)
           (따라지 동사)

3) This is the problem (which) he can not solve. 이것은 그가 풀 수 없는 문제이다.
          (명사)   ↑ (주어)   ↑
            (목적격관계대명사) (따라지 동사)

  = This is the problem he can not solve.
     (문장의 동사) ↑   (주어) ↑
        (명사)   (따라지 동사)

◆ 접속사류의 모임

	접속사의 종류	접속사류 + 따라지 동사	의 미
1	that (사실/것/라고) (명사절)	that he is rich 사실/ 것	그가 부자라는 것/사실/라고
2	whether (인지 아닌지) (명사절)	whether he is rich or not 인지 아닌지	그가 부자인지 아닌지
3	whether (이든지 아니든지 간에) (부사절)	whether he is rich or not, 이든 아니든 간에	그가 부자이든 아니든 간에
4	if (인지 아닌지를) (명사절)	if he is rich 인지 아닌지	그가 부자인지 아닌지
5	if (라면) (부사절)	if he is rich, 라면	그가 부자라면
6	even if (심지어 ~일지라도)(부사절)	even if he is rich, 일지라도	그가 부자일지라도
7	who (누가 ~인지) (명사절)	who is rich 누가	누가 부자인지
*8	who (누가 ~인가?)	who is rich? 누가	누가 부자인가?
9	how (어떻게 ~지) (명사절)	how he became rich 어떻게	어떻게 그가 부자가 되었는지

	접속사의 종류	접속사류 + 따라지 동사	의 미
10	how often (얼마나 자주 ~지)(명사절)	how often he visits you 얼마나 자주	얼마나 자주 그가 너를 방문하는지
11	how many friends (얼마나 많은 친구들 ~지) (명사절)	how many friends he has 얼마나 많은 친구들을	얼마나 많은 친구들을 그가 가지고 있는지
12	when (언제 ~지) (명사절)	when he was rich 언제	언제 그가 부자 였는지
13	when (때) (부사절)	when he was rich, 때	그가 부자였을 때
14	where (어디에서 ~지) (명사절)	where he lost his watch 어디에서	어디에서 그가 시계를 잃어버렸는지
15	where (곳) (명사절)	where he lived 곳	그가 살았던 곳
16	while (동안) (부사절)	while he was studying, 동안	그가 공부하던 동안
17	while (이지만) (부사절)	while he is rich, 이지만	그가 부자이지만
18	as (때문에) (부사절)	as he was rich, 때문에	그가 부자였기 때문에
19	as (~하면서) (부사절)	as he goes home, 하면서	그가 집으로 가면서
20	as (때) (부사절)	as I entered the room 때	내가 그 방을 들어갔을 때
21	as (~수록) (부사절)	as he grows older 수록	그가 나이 들어 갈수록
22	as (~처럼) (부사절)	as he is tall 처럼	그가 키가 큰 것처럼
23	before (~전에) (부사절)	before he returned, 전에	그가 돌아오기 전에
24	after (~후에) (부사절)	after he finished his homework, 후에	그가 그의 숙제를 끝낸 후에
25	until (~까지) (부사절)	until he comes, 까지	그가 올 때까지
26	as soon as (~하자마자) (부사절)	as soon as he sees me, 하자마자	그가 나를 보자 마자
27	as long as (~하는 한) (부사절)	as long as I love her, 하는 한	내가 그녀를 사랑하는 한
28	since (~이후로) (부사절)	since I was ten years old 이후로	내가 열 살 때 이후로

324 | 같은 품사끼리의 병렬

	접속사의 종류	접속사류 + 따라지 동사	의 미
29	since (~ 때문에) (부사절)	since I don't like him, 때문에	내가 그를 싫어하기 때문에
30	because (~ 때문에) (부사절)	because I am tired, 때문에	내가 피곤하기 때문에
31	than (~보다) (부사절)	than I expected 보다	내가 기대했던 것보다도
32	unless (~하지 않는다면) (부사절)	unless you study hard, 하지 않으면	네가 열심히 공부하지 않는다면
33	though (~이지만) (부사절)	though he is a famous actor, 이지만	그가 비록 유명한 배우이지만
34	so that (~하기 위하여) (부사절)	so that he may pass the exam 하기 위하여	그가 시험에 합격하기 위하여
35	so~that 너무나 ~해서 결과적으로 ~하다 (부사절)	so ~ that we can't read it 결과적으로	결과적으로 우리는 그것을 읽을 수 없다
36	, so that (결과적으로)	, so that he had to leave his home 결과적으로	결과적으로 그는 그의 고향을 떠나야 했다
37	once (일단~하면) (부사절)	once you start, 일단 ~하면	일단 내가 시작하면
38	in case (that) (~하는 경우에 대비해서) (부사절)	in case (that) it is cold ~하는 경우에 대비해서	날씨가 추울 것에 대비해서
39	the man who (~하는 남자) (형용사절)	the man who is my teacher 사람(선행사)	나의 선생님인 그 남자
40	the man whom (~하는 남자) (형용사절)	the man whom I met 사람(선행사)	내가 만났던 그 남자
41	a woman whose ~의 ~가 ~하는 여자) (형용사절)	a woman whose son is a teacher 사람 '의' + 완전문 그림자	아들이 선생님인 여자
42	the book which (~하는 책) (형용사절)	the book which I bought 사물 which + 목적어 없는 불완전문 그림자	내가 샀던 책
43	the book which (~하는 책) (형용사절)	the book which is fun 사물 which + 주어 없는 불완전문 그림자	재미있는 책
44	the house where (~하는 집) (형용사절)	the house where I live 장소 where + 완전문그림자	내가 살고있는 집
45	the day when (~했던 그날) (형용사절)	the day when I first met her 시간 when + 완전문그림자	내가 그녀를 처음으로 만났던 그날

	접속사의 종류	접속사류 + 따라지 동사	의 미
46	the way (how) (~하는 방법) (형용사절)	the way (how) I solved the problem 방법 how + 완전문그림자	내가 그 문제를 풀었던 방식
47	the reason why (~하는 이유) (형용사절)	the reason / why I was late 이유 / why + 완전문그림자	내가 늦었던 이유
48	what (~하는 것) (관계대명사절)	what / I said 것 / 불완전문 그림자	내가 말했던 것
49	the fact that (~라는 사실) (명사절)	the fact / that he is honest 추상명사본체 / that + 완전문그림자	그가 정직하다는 사실
50.	, who (, 그리고 그 사람(들)은)	, who / is my teacher 그리고 그(들)는	그리고, 그는 나의 선생님이다
51	, whom (, 그리고 그 사람(들)을)	, whom / I met 그리고 그(들)를	그리고, 그를 나는 만났다
52	, some of whom 그리고 그 사람들의 몇몇은	, some of whom / are doctors 그리고 그들 중의 일부는	그리고, 그 사람들 중의 몇 명은 의사들이다
53	, which 그리고 그것(들)은	, which / was a book 그리고 그것(들)은	그리고, 그것은 책이었다
54	, which (그리고 그것(들)을)	, which / I gave him 그리고 그것(들)을	그리고, 그것을 나는 그에게 주었다
55	, when (그리고 그때)	, when / I was studying 그리고 그때	그리고, 그때 나는 공부를 하고 있었다
56	, where (그리고 그곳에서)	, where / I met her 그리고 그곳에서	그리고, 그곳에서 나는 그녀를 만났다
57	what (무엇~) (의문사절)	what/ he did 무엇을	그가 무엇을 했는지

* what :

1. 의문사('무엇'으로 해석이 된다)

    I don't know what her name is.

    그녀의 이름이 무엇인지를 나는 모른다.

    이 경우 what은 의문사로서 what절을 이끌며 의문사절 또는 명사절이라고도 하는데 반드시 단수 취급한다.

2. 관계대명사('것'으로 해석이 된다)

    What he said is true.

    그가 말했던 것은 사실이다.

    이 경우 what은 선행사를 포함한 관계대명사로서 관계대명사절을 이끌며 그 선행사가 주로 단수이지만 문맥에 따라 복수일 경우도 있다.

기본 문제 연습

1. When I went to the zoo, I (saw / seeing) a tiger. 내가 동물원에 갔을 때, 나는 호랑이를 보았다.
   ➲ 접속사 when이 지배하는 따라지 동사는 went이고, '다'로 끝나는 문장의 동사는 saw이다. 따라서 따라지 동사 자리인 saw가 적절하다.

2. The house where they lived (was / being) very large. 그들이 살았던 그 집은 매우 컸었다.
   ➲ 관계부사 where이 지배하는 따라지 동사는 lived이고, '다'로 끝나는 문장의 동사는 was이다. 따라서 문장의 자리 동사인 was가 적절하다.

3. We know that to know oneself (is / being) difficult.
   우리는 자신을 아는 것이 어렵다는 것을 알고 있다.
   ➲ 접속사 that이 지배하는 따라지 동사는 is이고, '다'로 끝나는 문장의 동사는 know이다. 따라서 따라지 동사 자리인 is가 적절하다.

4. I ate dinner, (watched / watching) TV. 나는 저녁을 먹고 TV를 보았다.
   ➲ 따라지 동사는 분사구문으로 바뀌어져 watching이 되었으며, '다'로 끝나는 문장의 동사는 ate이다. 이자리는 동사자리가 아니므로 watching이 적절하다.

5. Maybe I was born with some curiosity about how things (to work / work).
   나는 아마도 모든 것이 어떻게 작용하는지에 관해 얼마간의 궁금증을 가지고 태어났던 것 같다.
   ➲ 의문접속사 how가 지배하는 따라지 동사는 work이고, '다'로 끝나는 문장의 동사는 was이다. 따라서 여기서는 따라지 동사 자리의 work가 적절하다.

6. They find it difficult to decide which way (goes / to go) by themselves.
   그들은 스스로 어느 길로 가야 할지를 결정하는 것이 어렵다는 것을 안다.
   ➲ 의문사 + to부정사의 구조로서 which way to go가 적절하며, '다'로 끝나는 문장의 동사는 find이다. which way가 주어가 아니므로 goes는 부적절하다.

7. Jane ended the conversation (feel / feeling) upset at herself.
   Jane은 자신에게 화가 난 채로 대화를 끝냈다.
   ➲ '다'로 끝나는 문장의 동사는 ended이며 따라지 동사가 있으려면 접속사, 관계사, 의문사가 있어야 하는데, 없으므로 동사를 분사로 만든 분사구문형태의 feeling이 적절하다.

8. I met my friends, some of whom (were / being) married.
   나는 나의 친구들을 만났는데, 그들 중의 몇몇은 결혼했다.
   ➲ 콤마 뒤의 계속적관계대명사 whom이 지배하는 따라지 동사는 were이고, '다'로 끝나는 문장의 동사는 met이다. 계속적관계대명사의 whom에 부속어들이 붙어 있는 구조이다. 따라서 were가 적절하다.

CHAPTER 01 어법 문제유형 정리

9. Because he (is / being) wise, he can solve the problem.
   그는 현명하기 때문에, 그는 그 문제를 풀 수 있다.
   ➲ 접속사 because가 지배하는 따라지 동사는 is이고, '다'로 끝나는 문장의 동사는 can solve이다. 따라서 따라지 동사 자리인 is가 적절하다.

10. What he said (is / being) true. 그가 말했던 것은 진실이다.
    ➲ 의문접속사 what이 지배하는 따라지 동사는 said이고, '다'로 끝나는 문장의 동사는 is이다. 따라서 is가 적절하다.

11. Everything (that) she touched (turning / turned) into gold.
    그녀가 만졌던 모든 것은 금으로 변했다.
    ➲ 관계대명사의 that이 지배하는 따라지 동사는 touched이고, '다'로 끝나는 문장의 동사는 turned이다. 따라서 turned가 적절하다.

12. Because all weather is interconnected, a change in one area (affects / affecting) other areas.
    기후가 서로 연결되어 있기 때문에, 한 지역에서의 변화는 다른 지역들에 영향을 준다.
    ➲ 접속사 because가 지배하는 따라지 동사는 is이고, '다'로 끝나는 문장의 동사는 affects이다. 따라서 affects가 적절하다.

13. The first place (that) an investor should look (being / is) in the mirror.
    투자자들이 눈여겨 보아야 할 첫 번째 곳은 거울 속에 있다.
    ➲ 관계대명사 that이 지배하는 따라지 동사는 should look이고, '다'로 끝나는 문장의 동사는 is이다. 따라서 is가 적절하다.

14. Things were different when I (was / being) young. 내가 어렸을 때, 모든 것은 달랐다.
    ➲ 접속사 when이 지배하는 따라지 동사는 was이고, '다'로 끝나는 문장의 동사는 were이다. 따라서 따라지 동사인 was가 적절하다.

15. She has lost over ten pounds since she (starting / started) that diet.
    그녀는 다이어트를 시작한 이후로 10파운드 이상을 뺐다.
    ➲ 접속사 since가 지배하는 따라지 동사는 started이고, '다'로 끝나는 문장의 동사는 has lost이다. 따라서 따라지 동사인 started가 적절하다.

16. The performance had hardly begun when the lights (going / went) out.
    불이 나갔을 때는 공연이 거의 시작되지 않았다.(공연이 시작되자마자 불이 나갔다.)
    ➲ 접속사 when이 지배하는 따라지 동사는 went이고, '다'로 끝나는 문장의 동사는 had begun이다. 따라서 따라지 동사 자리의 went가 적절하다.

17. What we need now (is / to be) some love. 우리가 지금 필요로 하는 것은 약간의 사랑이다.
    ⇨ 관계대명사 what이 지배하는 따라지 동사는 need이고, '다'로 끝나는 문장의 동사는 is이다. 따라서 is가 적절하다.

18. Whatever she gives me (to be / is) fine with me. 그녀가 나에게 주는 무엇이든지 나에게는 좋다.
    ⇨ 복합관계대명사 whatever가 지배하는 따라지 동사는 gives이고, '다'로 끝나는 문장의 동사는 is이다. 따라서 is가 적절하다.

19. Whether or not she is rich (not to matter / doesn't matter).
    그녀가 부자이든 아니든 문제가 되지 않는다.
    ⇨ 접속사 whether가 지배하는 따라지 동사는 is이고, '다'로 끝나는 문장의 동사 역시 doesn't matter이다. 따라서 doesn't matter가 적절하다.

20. Who do you think (to make / makes) her angry? 너는 누가 그녀를 화나게 만든다고 생각하니?
    ⇨ 의문접속사 who가 지배하는 따라지 동사는 makes이고, '까?'로 끝나는 문장의 동사는 think이다. 따라서 makes가 적절하다.

21. The day when we are most busy (being / is) Tuesday. 우리가 가장 바쁜 날은 화요일이다.
    ⇨ 관계부사 when이 지배하는 따라지 동사는 are이고, '다'로 끝나는 문장의 동사는 is이다. 따라서 is가 적절하다.

22. What the child needs (to be / is) parent's love. 그 아이가 필요로 하는 것은 부모님의 사랑이다.
    ⇨ 관계대명사 what이 지배하는 따라지 동사는 needs이고, '다'로 끝나는 문장의 동사는 is이다. 따라서 is가 적절하다.

23. He often is late, in which case we (waiting / wait) for him.
    그는 종종 늦는데, 그러한 경우에 우리는 그를 기다린다.
    ⇨ 관계대명사 which가 지배하는 따라지 동사는 wait이고, '다'로 끝나는 문장의 동사는 is이다. 관계대명사 which에 부속어가 붙어 있는 in which case이다. 부속어를 떼버리고 나면 똑 같은 용법으로 생각하면 된다. 여기서는 따라지 동사 자리의 wait이 적절하다.

24. Rice wine which was in the cellar (was / being) all ruined.
    지하실에 있었던 막걸리는 모두 상했다.
    ⇨ 관계대명사 which가 지배하는 따라지 동사는 was이고, '다'로 끝나는 문장의 동사 역시 뒤의 was이다. 따라서 was가 적절하다.

CHAPTER 01 어법 문제유형 정리

기출 문제 연습

1. The combustion of oxygen that keeps us alive and active (sends / sending) out by-products called oxygen free radicals. (2014 수능)
   우리를 살아있게 하고 활동적으로 유지하는 산소 연소는 활성 산소라고 불리는 부산물을 내보낸다.
   ➲ 관계대명사의 that이 지배하는 따라지 동사는 keeps이며 문장의 동사는 sends가 되므로 sends가 적절하다. 만약 sending이라면 문장의 동사가 없는 형태가 되어 틀린 문장이 된다.

2. If you were trained to be a physical education teacher, not having a gym (is / being) not a huge problem. (모의응용)
   체육 교육을 실시하는 교사가 되도록 훈련을 받았다면, 체육관을 갖고 있지 않다는 것은 큰 문제가 되지 않는다.
   ➲ 앞의 were동사는 if의 따라지 동사이고 문장의 동사가 따로 있어야 하는데 그 문장의 동사가 is이다. not having a gym은 주어로서 동명사이다. 따라서 여기서는 is가 적절하다.

3. A white person who lives primarily among other whites (having / has) more difficulty recognizing Asian faces, and vice versa. (모의응용)
   주로 다른 백인들 속에 사는 백인은 아시아인을 잘 구별하는 데 더 어려움이 있을 것이고, 반대의 경우도 그렇다.
   ➲ 관계대명사인 who의 따라지 동사는 lives이고 '다'로 끝나는 문장의 동사는 has이다. 따라서 has가 적절하다.

4. The people who were told to resist the cookies (having used / had used) up their reserve for the day. (모의응용)
   쿠키 먹는 것을 참아야 했던 사람들은 그날의 (의지력의) 비축분을 다 소비한 것이다.
   ➲ 관계대명사인 who의 따라지 동사는 were이고 '다'로 끝나는 문장의 동사는 had used이다. 따라서 had used가 적절하다.

5. In places where skunks (were / being) common, predators such as bears and mountain lions wouldn't attempt to drag away the black-and-white foxes as well as the gray skunks. (모의응용)
   스컹크가 자주 출몰하는 지역에서 곰이나 퓨마와 같은 육식 동물들은 회색 스컹크뿐만 아니라 흰색과 검은색으로 염색한 여우도 끌고 가려 하지 않았다.
   ➲ 관계부사인 where의 따라지 동사는 were이고 문장의 동사는 wouldn't attempt이다. 따라서 여기서는 were이 적절하다.

6. Now, newspapers that were once published in the traditional broadsheet size (to be / are) forced to switch to a tabloid layout. (모의응용)
   한때 전통적인 보통 신문 크기로 출판되었던 신문들이 이제는 타블로이드판으로 전환할 수밖에 없게 되었다.
   ➲ 관계대명사인 that이 지배하는 따라지 동사는 were이고 '다'로 끝나는 문장의 동사는 are이다. 따라

서 are이 적절하다.

7. For Italians and Arabians, the names of birthmarks mean 'wishes', since they believed that babies(have / having) birthmarks when their mothers have unfulfilled wishes during pregnancy. (모의응용)

이탈리아인들과 아랍인들에게 있어서 반점들의 이름은 '소원'을 의미한다. 왜냐하면 그들은 산모들이 임신한 동안 이루지 못한 소원이 있을 때 아기들이 반점을 가지고 태어난다고 믿기 때문이다.

➲ 문장의 동사는 mean이며 접속사인 since가 지배하는 따라지 동사는 believed, 접속사인 that이 지배하는 따라지 동사는 have 그리고 접속사인 when이 지배하는 따라지 동사는 have이다. 따라서 여기서는 have가 적절하다.

8. Galileo, who heard about the Dutch spyglass and began making his own, (realizing / realized) right away how useful the device could be to armies and sailors. (모의)

네들란드의 소형 망원경에 대하여 듣고 자기만의 소형 망원경을 만들기 시작했던 Galileo는 그 장치가 군대와 선원들에게 얼마나 유용한지를 즉시 깨달았다.

➲ 관계대명사인 who를 따라다니는 따라지동사는 heard이며 문장의 동사는 realized이므로 realized가 적절하다. 여기서 who의 관계대명사절은 삽입절로 사용되었으며 어법문제 접근시는 이런 삽입절은 제외하고 생각하라.

마무리하고 넘어가기!

• 접속사류인 접속사, 의문사, 관계대명사, 관계부사, 동격의 that이 지배하는 동사는 '따라지 동사'이고 '다'로 끝나는 동사는 문장의 동사이다. 따라지 동사의 수는 접속사류의 개수에 따른다. 한 문장에서 문장의 동사는 반드시 하나이다.

스스로 어법문제 만들어가기

1. Every day, I type passwords into programs and computers many times. I keep checking emails over and over. And one day, I realized that what I **used** for my password **became** a part of me, due to repetition. (2012.03 고1 모의고사)

➲ became은 접속사인 that이 지배하는 따라지 동사이고 used는 관계대명사인 what이 지배하는 따라지 동사이다.

매일 나는 프로그램과 컴퓨터에 비밀번호를 많이 친다. 나는 끊임없이 이메일을 확인한다. 어느 날, 나는 반복 때문에 내가 내 비밀번호로 사용했던 것이 나의 일부가 되었음을 깨달았다.

2. Most people don't realize that both help and harm **come** from within ourselves. Instead, they look to externals, attracted by appearances. Wise people, on the other hand, realize that we **are** the source of everything good or bad for us. They therefore don't blame and accuse others. They don't convince people they **are** worthy, special, or distinguished. If wise people **experience** challenges, they look to themselves. (수능)
   ⊃ 첫 번째 동사인 come은 접속사인 that을 따라다니는 따라지동사이고, 두 번째 동사인 are역시 접속사인 that을 따라다니는 따라지동사이고, 세 번째 동사인 are은 생략된 접속사인 that을 따라다니는 따라지동사이고, 네 번째 동사인 experience는 접속사인 if를 따라다니는 따라지동사이다.

대부분의 사람들은 도움과 해로움 모두 우리 자신 안에서 나온다는 것을 깨닫지 못한다. 대신 그들은 외형에 이끌려 외부를 살펴본다. 반면에 현명한 사람들은 우리 자신이 우리에게 좋거나 나쁜 모든 것의 근원이라는 것을 알고 있다. 따라서 그들은 다른 사람을 탓하거나 비난하지 않는다. 그들은 사람들에게 자신이 훌륭하거나 특별하다거나 유명하다고 설득하지 않는다. 현명한 사람들은 어려움을 겪으면 자기 자신을 살펴본다.

3. But a lot of the reading that we **do** online **is** not the same sustained, focused reading that we **do** when we **read** books. If you **spend** most of your time online, then you'**re** not getting the full benefits of reading. (2009.09 고1 모의고사)
   ⊃ 문장의 동사들은 is, are이며 따라지 동사인 두 가지 do는 관계대명사인 that이 지배하고, 따라지 동사인 read는 접속사인 when이 따라지 동사인 spend는 접속사인 if가 지배한다.

하지만 인터넷으로 이루어지는 읽기의 대부분은 우리가 책을 읽을 때 취하는 지속적이고, 집중적인 읽기와 같지 않다. 만약 당신이 인터넷에서 대부분의 시간을 보낸다면, 당신은 진정한 읽기의 혜택을 얻을 수 없다.

29 명사를 대신하는 대명사

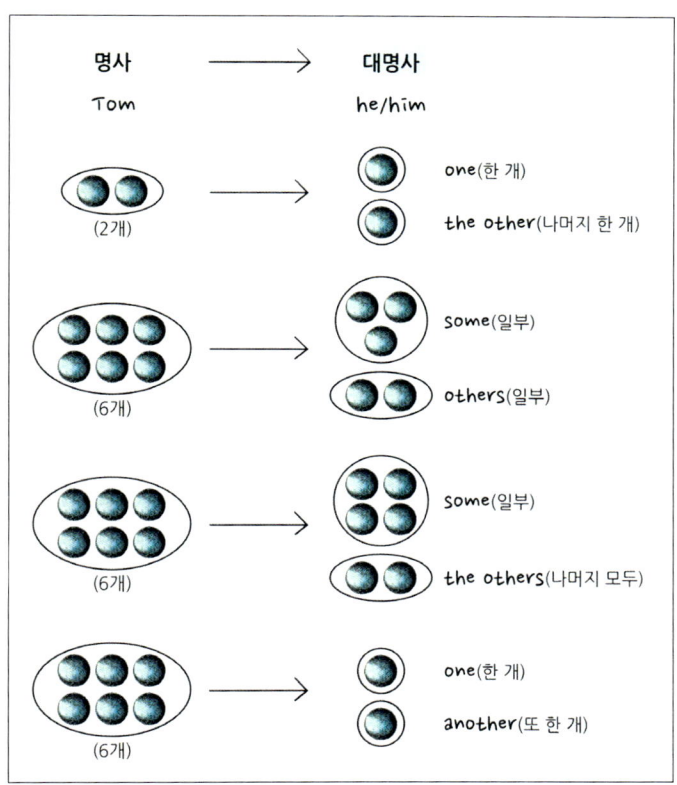

대명사 중에서 숫자의 지칭구조를 잘 이해하도록 한다.
전체 중에서 일부를 가리킬 때는 the를 붙이지 않으나 나머지 전부를 가리킬 때는 반드시 앞에 the를 붙인다.
another는 대명사로서는 '또 다른 하나(사람)'라는 의미이고 형용사로서는 '또 하나(한 사람)의' 의미이다.
another + 단수동사
other + 복수명사

* 평소에 숫자와 관련짓는 상황이 될 때 연상을...
  짜장면 한 그릇 더... another/ 나머지 모두... the~~/ 둘 중 나머지 한 개... the other

대명사는 명사를 대신하는 명사이다. 명사를 계속적이고 반복적으로 사용하는 경우를 피하기 위해 명사를 대신하는 대명사를 사용하게 된다.

'철수(명사)는 내 친구인데, 그(대명사)는 참 마음이 착하다.' '철수(명사)와 영희(명사)는 서로 좋아한다. 그래서 그들(대명사)은 결혼할 예정이다.

(명사)	(대명사)
Tom	he/ him/ his
Susan	she/her
Tom and Susan	they/them/their
a book	it/its

그리고 수를 언급할 때에는 몇 가지 규칙이 있는데, 나머지 모두를 지칭할 때는 반드시 'the'를 붙인다.

둘 중에 → 하나는 one, 그리고 나머지 하나는 the other로 표현한다.
여러 개 중에 → 일부는 some, 그리고 전체가 아닌 또 일부는 others.
여러 개 중에 → 일부는 some, 그리고 나머지 모두는 the others.
여러 개 중에 → 하나는 one, 또다른 같은 종류의 하나는 another로서 뒤에는 단수명사가 따른다.
                (another book)
other는 복수명사 앞에 → other books/ other students

1. 수량지칭

먼저 전체집합을 반드시 챙겨라.

그리고 지칭하는 부분의 나머지 전체를 의미하는지 일부를 의미하는지를 확인하고 나머지 전부를 의미할 때는 반드시 'the'를 붙여라.

1) 둘 중에(하나는 one, 나머지 한 개는 the other)

   O   O
  one the other

2) 일곱 개 중에(1개는 one, 나머지 모두인 6개는 the others)

   O   OOOOOO
  one   the others

3) 여덟 개 중에(3개는 some, 나머지 5개 모두는 the others)

   OOO   OOOOO
   some the others

4) 열 개 중에(3개는 some, 그리고 3개인 일부는 others)

   OOO   OOO   OOOO
   some   others

5) 셋 이상 중에(하나는 one, 또 하나는 another~ (another 뒤에는 단수명사))

   O   O   OOO
   one another …

2. one / it

바로 그것을 대신하는 경우는 it 같은 종류를 대신하는 경우는 one

예를 들어, 시계를 잃어버렸는데 다시 찾은 그것 (it), 시계를 잃어버렸는데 찾지 못해 다시 사야 할 것(one)

1) I lost <u>my watch</u>. → I want to buy <u>one</u>. (my watch ≠ one)
2) I bought <u>a watch</u> yesterday. → <u>It</u> is out of order. (a watch = it)

3. its / their

its는 단수의 명사를 받고 their은 복수의 명사를 받는다.

1) <u>The hotel</u> is known for <u>its</u> excellent cuisine. → the hotel (단수이므로 its로 받는다)
   그 호텔은 요리로 유명하다.

2) <u>They</u> played <u>their</u> violins for the party. → they (their의 복수로 받는다)
   그들은 파티를 위해서 그들의 바이올린을 연주했다.

CHAPTER 01 어법 문제유형 정리

기본 문제 연습

1. She has two sons. one is a doctor, and (other / the other) is a teacher.
   그녀는 두 아들이 있는데, 한 명은 의사이고, 다른 한 명은 선생님이다.
   ➲ 두 명중 한 명은 one, 다른 나머지 한 명은 the other이다. 따라서 the other이 적절하다.

2. She has three sons. one is a doctor, and (other / the others) are both teachers.
   그는 세 아들이 있는데, 한 명은 의사이고 다른 두 명은 선생님들이다.
   ➲ 세 명중 한 명은 one이고 나머지 두 명 모두는 the others이다. 따라서 the others가 적절하다.

3. I will give you (other / another) present.
   너에게 또 하나의 선물을 줄께.
   ➲ '또 하나의'라는 의미는 another이고 other는 단독으로 쓰이지 않고 뒤에 복수명사와 함께 쓰인다. 따라서 another이 적절하다.

4. Some think that she is kind, but (other / others) don't.
   몇몇 사람들은 그녀가 친절하다고 생각하고, 또 몇몇 사람들은 그렇지 않다고 생각한다.
   ➲ 정해지지 않은 일부는 some, 또 다른 일부는 others이다. 따라서 others가 적절하다.

5. The teacher gave me (another / other) chance. 그 선생님은 나에게 또 한 번의 기회를 주었다.
   ➲'또 하나의'라는 의미는 another이고 other는 단독으로 쓰이지 않고 뒤에 복수명사와 함께 쓰인다. 여기서는 another이 적절하다.

6. I bought a present, and I gave (it / one) to her. 나는 선물을 하나 사서 그녀에게 그것을 주었다.
   ➲ 바로 그것은 it이고 같은 종류는 one이므로 it이 적절하다.

7. I lost my watch, so I have to buy (it / one).
   나는 나의 시계를 잃어버렸는데, 그래서 나는 새로운 시계를 사야 한다.
   ➲ 바로 그것은 it이고 같은 종류는 one이므로 여기서는 새로운 것을 산다는 의미이므로 one이 적절하다.

8. There were two men. One was a teacher, (other / the other) was a doctor.
   두 명의 사람이 있는데, 한 명은 선생님이고 다른 한 명은 의사이다.
   ➲ 두 명 중 한 명은 one이고 다른 나머지 한 명은 the other이다. 따라서 the other이 적절하다.

9. There were three men. One was a doctor, another was a teacher, and (the other / other) was a lawyer.
   세 명의 사람들이 있다. 그중의 한 명은 의사이고, 다른 한 명은 선생님이고 나머지 한 명은 변호사이다.
   ➲ 세 명 중 한 명은 one, 또 한 명은 another, 나머지 한 명은 the other이다. 따라서 여기서는 the other

이 적절하다.

10. There were three men. One was a doctor, (others / the others) were teachers.
    세 명의 사람들이 있다. 그 중의 한 명은 의사이고, 나머지 모두는 선생님들이다.
    ➡ 세 명 중 한 명은 one이고, 나머지 모두는 the others이다. 따라서 the others가 적절하다.

11. Some foods digest more easily than (the others / others).
    어떤 음식들은 다른 음식보다 잘 소화가 된다.
    ➡ 수많은 음식들 중에서 일부는 some, 또 일부는 others이다. 따라서 others가 적절하다.

12. Some people like juice, while (the others / others) don't.
    어떤 사람들은 주스를 좋아하지만, 반면에 다른 사람들은 그렇지 않다.
    ➡ 주스를 좋아하는 사람의 일부는 some, 안 좋아하는 사람의 일부는 others이다. 따라서 others가 적절하다.

13. Some products catch the public fancy. (The Others / Others) lose favor and disappear.
    일부 제품들은 대중의 환심을 사고 다른 것들은 대중의 기호를 잃고 사라진다.
    ➡ 수많은 제품들 중에 일부제품은 some, 나머지 일부는 others이다.

14. A play or a novel is often robbed of much of (their / its) interest if you know the plot beforehand.
    만일 우리가 연극이나 소설의 줄거리를 미리 안다면 많은 흥미를 종종 잃는다.
    ➡ a play나 혹은 a novel중의 하나를 가리키므로 단수형태의 its가 적절하다.

15. Interestingly, mallards swim with (its / their) tail held above the water.
    재미있게도 청둥오리들(mallards)은 꼬리를 물 위로 들고 수영을 한다.
    ➡ 청둥오리들(mallards)을 가리키므로 복수형태의 their이 적절하다.

기출 문제 연습

1. If settlers succeed in making (another / other) planet their home, it will become one of the most revolutionary events in history. (모의)
   만약 정착민들이 또 다른 행성을 자신들의 보금자리로 만드는데 성공한다면, 그것은 역사상 가장 혁명적인 사건 중 하나가 될 것이다.
   ➡ another는 '또 하나의'라는 의미로서 뒤에 단수를 받으며 other는 복수명사를 받는다. 여기서는 planet를 수식하므로 another가 적절하다.

2. I wanted to be the editor of the school paper, but the teacher in charge picked (the other / another) student. (모의응용)
   나는 학교 신문의 편집자가 되고 싶었지만 담당 선생님이 다른 학생을 뽑았다.
   ⇨ the other는 나머지 한 명을 의미하고 another는 또 다른 한 명의 학생을 의미하므로 another가 적절하다.

3. People are often under stress. Some are taking exams, some are considering moving to (other / another) job and (another / others / the others) are worried about deadlines. (모의응용)
   사람들은 종종 스트레스를 받는다. 어떤 사람들은 시험을 치르고 있고, 어떤 사람들은 이직을 고려하고 있으며, 다른 사람들은 마감시간을 걱정하고 있다.
   ⇨ 앞의 문제에서는 '또 다른 직장' 이라는 의미이므로 another가 적절하고 뒤의 문제는 한정되지 않은 여러 다른 사람들이라는 의미이므로 others가 적절하다.

4. I am one of three brothers, one brother lives in Delhi and (another / the other) in Beijing. (모의응용)
   나는 삼형제 중의 한 명인데, 한 명은 델리에 살고 다른 한 명은 베이징에 살아요.
   ⇨ 두 명 중에 한 명은 one이고 다른 한 명은 the other이다. 따라서 여기서는 the other가 적절하다.

5. The identical twins don't act alike either. One likes to dance; (other / the other) likes to play basketball. (모의응용)
   일란성 쌍둥이들은 서로 비슷하게 행동하지도 않는다. 한 명은 춤추기를 좋아하고, 또 다른 한 명은 농구하는 것을 좋아한다.
   ⇨ 두 명 중에 한 명은 one이고 다른 한 명은 the other이다. 따라서 여기서는 the other가 적절하다. 나머지 모두라는 의미로는 반드시 the를 붙여야 한다. 그리고 other뒤에는 복수명사가 온다.

6. Some people do well with seven hours of sleep or less, while (the others / others) require nine hours of sleep or more to be at their best. (모의응용)
   어떤 사람들은 일곱 시간 또는 그보다 적은 시간의 수면으로도 잘 지내지만, 다른 사람들은 최상의 상태이기 위해서 아홉 시간 또는 그보다 많이 필요하다.
   ⇨ the others는 나머지 모두를 가리킬 때 지칭하는 대명사로서 여기에서의 다른 사람들이란 의미는 일부의 사람들을 의미하는 것이지 나머지 모두를 의미한다는 것이 아니므로 others가 적절하다.

7. Being a hybrid art as well as a late one, film has always been in a dialogue with (other / another) narrative genres. (2013 수능)
   후발 예술이면서 동시에 혼합 예술이기도 한 영화는 다른 서사 장르와 항상 대화를 해왔다.
   ⇨ another는 뒤에 단수명사를 받고, other는 복수명사를 받는다. 따라서 other이 적절하다.

8. The company also created an open-ended conversation among (their / its) engineers in which salespeople and designers were often included. (2012 수능)
   그 회사는 또한 판매원들과 디자이너들이 자주 포함되어 있는 기술자들 간의 제한 없는 대화를 만들었다.
   ⊃ '그 회사의'를 의미하므로 its가 적절하다.

마무리하고 넘어가기!

- 대명사는 명사를 대신하는 말로서 어느 명사를 대신하고 있는지를 평소, 확인하는 습관을 길러야 한다. 그리고 남아있는 나머지 모두를 지칭할 때에는 반드시 앞에 'the'를 붙인다는 점 꼭 기억하기 바란다.

스스로 어법문제 만들어가기

1. As a matter of fact, recess is much more than free time. Recess should be viewed as an opportunity for students not only to engage in physical activity, but also to build **their** character and develop social interaction skills. Therefore, the classroom teachers must realize that recess is an important part of the school day. (2009.09 고1 모의고사)
   ⊃ their은 students을 가리키는 복수로 사용되었다.
   사실 쉬는 시간은 자유 시간 그 이상이다. 쉬는 시간은 학생들이 신체활동에 참여할 뿐 아니라 그들의 인성을 쌓고 사회적인 상호작용 기술을 개발할 수 있는 기회로 여겨져야 한다. 그러므로 학교 선생님들은 쉬는 시간이 학교 일과의 중요한 부분이라는 것을 깨달아야 한다.

2. There were two fathers I knew. Although both of them worked hard, I noticed that **one** dad had a habit of putting his brain to sleep when it came to money matters, and **the other** had a habit of exercising his brain. The long-term result was that **one** dad grew weaker and **the other** grew stronger financially. (2009.09 고1 모의고사)
   ⊃ 전체집합이 둘이라면 둘 중에 하나는 one이고 다른 하나는 the를 붙여 the other로 표현한다.
   내가 알고 있는 두 명의 아버지가 있었다. 비록 둘 다 열심히 일하지만, 한 아버지는 돈 문제에 관해서는 머리를 쓰지 않는 습관이 있고, 다른 아버지는 머리를 쓰는 습관이 있다는 걸 알게 되었다. 장기적 결과로 보면 한 아버지는 경제적으로 약해졌고, 다른 아버지는 경제적으로 더 강해졌다.

3. While most experts say eight hours of sleep is ideal, the truth is it all depends on how you feel. **Some** people do well with seven hours or less, while **others** require nine or more to be at their best. If you are ill or under tremendous stress, you will probably need to sleep longer than you usually do. (2013.11 고1 모의고사)
   ➲ 전체집합 중 일부, 일부들은 some, others로 받는다. 전체집합 중 일부와 나머지 모두들은 some, the others로 받는다. 여기서는 일부, 일부들을 가리키므로 some, others로 받는다.

   대부분의 전문가들이 여덟 시간의 수면이 이상적이라고 말하는 반면에, 사실 그것은 전적으로 당신이 어떻게 느끼느냐에 달려 있다. 어떤 사람들은 일곱 시간 또는 그 보다 적게도 잘 지내지만, 다른 사람들은 최상의 상태이기 위해서 아홉 시간 또는 그보다 많이 필요하다. 만약 당신이 아프거나 엄청난 스트레스를 받는다면, 아마도 당신은 평소에 그러한 것보다 더 오랫동안 자야 할 필요가 있을 것이다.

4. In one experiment, researchers asked people to think of a difficult episode from their past. Those in **one group** were told to relive the event as if it were happening again; **the others** were instructed to recall the memory, stepping back from the scene as if it were a video. Surprisingly, the latter group felt less stressed and had lower blood pressure. (2010.06 고1 모의고사)
   ➲ 여러 그룹 중 한 그룹은 one group이고 나머지 그룹 모두는 the others이다.

   한 실험에서, 연구자들이 사람들에게 과거에 힘들었던 일을 생각해 보게 하였다. 한 그룹의 사람들에게는 마치 그 일이 다시 일어나고 있는 것처럼 되살려 보도록 했고, 다른 그룹에게는 그 장면에서 뒤로 물러나 마치 비디오를 보듯이 그 기억을 회상해 보도록 지시했다. 놀랍게도 후자가 스트레스를 덜 받았고, 혈압도 더 낮았다.

30 간접의문문의 어순

문안에 무엇이 있는지가 궁금하고 겁도 나기도 하는지라 아빠가 앞서고 엄마가 뒤따라가는 그림이다.
여기서 아빠는 주어로, 엄마는 동사로 생각하고...
궁금히 여겨지는 장소(의문사)는 무서운 공포심이 생길 수도 있으므로 아무래도 힘센 아빠(주어)가 먼저 가고 약한 엄마(동사)가 뒤따라가는 상황을 묘사하고 있다. (의문사+주어+동사~의 어순)

궁금해서 의문스러우면 아빠인 주어가 먼저, 그리고 엄마인 동사가 뒤에 졸졸 따라간다.
뭐지, 뭐지 하면서... ('의문사+주어+동사~' 어순의 해석은 끝에 ~지를)

who(의심스런 방 안쪽) he(주어) is(동사)... 그가 누구인지

* 약간 궁금한 혹은 무서움이 있는 장소에 갈 때는 의문사를 앞세우고 아빠(주어) 먼저 그리고
  엄마(동사) 순으로... 모두들 ~뭐지! ~뭐지! 하면서….

의문사의 기능은 두 가지로 사용될 수 있는데, 하나는 의문문의 의문사로 쓰이는 경우이고 또 하나는 명사절을 이루는 의문접속사로 쓰여 종속절을 이끄는 경우이다. 이 두 가지를 구별하는 기준은 어순이다.

즉, '의문사+ 동사 + 주어'의 경우에는 전형적인 의문문의 구조로서 끝에 물음표(?)를 가지고서 '까'로 해석이 된다.

그리고 '의문사 + 주어 + 동사'의 평서문 어순은 간접의문문으로서 명사절을 이끌며 문장의 일부인 종속절이 되며 해석은 끝에 '~지'로 한다. 이 경우에 의문사는 접속사 역할을 한다.

    Who is he? 그가 누구입니까?
    ⊃ 이 경우 who는 의문사로서 의문문을 이끌고 있다.
       직접 묻고 있으므로 직접의문문이라 한다. 해석은 '까?'로 한다.
       이 직접의문문에서의 순서는 의문문의 어순이 '의문사+ 동사 + 주어'의 어순이다.

    I don't know who he is. 나는 그가 누구인지 모른다.
    ⊃ 이 경우 who는 의문사이지만 접속사의 역할도 겸해서 하고 있다.
       이 who가 의문사절을 이끌고 있으면서 문장의 일부가 된 상태를 간접의문문이라 하며 특히, 여기서는 목적어 자리에 왔으므로 목적어 자리에서 명사 역할을 하는 명사절이라 한다. 해석은 '~지'로 한다.
       이 간접의문문의 순서는 평서문 어순의 '의문사 + 주어 + 동사'의 어순이다.

이와 같이 의문사절이 다른 문장의 일부가 되어 있는 경우 간접의문문이라 하고, 평서문 어순의 '의문사 + 주어 + 동사'의 어순이 된다.

단, 의문사 자체(what/ who/ which)가 주어인 경우는 직접의문문이든, 간접의문문이든 의문사 + 동사의 어순이 된다.

    Who met her? → 의문사 자체가 주어이다. (누가~)
    I don't know who met her. → 간접의문문이 되어도 '의문사주어 + 동사'의 어순은 바뀌지 않는다.

생각동사인 think/believe/imagine/suppose/guess가 있으면 의문사는 반드시 문두로 나간다.

    Do you think who he is? (×)
    Who do you think he is? (O) → 너는 그가 누구라고 생각하느냐?
    ⊃ who에 대한 대답이 중요하므로 이 부분이 앞으로 나감
       누구라는 물음에 대한 답이 필요하다. 그래서 who가 중요하므로 문두로 나간다.

    Do you know who he is? (O) → 너는 그가 누구인지를 아느냐?
    ⊃ Do you know에 대한 대답으로서 여기서는 know가 중요하다.
       즉 yes, no에 대한 대답이 필요하다. 따라서 의문사(who)는 앞으로 나가지 않는다.

의문사가 단독이 아닌 의문사덩어리인 경우에 유의해야 한다. (how old/ how many books…)

<u>How</u> are you? → how가 의문사

<u>How old</u> are you? → how old가 의문사

<u>How many people</u> do you help? → how many people이 의문사

<u>What color</u> do you like? → what color가 의문사

그리고 의문사가 없는 간접의문문은 if/whether절을 이끈다.

I don't know + he is honest

I don't know if/whether he is honest. → 의문사 없는 간접의문문

나는 그가 정직한지를 모른다.

1. 의문사 + 주어 + 동사

평서문 어순의 '의문사 + 주어 + 동사'의 경우 순서가 중요하며 '~지'로 해석한다.
(간접의문문 = 명사절 = 의문사절)

1) I don't know <u>when he came here</u>. 그가 여기 언제 왔는지 나는 모른다. (간접의문문/명사절/의문사절)
   (의문사 + 주어 + 동사)

   When did he come here? 그가 언제 여기 왔습니까? (직접의문문)
   (의문사 + 동사 + 주어)

2) I wonder <u>where he lives</u>. 그가 어디에서 사는지 궁금하다. (간접의문문/명사절/의문사절)
   (의문사 + 주어 + 동사)

   Where does he live? 그가 어디에 삽니까? (직접의문문)
   (의문사 + 동사 + 주어)

3) I wonder <u>how old he is</u>. 그가 몇 살인지 나는 궁금하다. (간접의문문/명사절/의문사절)
   (의문사 + 주어 + 동사)

   How old is he? 그가 몇 살입니까? (직접의문문)
   (의문사 + 동사 + 주어)

4) I don't know <u>why he said so</u>. 왜 그가 그렇게 말했는지 나는 모른다. (간접의문문/명사절/의문사절)
   (의문사 + 주어 + 동사)

   Why did he say so? 그가 왜 그렇게 말했습니까? (직접의문문)
   (의문사 + 동사 + 주어)

2. 의문사 자체가 주어

주어가 될 수 있는 의문사는 의문대명사로서 what, who, which 등이다.

They wonder <u>what happened</u>. 무엇이 일어났는지 그들은 궁금히 여긴다.
       (의문사주어 + 동사) (간접의문문/명사절/의문사절)

<u>What happened</u>?   무엇이 일어났습니까? (직접의문문)
(의문사주어 + 동사)

✤ 의문대명사인 의문사 자체가 주어인 경우는 직접의문문이나 간접의문문이나 '의문사 + 동사'로서 어순이 같다.

3. 생각동사가 있을 경우

think, believe, imagine, suppose, guess의 생각동사가 있을 경우 의문사는 문두로 나간다.

Do you think <u>who he is</u>? (×) 그가 누구라고 너는 생각하느냐?
<u>Who</u> do you think he is? (O)
(의문사 + 생각동사 + 주어) → 생각동사(think)가 있으면 의문사(who)가 앞으로 간다.
(의문사)   (think)

Do you know who he is? 너는 그가 누구인지를 아느냐?
여기에 대한 대답은 안다/모른다는 yes/no로 대답할 수 있어 know에 초점이 맞추어져 있다. 따라서 의문사가 앞으로 나가지 않는다.

Do you think who he is? (×) 너는 그가 누구라고 생각하느냐?
여기에 대한 대답은 누구인지에 대한 대답을 해야 하므로 누구라는 의문사인 who에 초점이 맞추어져 있어 who가 문두로 나간다.
Who do you think he is? (O)

4. 의문사가 없는 의문문은 if/whether절

I don't know <u>if/whether he will come here or not</u>. → 의문사가 없는 의문문
       (if/whether + 주어 + 동사)
나는 그가 여기 올지 안 올지를 모른다.

기본 문제 연습

1. I don't know what (the word means / does the word mean).
   나는 그 말이 무엇을 의미하는 것인지를 모른다.
   ➲ 의문사절이 문장의 일부인 간접의문문은 명사절로서 평서문 어순의 '의문사 + 주어 + 동사'의 어순이므로 'what + the word means'가 적절하다.

2. I know who (they are / are they). 나는 그들이 누구인지를 안다.
   ➲ 의문사절이 문장의 일부인 간접의문문은 명사절로서 '의문사 + 주어 + 동사'의 어순이므로 'who + they are'가 적절하다.

3. Do you know where (she lives / does she live)? 너는 그녀가 어디에 살고 있는지를 아니?
   ➲ 의문사절이 문장의 일부인 간접의문문은 명사절로서 '의문사 + 주어 + 동사'의 어순이므로 'where + she lives'가 적절하다.

4. Who do you think (broke the window / did the window break)?
   너는 누가 창문을 깨뜨렸다고 생각하니?
   ➲ 의문사절이 문장의 일부인 간접의문문의 경우 의문사절이 생각동사(think)의 목적어 자리에 온 경우에는 의문사가 문두에 와서 '의문사 + do you think + 주어 + 동사'의 어순이 되므로 broke the window가 적절하다. 여기서는 who의 의문사 자체가 주어이므로 think 다음에 의문사주어가 빠져 나간 자리에는 동사가 바로 나온 형태이다. Do you think who broke the window? (×)

5. Who do you think (she is / is she)? 너는 그녀가 누구라고 생각하니?
   ➲ 의문사절이 문장의 일부인 간접의문문의 경우 의문사절이 생각동사의 목적어 자리에 온 경우에는 의문사가 문두에 와서 '의문사 + do you think + 주어 + 동사'의 어순이 되므로 she is가 적절하다.

6. He investigated why (are there / there are) so many kinds.
   그는 왜 너무 많은 종류들이 있는지를 살펴보았다.
   ➲ 의문사절이 문장의 일부인 간접의문문은 명사절로서 '의문사 + 주어 + 동사'의 평서문 어순이 되므로 why there are이 적절하다.

7. I asked which flight (she was / was she) waiting for.
   나는 그녀가 어느 비행기를 기다리고 있었는지를 물었다.
   ➲ 의문사절이 문장의 일부인 간접의문문은 명사절로서 '의문사 + 주어 + 동사'의 어순이므로 which flight she was가 적절하다. which flight는 의문사 덩어리형 의문사이다.

8. I don't know (how old he is / how he is old / how old is he)?
   나는 그가 나이가 몇 살인지를 모른다.
   ➲ 의문사절이 문장의 일부인 간접의문문은 명사절로서 '의문사 + 주어 + 동사'의 어순이므로 how old he is가 적절하다. how old는 의문사에 old가 붙은 의문사 덩어리형 의문사이다.

CHAPTER 01 어법 문제유형 정리

9. I want to know (how many books you have / how many you have books / how many books do you have).
   나는 네가 얼마나 많은 책들을 가지고 있는지를 알고 싶다.
   ➲ 의문사절이 문장의 일부인 간접의문문은 명사절로서 의문사 + 주어 + 동사의 어순이므로 how many books you have가 적절하다. 의문사 how many books는 의문사 덩어리형 의문사이다.

10. I doubt if (he will / will he) come here. 나는 그가 여기에 올지를 의심한다.
    ➲ 의문사가 없는 의문문의 형태인 if절이며 if + 주어 + 동사의 어순이므로 he will이 적절하다. '~인지 아닌지'로 해석한다.

11. I want to know when (are you / you are) free. 나는 네가 언제 자유로운지 알고 싶다.
    ➲ 의문사절이 문장의 일부인 간접의문문은 명사절로서 '의문사 + 주어 + 동사'의 어순이므로 when you are이 적절하다.

12. Ask him when (will the train / the train will) arrive.
    그 기차가 언제 도착할지를 그에게 물어보라.
    ➲ 의문사절이 다른 문장의 일부가 된 간접의문문의 경우 의문사+주어+동사의 어순이므로 the train will이 적절하다.

13. I am not sure where (did my wife put / my wife put) the key.
    나는 나의 아내가 키를 어디에 놓았는지 확신할 수 없다.
    ➲ 의문사절이 문장의 일부인 간접의문문은 명사절로서 '의문사 + 주어 + 동사'의 어순이므로 where + my wife put이 적절하다.

14. Please tell me where (do you ache / you ache). 네가 어디가 아픈지를 말해 달라.
    ➲ 의문사절이 문장의 일부인 간접의문문은 명사절로서 '의문사 + 주어 + 동사'의 어순이므로 where + you ache가 적절하다.

15. All of his classmates wondered why (did he say / he said) nothing.
    그의 학급친구들 모두는 그가 왜 아무말도 하지 않았는지를 궁금히 여겼다.
    ➲ 의문사절이 문장의 일부인 간접의문문은 명사절로서 '의문사 + 주어 + 동사'의 어순이므로 why he said가 적절하다.

16. I can't understand (what you really mean / what do you really mean) to do.
    나는 네가 무엇을 하려고 의도하는지를 이해할 수 없다.
    ➲ 의문사절이 문장의 일부인 간접의문문은 명사절로서 '의문사 + 주어 + 동사'의 어순이므로 what+ you really mean이 적절하다.

17. Whether (is she / she is) happy or not is not the question.
    그녀가 행복한지 아닌지는 문제가 아니다.
    ➲ 의문사 없는 의문문의 형태로서 'whether + 주어 + 동사'의 어순이므로 she is가 적절하다.

18. He wanted to understand (what keeps / does what keep) the moon and the planets in their orbit.
    그는 무엇이 달과 행성들이 일정한 궤도를 유지하고 있는지를 이해하고 싶었다.
    ➲ 의문사절이 문장의 일부인 간접의문문은 명사절로서 '의문사 + 주어 + 동사'의 어순이므로 what+keeps가 적절하다.

기출 문제 연습

1. All teams know exactly when (the weather will / will the weather) be perfect for climbing. (모의응용)
   모든 팀들은 등반을 위해 날씨가 언제 완벽할지를 정확하게 안다.
   ➲ 의문사절이 문장의 일부가 되어 간접의문문의 명사절이 될 때에는 의문사+주어+동사의 어순이므로 the weather will이 적절하다.

2. People will always remember (how did you / how you made) them feel. (모의응용)
   사람들은 항상 당신이 그들을 어떻게 느끼도록 했는지는 기억할 것이다.
   ➲ 의문사절이 타동사 뒤에 와서 목적절의 명사절이 될 때는 의문사 + 주어 + 동사의 어순이 된다. 따라서 여기서는 how you made가 적절하다.

3. Think of how many voices (do you recognize / you recognize) on the telephone. (모의응용)
   전화상으로 얼마나 많은 목소리를 인식할 수 있는지를 생각해보라.
   ➲ 의문사절이 문장의 일부인 간접의문문은 의문사 + 주어 + 동사의 어순의 형태를 취하므로 따라서 여기서는 주어 + 동사의 어순인 you recognize가 적절하다. how many voices는 의문사덩어리형태이다.

4. Notice how (have you / you have) grown or improved as you practice. (모의응용)
   연습을 함에 따라 당신이 어떻게 성장하고 발전하는지 주목하라.
   ➲ 의문사절이 문장의 일부인 간접의문문으로서 타동사 뒤에 와서 목적어 자리의 명사절이 될 때는 의문사 + 주어 + 동사의 어순이 된다. 따라서 여기서는 you have가 적절하다.

5. She couldn't understand (what was / was what) happening around her. (모의응용)
   그녀는 그녀의 주변에 무슨 일이 벌어지는지 이해할 수 없었다.

◯ 의문사절이 문장의 일부가 되어 타동사 뒤에 와서 목적절의 명사절이 될 때는 의문사 + 주어 + 동사의 어순이 된다. 의문사 자체가 주어인 경우에는 의문사 + 동사의 구조이다. 의문사 + 동사 구조인 what was가 적절하다.

6. While most experts say eight hours of sleep is ideal, the truth is it all depends on (how you feel/ do how you feel). (모의응용)
대부분의 전문가들이 여덟 시간의 수면이 이상적이라고 말하는 반면에, 사실 그것은 전적으로 당신이 어떻게 느끼느냐에 달려있다.
◯ 의문사절이 문장의 일부인 간접의문문이 전치사(on)의 목적어 자리에 온 명사절이 될 때는 의문사 + 주어 + 동사의 어순이 된다. 따라서 여기서는 how you feel이 적절하다.

마무리하고 넘어가기!

의문사가 있는 문장이 어떤 문장의 일부가 되어 의문사절이 될 때에는 의문사가 접속사 역할을 하게 되어 의문사절을 이끌며 이 경우에는 직접의문문과의 차이를 위하여 '의문사 + 주어 + 동사'의 어순을 취한다.
이 경우의 의문사절은 명사절, 혹은 간접의문문이라고 불리워진다.

스스로 어법문제 만들어가기

1. Can you recall **what you bought** for your dinner on the same day last month? Probably not. How about this then: herdsmen of the Swazi tribe of East Africa are able to remember in great detail each cow or bull bought a year ago, including **who sold** the animal, whether it was a bull, a cow, or a calf, its age and appearance, and **what it was bartered** for. (2013.03 고3 모의고사)
    ◯ 의문사절이 문장의 일부가 될 때에는 간접의문문이 되어 의문사 + 주어 + 동사의 어순이 된다. 해석은 '~지'로 한다. what you bought(무엇을 샀는지), who sold (누가 팔았는지), what it was bartered for(그것이 무엇으로 물물교환 되었는지)
    여러분은 지난 달 같은 날에 저녁 식사를 위해 무엇을 샀는지 기억할 수 있는가? 아마도 그렇지 않을 것이다. 그럼 이것은 어떤가. 동아프리카의 Swazi 부족의 소를 기르는 사람들은 1년 전에 구입된 각각의 암소나 황소를, 누가 그 동물을 팔았는지, 그것이 황소인지 암소인지 혹은 송아지인지, 그것의 나이와 생김새, 그리고 그것이 무엇으로 물물교환 되었는지를 포함하여 아주 자세히 기억할 수 있다.

2. Doing science in the school laboratory can be much more interesting than reading about it. However, you must strictly follow safety rules in order to decrease the possibility of accidents. You can't predict **when something will go wrong.** Think of a person taking a trip in a car. Most of the time when someone drives somewhere in a vehicle, an accident like a car crash does not occur. But to be safe, drivers and passengers should always fasten their safety belts. (2011.06 고1 모의고사)
   ➲ 의문사절이 문장의 일부가 될 때에는 간접의문문이 되어 의문사 + 주어 + 동사(when something will go wrong)의 어순이 된다.

   학교 실험실에서 과학을 하는 것은 과학에 관하여 읽는 것보다 훨씬 더 흥미로울 수 있다. 하지만 사고의 가능성을 줄이기 위해서 안전 규칙을 엄격하게 지켜야 한다. 어떤 일이 언제 잘못될 지를 예측할 수 없다. 차를 타고 여행 중인 사람을 생각해 보라. 누군가 차를 타고 어딘가에서 운전을 하는 대부분의 경우에 자동차 충돌과 같은 사고는 일어나지 않는다. 그러나 안전하기 위해서 운전자와 탑승자는 항상 안전벨트를 매야 한다.

3. One researcher has argued that doctors and patients talk to each other with different voices. The voices of doctors are characterized by medical terms that describe physical symptoms. The voices of patients, on the other hand, often include non-technical terms about **how they feel** and how they live their lives. Typically, doctors have more power than patients in the interaction between them. As a result, patients may feel that their voices are ignored or silenced. (2009.09 고1 모의고사)
   ➲ 의문사절이 문장의 일부가 될 때에는 간접의문문이 되어 의문사 + 주어 + 동사(how they feel)의 어순이 된다.

   한 연구자는 의사와 환자가 다른 목소리로 서로 의사소통을 한다고 주장한다. 의사의 목소리는 신체 증상을 묘사하는 의학 용어의 특징을 지닌다. 반면에, 환자의 목소리는 종종 그들이 어떻게 느끼고 어떤 삶을 살고 있는지에 대한 비기술적인 용어를 포함한다. 전형적으로 의사들은 환자와의 상호작용에서 우위를 가진다. 따라서 환자들은 그들의 목소리가 무시당하거나 묻힌다고 느낄지도 모른다.

4. Your dog never sat through a psychology lecture, but he automatically knows the way to your heart: to make you feel important and loved. Now imagine **how well people would respond** to you if you showed them that kind of attention. It's the number one way to strengthen relationships. (2012.03 고1 모의고사)
   ➲ 의문사절이 문장의 일부가 될 때에는 간접의문문이 되어 의문사 + 주어 + 동사(how well people would respond)의 어순이 된다.

   당신의 개는 심리학 강의를 들어본 적이 없지만, 당신의 마음으로 가는 길을 자동적으로 안다. 즉 당신이 중요하고 사랑 받고 있다고 느낄 수 있게 하는 방법을 알고 있는 것이다. 이제 당신이 그러한 관심을 사람들에게 보여준다면 그 사람들이 당신에게 얼마나 잘 반응을 할지 상상해 보라. 그것은 관계를 강화시키는 최고의 방법이다.

CHAPTER 01 어법 문제유형 정리

31 부정어/부사구/목적어의 도치

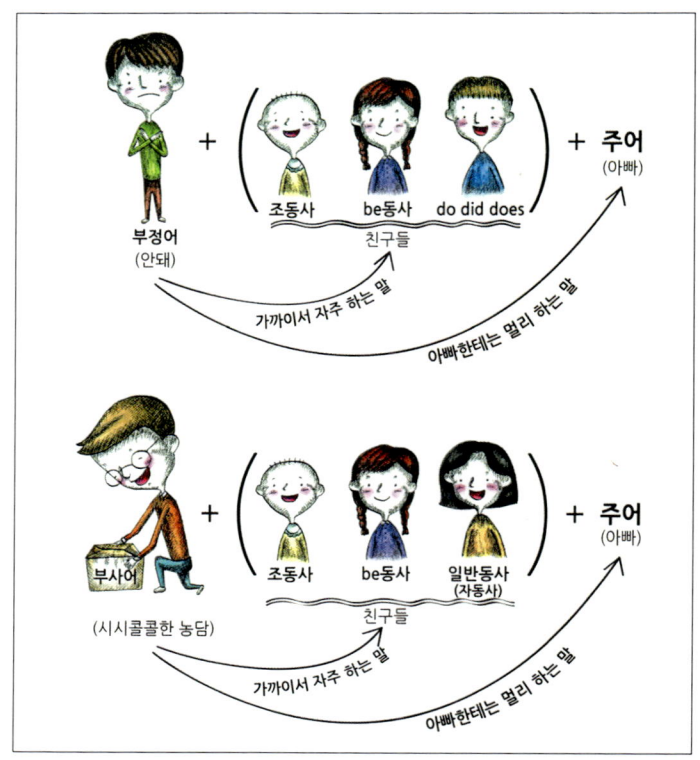

부정어나 부사어가 문두로 나가면 주어가 뒤로 밀려 나가는 경우를 '도치'라 한다.
문두에 안돼!, 안돼!라는 부정어(not, little, never, only~)의 말을 꺼내놓을 때는
존귀하시고 무서운 아빠인 주어께는 가까이 말 못 하고 가까운 친구들인 조동사, be동사, do, did, does에게는 허심탄회하게 이런 말들을 하지만, 아무래도 주어인 아빠께는 멀리하는 것이 일반적이지~~
이런 부정어를 자꾸자꾸 말하면 친구들도 의심스러워해 (부정어 + 의문문 형태~~)
only(~만 해당하고 다른 것은 부정)라는 단어가 부정어의 한 부분의 말이란 걸 명심...

문두에 오는 부사어(주로 장소, 방향의 부사)라는 것은
문장에서 별 볼 일 없는 쓰레기통에 넣어서 버리려는 잡동사니 같은 시시콜콜한 농담 같은 존재의 어구로서 이 부사어 등은 아무래도 친구들인 '조동사, be동사, 일반자동사'에게는 가까우니까 이런 종류의 말들을 거침없이 쏟아내지만, 하지만 멀리 그리고 좀 대하기 어려운 아빠인 주어께는 가까이 털어놓기가 좀 그렇지... 여기에서의 친구중에는 좀 약간은 뻣뻣한 일반동사도 있다는 사실을 명심하길...

* '안 돼'라는 부정어나 시시콜콜한 농담의 부사어를 말할 때는 항상 도치라는 원칙을 명심, 또 명심….

도치란? 강조하고자 하는 말을 문두로 꺼내어 배치하면서 주어가 뒤로 밀리는 형태를 말한다.

우리말의 가장 대표적인 도치의 예는 '문 닫고 들어와'이다. 물론, 실제로는 문을 닫고 들어올 수는 없다. '들어와서 문을 닫아라'라는 순서가 정상적이지만 '문 닫아'라는 의도를 강조하기 위해서 '문 닫고'를 문두로 꺼내 놓은 예이다.

강조를 위해서 문두로 꺼내는 종류는 크게 나누어 부정어와 부사구의 두 종류가 있다. 부정어가 문두로 나가면 바로 뒤에 의문문의 형태인 조동사, be동사, do/ did/ does가 따라 나오고 그다음에 주어가 나오는 '부정어 + be/조동사/do, did, does + 주어'의 형태가 되며

  Never did I love her.
  (부정어) ↑ (주어)
    (동사)

장소, 방향과 관련된 부사나 부사구가 문두로 나갈 경우에는 주어와 동사가 그대로 맞바뀐 형태의 '부사어 + 동사 + 주어'의 어순으로 나온다. 이 경우 동사는 1형식의 자동사이다.

  On the table is a book. → 책 한권이 테이블위에 있다.
  (장소부사구) (동사) (주어)
  In the lake lives the fish. → 그 물고기는 호수에서 산다.
  Down the street walked he. → 그는 길거리를 따라 걸었다.
  On the street is a car.

하지만, 부사(구)가 문두로 나갈 경우 주어가 대명사인 경우는 도치를 시키지 않은 '부사구 + 대명사주어 + 동사'의 어순이 된다.

  Here they come.
  (장소부사) ↑ (동사)
    (주어)

1. 부정어를 강조하기 위해

  부정어 + do/did/does   + 주어
       be동사(am/are/is/was/were)
       조동사(will/can/may/must)

CHAPTER 01 어법 문제유형 정리

1) I never saw her. 일반문
   <u>Never did</u> I see her. → 부정어 문두로 도치
   (부정어 + did + 주어)
   나는 결코 그녀를 보지 못했다.

2) I seldom met her. 나는 그녀를 거의 만나지 못했다.
   <u>Seldom did</u> I meet her.
   (부정어 + did + 주어)

3) She came back only after a few minutes. 겨우 몇 분 후에야 그녀는 돌아왔다.
   <u>Only after a few minutes did</u> she come back. → only~는 부정어 취급한다.
   (부정어간주 + did + 주어)

4) I will never forget your help. 나는 너의 도움을 결코 잊을 수 없을 것이다.
   → <u>Never will</u> I forget your help.
   (부정어 + 조동사 + 주어)

5) <u>Little did</u> I think of marrying her. 나는 그녀와 결혼하리라고는 생각도 못했다.
   (부정어 + did + 주어)

6) He didn't say a word all day long. 그는 하루 종일 한 마디도 안 했다.
   <u>Not a word did</u> he say all day long.
   (부정어 + did + 주어)
   목적어가 부정어와 결합되어 있으면 도치가 일어난다.

7) He was not very good at his work, nor did he seem to improve.
   그는 그의 일을 잘하지 못했으며 나아지는 것 같지도 않았다.
   She was not present, nor was the boy.
   그녀는 출석하지 않았고 그 소년도 출석하지 않았다.

2. 부사(구)를 강조하기 위해

장소, 방향의 부사(구)+ 자동사

1) The house stands on the hill. 그 집은 언덕 위에 있다.
   <u>On the hill stands the house.</u>
   (부사구 + 동사 + 주어)

3) <u>At the table next to us</u> <u>were</u> <u>two women</u>. 우리 옆자리에 두여자가 있었다.
   　　(장소부사구)　　　(동사)　　(주어)

3. 보어를 강조하기 위해

보어 + 동사 + 주어

1) <u>People who derive pleasure from helping others</u> <u>are</u> <u>happy</u>.
   　　　　　　　(주어)　　　　　　　　　　(동사)(보어)

   <u>Happy</u> <u>are</u> <u>people who derive pleasure from helping others</u>.
   (보어) (동사)　　　　　　　(주어)

   다른 사람을 돕는 일에서 기쁨을 얻는 사람들은 행복하다.

2) <u>The man</u> <u>was</u> <u>so fat</u> that he couldn't get through the door.
   (주어)　(동사)　(보어)

   <u>So fat</u> <u>was</u> <u>the man</u> that he couldn't get through the door.
   (보어)　(동사)　(주어)

   그 남자는 너무나 뚱뚱해서 문으로 나갈 수가 없었다.

3) <u>The poor in spirit</u> <u>are</u> <u>blessed</u>.
   　　(주어)　　　　(동사)　(보어)

   <u>Blessed</u> <u>are</u> <u>the poor in spirit</u>.
   (보어)　(동사)　　(주어)

   마음이 가난한 자는 복이 있다.

4) <u>So rare</u> <u>is</u> <u>physical activity</u> that experts suggest you should do some sort of extra
   (보어)　(동사)　　(주어)

   movement throughout the day.
   신체적인 활동이 너무 부족하여 전문가들은 여러분들이 하루 중에 추가적인 동작 같은 것을 해야 한다고 제안한다.

4. So + 조동사/be동사/do/did/does + 주어

So + 조동사/be동사/do/did/does + 주어   (~도 역시 그래)

1) He is a student.   So am I.
                             So is she.
                             So are they.

2) He can swim.   So can I.
                             So can she.
                             So can they.

3) He studies.   So does she.
                             So do I.
                             So do they.

   He studied.   So did she.
                             So did I.

   *He is smart.   So is she. (그녀도 역시 그래)
   ➲ 앞의 he와 뒤의 she는 서로 다른 정보이므로 신정보이고 신정보는 궁금증의 대상이므로 뒤에 둔다. 우리가 드라마를 볼 때도 재미있는 클라이막스는 뒤로 미루어 다음 회로 넘기듯이 같은 이치이다.

   *He is smart.   So he is. (그는 정말 그래)
   ➲ 앞의 he와 뒤의 he는 같은 정보이므로 구태여 알고 있는 정보를 뒤로 돌려놓을 이유가 없기에 앞에 두는 구조이다.

5. 어순이 바뀌지 않는 경우

부사구 + 대명사주어 + 동사
목적어 + 주어 + 동사
부정어가 주어를 수식하는 경우

1) <u>Here</u> <u>he</u> <u>comes</u>.
   (부사어 + 대명사주어 + 동사)
   ➲ 구정보인 대명사는 궁금증을 유발하기 위해 뒤에 남겨두는 형식을 취할 필요가 없기에 앞으로 보내야 하므로 대명사인 he는 앞에 그대로 둔다.

2) All his spare time he spent in playing computer games.
   　　(목적어 + 주어 + 동사)
   　그는 여가시간 모두를 컴퓨터 게임을 하면서 보냈다.
   　➲ 목적어가 앞으로 도치되더라도 주어와 목적어의 혼돈을 방지하기 위해 그대로 둔다.

3) No one knows the fact.
   　(부정어 +명사 + 동사)
   　➲ 부정어가 주어인 명사를 수식할 경우 도치가 일어나지 않는다.

6. if 생략 후 도치

가정법에서 if가 생략되고 나면 뒤의 주어와 동사의 위치가 바뀌는 도치가 일어난다.

　　If I were a bird, I could fly to you.
　　= Were I a bird, I could fly to you.

　　Should you want to become a writer, then read as many books as possible.
　　= If you should want to become a writer, then read as many books as possible.
　　너가 작가가 되고 싶다면 가능한 많은 책을 읽어라

기본 문제 연습

1. Only yesterday (did I know / I knew) the fact. 어제에서야 나는 그 사실을 알았다.
   ➲ 부정어가 문두로 나가면 부정어 뒤에 의문문형태인 조동사, be동사 do, did, does가 나오는데, only yesterday는 부정어로 취급해서 did I know의 어순이 적절하다.

2. Under the hill (is his house / his house is). 언덕 아래 그의 집이 있다.
   ➲ 전명구의 장소부사구(under the hill)가 문두에 나올 때는 동사 + 주어의 어순의 형태이므로 여기서는 is his house가 적절하다.

3. Never (will Tom / Tom will) meet you. 탐은 결코 너를 만나지 않을 것이다.
   ➲ 부정어가 문두로 나가면 부정어 뒤에 의문문형태인 조동사, be동사 do, did, does가 나오는데, 부정어(never)가 문두에 나왔으므로 will Tom의 어순이 된다.

4. Hardly (I studied / did I study) for the test. 나는 시험에 대비해서 거의 공부하지 않았다.
   ➲ 부정어가 문두로 나가면 부정어 뒤에 의문문형태인 조동사, be동사 do, did, does가 나오는데, 부정어(hardly)가 문두에 나왔으므로 did I study의 어순이 된다.

5. Never again (the man could / could the man) meet her.
   그 남자는 다시 한 번 더 결코 그녀를 만날 수 없었다.
   ➲ 부정어가 문두로 나가면 부정어 뒤에 조동사, be동사 do, did, does가 나오는데, 부정어(never)가 문두에 나왔으므로 could the man의 어순이 된다.

6. Not until yesterday (I knew / did I know) the fact. 어제야 비로소 나는 그 사실을 알았다.
   ➲ 부정어가 문두로 나가면 부정어 뒤에 의문문형태인조동사, be동사 do, did, does가 나오는데, 부정어(not until~)가 문두에 나왔으므로 did I know의 어순이 된다.

7. Not until his mom wakes him up (he gets up / does he get up).
   그의 엄마가 그를 깨울 때 까지는 그는 일어나지 않는다.
   ➲ 부정어가 문두로 나가면 부정어 뒤에 의문문 형태인 조동사, be동사 do, did, does가 나오는데, 부정어(not until~)가 문두에 나왔으므로 dose he get up 어순이 된다.

8. If you can't do it, neither (can I / I can). 네가 그것을 할 수 없다면, 나도 역시 할 수가 없다.
   ➲ 부정어가 문두로 나가면 부정어 뒤에 의문문형태인 조동사, be동사 do, did, does가 나오는데, 부정어(neither)가 절의 문두에 나왔으므로 can I의 어순이 된다.

9. If you don't want it, neither (do I / I do). 네가 그것을 원하지 않는다면, 나도 역시 원하지 않는다.
   ➲ 부정어가 문두로 나가면 부정어 뒤에 의문문형태인 조동사, be동사 do, did, does가 나오는데, 부정

어(neither)가 절의 문두에 나왔으므로 do I의 어순이 된다.

10. She is not kind, neither (is her sister / her sister is).
    그녀는 친절하지 않다. 그녀의 자매도 역시 친절하지 않다.
    ➲ 부정어가 문두로 나가면 부정어 뒤에 의문문형태인 조동사, be동사 do, did, does가 나오는데, 부정어(neither)가 절의 문두에 나왔으므로 is her sister의 어순이 된다.

11. Only after he had lost his health (did he realize / he realized) the importance of it.
    그는 건강을 잃고 나서야 드디어 건강의 중요성을 깨달았다.
    ➲ 부정어가 문두로 나가면 부정어 뒤에 의문문형태인 조동사, be동사 do, did, does가 나오는데, only after~는 부정어로 취급해서 did he realize의 어순이 적절하다.

12. Not only (is she / she is) kind, but she is smart. 그녀는 친절할 뿐만 아니라, 그녀는 영리하다.
    ➲ 부정어가 문두로 나가면 부정어 뒤에 의문문형태인 조동사, be동사 do, did, does가 나오는데, 부정어(not only)가 문두에 나오므로 is she의 어순이 된다.

13. (Were it not for / It were not for) water, we could not live. 물이 없다면 우리는 살 수가 없을 텐데.
    ➲ 가정법에서 if가 생략되고 나면 동사 + 주어의 형태로 바뀐다. 따라서 were it not for가 적절하다. if it were not for에서 if가 생략되면서 주어와 동사가 바뀐 형태이다.

14. Not until we lose our health (we realize / do we realize) its importance.
    우리는 건강을 잃고 나서야 그것의 중요성을 깨닫게 된다.
    ➲ 부정어가 문두로 나가면 부정어 뒤에 의문문형태인 조동사, be동사 do, did, does가 나오는데, 부정어(not until~)가 문두에 나왔으므로 do we realize 어순이 된다.

15. (Should you meet / You should meet) her, tell me the fact.
    네가 그 여자를 혹시라도 만난다면, 그 사실을 나에게 말해 달라.
    ➲ 가정법에서 if가 생략되고 나면 동사 + 주어의 형태로 바뀐다. 따라서 should you meet이 적절하다. if you should meet에서 if가 생략된 구조이다.

16. (Had it not been for / It had not been for) your help, I would have failed.
    너의 도움이 없었더라면 나는 실패했을 것이다.
    ➲ 가정법에서 if가 생략되고 나면 동사 + 주어의 형태로 바뀐다. 따라서 had it not been for가 적절하다. if it had not been for에서 if가 생략된 구조이다.

17. Here (come they / they come). 여기로 그들이 온다.
    ➲ 장소부사구가 문두에 나올 때는 동사 + 주어의 어순의 형태이지만 대명사인 경우는 도치가 일어나지 않는다. 따라서 they come이 적절하다.

CHAPTER 01 어법 문제유형 정리

18. Only recently (he has / has he) learned to use a computer.
   최근에야 그는 컴퓨터를 사용하는 것을 배웠다.
   ➲ 부정어가 문두로 나가면 부정어 뒤에 의문문형태인 조동사, be동사 do, did, does가 나오는데, only recently는 부정어로 취급해서 has he의 어순이 적절하다.

19. No sooner (had he seen / he had seen) me when he ran away.
   그는 나를 보자마자 달아났다.
   ➲ 부정어(no sooner)가 문두로 나가면 의문문의 형태인 had he seen이 적절하다.

기출 문제 연습

1. Behind every successful person (are continuing efforts / continuing efforts are). (모의응용)
   모든 성공한 사람 뒤에는 끊임없는 노력이 숨어 있다.
   ➲ 부사어구가 문두로 도치되었으므로 뒤에는 동사 + 주어의 어순으로 바뀐다. 따라서 여기서는 are continuing efforts가 적절하다.

2. Not only (did he start / he started) talking much sooner than most children do, but when he was just two, he could memorize nearly all the pages. (모의응용)
   그는 대부분의 다른 아이들보다 말을 빨리 시작했을 뿐 아니라 겨우 두 살에 거의 모든 내용을 외울 수 있었다.
   ➲ 부정어가 문두로 나갔으므로 not only 뒤에는 동사 + 주어 형태인 did he start가 적절하다.

3. Only by conceiving what we ourselves would feel in the situation (we can / can we) understand how they feel. (모의응용)
   단지 우리 자신이 그 상황에서 무엇을 느낄지에 대해 마음에 그려봄으로써 우리는 그들이 어떻게 느끼는지 이해할 수 있다.
   ➲ only는 의미에 있어서 ~만 가능하고 다른 부분은 부정한다는 의미에서 부정어로 간주하고 뒤에는 부정어 도치가 일어난다. 따라서 여기서는 can we가 적절하다.

4. So imprudent (we are / are we) that we wander about in times that are not ours and do not think of the one that belongs to us. (2011. 수능응용)
   우리는 너무나 경솔해서 우리의 것이 아닌 시간속에서 방황하고 우리에게 속한 것에 대해 생각하지 않는다.
   ➲ 형용사가 문두에 도치되어 주어와 동사의 도치가 일어난다. 따라서 are we가 적절하다.

마무리하고 넘어가기!

- 부정어가 문두에 나오면 부정어 바로 뒤에 의문문의 형태 즉 do/ did/ does 혹은 조동사와 be동사가 바로 연이어 나오고 그 뒤에 주어가 나온다는 사실을 명심하길.

- 부사나 부사구가 문두에 나오는 경우는 동사가 나오고 그 뒤에 주어가 나온다는 사실 명심하길.

- 부사(구)가 문두에 온다 할지라도 대명사의 주어인 경우는 도치되지 않는다는 점 꼭 기억하길.

스스로 어법문제 만들어가기

1. **Not only can some types of plants** reduce air pollutants, but they can also convert carbon dioxide back into oxygen. However, be aware that poorly maintained plants can provide excellent breeding grounds for harmful bugs. If you want plants, be prepared to take care of them. (2014.03 고2 모의고사)
   ➪ 부정어인 not only가 문두에 나왔으므로 주어와 동사의 도치가 일어난 형태인 can some types of plants의 구조의 형태이다.
   어떤 종류의 식물은 공기 오염 물질을 줄일 수 있을 뿐만 아니라, 이산화탄소를 다시 산소로 전환시킬 수도 있다. 그러나, 제대로 관리되지 않은 식물은 해로운 벌레들에게 아주 좋은 번식처를 제공할 수 있음을 인지하라. 식물을 원하면, 그것들을 관리할 준비를 하라.

2. She stood watching, a faint smile on her face at the pleasure of seeing another creature safely on its way. **Only then did she** turn and retrace her steps to the shore. Finally, she seemed to notice the laughing boys. (2013.11 고2 모의고사)
   ➪ only는 ~만 가능하고 다른 부분은 부정한다는 의미에서 부정어로 간주하고 뒤에는 부정어로 인한 도치가 일어난다. 따라서 여기서는 only then 다음에 의문문형태인 did she의 어순의 구조이다.
   소녀는 또 하나의 생명체가 안전하게 자신의 길을 가는 것을 보는 기쁨으로 얼굴에 옅은 미소를 띤 채 바라보며 서 있었다. 그제야 그녀는 뒤돌아서 해변으로 걸음을 옮겼다. 마침내, 그녀가 웃고 있는 소년들을 알아차린 듯 보였다.

3. The tight bonds we form with our tools go both ways. Even as our technologies become extensions of ourselves, we become extensions of our technologies. When the carpenter takes his hammer into his hand, he can use that hand to do only what a hammer can do. The hand becomes an implement for pounding and pulling nails. When the soldier puts the binoculars to his eyes, he can see only what the lenses

allow him to see. His field of view lengthens, but he becomes blind to what's nearby. Nietzsche's experience with his typewriter provides a particularly good illustration of the way technologies exert their influence on us. **Not only did the philosopher** come to imagine that his typewriter was "a thing like me"; he also sensed that he was becoming a thing like it, that his typewriter was shaping his thoughts. (2014.03 고3 모의고사)

➲ not only의 부정어가 문두에 나왔으므로 동사와 주어의 어순인 did the philosopher의 구조이다.
우리가 도구와 맺는 단단한 결합은 양방향으로 형성된다. 기술이 우리 자신의 확장물이 되는 바로 그 때, 우리는 기술의 확장물이 되어 간다. 목수가 망치를 손에 잡으면 그는 그 손을 망치가 할 수 있는 일만을 하기 위해서 사용할 수 있다. 그 손은 못을 치고 뽑는 도구가 된다. 병사가 쌍안경을 눈에 대면 그는 렌즈가 보도록 허용하는 것만을 볼 수 있다. 그의 시야는 먼 곳까지 미치지만 가까이 있는 것은 보지 못하게 된다. 타자기에 대한 니체의 경험은 기술이 우리에게 영향력을 행사하는 방식에 대한 특히 좋은 사례를 제공해 준다. 그 철학자는 그의 타자기가 '나와 같은 사물'이라고 상상하게 되었을 뿐 아니라, 그가 그것과 같은 사물이 되어 가고 있다는 것, 즉 그의 타자기가 그의 사고를 형성하고 있다는 것 또한 알아차렸다.

32 타동사 + 대명사 + 부사

대명사인 손자는 항상 타동사인 할아버지와 부사인 할머니가 돌보는 사이라 할아버지와 할머니 사이에 두어야지…
대명사(it, them, him, her)인 아기는 부사인 할머니 뒤에 있으면 무서워…
아기는 잘 보살펴야만 하는 존재이므로 뒤로 가면 안 되고 눈에 잘 보이는 앞쪽에…

영어에서는 이미 알고 있는 구정보 형태의 대명사는 앞으로 놓으려는 경향이 있다.
따라서 여기서 대명사는 반드시 부사 앞으로 와야 한다.
대명사라는 것은 이미 나온 명사를 대신하는 명사이므로 이미 나온 정보 형태의 구정보이다. 이 구정보는 타동사와 결합한 부사와 함께 존재할 때는 반드시 부사 앞에 놓인다. 새로운 정보는 뒤에 남겨 두어서 드라마 마지막 장면처럼 궁금증을 유발해 관심을 끄는 목적이 주된 이유이므로 구정보를 뒤에 남겨둔다고 해서 궁금증을 유발시킬 수는 없다. 따라서 구정보인 대명사는 부사 앞으로 와야…

* 할머니와 할아버지가 손자를 돌보고 있는 상황을 보면서 타동사+대명사+부사를 연상하라.

CHAPTER 01 어법 문제유형 정리

타동사와 부사 그리고 대명사가 결합되어 있을 때에는 반드시 '타동사 + 대명사 + 부사'의 어순이 되어야 한다.

즉 대명사가 반드시 부사 앞에 놓여야 한다. 그러나 명사인 경우에는 부사 앞에 놓이든 부사 뒤에 놓이든 상관이 없다.

<u>turn</u> <u>it/them</u> <u>off</u> 그것(그들)을 끄다
(타동사) (대명사) (부사)

<u>turn</u> <u>the radio</u> <u>off</u> 라디오를 끄다
(타동사) (명사) (부사)

<u>turn</u> <u>off</u> <u>the radio</u>
(타동사)↑ (명사)
　　(부사)

<u>split</u> <u>it/them</u> <u>up</u> 엎지르다
(타동사) (대명사) (부사)

<u>split</u> <u>up</u> <u>it</u> (×)
(타동사) ↑ (대명사) 대명사는 앞으로 가야 한다.
　　(부사)

<u>get</u> <u>it</u> <u>back</u> 다시 찾아오다
(타동사)↑(부사)
　(대명사)

<u>get</u> <u>back</u> <u>it</u> (×).
(타동사) ↑ (대명사)
　　(부사)

* 4형식구조이지만 3형식으로만 표현

4형식에서 직접목적어가 대명사(it~)이거나 직접목적어와 간접목적어가 둘 다 대명사일 경우는 3형식구조로만 표현할 수 있다. 영어에서는 이미 알고 있는 구정보인 대명사는 앞에 두는 경향이 있다.

Tom <u>gave</u> <u>John</u> <u>it</u>. (×)
　　(수여동사) ↑ (직목)
　　　　(간목)

Tom <u>gave</u> <u>it</u> <u>to John</u>. (O)
　　(수여동사)↑(전치사 + 간목)
　　　　(직목)

Tom <u>gave</u> <u>it</u> <u>to her</u>. (O)
　　(수여동사)↑(전치사 + 간목)
　　　　(직목)

기본 문제 연습

1. I turned (it on / on it). 나는 그것을 켰다.
   ➲ 타동사와 부사가 결합(turn on)되어 있을 때에 대명사(it)는 그 사이에 끼인다. turned it on이 적절하다.

2. Call (it off / off it). 그것을 취소해라.
   ➲ 타동사와 부사가 결합(call off)되어 있을 때에 대명사(it)는 그 사이에 끼인다. call it off가 적절하다.

3. Put (down them / them down). 그들을 내려놓아라.
   ➲ 타동사와 부사가 결합(put down)되어 있을 때에 대명사(them)는 그 사이에 끼인다. put them down 이 적절하다.

4. Pick (it up / up it) for me. 그것을 집어줘.
   ➲ 타동사와 부사가 결합(pick up)되어 있을 때에 대명사(it)는 그 사이에 끼인다. pick it up이 적절하다.

5. He saw (off her / her off). 그는 그녀를 배웅했다.
   ➲ 타동사와 부사가 결합(see off)되어 있을 때에 대명사(her)는 그 사이에 끼인다. saw her off가 적절하다.

6. You can (split up it / split it up) in that way. 너는 그것을 그런 식으로 쪼갤 수 있다.
   ➲ 타동사와 부사가 결합(split up)되어 있을 때에 대명사(it)는 그 사이에 끼인다. split it up이 적절하다.

7. When do I (get back it / get it back)? 언제 그것을 돌려받을 수 있습니까?
   ➲ 타동사와 부사가 결합(get back)되어 있을 때에 대명사(it)는 그 사이에 끼인다. get it back이 적절하다.

기출 문제 연습

1. As we put (them together / together them), we challenge ourselves to think of other ways to describe what we know. (모의)
   우리가 모든 조각들을 맞추었을 때, 우리는 또한 우리 자신에게 우리가 알고 있는 것을 설명하는 다른 방식을 생각해보라고 요구한다.
   ➲ 타동사(put)와 부사(together) 그리고 대명사가 결합하면 반드시 타동사 + 대명사 + 부사의 순서로 결합한다. 따라서 them together가 적절하다.

CHAPTER 01 어법 문제유형 정리

2. Soon she came back with the cups and saucers and (put down them / put them down) on a small side table. (모의)
   곧 그녀가 컵과 받침 접시를 가지고 돌아와 그것을 작은 보조 탁자에다 놓았다.
   ⊃ 타동사(put)와 부사(down)그리고 대명사가 결합하면 반드시 타동사 + 대명사 + 부사의 순서로 결합한다. 따라서 put them down이 적절하다.

3. If you try to pay attention, you (screw it up / screw up it). (모의)
   만약 당신이 주의를 기울이려고 애쓰면, 당신은 그 일을 망치게(screw up) 된다.
   ⊃ 대명사(it)는 부사(up)보다는 앞쪽에 놓이므로 screw it up이 적절하다.

4. However, unless the exposure to water was extremely short, it's not recommended to attempt to turn (it on / on it) this soon. (모의)
   하지만 물에 노출된 시간이 매우 짧은 경우가 아니라면, 이렇게 빨리 그것을 켜려고 시도하는 것은 바람직하지 않다.
   ⊃ 타동사(turn)와 부사(on)가 대명사와 함께 올 때에는 타동사 + 대명사 + 부사의 어순이므로 turn it on 이 적절하다.

마무리하고 넘어가기!

- 타동사와 부사가 함께 있을 때에는 대명사는 반드시 부사 앞에 온다는 사실 명심!
  단, 명사일 때에는 부사의 앞뒤 어느 곳이든 가능하다.

스스로 어법문제 만들어가기

1. The more outrageous a rumor, the faster it travels. I remember reading about a rumor that was passed along by an individual. When he found the rumor to be false, he went to the person he had offended to ask how he could make up for telling it. The offended man asked him to take a feather pillow, get on the highest building in town, scatter the feathers and **pick all of them up**. Obviously, that was an impossible assignment. Many of us are guilty of passing on information we hear without knowing for sure it is true. False statements damage people. Consider the feathers before passing on a rumor. (2012. 06 고1모의고사)

➲ 타동사(pick)와 부사(up)가 올 때에 대명사(all of them)가 함께 온다면 반드시 대명사는 부사 앞에 둔다.

소문은 터무니없을수록 더 빨리 퍼져나간다. 나는 한 개인이 퍼뜨린 소문에 관해 읽은 기억이 난다. 소문이 잘못되었음을 알았을 때, 그는 자신이 감정을 상하게 한 사람에게 가서 소문을 퍼뜨린 것에 대해 어떻게 보상할 수 있는지를 물었다. 상처를 받은 남자는 그에게 깃털 베개를 들고, 도시에서 가장 높은 건물로 올라가서, 깃털을 흩뿌린 후 깃털들을 모두 주우라고 요구했다. 분명 그것은 불가능한 과제였다. 우리들 중에는 사실인지 확실히 알지도 못하면서 정보를 전하는 잘못을 저지르는 사람이 많다. 잘못된 진술은 사람들에게 피해를 준다. 소문을 전하기에 앞서 (주워야 할) 그 깃털들을 생각하라.

2. Stephanie would be late again! Now she was sorry that she read for such a long time, but the book was so absorbing she could not **put it down**. She grabbed the last bite of the sandwich her mother made for breakfast. She dashed out of the house.
(2013.03 고1 모의고사)

➲ 타동사(put)와 부사(down)가 올 때에 대명사(it)가 함께 온다면 반드시 대명사는 부사 앞에 둔다. 따라서 타동사(put) +대명사(it)+ 부사(down)의 어순형태이다.

Stephanie는 또 늦겠어! 이제 그녀는 그렇게 오랫동안 책을 읽었던 것이 후회스러웠지만 그 책이 정말 재미있어서 그녀는 그것을 내려놓을 수가 없었다. 그녀는 엄마가 아침으로 만들어준 샌드위치의 마지막 한입을 물었다. 그녀는 집 밖으로 서둘러 나갔다.

33 준동사의 부정은 준동사 앞에 부정어

낚시대 끝의 부정어(not) 뒤에는 끌려오는 물고기 두 마리가 있지
그 물고기는 바로 to부정사와 ing 형태이지...
준동사인 to부정사나 ing동명사나 ing분사에 있어서 부정할 경우 그 앞에 부정어(not, never)만 붙이면 된다.

* 낚시하는 사람들을 보면서 not/never가 to나 ing 앞에 온다는 사실을 연상하라.

일반적으로 동사를 부정할 때는 be동사, 조동사인 경우 그 뒤에 not을, 일반동사인 경우는 did not, do not, does not을 그 동사 앞에 붙여서 부정문을 구성한다.

하지만 동사에서 왔지만 동사는 아닌 준동사인 to부정사나 ing동명사 혹은 ing현재분사는 부정을 할 때 그 준동사 바로 앞에 단순히 부정어만 붙이면 된다. 즉 준동사인 to부정사나 ing동명사 혹은 ing분사의 부정은 그 앞에 부정어를 바로 놓으면 된다는 의미이다.

 not to~
 not ~ing
 never to
 never ~ing

1) I am proud of <u>not having</u> told a lie.
 나는 내가 거짓말하지 않았던 것에 대해 자랑스럽게 여긴다.

2) It was a mistake for him <u>not to follow</u> his doctor's advice.
 그가 그의 의사의 충고를 따르지 않았던 것은 실수였다.

3) <u>Not knowing</u> what to do, she is standing absent-mindedly.
 무엇을 하지 몰라서 그녀는 멍하니 서있었다.

CHAPTER 01 어법 문제유형 정리

기본 문제 연습

1. She insisted on (**not going** / going not) there alone.
   그녀는 그곳에 혼자 가지 않을 것을 주장했다.
   ➲ 준동사의 부정은 부정어를 바로 앞에 놓는다. 여기서는 준동사인 ing동명사 앞에 not을 붙인다. not going이 적절하다.

2. It is important (to not tell / **not to tell**) lies. 거짓말을 하지 않는 것은 중요하다.
   ➲ 준동사의 부정은 부정어를 바로 앞에 놓는다. 여기서는 준동사인 to부정사 앞에 not을 붙인다. not to tell이 적절하다.

3. I hurried so as (**not to be** / to not be) late for school. 나는 학교에 늦지 않도록 서둘렀다.
   ➲ 준동사의 부정은 부정어를 바로 앞에 놓는다. 여기서는 준동사인 to부정사 앞에 not을 붙인다. 따라서 not to be가 적절하다.

4. (**Not knowing** / Knowing not) her phone number, I cannot call her.
   그녀의 전화번호를 몰라서 나는 그녀에게 전화할 수 없다.
   ➲ 준동사의 부정은 부정어를 바로 앞에 놓는다. 여기서는 분사구문을 이끌고 있는 준동사인 분사ing이며 앞에 not을 붙인다. 따라서 not knowing이 적절하다.

5. I regret (**not setting** / setting not) my alarm. 나는 나의 알람을 맞추지 않았던 것을 후회한다.
   ➲ 준동사의 부정은 부정어를 바로 앞에 놓는다. 여기서는 준동사인ing동명사 앞에 not을 붙인다. 따라서 not setting이 적절하다.

기출 문제 연습

1. In order (to not / **not to**) be wasteful, the sheriff decided to award trophies to the first, second, and third place winners. (모의응용)
   낭비를 하지 않기 위해서 그 주 장관(the sheriff)은 1등, 2등, 3등 수상자에게 트로피를 수여하기로 결정했다.
   ➲ 부정사의 부정은 to 앞에 not을 붙인다. not to가 적절하다.

2. Humans began (to not / **not to**) care about consistency within a given habitat, because such consistency was not an option. (모의응용)
   인류는 주어진 서식지 안에서의 안정성에 대해 더 이상 신경 쓰지 않기 시작했는데 그러한 안정성은 선택사항이 아니었기 때문이다.

➲ 부정사의 부정은 to앞에 not을 붙인다. not to가 적절하다.

3. To select the ice cream means (being not / not being) able to eat the chocolate chip cookies. (모의응용)
   그 아이스크림을 선택하는 것은 초콜릿 칩 쿠키를 먹을 수 없다는 것을 의미한다.
   ➲ 준동사의 부정은 준동사 앞에 not을 두므로 여기서는 준동사인 동명사의 부정인 not being이 적절하다.

4. By (not offering/ don't offering) relevant information on his own in detail, he gave the impression that he was hiding something. (모의응용)
   스스로 관련 정보를 자세히 제공하지 않음으로써 그는 무언가를 숨기고 있다는 인상을 주었다.
   ➲ 준동사의 부정은 준동사 앞에 단지 not을 두므로 여기서는 준동사인 동명사의 부정인 not offering이 적절하다.

마무리하고 넘어가기!

- 일반적인 부정은 be동사나 조동사 뒤에 not을 붙이거나 일반동사의 경우 일반동사 앞에 don't, doesn't, didn't를 붙여 만드는 경우가 일반적인데 준동사라 하는 to부정사나 ing현재분사나 ing동명사의 경우 부정을 할 경우에는 이들 앞에 부정어를 그대로 붙이면 된다.

스스로 어법문제 만들어가기

1. When you plan to make a complaint, you have to think of several things before you do it. First, be sure of what you want to happen as a result of making a complaint and prepare the right words. Then, contact any person who will be able to give you advice and get some to help organize your thoughts. When you make a complaint, remember to be calm and try **not to anger** the person, because a complaint is an expression of displeasure. It will be better if you have sufficient evidence to support your claim. (2009.06 고1 모의고사)
   ➲ 준동사인 to부정사 앞에 not을 붙여 부정하므로 not to anger가 적절하다. ing동명사나 to부정사의 부정은 not을 앞에 붙인다.
   불평을 하려고 할 때에는 먼저 몇 가지에 대해 생각해야 한다. 우선 당신은 불평을 했을 때의 결과로 어떤 일이 일어나기를 원하는지에 대해 분명히 해야 하고 적절한 말을 준비해라. 그리고 나서 당신의 생각을 정리하는 데 조언을 해 줄만한 사람을 만나 조언을 얻어라. 불평은 불만의 표현이기 때문에 당신이 불평을 할 때 침착하고 상대방을 화나지 않도록 할 것을 명심해라. 당신의 주장을 입증할만한 충분한 근거를 가지고 있다면 더욱 더 좋을 것이다.

2. Unfortunately, the economy soon grew worse quickly and I spent months looking for another job. I kicked myself for **not taking** that position, which started to look more and more appealing. I had made a good decision, based upon all the information I had at the time, but in the short run it didn't lead to a great outcome.
(2014.03 고1 모의고사)

➲ ing동명사 앞에 부정어를 붙이므로 not taking이 적절하다. ing동명사나 to부정사의 부정은 not을 앞에 붙인다.

유감스럽게도, 경제는 곧 빠르게 나빠졌고, 나는 다른 일자리를 찾기 위해 여러 개월을 보냈다. 나는 그 일자리를 선택하지 않은 것에 대해 자책했고, (거절한) 그 일자리는 점점 더 매력적으로 보이기 시작했다. 나는 그 당시에 가진 모든 정보에 기초하여 좋은 결정을 내렸지만, 단기적인 관점에서 보면 그것은 그다지 좋은 결과를 가져온 것은 아니었다.

34 일반적인 순서를 요하는 경우

띵띵(~thing)한 신체(~body)를 가진 사람 뒤에 형용사가 형! 형! 하면서 뒤따라 가네~~
언니의 남편인 형, 부(형용사, 부사) 뒤에서 나 안 이뻐(enough) 하면서 처제가 뒤따라 가네요~~
그리고
그 enough는 꼬마인 명사한테 '누나 안 이뻐' 하면서 앞서 걸어가네요...
대체로 형용사인 경우 enough는 명사 앞에서 수식하는 전치수식이 일반적이다.
뒤에서 수식하는 경우는 다소 격식적이거나 구태적이다.

* 약간 큰 신체의 사람 뒤에 작은 사람이 따라가는 모습을 보면서 ~thing/~body 뒤에 형용사
  어떤 남자분과 여자분을 형부와 처제 관계라 가정하고 두 사람이 걸어갈 때의 모습에서 형용사/부사 뒤에 enough 형용사인 enough라는 누나는 명사인 꼬마 앞에서 걸어간다는 점을 연상하라.

1. ~thing으로 끝나는 말

~thing으로 끝나는 말은 형용사가 설령, 한 단어일지라도 뒤에서 앞의 ~thing으로 끝나는 명사를 수식하는 후치수식을 한다. 그 이유는 이렇게 이해하자.

예를 들어, new something의 어순이라면 new와 some이 동시에 thing를 앞에서 수식하는 구조가 되어 이런 불합리함을 극복하기 위하여 형용사는 뒤에서 앞의 thing을 수식한다고 이해하기로 하자.

    something new

some도 형용사이고 new도 형용사로서 둘 다 앞에서 중복적으로 thing을 수식하는 것을 피하기 위해서 new는 뒤에서 수식한다.

    He wants to start <u>something new</u>.
                      (~thing) + (형용사)

2. enough가 명사, 형용사, 부사를 수식할 경우

enough가 명사를 수식하는 경우에는 명사 앞에 오지만 형용사나 부사를 수식하는 경우에는 반드시 뒤에 온다.

즉

    enough + 명사 → enough가 앞에서 뒤의 명사를 수식
    형용사, 부사 + enough → enough가 뒤에서 앞의 형용사나 부사를 수식

1) He has <u>enough money</u> to buy a car. → enough + 명사
               (명사)

2) He can run <u>fast enough</u> to catch the thief. → 부사 + enough
            (부사)

3) He is <u>rich enough</u> to buy a car. → 형용사 + enough
       (형용사)

3. 빈도부사의 위치

'빈도'란 의미는 '횟수나 얼마나 자주'의 의미를 말한다. 이런 의미를 가지고 있는 부사들을 빈도부사라 하는 데 이런 빈도부사들은 위치에 있어서 조동사나 be동사의 경우는 그 동사 뒤에 오고 일반동사인 경우는 그 동사 앞에 온다.

    조동사, be동사 + 빈도부사
    빈도부사 + 일반동사

이런 빈도부사의 예는 다음부사들이다.

    never(결코 ~않다), always(항상 ~하다), usually(보통), often(종종), seldom(거의 ~않다), hardly(거의 ~않다), scarcely(거의 ~않다), rarely(거의 ~않다), sometimes(때때로), frequently(자주)

1) He <u>often</u> <u>visits</u> me. → 빈도부사(often) + 일반동사
    (빈도부사) (일반동사)

2) She <u>is</u> <u>always</u> kind. → be동사 + 빈도부사(always)
    (be동사) (빈도부사)

3) He <u>can</u> <u>always</u> help me. → 조동사 + 빈도부사(always)
    (조동사) (빈도부사)

4. such, so

such는 형용사로서 뒤의 명사를 수식할 수 있고, so는 부사로서 뒤의 형용사나 부사를 수식한다.

    such (a 형용사) + 명사 → (a 형용사)는 빠질 수도 있음
    so + 형용사 + (a 명사) → (a 명사)는 빠질 수도 있음

We had <u>such a blissful time</u> yesterday. 우리는 어제 너무 행복한 시간을 가졌다.
         such (a 형용사) + 명사

I had never met <u>so pretty a baby</u> before. 나는 전에는 그렇게 예쁜 아기를 만나본 적이 없었다.
                so + 형용사 + (a 명사)

She has never seen <u>so beautiful a sunset</u>. 그녀는 지금까지 이렇게 아름다운 일몰을 본 적이 없다
                   so + 형용사 + a 명사

기본 문제 연습

1. I want (**something new** / new something). 나는 새로운 어떤 것을 원한다.
   ➲ thing으로 끝나는 어구는 형용사가 뒤에서 수식한다. 따라서 something new가 적절하다.

2. She is (**rich enough** / enough rich) to buy a car. 그녀는 차를 살만큼 충분히 부유하다.
   ➲ enough는나 형용사나 부사를 수식하는 경우 뒤에서 수식한다. 따라서 여기서는 형용사인 rich를 수식하는 경우이므로 뒤에서 수식하는 형태인 rich enough가 적절하다.

3. He can run (enough fast / **fast enough**) to win. 그는 이길 만큼 충분히 빠르게 달릴 수 있다.
   ➲ enough는 형용사나 부사는 뒤에서만 수식한다.
   여기서는 부사인 fast를 수식하므로 뒤에서 수식하는 형태인 fast enough가 적절하다.

4. We (play usually / **usually play**) basketball on Sundays.
   우리는 일요일마다 보통 야구 경기를 한다.
   ➲ 빈도부사 usually는 일반동사인 play 앞에 놓는다. 따라서 여기서는 일반동사인 play를 수식하므로 일반동사 앞에서 수식하는 형태인 usually play가 적절하다.

5. She (skips often / **often skips**) breakfast. 그녀는 종종 아침을 거른다.
   ➲ 빈도부사 often은 일반동사인 skips 앞에 놓는다. 따라서 여기서는 일반동사인 skips를 수식하므로 일반동사 앞에서 수식하는 형태인 often skips가 적절하다.

6. I (**will always** / always will) love you. 나는 항상 너를 사랑할 것이다.
   ➲ 조동사 뒤에 빈도부사인 always가 온다. 따라서 will always가 적절하다.

7. She (**is always** / always is) kind. 그녀는 항상 친절하다.
   ➲ 빈도부사인 always는 be동사 뒤에 온다. 따라서 is always가 적절하다.

8. I (**usually visit** / visit usually) my grandmother. 나는 나의 할머니를 보통 방문한다.
   ➲ 빈도부사인 usually는 일반동사(visit)앞에 온다. 따라서 여기서는 일반동사인 visit를 수식하므로 일반동사 앞에서 수식하는 형태인 usually visit가 적절하다.

9. This house isn't (enough big / **big enough**) for them.
   이집은 그들이 살수 있을만큼 크지않다.
   ➲ enough가 형용사를 수식할때는 뒤에서 수식하므로 big enough가 적절하다.

10. I need (younger somebody / **somebody younger**) to carry my luggage.
    나는 나의 짐을 들어 줄 더 젊은 사람을 필요로 한다.
    ⊃ ~body로 끝나는 어구는 후치수식을 하므로 somebody younger이 적절하다.

11. I have never seen (such / **so**) beautiful a sunset.
    이제까지 이렇게 아름다운 석양을 본 적이 없다.
    ⊃ so, 형용사, a, 명사의 어순이므로 so가 적절하다.

12. Tom practiced (enough hard / **hard enough**) to win the contest.
    Tom은 대회에 우승할 정도로 열심히 연습했다.
    ⊃ enough는 부사 뒤에서 후치수식하므로 hard enough가 적절하다.

기출 문제 연습

1. 'Healthy skin and healed wounds (**usually show** / show usually) a pH value of below 5,' says Dr. Sabine Trupp, a lead researcher at Munich's Fraunhofer Research Institution, who developed the color strip. (모의응용)
   '건강한 피부와 치료된 상처는 대개 pH 5 미만의 값을 보입니다.'라고 그 색깔 띠를 개발한 뮌헨 Fraunhofer 연구소의 Sabine Trupp 박사는 말한다.
   ⊃ 빈도부사인 usually는 일반동사인 show앞에 위치하므로 usually show가 적절하다.

2. Try (**something new** / new something) at least once a day. (모의응용)
   최소한 하루에 한 번은 새로운 것을 시도해보아라.
   ⊃ thing으로 끝나는 명사는 한 단어의 수식어라도 뒤에서 수식한다. something new가 적절하다.

3. We will often accept a decision that seems (enough good / **good enough**). (모의응용)
   우리는 종종 충분히 좋아 보이는 결정을 받아들인다.
   ⊃ enough는 형용사, 부사를 수식하는 경우는 뒤에서 수식한다.
   여기서는 형용사인 good을 수식하므로 뒤에서 수식한다. 따라서 good enough가 적절하다.

4. When I said (**something different** / different something) and broke the promise, there was a much bigger battle. (모의응용)
   내가 다른 말을 하고 약속을 어길 때 훨씬 더 큰 싸움이 벌어졌다.
   ⊃ thing으로 끝나는 어구는 형용사가 뒤에서 후치수식한다. 따라서 여기서는 something different가 적절하다.

5. Throughout history, scientists have wondered about body organs that don't seem to do (useful anything / anything useful). (모의응용)
오랫동안 과학자들은 쓸모없어 보이는 신체 기관에 대해 의문을 가졌다.
➲ thing으로 끝나는 어구는 형용사가 뒤에서 후치수식한다. 따라서 여기서는 anything useful이 적절하다.

마무리하고 넘어가기!

- thing으로 끝나는 어구는 형용사가 뒤에서 수식한다.
  enough는 형용사나 부사 뒤에서 수식한다.
  빈도부사는 조동사나 be동사 뒤에나 일반동사의 앞에 온다.
  so는 부사이고 such는 형용사이다.

스스로 어법문제 만들어가기

1. We have to realize that in most situations when we are learning **something new**, particularly when we are young, we need to hear it several times before it becomes part of our knowledge. (2011.06 고1 모의고사)
    ➲ thing으로 끝나는 경우 형용사는 설령 한 단어라 할지라도 뒤에서 수식하는 후치수식을 한다. 따라서 something을 수식하는 형용사인 new는 뒤에서 수식한다.
   뭔가 새로운 것을 배우고자 하는 대부분의 상황에서, 특히 어릴 때는, 그것을 여러 차례 들어야 그것이 지식의 일부가 된다는 것을 우리는 깨달아야 한다.

2. Wonderful things are especially wonderful the first time they happen, but their wonderfulness disappears with repetition. When we have an experience on successive occasions, we quickly begin to adapt to it, and the experience produces less pleasure each time. Psychologists call this habituation. One way to beat habituation is to increase the amount of time that separates repetitions of the experience. Clinking champagne glasses would be a relatively dull exercise if it happened every evening. However, if one does it on New Year's Eve and then allows a full year to pass before doing it again, the experience will offer endless delights. A year is **long enough** for the effects of habituation to disappear. (2011.06

고2 모의고사)
⊃ enough는 부사나 형용사를 수식하는 경우 뒤에서 후치수식을 한다. 따라서 long의 형용사를 수식하는 enough는 뒤에서 수식한다.

경이로운 일은 처음으로 일어날 때 특히 경이롭지만, 반복되면 그 경이로움이 사라진다. 우리가 연속적으로 어떤 경험을 하게 되면, 그것에 빨리 적응하게 되고, 그 경험을 할 때마다 기쁨은 점점 적어진다. 심리학자들은 이것을 습관화라고 한다. 습관화를 극복하는 한 가지 방법은 그 경험이 반복되는 시간의 간격을 늘리는 것이다. 저녁마다 샴페인 잔을 부딪친다면 그것은 상대적으로 따분한 일이 될 것이다. 그러나 새해 전날 밤에 샴페인 잔을 부딪치고 꼬박 일 년이 지난 후 다시 하면, 그 경험은 끊임없는 기쁨을 선사하게 될 것이다. 일 년이라는 기간은 습관화의 영향력이 사라지기에 충분한 길이다.

3. None of your ideas will change the world if you keep them inside of your head. At some point you will have to persuade someone else to invest, buy, participate, or join. You would be surprised at how many people fail to understand the importance of this step. I **often wonder** how many truly revolutionary ideas **are never** given a chance to succeed because the brilliant mind that produced the idea could not tell the story behind it. Don't let poor communication damage the ultimate success of your ideas. (2011.11 고2 모의고사)

⊃ 횟수를 나타내는 빈도부사는 조동사나 be동사의 뒤에, 그리고 일반동사의 앞에 위치한다. 여기서는 often의 빈도부사는 일반동사의 wonder 앞에 위치하고 never는 be동사 뒤에 위치한다.

당신이 머릿속에 아이디어를 가지고만 있다면 당신의 어떤 아이디어도 세상을 바꾸지 못할 것이다. 어느 시점에서는 당신은 다른 누군가를 설득해서 투자하고, 구매하고, 참여하거나 가입하도록 해야만 할 것이다. 당신은 얼마나 많은 사람들이 이러한 단계의 중요성을 이해하지 못하는지에 대해 놀랄지도 모른다. 그 아이디어를 만들어낸 뛰어난 사람이 그 배경 이야기를 말할 수 없었기 때문에 얼마나 많은, 진정으로 혁명적인 아이디어들이 성공할 수 있는 기회를 결코 받지 못했는지에 대해 나는 자주 놀라워한다. 서툰 소통이 당신이 가진 아이디어의 궁극적인 성공을 손상시키도록 하지 마라.

4. A couple of months ago, a woman offered me her ticket as she was leaving; the ticket still had one hour remaining. What a bonus: I didn't have to look for some spare coins. On the next visit, I noticed that the parking fairy had left a ticket with about 45 minutes remaining in the slot of the machine for some lucky person to use. The parking fairy has inspired me to do the same whenever I can. It's a lovely feeling knowing that you could be brightening up someone's day with **such a small gesture.** (2011.11 고2 모의고사)

⊃ such는 형용사로서 명사를 수식하므로 such a small gesture의 어순을 취한다.

두어 달 전에 한 여자가 주차장을 떠나면서 나에게 자신의 티켓을 주었다. 그리고 그 티켓은 여전히 한 시간이 남아있었다. 이게 웬 횡재인가. 나는 잔돈을 찾을 필요가 없었다. 다음에 그 주차장을 찾았을 때 나는 그 주차 요정이 어떤 운 좋은 사람이 사용하도록 기계의 동전 구멍에 약 45분이 남아있는 티켓을 두고 갔다는 것을 알아챘다. 그 주차요정은 나에게 내가 할 수 있을 때마다 똑같은 행동을 할 마음이 들게 했다. 그러한 사소한 행동으로 당신이 누군가의 하루를 밝게 할 수 있다는 것을 아는 것은 유쾌한 느낌이다.

5. In a study of 500 marriages, one researcher determined that marital success is more closely linked to communication skills than to any other factor. As a counselor, I've listened to people for hours. The results are incredible. I've seen people move from total confusion to total clarity just because I listened to them. **Something powerful** happens inside most people when they are listened to. (2015. 06. 고1 모의고사)

➲ body나 thing으로 끝나는 어구에 대한 수식은 반드시 뒤에서 이루어지는 후치수식의 구조를 취한다.
부부 500쌍에 관한 연구에서, 한 연구원은 결혼의 성공은 다른 어떤 요소보다도 의사소통 기술들에 더욱 긴밀히 연관되어 있다고 결론 내렸다. 상담자로서 나는 사람들의 말을 오랜 시간 동안 경청해 왔다. 그 결과는 놀랍다. 내가 단지 그들의 말을 들어줬을 뿐인데 엄청난 혼란에서 벗어나 완전히 명쾌해지는 사람들을 보아 왔다. 그들의 말이 경청되는 경우에 대부분의 사람들 내면에서 놀라운 뭔가가 일어난다.

35 능동/수동의 ing/pp

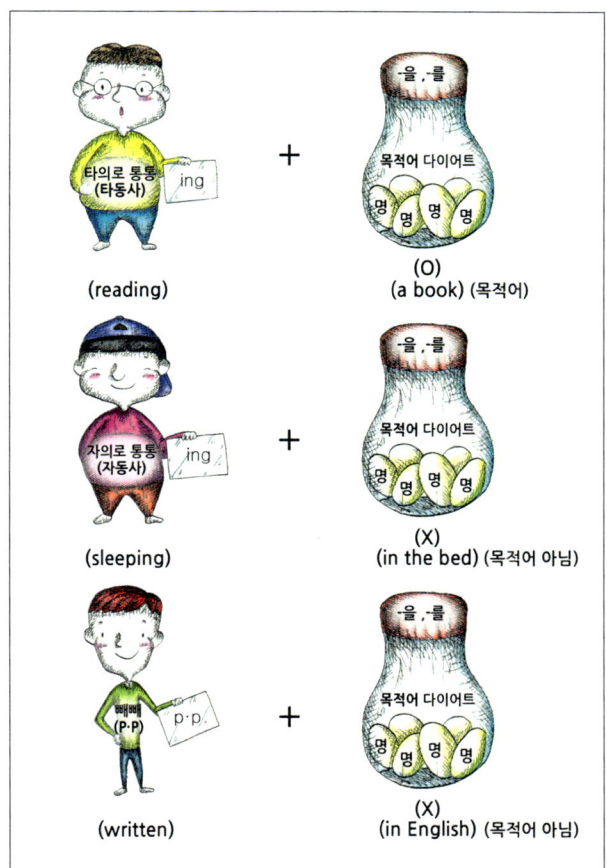

타의로 통통한, 의도치 않게 살이 찌는 타동사(타동사)는 건강을 위해 살을 빼야 되니 목적어인 다이어트 약이 필요하고
'타동사+목적어 ○'
자의로 통통한 자동사(자동사)는 살을 뺄 필요가 없어 목적어인 다이어트 약이 필요 없고
'자동사+목적어 ×'
빼빼한 과거분사인 pp는 목적어인 다이어트 약이 필요 없다.
'pp+목적어 ×'

in the bed 나 in English 같은 어구는 전명구로서 목적어가 아니다.

* 다이어트 약통을 보고 자발적으로 통통(자동사)하거나 또는 pp(빼빼)한 경우는 약이 필요 없지만 의도치 않게 살이 찌는, 타의적으로 통통하면(타동사) 목적어라는 이름의 다이어트 약이 필요하다고 연상하라.

CHAPTER 01 어법 문제유형 정리

주어가 타동사의 능동인 행위를 할 경우 그 행동의 대상인 목적어가 반드시 있어야만 한다.

예를 들어,

   Tom reads a book every day. 탐은 매일 책을 읽는다.

Tom은 직접행위를 하는 능동의 주체인 주어이며 the book은 행동의 대상이 되는, 행동의 영향을 받기만 하는, 행동을 직접 전혀 하지 않는 수동의 입장에 있는 목적어이다.

다시 말해서, 주어(Tom)는 행위를 하는 입장에 있으며 목적어(the book)는 행위를 전혀 하지 않는 당하거나 받기만 하는 입장에 있다.

   Tom read the book yesterday. 탐은 어제 그 책을 읽었다.
   Tom is reading a book. 탐은 책을 읽고 있는 중이다.

위의 두 경우는 읽는다는 능동적 행위 주체인 주어인 Tom이 주어이고 타동사인 read의 대상이 되는 행위를 하지 않는 수동적 입장에 있는 목적어로서 a book이 존재한다.

정리하면

   타동사의 ing + 목적어(O)

여기서 만약 행위를 하지 않는 the book이 주어로 나가면 수동태의 구조가 된다. 주어가 어떤 행위를 한다는 의미가 아니라 어떤 행위의 영향을 받는 수동의 의미라는 것이다.

   The book was read by Tom. 그 책은 탐에 의해 읽혀졌다.

the book이 읽히는 행위의 대상일 뿐이지 행위는 하지 않으므로 뒤에는 수동의 구조인 be + pp(is read)의 구조가 나오고 행위의 영향을 받는 목적어가 주어로 나가 버렸으니 본래의 목적어는 존재하지 않게 된다. 따라서 pp인 과거 분사 뒤에는 목적어가 오지 않는다.

다시 한 번 더 말하지만 본래, 행위를 하지 않는 목적어가 주어로 나갔으니 목적어는 사라지고 행위를 하지 않는 목적어가 주어인 주체로 나왔으니 수동태의 구조(be + pp)가 된다.

정리하면

   타동사의 pp + 목적어(×)

자동사 역시 뒤에는 목적어를 받지 않는다.

   The baby is sleeping.
   She is smiling.

Smoke is rising.

잠자다/ 웃는다/ 올라가다라는 동사들은 자동사로서 뒤에 '을/를'로 해석되는 목적어를 받지 않는다.

잠자다(자동사) / 을(목적어) (×)
웃는다 / 을(목적어) (×)
올라간다 / 을(목적어) (×)

정리하면

자동사의 ing + 목적어(×)

He is <u>using</u> / <u>my car</u>. → ing능동 뒤에는 목적어(명사) 있음
   (사용하는 중 / 나의 차를)

The car was <u>repaired</u> / by him. → 과거분사인 pp 뒤에는 목적어(명사) 없음.
    (수리됐다 / 그에 의해)   전명구는 목적어가 아님

The window was <u>broken</u> / by the wind. → 과거분사인 pp 뒤에는 목적어(명사) 없음.
    (부서졌다 / 바람에 의해)   전명구는 목적어가 아님

We were <u>invited</u> / to the party. → 과거분사인 pp 뒤에는 목적어(명사) 없음.
    (초대됐다 / 그 파티에)   전명구는 목적어가 아님

He is <u>writing</u> / <u>a letter</u> in English. → ing능동 뒤에는 목적어(명사) 있음
   (쓰고 있는 중 / 편지를)

The baby is <u>sleeping</u>. → 자동사(sleep)이므로 ing의 형태이며 뒤에 목적어가 필요 없음
The boy is <u>sitting</u> on the chair. → 자동사(sit)이므로 ing의 형태이며 뒤에 목적어가 필요 없음
The dog was <u>barking</u> at the beggar. → 자동사(bark)이므로 ing의 형태이며 뒤에 목적어가 필요 없음

앞에서 뒤의 명사를 수식하는 전치수식의 경우에는 수식받는 명사를 주어로 인식하고 판단하면 쉽다.

the used car 사용된 차
(the car was used) 차가 사용됐다.
the broken window 깨진 유리창
(the window was broken) 그 유리창은 깨졌다.
a sleeping baby 잠자고 있는 아기
(a baby is sleeping) 아기는 잠잔다.

수동과 수동태는 약간 다른 개념인데 be + pp의 be동사가 있는 경우는 수동태라고 하고, be동사가 없고 pp만 남아있는 경우는 일반적으로 수동이라고 이해하면 된다.

 is written → 수동태
 a letter written → 수동

1. 타동사 ing 뒤의 목적어(명사)는 있다.

타동사의 능동형 뒤에는 반드시 목적어(을/를)인 명사가 온다.

만들고 있다(능동)/장난감차를 (O) ↔ 만들어지고 있다(수동)/장난감차를 (×),
읽고 있다(능동)/책을(O) ↔ 읽혀지고 있다(수동)/책을 (×)

1) I am making a toy car. → making은 타동사의 능동형이므로 뒤에 목적어(a toy car)를 취함
  (타동사의 ing능동) (목적어)
  나는 장난감 차를 만들고 있다.

2) He is reading a book. → reading은 타동사의 능동형이므로 뒤에 목적어(a book)를 취함
  (타동사의 능동) (목적어)
  그는 책을 읽고 있다.

3) I found her drinking water. → drinking은 타동사의 능동형이므로 뒤에 목적어(water)를 취함
  (타동사의 ing 능동)　(목적어)
  나는 그녀가 물을 마시고 있는 것을 발견했다.

2. 타동사의 과거분사인 pp 뒤에 목적어는 없다.

타동사의 과거분사인 pp + 목적어 (×)

타동사의 과거분사인 pp 뒤에는 목적어인 명사가 오지 않는다. 다만, 부사구인 전명구가 주로 온다.

1) The car parked outside is my car. → pp인 parked 뒤에는 목적어(×)
  (타동사의 pp) (부사)
  바깥에 주차된 그 차는 나의 것이다.

2) There is a letter <u>written</u> <u>in English</u>. → pp인 written 뒤에는 목적어(×)
   (타동사의 pp) (부사구)
   영어로 쓰여진 편지가 있다.

3) <u>Written</u> <u>in easy English</u>, the book is not hard to read. → pp인 written뒤에는 목적어(×)
   (타동사의 pp) (부사구)
   쉬운 영어로 쓰여 그 책은 읽기 쉽다.

3. 자동사ing + 부사구(목적어 아닌 전명구)

자동사의 ing형은 능동진행으로서 ~중 / 과거분사인 pp는 완료의 '~해버린'의 의미

1) The fierce dog <u>was barking</u> <u>at me</u>. → 자동사ing + 목적어(×)
   (자동사ing 현재분사) (부사구)
   그 사나운 개가 나를 향해 짖고 있었다.

2) The man <u>sleeping</u> <u>on the sofa</u> is my uncle. → 자동사ing + 목적어(×)
   (자동사ing 현재분사)(부사구)
   소파 위에 잠자고 있는 그 남자는 나의 삼촌이다.

   The <u>fallen</u> leaves are spread on the street. → 자동사의 pp는 완료로서 떨어져 버린(fallen)
   낙엽이 거리에 널려 있다.
   자동사의 pp인 fallen은 뒤의 명사인 leaves를 전치수식하고 있으며 leaves는 목적어가 아니다.

4. 전명구는 목적어가 아니다

people <u>invited</u> <u>to the party</u> → 전명구(to the party)는 부사구로서 목적어가 아님
        (pp)   (전명구)
파티에 초대된 사람들

the car <u>made</u> <u>in Korea</u> → 전명구(in Korea)는 부사구로서 목적어가 아님
        (pp) (전명구)
한국에서 만들어진 차

the tent <u>blown down</u> <u>by a gust of wind</u> → 전명구(by a gust of wind)는 부사구로서 목적어가 아님
         (pp)   (전명구)
돌풍에 쓰러진 텐트

5. 요구형 동사 뒤 능동의 ing동명사, 수동의 to부정사

요구형 동사인 want/ need/ require 뒤 능동의 ing동명사, 수동의 to부정사는 수동의 의미를 가진다.

따라서 요구형 동사인 want, need, require같은 동사의 뒤에는 수동의 의미로서 능동의 동명사(~ing)나 수동의 부정사(to be pp)를 사용한다.

그 집은 수리되어져야 한다.
The house wants repairing. (O) → 요구동사인 want는 능동의 ing동명사가 수동의 의미
The house wants to be repaired. (O) → 수동의 to + be pp의 부정사로서 수동의 의미
The house wants being repaired. (×)
→ 요구동사인 want뒤에는 수동의 동명사로서 수동의 의미를 표현하지 않음

그 벽은 페인트로 칠해질 필요가 있다.
The wall needs painting. (O) → 요구동사인 need는 능동의 ing동명사가 수동의 의미
The wall needs to be painted. (O) → 요구동사인 need수동의 to부정사로서 수동의 의미
The wall needs being painted. (×)
→ 요구동사인 need뒤에는 수동의 동명사로서 수동의 의미를 표현하지 않음

◆ **수동태가 되면 해석이 까다로워지는 경우**

1. The children followed her.
   그 아이들은 그녀를 따랐다.
   → She was followed by the children.
   그녀는 아이들을 앞서 갔다.

2. She survived her husband.
   그녀는 그녀의 남편보다 오래 살았다.
   → Her husband was survived by her.
   그녀의 남편은 아내를 두고 죽었다.

* **현재분사(~ing)와 과거분사(pp)의 의미**

현재분사(~ing)의 경우는 주체가 스스로 행위한다는 관점에서 문맥에 따라 능동(~하는)과 진행(~하는 중)의 의미로(~reading a book, ~sleeping),

과거분사(pp)의 의미는 자동사인 경우는 완료로서 '~해버린'(fallen leaves)으로, 타동사의 경우는 '~되어진'의 수동(~written)의 의미로 이해하면 된다.

기본 문제 연습

1. The man (standing / standed) on the street is my uncle.
   거리에 서있는 그 남자는 나의 삼촌이다.
   ➲ 자동사이므로 능동형인 standing이 적절하다. 명사인 목적어가 없어도 자동사이므로 능동형인 ing를 사용한다. 뒤의 전명구(on the street)는 부사구로서 목적어가 아니다.

2. The man (surrounded / surrounding) by students is my teacher.
   학생들에 의해 둘러싸여진 그 남자는 나의 선생님이다.
   ➲ 뒤에 목적어가 없으므로 수동인 pp의 surrounded가 적절하다.
   전명구인 by students는 부사구로서 목적어가 아니다.

3. People (live / living) in the country usually live long. 시골에서 사는 사람들은 보통 오래 산다.
   ➲ 뒤에 목적어가 없지만 자동사이므로 능동형인 living이 적절하다. 전명구인 in the country는 부사구로서 목적어가 아니다.

4. The old man (was taking / was taken) to the hospital. 그 노인은 병원으로 데려가졌다.
   ➲ 뒤에 목적어가 없으므로 수동태인 was taken이 적절하다. 전명구인 to the hospital은 부사구로서 목적어가 아니다.

5. The car (made / making) in Korea is very popular here.
   한국에서 만들어진 그 차는 여기서 매우 인기가 있다.
   ➲ 뒤에 목적어가 없으므로 수동인 pp의 made가 적절하다. in Korea는 전명구로서 부사구이며 목적어가 아니다.

6. There are few children of those who were (invited / inviting) to the party.
   그 파티에 초대된 사람들 중에 아이들은 거의 없다.
   ➲ 뒤에 목적어가 없으므로 수동인 pp의 invited가 적절하다. 전명구인 to the party는 목적어가 아니다.

7. She is sitting with tears (rolling / rolled) down. 그녀는 눈물을 흘리면서, 앉아 있다.
   ➲ 눈물이 흘러내리다라는 자동사이므로 능동인 rolling이 적절하다.

8. He is sitting with his legs (crossed / crossing). 그는 그의 다리를 꼬고 앉아 있었다.
   ➲ 신체 일부는 수동의 형태로 사용되므로 그의 다리는 꼬여지는 것이므로 수동인 pp의 crossed이다. 뒤에 목적어가 없다.

9. He is waiting for her with his heart (throbbed / throbbing).
   그는 그의 심장이 두근두근하는 채로 그녀를 기다리고 있다.
   ➲ 신체 일부는 수동의 형태로 사용되지만, 심장은 스스로 움직이므로 반드시 능동인 throbbing으로 사

용해야 한다.

10. Plastics can (use / be used) in place of natural materials.
    플라스틱은 천연재료 대신에 사용될 수 있다.
    ⇒ 뒤에 목적어가 없으므로 수동인 pp의 be used가 적절하다. 전명구인 in place of natural materials는 부사구로서 목적어가 아니다.

11. They can (be used / be using) to make objects of all kinds.
    그들은 모든 종류의 물질을 만들기 위하여 사용될 수 있다.
    ⇒ to make objects of all kinds '모든 종류의 물질을 만들기 위하여'라는 to부정사의 부사적 용법으로서 부사 역할을 하므로 목적어가 없는 것과 같은 형태이므로 수동인 be used가 적절하다. 특별히 사물 주어 + be used to + 동사원형의 형태는 '주어는 ~하기 위하여 사용된다'는 의미이다.

12. Electric cars have many advantages (comparing / compared) to traditional ones.
    전기차들은 전통적인 차들과 비교된다면 많은 장점들을 가지고 있다.
    ⇒ 뒤에 목적어가 없으므로 수동인 pp의 compared가 적절하다. 전명구인 to traditional ones는 목적어가 아니다.

13. The dog was (barked / barking) at her. 그 개는 그녀를 향해 짖고 있었다.
    ⇒ 자동사이므로 뒤에 목적어가 올 수 없고 ing의 능동형으로 쓰인다. 따라서 barking이 적절하다.

14. There is a stranger. I think that I may (be following / be being followed).
    낯선 사람이 있다. 나는 누군가에게 미행당하고 있다고 생각한다.
    ⇒ 뒤에 목적어가 없으므로 수동형의 진행형인 be being followed가 적절하다. be following은 능동형으로서 뒤에 목적어가 필요하다.

15. His house needs (being painted / painting). 그의 집은 페인트칠해질 것을 필요로 한다.
    ⇒ 요구동사인 want, need, require같은 동사들은 수동의 의미를 능동의 동명사나 수동의 to부정사로 표현하므로 여기서는 능동의 동명사인 painting이 적절하다.

16. (Finding / Found) her in the kitchen, he eagerly shared the details of his good news.
    아내가 부엌에 있는 것을 발견하고 그는 들떠서 아내에게 그 좋은 소식을 자세히 들려주었다.
    ⇒ 뒤에 목적어인 her이 있으므로 능동인 finding이 적절하다.

17. They embraced and danced around the room before (sat / sitting) down to the wonderful meal his wife had prepared.
    그들은 끌어안고 춤을 춘 후, 아내가 준비한 멋진 식사를 하기 위해 식탁에 앉았다.
    ⇒ 뒤에 목적어가 없지만 sit은 자동사이므로 능동형인 sitting이 적절하다.

기출 문제 연습

1. Many large cities have very tall buildings (called / calling) skyscrapers. (모의)
   많은 대도시들은 마천루라 불리는 아주 높은 건물들을 가지고 있다.
   ➲ call이 3형식의 타동사라면 뒤에 목적어를 받는다. called가 pp라면 뒤에 오는 명사는 보어가 되며 '~라고 불리는'이라고 해석된다. 이 경우는 A called B에서 'B라고 불리는 A'라고 해석되며 A와 B는 서로 동일한 보어관계이다. 여기서는 called가 적절하다.

2. After a while, I was the only one (leaving / left) on the bus. (모의)
   잠시 뒤에 내가 버스에 남은 유일한 사람이 되었다.
   ➲ 뒤에 목적어인 명사가 없으므로 pp의 과거분사인 left가 적절하다. on the bus는 전명구로서 부사구이며 목적어가 아니다.

3. I thanked the bus driver and walked to my door, (thought / thinking) that I would never forget his kindness. (모의)
   나는 버스 기사에게 감사하다고 했고, 그의 친절함을 잊지 않을 거라고 생각하면서 집 쪽으로 걸어갔다.
   ➲ that절인 명사절이 목적어 자리에 온 경우로서 타동사의 능동인 thinking이 적절하다.

4. They are almost the same in that the actions include riding and performing tricks (used / using) a board. (모의)
   그것들은 보드를 타고 보드 위에서 기술을 구사하는 동작이 거의 똑같다.
   ➲ 뒤에 목적어인 명사(a board)가 있으므로 능동형인 using이 적절하다.

5. The people are from various ethnic groups (speaking / spoken) different Bantu languages. (모의)
   그 사람들은 각기 다른 반투어를 사용하는 다양한 소수 민족들이다.
   ➲ 뒤에 목적어인 different Bantu languages가 있으므로 능동인 speaking이 적절하다.

6. (Keeping / kept) this in mind, you'll have a lot more fun drawing the unique art that comes from you. (모의)
   이 점을 명심한다면, 당신이 가진 독특한 예술성을 그림으로 표현함에 있어 훨씬 더 많은 즐거움을 갖게 될 것이다.
   ➲ 뒤에 목적어인 this의 (대)명사가 있으므로 능동인 keeping이 적절하다.

7. She even claims that she was once (kidnapped / kidnapping) by a devil and escaped three days later. (모의)
   그녀는 심지어 악마에게 납치되었다가 사흘만에 탈출한 적이 있다고 주장한다.
   ➲ 뒤에는 목적어인 명사가 오지 않고 '전명구' 형태의 부사가 왔으므로 따라서 pp인 과거분사인 kidnapped가 적절하다.

8. In 1885, a rubber tire company decided to try black tires, (thinking / thought) that they might not show dirt. (모의응용)
   1885년에 한 고무 타이어 회사에서 검은색 타이어는 흙먼지를 드러나게 하지 않을 것이라고 생각하여 검은색 타이어를 만들어 보기로 했다.
   ⊃ 뒤에 목적어 자리에 that절의 명사절이 나왔으므로 능동인 thinking이 적절하다. that절도 당연히 목적어로 취급한다.

9. However, the other company proceeded with more seeming clarity and discipline, (dividing / divided) the problem into its parts. (2012 수능)
   하지만, 다른 회사는 문제를 각 부문으로 나누면서 겉으로 보기에는 보다 명료하게 그리고 질서 있게 일을 진행했다.
   ⊃ 뒤에 목적어(the problem)가 있으므로 능동인 dividing이 적절하다.

10. I could see a woman (rolled / rolling) her eyes at my comments and clearly showing disagreement with my words. (모의응용)
    나는 한 여성분이 내 의견에 눈을 굴리며 나의 말에 동의하지 않는다는 것을 보았다.
    ⊃ 뒤에 목적어인 명사(her eyes)가 있으므로 능동형의 ing인 rolling이 적절하다.

11. We also role-play with ourselves in the context of the show, (imaged / imagining) how we might react in a similar situation. (모의)
    우리는 또한 비슷한 상황에서 우리가 어떻게 반응할지를 상상하면서 그 쇼의 상황 속에서 우리 자신과 함께 역할극을 한다.
    ⊃ 분사구문으로서 뒤에 목적어 자리에 의문사절(how~)이 명사절로서 왔으므로 능동인 ing형태의 현재분사인 imagining이 적절하다. how의 의문사절 역시 목적어로 취급한다.

12. This attitude, however, will not (accept / be accepted) in Italy, where coffee is only a breakfast drink. (모의)
    하지만 이런 태도는 이탈리아에서는 받아들여지지 않는데, 그곳에서 커피는 오직 아침식사 음료일 뿐이다.
    ⊃ 뒤에 목적어인 명사가 없으므로 수동 형태의 pp가 와야 한다. 따라서 be accepted가 적절하다.

13. (Assuming / Assumed) to have a substantial amount of water, Mars is probably most habitable out of all the planets in our solar system. (모의)
    상당한 양의 물이 있다고 여겨지므로, 화성은 아마도 태양계에 있는 모든 행성들 중 가장 살 만한 곳이 될 것이다.
    ⊃ 예를 들어 'We assume him to be wealthy. (그는 부자로 여겨지고 있다.)' 이 문장을 수동태로 전환하면 'He is assumed to be wealthy.'가 되는데 수동태로 전환 시 목적보어인 to부정사는 그대로 남아있으면서 보어가 된다. 따라서 여기서는 뒤의 to부정사를 보어로 받는 경우이므로 assumed가 적절하다. 그리고 이 경우는 뒤에 오는 주절의 주어인 Mars를 주어로 해서 의미를 파악해보면 화성은 여겨진다는 의미이지 여긴다는 의미가 아니므로 과거분사인 수동의 pp가 명확하다.

14. She is (leaning / leaned) against the window frame, looking out at the beach in front of the house. (모의응용)
그녀는 집 앞의 해변을 내다보며, 창틀에 기대어 서있다.
   ➲ 기댄다는 것은 의미적으로는 수동적으로 표현해야 할 것 같은 느낌이 들지만 스스로 행하는 능동이 므로 여기서는 leaning이 적절하다.

15. (Using / used) these homemade telescopes, Clyde W. Tombaugh made drawings of the planets Mars and Jupiter. (모의응용)
직접 제작한 이 망원경들을 사용해서 그는 Mars와 Jupiter의 그림을 그렸다.
   ➲ 뒤에 목적어(these homemade telescope)가 있으므로 능동형인 using이 적절하다.

16. (Staying / Stayed) there, he discovered hundreds of new stars. (모의응용)
그곳에 머물면서 그는 수백 개의 새로운 별을 발견했다.
   ➲ staying은 뒤에 명사인 목적어가 없지만 자동사이므로 능동인 ing형태를 사용한다. 따라서 staying이 적절하다.

17. The (increasing / increased) flexibility from yoga will lengthen your running stride. (모의응용)
요가로부터 향상된 당신의 유연성은 당신의 움직임의 범위를 증가시켜줄 것이다.
   ➲ 앞에서 뒤의 명사를 수식하는 경우는 수식받는 명사를 주어로 해석해보면서 판단하길. 여기서는 전치수식의 경우로서 유연성이 스스로 증가하는(increasing) 것이 아니라 증가되는 (increased) 것이므로 increased가 적절하다.

18. These fierce radicals, (built / building) into life as both protectors and avengers, are potent agents of aging. (2014 수능)
보호자인 동시에 보복자(avengers)로 생명체의 일부가 되어 있는 이런 사나운 활성 산소(fierce radical)는 노화의 강력한 동인(potent agents of aging)이다.
   ➲ 뒤에 목적어가 없으므로 수동인 pp의 built가 적절하다. 전명구(into life)는 목적어가 아니다.

19. Increasingly, we can access these stories wirelessly by mobile devices as well as our computers. Advertising dollars have simply been (followed / following) the migration trail across to these new technologies. (2013 수능)
점점 더, 우리는 컴퓨터는 물론 이동 장비를 사용하여 뉴스와 정보에 무선으로 접근할 수 있다. 광고에 들어가는 돈은 이러한 새로운 기술에 그 이동경로를 따르고 있다.
   ➲ 뒤에 목적어(the migration trail)가 있으므로 능동인 following이 적절하다.

20. On January 10, 1992, a ship (traveled / traveling) through rough seas lost 12 cargo containers, one of which held 28,800 floating bath toys. (2012 수능)
1992년 1월 10일, 거친 바다를 항해하던 배 한 척이 12개의 화물 컨테이너를 잃었는데, 그 중 하나는 28,800개의 물에 뜨는 욕실 장난감을 담고 있었다.

⊃ 뒤에 목적어가 없지만 자동사이므로 traveling이 적절하다.

21. It can be processed into animal feed by (removed / removing) water, (using / used) pressure and heat. (모의응용)
이것을 압력과 열을 이용하여 수분을 제거함으로써 동물의 사료로 가공할 수 있다.
⊃ water이라는 목적어가 있으므로 능동형인 removing이 적절하며 또한 pressure라는 목적어가 있으므로 능동형인 using이 적절하다.

22. However, when mud alone is (using / used) in the wall or foundation of a building, this might cause both wall and foundation cracks. (모의응용)
그러나 진흙이 건물의 벽이나 기초에 단독으로 이용될 때에는 균열을 일으키기도 한다.
⊃ 뒤에 목적어가 없으므로 수동형인 used가 적절하다.

마무리하고 넘어가기!

- 타동사의 ~ing뒤에는 목적어가 오고 타동사의 과거분사인 pp 뒤에는 목적어가 오지 않는다. 하지만 자동사는 언제나 ing가 온다.
다만, 자동사의 과거분사인 pp는 '~해버린'의 의미인 완료를 의미한다.
~ing혹은 pp가 앞에서 뒤의 명사를 수식할 때에는 수식받는 명사를 주어로 해석해서 판단하면 훨씬 이해하기 쉽다.

스스로 어법문제 만들어가기

1. She was **skilled** in all areas of knowledge necessary to the education of a fine lady. Under her care, Bibiana grew in her abilities. By the time she was eighteen, she was excellent in **making** little ladylike things of all kinds. She also played a number of melodies on the harp and knew many ballads by heart. (2012.03 고1 모의고사)
⊃ skilled는 뒤에 목적어가 오지 않았으므로 pp의 형태이며 making은 뒤에 목적어(little ladylike things)가 있으므로 능동의 ing가 형태가 왔다.
그녀는 숙녀의 교육에 필요한 모든 지식 분야에 능통했다. 그녀의 보살핌 아래, Bibiana는 능력을 키워 나갔다. 18살이었을 때, 그녀는 모든 종류의 작고 여성스러운 물건을 만드는 것에 뛰어났다. 그녀는 또한 하프로 수많은 멜로디를 연주했고, 많은 발라드를 외웠다.

2. It was once considered an amazing achievement to reach the summit of Mount Everest. It was even a national honor to have a climber **waving** a national flag there. But now that almost 4,000 people have reached its summit, the achievement means less than it did a half century ago. (2014.03 고2 모의고사)

　➲ waving은 뒤에 목적어(a national flag)를 가지고 있으므로 능동의 ing가 적절하다.
　에베레스트 산 정상에 도달하는 것은 한때 놀라운 업적으로 여겨졌었다. 그곳에서 국기를 흔드는 등반가를 갖는 것은 심지어 국가적 명예였다. 그러나 거의 4,000명이 그곳의 정상에 도달했기 때문에, 그 업적은 반세기 전보다 의미하는 바가 더 적다.

3. Most people get **trapped** in their optimistic biases, so they tend to listen to positive feedback and ignore negative feedback. Although this may help them come across as confident to others, in any area of competence (e.g., education, business, sports or performing arts) achievement is 10% performance and 90% preparation. Thus, the more aware you are of your weaknesses, the better prepared you will be. Low self-confidence may turn you into a pessimist, but when pessimism teams up with ambition it often produces outstanding performance. (2014.03 고3 모의고사)

　➲ trapped는 뒤에 목적어가 없으므로 pp인 수동형이 적절하다.
　대부분의 사람들은 자신의 낙관적인 편견에 갇혀 있어서, 긍정적인 피드백은 듣고 부정적인 피드백은 무시하는 경향이 있다. 비록 이것이 그들이 다른 사람들에게 자신감이 있다는 인상을 주는 데 도움이 될 수도 있지만, (예를 들어 교육, 사업, 운동, 또는 공연 예술과 같은) 능력이 발휘되는 어느 분야에서건 성취는 10퍼센트의 수행과 90퍼센트의 준비이다. 따라서 자신의 약점에 대해 더 잘 알고 있으면 있을수록, 더 잘 준비가 되어 있을 것이다. 낮은 자신감은 여러분을 비관론자로 만들 수도 있지만, 비관적인 태도가 야망과 어우러질 때, 그것은 흔히 뛰어난 성과를 이루어낸다.

4. Running improves aerobic capacity, which in turn will enhance your endurance when weight lifting or through a long yoga class. The increased flexibility from yoga will lengthen your running stride, **allowing** you to run smoother and faster. Your improved flexibility will also increase your range of motion while weight lifting, which inturn will make your muscles stronger. (2013.11 고1 모의고사)

　➲ allowing은 뒤에 목적어인 (대)명사의 you를 가지고 있으므로 ing의 능동형이 적절하다.
　달리기는 유산소능력을 향상시키고, 그것은 차례로 역기를 들어 올릴 때나 오랜 요가 수업 동안의 지구력을 향상시킬 수 있다. 요가로 향상된 유연성은 당신의 달리기 보폭을 늘여 줄 것이고, 당신이 좀 더 부드럽고 빠르게 달릴 수 있도록 해 준다. 당신의 향상된 유연성은 또한 역기를 들어 올릴 때 당신의 움직임의 범위를 증가시켜주고 그것이 차례로 당신의 근육을 더 강하게 해준다.

36 4형식의 능동/수동

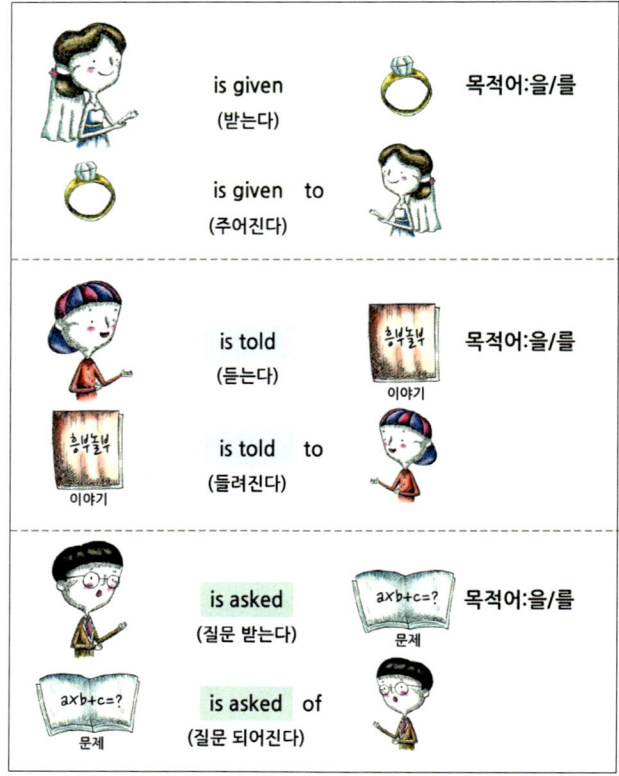

'주다 동사'인 수여동사의 4형식동사의 수동태구조에서
사람주어 <u>수여동사의 be+pp</u> **사물목적어** (수동태 뒤에 유일하게 목적어가 오는 경우)
　(~가)　　(~한다)　　(~을)
사물주어 <u>수여동사의 be+pp</u> **전치사 + 사람**
　(~가)　(~되어진다)　(~에게, ~를 위해)

결혼을 앞둔 신부는 <u>반지를 받는</u> 것에 기쁨이 들떠 있고(3형식)...수동태이지만 목적어 있음
<u>반지라는 물건은</u> 신부에게 <u>주어지고</u>(1형식)

그 꼬마는 할머니한테서 <u>흥부놀부 이야기를 듣고</u>(3형식)............수동태이지만 목적어 있음
<u>그 흥부놀부 이야기는</u> 그 꼬마에게 <u>들려지고</u>(1형식)

그 아이가 문제를 <u>질문을 받고</u>(3형식)........................수동태이지만 목적어 있음
<u>문제가</u> 그 아이에게 <u>질문되어지고</u>(1형식)
be pp뒤에 을/를로 해석되는 구조는 4형식수동태의 사람주어가 주어로 나갔을 경우뿐이다.

* 반지에 관해서는 받거나 주어지거나/ 이야기에 관해서는 듣거나 들려지거나/ 질문에 관해서는 질문받거나 질문되어
　지는 상황의 의미는 영어에서 4형식동사의 수동태구조임을 연상

4형식의 동사는 주다라는 의미의 '수여동사'라고 하는데 이 '수여동사'는 특별히 목적어를 두 개 갖는다.

왜냐하면 '주다'라는 의미 자체가 대상으로서 두 가지를 필요로 하기 때문이다. 즉 무엇을 준다는 것은 줄려고 하는 물건과 받을 사람의 두 가지 대상이 필요하기 때문이다. 내가 가지고 있는 물건을 멀리 있는 친구에게 준다고 가정한다면 줄려는 물건은 가까이 있으니 직접목적어이고 친구는 멀리 있으니 간접목적어라고 이해하자.

수동태는 목적어가 주어로 나간다는 원칙을 이해하면 이 4형식의 수여동사가 수동태로 바뀌면 두 가지의 유형으로 나타나는데,

    A가/ 준다/ B에게/ 선물을
    B는/ 받는다/ 선물을/ A에 의해 → 을/를의 목적어가 살아 있으면서 수동태 구조
    선물은 주어진다 B에게/ A에 의해 → 을/를의 목적어가 주어로 나가버려 목적어가 사라진 수동태 구조

사람인 간접목적어가 주어로 나가면 직접목적어는 목적어인 상태로 남아서 3형식구조를 이룬다.

    She gave me a book. → 간접목적어(me)가 수동태의 주어로 나가면
          (간접목적어) (직접목적어)
    그녀는 나에게 책 한 권을 주었다.

    I was given a book by her. → 본래 능동문의 직접목적어(a book)는 목적어로 남는다.
    (사람주어)   (사물목적어)
    나는 책 한 권을 받았다.

그러나 사물인 직접목적어가 주어로 나가면 사람목적어는 앞에 전치사를 동반하여 전치사 + 사람목적어의 1형식의 구조를 이룬다.

    She gave me a book. → 직접목적어(a book)가 수동태의 주어로 나가면
          (간접목적어) (직접목적어)
    그녀는 나에게 책 한 권을 주었다.

    A book was given to me. 책 한 권이 나에게 주어졌다.
    (사물주어)   (전치사 + 사람목적어)

여기서 중요한 한 가지는 전치사 뒤의 사람목적어 앞에 붙는 전치사의 종류는 여러 가지가 있는데, 대표적인 것이 to, for, of이다.

A book was given to me.
➲ 이 경우 to는 단순히 '~에게'의 표현이다. 책이 ~에게 이동한다는 의미이다.
A tie was bought for me by my wife on my birthday.
➲ 이 경우 for는 '~를 위해서'라는 표현이다. 타이가 ~를 위해서 ~에 의해 구입되었다는 의미이다.
These questions were asked of all respondents. 이 문제들은 모든 응답자들에게 질문되었다.

1. 간접목적어가 주어로 나간 경우

간접목적어가 주어로 나갈 때 4형식동사의 경우는 수동태의 구조라 할지라도 목적어가 올 수 있다.

I gave him a book. 능동태
(수여동사) ↑ (직접목적어)
(간접목적어)

He was given a book. 수동태
(4형식동사의 수동태) (목적어)
(사람주어)/(be + pp)/(사물목적어)
그는 책 한 권을 받았다.

My grandfather told me an interesting story. 능동태
(수여동사)↑ (직접목적어)
(간접목적어)

I was told an interesting story by my grandfather. 수동태
(4형식동사의 수동태) (목적어)
(사람주어)/(be + pp)/(사물목적어)
나는 할아버지로부터 재미있는 이야기를 들었다.

사람주어 + be + 4형식동사의 pp + 사물목적어(3형식)

수동태로 전환되더라도 be + pp 뒤에 목적어가 올 수 있는 유일한 구조이다.

1) 사람주어 + be given + 사물목적어 (~가 ~를 받다)

I was given a book by her. 나는 그녀로부터 책 한 권을 받았다.

2) 사람주어 + be told + 사물목적어 (~가 ~를 듣다)

She is told that she is beautiful. 그녀는 그녀가 아름답다라는 말을 듣는다.

3) 사람주어 + be taught + 사물목적어 (~가 ~를 배우다)

   I was taught French by him. 나는 그로부터 불어를 배웠다.

4) 사람주어 + be asked + 사물목적어 (~가 ~를 질문 받다)

   I was asked whether I could drive. 나는 내가 운전할 수 있는지를 질문 받았다.

5) 사람주어 + be offered + 사물목적어 (~가 ~를 제공받다)

   She was offered a scholarship. 그녀는 장학금을 주겠다는 제의를 받았다.

2. 직접목적어가 주어로 나간 경우

이 경우는 1형식의 구조를 이룬다. (주어+be+pp+전치사+목적어)

I gave him a book. 능동태
(수여동사)↑ (직접목적어)
    (간접목적어)

A book was given to him by me. ~에게 행해지다
(4형식동사의 수동태) (전치사 + 간접목적어)
(사물주어) (be + pp) (전치사 + 사람목적어)
➲ 여기에 해당하는 to + 간접목적어의 동사는 대부분의 4형식동사에 해당 (그냥 단순히 ~에게)

My father bought me a computer.
          (수여동사) ↑ (직접목적어)
          (간접목적어)

A computer was bought for me by my father. ~를 위해 ~행해지다
(4형식동사의 수동태) (전치사 + 간접목적어)
(사물주어)   (be + pp) (전치사 + 사람목적어)
➲ 여기에 해당하는 for+ 간접목적어의 동사는 get/buy/make/find/cook(갯/바위/메이크/파인더/쿠크)

Students asked the teacher a question.
    (수여동사) (간접목적어) (직접목적어)

A question was asked of the teacher by students. ~에 대해서 질문되다.
(4형식동사의 수동태) (전치사 + 간접목적어)
(사물주어) (be + pp) (전치사 + 사람목적어)
➲ 여기에 해당되는 of+ 간접목적어의 동사는 ask

사물주어 + be + 4형식동사의 pp + for+ 사람목적어(1형식)

간접목적어는 앞에 전치사가 붙은 전명구형태로 바뀌는데 이 경우 전치사는 대부분 ~에게로의 단순이동을 의미하는 to가 오지만 아래의 경우는 단순 이동의 의미보다는 의도적인 ~를위해서 라는 의미의 for가 쓰이는 예들이다. 즉, ~를 위해서 ~가 행해진다는 의미이다.

The food <u>was cooked for</u> her daughter by her. 그 음식은 그녀의 딸을 위해 그녀에 의해 요리됐다.
(be + pp + for)

A toy <u>was made for</u> my son by me. 장난감이 나의 아들을 위해 나에 의해 만들어졌다.
(be + pp + for)

A model airplane <u>was bought for</u> me by my father.
(be + pp + for)
모델 비행기가 나를 위해 나의 아버지에 의해 구입됐다.

3. 4형식의 수동태 유의사항

- 사람의 간접목적어가 수동태가 되면 의미가 부적절해서 수동태 불가 동사(buy, make, …)
  She bought me a book. 그녀는 나에게 책 한권을 사주었다.
  <u>I was bought</u> a book by her. (×)..................... 'I'는 구입한 대상이 아님
  <u>A book was bought</u> for me by her. (O) ....구입된 대상은 'a book'임

- 사물의 직접목적어가 수동태가 되면 의미가 부적절해서 수동태 불가 동사(envy, save, …)
  We envied him his success. 우리들은 그의 성공을 부러워했다.
  <u>His success was envied</u> him by us. (×) .... 'his success'는 부러움의 대상이 아님
  He was envied his success by us. (O) ....부러움의 대상은 'he'임

기본 문제 연습

1. She then (asked / was asked) me when we could meet again.
   그녀는 그러고 나서 우리가 언제 다시 만날 수 있는지를 물었다.
   ⊃ asked는 묻다라는 의미이고, was asked는 질문받다라는 의미이므로 여기서는 질문하다라는 의미이므로 asked가 적절하다. 4형식동사의 수동태 구조에서 사람주어 + be asked + 사물목적어인 구조에서는 주어가 ~를 질문받다라는 의미이다.

2. He (was given / gave) a present by his friend. 그는 그의 친구로부터 선물을 받았다.
   ⊃ give는 주다라는 의미이고, was given은 받다라는 의미이므로 여기서는 was given이 적절하다. 4형식동사의 수동태 구조에서 사람주어 + be given + 사물목적어인 구조에서는 주어가 ~를 받다라는 의미이다.

3. I (told / was told) the news by him. 나는 그로부터 그 소식을 들었다.
   ⊃ told는 말했다라는 의미이고, was told는 들었다라는 의미이므로 여기서는 들었다라는 의미의 was told가 적절하다. 4형식동사의 수동태 구조에서 사람주어 + be told + 사물목적어인 구조에서는 주어가 ~를 듣다라는 의미이다.

4. The student (was taught / taught) English in Canada.
   그 학생은 캐나다에서 영어를 배웠다.
   ⊃ teach는 가르치다라는 의미이고, was taught는 배우다라는 의미이므로 여기서는 배우다라는 의미의 was taught가 적절하다. 4형식동사의 수동태 구조에서 사람주어 + be taught+ 사물목적어인 구조에서는 주어가 ~를 배우다라는 의미이다.

5. I am embarrassed to (ask / be asked) a further favor of you.
   너에게 또 부탁을 하게 되어 몸 둘 바를 모르겠다.
   ⊃ ask는 부탁하다라는 의미이고, be asked는 부탁받다라는 의미이므로 여기서는 ask가 적절하다. 4형식동사의 수동태 구조에서 사람주어 + be asked + 사물목적어인 구조에서는 주어가 ~를 부탁받다라는 의미이다.

6. I am embarrassed to (ask / be asked) a further favor by her.
   나는 그녀로부터 또 부탁을 받게 되어 몸 둘 바를 모르겠다.
   ⊃ ask는 부탁하다라는 의미이고, was asked는 부탁받다라는 의미이므로 여기서는 그녀에 의해서 라는 by her가 있기 때문에 부탁받다라는 의미이므로 be asked가 적절하다.
   4형식동사의 수동태 구조에서 사람주어 + be asked + 사물목적어인 구조에서는 주어가 ~를 부탁받다라는 의미이다.

7. I'll get delicious hamburgers (for you / to you). 너에게 맛있는 햄버거를 사줄게.
   ⊃ get은 간접목적어가 뒤로 가면 for+목적격의 형태이므로 for you가 적절하다.

CHAPTER 01 어법 문제유형 정리

8. May I (**ask** / be asked) where I am? 여기가 어딘지 물어봐도 될까요?
    ⊃ ask는 질문하다라는 의미이고, was asked는 질문받다라는 의미이므로 여기서는 물어본다는 의미이기 때문에 ask가 적절하다.

9. Vets (are given / **give**) medical care to injured or sick animals.
    수의사는 상처입거나 아픈 동물을 치료한다.
    ⊃ give는 주다라는 의미이고, was given은 받다라는 의미이므로 여기서는 치료를 주다라는 의미인 give가 적절하다.

10. She cooked some sausages (**for him** / to him).
    그녀는 그에게 소시지를 요리해 주었다.
    ⊃ cook는 간접목적어가 뒤로 가면 for+목적격의 형태이므로 for him이 적절하다.

기출 문제 연습

1. A grade of 95 left him (**asking** / asked), 'How did I fail to achieve 100?' (모의)
    95점이라는 점수는 그로 하여금 '어떻게 내가 100점을 받지 못했을까?'라는 질문을 계속하게 만들었다.
    ⊃ 수여동사의 경우 능동과 수동의 구별은 주의를 요하는데 능동의 ing 이후나 수동의 pp 이후나 둘 다 명사가 올 수 있기 때문에 의미로 판단해야 한다. leave him asking은 그가 질문을 하다는 의미이며 leave him asked는 그가 질문을 받다는 의미이다. 여기서는 질문을 하다는 의미이다. 따라서 asking이 적절하다.

2. I hated to (tell / **be told**) what to do from my mother. (모의)
    나는 엄마로부터 무엇을 하라고 말을 듣는 것이 싫었다.
    ⊃ tell은 ~을 말하다라는 의미이고 be told는 ~를 듣다라는 의미이므로 여기서는 무엇을 하라고 하는지를 듣다라는 의미로서 be told가 적절하다.

3. If you get annoyed when someone (is asked / **asks**) you about something he could figure out for himself, perhaps you value resourcefulness, independence, or taking care of oneself. (모의응용)
    만약 당신이 누군가가 스스로 알아낼 수도 있는 어떤 것에 관해 당신에게 질문할 때 화가 난다면, 아마도 당신은 풍부한 지략, 독립심 또는 스스로 돌보는 것에 높은 가치를 두는 것이다.
    ⊃ ask는 질문하다라는 의미이고 be asked는 질문받다라는 의미이다. 여기서는 someone이 you에게 질문을 한다는 내용이므로 asks가 적절하다.

4. Her family was poor, but her mother, Katie, (taught / was taught) her that education was the only way to leave behind their hard life. (모의응용)
그녀의 가족은 가난했지만 그녀의 엄마 Katie는 그녀에게 교육이 그들의 힘든 삶을 벗어날 유일한 방법이라고 가르쳤다.
➲ teach는 ~를 가르치다라는 의미이고, be taught는 ~를 배우다라는 의미로서 여기서는 ~을 가르치다라는 의미이므로 taught가 적절하다.

5. (Given / Giving) me the story of a girl who achieved her dream, she tried to give me the message that nothing was off limits for me as long as I could learn. (모의응용)
자신의 꿈을 이룬 한 소녀의 이야기를 나에게 들려주면서 그녀는 내가 배우는 한 나에게 극복하지 못할 것은 없다는 메시지를 주려고 했다.
➲ give는 4형식동사로서 give는 주다라는 의미이고, be given은 받다라는 의미이므로 여기서는 주다라는 의미이므로 giving이 적절하다.

6. Reading the story as a child, I felt my mother (was shown / was showing) me that education was my way to have what I wanted. (모의응용)
어린 시절에 그 이야기를 읽으면서 나는 나의 엄마가 교육이 내가 원하는 것을 이루기 위한 방법이라는 것을 내게 알려 주고 있다고 느꼈다.
➲ 뒤에 간접목적어와 직접목적어가 있으므로 능동형인 was showing이 적절하다.

마무리하고 넘어가기!

- 4형식의 수여동사의 구조에 있어서는 목적어의 관계를 잘 파악해야 하는데 수여동사가 능동이라면 간접목적어와 직접목적어의 두 가지가 있다.
  I <u>gave</u> <u>him</u> <u>a book</u>.

- 하지만 수동태가 되면 사람을 지칭하는 간접목적어가 주어가 되면 목적어가 하나가 있다.
  I <u>was given</u> <u>a book</u>.

- 그리고 사물을 지칭하는 직접목적어가 주어로 나가면 목적어가 없다.
  A book <u>was given</u> <u>to me</u>. to me의 전명구는 목적어가 아니다.

CHAPTER 01 어법 문제유형 정리

스스로 어법문제 만들어가기

1. When we were children, it took us a very long time to get what we really wanted. Of course, we had to get a good grade to get it. Today, however, kids are growing up in a world full of goods. They **are given** all kinds of toy bears even before they know what the bear is. Most kids do not even have to wait anxiously for Christmas or their birthday to have what they want. (2009.03 고1 모의고사)
    ⊃ '사람주어 + be + pp + 사물목적어'의 구조로서 하나의 목적어를 갖는 구조이다. 여기서는 그들은 모든 종류의 곰 인형을 받는다라는 의미이다.
    우리가 아이였을 때, 우리가 정말로 원하는 것을 얻기까지는 오랜 시간이 걸렸다. 물론, 우리는 그것을 얻기 위해 시험을 잘 봐야만 했다. 하지만 오늘날의 아이들은 물건들로 가득 찬 세상에서 자라고 있다. 심지어 그들은 곰이 무엇인지 알기도 전에, 모든 종류의 곰 인형을 (선물로) 받는다. 대부분의 아이들은 그들이 원하는 것을 갖기 위해 크리스마스나 생일이 되기를 간절히 기다릴 필요조차 없다.

2. Luckily he still had hold of the reins. Hanging on the cliff, Kenny looked up at his horse. Its head was bent low between locked, widely spread forelegs. Kenny shouted 'Back up, back up!' The horse hesitated, then did what it **was told**. Kenny slipped upward onto the cliff. (2010.11 고2 모의고사)
    ⊃ be told는 ~를 듣다라는 의미로서 여기서는 what이 목적어이다. 그가 시키는 대로 행하다(그 말이 들렸던 것을 행하다)의 의미이다. *reins: 고삐
    다행히 그는 아직 고삐를 쥐고 있었다. 절벽에 매달려 Kenny는 말을 올려다보았다. 말은 꼼짝도 하지 않고 넓게 벌린 앞다리 사이에 머리를 낮게 처박고 있었다. Kenny는 소리쳤다. '뒤로, 뒤로!' 말은 주저하다가 시키는 대로 했다. Kenny는 절벽 위로 끌려 올라갔다.

3. From a present perspective, we tend to believe that 'artists' individuality' is a universal thought. Thus we fail to imagine a place and period in which things were different. But there was a time when priority **was given** to an observance of tradition rather than to an artist's personality. In medieval Europe, for example, the standardized backgrounds of religious images acted as a device to exclude the individuality of the artists. (2011.03 고2 모의고사)
    ⊃ 사물주어 + be + pp + 전명구의 형태로서 전통의 복종에 우선순위가 주어지는 시기라는 의미이다.
    현재의 관점에서 우리는 예술가의 개성이 보편적인 생각이라고 믿는 경향이 있다. 그래서 상황이 달랐던 장소나 시기를 미처 생각하지 못한다. 그러나 예술가의 개성보다는 전통을 따르는 것이 우선시 되던 시기가 있었다. 예를 들어, 중세 유럽에서는 성화의 규격화된 배경이 예술가의 개성을 배제하는 장치로 작용했다.

4. When you **are asked** what you are thinking about, you can normally answer. You believe you know what goes on in your mind, which often consists of one conscious thought leading in an orderly way to another. But that is not the only

way the mind works, nor indeed is that the typical way. Most impressions and thoughts arise in your conscious experience without your knowing how they got there. You cannot trace how you came to the belief that there is a lamp on the desk in front of you, or how you detected a hint of irritation in your spouse's voice on the telephone, or how you managed to avoid a threat on the road before you became consciously aware of it. The mental work that produces impressions, intuitions, and many decisions goes on in silence in our mind. (수능)

➲ 'A was asked~, A~.'인 경우는 A가 질문받았을 때 A가 대답한다는 의미의 질문받는 주체와 대답하는 주체가 동일하다는 의미이고, 'A asked~, B~.'인 경우는 A가 질문을 하고 B가 대답한다는 의미로서 주체가 서로 다르므로 여기서는 전자의 경우이다.

무엇에 대해 생각하고 있었냐는 질문을 받으면 당신은 보통 답을 할 수 있다. 당신은 마음속에서 무엇이 진행되고 있는지 알고 있다고 믿는데, 이는 자주 다른 생각으로 질서 있게 이어지는 하나의 의식적인 생각으로 구성되어 있다. 하지만 그것이 마음이 작동하는 유일한 방식은 아니며, 사실 전형적인 방식 또한 아니다. 대부분의 인상과 사고는 당신의 의식적인 경험 속에서 그것들이 어떻게 그곳에 왔는지 알지 못한 채 일어난다. 당신은 어떻게 당신 앞 책상 위에 램프가 있다고 믿게 되었는지, 어떻게 전화상으로 당신 배우자의 목소리에서 짜증스런 기색을 감지했는지, 어떻게 의식적으로 인지하기 전에 도로 위의 위협을 피할 수 있었는지에 대해 추적할 수 없다. 인상, 직관, 그리고 많은 결정을 만들어 내는 정신적인 작업은 마음속에서 조용하게 진행된다.

CHAPTER 01 어법 문제유형 정리

37 5형식동사의 수동태

5형식동사의 be pp의 구조에 있어서는
주어가 '~의 상태에 있거나 ~하는 행위'(제1행위: 주격보어)가 / '되어진다'(제2행위: be pp)는 행위적 의미가 두 개다. 주의할 것은 be pp 뒤의 주격보어 자리에는 to가 없는 원형부정사는 오지 않는다.
****

주어가 　되어진다(be pp)　명사(천재)의 주격보어 상태..........(되어지는 행위~명사)
주어가 　되어진다(be pp)　형용사(똑똑한)의 주격보어 상태 ....(되어지는 행위~형용사)
주어가 　되어진다(be pp)　to부정사하는 주격보어................(되어지는 행위~to부정사행위)
주어가 　되어진다(be pp)　~ing분사하는 주격보어................(되어지는 행위~ing분사행위)
　　　　　(제2행위)　　　(제1행위)

참고로 3형식의 수동태에서는 '되어지는' 행위 하나밖에 없다.
The letter was written by her. (쓰여지는 행위~)

* 똑똑한 아이를 보면서 의사가 타의적으로 만들어지는 과정을 통해 5형식의 수동태 구조를 연상하라.

5형식의 구조를 엄마와 아들의 영역이라고 가정했을 때 엄마가 지배하는 영역과 아들이 지배하는 영역으로 나눌 수 있다.

즉, 엄마는 아들을 관리하는 영역이고 아들은 직접 행하는 영역으로서 엄마가 아들의 미래를 위해 공부를 시켜나가는 과정을 스토리로 엮어 표현해 보았다.

◆ 5형식 구조의 이해

엄마가(주어) ~A했다(동사)/아들이(목적어) ~B했다(목적보어) → 능동태
아들이(주어) ~A해졌다 ~B하도록 / 엄마에 의해 → 수동태

1. 엄마는/부른다 → 아들이/진수
   (주어) (동사)   (목적어) (목적보어)

   아들은/불린다/진수라고/엄마에 의해 (수동태 구조)

2. 엄마는 여긴다 → 아들이/영리하다
   (주어) (동사)   (목적어) (목적보어)

   아들은 여겨진다/영리하다고 /엄마에 의해 (수동태 구조)

3. 엄마는 기대한다 → 아들이/의사가 되리라고
   (주어) (동사)   (목적어) (목적보어)

   아들은 기대된다/의사가 되리라고/엄마에 의해 (수동태 구조)

4. 엄마는 시킨다 → 아들이/공부하도록
   (주어) (동사)   (목적어) (목적보어)

   아들은/강요된다/공부하도록/엄마에 의해 (수동태 구조)

5. 엄마는 본다 → 아들이/공부하는 것을
   (주어) (동사)   (목적어) (목적보어)

   아들은/목격된다/공부하는 것이/엄마에 의해 (수동태 구조)

정리한 5형식의 구조를 수동태로 바꾸는 형태를 이해하자면

우리는 부른다/그를 Tom이라고
그는/불린다/Tom으로
We call him Tom. (능동태)
　　　(목적어) (목적보어)
He is called Tom　　　(수동태)
(주어)　　(주격보어)

능동태의 목적어(him)는 수동태의 주어(he)로, 능동태의 목적보어(Tom)는 수동태의 주격보

CHAPTER 01 어법 문제유형 정리

어(Tom)로 바꾼다.

그는 페인트칠했다/그 집이 녹색으로
그 집은/칠해졌다/녹색으로

He painted the house green. (능동태)
          (목적어) (목적보어)

The house was painted green. (수동태)
   (주어)   (주격보어)

능동태의 목적어(the house)는 수동태의 주어(the house)로, 능동태의 목적보어(green)는 수동태의 주격보어(green)로 바뀐다.

따라서, 5형식 구조의 수동태로의 전환은 목적어와 목적보어의 관계가 수동관계가 되고 목적보어는 주격보어로 그대로 옮겨진다. 능동태에서의 목적어와 목적보어가 수동태에서는 주어와 주격보어로 바뀐다는 점을 명심하기 바란다. 5형식의 구조에서 2형식의 구조로 바뀌게 된다.

그리고 지각, 사역동사의 경우 목적보어 자리에 to가 없는 원형부정사가 오지만 수동태로 전환 시는 그 to가 살아난다는 점을 명심하길.

He made me go home.
→ 사역동사인 made 때문에 목적보어 자리에 to가 없는 원형부정사인 go가 왔음
I was made to go home. → 사역동사가 수동태 구조로 바뀜으로써 to가 살아난 to go로 바뀜

He saw me go home.
→ 지각동사인 made 때문에 목적보어 자리에 to가 없는 원형부정사인 go가 왔음
I was seen to go home. → 지각동사가 수동태 구조로 바뀜으로써 to가 살아난 to go로 바뀜

지각/사역동사의 수동태 구조에서 to가 살아나는 다음 어구는 철저히 암기해야 한다.

be made to ~하도록 강요되다
be seen to ~하는 것이 목격되다
be heard to ~하는 것이 들리어지다

1. 목적보어가 명사인 경우

We call him a doctor (5형식) 우리는 그를 의사라고 부른다.
(주어) ↑ (목적어) ↑
  (5형식동사) (목적보어)

He is called a doctor by us. (2형식) 그는 의사라고 불린다.
(주어)   ↑   (주격보어)
   (be pp수동태)
➔ 5형식의 목적보어가 2형식의 수동태로 바뀌면서 주격보어로 바뀜)

✤ 5형식에서 목적보어인 a doctor이 수동태로 바뀐 2형식에서는 a doctor이 주격보어로 바뀐다. 목적어와 목적보어가 수동태에서 주어와 주격보어로 바뀐다.

2. 목적보어가 형용사인 경우

The mother made her son happy. (5형식) 그엄마는 그녀의 아들을 행복하도록 만들었다.
 (주어)   (5형식동사) (목적어) (목적보어)

Her son was made happy by the mother. (2형식) 그녀의 아들은 행복하도록 되었다.
 (주어) (be pp수동태) (주격보어)
➔ 5형식의 목적보어가 2형식의 수동태로 바뀌면서 주격보어로 바뀜

✤ 5형식에서 목적보어인 happy가 수동태로 바뀐 2형식에서는 happy가 주격보어로 바뀐다.

3. 목적보어가 to부정사인 경우

1) I allowed him to play the game.(5형식)
 (주어) ↑ (목적어)   ↑
   (5형식동사)   (목적보어)

나는 그가 게임을 하도록 허락했다.

He was allowed to play the game.(2형식) 그는 게임을 하도록 허락되었다.
(주어)   ↑   (주격보어)
   (be pp수동태)
➔ 5형식의 목적보어가 2형식의 수동태로 바뀌면서 주격보어로 바뀜

✤ 5형식에서 목적보어인 to play the game이 수동태로 바뀐 2형식에서는 to play the game이 주격보어로 바뀐다.

2) I expected her to arrive in time.(5형식) 나는 그녀가 제시간에 도착할 것을 기대했다.
(주어) ↑ (목적어)   ↑
   (5형식동사)   (목적보어)

She was expected to arrive in time.(2형식) 그녀는 제 시간에 도착할 것으로 기대되었다.
(주어)   ↑   (주격보어)
   (be pp수동태)

➲ 5형식의 목적보어가 2형식의 수동태로 바뀌면서 주격보어로 바뀜

✤ 5형식에서 목적보어인 to arrive in time이 수동태로 바뀐 2형식에서는 to arrive in time 이 주격보어로 바뀐다.

3) They asked me not to reveal anything.(5형식) 그들은 내가 어떤 것도 누설하지 말 것을 요청했다.
　(주어)　↑　(목적어)　　↑
　　　(5형식동사)　　　(목적보어)

I was asked not to reveal anything.(2형식) 나는 어떤 것도 누설하지 말 것을 요청받았다.
(주어)　↑　　　(주격보어)
　　(be pp수동태)

✤ 5형식에서 목적보어인 not to reveal anything이 수동태로 바뀐 2형식에서는 not to reveal anything이 주격보어로 바뀐다.

4) The teacher encouraged me to do my best.(5형식) 그 선생님은 내가 최선을 다하도록 용기를 주셨다.
　　(주어)　　　　↑　(목적어)　↑
　　　　　(5형식동사)　　(목적보어)

I was encouraged to do my best by the teacher.(2형식)
(주어)　↑　　　　　　(주격보어)
　　(be pp수동태)
나는 그 선생님에 의해 나의 최선을 다하도록 용기를 얻었다.

✤ 5형식에서 목적보어인 to do my best가 수동태로 바뀐 2형식에서는 to do my best가 주격보어로 바뀐다.

4. 목적보어가 ing현재분사인 경우

We saw him going home.(5형식) 우리는 그가 집으로 가고 있는 것을 보았다.
(주어)　↑　(목적어)　↑
　　(5형식동사)　(목적보어)

He was seen going home by us.(2형식) 그는 집으로 가는 것을 우리는 보았다.
(주어)　↑　　(주격보어)
　(be pp수동태)
➲ 5형식의 목적보어가 2형식의 수동태로 바뀌면서 주격보어로 바뀜

✤ 5형식에서 목적보어인 going home이 수동태로 바뀐 2형식에서는 going home이 주격보어로 바뀐다.

5. 목적보어가 원형부정사인 경우

1) I made him study hard.(5형식) 나는 그가 열심히 공부하도록 시켰다.
   (주어) ↑ (목적어) ↑
   (5형식동사) (목적보어)

   He was made to study hard.(2형식) 그는 열심히 공부하도록 강요되었다.
   (주어) ↑ (주격보어)
   (be pp수동태)
   ➥ 5형식의 목적보어가 2형식의 수동태로 바뀌면서 주격보어로 바뀜

✤ 5형식에서 목적보어인 study hard가 수동태로 바뀐 2형식에서는 to study hard가 주격보어로 바뀐다.
사역동사 때문에 원형부정사였던 목적보어가 수동태로 바뀌면 to가 살아난다.

2) I let him play the game.(5형식) 나는 그가 게임을 하도록 허락했다.
   (주어)↑(목적어) ↑
   (5형식동사) (목적보어)

   He was allowed to play the game.(2형식) 그는 게임하도록 허락되어졌다.
   (주어) ↑ (주격보어)
   (be pp수동태)
   ➥ 5형식의 목적보어가 2형식의 수동태로 바뀌면서 주격보어로 바뀜

✤ 5형식에서 목적보어인 play the game이 수동태로 바뀐 2형식에서는 to play the game이 주격보어로 바뀐다.
사역동사 let은 수동태 구조로 사용 못하고 be allowed to로 전환된다.

3) I had him clean the room.(5형식) 나는 그가 그 방을 청소하도록 시켰다.
   (주어)↑ (목적어) ↑
   (5형식동사) (목적보어)

   He was asked to clean the room.(2형식) 그는 그 방을 청소하도록 요구되었다.
   (주어) ↑ (주격보어)
   (be pp수동태)
   ➥ 5형식의 목적보어가 2형식의 수동태로 바뀌면서 주격보어로 바뀜

✤ 5형식에서 목적보어인 clean the room이 수동태로 바뀐 2형식에서는 to clean the room이 주격보어로 바뀐다.
사역동사 have는 수동태 구조로 사용 못하고 be asked to로 전환된다.

4) I saw him go to school.(5형식) 나는 그가 학교에 가는 것을 보았다.
   (주어)↑ (목적어) ↑
   (5형식동사) (목적보어)

He was seen to go to school by me. (2형식) 그가 학교에 가는 것을 나는 보았다.
(주어)   ↑   (주격보어)
   (be pp수동태)
➲ 5형식의 목적보어가 2형식의 수동태로 바뀌면서 주격보어로 바뀜

✦ 5형식에서 목적보어인 go to school이 수동태로 바뀐 2형식에서는 to가 살아난 to go to school이 주격보어로 바뀐다. 지각동사 때문에 원형부정사였던 목적보어가 수동태로 바뀌면 to가 살아난다.
✦ be pp + to 부정사의 구조에서 to부정사가 주격보어인지 아니면 부사적 용법인지의 구별은 to부정사가 주어가 의미의 행위 주체인가 아닌가에 따라 구별할 수 있다.

Nuclear energy is used to produce electricity. 원자력에너지는 전력을 생산하기 위하여 사용된다.
➲ 주어가 to이하의 의미상의 주어가 아니다. 따라서 3형식의 수동태이다. 원자력에너지가 전력을 생산하는 것은 아니다

She is expected to recover soon. 그녀는 곧 회복되도록 기대된다.
➲ 주어가 to이하의 의미상의 주어이다. 따라서 5형식의 수동태이다. (그녀가 회복된다는 의미이다)

◆ 5형식동사의 수동태 구조 익히기 (2형식 구조)

1. The stranger was believed to be the beggar. 그 낯선 사람은 / 믿겨졌다 / 거지인 것으로
   (주어)   (be pp)   (to 부정사)

2. I was told not to be late. 나는 / 들었다 / 늦지 말 것을
   (주어) (be pp) (to 부정사)

3. The child was made to do it. 그 아이는 / 강요되었다 / 그것을 하도록
   (주어)   (be pp) (to 부정사)

4. He was called a liar by his friends. 그는 / 불렸다 / 그의 친구들에 의해 거짓말쟁이로
   (주어) (be pp)   (명사)

5. She was seen to enter the theater. 그녀는 / 보여졌다 / 극장에 들어가는 것이
   (주어) (be pp)   (to 부정사)

6. The cat was found wandering along a bank.
   (주어)   (be pp) (ing현재분사)
   그 고양이는 / 발견되었다 / 둑을 따라 걸어다니는 것이

7. The baby was left crying. 그 아기는 / 내버려졌다 / 울도록
   (주어)   (be pp) (ing현재분사)

8. He was made to work hard. 그는 / 강요되었다 / 열심히 일하도록
   (주어) (be pp) (to부정사)

9. The child was allowed to play a game. 그 아이는 / 허락되었다 / 게임을 하도록
　　(주어)　　(be pp)　　(to부정사)

10. He was forced to leave the country. 그는 / 강요되었다 / 그 나라를 떠나도록
　　(주어)　(be pp)　　(to부정사)

11. She was elected chairperson. 그녀는 / 선출되었다 / 의장으로
　　(주어)　(be pp)　　(명사)

12. She is considered a famous writer. 그녀는 / 여겨진다 / 유명한 작가로
　　(주어)　(be pp)　　(명사)

13. He was seen entering the room. 그는 / 보여졌다 / 방으로 들어가는 것이
　　(주어)　(be pp)　　(ing현재분사)

CHAPTER 01 어법 문제유형 정리

기본 문제 연습

1. The boy (called / calling) Tom by people is my friend.
   탐이라고 불리는 그 소년은 나의 친구이다.
   ➲ 5형식동사인 call 동사 뒤에 오는 명사(Tom)는 목적어가 아니라 주어와 동일한 대상인 보어이다. '탐이라고 불리는'의 의미가 적절하므로 pp인 called가 적절하다.

2. The boy (called / is called) Tom by people is my friend.
   탐이라고 불리는 그 소년은 나의 친구이다.
   ➲ is라는 문장의 동사가 따로 존재하므로 is called는 한 문장에 동사가 두 개인 셈이 되므로 pp인 called가 적절하다. 다른 동사가 존재하므로 called 역시 과거동사가 아니라 pp인 과거분사이다.

3. When he was sick, he (was asked / asked) to see a doctor by his boss.
   그가 아팠을 때 그의 사장에 의해 그는 의사의 진찰을 받도록 요청받았다.
   ➲ 그가 요청한 것이 아니라 '요청받았다'라는 의미이므로 was asked가 적절하다.

4. He (was invited / invited) to play with his friends. 그는 그의 친구와 함께 놀도록 초대받았다.
   ➲ 5형식의 구조인 invite 목적어 to~가 수동 형태의 be invited to~의 형태로 바뀐 구조이다. 그가 초대한 것이 아니라 초대받았다라는 의미이므로 수동태 구조인 was invited가 적절하다.

5. He (was forced / forced) to clean the room. 그는 그 방을 청소하도록 강요받았다.
   ➲ 5형식의 구조인 force 목적어 to~가 be forced to~의 형태로 바뀐 수동태 구조이다. 그가 강요했다라는 의미가 아니라 강요되었다라는 의미이므로 수동태 구조인 was forced가 적절하다.

6. He (thought / is thought) to be a thief. 그는 도둑인 것으로 생각된다.
   ➲ 5형식의 구조인 think 목적어 to~가 수동태 구조인 be thought to~의 형태로 바뀐 구조이다. 그가 생각했다라는 의미가 아니라 생각된다라는 의미이므로 수동태 구조인 is thought가 적절하다.

7. Students have to (make to / be made to) study regularly.
   학생들은 주기적으로 공부하도록 강요되어져야 한다.
   ➲ make는 시키다라는 사역동사인 경우 be pp인 수동태 구조로 바뀌면 뒤에 to가 없던 원형부정사에서 to가 살아난다. 따라서 be made to가 적절하다.

8. We (are told / told) to work 8 hours a day. 우리는 하루에 8시간 일하도록 들었다.
   ➲ 5형식의 구조인 tell 목적어 to~가 be told to~의 형태로 바뀐 수동태 구조이므로 are told가 to~가 적절하다.

9. He was seen (to go / go) out. 그는 외출하는 것이 목격되었다.
    ⊃ see의 보다라는 지각동사인 경우 be pp인 수동태 구조로 바뀌면 뒤에 to가 없던 원형부정사에서 to가 살아난다. 따라서 to go가 적절하다.

10. He was advised (study / to study) hard. 그는 열심히 공부하도록 충고를 들었다.
    ⊃ 5형식의 구조인 advise 목적어 to~가 be advised to~의 형태로 바뀐 수동태 구조이므로 was advised to~가 적절하므로 to study가 정답이다.

11. Older people are enabled (to study / studying) at college by the programme.
    그 프로그램에 의해 나이 든 사람들은 대학 공부를 하는 것이 가능하다.
    ⊃ 5형식의 구조인 enable 목적어 to~가 be enabled to~의 형태로 바뀐 수동태 구조이므로 is enabled to~가 적절하므로 to study가 정답이다.

12. He was forced (sign / to sign) the paper. 그는 그 서류에 서명하도록 강요되었다.
    ⊃ 5형식의 구조인 force 목적어 to~가 be forced to~의 형태로 바뀐 수동태 구조이므로 was forced to~가 적절하므로 to sign이 정답이다.

13. He is not permitted (work / to work) anymore by his aging.
    그는 노화로 인해 더 이상 일을 할 수가 없다.
    ⊃ 5형식의 구조인 permit 목적어 to~가 be permitted to~의 형태로 바뀐 수동태 구조이므로 is not permitted to~가 적절하므로 to work가 정답이다.

14. Children should be taught (to have / having) more respect for others by parents.
    자녀들은 부모님에 의해 다른 사람에 대한 더 많은 존경심을 가지도록 배워야 한다.
    ⊃ 5형식의 구조인 teach 목적어 to~가 be taught to~의 형태로 바뀐 수동태 구조이므로 is taught to~가 적절하므로 to have가 정답이다.

15. He was told (go / to go) on. 계속하라고 그는 들었다.
    ⊃ 5형식의 구조인 tell 목적어 to~가 be told to~의 형태로 바뀐 수동태 구조이므로 is told to~가 적절하므로 to go가 정답이다.

기출 문제 연습

1. Volunteers (were asked / asked) to learn the layout of a 3D computer maze so they could find their way within the virtual space several hours later. (모의응용)
   지원자들은 그들이 가상공간에서 몇 시간 후에 길을 찾아 나갈 수 있도록 3D컴퓨터 미로(3D computer maze)의 배치도(layout)를 암기하도록 요청받았다.
   ➲ 요청했다는 의미가 아니라 요청받았다는 의미이므로 were asked가 적절하다.

2. Many foods, such as lunch meat, canned vegetables and soups, were made (available / availably) in lowfat, low sodium versions. (모의응용)
   가공육, 통조림 야채와 수프 같은 많은 식품들이 저지방, 저염분의 형태로 이용가능하게 만들어졌다.
   ➲ 5형식의 능동태에서의 목적보어인 형용사는 수동태가 되면 주격보어인 형용사가 된다. 따라서 형용사인 available이 적절하다.

3. Prior to the checkup, some participants were made (to feel / feel) good about themselves while others were not. (모의응용)
   그 검진 이전에 몇 명의 참여자들은 그들 자신에 대해 좋은 감정을 느끼도록 만들어졌고 다른 참여자들은 그렇지 않았다.
   ➲ 사역동사가 능동일 때에는 목적보어 자리에 원형부정사가 오지만 수동태로 전환 시에는 to가 살아난다. 따라서 to feel이 적절하다.

4. The point is that the same thing can be made (seem / to seem) very different, depending on the nature of the event that precedes it. (모의응용)
   요점은 같은 사건이 이를 선행하는 사건의 특성에 따라 매우 달라보일 수 있다는 것이다.
   ➲ 사역동사인 made동사가 수동태가 되면 to가 살아나므로 to seem이 적절하다.

5. Because we cannot have as much of everything as we would like, we (are forced to / force to) choose among alternatives. (모의응용)
   우리는 원하는 만큼 모든 것을 가질 수 없기 때문에 대안들 중에서 선택해야만 한다.
   ➲ 우리가 선택한다는 의미가 아니라 선택된다는 의미이므로 are forced to가 적절하다. force to는 강요한다는 의미이다. 그리고 여기서 to choose ~ 는 주격보어이다.

6. If children (were required to / required to) excel only in certain areas, they might be better able to cope with their parents' expectations. (모의응용)
   특정 분야에서만 뛰어나도록 요구받으면, 아이들은 부모의 기대에 더 잘 부응할 수 있을 것이다.
   ➲ 아이들이 요구한다는 의미가 아니라 요구된다는 의미이므로 were required to가 적절하다. were required to ~ 는 주격보어이다.

마무리하고 넘어가기!

- 5형식 구조의 수동태는 목적어와 목적보어가 수동관계로 전환되는 형태이다. 즉 목적어가 주어로 나가고 목적보어는 그대로 남아 주격보어로 남게 되는데 이때 목적보어는 원래 그대로 보존되면서 목적보어가 주격보어로 바뀐다는 사실이다.

　I kept the door **open**
　The door was kept **open**.

- 목적어인 the door가 주어로 나가고 open의 목적보어는 원형 그대로 남아 주격보어가 된다.

스스로 어법문제 만들어가기

1. For example, she avoids social lunches because she thinks they create the perception of favoritism. Similarly, even though her best friend is one of the employees, she **is seldom seen talking** with her, and if she is, it is always about business matters. (2012.06 고1 모의고사)
   ➲ 본래는 5형식 구조로서 목적보어 자리에 현재분사가 온 구조였지만 수동태로 바뀌면서 be + pp 뒤에 현재분사가 온 구조이다. seldom은 부사로서 be동사와 pp사이에 삽입되어있다.

   예를 들어, 그녀는 사교를 위한 점심이 어떤 사람을 편애한다는 생각을 만들어낸다고 생각해서, 그녀는 사교를 위한 점심을 피한다. 이와 비슷하게, 직원들 중 한 사람이 그녀의 가장 친한 친구임에도 불구하고, 그녀가 그 여자와 이야기하는 모습은 거의 볼 수 없으며, 설령 이야기를 한다 하더라도, 그것은 항상 업무에 관한 이야기이다.

2. In one study, subjects listened to four music records and then **were asked to rate** how much they liked each one. As a reward for participating in the study, they were told that they could have the record of their choice when they made additional ratings on a second occasion. When the subjects returned for the second session, they were told that one of the four records would not be available. (2013.11 고1 모의고사)
   ➲ 본래는 5형식 구조로서 목적보어 자리에 to부정사가 온 구조였지만 수동태로 바뀌면서 be + pp 뒤에 to부정사가 온 구조이다. to rate ~ 는 주격보어이다.

   한 연구에서, 피실험자들은 네 개의 음반을 듣고 나서 각각의 것들을 얼마나 좋았는지 평가해 달라는 요청을 받았다. 연구에 참여한 것에 대한 보상으로써, 그들은 두 번째 실험 상황에서 추가로 평가를 하면 그들이 선택한 음반을 가질 수 있다는 말을 들었다. 그 실험 참가자들이 두 번째 실험을 위해 돌아왔을 때, 그들은 네 개의 음반 중에 하나는 가질 수 없다는 말을 들었다.

CHAPTER 01 어법 문제유형 정리

3. If children **were required to** excel only in certain areas, they might be better able to cope with their parents' expectations. Psychologist Michael Thompson says that we make unfair 'genetic' demands on our teens: 'It is the only period in your life when you**'re expected to do** all things well. Adults don't hold themselves to those standards.' (2013.06 고2 모의고사)

➲ 본래는 5형식 구조로서 목적보어 자리에 to부정사가 온 구조였지만 수동태로 바뀌면서 be + pp 뒤에 to부정사가 온 구조이다.

특정 분야에서만 뛰어나도록 요구받으면, 아이들은 부모의 기대에 더 잘 부응할 수 있을 것이다. 심리학자 Michael Thompson은 우리가 십대의 자녀들에게 부당한 '유전적' 요구를 한다고 말한다. '그것은 일생에서 모든 것을 다 잘하도록 기대되는 유일한 시기입니다. 어른들은 자신을 그러한 기준에 맞추지 못합니다.'

4. Sometimes athletes need to **be allowed to practice** their skills on their own before they receive feedback. That way they can determine what is working and what isn't and can become more mindful of their strengths and weaknesses. (2013.03 고3 모의고사)

➲ 본래는 5형식 구조로서 목적보어 자리에 to부정사가 온 구조였지만 수동태로 바뀌면서 be + pp 뒤에 to부정사가 온 구조이다.

운동선수들은 피드백을 받기 전에 때로는 자신의 기술을 혼자서 연습하도록 허용될 필요가 있다. 그렇게 하면 그들은 무엇이 효과가 있고 무엇이 효과가 없는지를 결정할 수 있고, 그들의 강점과 약점에 더 주의를 기울일 수 있게 된다.

38 여러 가지 능동과 수동의 유형

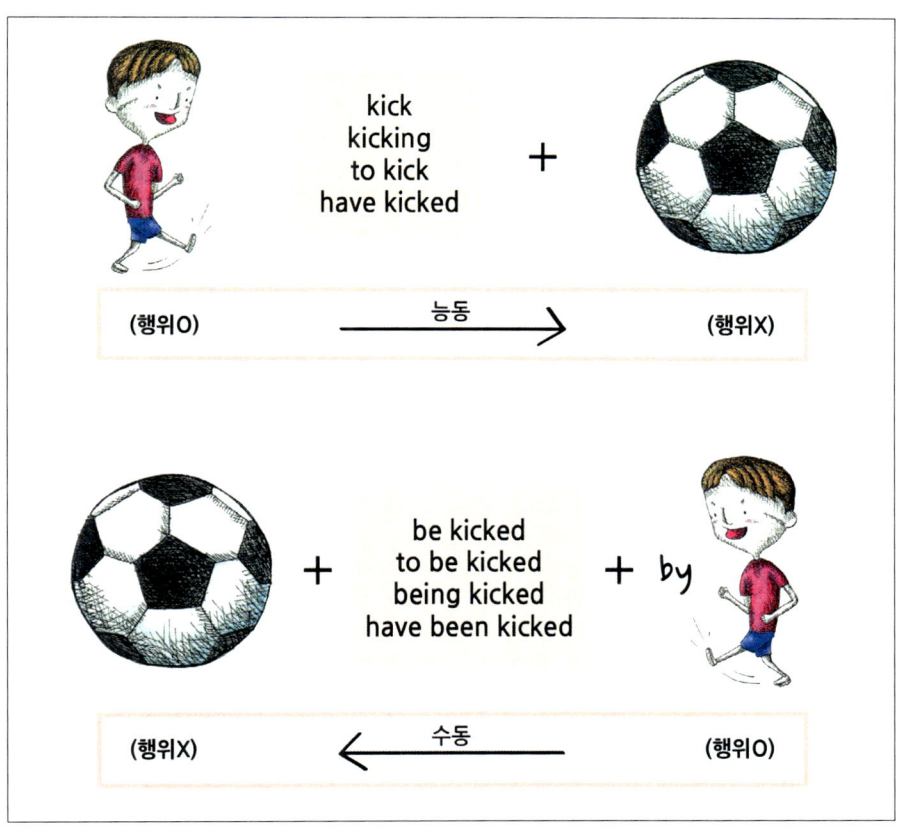

행위를 직접 행하는 주체(소년)가 주어로 나오면 능동이며 행위의 대상(공)을 가진다.
능동의 모습은 여러 가지 형태...... <u>동사/ing분사/to부정사/have,has,had + pp의 완료</u>

행위를 직접 행하지 않는 본래의 행위대상(축구공)이 주어로 나오면 수동으로 행위대상은 없어진다.
왜냐하면 행위 대상이 문두의 주어로 나가버렸으니까...
수동의 여러 모습............<u>be pp의 수동태/ to be pp의 수동부정사/ be being pp의 진행수동/ have, has, had been pp의 완료수동</u>

* 축구공과 공을 차는 아이를 보면서 축구공과 아이의 두 주체를 능동과 수동의 관계로 연상하라.

CHAPTER 01 어법 문제유형 정리

능동과 수동이란 어떤 한 모습의 형태로만 있는 것은 아니다. 능동인 경우는 그 동사가 준동사인 현재분사로 바뀌든, to부정사로 바뀌든, 완료형태로 바뀌든, 능동의 성질을 그대로 가지고 있으며 타동사에서 온 경우 반드시 목적어도 가져야 한다.

write/wrote a letter → 타동사의 현재/과거형은 능동이며 목적어를 받는다.
writing a letter → 타동사의 현재분사형/ ing동명사형은 능동이며 목적어를 받는다.
to write a letter → 타동사의 to부정사형은 능동이며 목적어를 받는다.
have/has/had written a letter → 타동사의 완료형은 능동이며 목적어를 받는다.

위 모두 a letter라는 목적어를 취하고 있다.

수동인 경우에는 과거완료인 pp 앞에 be동사가 올 경우 수동의 성질을 가진다. be동사의 모양에 따라 여러 가지 형태가 있으며 be동사가 생략되고 과거분사인 pp만 남은 경우도 있다.

be + written by him → 수동 형태는 뒤에 목적어를 받지 않는다.
written by him → pp의 수동형은 뒤에 목적어를 받지 않는다.
being written by him → 진행형의 수동형은 뒤에 목적어를 받지 않는다.
to be written by him → to부정사의 수동형은 뒤에 목적어를 받지 않는다.
has/have/had been + written by him → 완료수동도 뒤에 목적어를 받지 않는다.

by him은 전명구로서 목적어가 아니다.

주의할 것은 have/has/had + pp인 경우는 pp가 타동사에서 온 경우 능동이므로 목적어를 받는다.

하지만, have/has/had been + pp인 경우는 be + pp의 수동구조이므로 뒤에 목적어를 받을 수 없다.

즉 has/have/had + pp는 완료 형태로서 능동형이며, has/have/had + been + pp는 완료수동 형태로서 수동형이다.

1. 타동사의 여러 모습 + 목적어(O)

타동사의 형태가 달라지더라도 뒤에 목적어를 받는다.(능동이므로) 예를 들어, 타동사의 여러 모습인 현재형/과거형/미래형/~ing/have pp/to부정사처럼 이와 같은 형태는 타동사가 변한 능동의 여러 모습이지만 어쨌든 타동사이므로 뒤에 목적어가 온다.

1) She plays the piano. 그녀는 피아노를 친다.
(현재의 능동형 타동사) (목적어) → 현재동사의 타동사 + 명사목적어

2) The girl playing the piano is my daughter. 피아노를 치고 있는 그 소녀는 나의 딸이다.
(현재분사의 능동형타동사) (목적어) → 타동사의 ing 현재분사 + 명사목적어

3) The girl is playing the piano. 그 소녀는 피아노를 치고 있는 중이다.
(현재진행형 분사의 능동형타동사) (목적어) → 타동사의 ing현재분사 + 명사목적어

4) I want to know the way to play the piano. 나는 피아노를 치는 방법을 알고 싶다.
(to부정사의 능동형타동사)   (목적어) → 타동사의 to부정사 + 명사목적어

5) She has played piano for two hours.   그녀는 피아노를 쳤다.
(현재완료의 능동형타동사) (목적어) → 타동사의 완료형 + 명사목적어

6) She has played the piano since she was a child. 그녀는 어렸을 때부터 피아노를 쳐왔다.
(미래시제의 능동형타동사) (목적어) → 타동사의 미래시제형 + 명사목적어

7) I enjoy playing the piano. 나는 피아노를 치는 것을 즐긴다.
(동명사의 능동형타동사) (목적어) → 타동사의 동명사형 + 명사목적어

2. be동사의 여러 모습 + 타동사의 pp + 목적어(×)

be동사의 여러 모습 + 타동사의 pp + 목적어 (×)

pp인 과거분사의 경우 수동이므로 뒤에 목적어가 오지 않는다. 이 경우 pp인 과거분사 앞에는 반드시 be동사가 존재하며 때로는 being의 형태인 경우 생략될 수도 있다.

1) The singer is loved, 그 가수는 사랑받는다.
(be + pp + 목적어 ×) → be pp + 목적어 (×)

2) The singer is being loved, 그 가수는 사랑받고 있다.
(be + being + pp + 목적어 ×) → be being pp + 목적어 (×)

3) The singer has been loved. 그 가수는 사랑받아 왔다.
(been + pp + 목적어 ×) → have be pp + 목적어 (×)

4) The singer loved by teenage girls is my sister
(pp + 목적어 ×) → pp + 목적어 (×)
십 대 소녀들에 의해 사랑받는 그 가수는 나의 여동생이다.

5) I don't like being treated like an animal. 나는 동물처럼 취급받는 것을 싫어한다.
(being pp + 목적어 ×) → being pp + 목적어 (×)

6) The house needs to be repaired every year. 그 집은 매년 수리되어질 필요가 있다.
(to be pp+목적어 ×)

3. 3형식 that절의 수동태

that절이 목적어 자리의 명사절로 올 때 수동태의 구조는 두 가지가 있다.

They say that he is honest. 그들은 그가 정직하다고 말한다.
(주어)　↑　(목적절: 명사절)
　　(타동사)

1) 목적절인 that절이 주어로 나오면

That he is honest is said by them.

가주어/진주어 구문을 사용하면

It is said that he is honest.

2) that절 내의 주어를 문장의 주어로 하면

He is said to be honest.

It is thought that he lived in Seoul. 그는 서울에 살았었다고 생각된다.
= He is thought to have lived in Seoul.

It is believed that thirteen is unlucky. 13이라는 숫자는 불길하다고 믿어진다.
= Thirteen is believed to be unlucky.

4. 앞에서 뒤의 명사를 수식하는 전치수식의 형태

수식받는 뒤의 명사를 주어로 해석해 보면 능동 혹은 수동이 분명해진다.

1) The <u>used car</u> is very old. 그 중고차는 매우 낡았다.
   (타동사의 수동 pp + 명사) → 타동사의 pp + 명사
   ⊃ 차가 사용된 것이지 차 자신이 사용하는 것이 아님

2) A <u>rolling stone</u> gathers no moss. 굴러다니는 돌은 이끼가 끼지 않는다.
   (자동사의 ing능동 + 명사) → 자동사 ing + 명사
   ⊃ 돌이 스스로 굴러다니는 것이지 그 많은 돌들이 누구에 의해 굴러다니는 게 아님

◆ 특히 주의할 부분

완료는 능동이지만 완료수동은 수동이다.

1. have/has/had + pp는 능동 (목적어 받음)

   1) I <u>have loved</u> <u>her</u> for a long time. 나는 오랫동안 그녀를 사랑해왔다.
         (능동) (목적어)
   2) I <u>had loved</u> <u>her</u> for a long time. 나는 오랫동안 그녀를 사랑해왔었다.
         (능동) (목적어)
   3) They <u>have studied</u> <u>English</u> for a long time. 그들은 오랫동안 영어를 공부해왔다.
          (능동)   (목적어)

2. have/ has/ had + been pp는 수동 (목적어 받지 않음)

   1) The singer <u>has been loved</u> <u>by fans</u> for a long time.
             (수동)   (목적X)
      그 가수는 팬들로부터 오랫동안 사랑을 받아왔다.
   2) The singer <u>had been loved</u> <u>by fans</u> for a long time until she got married.
             (수동)   (목적X)
      그 가수는 결혼할 때까지 팬들로부터 오랫동안 사랑을 받아왔었다.
   3) The songs <u>have been loved</u> <u>by Koreans</u> for a long time.
            (수동)   (목적X)
      그 노래들은 한국인들에 의해 오랫동안 사랑받아왔다.

기본 문제 연습

1. He (was painted / has painted) the wall. 그는 그 벽을 칠했다.
   ➲ have painted는 현재완료로서 능동이므로 목적어(the wall)를 취한다. 따라서 has painted가 적절하다.

2. My father (has bought / has been bought) a bicycle. 나의 아버지는 자전거를 샀다.
   ➲ has bought는 현재완료로서 능동이므로 목적어(a bicycle)를 취한다. 따라서 has bought가 적절하다.

3. He is very rich, so he (has asked / has been asked) to donate a lot of money.
   그는 부자다. 그래서 그는 많은 돈을 기부하도록 요청받아오고 있다.
   ➲ 요청한 것이 아니라 요청받아오고 있는 수동의 의미이므로 has been asked가 적절하다.

4. They (have been completed / have completed) the task. 그들은 그 일을 완성했다.
   ➲ 뒤에 목적어(the task)가 있으므로 능동형인 have completed가 적절하다.

5. The boy (was ridden / was riding) his bicycle and fell down.
   자전거를 타고 있는 그 소년이 넘어졌다.
   ➲ 뒤에 행위의 대상이 되는 목적어(his bicycle)가 있으므로 능동형인 was riding이 적절하다.

6. (Having / Having been) written my letter, I posted it at the post office.
   나는 편지를 쓰고 난 이후 그 편지를 우체국에서 부쳤다.
   ➲ 뒤에 목적어(my letter)가 있으므로 능동형인 having이 적절하다.

7. He (has wanted / has been wanted) to manage hotels. 그는 호텔을 관리할 것을 원해 왔다.
   ➲ want는 to부정사를 목적어로 받으며 뒤에 목적어인 to manage hotels를 받는다. 여기서의 to manage hotels는 목적어 자리에서 to부정사의 명사 역할로서 목적어 역할을 하므로 능동형인 has wanted가 적절하다.

8. Bees are (exposing / being exposed) to many hardships and many dangers.
   벌들은 많은 어려움과 위험에 노출되고 있다.
   ➲ 뒤에 목적어가 없으므로 수동분사형인 being exposed가 적절하다. 전명구인 to many ~는 목적어가 아니다.

9. He (has been lent / has lent) his new MP3 player to his friend.
   그는 그의 새로운 MP3 플레이어를 그의 친구에게 빌려주었다.
   ➲ 뒤에 목적어(his new MP3 player)가 존재하므로 능동형인 has lent가 적절하다.

10. A (rolling / rolled) stone gathers no moss. 구르는 돌은 이끼가 끼지 않는다.
    ⊃ 앞에서 뒤의 명사를 수식하는 전치수식의 형태로서 수식받는 명사를 주어로 해석해보면 돌이 스스로 움직이며 굴러 다닌다는 의미이므로 능동인 rolling이 적절하다.

11. Most (breaking / broken) bones can be fixed easily.
    대부분의 부러진 뼈는 쉽게 고쳐질 수 있다.
    ⊃ 앞에서 뒤의 명사를 수식하는 전치수식의 형태로 수식받는 명사를 주어로 해석해 보면 뼈가 부러진다는 의미이므로 broken이 적절하다.

12. Cloth (use / is used) to make clothes. 천은 옷을 만드는 데 사용된다.
    ⊃ to make clothes는 '옷을 만들기 위하여'라는 to부정사의 부사적 용법으로서 목적어가 없는 것과 같은 형태이므로 수동태인 is used가 적절하다. 따라서 to make~를 목적어로 보지는 말자. 특별히 사물주어 + be used to + 동사원형의 형태는 '주어는 ~하기 위하여 사용된다'는 의미이다.

13. Thousands of trees (are using / are used) to make newspapers every week.
    매주 수천그루의 나무들이 신문을 만들기 위하여 사용된다.
    ⊃ to make는 '~를 만들기 위하여'라는 의미로서 부사적용법으로 사용되므로 목적어 역할을 하지 못하므로 목적어가 없는 형태이다. 따라서 수동형인 are used가 적절하다.

14. The man was (being carried / carrying) to the hospital. 그 남자는 병원으로 실려 가고 있었다.
    ⊃ 뒤에 행위의 대상이 되는 목적어가 없으므로 수동형인 being carried가 적절하다. to the hospital은 전명구로서 목적어가 아니다.

15. The Korean alphabet, Hangul, (created / was created) by King Sejong in 1443.
    한글은 1443년에 세종대왕에 의해 창제되었다.
    ⊃ 뒤에 목적어가 없으므로 수동형인 was created가 적절하다.

16. The bridge (is repairing / is being repaired). 그 다리는 수리되고 있는 중이다.
    ⊃ 뒤에 행위의 대상이 되는 목적어가 없으므로 수동형인 is being repaired가 적절하다.

17. This behavior (was prevented / prevented) the birds from contacting with other groups.
    이러한 행동은 새들이 다른 동물들과 접촉하는 것을 막았다.
    ⊃ 뒤에 목적어(the birds)가 있으므로 능동형인 과거 동사인 prevented가 적절하다.

18. When he was sick, he (was asked / asked) to see a doctor by his wife.
    그가 아팠을 때 그의 아내에 의해 의사의 진찰을 받도록 요청받았다.
    ⊃ 5형식의 수동형의 구조로서 요청받았다는 be asked to~가 적절하다. asked는 주어가 요청했다는 의미이다. 따라서 was asked가 적절하다.

19. The meeting (was called / called) off because of cold weather.
    그 모임은 추운 날씨 때문에 취소되었다.
    ⇒ 뒤에 목적어가 없으므로 수동 형태인 was called가 적절하다.

20. My computer needs (to be repaired / to repair). 나의 컴퓨터는 수리될 필요가 있다.
    ⇒ 뒤에 행위의 대상이 되는 목적어가 없으므로 수동형의 to be repaired가 적절하다.

21. Our school (is located / located) on the hill. 우리의 학교는 언덕 위에 위치되어 있다.
    ⇒ 뒤에 목적어가 없으므로 수동태인 is located가 적절하다. 전명구인 on the hill은 목적어가 아니다.

22. The building (was completely destroyed / completely destroyed) by fire.
    그 건물은 화재로 전소되었다.
    ⇒ 뒤에 목적어가 없으므로 수동 형태인 was completely destroyed가 적절하다.

23. It seems that companies which give away things for free are not (being lost / losing) money.
    무료로 물건들을 나누어 주고 있는 회사들은 돈을 잃고 있는 것처럼 보이지는 않는다.
    ⇒ 뒤에 목적어인 명사의 money가 있으므로 능동인 losing이 적절하다.

24. This is the book for me (to read / to be read).
    이것이 내가 읽을 책이다.
    ⇒ 타동사의 부정사적인 형태도 목적어를 취한다. 여기서는 목적어가 바로 뒤에 나온 경우가 아니라 앞으로 나가 있는 the book이므로 능동형태의 to read가 적절하다.
    여기선 to read의 의미상의 주어는 me이고 the book이 아니다.

25. I (have respected / have been respected) the teacher for a long time.
    나는 그 선생님을 오랫동안 존경해오고 있다.
    ⇒ 뒤에 목적어인 the teacher가 있으므로 능동형인 현재완료의 have respected가 적절하다.

26. Music (has called / has been called) the universal language.
    음악은 보편적인 언어라고 불린다.
    ⇒ 여기서의 call의 동사는 'call + 목적어 + 목적보어'의 구조를 갖춘 5형식동사로서 수동태로 전환시 '주어 + be + pp + 보어'의 구조가 되며 'A be called B'의 구조에서는 A와 B는 서로 같은 대상이다. 여기서 music과 the universal language는 서로 동일한 대상이기에 has been called가 적절하다.

기출 문제 연습

1. Child-rearing advice from experts (has encouraged / has been encouraged) the nighttime separation of baby from parent. (수능기출)
   아동 양육에 관한 전문가들의 충고는 밤에 아이들을 부모로부터 분리하는 것을 장려해왔다.
   ➲ 뒤에 목적어인 'the nighttime separation of baby from parent'가 있으므로 능동 형태인 has encouraged가 적절하다.

2. In America, however, thin women (have considered / have been considered) the standard of beauty. (모의응용)
   그러나 미국에서는 마른 여성들이 미의 기준으로 여겨져 왔다.
   ➲ have considered는 고려해왔다는 의미이고 have been considered는 고려되어져 왔다는 의미로서 후자가 의미적으로 적절하다. thin women과 the standard of beauty는 서로 동일체로서 주어와 보어 역할을 하고 있다.

3. Plants generate hundreds of compounds that they use to protect themselves from (overconsuming / being overconsumed) by insects and animals. (모의응용)
   식물은 곤충과 동물에 의해 과도하게 먹히는 것으로부터 자신을 보호하기 위해 사용하는 수백 가지나 되는 화합 물질을 발생시킨다.
   ➲ 뒤에 목적어가 없으므로 수동동명사인 being overconsumed가 적절하다. by insects and animals는 전명구로서 목적어가 아니다.

4. As it lies between Europe and Africa, Lampedusa (has influenced / has been influenced) by both continents, forming similar culture to both continents' cultures. (모의응용)
   Lampedusa는 유럽과 아프리카 사이에 위치해 있기 때문에, 두 대륙의 영향을 받아왔고 그 결과 양 대륙 문화와 유사한 문화를 형성해왔다.
   ➲ 뒤에 목적어가 없고 영향을 받아왔다는 의미이므로 has been influenced가 적절하다.

5. These coffee cups (didn't own / were not owned) by anyone. (모의응용)
   이 커피 잔들은 어느 누구에게도 소유되지 않았다.
   ➲ 뒤에 목적어가 없으므로 수동형의 구조인 were not owned가 적절하다.

6. Think about times in your life when you (have singled / have been singled) out by somebody who made you feel special. (모의응용)
   당신의 삶에서, 당신을 특별하게 만들어준 누군가로부터 선택받았던 때를 생각해보자.
   ➲ 뒤에 목적어가 없고 수동의 의미로서 선택받았던 때라는 의미이므로 have been singled가 적절하다.

7. I (**have never met** / have never been met) a person who doesn't appreciate this kind of attention. (모의응용)
   나는 이러한 관심에 감사하지 않는 사람을 본 적이 없다.
   ➲ 뒤에 목적어(a person)가 있으므로 능동형인 have never met이 적절하다.

8. The eruption buried Pompeii under 4 to 6 meters of ash and stone, and it (**was lost** / lost) for over 1,500 years before its accidental rediscovery in 1599. (모의)
   그 분출로 인해 Pompeii는 4~6미터의 화산재와 돌 아래로 묻혀 1599년에 우연히 발견되기 전까지 1,500년 넘도록 잊혀졌다.
   ➲ lost는 '~을 잊어버리다'라는 타동사의 과거형이므로 뒤에 목적어를 받지만 여기서는 뒤에 목적어인 명사가 오지 않고 부사구인 전명구가 나왔으므로 수동태 구조인 was lost가 적절하다.

9. The vast and beautiful European mountain chain (is destroying / **is being destroyed**) by the very tourists their own beauty attracts. (모의응용)
   방대하고 아름다운 유럽 산맥은 그들 자신의 아름다움이 끌어들인 바로 그 관광객들에 의해서 파괴되고 있다.
   ➲ 뒤에 목적어가 없으므로 수동형인 is being destroyed가 적절하다.

10. Love others, and you will (love / **be loved**) back. (모의응용)
    다른 사람들을 사랑해라. 그러면 당신도 사랑받게 될 것이다.
    ➲ 뒤에 목적어가 없으므로 be loved가 적절하다.

11. Although the living supplies for the settlers would (send / **be sent**) from Earth, taking the risk of exchanging life for dreams is tough. (모의)
    비록 정착민들을 위한 생필품들이 지구에서 보내진다고 하더라도 꿈을 위해 생명을 거는 위험을 감수하는 것은 힘든 일이다.
    ➲ 뒤에 목적어가 없으므로 수동 형태의 be pp구조인 be sent가 적절하다.

12. Some plants produce an initial series of leaves designed (to eat / **to be eaten**). (모의응용)
    어떤 식물들은 동물에 의해 먹히도록 만들어진 일련의 최초의 잎을 생산한다.
    ➲ 뒤에 행위의 대상이 되는 목적어가 없으므로 to be eaten이 적절하다.

13. If the music is too catchy, for example, we may remember the music and not the product that is (**being advertised** / advertising). (모의응용)
    예를 들어, 만일 음악이 너무 매력적이면, 우리는 그 음악을 기억할 수는 있어도, 광고되고 있는 그 상품을 기억하진 못할 것이다.
    ➲ 뒤에 목적어가 없으므로 수동분사형인 being advertised가 적절하다.

14. Some look inside themselves for motivation and others wait (to push / **to be pushed**) forward by outside forces. (모의응용)
   몇몇 사람들은 동기 부여를 위해 자신의 내부를 살펴보고, 다른 사람들은 외부의 힘에 의해 앞으로 떠밀려지기를 기다린다.
   ➲ 뒤에 목적어가 없으므로 부정사의 수동형인 to be pushed가 적절하다.

마무리하고 넘어가기!

- have, has, had + pp인 경우는 수동이 아니라 능동이므로 뒤에 목적어를 받는다.

- have, has, had been + pp의 경우 수동형으로서 목적어를 받을 수 없다.

- being pp, to be pp 역시 수동형으로서 뒤에 목적어를 받지 않는다.

스스로 어법문제 만들어가기

1. Koreans have a long history of papermaking and **have always used** native good-quality paper. Korea's oldest paper, called Maji, was made from hemp. (2009.09 고1 모의고사)
   ➲ have + pp에 있어서 타동사에서 온 pp라면 능동형으로서 목적어를 받는다.
   한국인들은 종이 만들기의 오랜 역사를 지니고 있으며, 천연의 고품질 종이를 사용했다. '마지'라고 불리는, 한국에서 가장 오래된 종이는 대마로 만들어졌다.

2. Electric cars have many advantages compared to traditional ones. They do not cause air pollution and global warming by emitting carbon dioxide. They also produce less noise pollution because they run quietly on battery power. However, despite these benefits, safety issues **have been raised** about these green vehicles. (2009.09 고1 모의고사)
   ➲ has been pp는 수동형이므로 뒤에는 목적어인 명사가 오지 않는다.
   전기차는 전통적인 차에 비해서 많은 이점을 가지고 있다. 그 차들은 CO2 배출로 인한 대기오염과 지구온난화의 원인이 되지 않는다. 그 차들은 또한 배터리를 동력으로 조용히 달리기 때문에 소음 공해를 덜 유발한다. 그러나 이런 이점에도 불구하고, 이 그린 차량에 대한 안전문제가 제기되고 있다.

3. One researcher **has argued** that doctors and patients talk to each other with different voices. The voices of doctors are characterized by medical terms that describe physical symptoms. The voices of patients, on the other hand, often include non-technical terms about how they feel and how they live their lives.
(2009.09 고1 모의고사)

➲ that절의 명사절을 목적어로 받고 있으므로 has argued는 능동이다.

한 연구자는 의사와 환자가 다른 목소리로 서로 의사소통을 한다고 주장한다. 의사의 목소리는 신체 증상을 묘사하는 의학 용어의 특징을 지닌다. 반면에, 환자의 목소리는 종종 그들이 어떻게 느끼고 어떤 삶을 살고 있는지에 대한 비기술적인 용어를 포함한다.

4. The enjoyment of reading **has always been regarded** among the charms of a cultured life. This is easy to understand when we compare the difference between the life of a man who does no reading and that of a man who does. The man who has not the habit of reading is imprisoned in his immediate world, in respect to time and space. His life falls into a set routine, and from this prison there is no escape. But the moment he takes up a book, he immediately enters a different world.
(2009.11 고1 모의고사)

➲ has always been regarded는 현재완료수동으로서 뒤에 목적어를 받지 않는다.

독서의 즐거움은 항상 교양 있는 삶의 매력으로 여겨져 왔다. 이것은 책을 읽지 않는 사람의 삶과 독서를 하는 사람의 삶을 비교해 볼 때 쉽게 이해할 수 있다. 독서하는 습관을 지니지 못한 사람은 시간과 공간의 측면에 있어서 눈앞에 보이는 세상에 갇히게 된다. 그의 생활은 정해진 일상에 묻히게 되고 이 감옥에는 탈출구가 없다. 그러나 그가 책을 손에 집어 드는 순간, 그는 그 즉시 다른 세상으로 들어간다.

5. No one wants to tell a story to have the listeners look puzzled and say, "Huh?" The story needs to make sense in relation to what came before and what is likely to follow. A story in isolation is likely **to be misunderstood**. Perhaps the real danger of an isolated story is that its original intention can be reversed. (2010.06 고1 모의고사)

➲ 뒤에 목적어가 없으므로 여기서는 부정사의 수동형인 to be misunderstood가 적절하다.

듣는 사람들을 어리둥절하게 만드는 이야기를 하고 싶은 사람은 아무도 없다. 이야기는 전후 관계 속에서 이해될 필요가 있다. 문맥에서 동떨어진 이야기는 오해를 받기 쉽다. 정말 위험한 것은 이렇게 떨어져 나온 이야기의 원래 의도가 뒤집힐 수도 있다는 것이다.

◆ 수동태의 여러 모습

A letter is written by me. 쓰여진다. (일반 수동태)
A letter will be written by me. 쓰여질 것이다. (조동사가 있는 수동태)
A letter is being written by me. 쓰여지고 있다. (진행형의 수동태)
A letter has been written by me. 쓰여졌다. (완료수동태)

39 be + pp/pp/과거동사의 구별

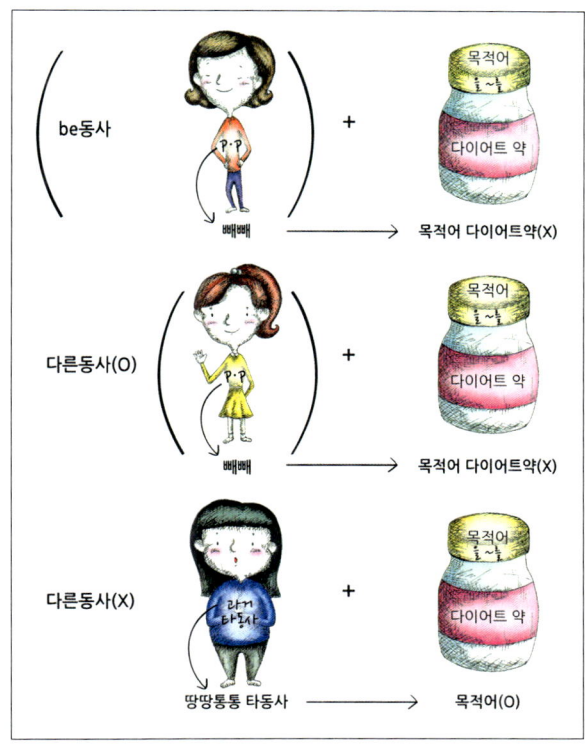

야위어서 빼빼하다는 표현을 ....pp(피피)라는 발음과 연관 (반드시 동사와 손잡고 다니는 친구)
살을 빼는 약............................'목적어'인 다이어트 약
땅땅하고 통통............................타동사(땅통사) (목적어와 손잡고 다니는 친구)

1. 빼빼한 pp가 삐(be)를 가지고 있으면 다이어트약도 필요 없고 다른 동사도 불필요
   be pp .... 다른동사(X), 목적어(X)
   The house <u>was built</u> by us. ('was built'외 다른동사 x, 목적어 x)

2. 빼빼한 pp는 목적어라는 다이어트 약이 필요 없고 다른 동사가 반드시 필요
   pp .... 다른동사(O), 목적어(X)
   The house <u>built</u> by us <u>is</u> very modern. ('built' 외 is의 다른 동사 O, 목적어 x)

3. 땅땅하고 통통한 땅통사(타동사과거)는 목적어인 다이어트 약이 필요하고 다른 동사가 필요 없음
   타동사 .... 다른동사(X), 목적어(O)
   We <u>built</u> the house last year. ('타동사의 built' 외에 목적어인 the house O, 다른 동사 X)

* 빼빼(pp)한 사람은 반드시 동사와 함께 다니며 / 통통(타동사)한 사람은 살을 빼기 위해 다이어트 약이 필요하겠죠. '땅땅하고 통통한'이라는 용어는 순수 학습용의 비유적 용어이며 건강을 위해 다이어트 약이 필요하다는 관점의 순수한 의도이니 오해 없도록….

CHAPTER 01 어법 문제유형 정리

타동사를 전제로 be pp/ pp/ 과거동사의 세 경우의 구별은 영문구조를 이해하는 데 아주 중요하다. 규칙동사의 경우 pp인 과거분사와 과거동사의 모양이 동일하므로 서로 구별해야 할 필요성이 있다.

(1) 타동사에서 온 과거동사라면 자체가 동사이기에 다른 동사를 가지지 않고 뒤에 목적어를 받는다.

I read the book yesterday. → 뒤에 목적어 있고 다른 동사 없음
나는 어제 그 책을 읽었다.

과거동사(read)는 뒤에 목적어(the book)가 온다. read의 과거동사외에 같은 절내에서 다른 동사가 존재하지 않는다.

(2) 수동태 구조(be + pp)는 be동사를 가지고 있으므로 다른 동사를 갖지 않고 뒤에 목적어를 받지 않는다.

The letter was written in English. → 뒤에 목적어 없고 다른 동사 없음
그 편지는 영어로 쓰였다.
⊃ be + pp(was written)는 뒤에 목적어가 오지 않고 was동사 외에 다른 동사가 같은 절 내에 존재하지 않는다. in English는 전명구로서 목적어가 아니다.

(3) 과거분사인 pp는 동사가 아니기에 다른 동사를 가지며 뒤에 목적어를 받지 않는다.

The letter written in English is difficult to read. → 뒤에 목적어 없고 다른 동사 있음
영어로 쓰인 그 편지는 읽기에 어렵다.
⊃ pp인 과거분사(written)는 뒤에 목적어가 오지 않고 같은 절내에서 다른 동사(is)가 존재한다. in English는 전명구로서 목적어가 아니다.

1. be + pp와 pp의 구별

be + pp와 pp는 뒤에 목적어인 명사를 받지 않는다는 점에서는 동일하지만 be + pp는 be동사가 있으므로 다른 동사가 존재하지 않고 pp는 동사가 아니므로 같은 절 내에서 다른 동사가 존재한다.

1) be동사 + pp + 목적어 (×)

The car was made in Korea.
(be + pp) be동사가 존재하므로 다른 동사가 존재(×), pp이므로 뒤에 목적어 없음

2) pp + 목적어 (×)

    This <u>is</u> a car <u>made</u> in Korea.
        (동사)   과거분사(pp) pp(made)이므로 다른 동사(is)가 존재(O), pp이므로 뒤에 목적어 없음

2. pp와 과거동사의 구별

pp는 뒤에 목적어를 받지 않고 과거형타동사는 뒤에 목적어를 받는다. pp는 동사가 아니므로 다른 동사가 존재하고 과거동사는 동사이므로 같은 절 내에 다른 동사가 존재하지 않는다.

1) 과거타동사 + 목적어(O)

    We <u>made</u> <u>a model car</u>.
       (과거동사) (목적어) 과거타동사이므로 다른 동사가 없고 뒤에 목적어 존재

2) pp + 목적어(×)

    This <u>is</u> a car <u>made</u> in Korea.
       (동사)   과거분사(pp) pp(made)이므로 다른 동사(is)가 존재(O), pp이므로 뒤에 목적어인 명사가 없음

3. be + pp와 과거동사(타동사)의 구별

be + pp는 목적어가 오지 않고 같은 절내에 다른 동사가 없다. 과거동사는 뒤에 목적어가 오고 다른 동사가 존재하지 않는다.

1) 과거타동사 + 목적어(O)

    We <u>made</u> <u>a model car</u>.
      (과거동사) (목적어) 타동사의 과거형동사이므로 뒤에 목적어 있고 다른 동사 없음

2) be동사 + pp + 목적어(×)

    The model car <u>was made</u> by us.
                  (be pp) 뒤에 목적어가 없고 be동사가 있으므로 다른 동사가 없음.

결론적으로 정리하면

과거동사(타동사)는 → 뒤에 목적어가 있고 다른 동사는 없고
pp인 과거분사(타동사)는 → 뒤에 목적어가 없고 다른 동사는 있고
be pp(타동사)의 수동태 구조는 → 뒤에 목적어가 없고 다른 동사도 없음

기본 문제 연습

1. My car (was stolen / stolen) at the park. 나의 차는 공원에서 도난당했다.
   ➲ 목적어가 없다는 면에서 둘 다 가능하지만 다른 동사가 존재하지 않아 동사가 필요하다는 점에서 was stolen이 적절하다.

2. This book (read / is read) worldwide. 이 책은 전세계적으로 널리 읽혀진다.
   ➲ read가 pp라면 목적어가 없다는 면에서 둘 다 가능하지만 동사가 필요하다는 점에서 is read가 적절하다. 만약 read가 과거동사라면 목적어가 필요하며 의미적인 논리도 맞지 않다.

3. This (is called / called) a computer. 이것은 컴퓨터라고 불린다.
   ➲ this와 a computer가 서로 같으므로 this가 주어이고 a computer는 보어이다. 'A is called B'에서 'A는 B라고 불린다'라는 의미이며 A와 B는 서로 동일한 대상이다. 여기서 called가 과거동사라면 a computer는 목적어가 되는데 의미적으로 불합리하며 그리고 다른 동사가 없으므로 is called가 적절하다.

4. The boy (is called / called) Tom is my friend. 탐이라 불리는 그 소년은 나의 친구이다.
   ➲ 다른 동사가 있으므로 is called는 알맞지 않고 the boy와 Tom은 동일한 대상이므로 서로 보어관계이므로 called가 적절하다. 'A called B'에서 'B라고 불리는 A'라는 의미이며 A와 B는 보어관계이다.

5. Bread (made / was made) at this bakery was very delicious.
   이 빵집에서 만들어지는 빵은 맛있었다.
   ➲ 뒤에 목적어가 없으므로 두 가지 경우 모두를 made인 pp로 보아도 무방하며, 뒤에 was라는 다른 동사가 존재하므로 따로 동사가 필요하지 않다는 점에서는 pp인 made가 적절하다.

6. The room (was cleaned / cleaned) today is my room. 오늘 청소된 그 방은 나의 방이다.
   ➲ 뒤에 목적어가 없으므로 두 가지 경우 모두를 cleaned인 pp로 보아도 무방하지만, is라는 다른 동사가 존재하므로 따로 동사가 필요하지 않다는 점에서는 pp인 cleaned가 적절하다.

7. The house (was built / built) in a month. 그 집은 한 달 만에 지어졌다.
   ➲ 뒤에 목적어가 없으므로 built 두 가지 경우 모두를 pp로 보아도 무방하지만, 다른 동사가 존재하지 않으므로 동사가 필요하다는 점에서 was built가 적절하다. built가 과거동사라면 뒤에 목적어가 와야 한다.

8. He (wrote / written) a book on English literature. 그는 영문학에 관한 책을 썼다.
   ➲ 뒤에 목적어가 있고 다른 동사가 없으므로 wrote의 과거동사가 적절하다.

기출 문제 연습

1. And according to research, if a person's body is short of water, his brain releases a hormone (is called / called) cortisol that has a shrinkage effect to the brain, which then decreases its memory power. (모의응용)
   연구에 따르면, 만일 사람의 신체에 물이 부족하면, 그의 뇌는 뇌의 수축효과를 가지고 있는 cortisol이라 불리는 호르몬을 배출하는데, 그것이 기억력을 감퇴시킨다.
   ➲ 과거분사인 pp의 called와 be called의 수동 형태를 구별하는 경우 다른 동사가 존재하면 pp인 called가 적절하고 다른 동사가 없으면 be pp가 적절하다. 여기서는 releases라는 다른 동사가 있으므로 called가 정답이다.

2. If you were alone on the street and (were encountered / encountered) a stranger late at night, your body might prepare your heart and lungs to help you run away as quickly as possible from the danger. (모의응용)
   당신이 길에 혼자 있고 밤늦게 낯선 사람을 만난다면 당신의 몸은 그 위험으로부터 가능한 빨리 도망가게 도와주도록 당신의 심장과 폐를 준비시킬 것이다.
   ➲ 뒤에 목적어가 있으므로 수동 형태가 아닌 목적어를 받는 능동 형태가 되어야 하므로 encountered가 적절하다.

3. Some genetic diseases can now be treated by replacing damaged genes with healthy ones, a practice (is called / called) gene therapy. (모의응용)
   이제는 몇몇 유전 질환이 유전자 치료법으로 불리는 행위인 손상된 유전자를 건강한 유전자로 대체함으로써 치료될 수 있다.
   ➲ 문장에서 다른 동사(can be)가 존재하므로 과거분사인 pp의 called를 사용해야 한다.

4. In many countries, amongst younger people, the habit of reading newspapers has been on the decline and some of the dollars previously (spent / were spent) on newspaper advertising have migrated to the Internet. (수능)
   많은 나라들의 젊은이들 사이에서, 신문을 읽는 습관이 감소해오고 있으며, 전에 신문 광고에 쓰였던 돈의 일부가 인터넷으로 이동해오고 있다.
   ➲ 다른 동사인 have migrated가 있고 뒤에 목적어가 없으므로 pp인 spent가 적절하다. were spent는 were가 동사이므로 다른 동사가 존재하지 않아야 한다.

5. Comments following on, the problem (solved / was solved) six months later. (모의응용)
   여러 의견이 뒤따랐고, 그 문제는 6개월 후에 해결되었다.
   ➲ 뒤에 목적어가 없으며 다른 동사가 없으므로 동사+pp인 구조인 was solved가 적절하다.

6. Electric cars drastically (were reduced / reduced) the noise of the car engines. (모의응용)
   전기 자동차가 자동차 엔진의 소음을 확 줄였다.
   ➲ 뒤에 목적어가 있고 다른 동사가 없으므로 과거타동사형의 reduced가 적절하다.

마무리하고 넘어가기!

- 일단은 pp인 과거분사 뒤에는 목적어가 오지 않는다고 생각하라.
- 규칙변화의 동사에서 모양이 똑같아도 pp인지 과거동사인지를 구별하는 방법은 타동사이면 뒤에 목적어를 받는다.
- be pp 와 pp의 구별은 다른 동사가 존재하면 pp인 과거분사가 맞고 다른 동사가 존재하지 않으면 자체동사를 가진 be pp가 적절하다.

스스로 어법문제 만들어가기

1. Suspense takes up a great share of our interest in life. A play or a novel **is often robbed** of much of its interest if you know the plot beforehand. We like to keep guessing as to the outcome. (2014.06 고2 모의고사)
   ⇨ be + pp로서 뒤에 목적어가 오지 않고 다른 동사가 존재하지 않는다(A play ~ interest). 만약 robbed인 pp라면 다른 동사가 존재해야 한다.
   긴장감은 인생에서 우리 흥미의 많은 부분을 차지한다. 만일 우리가 연극이나 소설의 줄거리를 미리 안다면 많은 흥미를 종종 잃는다. 우리는 결과에 관해서 추측을 지속하고 싶어 한다.

2. Our primary sense is vision, occupying up to one-third of our brain. A dog's brain, however, **is centered** on smell. It holds at least 20 times more olfactory neurons than the human brain. (2014.06 고2 모의고사)
   ⇨ be + pp로서 뒤에 목적어가 오지 않고 다른 동사가 존재하지 않는다(A dog's ~ smell).
   만약 centered인 pp라면 다른 동사가 존재해야 한다.
   우리의 주된 감각은 시각으로, 우리 뇌의 1/3을 차지하고 있다. 하지만, 개의 두뇌는 후각에 집중되어 있다. 개는 인간의 두뇌보다 적어도 20배는 많은 후각 뉴런을 가지고 있다.

3. Africans hold some of the same beliefs and practices regarding feet and footwear that **are found** in other cultures. For example, in much of Africa both feet and shoes have polluting qualities **associated** with them. It is customary in many parts of Africa to remove one's shoes before entering a home. (2012.06 고1 모의고사)
   ⇨ are found는 뒤에 목적어를 받지 않고 be동사가 있으므로 관계대명사절 내에 다른 동사가 존재하지 않는다. associated는 pp인 과거분사로서 뒤에 목적어를 받지 않고 다른 동사(have)가 존재한다.
   아프리카 사람들은 발과 신발에 관하여 다른 문화권에서 발견되는 것과 동일한 믿음과 관습들 가운데 일부를 가지고 있다. 예를 들면, 아프리카의 많은 지역에서는 발과 신발하면 연상되는 오염시키는 속성들이 남아 있다. 아프리카의 많은 지역에서 집에 들어가기 전에 신발을 벗는 것이 관습이다.

감정동사의 능동/수동

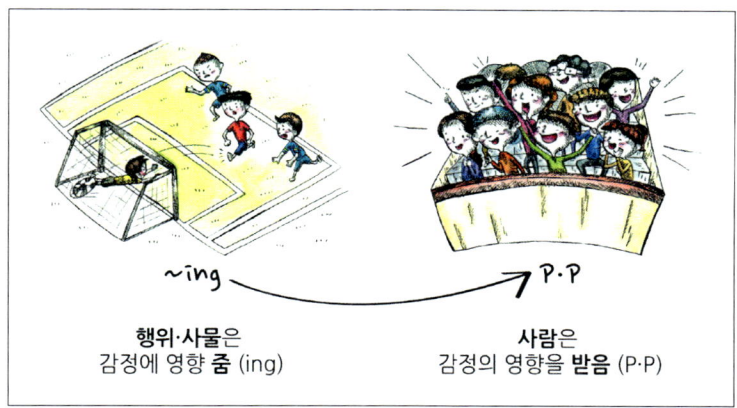

사람은 감정을 지닐 수 있는 존재이기에 감정을 받을 수 있다.
하지만 사물은 감정을 지닐 수 없기에 감정을 받을 수는 없다.
따라서
사람은 감정을 받을 수 있는 의미로서 감정동사(embarrass, bore, disappoint ....)의 수동의 의미인 pp를 사용한다.

하지만 사물은 감정을 지니지 않기에 받을 수는 없고 줄 수 밖에 없어 감정동사의 ing의 능동만을 사용한다.
위 그림에서
경기는 사람의 감정에 영향을 주어 <u>흥분하게 만들지만</u> (exciting) 관중들은 경기에 의해 감정의 영향을 받아 <u>흥분되어진다</u>(excited).

* 경기를 볼 때마다 관중석의 관중들과 경기를 통해 감정동사의 수동 능동을 연상하라.

CHAPTER 01 어법 문제유형 정리

아침에 학교를 가고 있는 중인데 지나가는 새가 나에게 실례를 했다.
이 새의 행위는 나를 짜증나게 만드는 일(annoying)이다.
나는 이로 인해 엄청 짜증나게 된 상태(annoyed)이다.

따라서 어떤 행위나 상황은 사람들에게 감정을 일어나게 만들고 사람은 그에 따라 어떤 감정의 영향을 받는 상태가 된다.

단순하게 사람과 관련되어 있으면 감정동사의 pp
　　　사물과 관련되어 있으면 감정동사의 ing

해석은 감정동사의 pp는 ~하게 되고, 감정동사의 현재분사인 ing는 ~하게 만든다로 해석한다. 사실, 사람이 어떠한 원인 없이 능동적으로 감정이 생겨난다면 정신이상이라 할 수 있다. 따라서, 사람의 감정이란 항상, 어떠한 행위나 사물의 원인에 의해 영향을 받아서 발생되므로 사람은 감정을 받는 수동적인 pp와 관련되어 있다.

1. 감정동사의 예

	수동(pp) - 사람	의미 (~하게 되는)	능동(ing) - 사물	의미 (~하게 만드는)
1	amazed	놀라게 되다	amazing	놀라게 만들다
2	amused	즐겁게 되다	amusing	즐겁게 만들다
3	annoyed	짜증나게 되다	annoying	짜증나게 만들다
4	astonished	놀라게 되다	astonishing	놀라게 만들다
5	bored	지루하게 되다	boring	지루하게 만들다
6	confused	혼란스럽게 되다	confusing	혼란스럽게 만들다
7	delighted	기쁘게 되다	delighting	기쁘게 만들다
8	depressed	우울하게 되다	depressing	우울하게 만들다
9	disappointed	실망스럽게 되다	disappointing	실망스럽게 만들다
10	embarrassed	당황스럽게 되다	embarrassing	당황스럽게 만들다
11	excited	흥분되다	exciting	흥분하게 만들다
12	exhausted	지치게 되다	exhausting	지치게 만들다
13	fascinated	매혹되다	fascinating	매혹되게 만들다
14	frightened	놀라게 되다	frightening	놀라게 만들다
15	frustrated	실망되다	frustrating	실망하게 만들다
16	interested	흥미롭게 되다	interesting	흥미롭게 만들다
17	irritated	짜증나게 되다	irritating	짜증나게 만들다
18	satisfied	만족되다	satisfying	만족스럽게 만들다
19	shocked	충격을 받다	shocking	충격적이게 만들다
20	surprised	놀라게 되다	surprising	놀라게 만들다
21	tired	지루하게 되다	tiring	지루하게 만들다

2. 감정동사의 분사형의 연습

The game is exciting. 그 경기는 사람들을 흥분하게 만들고
People are excited. 사람들은 흥분되고

The lecture was so boring. 그 강의는 지루하게 만들었고
We were bored by his lecture. 우리들은 그의 강의에 지루하게 되었고

His sudden retirement was shocking. 그의 갑작스런 은퇴는 충격적이었고
We were shocked by his sudden retirement.
우리들은 그의 갑작스런 은퇴에 의해 충격을 받게 되었고

His questions was very embarrassing. 그의 질문은 매우 당황스러웠고
I was always embarrassed by his questions. 나는 항상 그의 질문에 당황스럽게 되고

The mosquitoes were annoying. 그 모기들이 짜증나게 만들었고
I was annoyed by the mosquitoes. 나는 그 모기들에 의해서 짜증나게 되었고

A surprising accident occurred yesterday. 놀라운 사건이 어제 일어났고
He was too surprised to speak. 그는 너무 놀라서 말을 못했다.

* 가끔은 사람이 사람에게 감정의 영향을 주는 경우도 있다.

My husband is annoying at times. 나의 남편은 때때로 나를 짜증나게 한다.

CHAPTER 01 어법 문제유형 정리

기본 문제 연습

1. I was (boring / bored) with listening to his (boring / bored) address.
   나는 그가 지루하게 만드는 연설을 듣고서 지루해졌다.
   ➲ 앞은 사람(I)과 관련되어 있으므로 bored이고 뒤는 사물인 address와 관련되어 있으므로 boring이 적절하다.

2. The audience was (exciting / excited) at the (exciting / excited) game.
   청중은 흥분시키는 경기에 흥분됐다.
   ➲ 앞은 사람(the audience)과 관련되어 있으므로 excited이고 뒤는 사물(game)과 관련되어 있으므로 exciting이 적절하다.

3. We were (annoying / annoyed) with his (annoyed / annoying) deeds.
   그의 짜증나게 하는 행동에 우리들은 짜증나게 되었다.
   ➲ 앞은 사람인 we와 관련되어 짜증나게 된 것이므로 pp인 annoyed이고, 뒤에는 행위(deeds)가 짜증나게 만드는 능동의 구조이므로 annoying이 적절하다.

4. It was an (embarrassed / embarrassing) situation. 그것은 당황하게 만드는 상황이었다.
   ➲ 상황(사물의 개념)이 당황하게 만든다는 능동형의 구조이므로 embarrassing이다.

5. The singer was (embarrassed / embarrassing) at the audition, and her face turned red.
   그 가수는 오디션에서 당황스럽게 되었고 그리고 그의 얼굴은 빨개졌다.
   ➲ 사람은 감정을 받는 수동의 입장이라 embarrassed의 pp인 수동의 구조가 적절하다.

6. She was (satisfying / satisfied) to receive a reward. 그녀는 보답을 받고서 만족해했다.
   ➲ 사람은 감정을 받는 수동의 입장이라 satisfied의 pp인 수동의 구조가 적절하다.

7. I was very (disappointing / disappointed) to see his behavior.
   나는 그의 행동을 보고서 매우 실망했다.
   ➲ 사람(I)과 관련되어 있으므로 사람은 감정을 받는 수동의 입장이라 disappointed의 pp인 수동의 구조가 적절하다.

8. He was so (confusing / confused) that he couldn't concentrate on the work.
   그는 너무나 혼란스러워 그 일에 집중할 수가 없었다.
   ➲ 사람(he)과 관련되어 있으므로 사람은 감정을 받는 수동의 입장이라 confused의 pp인 수동의 구조가 적절하다.

9. We were (surprised / surprising) to hear of his death. 우리는 그의 사망소식을 듣고 놀랐다.
   ➲ 사람(we)과 관련되어 있으므로 사람은 감정을 받는 수동의 입장이라 surprised의 pp인 수동의 구조가 적절하다.

10. Her behavior was very (disappointing / disappointed). 그녀의 행동은 매우 실망적이었다.
    ➲ 그녀의 행동(사물)이 실망스럽게 만드는 것이므로 능동인 disappointing이 적절하다.

11. Volcanoes are very wondrous and (amazing / amazed). 화산은 매우 경이롭고 또 놀랍다.
    ➲ 화산이 놀랍게 만든다는 능동이므로 amazing이 적절하다.

12. The gloomy prospects were (frustrating / frustrated). 불투명한 전망이 실망스럽게 만들었다.
    ➲ 불투명한 전망이 실망스럽게 만든다는 의미이므로 frustrating이 적절하다.

13. He was (astonishing / astonished) to hear it. 그는 그것을 듣고 놀랐다.
    ➲ 사람은 감정의 영향을 받으므로 pp인 astonished가 적절하다.

14. That was a (depressed / depressing) movie. 그것은 우울하게 만드는 영화였다.
    ➲ 우울하게 만드는 영화라는 의미이므로 능동인 depressing이 적절하다.

15. I am (tiring / tired) with this work. 나는 이 일에는 질렸다.
    ➲ 내가 지루해졌다는 의미이므로 pp인 tired가 적절하다.

기출 문제 연습

1. Sometimes my child gets (discouraged / discouraging) and does not want to put the required effort into his or her sports? (모의응용)
   때때로 내 아이가 낙심하여 스포츠에 필요한 노력을 기울이려 하지 않는 것은 아닐까?
   ➲ 감정동사는 감정을 받기만 하는 사람과 관련되어 있으면 수동인 pp이고 감정을 주기만 하는 사물적인 행위는 ing능동이다. 여기서는 my child라는 사람과 관련되어 있으므로 수동의 pp인 discouraged가 맞다.

2. The childish drawing was quickly dismissed by Sherman, who was (annoying / annoyed) at having his conversation interrupted. (모의응용)
   Sherman은 그 유치한 그림을 곧장 묵살해버렸는데, 그는 자신의 대화가 중단되어서 화가 났다.
   ➲ 사람은 감정의 영향을 받으므로 pp인 annoyed가 적절하다.

CHAPTER 01 어법 문제유형 정리

3. In 1926, Clyde W. Tombaugh, an American astronomer, built his first telescope, but he was (dissatisfied / dissatisfing) with the result. (모의응용)
   미국의 천문학자 Clyde W. Tombaugh는 1926년에 자신의 첫 번째 망원경을 만들었지만 그는 그 결과에 만족하지 않았다.
   ➲ 감정동사에 있어서는 사람(he)은 감정을 받는 입장에 있으므로 수동의 pp인 dissatisfied가 맞다.

4. When we do the same old thing, the same old way for too long, we become (boring / bored), and boredom fosters bad attitudes. (모의응용)
   우리가 예전과 동일한 일을 예전과 동일한 방식으로 너무 오랫동안 행할 때 우리는 지루하게 되고 지루함은 나쁜 태도를 조장한다.
   ➲ 감정동사에 있어서 사람(we)은 감정을 받는 입장이므로 수동형(bored)이 적절하다.

5. He was (disappointing / disappointed) and angry when he discovered that the boxes contained only old magazines. (모의응용)
   그는 그 상자에 낡은 잡지들만이 들어 있음을 발견하였을 때 실망하고 화가 났다.
   ➲ 감정동사에 있어서 사람(he)은 감정을 받는 입장이므로 수동형인 disappointed가 적절하다.

6. It was not (surprising / surprised) that many radio listeners believed what they heard on the radio in those days. (모의응용)
   그 당시에는 라디오 청취자들이 라디오에서 들은 내용을 믿는 것은 놀랄 일이 아니었다.
   ➲ that 이하 사실이 놀라게 만들지 않는다는 능동의 의미이므로 surprising이 적절하다.

7. Dinosaurs are often shown in movies as huge monsters, the size of skyscrapers. They may be given (amazed / amazing) powers, like the ability to breathe fire, or incredible physical strength. (모의응용)
   공룡들은 종종 영화에서 마천루 크기의 거대한 괴물로 등장한다. 그들은 불을 내뿜는 것 같은 능력 또는 엄청난 육체적 힘을 갖는다.
   ➲ 놀라게 만드는 힘이라는 의미이므로 능동의 amazing이 적절하다. 힘(powers)이 놀라진다는 의미는 아니다.

마무리하고 넘어가기!

- 감정동사의 종류를 반드시 암기하고 사람과 관련되어 있으면 사람은 감정을 가지고 있으면서 영향을 받는 입장이라 pp형태인 과거분사를 쓰고 사물이나 일정한 행위는 감정을 받는 게 아니라 사람에게 주는 입장이나 만드는 입장이므로 ~ing의 능동 형태를 쓴다.

스스로 어법문제 만들어가기

1. When I smile at people who are not expecting it, some blush, and others are **surprised** and smile back. And it makes me feel all warm inside. (2012.06 고1 모의고사)
   ➲ 감정동사의 경우 사람과 관련되어 있으면 수동의 형태이므로 surprised이다. 다른 사람들이 놀라게 된다는 의미이다.
   예상하지 못하는 사람들에게 내가 미소를 지으면, 어떤 사람들은 얼굴이 빨개지고, 다른 사람들은 놀라면서 미소로 응답한다. 그러면 그것은 나의 마음속을 온통 따뜻하게 만들어 준다.

2. Does parents' physical touch communicate their love to the teenager? The answer is yes and no. It all depends on when, where, and how. For instance, a hug may be **embarrassing** if it's done when a teenager is with his friends. It may cause the teenager to push the parent away or say, 'Stop it.' However, massaging the teenager's shoulders after he comes home from a game may deeply communicate love. A loving touch after a **disappointing** day at school will be welcomed as true parental love. (2014.03 고1 모의고사)
   ➲ 첫 번째의 경우는 사물인 a hug이 주어이므로 당황스럽게 만드는 의미의 능동형인 embarrassing이고, 두 번째 경우도 day와 관련되어 있으므로 실망스럽게 만드는 의미인 disappointing이 왔다.
   부모의 신체적 접촉이 십 대에게 자신들의 애정을 전달하는가? 대답은 예, 아니오 모두이다. 그것은 모두 언제, 어디서, 그리고 어떻게 하느냐에 달려 있다. 예를 들면, 십대 자녀가 친구들과 함께 있을 때 하는 포옹은 당황스러울 것이다. 그것은 십 대 자녀로 하여금 부모를 밀치거나 '하지 마세요.'라고 말하게 할 것이다. 하지만, 시합 후 집으로 돌아온 십 대 자녀의 어깨를 마사지하는 것은 애정을 깊이 전달할 수 있다. 학교에서의 실망스러운 하루 후에 사랑이 담긴 접촉은 진실한 부모의 사랑으로 환영받을 것이다.

3. They could not care about whether they had an **exciting** career that used their talents and improved their well-being. Any idea of fulfillment didn't exist in their minds. But today, the spread of material richness has freed our minds to pursue fulfillment from our work. (2013.03 고1 모의고사)
   ➲ 사물의 형태인 an career과 관련되어 있으므로 흥미롭게 만든다는 의미의 능동형인 exciting이 적절하다.
   그들은 자신들이 자신의 재능을 사용하고 자신의 복지를 향상시키는 흥미로운 직업을 가졌는가에 관해 신경 쓸 수가 없었다. 성취감에 대한 생각은 그들의 마음에 존재하지 않았다. 그러나 오늘날 물질적 풍요가 확산되면서 우리의 마음이 일에서 오는 성취감을 추구하도록 해방되었다.

[CHAPTER 01 어법 문제유형 정리]

 수(셀 수 있고)/양(셀 수 없고)의 구별

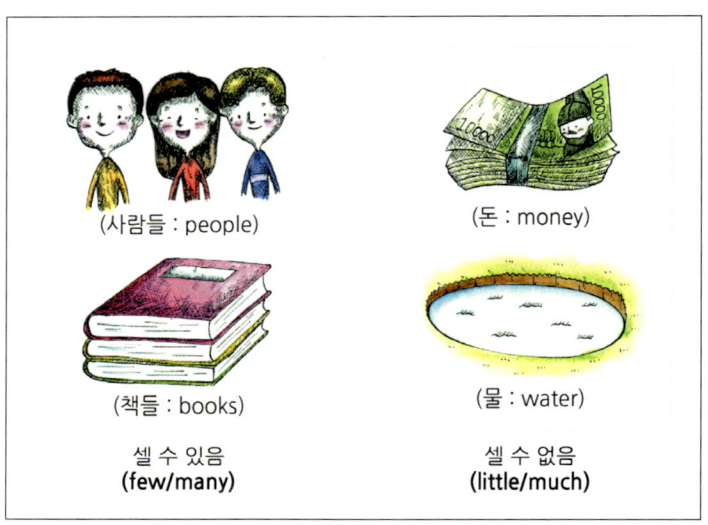

사람이나 책과 같은 명사는 셀 수있으므로(가산명사) 꾸며주는 말이 many, few이고
many books, a few books .... 책은 한권, 두권으로 셀 수 있음

돈이나 물같은 명사는 셀수가 없으므로(불가산 명사) much나 little로 수식한다.
much money, a little money.... 돈은 양으로 취급

<u>a lot of, lots of, plenty of</u>는 셀수 있는 명사나 셀 수 없는 명사 모두에 사용가능
a lot of books, a lot of water .....

* 주위 물건들을 볼 때마다 셀 수 있는 명사인지 아닌지 한 번쯤 고려하라.

셀 수 있는 수의 언급은 few, many를 사용하고 셀 수 없는 양의 취급은 little, much를 사용한다.

1. few

few 거의 없는 수 (복수와 결합)
a few 약간 있는 수 (복수와 결합)

He has <u>few</u> friends.   He has <u>a few</u> friends.
그는 친구가 거의 없다.   그는 친구가 약간 있다.

He has <u>many</u> friends. 그는 많은 친구들이 있다.

2. little

little 거의 없는 양 (단수와 결합)
a little 약간 있는 양 (단수와 결합)

She has <u>little</u> interest in politics.   She has <u>a little</u> interest in politics
그녀는 정치에는 거의 관심이 없다.   그녀는 정치에 약간의 관심이 있다.

She has <u>much</u> interest in politics 그녀는 정치에 많은 관심이 있다.

We slept very little last night. 우리는 지난밤 잠을 거의 못 잤다.

3. 수, 양 모두에 사용가능한 것은 a lot of, lots of, plenty of가 있다

a lot of money (단수와 결합)
a lot of time (단수와 결합)
a lot of ways (복수와 결합)

There is <u>plenty of</u> meat. 고기가 충분히 있다.

There are <u>a lot of</u> people in the world who need welfare.
전세계적으로 생활보호를 필요로 하는 많은 사람들이 있다.

4. many, a few, much, each, a little는 단독으로도 쓰인다.

many, a few는 복수취급
much, each, a little는 단수취급
every는 단수명사와 결합, 한정형용사로만, 단독으로 사용불가

Has she <u>much</u> to do? 그녀는 할 일이 많니?

<u>Many</u> of us are curious how he succeeded in life.
우리들 중의 다수는 그가 인생에서 어떻게 성공했는지를 궁금해 한다.

<u>Each</u> of us has a different personality. 우리들 각자는 다른 성격을 가지고 있다.

There were <u>a few</u> that were not ripe. 익지 않은 몇 개가 있었다.

She knows <u>a little</u> of everything. 그녀는 모든 것에 대해 조금은 안다.

기본 문제 연습

1. I have (few / little) friends. 나는 거의 친구가 없다.
   ➲ 셀 수 있는 수 취급에 있어서는 few를 쓴다.

2. I have (a few / a little) time to play with you. 나는 너와 함께 놀 약간의 시간이 있다.
   ➲ 셀 수 없는 양 취급에 있어서는 a little을 쓴다.

3. Not a (few / little) students admitted the fact. 많은 학생들이 그 사실을 인정했다.
   ➲ 셀 수 있는 수 취급에 있어서는 few를 쓴다. not a few는 '많은'의 의미이다.

4. There are (much / many) people. 많은 사람들이 있다.
   ➲ 셀 수 있는 수 취급에 있어서는 many를 쓴다.

5. You spend (many / a lot of) money. 너는 많은 돈을 소비한다.
   ➲ 셀 수 없는 양 취급에 있어서는 수, 양 모두 가능한 a lot of를 쓴다. money는 양 취급을 한다.

6. I slept very (little / few) last night. 지난밤엔 거의 잠을 못 잤다.
   ➲ 부사로서 동사를 수식하는 것은 little이다.

기출 문제 연습

1. During one game, I made (a few / much) mistakes. (모의)
   한 경기 중에, 나는 약간의 실수를 했다.
   ➲ 셀 수 있는 명사는 few, 셀 수 없는 명사는 much가 수식한다. 여기서는 mistakes가 셀 수 있는 명사이므로 a few가 적절하다.

2. Scientists developed (many / much) different theories. (모의)
   과학자들은 많은 다양한 이론들을 발전시켰다.
   ➲ 셀 수 있는 명사는 many, 셀 수 없는 명사는 much가 수식한다. 여기서는 theories가 셀 수 있는 명사이므로 many가 적절하다.

3. The fellow will cause his family anxiety if he is barely (a few / a little) minutes late. (모의응용)
   그 사람은 겨우 몇 분만 늦어도 가족에게 불안감을 유발할 것이다.

⊃ minutes는 셀 수 있는 명사이므로 a few가 적절하다.

4. For months, the men came to work knowing that in only (a little / a few) weeks they would be unemployed. (모의응용)
   수개월 동안 그들은 단 몇 주일만 있으면 실업자가 될 것이라는 것을 알고 일을 하러 왔다.
   ⊃ weeks는 셀 수 있는 명사이므로 a few가 적절하다.

5. On the day I first saw him, (few / little) did I know that he would be one of the most important men in my life. (모의응용)
   내가 그를 처음 만난 날 나는 그가 내 인생에서 가장 중요한 사람 중의 한 사람이 될 거라는 것을 전혀 알지 못했다.
   ⊃ 동사(know)를 수식하는 경우 little이 적절하다.

마무리하고 넘어가기!

- few, a few는 수 취급하므로 복수로 사용하고 little, a little은 양 취급하므로 단수로 사용한다.

스스로 어법문제 만들어가기

1. Get rid of the remote control so that changing the channel means getting off the couch. Take **a few** flights of stairs instead of using the elevator. (2009.09 고1 모의고사)
   ⊃ a few는 복수명사와 함께 쓰인다. 여기서는 a few 뒤에 복수명사인 flights가 왔다.
   채널을 바꾸는 것이 의자에서 일어나는 것을 의미할 수 있도록 리모컨을 버려라. 엘리베이터 대신에 계단을 이용하라.

2. You're buying a used car, moving into a new apartment, or determining which doctor should treat your cancer. These are times when you need to get directly to the core of an issue. "Asking general questions gets you **little** valuable information, and may even yield misleading responses," says Julia Minson, a scholar at the University of Pennsylvania. The best way is to ask probing questions that suppose there are problems. (2014.06 고2 모의고사)
   ⊃ information은 '양' 취급하므로 little이 적절하다.
   당신이 중고차를 사거나 새 집으로 이사하거나 또는 어느 의사가 당신의 암을 치료할지를 결정하려 한다고 하자. 이런 것들은 당신이 문제의 핵심으로 바로 다가갈 필요가 있는 때이다. "일반적인 질문을 하는 것은 당신에게 가치 있는 정보를 거의 주지 못하며 심지어 잘못된 대답을 만들어낼 수 있다"고 Pennsylvania 대학의 학자인 Julia Minson은 말한다. 최고의 방법은 문제가 있다고 가정하는 캐묻는 질문을 하는 것이다.

3. The study found that **many** of the students with high reading abilities are from families who eat together: They are exposed to more extensive vocabularies and learn to express themselves better than those who do not eat together. (2009.06 고1 모의고사)

➲ 여기서 many는 명사의 단독으로 쓰였으며 복수 취급한다.

그 연구는 높은 독해능력을 가진 학생들의 다수가 식사를 함께 하는 가족 출신임을 밝혔다: 그들은 가족이 함께 식사를 하지 않는 학생들보다 광범위한 어휘에 노출되었고 자기 자신을 더 잘 표현할 줄 안다.

42. 주의할 단어의 구별

모양이 주로 익숙하지 않은 형태의 부사나 형용사에 대한 구별이나 기능의 차이를 이해하고 익히기 위한 단원이다.

1. ly로 끝나지 않는 부사들 그리고 형용사들

late	늦은, 늦게	lately	최근에
high	높은, 높이	highly	매우, 대단히
near	가까운, 가까이에	nearly	거의
deep	깊은/ 깊이	deeply	매우
hard	어려운, 힘든, 열심히	hardly	거의 ~않다
short	짧은, 부족한, 불충분하게	shortly	곧, 즉시
pretty	꽤, 매우, 예쁜	prettily	예쁘게, 얌전하게
dead	죽은	deadly	치명적인
cost	비용/비용이 들다	costly	값이 비싼
wide	넓은/넓게	widely	널리
close	가까운, 가까이	closely	자세히, 밀접하게
most	대부분의, 가장	mostly	주로
free	공짜의, 공짜로	freely	자유로이
fast	빠른, 빨리	almost	거의

2. ly로 끝나는 형용사들

형용사는 보통 ~ly로 끝나지 않는데 다음은 ly로 끝나는 형용사들이다.

friendly	우호적인	comely	아름다운
lovely	귀여운, 사랑스런	elderly	나이든
lonely	외로운	orderly	정연한

cowardly	겁 많은	daily	매일(의)
timely	적시의	weekly	매주(의)
likely	~ 일 것 같은	monthly	매달(의)
lively	활기찬	yearly	매년(의)
deadly	치명적인	costly	값비싼

3. 서술적으로만 쓰이는 형용사 (a로 시작)

다음의 a로 시작하는 형용사들은 뒤에 명사를 받지 않는 보어형식으로만 쓰이는 형용사들이다.

alike 같은   alike brothers (×)
alive 살아있는   alive animals (×)
asleep 잠든   asleep babies (×)

I think his father is still <u>alive</u>. 그의 부친은 아직 살아 있다고 나는 생각한다.
They are somewhat <u>alike</u> in character. 그들은 성격이 비슷하다.
He is <u>asleep</u>. 그는 자고 있다.
I was wide <u>awake</u> all night. 한 밤을 뜬눈으로 지새웠다.

4. 기타

too much/ many + 명사
We are exhausted from <u>too much</u> work. 우리는 과도한 업무로 지쳐있다.

much too + 형용사/부사
It is still <u>much too</u> complicated. 그것은 여전히 너무 복잡하다.

ago는 현재를 기점으로 그 이전
I met him two years ago. 나는 그를 2년 전에 만났다.

before 그때를 기준으로 이전에
He said that he had met him two years before.
그는 그녀를 2년 전에 만났다고 말했다. (말한 시점에서 2년 전)

CHAPTER 01 어법 문제유형 정리

기본 문제 연습

1. We arrived an hour (late / lately). 우리는 한 시간 늦게 도착했다.
   ➲ late는 '늦게, 늦은'이고 lately는 '최근에'라는 의미이므로 여기서는 '늦게'라는 의미의 late가 적절하다.

2. A similar thing is happening all too often (late / lately).
   유사한 일이 최근에 너무나도 자주 발생하고 있다.
   ➲ 최근에 너무 자주 발생하고 있다는 의미이므로 '최근에'라는 의미의 lately가 적절하다.

3. The station is quite (near / nearly). 역은 아주 가까이에 있다.
   ➲ near은 가까이에, nearly는 '거의 ~라'는 의미로서 '가까이'라는 의미의 near이 적절하다.

4. (Almost / Many) everyone laughed. 거의 모든 사람들이 웃었다.
   ➲ almost는 '거의' 라는 의미의 부사로서 형용사인 every를 수식해준다는 의미에서 almost가 적절하다.

5. This house is (nearly / near) 100 years old. 이 집은 거의 100년이 되었다.
   ➲ is는 있다는 의미이며 near는 가까이에, nearly는 거의 라는 의미로서 여기서는 거의 라는 의미의 nearly가 적절하다.

6. The hill is (hardly / hard) to climb. 그 언덕은 올라가기에 어렵다.
   ➲ hard는 어려운, 딱딱한, 열심히라는 의미이고 hardly는 거의~않다라는 의미이다. 여기서는 어려운 이라는 의미의 hard가 적절하다.

7. I (hard / hardly) know about the issue. 나는 거의 그 문제에 관해 알지 못한다.
   ➲ hard는 어려운, 딱딱한, 열심히라는 의미이고 hardly는 '거의~않다'라는 의미이다. 여기서는 거의 ~ 않다라는 의미의 hardly가 적절하다.

8. I had (hard / hardly) reached the station when it began to rain.
   역에 도착하자마자 비가 오기 시작했다
   ➲ 여기서 hardly ~when은 '~하자마자 ~했다'라는 의미이므로 hardly가 적절하다.

9. The building is 50 feet (highly / high). 그 건물은 50피트 높이이다.
   ➲ high는 높은, ~높이인 의미이며 highly는 매우, 대단히라는 의미이다. 여기서는 '~높이'의 의미의 high가 적절하다.

10. The stone is (highly / high) valuable. 그 돌은 매우 가치가 있다.
    ➲ high는 '높은, 높이'란 의미이며 highly는 '매우, 대단히'라는 의미이다. 여기서는 '매우'라는 의미이므로 highly가 적절하다.

11. I was (pretty / prettily) busy last week. 나는 지난주 꽤 바빴다.
    ⊃ pretty는 '예쁜, 꽤'이나 prettily는 '예쁘게, 곱게'라는 의미이므로 여기서는 '꽤'라는 의미의 pretty가 적절하다.

12. She was (pretty / prettily) dressed. 그녀는 예쁘게 옷을 차려입었다.
    ⊃ pretty는 '예쁜, 꽤, 매우'이나 prettily는 '예쁘게, 곱게'이므로 prettily가 적절하다.

13. (Most / Almost) people were excited to hear the news.
    대부분의 사람들은 그 뉴스를 듣고 흥분되었다.
    ⊃ most는 형용사로서 '대부분의"란 의미이며, almost는 부사로서 '거의'의 의미이므로 여기서는 명사를 수식하는 형용사인 '대부분의'란 의미의 most가 적절하다.

14. The pictures are (alike / like), except for the color. 그 그림들은 색상을 제외하고는 같다.
    ⊃ '닮은' 의미로서 형용사인 like는 뒤에 명사를 받지만 alike는 명사를 받지 않는 서술어로만 쓰인다. 따라서 alike가 적절하다.

15. He works (like / alike) a bear. 그는 곰처럼 일한다.
    ⊃ 여기서 like는 전치사로서 뒤에 목적어를 받거나 형용사일 경우 뒤에 명사를 받지만 alike는 서술적 형용사로서 뒤에 명사를 받지 않는 서술적으로만 쓰이므로 여기서는 뒤에 목적어(a bear)가 있으므로 like가 적절하다.

16. I (bad / badly) want it. 나는 몹시 그것을 원한다.
    ⊃ bad는 '나쁜, 상한, 틀린'의 의미이며 badly는 '나쁘게, 몹시, 서투르게'의 의미이므로 여기서는 '몹시'라는 의미의 badly가 적절하다.

17. He (succeeded in / succeeded to) solving the problem. 그는 그 문제를 푸는 데 성공했다.
    ⊃ succeed in은 ~에 성공하다이고, succeed to는 ~을 계승하다이므로 여기서는 ~에 성공하다는 의미의 succeeded in이 적절하다.

18. (Almost / Most) people realize only a small part of their potential.
    대부분의 사람들은 자신의 잠재 능력의 일부분만을 인식한다.
    ⊃ almost는 부사로서 명사인 people을 수식할수 없으나 most는 가능하므로 적절하다.

19. Have you seen her (late / lately)? 너는 최근에 그녀를 본 적이 있니?
    ⊃ 최근에 본 적이 있느냐라는 의미이므로 '최근에'라는 의미의 lately가 적절하다.

CHAPTER 01 어법 문제유형 정리

기출 문제 연습

1. My mother, (alike / like) most other parents, did not get me to realize the benefits for myself. (모의)
   대부분의 다른 부모님들처럼, 어머니는 내가 그 이점들을 혼자 힘으로 깨닫도록 하지 않았다.
   ➲ like는 전치사로서 뒤에 목적어를 받거나 형용사로서 뒤에 명사를 받을 수 있지만 alike는 서술적형용사로서 뒤에 명사를 받을 수 없고 보어역할만 한다. 따라서 여기서는 like가 적절하다.

2. Have you ever become so absorbed in a good book or a good movie that two hours rushed by (like / alike) minutes? (모의)
   당신은 좋은 책이나 좋은 영화에 매우 몰입하여 두 시간이 몇 분처럼 지나간 적이 있는가?
   ➲ like는 전치사로서 뒤에 목적어를 받거나 형용사로서 뒤에 명사를 받을 수 있지만 alike는 서술적형용사로서 뒤에 명사를 받을수 없고 보어역할만 한다. 따라서 여기서는 like가 적절하다.

3. This project would take time since the cost will make a return flight to Earth (most / almost) impossible. (모의응용)
   비용 문제로 지구로의 귀환이 거의 불가능할 것이기 때문에, 이 프로젝트는 시간이 걸릴 것이다.
   ➲ almost는 '거의 ~'라는 의미로서 부사이며 형용사를 수식하므로 여기서는 almost가 적절하다.

4. Many other advanced countries have also seen new types of cell phones replacing old ones (most / almost) annually. (모의응용)
   많은 다른 선진국들 또한 거의 매년 새로운 유형의 휴대 전화가 이전의 것을 대체해오는 것을 보아왔다.
   ➲ 매년을 의미하는 annually의 부사를 수식하는 것은 의미적으로 '거의'라는 의미의 almost가 적절하다.

5. My dad recalled looking up at the stars in the roofless house as a twelve-year-old kid before falling (asleep / sleep). (모의응용)
   아버지는 12살 아이였을 때 잠들기 전에 지붕이 없는 집에서 별을 봤던 것을 기억했다.
   ➲ asleep은 '잠이 든'이라는 의미로서 서술적 형용사이며 sleep는 '잠자다'라는 동사이다. 따라서 여기서는 asleep이 적절하다.

6. My legs were trembling so badly that I could (hard / hardly) stand still. (모의응용)
   다리가 너무 떨려 나는 거의 가만히 서 있을 수가 없었다.
   ➲ hard는 '어려운, 딱딱한'이란 의미로서 형용사인 반면에 hardly는 '거의 ~않다'라는 부사이므로 여기서는 hardly가 적절하다.

마무리하고 넘어가기!

- ly로 끝나지만 형용사인 경우도 있고, ly로 끝나지 않은 부사도 있다.
  형용사 중에서 a로 시작하는 몇 가지는 서술적으로만 쓰이므로 잘 익혀두길 바란다.

스스로 어법문제 만들어가기

1. I never stopped to think about the benefits of having a clean room. To me, it was more important to get my own way. And my mother, **like** most other parents, did not get me to realize the benefits for myself. Instead, she decided on lecturing. (2013.06 고1 모의고사)

    ➲ like는 명사를 동반하지만 alike는 서술적인 보어로만 쓰여 뒤에 명사를 동반하지 않는다.

    나는 깨끗한 방을 갖는 것의 이점들에 대해 멈추어서 생각해본 적이 결코 없었다. 나에게는, 내 방식대로 하는 것이 더 중요했다. 그리고 대부분의 다른 부모님들처럼, 어머니는 내가 그 이점들을 혼자 힘으로 깨닫도록 하지 않았다. 대신에 그녀는 잔소리를 선택했다.

2. After the concert, the teacher asked Robby how he managed to play so brilliantly. He said, 'I was not able to attend the weekly piano lessons because my mother was sick with cancer. She passed away and I wanted her to hear me play. Actually, this was the first time she was able to hear me play. She was deaf when she was **alive**. Now I know she is listening to me in heaven. I have to play my best for her!' (2012.06 고1 모의고사)

    ➲ alive는 서술적으로만 쓰여 뒤에 명사를 동반하지 않는다.

    콘서트 후에, 선생님은 Robby에게 어떻게 그렇게 훌륭하게 연주를 해냈는지 물어보았다. 그가 말하기를, '어머니께서 암으로 편찮으셔서 저는 매주 있는 피아노 레슨을 받을 수가 없었습니다. 어머니께서 돌아가시고 저는 어머니께서 제 연주를 듣기를 바랐습니다. 사실, 이번이 처음으로 어머니께서 제가 연주하는 것을 들을 수 있는 때였습니다. 어머니께서는 생전에 귀가 들리지 않으셨습니다. 저는 지금도 어머니께서 하늘에서 저의 연주를 듣고 계실 거라는 것을 알고 있습니다. 어머니를 위해 저는 최선을 다해 연주해야 해요!'

43 전치사to/부정사to

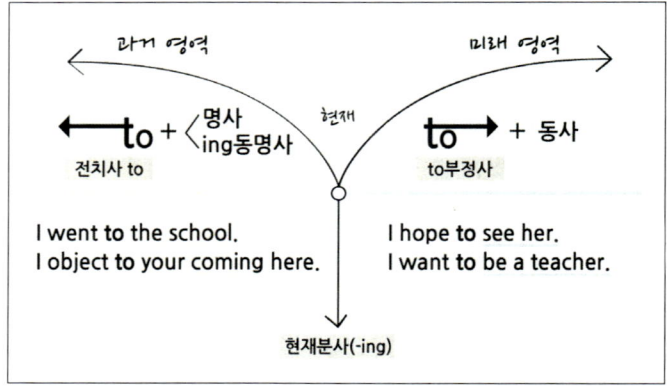

to는
  과거와 관련되어 있으면 <u>전치사 형태이고 뒤에 명사나 ing동명사</u>의 형태가 나온다.
  She is used <u>to</u> <u>playing</u> the piano. (그녀는 피아노치는 데 익숙하다.)
  The tree fell <u>to</u> <u>the ground</u>. (그 나무는 땅으로 넘어졌다.)

to가
  미래와 관련되어 있으면 <u>to부정사로서 뒤에 동사원형</u>이 나온다.
  I hope <u>to</u> <u>see</u> you again. (나는 너를 다시 만나기를 희망한다.)

과거~현재 (ing동명사) .... 현재(ing현재분사) .... 미래(to부정사)

* 길을 걸어가면서 뒤돌아보는 지나온 길은 과거적인 동명사이고 앞으로 내가 가야 할 길은 미래적인 to부정사라고 연상하라.

일반적으로 to하면 부정사만 생각해서 뒤에 동사원형이 온다고 생각할지 모르지만, to가 전치사인 경우에는 뒤에 명사나 ing동명사가 온다. 이와 같이 to는 부정사의 to와 전치사to인 두 종류가 있다.

전치사to 뒤에는 명사나 ing동명사가 오고 to부정사 뒤에는 동사원형이 온다. 전치사의 to인지 아니면 부정사의 to인지는 항상 챙겨두어야 하는 부분이다.

다음의 to는 전치사로서 뒤에 명사나 ing동명사를 목적어로 받는다. 반드시 익히기 바란다.

1. when it comes to(전치사) + ~ing동명사/명사 → ~에 관해서

   He's really handy when it comes to fixing cars
   그는 차를 수리하는 것에 관해서는 손재주가 있다.

2. 사람주어 + be used to (전치사) + ~ing동명사/명사 → ~하는 데 익숙하다
   사물주어 + be used to (부정사) + 동사원형 → ~하기 위하여 사용되다
   주어 + used to + 동사원형 ~하곤 했다(used to는 조동사)

   Clients are used to receiving prompt attention.
   고객들은 즉각적인 서비스를 받는 데 익숙하다.

   This vacuum cleaner is used to clean a room.
   이 진공청소기는 방을 청소하기 위하여 사용된다.

   He used to swim in this river when young. 그는 어렸을 때 이 강에서 수영하곤 했다.

3. look forward to(전치사) + ~ing동명사/명사 → ~를 학수고대하다

   I look forward to meeting you 나는 당신을 만나기를 기대합니다.

4. object to(전치사) + ~ing동명사/ 명사 → ~를 반대하다

   Do you object to my smoking? 당신은 내가 담배피우는 것을 반대합니까?

5. devote/dedicate to(전치사) + ~ing동명사/명사 → ~에 헌신하다

   She decided to devote/ dedicate herself to studying.
   그녀는 공부하는 데 전념하기로 결정했다.

6. be accustomed to(전치사) + ~ing동명사/명사 → ~하는 데 익숙하다.

   I am accustomed to doing without a car. 나는 차 없이 지내는 데 익숙하다.

CHAPTER 01 어법 문제유형 정리

단어	암기 방식	과거적인 성향
1. look forward (to ~ing) (~를 학수고대하다)	러 보러왔다탕~	너 보러 왔기를 얼마나 <학수고대해왔는데> 오래전부터 희망사항으로서
2. dedicate <to ~ing> (~에 헌신하다)	데려다 키웠탕	입양아를 데려다 키우는 데 <헌신했다> 헌신한다는 것은 과거적 자기의 에너지를 헌신하는 데 온통 쏟아 부어야~
3. be addicted <to ~ing> (~에 중독되다)	비에다 뛰탕	비에다 뛰어 다니는 데 <중독되다> 어릴 때 비 맞고 즉 비에다 뛰어다니면서 자랐지! 재미에 중독될 만큼
4. fall <to ~ing> (~하기 시작하다)	폴탕	폴땅폴땅 뛰기 <시작하다> 꾸중을 들으면서도 땅바닥에 폴당폴당 뛰기를 시작하기도 했지
5. when it comes (to ~ing) (~에 관해서라면)	웬 이 감자탕~	웬! 이 감자탕에 <관해서>라면~ 모처럼 만나 과거부터 좋아했던 감자탕 요리를 해주기로 했지
6. be accustomed <to ~ing> (~하는 데 익숙하다)	비워 까스태웠탕	나이가 들어 건망증이 심한 엄마 부엌의 요리 중에 자리 비워 가스 태우는 데 <익숙해>
7. be committed <to ~ing> (~에 전념하다)	뼈 까맣타탕	뼈 까맣게 타도록 다른 일에 <전념하고>
8. object <to ~ing> (~를 반대하다/싫어하다)	입 쩍탕	입 쩍 벌어질 정도로 타버렸네 이 상황은 <싫어하거나 반대하는>
9. be used <to ~ing> (~하는 데 익숙하다)	비웃었탕~ (사람이 주어)	아들 녀석이 요럴 땐 엄마를 비웃는 데 <익숙해>

* prefer A~ing to B~ing

= prefer toA rather than (to) B (B하기보다는 A하기를 더 좋아하다.)

I prefer studying to playing the piano. 나는 피아노치기보다는 공부하는 것을 더 좋아한다.
= I prefer to study rather than to play the piano.
= I would rather study than play the piano.

기본 문제 연습

1. She looks slippy when it comes to (solve / solving) math problems.
   그녀는 수학문제를 푸는것에 관해서는 재빠르게 푼다.
   ➲ when it comes to(~에 관해서)의 경우 to는 전치사이므로 뒤에 명사나 ing동명사를 받으므로 solving 이 적절하다.

2. She is used to (playing / play) the piano. 그녀는 피아노를 치는 데 익숙하다.
   ➲ be used to + 명사나 ing동명사는 ~하는 데 익숙하다라는 의미이며 이 경우 to는 전치사이므로 뒤에 명사나 동명사가 오므로 playing이 적절하다.

3. This tool is used to (fixing / fix) a car. 이 도구는 차를 고치는 데 사용된다.
   ➲ be used to+ 동사원형인 경우 ~하기 위하여 사용된다는 의미이며 to부정사 뒤에는 동사원형이 오므로 fix가 적절하다.

4. I look forward to (seeing / see) her. 나는 그녀를 만나길 간절히 바라고 있다.
   ➲ look forward to +명사나 ing동명사는 '~하기를 간절히 바라다'라는 의미이며 이 경우 to는 전치사이 므로 뒤에 명사나 동명사가 오므로 seeing이 적절하다.

5. I object to (playing / play) with him. 나는 그와 함께 노는 것을 반대한다.
   ➲ object to +명사나 ing동명사는 '~하는 것을 반대하다'라는 의미이며 이 경우 to는 전치사이므로 뒤에 명사나 동명사가 오므로 playing이 적절하다.

6. Glass is used to (avoiding / avoid) the chemical changes in the yogurt.
   유리는 요구르트에서 가능한 화학적 변화를 막기 위하여 사용된다.
   ➲ be used to+ 동사원형인 경우 '~하기 위하여 사용된다'는 의미로서 to부정사 뒤에는 동사원형이 오므 로 avoid가 적절하다.

7. He went to America with a view to (learning / learn) English.
   그는 영어를 배울 목적으로 미국에 갔다.
   ➲ with a view to + ing동명사는 '~할 목적으로' 라는 의미이며 이 경우 to는 전치사이므로 뒤에 명사나 동명사가 오므로 learning이 적절하다.

8. I prefer reading to (watch / watching) TV. 나는 TV보기보다는 책을 읽기를 더 좋아한다.
   ➲ prefer A~ing to B~ing는 'B하기보다는 A하기를 더 좋아한다'는 의미로서 여기서는 to가 전치사로서 동명사를 받으므로 watching이 적절하다.

[CHAPTER 01 어법 문제유형 정리]

기출 문제 연습

1. Feathers may also be used to (attract / attracting) mates. (모의응용)
   깃털은 또한 짝을 유혹하는 데 쓰이기도 한다.
   ➲ 사물주어 + be used to + 동사원형인 경우는 ~하는 데 사용된다는 의미이고 사람주어 + be used to +~ing동명사인 경우는 ~하는 데 익숙하다는 의미다. 여기서는 주어가 깃털인 사물이므로 to부정사인 attract가 정답이다.

2. My friend Martin used to (complaining / complain) about the city of Los Angeles, where he lived for three years studying in a college. (모의응용)
   내 친구 Martin은 Los Angeles에 대하여 불평하곤 했는데, 그곳에서 그는 대학에서 공부를 하면서 3년 동안 살았다.
   ➲ used to는 과거에 ~하곤 했다라는 의미로서 뒤에 동사원형을 받는다. 따라서 동사원형인 complain 이 적절하다.

3. Most children are used to (reading / read) the classics published as the popular versions, which often bear little likeness to the original. (모의응용)
   대부분의 아이들은 대중적인 판본으로 출판된 고전을 읽는 것에 익숙해져 있으나, 그것들은 흔히 원본과의 유사성이 떨어진다.
   ➲ be used to + ing 동명사는 ~하는 데 익숙하다는 의미이므로 동명사인 reading이 적절하다.

4. Michael Jackson is dead. But he is very much alive when it comes to (earn / earning) money. (모의응용)
   마이클 잭슨은 사망했다. 그러나 돈을 버는 것에 있어서는 그는 매우 활발하게 활동 중이다.
   ➲ when it comes to는 ~에 관해서라는 의미로서 to는 전치사이기 때문에 여기서는 동명사인 earning 이 적절하다.

마무리하고 넘어가기!

• to는 전치사와 부정사의 두 가지로 분류될 수 있는데 예컨대, I went to the park to see my friend.에서 to the park의 to는 전치사이며 뒤에 명사가 왔고 to see의 to는 부정사의 to이므로 뒤에 동사원형이 왔다.

• 전치사의 to뒤에는 명사나 혹은 ing동명사가 오며 부정사의 to뒤에는 동사원형이 온다.

456 | 유용한 구별

스스로 어법문제 만들어가기

1. We look forward **to establishing** a partnership with C&G Waste Services. We know that these types of partnerships help us give back to the community and enhance actions our students can take towards helping the environment. (2013.03 고3 모의고사)
    - ⊃ look forward to(~를 간절히 원하다)에서의 to는 전치사이므로 뒤에 동명사인 establishing이 온 경우이다.

    저희는 C&G Waste Services와 협력 관계를 구축하기를 기대합니다. 저희는 이러한 협력 관계가 저희가 지역사회에 기여하고 우리 학생들이 환경을 돕기 위해 취할 수 있는 행동들을 강화시키는 데 도움을 준다는 것을 알고 있습니다.

2. Fishing is the most obvious oceanbased economic activity. People in many coastal areas make their living by fishing, and fish and shellfish make up a major part of their diet. In fact, about one billion people worldwide rely on fish as their main source of animal protein. In terms of fishing as an economic activity, the largest segment of world fisheries is commercial fishing. Fish caught by commercial fishermen include salmon, tuna, shellfish and other edible species such as squid. Consumers **are used to buying** these seafoods in grocery stores, restaurants, and village markets around the world. However, the supply is not infinite. As the world's population swells, the demand for fishing products puts intense pressure on fish populations. The worldwide catch of ocean fish swelled from 81 million tons in 2003 to 148 million tons in 2010. (2015. 06 고2 모의고사)
    - ⊃ 사람주어+ be used to~에서 to는 전치사이므로 뒤에 동명사나 명사가 오는데 여기서는 동명사인 buying이 왔다.

    어업은 가장 명백한, 바다에 기초를 둔 경제 활동이다. 많은 해안 지역에 사는 사람들은 어업으로 먹고 살고 물고기와 조개류는 그들의 주식을 구성한다. 사실, 전 세계적으로 약 십억의 사람들이 그들의 동물성 단백질의 주요 공급원으로 물고기에 의존한다. 어업을 경제활동으로 볼 때, 세계 어업의 가장 큰 부분은 상업적인어업이다. 상업적인 어부들에 의해 잡히는 물고기는 연어, 참치, 조개 그리고 오징어와 같이 다른 먹을 수 있는 종을 포함한다. 소비자들은 이러한 해산물을 전 세계의 식료품점, 식당, 그리고 마을 시장에서 사는 데 익숙하다. 하지만, 공급은 무한하지 않다. 세계 인구가 증가하면서, 수산물에 대한 수요가 물고기 개체에 강한압력을 주고 있다. 전 세계 바다에서의 어획량이 2003년 8천 백만 톤에서 2010년 1억 4천 8백만 톤으로 늘어났다.

3. Each insurance plan is different **when it comes to** what's covered and what's not. Figuring out which one is right for you is a bit of a balancing act: You want to get the most benefits at the least cost. Start by looking at all the elements of the plan and not just the price tag. For example, a plan with a low monthly premium isn't necessarily the cheapest. Your hospital bill might be very high or you might pay much more for your prescriptions depending on your insurance. So if you see a

doctor often or take prescription medications regularly, a more expensive plan that covers a higher percentage of the cost may actually turn out to be cheaper. (2011.03 고2 모의고사)

➲ when it comes to (~에 관해)에서 to는 전치사이므로 뒤에는 명사나 동명사가 오는데 여기서는 명사절인 what절이 온 경우이다.

각각의 보험 상품은 무엇이 보장되고 무엇이 보장되지 않는지에 따라 달라진다. 어떤 것이 당신에게 적합한 것인지를 알아내는 것은 어느 정도의 균형을 맞추는 행위이다. 당신은 최저 비용으로 최대한의 이익을 얻고 싶어 한다. 단지 가격뿐만이 아니라, 보험 상품의 모든 항목들을 살펴보면서 시작하라. 예를 들어, 월 보험료를 적게 내는 상품이 반드시 가장 저렴한 것은 아니다. 당신의 보험에 따라서 병원비나 약값이 훨씬 더 많이 들지도 모른다. 그래서 만약 당신이 병원에 자주 가거나 정기적으로 약을 처방받는다면, 그 비용의 더 많은 부분을 보장해 주는 보다 비싼 보험이 실제로는 더 저렴할 수도 있다.

44 비교급의 강조

run
run faster
비교급
run much faster
비교급 강조

보통의 행위의 정도는
원급으로 달린다.

조금 더 빠른 정도는
비교급으로서 더 빨리 달리는 정도이다.

더 빨리 달리는 정도보다 훨씬 큰 행위의 정도는 비교급 강조가 더해져서
훨씬 (much, still, even, far, a lot) 더 빠르게 달린다.

* 길을 걸어가면서 비교급 강조를 연상하라.

CHAPTER 01 어법 문제유형 정리

비교급이란 '~보다 더 ~하다'라는 의미의 구조이다.

예를 들어, '그는 나보다 더 크다'는

   He is taller than I am,

'그는 나보다 <u>훨씬</u> 더 크다'는

   He is much taller than I am,

여기서 '훨씬'에 해당하는 어구는 'much'이다.

이와 같이 비교급의 강조는 우리말의 '훨씬'에 해당하는 어구로서 주요 어구의 예는 much, still, even, a lot, far,이다.

단, very는 사용하지 못한다. 암기는 마치(much) 스틸(still)을 입은(even) 것처럼 파어(far) 어랏(a lot)로 암기하도록.

기본 문제 연습

1. He is (much / very) taller than me. 그는 나보다 훨씬 더 키가 크다.
   ➲ 우리말에 해당하는 비교급을 강조하는 '훨씬'에 해당하는 말은 much, still, even, far, a lot

2. Jane is (still / very) prettier than Sujin. 제인은 수진이보다 훨씬 더 예쁘다.
   ➲ 우리말에 해당하는 비교급을 강조하는 '훨씬'에 해당하는 말은 much, still, even, far, a lot

3. This problem is (even / very) more difficult than I thought.
   이 문제는 내가 생각했던 것보다 훨씬 더 어렵다.
   ➲ 우리말에 해당하는 비교급을 강조하는 '훨씬'에 해당하는 말은 much, still, even, far, a lot

4. My new car is (far / very) more expensive than the old one.
   나의 새 차는 옛날차보다 훨씬 더 비싸다.
   ➲ 우리말에 해당하는 비교급을 강조하는 '훨씬'에 해당하는 말은 much, still, even, far, a lot

기출 문제 연습

1. The asphalt tends to hurt (much / very) more than snow when you fall on the ground. (모의)
   당신이 넘어졌을 때 아스팔트가 눈보다 훨씬 더 다치게 하는 경향이 있다는 것이다.
   ➲ 비교급을 강조하는 우리말의 '훨씬'에 해당하는 어구는 much이다.

2. He still could earn an 'A' in class, but with (much / very) less pressure. (모의)
   그는 여전히 수업에서 'A'학점을 받을 수 있었으나, 훨씬 더 적은 압박을 받았다.
   ➲ 비교급을 강조하는 우리말의 '훨씬'에 해당하는 어구는 much이다.

3. Some toy animals stayed at sea (even / very) longer. They floated completely along the North Pacific currents, ending up back in Sitka. (수능기출)
   어떤 장난감들은 바다에 훨씬 더 오래 있었다. 그것들은 완전히 북태평양 해류를 따라 떠다녔고, 결국에는 Sitka로 되돌아갔다.
   ➲ 비교급을 강조하는 부사는 very는 불가하고 even이 적절하다.

마무리하고 넘어가기!

- 비교급의 강조는 우리말로는 '훨씬'의 의미이다.
  주로 much, still, even. far, a lot등이다 very는 비교급을 수식할 수 없다.

스스로 어법문제 만들어가기

1. As a matter of fact, recess is **much more** than free time. Recess should be viewed as an opportunity for students not only to engage in physical activity, but also to build their character and develop social interaction skills. Therefore, the classroom teachers must realize that recess is an important part of the school day.
   (2009. 09. 고1 모의고사)
   ➲ 비교급의 강조어구인 much가 비교급인 more를 수식하고 있다.
   사실 쉬는 시간은 자유 시간 그 이상이다. 쉬는 시간은 학생들이 신체활동에 참여할 뿐 아니라 그들의 인성을 쌓고 사회적인 상호작용 기술을 개발할 수 있는 기회로 여겨져야 한다. 그러므로 학교 선생님들은 쉬는 시간이 학교 일과의 중요한 부분이라는 것을 깨달아야 한다.

2. Science fiction involves **much more** than shiny robots and fantastical spaceships. In fact, many of the most outlandish pieces of science fiction have their basis in scientific facts. Because a great deal of science fiction is rooted in science, it can be used to bring literature out of the English classroom and into the science classroom. Not only does science fiction help students see scientific principles in action, but it also builds their critical thinking and creative skills.
   (2015. 09 고1 모의고사)
   ➲ 비교급을 강조하는 어구는 여기서는 much이며 '훨씬'의 의미다.
   공상 과학 소설은 반짝이는 로봇과 환상적인 우주선 그 이상의 훨씬 더 많은 것을 포함한다. 실제로, 대부분의 많은 기이한 공상 과학 소설 작품들은 과학적 사실에 기초를 둔다. 많은 공상 과학 소설이 과학에 기초를 두고 있기 때문에 그것은 문학을 영어 교실에서 끌어내어 과학 교실로 가져오기 위해 사용될 수 있다. 공상 과학 소설은 학생들이 과학적 원리들이 실제로 쓰이는 것을 볼 수 있도록 도움을 줄 뿐만 아니라 또한 학생들의 비판적 사고와 창의적 기술을 길러준다.

45 명사와 동명사의 구별

ing동명사는 동사에서 왔으므로 목적어인 명사와 친하지만
분석하는 것(동명사) / 문제(명사) ......(○)
명사는 명사와 안 친하기 때문에 명사 뒤에 바로 명사를 받을 수는 없다.
분석(명사) / 문제(명사) ....(×)

burying + treasure (묻는 것+보물을) ..... ing동명사 + 목적어 (○)
burial + treasure (매장+보물)   .... 명사 + 목적어 (×)

* 친하게 지내는 모습을 보고 동명사와 명사인 목적어 / 토라져 있는 모습은 명사와 명사의 관계를 연상하라.

CHAPTER 01 어법 문제유형 정리

ing동명사는 기본적으로 동사에 ing를 붙여 동사를 명사처럼 사용하는 구조로서 동사가 타동사라면 뒤에 목적어를 받는데, ing동명사 역시 동사 끝에 ing를 붙인 동사에서 왔으므로 뒤에 목적어를 받는다.

    I love you. 사랑한다/너를
   (타동사) (목적어)
    ⊃ love는 타동사이므로 you라는 목적어를 가지고 있다.

    Loving yourself is very important for your happiness. 사랑하는 것/ 너 자신을
   (동명사) (목적어)
    ⊃ 너 자신을 사랑하는 것은 너의 행복을 위해 아주 중요하다.

loving이라는 동명사 뒤에 you라는 목적어를 가지고 있다. 동명사인 loving은 동사는 아니지만 의미는 동사의 성질을 가지고 있으므로 동사일 경우 목적어를 받는 경우와 마찬가지로 이 ing동명사 역시 목적어를 받는다.

    Love of money is the root of all evil. 금전욕은 모든 악의 근원이다.
   (명사) (전명구)

명사 뒤에는 명사가 올 수 없고 명사를 후치수식하는 형용사 기능의 전명구가 온 경우이다. 명사 뒤에 명사가 오려면 사이에 전치사라도 있어야 한다. (a book on the desk)

    Love is two hearts beating as one. 사랑이란 두 심장이 하나처럼 뛰는 것이다.
   (명사)(동사)
    ⊃ 명사 뒤에는 역시 명사는 올 수 없고 여기서는 동사가 온 경우이다.

    Love you is true.(×)
   (명사)(명사)
    ⊃ 여기서 love는 명사이므로 이 명사는 뒤에 명사라는 목적어를 받을 수 없다.

다시 말해서 ing동명사는 뒤에 목적어를 받을 수 있지만 명사는 뒤에 목적어를 받을 수 없다.

    I play the piano.
     (타동사) (목적어)
    ⊃ 타동사는 반드시 뒤에 목적어(the piano)를 받는다.

    I enjoy playing the piano.
        (ing동명사) (목적어)
    ⊃ 타동사가 ing동명사인 준동사로 바뀌어도 여전히 의미는 동사이므로 목적어(the piano)를 받는다. 그러나 명사는 목적어를 받지 못한다.

Cats have a habit of <u>damaging</u> <u>furniture</u> using their claws. (O)
　　　　　　　　　　　(동명사)　　(목적어)

➲ 동명사(damaging)는 목적어를 취할 수 있다.

고양이는 그들의 발톱을 사용하면서 가구를 손상시키는 버릇이 있다.

Cats have a habit of <u>damage</u> <u>furniture</u> using their claws. (×)
　　　　　　　　　　　(명사)　　(목적어)

➲ 명사(damage)는 목적어를 취할 수 없다.

기본 문제 연습

1. Frequent strikes are (damage / damaging) the economy of the country.
   빈번한 파업이 그 나라의 경제를 손상시키고 있다.
   ➲ damage를 명사로 보면 목적어를 받을 수 없으므로 목적어를 받을 수 있는 동명사인 damaging 이 적절하다.

2. (Comparison / Comparing) this to Vietnam is ridiculous.
   이것을 베트남에 비교하는 것은 말도 안 된다.
   ➲ 명사(comparison)는 목적어를 받을 수 없으므로 목적어를 받을 수 있는 동명사인 comparing이 적절하다.

3. We cannot feel the dog's anticipation of (chasing / chase) a ball.
   우리는 볼을 쫓아가는 개의 그 마음을 느낄 수는 없다.
   ➲ 명사(chase)는 목적어를 받을 수 없으므로 목적어를 받을 수 있는 동명사인 chasing이 적절하다.

4. We need to listen to the teacher (explaining / explanation) the theory.
   우리는 선생님이 그 이론을 설명하는 것을 들을 필요가 있다.
   ➲ 명사(explanation)는 목적어를 받을 수 없으므로 목적어를 받을 수 있는 동명사인 explaining이 적절하다.

5. They object to (change / changing) their eating patterns.
   그들은 그들의 먹는 패턴들을 바꾸기를 싫어한다.
   ➲ 명사(change)는 목적어를 받을 수 없으므로 목적어를 받을 수 있는 동명사인 changing이 적절하다. 여기서 to는 전치사이므로 change는 여기서 명사로 봐야한다.

6. (Anticipation / Anticipating) the loss of their workplace was stressful.
   자신의 일자리 상실을 예상하는 것은 스트레스를 주는 일이었다.
   ➲ 명사인 anticipation은 목적어를 받을 수 없으므로 목적어를 받을 수 있는 동명사가 적절하므로 anticipating이 적절하다.

기출 문제 연습

1. A human is much more capable of (operation / operating) such instruments correctly. (모의)
   인간은 그러한 도구들을 훨씬 더 바르게 조작할 수 있다.
   ⊃ 뒤에 목적어를 받을 수 있는 것은 동명사이므로 operating이 적절하다. 명사는 뒤에 목적어를 받지 못한다.

2. A computer is rarely more sensitive and accurate than a human in (managing / management) the same geographical or environmental factors. (모의)
   컴퓨터는 같은 지리적, 혹은 환경적 요소들을 관리하는 데 있어서 인간보다 민감하거나 정확하지도 않다.
   ⊃ 뒤에 목적어를 받을 수 있는 것은 동명사이므로 managing이 적절하다. 명사인 management는 뒤에 목적어를 받지 못한다.

3. The topic was whether (analyzing / analysis) the pluses and minuses of the relationship can be an answer to seeing how we feel about a special person in our life. (모의응용)
   주제는 관계의 장점과 단점에 대해 분석하는 것이 우리의 삶 속에서 특별한 사람에 대해 우리가 어떻게 느끼는지를 아는 것의 정답이 될 수 있는가였다.
   ⊃ 뒤에 목적어를 받을 수 있는 것은 동명사이므로 analyzing이 적절하다. 명사인 analysis는 뒤에 목적어를 받지 못한다.

마무리하고 넘어가기!

- 명사는 목적어를 받을 수 없으나 동명사는 동사에서 왔으므로 목적어를 받을 수 있다.

CHAPTER 01 어법 문제유형 정리

스스로 어법문제 만들어가기

1. Life is like a river for many people. They just jump in the river of life without ever knowing where they want to go. They quickly get caught up in the flow of the river. When they come to a fork in the river, they find it difficult to decide which way to go by themselves. So they just go the same way that everyone else goes without **paying** attention to their own values and goals. All of a sudden they are too close to a waterfall, and they realize it's too late to change course. In almost all of the cases, they could have avoided the fall by making better decisions upstream. (2009.09 고1 모의고사)
   - ⊃ 동명사인 paying은 목적어인 attention을 받을 수 있다. 하지만 만약 paying이 명사인 payment라면 목적어를 받을 수 없다.

   인생은 많은 사람들에게 강과 같다. 사람들은 어디로 가기를 원하는지 모르고서 인생의 강물에 뛰어든다. 그들은 강의 흐름에 재빨리 몸을 맡긴다. 그들은 강이 갈라지는 곳에 갈림길에 도달했을 때 스스로 어느 길을 가야 할지 결정하기가 어렵다고 생각한다. 그래서 그들은 자신의 가치나 목표에 집중하지 않고 다른 사람이 가는 똑같은 길을 간다. 갑자기 그들은 폭포에 너무 가까이 이르게 되고 너무 늦어 진로를 변경할 수 없음을 깨닫는다. 거의 대부분의 경우에 있어서, 그들은 상류에서 더 나은 결정을 함으로써 폭포를 피할 수도 있었을 텐데.

2. College students know that when they enter a classroom on the first day of class, they should not walk to the front of the room and give instructions to the class. Likewise, professors know that on the first day of class, students expect them to give an overview of the course and lay out expectations such as no texting during class. Usually, however, some room for negotiation exists; that is, the parties involved have the option of **negotiating** a social order. (2014.06 고2 모의고사)
   - ⊃ 동명사인 negotiating은 목적어인 a social order을 받을 수 있다. 하지만 만약 negotiating이 명사인 negotiation이라면 목적어를 받을 수 없다.

   대학생들은 수업 첫날 교실에 들어갈 때 교실 앞쪽으로 걸어가서 학생들에게 지시해서는 안 된다는 것을 알고 있다. 마찬가지로, 교수들은 수업 첫날 학생들이 그 강좌의 전체적인 개관을 설명하고 수업 중 문자를 보내지 않는 것과 같은 기대들을 제시해줄 것을 예상하고 있다는 것을 안다. 그러나 종종 협상의 여지는 존재한다. 즉 서로 관련된 당사자들이 사회적인 질서를 협상할 선택의 여지는 있다.

46 품사의 서로의 관계

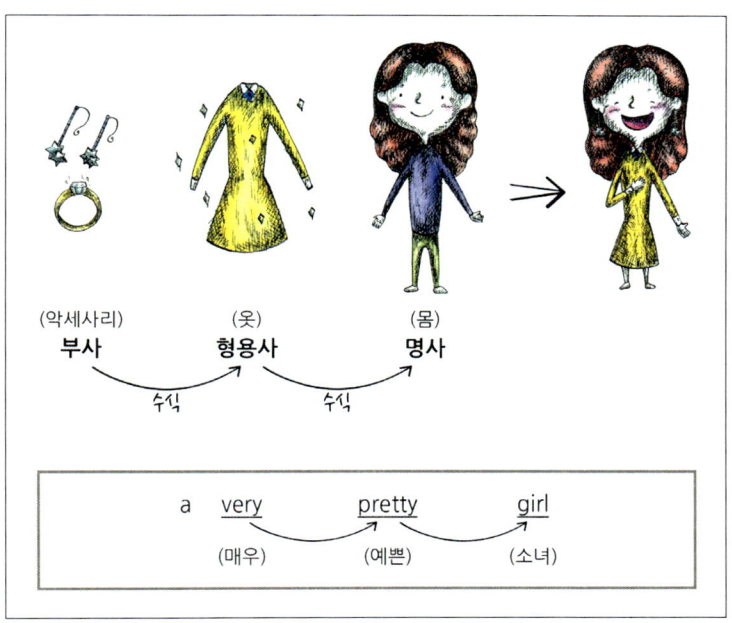

부사를 액세서리로, 형용사를 옷으로, 명사를 몸으로 가정한다.
여기서
액세서리인 부사는 형용사인 옷에 부착하고 형용사인 옷은 명사인 몸에 부착시킨다.
액세서리(부사)를 옷(형용사)이 아닌 바로 몸(명사)에 부착시킬 수는 없다.
따라서
부사는 형용사를 수식하고 **형용사는 명사를 수식**한다.
 really expensive presents (아주 비싼 선물들) (○)
부사가 바로 명사를 수식하지는 않는다.
 really presents (아주 선물들) (×)

* 평소에 옷에 부착된 액세서리를 보고 명사와 형용사와 부사의 관계를 연상하라.

CHAPTER 01 어법 문제유형 정리

1. 품사의 이해

1) 명사

명사란 일반적으로 사람이나 사물의 이름이라고 생각하면 된다.

홍길동/책상/학교/연필/축구/행복/평화/커피/돌/핸드폰 ....

● 명사의 예시
Sujin(수진), desk(책상), school(학교), consumer(소비자), chef(요리사), pill(알약), appearance(외모), semester(학기) advantage(이점), income(수입), glory(영광), nest(둥지), leather(가죽), anger(화), blanket(담요), string(끈,줄), salary(봉급), spot(장소, 얼룩), beast(짐승), crosswalk(보도), oar(노), laundry(세탁소, 세탁물), germ(병균), citizen(시민), bug(작은 곤충), immigrant(이민자) 등

● 명사의 위치
주어 자리 → The book is mine.
보어 자리 → It is a book.
　　　　　　We call him Jim.
타동사 뒤의 목적어 자리 → I read a book.
전치사 뒤의 목적어 자리 → The book is on the desk.

2) 대명사

이름을 직접 언급하지 않는 그/그들/그녀/그것/그/이것/저것 등과 같은 어구들인데 한 번 명사로 언급되었던 말을 다시 언급하는 말이라 보면 된다.

철수는 똑똑해. (그래서 난 그를 좋아해 / 그래서 그는 공부를 잘해.)
철수와 영희는 나의 친구들이야. 그들은 나를 너무 사랑하고 있어.

● 대명사의 예시
I(나는), me(나를), you(너), she(그녀는), he(그는), they(그들은), we(우리들은), her(그녀를), him(그를), it(그것), them(그들을) 등

3) 형용사

우리말의 'ㄴ'으로 끝나는 말을 지칭한다고 보면 된다. 이 형용사는 다음 세 가지 형태로 쓰인다.

- 명사를 앞뒤에서 꾸며주는 역할을 하는 명사 수식과
- '이다'라는 be동사류 뒤에 붙어서 '~하다/ ~되다'라는 말로 주어를 보충해주는 주격보어 역할

• 5형식 구조에서 목적어를 보충해주는 목적보어 역할

다음은 명사수식의 관계이고

<u>아름다운</u>(형용사) 여자(명사)/ <u>깊은</u>(형용사) 바다(명사)/ <u>어두운</u>(형용사) 밤(명사)/
<u>무거운</u>(형용사) 가방(명사)

    a <u>kind girl</u> | an <u>honest man</u>
      (형용사) (명사)   (형용사) (명사)

다음의 경우는 보어관계이다.

   be + 착한 → 착하다
   <u>is</u> <u>honest</u>
(be동사) (형용사(주격보어))

   be + 친절한 → 친절하다
   <u>is</u> <u>kind</u>
(be동사)(형용사(주격보어))

   <u>feel</u> <u>sad</u> 슬프게 느끼다
(2형식동사)(형용사(주격보어))

   여기다 그녀를 + 친절한 → 여기다 그녀가 친절하다고
   <u>consider</u> <u>her</u> <u>kind</u>
     (동사) (목적어)(목적보어형용사)

• 형용사의 예시
   accurate(정확한), brief(짧은), broad(넓은), clean(깨끗한), cruel(잔인한),
   evident(명백한), different(다른), generous(관대한), harsh(거친), important(중요한),
   kind(친절한), lunar(달의), mild(온화한), narrow(좁은), pale(창백한), precious(귀중한),
   pure(순수한), rare(드문), ridiculous(우스꽝스런), right(옳은), romantic(낭만적인),
   selfish(이기적인), slight(가벼운), silent (침묵하는), sufficient(충분한)...

• 형용사의 위치
   명사 앞 → a <u>kind</u> boy.
   명사 뒤 → tickets <u>available</u> on the day of issue (발행 당일만 유효한 표),
             something <u>new</u> (새로운 어떤 것)
   주격보어 자리 → He is <u>kind</u>.
   목적격보어 자리 → I made my son <u>happy</u>. → 나는 나의 아들을 행복하도록 만들었다.

4) 부사

매우/빨리/일찍이 등과 같은 말들인데 부사는 다음 품사를 꾸며준다.

동사를 꾸며준다 → <u>빨리</u>(부사) 간다(동사).
부사를 꾸며준다 → <u>매우</u>(부사) 빨리(부사)
형용사를 꾸며준다 → <u>매우</u>(부사) 아름다운(형용사)
문장 전체를 꾸며준다 → <u>다행히도</u>(부사) 그는 시험에 합격할 수 있었다.

● 부사의 예시

aboard(타고), abroad(외국에), actually(실제로), ago(전에), ahead(앞에), almost(거의), alone(홀로), aloud(큰소리로), abruptly(갑자기), absently(멍하니), already(벌써), also(역시), always(항상), anyway(어쨌든), away(떨어져), badly(서툴게), besides(게다가), certainly(확실히), completely(완전히), directly(직접), easily(쉽게), especially(특히), even(심지어), everywhere(어디에나), exactly(정확하게), fairly(꽤), finally(마침내), forever(영원히), forward(앞으로), fully(완전히), generally(일반적으로), happily(행복하게), hard(열심히), hardly(거의 ~않다), highly(매우), immediately(즉시), indeed(정말로), inside(안쪽에), just(막), lately(최근에), mostly(주로), nearly(거의), never(결코 ~않다), nowadays(오늘날에는), often(종종), once(한 번), only(단지), outside(바깥에), partly(부분적으로), perhaps(아마도), possibly(아마), probably(아마도), quickly(빨리), quite(꽤), rarely(좀처럼~않다), really(정말로), recently(최근에), seldom(좀처럼~않다), simply(간단히), sincerely(진심으로), someday(미래 언젠가), sometimes(때때로), soon(곧), still(여전히), straight(똑바로), suddenly(갑자기), therefore(그러므로), thus(따라서), together(함께), too(너무), unfortunately(불행히도), usually(보통), well(잘) 등

● 부사의 위치

부사의 위치는 거의 모든 위치에 온다고 보면 된다. 단, 빈도의 부사(횟수부사: always, usually, often, sometimes, rarely, seldom, never)는 be동사와 조동사 뒤 그리고 일반동사 앞에 온다.

She <u>is</u> <u>always</u> kind.
He <u>will</u> <u>never</u> tell a lie.
I <u>usually</u> <u>play</u> the piano.

5) 동사

움직임이나 생각, 인식을 나타내며 '다'로 끝나는 말들이다. 예를 들면, '간다/읽는다/먹는다' 혹은 '생각한다/알다'와 같은 경우이다.

- 동사의 예시

    have(가지고 있다), make(만들다), take(가져가다), learn(배우다), enjoy(즐기다), win(이기다), understand(이해하다), clean(청소하다), begin(시작하다) 등

- 동사의 위치

    주어 뒤에 온다.

    He studies.

    She gets up early in the morning.

2. 품사의 서로의 관계

1) 형용사는 명사를 수식한다.

    a kind girl
    (형용사) (명사) → 형용사는 명사를 수식한다.

    an honest boy
    　(형용사) (명사) → 형용사는 명사를 수식한다.

2) 부사는 부사와 동사와 형용사, 그리고 문장 전체를 수식한다.

    very kind
    (부사) (형용사) → 부사는 형용사를 수식한다.

    get up late
    (동사) (부사) → 부사는 동사를 수식한다.

    very much
    (부사) (부사) → 부사는 부사를 수식한다.

    Fortunately, we live in a time of peace,
    　(부사)　　　　(문장) → 부사는 문장을 수식한다.

3) ~ing현재분사나 pp인 과거분사의 경우 형용사의 기능을 한다.

    a baby sleeping in a bed
    (명사)　(현재분사) → 현재분사는 형용사 역할을 하며 명사를 수식한다.

    a book written in German
    (명사) (과거분사) → 과거분사는 형용사 역할을 하며 명사를 수식한다.

4) 부사는 때로는 삽입의 요소로 작용한다.

　　I judged by his accent that he was a foreigner. 그의 말투로 그가 외국인이라고 판단했다.
　　　　　　(전명구: 부사구) → 전명구가 부사구 역할을 한다.

5) 부사는 자신이 제외되더라도 완전문이므로 항상 완전문과 이웃한다.

　　It was very well written. 그것은 매우 잘 작성되었다.
　　　　　　(부사) → 부사가 없더라도 나머지 부분이 완전문이다.

　　He often sits up all night. 그는 종종 밤을 샌다.
　　　　(부사) → 부사가 없더라도 나머지 부분이 완전문이다.

◆ 수식관계의 예

1. 명사

1) 명사는 형용사의 수식을 받는다.

　　a pretty girl 예쁜 소녀
　　　(형용사) (명사)

　　a deep river 깊은 강
　　　(형용사) (명사)

　　easy books 쉬운 책들
　　(형용사) (명사)

　　poor people 가난한 사람들
　　(형용사) (명사)

　　own bags 자신의 가방들
　　(형용사) (명사)

　　hot coffee 뜨거운 커피
　　(형용사) (명사)

　　a large room 큰 방
　　　(형용사) (명사)

　　a busy father 바쁜 아빠
　　　(형용사) (명사)

　　a popular singer 인기 있는 가수
　　　(형용사)　(명사)

2. 형용사

1) 명사를 수식한다.

a <u>dark</u> <u>night</u> 어두운 밤
(형용사) (명사)

a <u>steep</u> <u>hill</u> 가파른 언덕
(형용사) (명사)

a <u>logical</u> <u>result</u> 논리적인 결과
  (형용사) (명사)

a <u>vital</u> <u>role</u> 필수적인 역할
(형용사) (명사)

<u>extreme</u> <u>poverty</u> 극도의 가난
(형용사) (명사)

<u>accurate</u> <u>information</u> 정확한 정보
(형용사) (명사)

<u>artificial</u> <u>respiration</u> 인공호흡
(형용사) (명사)

<u>tropical</u> <u>climates</u> 열대기후
(형용사) (명사)

a <u>significant</u> <u>discovery</u> 중대한 발견
  (형용사) (명사)

2) 부사의 수식을 받는다.

<u>very</u> <u>deep</u> 매우 깊은
(부사) (형용사)

<u>highly</u> <u>significant</u> 대단히 중대한
(부사) (형용사)

<u>too</u> <u>much</u> 너무 많은
(부사)(형용사)

<u>really</u> <u>enjoyable</u> 정말로 즐거운
(부사) (형용사)

<u>fairly</u> <u>dry</u> 꽤 건조한
(부사) (형용사)

<u>always</u> <u>kind</u> 항상 친절한
 (부사) (형용사)

<u>almost</u> <u>impossible</u> 거의 불가능한
 (부사) (형용사)

<u>very</u> <u>pretty</u> 매우 예쁜
(부사) (형용사)

3. 부사

1) 부사는 동사를 수식한다.

come fast 빨리 온다
(동사) (부사)

often visit 자주 방문한다
(부사) (동사)

sometimes eat 때때로 먹는다
(부사) (동사)

always go 항상 간다
(부사) (동사)

sing together 함께 노래 부른다
(동사) (부사)

never stop 결코 멈추지 않는다
(부사) (동사)

go away 멀리 가다
(동사) (부사)

start soon 곧 출발한다
(동사) (부사)

take off 벗다
(동사) (부사)

finally left 마침내 떠났다
(부사) (동사)

reach late 늦게 도착한다
(동사) (부사)

rain suddenly 갑자기 비가 내린다
(동사) (부사)

live alone 홀로 살다
(동사) (부사)

go inside 안으로 들어가다
(동사) (부사)

read quickly 빨리 읽다
(동사) (부사)

solve easily 쉽게 풀다
(동사) (부사)

live abroad 해외에서 살다
(동사) (부사)

play outside 밖에서 놀다
(동사) (부사)

last forever 영원히 지속하다
(동사) (부사)

go ahead 앞으로 가다
(동사) (부사)

sit anywhere 어디든지 앉아라
(동사) (부사)

rarely happen 거의 일어나지 않는다
(부사) (동사)

2) 부사는 형용사를 수식한다.

too diligent 너무 부지런한
(부사) (형용사)

certainly true 확실히 사실인
(부사) (형용사)

partly right 부분적으로는 옳은
(부사) (형용사)

fairly easy 꽤 쉬운
(부사) (형용사)

pretty calm 꽤 조용한
(부사) (형용사)

sincerely grateful 진심으로 감사하는
(부사) (형용사)

3) 부사는 부사를 수식한다.

pretty well 꽤 잘
(부사) (부사)

very quickly 매우 빨리
(부사) (부사)

4) 부사는 문장 전체를 수식한다.

Fortunately, we got home before it started to rain.
(부사)　　　　　(문장 전체)
다행스럽게도 비가 내리기 전에 우리는 집에 도착했다.

Fortunately, he could pass the exam. 다행스럽게도 그는 시험에 통과할 수 있었다.
(부사)　　　　(문장 전체)

[CHAPTER 01 어법 문제유형 정리]

기본 문제 연습

1. He is carrying a (heavy / heavily) bag. 그는 무거운 가방을 나르고 있다.
   ➲ 명사를 수식하는 것은 형용사이므로 heavy가 적절하다.

2. (Almost / Mostly) every person came to the party. 거의 모든 사람들이 그 파티에 왔다.
   ➲ every people에서 every는 형용사이므로 형용사를 수식하는 부사인 almost가 적절하다.

3. He was (so / such) tired that he went to bed early.
   그는 너무나 피곤해서 그는 일찍 잠자리에 들었다.
   ➲ 형용사인 tired를 수식하는 것은 부사인 so이다.

4. I have never seen (so / such) a liar. 나는 그러한 거짓말쟁이를 본 적이 없다.
   ➲ 명사를 수식하는 것은 형용사인 such이다.

5. (Almost / Most) experts say eight hours of sleep is ideal.
   대부분의 전문가들은 8시간의 수면이 적당하다고 한다.
   ➲ 명사를 수식할 수 있는 것은 '대부분'의 의미인 형용사 의미일 때의 most이다.

6. Diet plays (importantly / important) roles in preventing disease.
   다이어트는 질병을 막는 데 있어 중요한 역할을 한다.
   ➲ roles의 명사를 수식하는 것은 형용사인 important가 적절하다.

7. It doesn't matter (where / what) he lives. 그가 어디에 살고 있는지는 중요하지 않다.
   ➲ lives인 동사를 꾸며주는 것은 부사이므로 여기서는 의문부사인 where이 적절하다.

8. Reading books in (poor / poorly) light does not ruin your eyes.
   어두운 조명에서 책을 읽는 것은 당신의 눈을 망치지 않는다.
   ➲ light라는 명사를 수식해야 하므로 명사를 수식하는 것은 형용사이므로 poor이 적절하다.

기출 문제 연습

1. Every place on the earth is different. Just like people, no two places can be (exact / exactly) alike. (모의)
   지구상의 모든 장소는 다르다. 사람들과 마찬가지로 어떠한 두 장소도 정확히 똑같을 수 없다.
   ➲ 뒤에 alike의 형용사가 와서 그 형용사를 꾸며주는 부사가 필요하므로 exactly가 적절하다.

2. Eleven languages are (official / officially) recognized. (모의)
   11개의 언어가 공식적으로 인정된다.
   ➲ ing현재분사나 pp의 과거분사는 기능적으로는 형용사 역할을 한다. 여기서는 형용사 역할을 하는 pp과거분사인 recognized를 수식하는 부사인 officially가 적절하다.

3. During (regularly / regular) scheduled meetings, members share their stories, stresses, feelings, issues, and recoveries. (모의)
   정기적인 만남에서, 구성원들은 자신들의 이야기, 스트레스, 감정, 문제점 그리고 극복 사례를 공유한다.
   ➲ 형용사 역할의 pp과거분사인 scheduled를 수식하는 것은 부사인 regularly가 적절하다.

4. The city of Pompeii is a (partially / partial) buried Roman town-city near modern Naples. (모의응용)
   Pompeii 도시는 현재의 Naples 근처에 있는, 부분적으로 묻힌 로마 타운시티다.
   ➲ 뒤의 형용사 성향의 pp인 과거분사 buried를 수식하는 품사는 형용사가 아니라 부사인 partially가 적절하다.

5. I came back with a (ten-dollar / ten-dollars) CD. (모의응용)
   나는 10달러짜리 CD를 사서 돌아왔다.
   ➲ ten dollar가 뒤의 CD를 수식해주는 형용사 역할을 하므로 's'가 없는 ten-dollar가 적절하다.

6. We can hear each other as (clear / clearly) as if we were in the same room. (모의응용)
   우리는 같은 방에 있으면 들을 수 있는 것만큼 분명히 서로의 말을 들을 수 있다.
   ➲ 동사인 hear를 수식해야 하므로 동사를 수식하는 부사인 clearly가 적절하다.

7. Corn is one of the most (wide / widely) grown food plants in the world. (모의응용)
   옥수수는 세계에서 가장 널리 재배되는 식용 작물 중의 하나이다.
   ➲ 형용사 역할을 하는 pp인 grown을 꾸며주는 부사인 widely가 적절하다.

8. There were (such / so) many children that her family had little money for movies and other 'going-out' activities. (모의응용)
   아이들이 너무 많아서 그녀의 가족은 영화나 다른 '외출' 활동을 할 돈이 거의 없었다.

➡ so는 부사로서 형용사를 수식하고 such는 형용사로서 명사를 수식한다. 따라서 여기서는 many를 수식하는 so가 적절하다.

9. Even if most of the people within a group are not especially well-informed or rational, it can still reach a (collective / collectively) wise decision. (모의응용)
비록 집단 내 대부분의 사람들이 특별히 박식하거나 합리적이지 않을지라도 집단적으로 현명한 결정에 이를 수 있다.
➡ 형용사를 수식하는 것은 부사이므로 여기서는 wise의 형용사를 수식하는 collectively의 부사가 적절하다.

10. On the other hand, free radicals move (uncontrollably / uncontrollable) through the body, attacking cells, rusting their proteins, piercing their membranes and corrupting their genetic code until the cells become dysfunctional and sometimes give up and die. (수능)
다른 한편으로, 활성 산소는 통제할 수 없을 정도로 신체를 돌아다니면서 세포를 공격하고, 세포의 단백질을 부식시키고 그들의 세포막을 뚫고 세포의 유전 암호를 변질시켜 마침내 그 세포는 제대로 기능을 하지 못하게 되고 때로는 포기하여 죽어 버린다.
➡ 부사인 uncontrollably가 동사인 move를 수식하는 구조이다. uncontrollable의 형용사가 동사를 수식할 수 없다.

11. An American man (accidentally / accidental) drops some rubber onto a hot stove and discovers how to process rubber. (모의응용)
한 미국 남자가 우연히 고무를 뜨거운 난로위에 떨어뜨리고 고무를 가공하는 방법을 발견하게 된다.
➡ drops의 동사를 수식하는 것은 부사이므로 부사인 accidentally가 적절하다.

12. A wide range of evidence shows that contact with nature enhances children's education, personal and social skills, and health and wellbeing, leading to the development of (responsibility / responsible) citizens. (모의응용)
광범위한 증거는 자연과의 접촉이 아이들의 교육, 개인적, 사회적인 기술, 그리고 건강과 안녕을 향상시켜주고, 책임감 있는 시민들의 성장으로 이어진다는 것을 보여준다.
➡ 명사인 citizens를 수식하는 것은 명사(responsibility)가 아니라 형용사이므로 형용사인 responsible이 적절하다.

13. People still love music, but most of them (apparently / apparent) don't feel the need to make it for themselves. (모의응용)
사람들은 여전히 음악을 좋아하지만, 그들 대부분은 아무래도 그것을 자기 스스로 만들 필요를 느끼지 않는 것 같다.
➡ 동사인 don't feel을 수식하는 것은 부사이므로 부사인 apparently가 적절하다.

마무리하고 넘어가기!

- 품사 간 서로의 관계는 너무나 중요하다.

- 명사는 그냥 단순히 이름이라 생각하고 형용사는 우리말의 'ㄴ'이나 '의'로 끝나는 단어이며 동사는 우리말의 '다'로 끝나는 말이며 그 외는 부사라고 생각하면 된다.

- 형용사는 명사를 수식하지만 부사는 명사를 제외하고는 모두를 수식한다고 보면 된다.

스스로 어법문제 만들어가기

1. People and animals eat basically the same food; the only difference is the way we prepare meals. But what makes us that special? Harvard professor, Richard Wrangham, thinks he knows the answer. He argues that **heated** foods are what allowed our ancestors to grow bigger brains and evolve into the **intelligent** creatures we are today. This means cooking was crucial to human evolution because it made digestion much more **efficient**, increasing the amount of energy our bodies derived from what we ate. (2012.11. 고1 모의고사)

   ➲ heated는 과거분사로서 형용사역할을 하므로 명사인 food를 수식하고 intelligent는 형용사로서 명사인 creatures를 수식하며 efficient는 형용사로서 명사인 digestion를 보충해주는 보어역할을 하고 있다.

   사람과 동물은 기본적으로 같은 음식을 먹지만, 유일한 차이는 우리가 식사를 준비하는 방식이다. 그러나 무엇이 우리를 그토록 특별하게 만드는가? Harvard 대학교 교수인 Richard Wrangham은 그 답을 알고 있다고 생각한다. 그는 익힌 음식이 우리 조상으로 하여금 뇌가 더 커지도록 그리고 오늘날의 지적인 동물로 진화하도록 해 준 것이라고 주장한다. 이것이 의미하는 바는 요리가 인간 진화에 중요했다는 것인데, 그 이유는 요리하는 것이 소화를 훨씬 더 효율적으로 만들어 우리 몸이 우리가 먹는 것으로부터 얻어내는 에너지의 양을 증가시켰기 때문이다.

CHAPTER 01 어법 문제유형 정리

 ## 47 부정사의 부사적 이해

to부정사의 부사적 용법은 다음 여섯 가지로 나눌 수 있는데 이 부사적 용법은 to부정사가 부사적 기능을 한다는 의미이며 이 to부정사가 없더라도 나머지만으로도 완전한 문장이 된다.

독해를 할 때 가장 빈번히 접하는 부정사의 용법이기에 반드시 익혀두어 독해에 활용하기 바란다.

I studied hard <u>to pass the exam</u>. (행위: ∼하기 위한 목적의 to)
나는 시험에 합격하기 위하여 열심히 공부했다.
⊃ to부정사의 목적을 위하여 어떤 행위를 하는 경우인데 독해에서 가장 많이 나오는 구조이다.

I am glad <u>to meet you</u>. (감정: 원인의 to)
나는 너를 만나서 기쁘다.
⊃ 감정의 의미가 있으면 그 감정의 원인이 나오기 마련이다. 감정은 스스로 생겨나는 게 아니라 반드시 어떤 원인에 의해서 생긴다. 따라서 감정의 의미가 나오고 그 이후에 to부정사가 나오면 그것은 감정의 원인이 된다.

He must be smart <u>to solve the problem</u>. (사람의 성향: 판단의 to)
그가 그 문제를 풀다니 똑똑함에 틀림없다.
⊃ 사람의 성향을 판단할 때도 그 판단의 근거가 있어야 한다. 따라서 사람의 성향이 나오고 그 이후의 to부정사는 그 판단의 근거가 된다.

This river is dangerous <u>to swim in</u>. (형용사 수식: ∼하기에의 정도의 to)
이 강은 수영하기에 위험하다.
⊃ 어떤 형용사의 의미의 상태가 나오면 그다음에 나오는 to부정사는 정도의 의미가 된다. 즉 'to부정사하기에 형용사의 상태다'라는 의미이다.

He grew up <u>to be a teacher</u>. (행위나 과정의 결과의 to)
그는 자라서 결과적으로 선생님이 되었다.
⊃ 무의지동사 다음에 to부정사가 오거나 only to, 혹은 fail to, 혹은 never to 부정사가 나왔을 때는 결과로 해석이 된다. 동사의 행위가 시간적으로나 원인적 의미의 과정에서 to부정사의 행위를 결과로 해석한다.

I would be happy, <u>to meet her</u>. (조동사: 조건의 to)
그녀를 만난다면 기쁠 텐데.
⊃ 본동사가 조동사와 결합해 있으면, to부정사는 조건의 의미를 나타낸다고 보면 된다.

◆ to부정사의 부사적 용법의 의미 파악하기

1. The students were excited <u>to see the star actor</u>. 학생들은 그 인기배우를 보고 너무 기뻤다.
   ⇨ ~해서 (감정의 원인)

2. He gets up early in the morning <u>to take a walk</u>. 그는 산책하기 위하여 아침에 일찍 일어난다.
   ⇨ ~하기 위하여 (목적)

3. We were glad <u>to hear the news</u>. 우리는 그 소식을 들어서 기뻤다.
   ⇨ ~ 때문에 (감정의 원인)

4. They were disappointed <u>to lose the game</u>. 그들은 게임에 져서 실망했다.
   ⇨ ~ 때문에 (감정의 원인)

5. I studied hard, <u>only to fail</u>. 나는 열심히 공부했으나 실패했다.
   ⇨ 행위 이후의 결과 (나타난 결과)

6. The problem is too difficult for me <u>to solve</u>. 그 문제는 내가 풀기에는 너무 어렵다.
   ⇨ 형용사를 수식 ('~하기에는'의 정도를 나타냄)

7. I was too sick <u>to study</u>. 나는 너무 아파서 공부를 할 수 없었다.
   ⇨ 형용사를 수식 ('~하기에는'의 정도를 나타냄)

8. He grew up <u>to be a movie director</u>. 그는 자라서 영화감독이 되었다.
   ⇨ 행위 이후 (나타난 결과)

9. He woke up <u>to find himself famous</u>. 그는 깨어나서 그자신이 유명한 것을 알았다.
   ⇨ 행위 이후 (나타난 결과)

10. This stone is too heavy for him <u>to carry</u>. 이 돌은 그가 들어 올리기에는 너무 무겁다.
    ⇨ 형용사를 수식 ('~하기에는'의 정도를 나타냄)

11. <u>To hear him speak</u>, she will think that he is a foreigner.
    그가 말하는 것을 들어본다면, 그녀는 그가 외국인이라고 생각할 것이다.
    ⇨ ~한다면 (조건)

12. This house is too small <u>to live in</u>. 이 집은 살기에 너무 작다.
    ⇨ 형용사를 수식 ('~하기에는'의 정도를 나타냄)

13. She is too young <u>to marry</u>. 그녀는 결혼하기에는 너무 어리다.
    ⇨ 형용사를 수식 ('~하기에는'의 정도를 나타냄)

14. She must be a fool <u>to say so</u>. 그런 말을 하다니 그 여자는 바보임에 틀림없다.
    ⇨ ~하다니 (판단의 근거)

15. He awoke to find himself in a strange room. 깨어 보니 그는 낯선 방에 있었다.
   ⊃ 행위 이후 (나타난 결과)

16. He lived to be eighty. 그는 여든 살까지 살았다.
   ⊃ 행위 이후 (나타난 결과)

* too ~ to = so ~ that ~ can not
  enough to = so ~ that ~ can

He is too busy to go to the party.
= He is so busy that he can't go to the party.
그는 너무 바빠서 그 파티에 갈 수 없다.

This coffee is too hot for her to drink.
= This coffee is so hot that she can't drink it.
그 커피는 너무나 뜨거워서 그녀는 마실 수가 없다.

He is smart enough to know the difference.
= He is so smart that he can know the difference.
그는 매우 영리해서 그 차이점을 알 수 있다.

The room was big enough for us all to sleep in.
= The room was so big that we all could sleep in it.
그 방은 매우 커서 우리 모두가 잘 수 있었다.

기출 예문 연습

1. He begged for money **to keep** himself warm and fed. (모의)
   그는 몸을 따뜻하게 하고 먹을 것을 해결하기 위해 돈을 구걸하였다.
   ➲ 여기서의 to부정사는 어떤 목적을 위하여 어떤 행위를 했다는 '목적의 의미'이다.

2. Plastics are used **to make** clothes, parts for cars, and many other products. (모의)
   플라스틱은 옷, 자동차 부품, 많은 제품을 만들어내기 위해 사용될 수 있다.
   ➲ 여기서의 to부정사는 어떤 목적을 위하여 어떤 행위를 한다는 '목적의 의미'이다.

3. An important quality of plastics is that they are easy **to shape**. (모의)
   플라스틱의 중요한 성질은 모양을 만들기가 수월하다는 점이다.
   ➲ to부정사의 행위를 하기에는 어떠하다는 의미의 형용사(easy)수식의 부정사이다.

4. Some rushed to the roads **to escape**, and others hid in their basements. (모의)
   어떤 사람들은 대피하기 위해서 도로로 몰려 나왔고, 다른 사람들은 지하실에 숨기도 하였다.
   ➲ 여기서의 to부정사는 어떤 목적을 위하여 어떤 행위를 했다는 '목적의 의미'이다.

5. I arrived at Portland airport **to discover** that her flight had been delayed. (모의)
   나는 Portland 공항에 나갔지만 비행기는 지연되었다.
   ➲ to부정사가 어떠한 행위 후에 결과적으로 발생한 결과적 의미이다.

6. Sometimes we find a piece of writing hard **to understand** and we need to make the meaning clear, which is possible through simulation. (모의)
   때때로 우리는 어떤 글이 이해하기 어렵다는 것을 발견하게 되며 그 의미를 분명하게 해야 하는데, 그것은 시뮬레이션을 통해 가능하다.
   ➲ to부정사의 행위를 하기에는 어떠하다는 의미의 형용사(hard)수식의 부정사이다.

7. Many of the biggest stars in sports are tough **to deal with** and rarely does an agent develop a connection with them during the first encounter. (모의)
   스포츠에서 최고의 스타 선수 중 많은 선수들은 대하기 힘들고, 첫 만남 동안 에이전트가 그들과 관계를 발전시키는 일은 거의 없다.
   ➲ to부정사의 행위를 하기에는 어떠하다는 의미이다. to부정사가 뒤에서 형용사(though)를 수식하는 형태로 나타난다.

8. Each time a patient needs to have a wound dressing removed **to check** for infection, the healing process is interrupted and germs can get in. (모의)
   환자의 감염 점검을 위해 상처의 드레싱을 제거할 때마다 치료 과정은 방해받고 세균이 침투할 수 있다.
   ➲ 여기서의 to부정사는 어떤 목적을 위하여 어떤 행위를 한다는 '목적의 의미'이다.

9. A track racing bicycle has only essential parts **to keep** its weight down. (모의)
경륜용 자전거는 무게를 가볍게 유지하기 위해 필수적인 부분만으로 이루어져 있다.
  ⊃ 여기서의 to부정사는 어떤 목적을 위하여 어떤 행위를 하거나 상태를 유지하는 '목적의 의미'이다.

10. 'Why are you depressed most of the time?' He answered, 'I was a fool **to make** such a mistake. (모의)
사람들이 '왜 늘 우울해요?'라고 물어보았을 때, 그는 대답했다. '그런 실수를 저지르다니 저는 바보였어요.'
  ⊃ 성향을 나타내는 경우 판단의 근거를 to부정사를 통하여 표현하는 방식이다.

11. Suppose you come home from school **to find** a cushion torn apart on the living room floor. (모의)
학교에서 집으로 돌아왔는데 쿠션이 거실 바닥에 갈가리 찢어진 채로 있는 것을 발견했다고 가정해 보라.
  ⊃ 어떠한 행위 후에 결과적으로 발생한 결과적 의미를 to부정사로 표현한 형태이다.

12. The parents found the couple together on a beach one day, and **to prevent** them from being together, one of the families moved to the mountains, separating the young couple forever. (모의)
어느 날 그 부모들은 그 연인들이 해변에 함께 있는 것을 보았고, 그들이 함께 있는 것을 막기 위하여 가족들 중 한 명이 산으로 가서 그 연인들을 영원히 떨어뜨려 놓았다.
  ⊃ 여기서의 to부정사는 어떤 목적을 위하여 어떤 행위를 했다는 '목적의 의미'이다.

13. When the body mobilizes **to fight** off infectious agents, it generates a burst of free radicals to destroy the invaders very efficiently. (모의)
감염원(infectious agents)과 싸워 물리치기 위해 신체가 동원될(mobilizes) 때, 그것(신체)은 침입자들(the invaders)을 매우 효율적으로 파괴하기 위해 한바탕 활성 산소(a burst of free radicals)를 생산한다.
  ⊃ 여기서의 to부정사는 어떤 목적을 위하여 어떤 행위를 한다는 '목적의 의미'이다.

완전문/불완전문의 이해

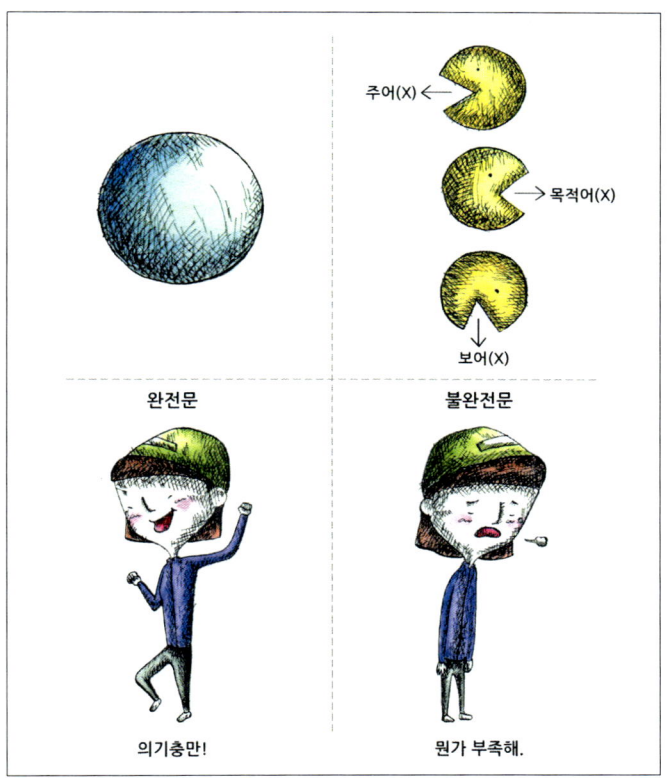

영어에서 완전문/불완전문이란 항상 명사와 관련되며
이 명사가 만들어내는 주어나 목적어 혹은 보어가 빠진 경우 불완전문이라 하고
이러한 세 가지의 요소가 되는 필요한 명사가 빠짐이 없는 경우 완전문이라 한다.

명사라는 말이 붙은 품사는 그 자신이 빠지고 나면 불완전문이 된다.
예컨대, 관계대명사절이나 복합관계대명사절에 있어서 관계대명사(which)나 복합관계대명사(whatever) 자체가 빠지면 남은 부분은 불완전문(the book which I bought... 불완전문 / whatever she wants... 불완전문)이 된다.

그리고 부사라는 말이 붙은 품사는 그 자신이 빠지더라도 완전문이 된다.
예컨대, 관계부사절은 관계부사(where)자신이 빠지더라도 완전문이 된다.
 (the house where I live... 완전문)

* 혹, 사과 같은 것을 먹다가 베어 먹은 사과의 모습에서 영어문장의 불완전문을 연상하라.

1. 불완전문의 의미

주어나 목적어 중 하나가 없는 경우를 불완전문이라고 한다. 드물게는 보어가 없는 경우의 불완전문도 있다. 목적어는 타동사의 목적어와 전치사의 목적어 두 가지가 있다.

I love Sujin. (타동사의 목적어)
I love (×) 타동사의 목적어가 없으므로 불완전문
I think of Sujin . (전치사의 목적어)
I think of (×) 전치사의 목적어가 없으므로 불완전문
I(주어) love her.
(×) love her. 동사의 주어가 없으므로 불완전문

2. 부사는 완전문과 친구, 명사는 불완전문과 친구

부사는 문장의 구성부분인 주어, 보어, 목적어가 될 수 없으므로 그 부사가 없더라도 문장의 구성에는 문제가 없기 때문에 그 부사를 제외한 나머지는 완전문이다. 그러나 명사는 문장의 주요 구성요소이기 때문에 빠지면 불완전문이 된다.

He gets up early.
　(완전문)　(부사) → 부사를 없애더라도 완전문(He gets up.)

The work was well planned.
　　　　　　　(부사) → 부사를 없애더라도 완전문(The work was planned.)

The new house is nearly finished.
　　　　　　　　　(부사) → 부사를 없애더라도 완전문(The new house is finished.)

Tom loves her.
(명사) → 명사를 없애면 불완전문 (loves her)

I love Tom.
　　　(명사) → 명사를 없애면 불완전문 (I love)

3. 관계대명사는 불완전문과 친구

관계대명사는 문장의 성분인 명사이므로 이 명사가 없으면 관계대명사를 제외한 그 뒤의 나머지는 불완전문이 된다.

He is the man who wants to meet you. 그가 너를 만나고 싶어 하는 사람이다.
(관계대명사) (불완전문) → 관계대명사를 없애면 뒤는 불완전문 (wants to meet you)

This is a book which I am reading. 이것이 내가 읽고 있는 책이다.
(관계대명사) (불완전문) → 관계대명사를 없애면 뒤는 불완전문 (I am reading)

4. 관계부사는 완전문과 친구

부사는 문장의 구성부분인 주어나 보어 그리고 목적어가 될 수 없고 관계부사 역시 부사의 일종이므로 그 관계부사가 없더라도 그 뒤에 오는 나머지 부분은 완전문이다.

Sunday is the day when I go to church.
(관계부사) (완전문) → 관계부사를 없애면 완전문 (I go to church)

This is a house where I once lived.
(관계부사) (완전문) → 관계부사를 없애면 완전문 (I once lived)

This is the reason why I got angry.
(관계부사) (완전문) → 관계부사를 없애면 완전문 (I got angry)

This is the way that I solved the problem.
(관계부사) (완전문) → 관계부사를 없애면 완전문 (I solved the problem)
that은 관계부사 how의 대용

5. 복합관계대명사는 불완전문과 친구/ 복합관계부사는 완전문과 친구

복합관계대명사는 역시 대명사이므로 이 복합관계대명사를 제외하고 나면 뒤의 나머지 부분은 불완전문이 된다.

Whoever wants to attend the meeting may come.
(복합관계대명사) (불완전문)

Whichever you choose, you may take it.
(복합관계대명사) (불완전문)

Whatever she does, I will help her.
(복합관계대명사) (불완전문)

Wherever you go, I can find you.
(복합관계부사) (완전문)

Whenever you come, I will welcome you.
(복합관계부사) (완전문)

6. to부정사의 부사적 용법은 완전문과 친구

to부정사가 부사적 역할을 하는 경우 나머지 부분은 완전문이 된다.

I went to the station to see her off.
　　(완전문)　　(to부정사의 부사적 용법)

I am glad to meet you.
　(완전문)　(to부정사의 부사적 용법)

7. 접속사 뒤에는 완전문

접속사는 원래의 문장 앞에 오는 경우이므로 문장은 원칙적으로 완전문이므로 따라서 접속사 뒤에는 완전문이 온다.

I think that he is honest.
　　　(접속사)　(완전문)

When the phone rang, my baby woke up.
(접속사)　　(완전문)

◆ 완전문, 불완전문 이해하기

1. I bought a book.
　　　(완전문)
　a book which / I bought (목적어)
　　(관계대명사) (타동사의 목적어 없는 불완전문)

2. I live in the house.
　　　(완전문)
　the house where / I live
　　　(관계부사) (완전문)
　the house which / I live in
　　　(관계대명사) (전치사의 목적어 없는 불완전문)

3. Students clean the school.
　　　(완전문)
　students who / clean the school
　　(관계대명사) (주어 없는 불완전문)

4. The man runs the hotel.
　　　(완전문)
　　The man who / runs the hotel
　　　　(관계대명사) (주어 없는 불완전문)

5. I sit on the chair.
　　　(완전문)
　　a chair which / I sit on
　　　(관계대명사) (전치사의 목적어 없는 불완전문)
　　a chair in which / I sit
　　　(전치+관계대명사) (완전문)
　　a chair where / I sit
　　　(관계부사) (완전문)

6. I want to see the woman.
　　　(완전문)
　　the woman whom / I want to see
　　　(관계대명사) (타동사의 목적어 없는 불완전문)

7. She fell in love with the man.
　　　(완전문)
　　the man whom / she fell in love with.
　　　(관계대명사) (전치사의 목적어 없는 불완전문)
　　the man with whom / she fell in love
　　　(전치사 + 관계대명사)　(완전문)

8. He recommended the hotel to us.
　　　(완전문)
　　the hotel which / he recommended to us
　　　(관계대명사) (타동사의 목적어 없는 불완전문)

9. what / you need to do to make your dreams come true
　　(관계대명사)　　(타동사 do의 목적어 없는 불완전문)

10. the age when / you are able to live by yourself.
　　　(관계부사)　　　(완전문)

11. I meet her sister whenever / I visit her.
　　　　　(복합관계부사)　(완전문)

12. He understands very well whatever / he reads.
　　　　　　　　(복합관계대명사) (타동사의 목적어 없는 불완전문)

13. This is what / he said.
　　　(관계대명사) (타동사의 목적어 없는 불완전문)

기본 문제 연습

1. I don't know what kind of job (they want / they want it) most.
   나는 그들이 어떤 직업을 가장 가지고 싶은지를 모른다.
   ➲ what kind of job은 의문대명사이므로 이 의문대명사 뒤에는 불완전문이 온다. 여기서는 불완전문인 they want가 적절하다.

2. I asked him (how / what) I could fix the leak in the sink.
   나는 그에게 어떻게 그 싱크대의 누수를 고칠 수 있는지를 물었다.
   ➲ 완전문(I could fix the leak in the sink)이 왔으므로 앞에는 의문부사가 와야 한다. 따라서 how가 적절하다.

3. Do you know (what / if) he will come here tonight. 너는 그가 오늘밤 올지 안 올지를 아니?
   ➲ 뒤에 완전문이 왔으므로 접속사인 if가 와야 한다.

4. They found (that / which) the more complicated people thought their diet plan was, the sooner they were likely to drop it.
   그들은 사람들이 자신들의 다이어트 계획이 더 복잡하다고 생각할수록 더 빨리 포기하게 된다는 점을 알아냈다.
   ➲ the more 이하가 완전문이므로 완전문을 받는 것은 접속사인 that이므로 이 that이 적절하다.

5. I didn't know (that / which) that river was so deep. 나는 그 강이 그렇게 깊은 줄 몰랐다.
   ➲ 뒤의 that river was so deep가 완전문이므로 완전문을 이끄는 접속사인 that이 적절하다.

6. I asked (how / which) he could carry this heavy box.
   나는 그가 이러한 무거운 박스를 어떻게 나를 수 있는지를 물었다.
   ➲ he could carry this heavy box는 완전문이므로 완전문을 이끄는 의문부사인 how가 적절하다.

기출 문제 연습

1. We all know (which / that) oranges have white skins inside of the colored peel. (모의응용)
   우리 모두는 오렌지의 노란 껍질 속에 하얀 속껍질이 있다는 것을 알고 있다.
   ➲ 접속사인 that 뒤에는 완전문이 오므로 여기서는 that이 적절하다. 관계대명사인 that 뒤에는 불완전문이 온다.

2. It's a message (what / that) you should do something differently before the next test. (모의응용)
   그것은 다음 시험 전에 무엇인가를 다르게 해야 한다는 메시지이다.
   ➲ you~는 완전문이므로 완전문을 받는 접속사는 여기서는 동격의 that이므로 that이 적절하다.

3. Johnson moved to London, (which / where) he supported himself through journalism, gradually acquiring a reputation. (모의응용)
   Johnson은 런던으로 이사했고, 저널리즘으로 생계를 유지하며, 점차적으로 명성을 얻기 시작했다.
   ➲ he ~는 완전문이므로 관계부사인 where이 적절하다. which는 뒤에 불완전문이 온다.

4. An increasing number of self-help groups have emerged in recent years. These voluntary groups (which / in which) people share a particular problem are often conducted without a professional therapist. (모의응용)
   최근 몇 년간 스스로 치료하는 사람들의 모임이 점점 더 증가하고 있다. 특정 문제를 공유하는 이러한 자발적인 모임들은 흔히 전문 치료사 없이 운영된다.
   ➲ people share a particular problem의 완전문이 왔으므로 완전문을 뒤에 받는 전치사 + 관계대명사인 in which가 적절하다.

49. 전명구의 이해

'전치사 + 명사'를 전명구라 한다. 전명구란 이 둘의 앞자인 '전'과 '명'을 합쳐 '전명'이라 하고 두단어 이상이므로 '구'라는 말을 붙여 '전명구'라 이름을 붙인 것이다. 이 전명구의 기능은 형용사 역할을 하는 형용사구와 부사 역할을 하는 부사구의 두 종류가 있다. 이 전명구는 항상 왼쪽으로만 관심을 두게 되는 왼쪽만 바라보는 눈을 가진 왼쪽 눈박이라고 생각하자.

There is <u>a book</u> <u>on the desk</u>. 책상 위에 책이 한 권 있다.

여기서 on은 전치사이며 the desk는 명사로서 이 둘을 합친 구조가 전명구인 on the desk이다. 이 전명구인 on the desk는 반드시 왼쪽으로 바라보는 왼쪽 눈박이로서 형용사구로 취급이 되든 부사구로 취급이 되든 왼쪽의 어구와 관련이 있다는 것이다. 여기서는 '책상 위에'라는 의미의 장소를 말하는 부사구의 역할을 하며 동사인 is와 관련이 있다.

<u>The book</u> <u>on the desk</u> is mine. 책상 위의 그 책은 나의 것이다.

여기서 전명구인 on the desk는 전명구로서 왼쪽만 바라보는 왼쪽 눈박이로서 앞의 명사인 the book을 수식하는 형용사구의 역할을 한다.

독해를 할 때 가장 많이 등장하는 어구가 전명구이므로 전명구는 항상 한 단위로 묶어서 이해하는 습관을 들이도록 한다.

◆ 기본 예문

a. 방향
  1. come <u>from</u> the school 학교로부터 오다
  2. go <u>to</u> the school 학교에 가다
  3. leave <u>for</u> the school 학교를 향해 떠나다
  4. run <u>toward</u> the school 학교 쪽으로(막연한 방향) 달리다
  5. stare <u>at</u> the school 학교 쪽을 바라보다
  6. flow <u>through</u> the school 학교를 관통하여 흐르다
  7. the park <u>across</u> from the school 학교 건너 공원

8. go into the school 학교 안으로 걸어가다
9. come out of the school 학교 바깥으로 나오다
10. walk round the school 학교 주변을 걷다
11. stand around the school 학교를 둘러싸고 서 있다
12. about the school 학교 주위에
13. walk along the street 거리를 따라 걷다

b. 위치

1. a bird flying above the tree 나무 위 날아다닌 새(상대적인 위)
2. a cloth over the desk 책상 위 보(on보다 위)
3. the book on the desk 책상 위 책(접촉)
4. a fly on the ceiling 천장에 붙어 있는 파리(접촉)
5. a flower garden beneath the wall 벽 아래 화단(접촉)
6. a cat under the desk 책상 아래 고양이(beneath보다 아래)
7. his classroom below our classroom 우리 교실 아래 그의 교실 (상대적인 아래)
8. a flower garden behind our classroom 우리 교실 뒤 화단
9. the bank before my school 나의 학교 앞 은행
10. near the station 역 가까이에(보편적인)
11. by me 내 옆에 (우연한 접근의 옆, beside 보다는 더 가까이)
12. beside me 내 곁에 (우연한 접근의 옆)
13. The woman is at the well. 그 여자가 우물 옆에 있다. (목적적인 접근의 옆)
14. next to me 내 옆에
15. between two friends 두 친구들 사이 (둘 사이)
16. among three friends 세 친구들 사이 (셋 이상 사이)

c. 시간

1. get up at seven 7시에 일어난다(짧은 시간).
2. was born in 2000 2000년도에 일어났다(긴 시간).
3. go to church on Sunday 일요일에 교회간다.
4. came back before a week 일주일 전에 돌아왔다.
5. will come back within a week 일주일 이내에 돌아올 것이다.
6. will come back after a week 일주일 후에 돌아올 것이다.
7. will come back in a week 일주일 만에 돌아올 것이다.
8. finished my homework by six 여섯시까지 나의 숙제를 완료했다(특정기간까지 완료)
9. waited till six 여섯시까지 계속 기다렸다(특정기간까지 계속)

10. over the next six months 다음 6개월에 걸쳐
11. for a month 한 달 동안(숫자기간)
12. during this summer vacation 이번 여름방학 동안(특정기간)
13. through this summer vacation 이번 여름방학 내내
14. since 2013 2013년 이후로 계속

d. 이유
1. because of rain 비 때문에
2. on account of rain
3. owing to rain
4. due to rain
5. shiver from cold 추위 때문에(직접원인) 떨다
6. run away through fear 두려움을 거쳐서(원인이 되어: 간접원인) 도망치다
7. got lost through not knowing the way 길을 알지 못하는 것을 거쳐서(원인이 되어) 길을 잃다
8. conceals the fact through shame 부끄러움을 거쳐(때문에) 사실을 숨기다
9. can't see anything for the fog 안개 때문에 아무 것도 안 보인다
10. be dismissed for neglecting one's duties 직무를 태만히 한 것 때문에 해고되다
11. cried for pain 고통 때문에 울었다
12. can't sleep for the cold 추위 때문에 잠들 수 없다
13. blamed me for the delay 늦은 것 때문에 나를 비난했다
14. eyes dim with tears, 눈물 때문에 침침해진 눈
15. shake with cold 추위 때문에 떨다
16. faint with hunger 굶주림 때문에 정신을 잃다
17. tremble with fear 공포 때문에 떨다
18. is down with fever 열 때문에 쓰러지다
19. was silent with shame 창피함 때문에 말도 안 나왔다

e. 장소
1. live in Seoul 서울에 살고 있다 (안의 장소)
2. stand at the door 문가에 서있다 (지점)
3. have lunch on the train 열차에서 점심을 먹다 (표면 위 장소)

f. 양보 (in spite of/despite/with all/for all… : ~에도 불구하고)
1. went out in spite of the heavy rain 많은 비에도 불구하고 밖으로 나갔다
2. is very well despite his age 노령임에도 불구하고 매우 정정하다

g. 관해
1. talk <u>about</u> business 사업에 관해 이야기를 하다 (일반적인 것에 관해)
2. a book <u>on</u> international relations 국제관계에 관한 책 (학술적인 것에 관해)
3. talk <u>over</u> the matter with 그와 그 일에 관해(장시간의 토론, 논쟁) 서로 이야기하다.
4. <u>concerning</u> the matter 그 문제에 관하여
5. documents <u>regarding</u> international laws 국제법에 관한 문서

h. 제외하고
1. are all ready <u>except</u> you 너를 제외하곤 모두 준비가 돼 있다.
2. do anything <u>but</u> work 일을 제외하곤 무엇이든 한다.

I. 변화
1. The house is made <u>of</u> wood.
    그 집은 나무로 이루어져 있다. (나무가 집으로 바뀔 때 질이 변하지 않음)
2. Wine is made <u>from</u> grapes.
    포도주는 포도로 만들어진다. (포도가 포도주로 바뀔 때 질이 변함)
3. Flour is made <u>into</u> bread.
    밀가루를 빵으로 만들다. (단순히 밀가루라는 원료가 빵이라는 제품으로 바뀜)

j. 추가
1. writes well <u>in addition to</u> being a teacher of Korean.
    국어 선생인데 추가적으로 문장력도 훌륭하다.
2. <u>besides</u> studying English 영어를 공부하는 것 외에도

◆ of에 대한 이해

of의 대표적 의미는 불가분의 관계이다. 우리의 삶은 모두가 불가분의 관계와 관련되어있기에 그만큼 많은 의미와 유형의 복잡한 구조를 가지고 있다. 따라서 이러한 의미를 가지고 있는 of 역시 복잡한 것은 당연하다.

1. 의미적 이해
   비유: 내가 사는 곳 of 지구 전체
   서로 불가분의 관계 / 지구 전체는 존재감 바로 그 자체 / 지구전체는 바탕 / 지구전체 중에 내가 사는 곳은 부분
   지구전체가 때로는 내가 사는 곳에 문제의 원인이 됨

2. 형태적 이해
   명사 of 명사   ~의, ~중에
   동사 of ~   ~에 대하여
   형용사 of ~   ~을, ~에 대하여
   단위 명사 of   ~순차적인 해석

1) 전체 중에 부분의 둘 사이는 불가분의 관계이다.
   one of ten 열 개 중의 하나
   a friend of mine 나의 친구 중의 한 명

2) 붙어 있으므로 역시 떨어진다는 의미도 함께 지니고 있다.
   clear the street of snow 거리의 눈을 치우다
   be free of debt 빚이 없다

3) 행위나 상태가 ~에 바탕이나 원인을 두고 있다는 의미 역시 불가분의 관계이다.
   be made of wood 나무로 만들어진
   a ring of pure gold 순금으로 만들어진 반지
   a map of Korea 우리나라 지도
   die of cancer 암 때문에 죽다

4) 전체와 부분이 서로 등가적인 불가분일 때는 동격을 이룬다.
   the city of Seoul 서울이라는 도시
   a way of sending an e-mail 이메일을 보내는 것에 대한 방법

5) of 이하가 소유 / of 이하를 소유
   the lid of the bottle 병의 뚜껑
   a member of the team 팀의 일원

the history of the temple 그 사원의 역사
a man of ability 능력을 가진 사람
a cup of coffee 커피 한 잔

6) of 이하가 <u>행위자나 혹은 행위대상</u>
the death of his uncle 그의 삼촌의 죽음
love of God 신에 대한 사랑
the role of a teacher 교사의 역할
think of her 그녀에 대해 생각
know of the fact 사실에 대해 아는

7) of 이하가 <u>기준점, 출처</u>
within a mile of my school 내 학교로부터 1마일 안에서
the month of her birth 그녀가 태어난 달

◆ of 구조의 연습

1. do this in the name <u>of</u> others 타인의 이름으로 이것을 행하다
2. one <u>of</u> the workers at the animal center 동물센터에서 근무하는 사람들 중의 하나
3. more objective view <u>of</u> what is happening in your family
   너의 가정에서 일어나고 있는 일에 대해 더 객관적인 시각
4. most <u>of</u> all 무엇보다도
5. singing of birds, murmuring <u>of</u> a stream, whispering of the wind, and happy talking of people
   새가 지저귀고, 시냇물이 졸졸 흐르고, 바람이 속삭이고, 사람들이 행복하게 이야기를 나누는 것
6. have dropped out <u>of</u> school 학교를 중퇴했다
7. your baby's main form <u>of</u> communication. 아기의 주된 의사소통 형태
8. to meet the needs <u>of</u> local people. 지역 주민들의 필요를 충족시키기 위해
9. break out <u>of</u> your box. 상자를 부수고 밖으로 나오다
10. were the least likely to volunteer <u>of</u> all the age groups
    모든 연령 집단 중에서 봉사활동을 가장 적게 하는 경향을 보였다.
11. work out <u>of</u> fear or selfish desire 공포나 이기적인 욕망 때문에 일을 한다
12. in placing his pupils in positions <u>of</u> power in government
    자신의 제자들을 정부 요직에 앉히는 데
13. during the final hour <u>of</u> flight, 착륙 한 시간 전부터

CHAPTER 01 어법 문제유형 정리

14. predators with experience of skunks 스컹크에 대한 경험이 있는 육식 동물들
15. an historically important method of producing images on paper
    종이 위에 이미지를 만들어내는 역사적으로 중요한 방법
16. the practice of carving a design into a hard, usually flat surface,
    단단하고 일반적으로 평평한 표면에 깊은 선을 파서 디자인을 새기는 과정
17. in the crossing of that stretch of the Sahara 그렇게 뻗어 있는 사하라 지역을 횡단하다가
18. in all areas of knowledge necessary to the education of a fine lady
    숙녀의 교육에 필요한 모든 지식 분야에
19. one of the best ways to replace snowboarding
    스노우보딩을 대체할 가장 좋은 방법들 중 하나
20. people with a more practical view of relationships
    이성 관계에 대해 좀 더 현실적인 관점을 가지고 있는 사람들
21. regular reminders of my dreams
    나의 꿈을 지속적으로 상기시켜 주는 것
22. the number of people texting while driving
    운전 중에 문자를 보내는 사람들의 숫자
23. awareness to the dangers of distracted driving.
    주의가 산만한 운전의 위험성에 대한 인식
24. the story of a naive young man from Alabama with a good heart
    착한 성품을 지닌 Alabama의 한 순진한 청년에 대한 이야기
25. one of the best reasons for studying languages 언어를 연구하는 최선의 이유중 하나

기본 예문 연습

1. **In most cases** sound reaches the ear **through the air**.
      (전명구)   (전명구)
   (전명구의 부사구)   (전명구의 부사구)
   대부분의 경우에 있어   공기를 통하여
   대부분의 경우, 소리는 공기를 통해 귀에 도달한다.

2. We know **about the digital miracles** brought **by the smartphone**.
                 (전명구)   (전명구)
         (전명구의 부사구)   (전명구의 부사구)
        디지털 기적에 대해   스마트폰에 의해
   우리는 스마트 폰이 가져온 디지털 기적에 대해 알고 있다.

3. The airport was just a mile **from the beautiful white sand beach**.
                                 (전명구)
                        (전명구의 부사구)
                   아름다운 백사장 해변으로부터
   공항은 아름다운 백사장 해변으로부터 단지 1마일 떨어져 있었다.

4. **In most situations**, social proof is very useful.
      (전명구)
   (전명구의 부사구)
   대부분의 상황에서
   대부분의 상황에서 사회적 증거는 아주 유용하다.

5. He was a real human being, **a man with a serious, kind face**.
                                     (전명구)
                  (전명구의 형용사구) 전명구가 앞의 명사를 수식하는 형용사 기능
                남자   진지하고 친절한 얼굴을 가진
   그는 진지하고 친절한 얼굴을 가진 남자로, 실존 인물이었다.

6. You have many important tasks **before you**.
                              (전명구)
                       (전명구의 부사구)
                       당신 앞에
   당신 앞에 많은 중요한 과업들이 있다.

7. Even a **small disruption in the routine** can create a fresh approach.
                             (전명구)
                    (전명구의 형용사구) 전명구가 앞의 명사를 수식하는 형용사기능
         작은 파괴   일상에서의
   일상의 작은 파괴조차도 신선한 접근법과 사물을 바라보는 새로운 방식을 창조해낼 수 있다.

8. His brother, Robert, enjoyed pointing out **the errors in Simon's emails**.
　　　　　　　　　　　　　　　　　　　　　　　　　　(전명구)
　　　　　　　　　　　　　　　　　　　　　　　(전명구의 형용사구) 앞의 명사를 수식
　　　　　　　　　　　　　　　　　　　오류　　Simon의 이메일에서의

　그의 형인 Robert는 Simon의 이메일에 있는 오류 지적하기를 즐겼다.

9. **Under the right circumstances**, groups are remarkably intelligent.
　　　　　　(전명구)
　　　　(전명구의 부사구)
　　　적절한 상황 하에서

　적절한 상황 하에서 집단들은 두드러지게 현명하다.

10. We have **limited foresight into the future**.
　　　　　　　　　　　　　　　　(전명구)
　　　　　　　　　　　(전명구의 형용사구) 앞의 명사를 수식하는 형용사 역할
　　　　　　　제한된 예지력　　미래에 대한

　우리는 미래에 대한 제한된 예지력을 가지고 있다.

11. They are not very good **at taking off in flight**.
　　　　　　　　　　　　　　(전치사 + 동명사) (전치사 + 명사)
　　　　　　　　　　　　　이륙하는 것에　　비행에서

　그들은 비행에서 이륙하는 것에는 능숙하지 못하다.

12. You begin not to care **about consistency within a given habitat**.
　　　　　　　　　　　　　　(전명구)　　　　　　(전명구)
　　　　　　　　　　　(전명구의 부사구)　(전명구의 형용사구)
　　　　　　　　　　　안정성에 대해　　서식지 안에서의

　인류는 주어진 서식지 안에서의 안정성에 대해 더 이상 신경 쓰지 않기 시작했다.

13. **From birth**, each baby has a unique personality and preferences.
　　　　(전명구)
　　(전명구의 부사구)
　태어나면서부터

　태어나면서부터 각각의 아기는 독특한 성격과 선호도를 가진다.

14. Some babies might be calmed **by noise and activity**.
　　　　　　　　　　　　　　　(전명구)
　　　　　　　　　　　　(전명구의 부사구)
　　　　　　　　　　　소음이나 행동에 의해

　어떤 아기들은 소음이나 행동에 의해 차분해 지기도 한다.

15. People's lifestyles and constitutions differ **from one another**.
　　　　　　　　　　　　　　　　　　　　(전명구)
　　　　　　　　　　　　　　　　　(전명구의 부사구)
　　　　　　　　　　　　　　　　서로와는

　사람들의 생활습관과 체질은 서로 다르다.

16. We blink **for psychological reasons**.
    (전명구)
    (전명구의 부사구)
    심리적인 이유때문에

    우리는 심리적인 이유 때문에 눈을 깜박거린다.

17. Promising advances have been made **in the area of human genetics**.
    (전명구)
    (전명구의 부사구)
    인간 유전분야에서

    가능성 있는 진보들이 인간의 유전 분야에서 이루어져 왔다.

18. DNA sequencing techniques are also useful **in the field of medicine**.
    (전명구)
    (전명구의 부사구)
    의학분야에서

    DNA 배열기법은 또한 의학 분야에서도 유용하다.

19. Humans have a strong preference **for immediate reward over delayed reward**.
    (전명구)   (전명구)
    (전명구의 부사구)   (전명구의 부사구)
    즉각적인 보상에   지연된 보상보다는

    인간은 지연된 보상보다 즉각적인 보상에 더 강한 선호를 보인다.

20. They are inspired **by the woman's words and pictures**.
    (전명구)
    (전명구의 부사구)
    그녀의 말과 그림에 의해

    그들은 그녀의 말과 그림에 의해 영감을 받는다.

21. Rachel thought **about going with her**.
    (전치사+ 동명사)
    그녀와 함께 가는 것에 대해

    Rachel은 그녀와 함께 가는 것에 대해 생각했다.

50 암기 사항

아래 내용들은 영어학습에 있어서 중요한 어구들이니 반드시 반복을 통하여 필히 익히기 바란다.

1. 방해동사

keep A from B + ing A가 B하는 것을 막다
stop
prevent
prohibit
hinder
discourage
deter

The storm kept the plane <u>from</u> taking off. 폭풍우가 비행기가 이륙하는 것을 막았다.

2. 제거/박탈 동사

rob A of B A에게서 B를 빼앗다
deprive

They <u>robbed</u> him <u>of</u> money 그들은 그에게서 돈을 빼앗아갔다.
They can't <u>deprive</u> me <u>of</u> that basic right 그들은 나로부터 그러한 기본권을 빼앗을 수 없다.

rid A of B A에게서 B를 제거하다
relieve
ease
clear

He rid his house of mice. 그는 그의 집으로부터 쥐들을 몰아냈다.
We were cleared of the danger. 우리들은 위험에서 벗어났다.

3. 동사 + A of B

remind A of B A에게 B를 상기시키다
inform A of B A에게 B를 알려주다
assure A of B A에게서 B를 보증하다
convince A of B A에게서 B를 확신시키다
accuse A of B A를 B 때문에 고소(비난)하다

The man reminds me of my father. 그 남자는 나에게 나의 아버지를 생각나게 한다.

4. 공급동사

provide A with B A에게 B를 제공하다
supply
furnish
present

She provided us with food.
She provided food for us. 그녀는 우리들에게 음식을 제공해주었다.

5. ~탓/덕분에

attribute A to B A는 B 탓이다(덕택이다)
ascribe

owe A to B A는 B 덕택이다, B에게 A를 빚지고 있다

He attributed his success to his mother. 그는 그의 성공을 그의 엄마의 덕분으로 생각했다.
She owes her success to hard work. 그녀는 열심히 일한 덕분에 성공했다.
I owed ten dollars to the store. 나는 그 가게에 10달러를 빚지고 있었다.
He owes 10 dollars to John. 그는 존에게 10달러 빚이 있다.

6. ~ 이유 때문에

blame A for B A를 B 때문에 비난하다
scold A for B A를 B 때문에 꾸짖다
criticize A for B A를 B 때문에 비판하다
praise A for B A를 B 때문에 칭찬하다
punish A for B A를 B 때문에 벌하다

They blamed him for the failure. 그들은 실패를 그의 탓으로 돌렸다.

7. 비교급의 중요사항

1) 불규칙한 변화

일반적으로 비교급 앞에는 er이나 more를 최상급 앞에는 est나 most를 붙이지만 다음 형용사는 불규칙하게 변화하므로 반드시 암기

good - better - best (좋은/더 좋은/가장 좋은)
well - better - best (건강한/더 건강한/가장 건강한)
bad - worse - worst (나쁜/더 나쁜/가장 나쁜)
ill - worse - worst (아픈/더 아픈/가장 아픈)
little - less - least (양이 적은/양이 더 적은/양이 가장 적은)
many - more - most (많은 수의/더 많은 수의/가장 많은 수의)
much - more - most (많은 양의/더 많은 양의/가장 많은 양의)
far - farther - farthest (거리가 먼/거리가 더 먼/거리가 가장 먼)
far - further - furthest (정도가 ~한/정도가 더 ~한/정도가 가장 ~한)
late - later - latest (늦은/더 늦은/최근의)
late - latter - last (순서가 늦은/순서가 더 늦은/마지막의)
old - older - oldest (나이 많은/나이가 더 많은/나이가 가장 많은)
old - elder - eldest (나이가 위인/ 나이가 더 위인/나이가 가장 위인)

2) 비교급에 more/ 최상급에 most를 붙이는 경우

일반적으로 비교급에는 er, 최상급에는 the ~est를 붙이지만 ~ful/~able/~less/~ous/~ive로 끝나는 2음절어와 3음절어 이상의 단어에는 비교급에는 more, 최상급에는 most를 붙인다.

useful - more useful - most useful 유용한

honest - more honest - most honest 정직한
difficult - more difficult - most difficult 어려운
interesting - more interesting - most interesting 재미있는
famous - more famous - most famous 유명한
diligent - more diligent - most diligent 부지런한
antique - more antique - most antique 구식의, 옛날의
slowly - more slowly - most slowly 느리게
easily - more easily - most easily 쉽게

3) the +비교급, the + 비교급의 용법

달달(the~er, the~er) 볶으면 더욱더 달달해져요(the 비교급, the 비교급).

(1) The more you have, the more you want.
   = As you have more, you want more.
   = If you have more, you want more. 당신이 더 많이 가지면 가질수록 당신은 더 많이 원하게 된다.

(2) The higher I climbed, the colder I felt.
   = As I climbed higher, I felt colder. 내가 더 높이 올라갈수록 나는 더 춥게 느꼈다.

(3) The older he grew, the weaker he became.
   = As he grew older, he became weaker. 그가 나이가 들수록 그는 더 약해졌다.

(4) The more I get to know her, the more I like her.
   = As I get to know her more, I like her more.
   내가 그녀를 더 많이 알면 알수록 나는 그녀를 더 좋아하게 된다.

(5) The earlier we leave, the sooner we will arrive.
   = If we leave earlier, we will arrive sooner. 우리가 더 일찍 떠날수록 우리는 더 빨리 도착할 것이다.

4) 모양이 비슷한 비교급

   no more than = only 단지 (노모(no more ~)만 단지 모시고 살아요.)
   not more than = at most 기껏해야 (난 모른다(not more~) 기껏해야 백 원 밖에 없는데 뭘 사오라고!)
   no less than = as many/much as 만큼이나 (노래만큼(no less~) 은 잘해요.)
   not less than = at least 적어도 (대박 났네(not less~). 적어도 로또 당첨금이 100억 이상이야.)

5) 라틴어 비교급

　　superior to ~보다 우수한
　　inferior to ~보다 못한
　　senior to ~보다 연상의
　　prior to ~보다 이전의
　　prefer A to B B보다 A를 더 좋아하다(A, B는 동명사 혹은 명사, 대명사)

6) 중요 문형

　　A is no more B than C is D C가 D가 아닌 것은 A가 B가 아닌 것과 같다.
　　A is not B any more than C is D

　　no less A than B B와 마찬가지로 A이다
　　not less A than B B에 못지 않게 A이다

　　not so much A as B A보다는 차라리 B

　　A dog is no more a fish than a cat is. 고양이가 물고기가 아닌 것처럼, 개도 물고기가 아니다.
　　A dog is no less a mammal than a cat is. 개는 고양이와 마찬가지로 포유동물이다.
　　Water is not less necessary than fresh air to health.
　　물은 신선한 공기에 못지않게 건강에 필요하다.
　　He is not so much a teacher as a poet. 그는 선생님이라기보다는 차라리 시인이다.

8. 전치사가 있는 to부정사의 형용사적용법

　　a paper to write on 위에 쓸 종이
　　a pen to write with 가지고 쓸 펜
　　a house to live in 에서 살 집
　　a chair to sit on 위에 앉을 의자
　　money to spend on 에 쓸 돈
　　friends to play with 함께 놀 친구들
　　time for you to study 너가 공부할 시간
　　someone to talk to 얘기할 누군가

9. to와 관련된 유형

be likely to + 동사 ~할 것 같다
It is likely to rain. 비가 올 것 같다.

be due to + 동사 ~할 예정이다
They are due to arrive here soon. 그들은 곧 여기에 오기로 되어 있다.

be due to + 명사(류) ~에 기인하다
The failure is due to his laziness. 그 실패는 그의 게으름의 탓이다.

be willing to 기꺼이 ~하다
He was willing to undertake the job. 그는 기꺼이 그 일을 떠 맡았다.

10. 요구동사 + ing동명사

need / want + 동명사에서는 동명사 자체가 수동의 의미를 가지고 있다.

My car needs repairing. (O) 내 차는 고쳐야 한다.
My car needs to be repaired. (O)
My car needs being repaired. (×)

11. ~할 때마다 ~한다 / 아무리 ~해도 지나치지 않다

never ~ without ~할 때마다 ~한다
cannot ~ too ~아무리 ~해도 지나치지 않다

They <u>never</u> meet <u>without</u> quarreling. 그들은 만날 때마다 싸운다.
= They <u>never</u> meet <u>but</u> they quarrel.
= <u>Whenever</u> they meet, they quarrel.
= <u>When</u> they meet, they <u>always</u> quarrel.

We <u>cannot</u> be <u>too</u> careful when crossing a street.
우리는 길을 건널 때 아무리 주의해도 지나치지 않다.

12. before

1) 단독으로는 현재완료, 과거, 과거완료형태

   I <u>have ran</u> across her before. 나는 전에 그녀를 만난 적이 있다.
   I <u>ran across</u> her before. 나는 전에 그녀를 만났다.
   I <u>had not run</u> across her before. 나는 그때까지 그녀를 만난 적이 없다.

2) 다른 때를 나타내는 어구와 수반되었을 때는 과거완료형태

   I <u>had met</u> him five years before. 나는 그를 그때부터 5년 전에 만난 일이 있다.

3) 접속사로서 해석은 순차적으로 하면서 before은 ~후에로 해석

   I got up before the sun rose. 내가 일어난 후에 해가 떠올랐다.
   It will not be long before they meet again. 오래지 않아 그들은 다시 만나게 될 것이다.

4) ago와 비교

ago는 단독으로 사용불가하고 과거시제와 함께 사용되며 현재로부터 ~전이란 의미

   I <u>met</u> her about two hours <u>ago</u>. 나는 약 두 시간 전에 그녀를 만났다.

13. 전치사 + ing동명사

   in ~ing ~할 때
   on ~ing ~하자마자
   by ~ing ~함으로써

   <u>On arriving</u> in Busan, I called him. 부산에 도착하자마자 나는 그에게 전화를 걸었다.
   (= As soon as I arrived in Busan, I called him.)

   People who cannot speak can talk <u>by using</u> sign language.
   말을 못하는 사람들은 수화를 사용함으로써 대화할 수 있다.

   <u>In speaking</u> English, I am always afraid of making mistakes.
   영어를 말할 때 나는 항상 실수를 할까 두렵다.

14. 분사구문의 강조

Being sick <u>as I am</u>, I am staying home for now. 정말로, 아프기 때문에 나는 집에 머물고 있다.
    (= As I am sick,) 의 강조
Feeling sick <u>as I did</u>, I stayed home yesterday. 정말로, 아팠기 때문에 나는 어제 집에 머물렀다.
    (= As I felt sick,)의 강조
Written, <u>as it was</u>, in Korean, the book is easy to read.
사실 한국어로 쓰였기 때문에 읽기에 쉽다.

15. 가정(~한다면)의 의미의 유형

~given ~라고 가정한다면
according to ~에 따르면
depending on ~에 따라

<u>Given</u> his age, he is very healthy. 그의 나이를 고려해 볼 때 그는 매우 건강하다.

16. ~와 관계성

have nothing to do with ~와 관계가 없다
have something to do with ~와 관계가 있다

17. ~이후로 ~이다

It is ten years since he died.
Ten years have passed since he died.
He has been dead for ten years.
He died ten years ago.
그가 죽은 지 10년이 지났다.

18. ~하자마자의 표현

<u>As soon as</u> he saw me, he ran away.
= He had <u>no sooner</u> seen me <u>than</u> he ran away.
= <u>No sooner</u> had he seen me <u>than</u> he ran away.

= Scarcely had he seen me before/when he ran away.
= Hardly had he seen me when when/before he ran away.
= On seeing me, he ran away.
그는 나를 보자 마자 도망갔다.

19. 의문사 정리

의문대명사
   who 누가
   whom 누구를
   whose 누구의
   what 무엇이, 무엇을, 어떤
   which 어느

의문부사
   when 언제
   where 어디서
   why 왜
   how 어떻게, 얼마나

의문형용사(의문사가 명사를 수식)
   whose book 누구의 책
   which book 어느 책
   what color 어떤 색

20. 부분부정과 완전부정

1) 전체에 부정어를 붙이면 부분부정 (모두가 다 ~ 건 아니야!)
   The rich are not always happy. 부자가 모두 행복한 것은 아니다.
   All that glitters is not gold. (격언) 빛나는 게 다 금은 아니다.

2) 부분에 부정어를 붙이면 완전부정 (조금도 없어!)
   No man could solve the problem. 아무도 그 문제를 해결할 수 없었다.
   I haven't any books. 책이 하나도 없다.

3) 준부정 (거의/좀처럼 ~않아!)

(1) hardly

I can <u>hardly</u> believe it. 거의 믿을 수가 없다.

(2) scarcely

I <u>scarcely</u> know him. 나는 그를 거의 모른다.

(3) seldom

He <u>seldom</u> goes out. 그는 좀처럼 외출하지 않는다.

(4) rarely

He <u>rarely</u> smoked in the house. 그는 집 안에서 담배를 피우는 일이 거의 없었다.

(5) barely

I can <u>barely</u> remember life without television. 나는 TV 없는 삶을 거의 기억 할 수 없다.

21. ~하고 나서야 비로소 ~하다

I didn't start to learn English until I was ten.
= Not until I was ten did I start to learn English. (부정어 강조 도치구분)
= It was not until I was ten that I started to learn English. (It~ that 강조구문)
= Only after I was ten did I start to learn English.
나는 열 살이 되어서야 비로소 영어를 배우기 시작했다.

I did not know the fact until yesterday. 어제서야 비로소 그 사실을 알았다
= Not until yesterday did I know the fact. (부정어 강조 도치구분)
= It was not until yesterday that I knew the fact. (It~ that 강조구문)
= Only after yesterday did I know the fact.

22. It takes 사람 시간 to~

<u>It</u> <u>took</u> <u>me</u> <u>an hour</u> <u>to</u> get to school by bus. 내가 학교에 가는 데 버스로 한 시간 걸렸다.
= <u>It</u> <u>took</u> <u>an hour</u> <u>for me</u> <u>to</u> get to school by bus.

<u>It</u> <u>took</u> <u>them</u> <u>two years</u> <u>to</u> make this work. 그들이 이것을 효과적으로 만드는 데 2년이 걸렸다.

23. 최상급의 표현

탐은 그의 학급에서 가장 키가 크다.
Tom is the tallest boy in his class. → 최상급
= Tom is taller than any other boy in his class. → 비교급
= No other boy in his class is taller than Tom. → 비교급
= No other boy in his class is as tall as Tom. → 원급

시간이 모든 것 중에서 가장 중요하다.
Time is the most precious of all. → 최상급
= Time is more precious than anything else. → 비교급
= Nothing is more precious than time. → 비교급
= Nothing is so precious as time. → 원급

24. 생략/ 보존구조

- 부사절에서 접속사 뒤 주어+be동사 생략
When young, he lived in Seoul. 어렸을 때 그는 서울에 살았다.
=When he was young, ~

- 주격관계대명사+be동사의 생략(be동사의 존재는 시제의 명확성)
the man (who is) standing on the street 거리에 서 있는 남자
the book (which was) written in English 영어로 쓰여진 그 책
The food (which is) on the table 테이블에 위에 있는 음식

- 분사구문에서 의미의 혼동방지를 위해 접속사를 남겨둘 수도 있다
Though being poor, he is happy. 가난하지만 그는 행복하다.

25. can't A and B / can't A or B

can't A and B는 부분부정처럼 / can't A or B는 전체부정처럼 해석한다.

We cannot keep the old bad practices and expect to see a better outcome.
우리는 과거 잘못된 습관을 유지하면서 좋은 결과를 기대할 수는 없다.
We cannot see or touch oxygen.
우리는 산소를 볼 수도, 만질 수도 없다.

CHAPTER 02 문장전환 및 이해

01 to부정사의 용법 이해하기

1. 명사적 용법

해석은 '~것'으로 한다.
위치는 아래와 같이 나뉜다.

1) 주어 자리에 오는 경우
   (주로, 주어 자리에 it이 오는 경우나 to부정사가 오는 경우)

   To solve the problem is easy. 그 문제를 푸는 것은 쉽다.
   It is easy to solve the problem.

2) be 동사 뒤 보어 자리에 오는 경우
   (주어와 to부정사의 내용이 동일해야 함)

   My hobby is to play the piano. 내 취미가 피아노 치는 것이고 피아노 치는 것이 내 취미이다.
   My dream is to be a teacher. 내 꿈이 선생님이 되는 것이고 선생님이 되는 것이 내 꿈이다.

3) 타동사의 목적어 자리에 오는 경우

   I want to see her. 나는 그녀를 볼 것을 원한다.
   I hope to be a doctor. 나는 의사가 될 것을 희망한다.

4) 가목적어/ 진목적어 자리에 오는 경우

   I found it easy to solve the problem. 나는 그 문제를 푸는 것이 쉽다는 것을 알았다.

5) 목적보어 자리에 오는 경우

   I want my son to be a doctor. 나는 아들이 의사가 되는 것을 원한다.

6) '~지' → (의문사 + to부정사)

I don't know what to do. 나는 무엇을 해야 할지를 모른다.

2. 형용사적 용법

해석은 '~할/ㄹ'로 한다.
위치는 명사 뒤에서 앞의 명사를 수식한다.

There is a chair to sit on. 앉을 의자가 없다.
I have no friend to play with. 함께 놀 친구가 없다.
I bought a house to live in. 나는 살 집을 샀다.
He has a book to read by tomorrow. 그는 내일까지 읽을 책을 가지고 있다.
I have no book to read. 나는 읽을 책이 없다.

3. 부사적 용법

해석은 아래와 같이 나뉜다.

1) '~하기 위하여' → 대부분의 to부정사를 해석할 때

I went to the park to see her. 나는 그녀를 만나기 위하여 공원에 갔다.
To see her, I went to the park. 그녀를 만나기 위하여, 나는 공원에 갔다.

2) '~ 때문에' → 주로 사람의 성향과 관련될 때

I am glad to see her. 나는 그녀를 만나서 기쁘다.

3) '~ 그 결과' → 동사의 행위로 인한 그 결과를 to부정사가 나타낼 때

He grew up to be a doctor. 그는 자라서 결과적으로 의사가 되었다.

4) '~한다면' → 조동사가 있을 때

You will take him for an American to hear him speak English.
너는 그가 영어를 말하는 것을 듣는다면 미국인으로 여길 것이다.

5) '~하기에' → to부정사 앞에 형용사가 있을 때

This river is dangerous to swim in. 이 강은 수영하기에 위험하다.

✤ to부정사 부분을 제외하더라도 남아있는 부분이 주어나 목적어가 빠짐이 없는 완전문의 형태이다.

기본 예문 정리

1. I like **to play baseball**. → 목적어 자리 (명사적 용법)
   나는 야구를 하는 것을 좋아한다.

2. My mother told me **not to go out at night**. → 목적보어 자리 (명사적 용법)
   나의 엄마는 내가 밤에 나가지 말 것을 말했다.

3. I went to the airport **to see her off**. → ~하기 위하여 (부사적 용법)
   나는 그녀를 배웅하기 위하여 공항에 갔다.

4. He has a lot of tasks **to do**. → 명사 수식 (형용사적 용법)
   그는 해야 할 많은 일들을 가지고 있다.

5. This food is good **to eat**. → 형용사 수식 (부사적 용법)
   이 음식은 먹기에 좋다.

6. I hurried to the school only **to be late**. → only to 결과 (부사적 용법)
   나는 학교에 서둘렀으나 결과적으로 지각했다.

7. I believe him **to be smart**. → 목적보어 자리 (명사적 용법)
   나는 그가 영리하다는 것을 믿는다.

8. We have to study hard **to pass the test**. → ~하기 위하여 (부사적 용법)
   우리는 그 시험에 합격하기 위하여 열심히 공부해야 한다.

9. We find it difficult **to swim**. → 가목적어/ 진목적어 자리 (명사적 용법)
   우리는 수영을 하는 것이 어렵다는 것을 안다.

10. He is old enough **to go to school**. → 정도, 결과를 나타내는 (부사적 용법)
    그는 학교에 갈 만큼 충분히 나이가 들었다

11. All I wanted was **to help her**. → be동사 뒤 주격보어 자리 (명사적 용법)
    내가 원했던 모두는 그녀를 돕는 것이었다.

12. Being late, we decided **to take a taxi**. → 목적어 자리 (명사적 용법)
    늦었기 때문에 우리는 택시를 탈것을 결정했다.

13. I decided **to move to Seoul**. → 목적어 자리 (명사적 용법)
    나는 서울로 이사할 것을 결정했다.

14. The stone is too heavy for me **to lift**. → 정도, 결과를 나타내는 (부사적 용법)
    그 돌은 너무나 무거워서 그 결과 내가 들어올릴 수가 없다.

15. She has some E-mails **to write**. → 명사 수식 (형용사적 용법)
    그녀는 써야 할 몇몇 이메일을 가지고 있다.

16. I am lucky **to see you**. → 감정의 원인 (부사적 용법)
    나는 너를 만나게 되어서 행운이다.

17. We have to study hard **to live in comfort**. → ~하기 위하여 (부사적 용법)
    우리는 편안하게 살기 위하여 열심히 공부해야 한다.

18. Korean is easy **to learn**. → 형용사 수식의 ~하기에 (부사적 용법)
    한국어는 배우기에 쉽다.

19. He is the last man **to betray me**. → 명사 수식 (형용사적 용법)
    그는 나를 배반할 마지막 사람(결코 배반하지 않을 사람)이다.

20. What matters is **when to start**. → 의문사 + to부정사 (명사적 용법)
    중요한 것은 언제 출발할지이다.

21. I would be happy **to marry her**. → 조동사가 있으므로 조건 (부사적 용법)
    나는 그녀와 결혼하게 된다면 행복할 것이다.

22. He has one aim **to succeed in life**. → 명사 수식 (형용사적 용법)
    그는 인생에서 성공할 단 하나의 목표를 가지고 있다.

23. My grandmother lived **to be a hundred years old**. → 정도, 결과를 나타내는 (부사적 용법)
    나의 할머니는 살아서 결과적으로 100살이 되었다.

24. Is there something **to drink**? → 명사 수식 (형용사적 용법)
    마실 어떤 것이 있습니까?

25. We have a right **to remain silent**. → 명사 수식 (형용사적 용법)
    우리는 침묵으로 남아있을 권리를(묵비권) 가지고 있다.

26. My hobby is **to collect stamps**. → be동사 뒤 주격보어 자리 (명사적 용법)
    나의 취미는 우표를 모으는 것이다.

27. **To know oneself** is difficult. → 주어 자리 (명사적 용법)
    자신을 아는 것은 어렵다.

28. She has no friend **to play with**. → 명사 수식 (형용사적 용법)
그녀는 함께 놀 친구가 없다.

29. My car needs **to be repaired**. → 목적어 자리 (명사적 용법)
나의 차는 수리되는 것을 필요로 한다.

30. **To get knowledge** is important in life. → 주어 자리 (명사적 용법)
지식을 얻는 것은 인생에서 중요하다.

31. **To persuade them** is not easy. → 주어 자리 (명사적 용법)
그들을 설득하는 것은 쉽지 않다.

32. My hope is **to study abroad**. → be동사 뒤 주격보어 자리 (명사적 용법)
나의 희망은 외국에서 공부하는 것이다.

33. What students must do is **(to) study hard**. → be동사 뒤 주격보어 자리 (명사적 용법)
학생들이 해야 할 것은 열심히 공부해야 하는 것이다.

34. I didn't know **where to park the car**. → 의문사 + to부정사 (명사적 용법)
나는 어디에 차를 주차해야 할지를 몰랐다.

35. She has no possibility **to pass the test**. → 명사 수식 (형용사적 용법)
그녀는 그 시험에 합격할 가능성이 없다.

36. We would be sad **to see our teacher leave**. → 조동사가 있으므로 조건 (부사적 용법)
우리는 선생님을 배웅하게 된다면 슬플 것이다.

37. He left home, **never to return again**. → 정도, 결과를 나타내는 (부사적 용법)
그는 집을 떠나서 결과적으로 결코 다시 돌아오지 못할 운명이었다.

38. I think it important **not to tell a lie**. → 가목적어/ 진목적어 자리 (명사적 용법)
나는 거짓말을 하지 않는 것이 중요하다고 생각한다.

39. I was surprised **to hear the news**. → 감정의 원인 (부사적 용법)
나는 그 소식을 듣고서 놀랐다.

40. She is not easy **to please**. → 형용사 수식의 ~하기에 (부사적 용법)
그녀는 기쁘게 하기에 쉽지 않다.

41. The problem is easy for me **to solve**. → 형용사 수식의 ~하기에 (부사적 용법)
그 문제는 내가 풀기에 쉽다.

42. He worked hard **only to fail at the task**. → 정도, 결과를 나타내는 (부사적 용법)
그는 열심히 일했으나 결과적으로 실패했다.

43. **To study foreign language** is useful. → 주어 자리 (명사적 용법)
외국어를 공부하는 것은 유용하다.

◆ **be to 용법**

be동사뒤에 부정사가 와서 이 부정사가 주어를 설명해주는 보충의 관계로서 to부정사의 형용사적 용법의 특별한 서술적 보어관계로 볼 수 있다.
be to자체를 특별히 조동사의 성격으로 봐도 무방하다.

암기방식: 의사는 진료 시 예(예정)의(의도)의(의무) 가(가능)운(운명)을 입어야 한다.
의사는 비통(be to)한 마음으로 수술에 임해야 한다.
(의사는 수술 예정시 그 수술을 잘할 의도라면 의무적으로 가운을 입어야 가능하고 결과는 환자의 운명이다.)

1. She is to stay here untill her friend returns.
   그녀는 그녀의 친구가 돌아올때까지 여기서 머무를 것이다.(예정)
2. We are to obey the rule.
   우리는 그규칙을 준수해야한다.(의무)
3. If you are to buy the house, you must earn a lot of money.
   그 집을 살려면 너는 많은 돈을 벌어야한다.(의도)
4. Nothing was to be seen.
   아무것도 보이지 않았다. (가능)
5. The scientist was to die young.
   그 과학자는 젊어서 죽을 운명이었다.(운명)

* You are to blame for it. (blame은 타동사로서 목적어는 주어인 you)
 = You are to be blamed for it. (to be blamed의 의미상의 주어는 you)
   너가 그것에 책임을 져야한다.

They are to be married next month. 그들은 다음달 결혼할 예정이다.
They ≠ to be married month. (주어가 명사이지만 to부정사와는 격이 다르므로 be to용법)
My plan to read them all by tomorrow. 나의 계획은 내일까지 그 모두를 읽는 것이다.

02 동명사와 현재분사의 구별

구별	동명사	분사
의미	동사의 의미로서 '것' / ~ 위한	동사의 의미로서 '중'
기능	명사의 기능	형용사의 기능
자리	주어, 보어, 타동사의 목적어 자리, 전치사의 목적어 자리	명사 수식, 보어 자리
모양	동사원형에 ing	동사원형에 ing
예	Playing the piano is my hobby. (주어 자리) 피아노를 치는 것은 My hobby is playing the piano. (주격보어 자리) 피아노를 치는 것이다 I enjoy playing the piano. (목적어 자리) 피아노를 치는 것을 I object to their smoking here. (전치사의 목적어 자리) 담배를 피우는 것을	a baby sleeping(명사 수식) 잠자고 있는 중인 A baby is sleeping. (주격보어) 잠자고 있는 중 I saw Tom going home. (목적격보어) 집으로 가고 있는 중

1. 동명사

1) 동명사(명사 역할)는 목적, 용도, 것

    a <u>sleeping</u> bed → 동명사 (잠자기 위한 침대)
    a <u>waiting</u> room → 동명사 (기다리기 위한 방: 대기실)
    a <u>sleeping</u> bag → 동명사 (잠자기 위한 백: 침낭)
    <u>Earning a lot of money</u> is important in life.
    → 동명사 (<u>버는 것</u>) 많은 돈을 버는 것은 인생에서 중요하다.
    a <u>walking</u> stick → 동명사 (걷기 위한 막대기: 지팡이)

2) 동명사의 위치

(1) 주어 자리

    <u>Speaking much</u> is the symbol of vanity. 많이 말하는 것은 허영심의 상징이다.

Walking in the woods makes us healthy. 숲에서 걷는 것은 우리들을 건강에 좋도록 만든다.

(2) 주격보어 자리

His hobby is collecting old coins. 그의 취미는 옛날 동전을 모으는 것이다.
The purpose of my life is making many friends. 나의 인생의 목표는 많은 친구를 만드는 것이다.

(3) 목적어 자리

I enjoy teaching English. 나는 영어를 가르치는 것을 즐긴다.
She finished cleaning the room. 그녀는 방을 청소하는 것을 끝냈다.

(4) 전치사 뒤

She objects to seeing him. 그녀는 그를 만나는 것을 싫어한다.
We were surprised at her falling in love. 우리는 그녀가 사랑에 빠진 것에 놀랐다.

2. 분사

1) 현재분사는 진행 중

a sleeping baby → 현재분사 (잠자는 중)
a smoking room → 현재분사 (연기가 나고 있는 방)
a waiting boy → 현재분사 (기다리고 있는 소년)
a man sitting on the bench → 현재분사 (벤치에 앉아 있는 남자)

2) 분사(형용사 역할)의 위치는

(1) 명사 수식

The baby crying on the floor was hungry. 바닥에서 울고 있는 그 아기는 배가 고팠다.
The boy wearing blue pants is my nephew. 청바지를 입고 있는 그 소년은 나의 조카이다.

(2) 보어 역할

The baby is sleeping. 그 아기는 잠자고 있는 중이다.
I saw her playing the piano. 나는 그녀가 피아노를 치고 있는 것을 보았다.

기본 예문 정리

1. I actually liked **living in a messy room**. 나는 어질러진 방에서 지내는 것을 좋아했다.
   (어질러진 방에서 지내는 것: 타동사의 목적어 자리 동명사)

2. I often think about the benefits of **having a clean room**.
   (깨끗한 방을 가지는 것: 전치사의 목적어 자리 동명사)
   나는 깨끗한 방을 가지는 것에 대한 이점에 관해 종종 생각한다.

3. We **were driving** from Busan to Seoul. 우리는 부산에서 서울까지 운전하고 있었다.
   (운전을 하고 있었던 중: be동사 뒤 보어 자리 현재분사)

4. Everybody is **thinking about the weekend**. 모든 사람은 주말에 관해 생각하고 있는 중이다.
   (주말에 관해 생각 중: be동사 뒤 보어 자리 현재분사)

5. All the cars in front of me started **changing lanes**. 내 앞의 모든 차들이 차선을 바꾸기 시작했다.
   (길을 바꾸는 것: 타동사의 목적어 자리 동명사)

6. I felt really good about **helping him**. 그를 도와준 것에 대해 정말로 기분 좋게 느꼈다.
   (그를 돕는 것: 전치사의 목적어 자리 동명사)

7. In 10 hours, they're **doing 20 hours worth of work**.
   (일을 하는 중: be동사 뒤 보어 자리 현재분사)
   그들은 10시간 동안 20시간 분량의 일을 한다.

8. Many people are **visiting these cities**. 많은 사람들은 이 도시들을 방문하고 있다.
   (이 도시를 방문하는 중: be동사 뒤 보어 자리 현재분사)

9. I watched the baby **crawling on the bed**.
   (침대에서 기어가는 중: 목적보어 자리 현재분사)
   나는 그 아기가 침대 위에서 기어가고 있는 것을 지켜보았다.

10. There is a man **lying on the bench**. 벤치 위에 누워 있는 한 남자가 있다.
    (벤치 위에 누워있는 중인: 명사를 수식하는 현재분사)

11. She opened the letter with **trembling** hands. 그녀는 떨리는 손으로 그 편지를 열었다.
    (떨리는: 명사를 수식하는 현재분사)

12. I cannot bear **being treated in this manner**. 나는 이렇게 취급받는 것을 참을 수 없다.
    (이렇게 취급받는 것: 타동사의 목적어 자리 동명사)

13. I am sure of his **passing the exam**. 나는 그가 시험에 합격할 것을 확신한다.
    (시험에 합격하는 것: 전치사의 목적어 자리 동명사)

14. I remember **seeing the old man once**. 나는 그 노인을 한 번 본 기억이 난다.
    (한 번 그 노인을 본 것: 타동사의 목적어 자리 동명사)

15. I am **looking forward to seeing her**. 나는 그녀를 만날 것을 고대하고 있다.
    (그녀를 만날 것을 고대하는 중: be동사 뒤의 보어 자리 현재분사/ 그녀를 보는 것: 전치사 to의 목적어 동명사)

16. She sat **waiting for us**. 그녀는 우리들을 기다리면서 앉아 있었다.
    (우리들을 기다리면서: 자동사 뒤 보어 자리 현재분사)

17. He sat silently, with the dog **dozing** at his feet.
    (졸면서: 분사구문의 현재분사)
    그는 조용히 앉아 있고 개는 그의 발밑에서 졸고 있었다.

18. He stood **looking at the picture**. 그는 그림을 보면서 서 있었다.
    (그림을 쳐다보면서: 자동사 뒤 현재분사)

19. It is no use crying over spilt milk. 엎질러진 우유를 놓고 우는 것은 소용없다.
    (엎질러진 우유를 놓고 우는 것: 진주어 자리 동명사)

20. The shirt needs **washing**. 그 셔츠는 세탁되는 것을 필요로 한다.
    (세탁되는 것: 목적어 자리 동명사)

21. His house wants **painting**. 그의 집은 페인트 칠해지는 것을 필요로 한다.
    (페인트 칠해지는 것: 목적어 자리 동명사)

03 현재완료의 용법

현재완료란 현재를 기준으로 과거 및 과거부터 현재까지의 행위를 조합한 시제의 형태를 말한다. 여기는 4가지 유형이 있다.

1. 완료

현재를 기준으로 어떤 행위의 완료를 나타내는 경우

1) I have just finished reading the book. 나는 방금 그 책을 읽는 것을 끝냈다.
2) I have already eaten lunch. 나는 이미 점심을 먹었다.
3) I have not seen her yet. 나는 아직 그녀를 만나지 못했다.
4) Have you eaten lunch yet? 너는 벌써 점심을 먹었니?

❖ 현재완료의 완료유형은 주로 already(이미), just(방금), not~yet(아직 ~아니다)의 부사가 주로 쓰인다.

2. 계속

현재까지 계속 ~이 행해져오고 있다는 의미

1) He has lived here for three years. 그는 3년 동안 여기에 살아오고 있다.
2) I have lived here since 1991. 나는 1991년 이후로 여기에 살아오고 있다.

❖ 현재완료의 '계속'은 주로 since(~이후로), for(동안)의 어구가 쓰인다.

3. 결과

어떤 내용이 원인이 되어 지금은 어떤 결과가 발생했다는 의미

1) I have left my cell phone. 나는 나의 전화기를 남겨놓고 나와서 그 결과 지금은 가지고 있지 않다.
2) I have forgotten her name. 나는 그녀의 이름을 잊어버려서 그 결과 지금은 기억할 수가 없다.

4. 경험

지금까지 ~한 경험이 있다는 의미

1) Have you ever seen a tiger? 너는 지금까지 호랑이를 본 적이 있니?
2) Have you seen a tiger so far? 너는 지금까지 호랑이를 본 적이 있니?
3) I have never seen a tiger. 나는 지금까지 호랑이를 본 적이 없다.
4) I have driven this car before. 나는 이전에 차를 운전한 경험이 있다.
5) I have been to China twice. 나는 두 번 중국에 가본 적이 있다.

❖ ever, never, so far, before, once, twice 등의 부사가 있을 경우는 주로 경험을 나타낸다.

기본 예문 정리

1. He has studied economics for two years.
   그는 2년 동안 지금까지 경제학을 계속 공부해오고 있다. (현재완료의 계속적 용법)

2. I have kept a pet since 2012.
   나는 2012년 이후로 지금까지 계속 애완동물을 키웠다. (현재완료의 계속적 용법)

3. We have already arrived at the park. 우리는 그 공원에 벌써 도착했다. (현재완료의 완료용법)

4. I have just finished my homework. 나는 나의 숙제를 방금 끝냈다. (현재완료의 완료용법)

5. He has gone to America. 그는 미국으로 가버려서 그 결과 지금 여기 없다. (현재완료의 결과적 용법)

6. I have lost my key. 나는 나의 키를 잃어버려서 그 결과 지금 안가지고 있다. (현재완료의 결과적 용법)

7. I have already told my boss about my situation.
   나는 나의 상황에 대해 사장에게 벌써 말했다. (현재완료의 완료용법)

8. This is the best movie that I have ever seen.
   이 영화는 내가 지금까지 본 경험의 영화 중 가장 훌륭한 영화였다. (현재완료의 경험용법)

9. We have not discovered a cure for cancer yet.
   우리는 아직 암에 대한 치료제를 개발하지 못했다. (현재완료의 완료용법)

10. People have looked up at the night sky and looked at the moon.
    사람들은 계속 하늘 위를 쳐다보면서 달을 보아왔다. (현재완료의 계속적 용법)

11. They haven't read those books yet.
    그들은 아직까지 그러한 책을 읽지 않았다. (현재완료의 완료용법)

12. No studies have been able to show a clear link between laughter and pain so far.
    어떤 연구도 지금까지 계속적으로 웃음과 통증 사이의 명확한 관련성을 보여 주지는 않고 있다.
    (현재완료의 계속적 용법)

13. Have you ever wondered how movies set in the winter can be filmed in the summer?
    당신은 배경이 겨울로 설정된 영화가 어떻게 여름에 촬영되는지 궁금해 해 본 경험이 있는가?
    (현재완료의 경험용법)

14. Have you ever heard a song on the radio that you didn't like until it started to appeal to you?
    당신은 라디오에서 (처음에는) 마음에 들지 않다가 (나중에) 당신의 마음을 끌기 시작한 노래를 들어 본 경험이 있는가? (현재완료의 경험용법)

15. I have driven a truck for three years.
    나는 3년 동안 계속 트럭을 운전해왔다. (현재완료의 계속적 용법)

16. It has snowed since yesterday. 어제 이후로 계속 눈이 내렸다. (현재완료의 계속적 용법)

17. I have used my car for ten years.
    나는 10년 동안 나의 차를 사용해왔다. (현재완료의 계속적 용법)

18. I have been studying since I got up in the morning.
    나는 아침에 일어난 이후로 지금까지 계속 공부해오고 있다. (현재완료의 계속적 용법)

19. I have had enough. 나는 충분히 먹은 결과 지금 배가 부르다. (현재완료의 결과적 용법)

20. I have been to Jejudo. 나는 제주도에 가본 경험이 있다. (현재완료의 경험용법)

21. This river has never dried up. 이 강은 결코 마른 적이 없다. (현재완료의 경험용법)

22. I have kept my English diary for six years.
    나는 6년 동안 계속 영어일기를 써오고 있다. (현재완료의 계속적 용법)

23. He has visited London before. 그는 이전에 런던을 방문한 경험이 있다. (현재완료의 경험용법)

24. I have known her for 10 years. 나는 10년 동안 계속 그녀를 알아오고 있다. (현재완료의 계속적 용법)

25. The bus has already left. 그 버스는 벌써 떠나버렸다. (현재완료의 완료 용법)

26. I have worked in this company since 1999.
    나는 1999년 이후로 지금까지 계속 이 회사에서 일해오고 있다. (현재완료의 계속적 용법)

 It의 가주어/진주어와 It be ~ that 강조용법 구별

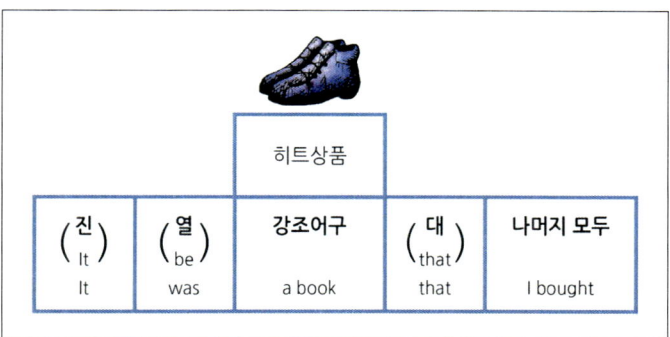

1. 진주어/가주어 구문

to부정사나 that절의 명사절 그리고 wh의문사절이 문두에 오면 길어서 문장의 의미를 금방 파악하기 어려우므로 가짜 주어 it을 문두에 쓰고 진짜 주어는 맨 뒤로 돌린다. 따라서 가짜 주어가 문두에 나오면 눈을 뒤로 돌려 to 이하/that 이하/의문사절을 빨리 찾아보라. 있으면 진주어로 놓고 해석하라.
진주어 가주어 구문에서는 be동사 뒤에 주로 형용사가 온다.

    It ~ to
    It ~ that
    It ~ 의문사절(when, where, which, who)
    It is easy <u>to solve the problem</u>. → to부정사가 진짜 주어이고 it은 가짜 주어
    It is true <u>that he is honest</u>. → that 명사절이 주어이고 it은 가짜 주어
    It is doubtful <u>whether she will come to the party</u>. → whether 명사절이 주어이고 it은 가짜 주어

2. It be ~ that 강조구문

강조하고자 하는 어구(주로 명사나 부사)를 It be와 that 사이에 넣고 강조하는 구조이다.

Tom met her in the park yesterday.
(주어) (목적어) (부사구) (부사)

주어인 명사나 목적어 그리고 부사나 부사구를 강조할 수 있다. 따라서 it be와 that 사이에는 주로 명사나 부사(구)가 온다. 해석은 '바로~'로 한다.

It was Tom that met her in the park yesterday. 어제 공원에서 그녀를 만난 사람은 바로 Tom이었다.
(주어인 명사) → 주어인 명사(Tom)를 it be와 that사이에 넣고 강조, 이 경우 that은 who로 바꿀 수 있음

It was her that Tom met in the park yesterday. 어제 공원에서 Tom이 만난 사람은 바로 그녀였다.
(목적어인 명사) → 목적어인 명사(her)를 it be와 that사이에 넣고 강조, 이 경우 that은 whom으로 바꿀 수 있음

It was in the park that Tom met her yesterday. Tom이 그녀를 어제 만난 곳은 바로 공원에서였다.
(부사구) → 부사구(in the park)를 it be와 that 사이에 넣고 강조

It was yesterday that Tom met her in the park. 공원에서 Tom이 그녀를 만난 때는 바로 어제였다.
(부사) → 부사(yesterday)를 it be와 that사이에 넣고 강조

It be ~ that 강조구문에서는 이렇게 생각하자.

'어떤 히트상품이 있다'라고 생각해보자. 근데, 이 히트상품을 좀 더 고객들에게 잘 보이도록 강조하기 위해 진열대를 따로 만들어 그 위에 올려놓는다고 본다면 진열대의 세 글자 중 '진'은 'it', '열'은 'be동사' '대'는 'that'이라고 간주하고 진, 열과 대 사이에 히트상품을 올려놓는다.

   진 열 (강조하려는 히트상품) 대
   It be (강조어구)   that

히트상품을 강조할 필요가 없을 경우에는 진열대를 치우고 그리고 진열대위에 놓아 두었던 상품은 본래자리에 두면 된다. 진열대에 올려놓는 히트상품은 주로 명사나 부사(구)이다.

I played with Sumin.
It was Sumin that I played with.
진 열 (강조어구)   대

자! 강조할 필요가 없을 경우에는 다시 진열대를 치우고 강조어구는 제자리로 두면

I played with Sumin.

3. it be that 강조구문과 it 가주어 진주어 구문의 구별 방법

1) 진주어 가주어 구문은 be동사 다음에 주로 형용사
   it be ~ that 강조구문에서는 be 동사 뒤에 명사나 부사(구)

   It is true that he is honest. → 진주어/가주어의 be동사 뒤는 'true'의 형용사이다.
   그가 정직하다는 것은 사실이다.
   It was Tom that I helped yesterday. → It be ~ that의 강조어구에서의 be동사 뒤는 명사이다.
   내가 어제 도와준 사람은 바로 Tom이다.
   It was yesterday that I helped Tom. → It be ~ that의 강조어구에서의 be동사 뒤는 부사이다.
   내가 Tom을 도와준 때는 바로 어제였다.

2) 강조구문은 해석할 때 '바로'로 해석시 자연스럽고
   가주어, 진주어는 '바로"라는 말로 해석하면 부자연스럽다.

   It is true that he is honest. → 진주어/가주어에서는 '바로 사실이다' 는 어색하다.
   그가 정직하다는 것은 사실이다.
   It was Tom that I helped yesterday.
   → It be ~ that의 강조어구에서는 '바로 Tom이다'는 자연스럽다.
   내가 어제 도와준 사람은 바로 Tom이었다.

3) 가주어 진주어는 앞의 it이 불필요한 부분이나
   It be that 강조구문은 불필요한 부분이 it, be, that이다.

   It is true that he is honest. → 진주어/가주어에서는 It을 빼버리면 완전문이 된다.
                     That he is honest is true
   It was Tom that I helped yesterday.
   → It be ~ that의 강조어구에서는 It be that을 빼면 완전문이 된다.
      I helped Tom yesterday.

4) it 가주어 진주어 구문은 종업원이 it이고 진주어는 to, that, 의문사 이후라고 생각하면서 이해한다. 'it be that 강조구문은 it be that을 진열대라고 보고 그 진열대 위에 히트상품의 품사를 올려놓았다'라고 가정하면 된다.

   It(종업원) is true that he is honest(주인).
   It(진) was(열) Tom that(대) I helped yesterday.

기본 예문 정리

1. **It** would be **better not to do** it at all than to do it that way. → 가주어/진주어 구문
   (가주어)   (형용사) (to부정사의 진주어)
   그렇게 하느니 차라리 하지 않는 것이 낫다.

2. **It** is **easier to get** money than to keep it. → 가주어/진주어 구문
   (가주어) (형용사) (to부정사의 진주어)
   돈을 유지하는 것보다 버는 것이 더 쉽다.

3. **It is a bandwagon ad that** taps into a consumer's need to be part of a group.
   ↑ ↑   (강조어구)   ↑
   (진)(열)   (대)
   → it be ~ that 강조구문
   한 집단의 일원이 되고 싶어 하는 소비자의 욕구를 이용하는 것은 바로 유행에 편승하는 광고이다.

4. **It was a movie star that** I saw walking along a street. → it be ~ that 강조구문
   ↑ ↑   (강조어구)   ↑
   (진)(열)   (대)
   거리를 걷고 있을 동안 내가 본 사람은 바로 영화배우였다.

5. **It was at the store that** he bought the book. → it be ~ that 강조구문
   ↑ ↑   (강조어구)   ↑
   (진)(열)   (대)
   그가 그 책을 샀던 곳은 바로 그 상점에서였다.

6. **What was it that** he wanted you to do? → it be ~ that 강조구문
   (강조어구) ↑ ↑ ↑
           (열)(진)(대)
   그가 너에게 대체 무엇을 하기를 바랐니?

7. **It was not until a year later that** the project achieved great success.
   ↑ ↑   (강조어구)   ↑
   (진)(열)   (대)
   → it be ~ that 강조구문
   1년 후에야 그 프로젝트는 실제로 큰 성과를 거두었다.

◆ 의문사의 it be ~ that 강조구문

It be ~that에 있어서 의문사의 강조는 '의문사+ be it that+나머지부분'의 구조를 취한다.
Where is it that you live? 너는 사는 곳이 정말 어디니?

05 관계대명사 that과 접속사 that의 구별

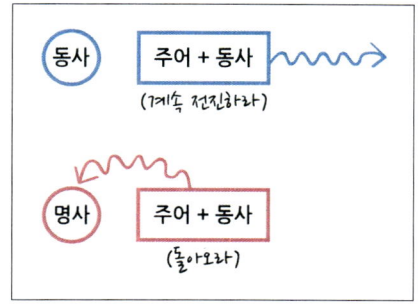

명사 + that (관계대명사) + (불완전문)
명사 + 관계대명사는 명사로 다시 돌아오라!

동사 + that (접속사) + (완전문)
동사 + 접속사 that은 계속 앞으로 가라!

I think that she loves me.
나는 생각한다/그녀가 나를 사랑한다고 → 순차적으로 해석
I love the girl that is very smart.
나는 사랑한다/매우 똑똑한 그 소녀를 → 선행사(그 소녀)로 돌아오는 해석으로

1. 기본 형태

동사 + that(접속사) + 완전문
think (that) (he is honest)
동사   that   완전문 → 완전문은 주어나 목적어나 보어가 모두 있음

명사 + that(관계대명사) + 불완전문
a book (that) (he read)
명사   that   불완전문 → 불완전문은 주어나 목적어 혹은 보어 중에서 하나 없음

2. 구별

접속사의 that 앞에는 일단은 동사가 온다고 생각하라.

    He is honest.

이 문장 앞에 that을 붙여 that절이라는 명사절을 만들어내고 이 that절은 본 바탕이 문장에서 왔기 때문에 완전문이다.

    <u>that</u> he is honest → 전체로는 명사절이며 that 이하는 완전문이다.

즉 주어나 목적어나 보어의 명사가 빠짐이 없이 모두 갖춰져 있다는 의미이다.
그리고 that절을 하나의 묶음으로 본다는 의미에서 가족단위처럼 간주하면 이해가 빠를 것이다.

    I know [that she is a lawyer].
    → 나는 안다/그녀가 변호사라는 사실을
       that 이하를 대가족 단위절처럼 생각하라.

한편, 관계대명사의 that은 앞에 선행사라는 명사가 있고 뒤에는 불완전문이 온다.

본래 문장 속에 있던 주어나 목적어의 명사가 앞으로 빠져 나가면서 불완전문이 되고 빠져 나간 명사는 선행사가 되어 수식을 받는 명사가 된다.

    I bought <u>a book</u>.   내가 책을 샀다.
    <u>a book</u> [that I bought (목적어 ×)] 내가 샀던 책
(본체의 선행사) (수식하는 그림자절)

수식받는 선행사인 명사인 a book을 본체, 수식하는 that 이하가 앞의 선행사를 꾸며준다는 의미에서 불완전한 그림자절이라고 생각하라.

3. that의 생략

목적어 자리에 온 명사절에서의 접속사의 that이 생략되고 나면 '동사 + 주어 + 동사'의 구조가 된다.

    I <u>think</u> <u>he</u> is honest.

동사인 think와 주어인 he사이에 접속사인 that이 생략되어 있다.

또한, 목적격관계대명사인 that 역시 생략할 수 있다.

    I know the man you met.

명사인 the man과 주어인 you 사이에 관계대명사인 that이 생략되어 있다.

동사 다음에 '주어 + 동사'가 나오면 접속사인 that이 생략되어 있고 명사 다음에 '주어 + 동사'가 나오면 관계대명사인 that이 생략되어 있다.

4. that이 생략된 구조

1) 접속사인 that의 생략

    I didn't think ^ it was her fault. 나는 그것이 그녀의 잘못이라고 생각하지 않았다.
    Her experiment showed ^ the theory was false. 그의 실험은 그 학설이 오류임을 증명하였다.

    I believe ^ she will come to the party. 나는 그녀가 파티에 올 거라고 믿는다.
    She says ^ he is honest. 그녀는 그가 정직하다고 말한다.

    I hope ^ you will never have an occasion to use this kind of program.
    나는 당신이 이런 종류의 프로그램을 사용하는 일이 발생하지 않기를 바란다.

    He realizes ^ it's too late to change course. 그는 너무 늦어 진로를 변경할 수 없음을 깨닫는다.

    We want to know ^ the rent is negotiable 세가 조정가능한지를 우리는 알고 싶습니다.

2) 목적격 관계대명사인 that의 생략

    friends ^ I visited 내가 초대했던 친구들
    all ^ I can do for you 내가 너를 위해서 할 수 있는 모든 것
    the watch ^ you had lost 네가 잃어버렸던 그 시계
    the man ^ you are dancing with 네가 함께 춤추고 있는 그 남자
    the meaning ^ the word has in English 그 단어가 영어로 가지고 있는 의미
    the girl ^ the boy is loved by 그 소년이 사랑에 빠져있는 소녀
    ends ^ they believe to be good 그들이 선하다고 믿는 목적들
    the woman ^ the man is talking to 그 남자가 이야기하고 있는 그 여자
    a computer ^ I want to buy 내가 사고 싶어 하는 컴퓨터
    the teacher ^ I respect most 내가 가장 존경하는 선생님
    an old friend ^ I had not met 내가 보지 못했던 옛 친구

the math class ^ I took last semester 지난 학기에 내가 수강했던 수학 수업
a restaurant ^ we are looking for 우리가 찾고 있는 식당
the songs ^ she used to sing to me 그녀가 나에게 불러주곤 했던 그 노래
the best movie ^ I have ever seen 내가 지금까지 보았던 가장 좋은 영화
the news ^ they read in the papers 그들이 신문에서 읽었던 그 뉴스
the present ^ I was not satisfied with 내가 만족하지 못했던 선물
the music ^ I am listening to 내가 듣고 있는 음악
the homework ^ he did yesterday 그가 어제 했던 숙제

기본 예문 정리

1. I **think that she is the prettiest of us**. 나는 그녀가 우리들 중에 가장 예쁘다고 생각한다.
   (동사) ↑ (주어와 목적어가 모두 있는 완전문)
   (접속사)

2. We **find that fruits help prevent diseases**.
   (동사) ↑ (주어와 목적어가 모두 있는 완전문)
   (접속사)
   우리는 과일이 질병을 예방하는 데 도움이 된다는 사실을 안다.

3. I don't like **the fruit that she eats everyday**. 나는 그녀가 매일 먹는 과일을 안 좋아한다.
   (명사인 선행사) ↑ (목적어가 없는 불완전문)
   (관계대명사)

4. Do you **know that he lives in Seoul**. 너는 그가 서울에 살고 있다는 사실을 아느냐?
   (동사) ↑ (주어와 목적어가 모두 있는 완전문)
   (접속사)

5. I **hope that you will pass the exam**. 나는 네가 그 시험에 통과할 것을 희망한다.
   (동사) ↑ (주어와 목적어가 모두 있는 완전문)
   (접속사)

6. **The house that I live in** is on the hill. 내가 살고 있는 그 집은 언덕 위에 있다.
   (명사인 선행사) ↑ (목적어가 없는 불완전문)
   (관계대명사)

7. **The man that is standing by the door** is my uncle. 문가에 서있는 그 남자는 나의 삼촌이다.
   (명사인 선행사) ↑ (주어가 없는 불완전문)
   (관계대명사)

8. We **think that his team can beat the other team**. 우리는 그의 팀이 상대팀을 이길 거라고 생각한다.
   (동사) ↑ (주어와 목적어가 모두 있는 완전문)
   (접속사)

9. I **expect that he will pass the exam**. 나는 그가 시험에 합격할거라고 기대한다.
   (동사) ↑ (주어와 목적어가 모두 있는 완전문)
   (접속사)

10. This is **the book that she gave me**. 이것은 그녀가 나에게 주었던 책이다.
    (명사인 선행사) ↑ (목적어가 없는 불완전문)
    (관계대명사)

11. The important thing **is that he knows the fact**. 중요한 것은 그가 그 사실을 알고 있다는 것이다.
    (동사)↑ (주어와 목적어가 모두 있는 완전문)
    (접속사)

12. I **believe that there are ghosts**. 나는 유령이 있다는 사실을 믿는다.
    (동사)   ↑ (주어와 목적어가 모두 있는 완전문)
       (접속사)

13. The workers at the animal center **were worried that Kent was deaf**.
    (하나의 동사로) (접속사) (완전문)
    한 동물 센터의 직원들은 Kent가 귀가 들리지 않는다고 걱정했었다.

14. I **heard that you didn't get the lead role in the play**.
    (동사) (접속사)   (주어와 목적어가 모두 있는 완전문)
    나는 네가 그 연극에서 주역을 얻지 못했다는 것을 들었다.

15. **Kids that watch a lot of TV** are likely to be overweight.
       ↑(관계대명사)   ↑
    (명사인 선행사) (주어가 없는 불완전문)
    TV를 많이 보는 어린이들이 과체중이 되는 경향이 있을 것 같다.

16. I **heard that you worked for the company**. 나는 네가 그 회사를 다녔다는 사실을 들었다.
    (동사) (접속사) (주어와 목적어가 모두 있는 완전문)

17. We should try to have a **heart that can see things as they truly are**.
       (명사인 선행사)↑   (주어가 없는 불완전문)
              (관계대명사)
    우리는 실재하는 모습 그대로 사물들을 볼 수 있는 마음을 가지려고 노력해야 한다.

18. It is natural **that he resembles his brother**.
           접속사 (주어와 목적어가 모두 있는 완전문)
    그가 그의 형을 닮았다는 것은 당연하다.

19. She **noticed that he was an intelligent student but received low grades**.
        동사 접속사   (완전문)
    그녀는 그가 똑똑한 학생이었지만 낮은 성적을 받았다는 것을 알아챘다.

20. Moringa is **a plant that ranges in height from five to twelve meters**.
        (명사인 선행사)↑   (주어가 없는 불완전문)
                (관계대명사)
    Moringa는 높이가 5미터에서 12미터까지 자라는 식물이다.

21. Patients **may feel that their voices are ignored or silenced**.
          (동사) (접속사)   (완전문)
    환자들은 그들의 목소리가 무시당하거나 묻힌다고 느낄지도 모른다.

06 4형식을 3형식으로

4형식의 구조는 동사가 '주다'라는 의미의 수여동사이다.

이 동사의 특징은 우리가 무엇을 줄 때 두 가지의 대상이 필요한데 '누구에게, 무엇을'이라는 사람과 사물의 두 종류가 필요하다. 이때 사람을 간접목적어라 하고 사물을 직접목적어라 한다. (지금 내가 직접적으로 가지고 있는 물건을 멀리 간접적으로 떨어져 있는 친구에게 준다.)

즉 다음과 같다.

1. 수여동사의 4형식인 정상어순

I gave my girlfriend a gift.
 (주다) (여자친구) (선물)
(수여동사) (간접목적어) (직접목적어)
     (~에게) (~을)
     (사람)   (사물)

2. 수여동사의 4형식의 3형식으로의 전환

원래 4형식에서는 사람을 지칭하는 간접목적어가 먼저 나오고 뒤에 사물을 지칭하는 직접목적어가 나와야 하는 구조인데 사물인 직접목적어를 먼저 내세우고 간접목적어인 사람을 뒤로 돌리는 구조이다.

이 경우에는 반드시 간접목적어 앞에 전치사를 붙여야 하는데 동사마다 이 전치사는 다르므로 반드시 암기해야 한다.

I gave a gift to my girlfriend.
 (주다) (선물) (전치사 + 여자친구)
(수여동사) (직접목적어) (전치사 + 간접목적어)
    (~을) (~에게/위해)
    (사물) (전치사 + 사람)

3. 4형식에서 3형식으로 전환 시 전치사의 유형

1) 4형식에서 3형식으로 바꿀 때 간접목적어가 뒤로 가면서 앞에 붙는 전치사가 to인 경우
   (단순히 '~에게'의 의미)

   I gave him a book.
   I gave a book to him. (나는 그에게 책을 주었다)

   He sent her a letter.
   He sent a letter to her. (그는 그녀에게 편지를 보냈다.)

2) 4형식에서 3형식으로 바꿀 때 간접목적어가 뒤로 가면서 앞에 붙는 전치사가 for인 경우
   (~를 '위해서'의 의미)

   (갯 바위 메이크 파인드 쿡): get, buy, make, find, cook으로 암기하면 편하다.

   (4형식) I got him a toy.
   (3형식) I got a toy for him. (나는 그를 위해 장난감을 갖게 해주었다.)

   (4형식) My father bought me a computer.
   (3형식) My father bought a computer for me. (나의 아버지는 나를 위해 컴퓨터를 사주었다.)

   (4형식) I made my son a toy.
   (3형식) I made a toy for my son. (나는 나의 아들을 위해 장난감을 만들어주었다.)

   (4형식) My mother cooked me a delicious hamburger.
   (3형식) My mother cooked a delicious hamburger for me.
          (나의 엄마는 나를 위해서 맛있는 햄버거를 요리해주었다.)

   (4형식) He found me my key.
   (3형식) He found my key for me. (그는 나를 위해서 열쇠를 찾아주었다.)

3) 4형식에서 3형식으로 바꿀 때 간접목적어가 뒤로 가면서 앞에 붙는 전치사가 of인 경우

   (4형식) He asked me a question.
   (3형식) He asked a question of me. (그는 나에게 질문을 했다.)

4) 직접목적어가 대명사일 때에는 반드시 3형식으로

   He gave me it. (×)
   He gave it to me. (O)

기본 예문 정리

1. Vets **give injured or sick animals medical care.** (4형식)
   (수여동사)   (간접목적어)   (직접목적어)
              (~에게)   (~을)

   Vets **give medical care to injured or sick animals.** (3형식)
   (수여동사) (직접목적어)   (전치사 + 간접목적어)
              (~을)   (~에게)
   수의사는 다치거나 아픈 동물들을 치료해준다.

2. I **will buy him a book.** (4형식) 나는 그를 위해 책 한 권을 사줄 것이다.
   (수여동사) ↑ (직접목적어)
       (간접목적어)
        (~위해) (~을)

   I **will buy a book for him.** (3형식)
   (수여동사) ↑ (전치사 + 간접목적어)
        (직접목적어)
         (~을)   (~위해)

3. Weather forecasts **give people information about the weather.** (4형식)
   (수여동사) ↑   (직접목적어)
   (간접목적어)
   (~에게)   (~을)

   Weather forecasts **give information about the weather to people.** (3형식)
   (수여동사)   (직접목적어)   (전치사+간접목적어)
                   (~을)   (~에게)
   일기예보는 사람들에게 날씨에 관한 정보를 준다.

4. They **should tell her the truth.** (4형식) 그들은 그녀에게 진실을 알려줘야 한다.
   (수여동사) ↑ (직접목적어)
       (간접목적어)
        (~에게)   (~을)

   They **should tell the truth to her.** (3형식)
   (수여동사)   ↑ (전치사+간접목적어)
        (직접목적어)
         (~을)   (~에게)

5. Please **give me a brochure about this city.** (4형식) 이 시에 관한 소책자를 하나 나에게 주세요.
   (수여동사) ↑   (직접목적어)
   (간접목적어)
        (~에게)   (~을)

   Please **give a brochure about this city to me.** (3형식)
   (수여동사) (직접목적어) (전치사+간접목적어)
              (~을)   (~에게)

6. I **can get you a computer.** (4형식) 나는 너를 위해서 컴퓨터를 마련해줄 수 있다.
    (수여동사) ↑ (직접목적어)
      (간접목적어)
        (~위해) (~을)

   I **can get a computer for you.** (3형식)
    (수여동사) (직접목적어) (전치사 + 간접목적어)
         (~을)   (~위해)

7. I'**ll show you the exact figure.** (4형식) 나는 너에게 정확한 수치를 보여주겠다.
    (수여동사) ↑ (직접목적어)
      (간접목적어)
        (~에게) (~을)

   I'**ll show the exact figure to you.** (3형식)
    (수여동사)   (직접목적어)   (전치사+간접목적어)
          (~을)   (~에게)

8. My mother often **cooks me** ramen. (4형식) 나의 엄마는 나를 위해서 종종 라면을 요리해주신다.
              (수여동사) ↑ (직접목적어)
                (간접목적어)
                  (~에게) (~을)

   My mother often **cooks ramen for me.** (3형식)
              (수여동사) ↑ (전치사 + 간접목적어)
                (직접목적어)
                  (~을) (~위해)

9. Students who **offer elderly people their seats** are kind. (4형식)
            (수여동사) (간접목적어) (직접목적어)
                  (~에게)   (~을)

   Students who **offer their seats to elderly people** are kind. (3형식)
            (수여동사)(직접목적어) (전치사 + 간접목적어)
                  (~을)   (~에게)
   노인들에게 자리를 양보해주는 학생들은 친절하다.

10. Can I **ask you a favor**? (4형식) 내가 너에게 부탁하나 해도 될까?
     (수여동사)↑ (직접목적어)
       (간접목적어)
         (~에게) (~을)

    Can I **ask a favor of you**? (3형식)
     (수여동사) ↑ (전치사+간접목적어)
       (직접목적어)
         (~을)   (~에게)

11. I will **offer you something cold to drink.** (4형식) 내가 너에게 마실 차가운 어떤 것을 줄게.
　　　(수여동사) ↑　　　(직접목적어)
　　　　　(간접목적어)
　　　　　　(~에게)　　　(~을)

　　I will **offer something cold to drink to you.** (3형식)
　　　(수여동사)　　(직접목적어)　　(전치사+간접목적어)
　　　　　　　　　(~을)　　　(~에게)

12. She **told me the information.** (4형식) 그녀는 나에게 그 정보를 말해주었다.
　　　(수여동사)↑　(직접목적어)
　　　(간접목적어)
　　　　(~에게)　　(~을)

　　She **told the information to me.** (3형식)
　　　(수여동사)　(직접목적어) (전치사+간접목적어)
　　　　　　　　　(~을)　　(~에게)

13. She sometimes **makes us a pizza.** (4형식) 그녀는 때때로 나를 위해 피자를 만들어 준다.
　　　　　　　(수여동사)↑(직접목적어)
　　　　　　　(간접목적어)
　　　　　　　　(~에게) (~을)

　　She sometimes **makes a pizza for us.** (3형식)
　　　　　　(수여동사)　　↑(전치사 + 간접목적어)
　　　　　　　(직접목적어)
　　　　　　　　(~을)　(~에게)

14. He **showed me a way to the city hall.** (4형식) 그는 나에게 시청으로 가는 길을 가르쳐 주었다.
　　　(수여동사)　↑　　(직접목적어)
　　　(간접목적어)
　　　　(~에게)　　　(~을)

　　He **showed a way to the city hall to me.** (3형식)
　　　(수여동사)　　(직접목적어)　(전치사 + 간접목적어)
　　　　　　　　(~을)　　　(~에게)

15. He **teaches us English.** (4형식) 그는 우리들에게 영어를 가르친다.
　　　(수여동사)↑　(직접목적어)
　　　(간접목적어)
　　　　(~에게) (~을)

　　He **teaches English to us.** (3형식)
　　　(수여동사)　↑　(전치사 + 간접목적어)
　　　(직접목적어)
　　　　(~을)　(~에게)

16. Can I **ask you a question.** (4형식) 내가 당신에게 질문 하나 해도 될까요?
　　　　(수여동사)↑ (직접목적어)
　　　　　　(간접목적어)
　　　　　　　(~에게) (~을)

　　Can I **ask a question of you.** (3형식)
　　　(수여동사)　　↑ (전치사 + 간접목적어)
　　　　　(직접목적어)
　　　　　　　(~을)　(~에게)

07 직설법과 가정법 구문의 전환

직설법은 사실을 나타내며 가정법은 심리적인 바램이나 상상을 나타낸다. 직설법과 가정법은 서로 긍정과 부정이 교차되며 가정법의 시제는 직설법보다는 한 시제 과거로 거슬러 올라간 시제로 표현해서 직설법과의 구별을 꾀한다.

기본 예문 정리

1. If I **were** rich, I **could buy** a car. (가정법과거)
    = As I **am not** rich, I **can not buy** a car. (직설법현재)
    내가 지금 부자라면 나는 차를 살 수 있을 텐데. / 나는 지금 부자가 아니기 때문에 차를 살 수 없다.

2. If I **had** money, I **could buy** a book. (가정법과거)
    = As I **do not have** money, I **can not buy** a book. (직설법현재)
    내가 지금 돈을 갖고 있다면 책을 살 수 있을 텐데. / 나는 돈이 없어서 책을 살 수 없다.

3. If he **had studied** hard then, he **would have passed** the exam. (가정법과거완료)
    = As he **did not study** hard then, he **did not pass** the exam. (직설법과거)
    그가 그때 열심히 공부했더라면 그는 시험에 합격할 수 있었을 텐데. / 그가 그때 열심히 공부하지 않았으므로 그는 시험에 합격하지 못했다.

4. If I **loved** her, I **would marry** her. (가정법과거)
    = As I **don't love** her, I **won't marry** her. (직설법현재)
    내가 지금 그녀를 좋아한다면 그녀와 결혼할 텐데. / 내가 그녀를 좋아하지 않기 때문에 그녀와 결혼하지 않을 것이다.

5. If I **knew** your address, I **could write** a letter to you. (가정법과거)
    = As I **don't know** your address, I **can't write** a letter to you. (직설법현재)
    내가 너의 주소를 안다면 너에게 편지를 쓸 텐데. / 내가 너의 주소를 모르기 때문에 너에게 편지를 쓸 수 없다.

6. If you **had taken** the doctor's advice then, you **would be** healthy now. (혼합가정법)
   = As you **didn't take** the doctor's advice then, you **is not** healthy now. (혼합직설법)
   네가 그때 그 의사의 충고를 받아들였더라면 너는 지금 건강할 텐데. / 네가 그때 그 의사의 충고를 받아들이지 않았기 때문에 너는 지금 건강하지 않다.

7. If he **had helped** me, I **could have finished** it easily. (가정법과거완료)
   = As he **didn't help** me, I **couldn't finish** it easily. (직설법과거)
   그가 나를 도왔더라면 나는 그것을 쉽게 끝냈을 텐데. / 그가 나를 돕지 않았기 때문에 나는 그 일을 쉽게 끝내지 못했다.

8. If I **had gone** to the party, I **could have seen** her. (가정법과거완료)
   = As I **didn't go** to the party, I **couldn't see** her. (직설법과거)
   내가 그 파티에 갔더라면 나는 그녀를 볼 수 있었을 텐데. / 내가 그 파티에 가지 않았기 때문에 나는 그녀를 볼 수 없었다.

9. If I **were** in Seoul, I **could meet** him. (가정법과거)
   = As I **am not** in Seoul, I **can't meet** him. (직설법현재)
   내가 지금 서울에 있다면 그를 만날 수 있을 텐데. / 내가 서울에 있지 않기 때문에 나는 그를 만날 수 없다.

10. If he **didn't tell** lies, we **would like** him. (가정법과거)
    = As he **tells** lies, we **don't like** him. (직설법현재)
    그가 거짓말을 하지 않는다면 우리는 그를 좋아할 텐데. / 그가 거짓말을 하기 때문에 그를 좋아하지 않는다.

11. If the child **were** his son, he **would take** care of him. (가정법과거)
    = As the child **is not** his son, he **doesn't take** care of him. (직설법현재)
    그 아이가 그의 아들이라면 그는 그를 돌볼 텐데. / 그 아이가 그의 아들이 아니기 때문에 그는 그를 돌보지 않는다.

12. If I **had** a lot of money, I **could help** you. (가정법과거)
    = As I **don't have** a lot of money, I **can't help** you. (직설법현재)
    내가 돈을 가지고 있다면 너를 도울 텐데. / 내가 많은 돈을 가지고 있지 않기 때문에 너를 도울 수 없다.

13. I wish I **were** rich. (가정법과거)
    = I am sorry I **am not** rich. (직설법현재)
    내가 부자라면 좋으련만. / 내가 부자가 아니라서 유감이다.

14. I wish I **had married** her. (가정법과거완료)
    = I am sorry I **didn't marry** her. (직설법과거)
    내가 그녀와 결혼했더라면 얼마나 좋으련만. / 내가 그녀와 결혼하지 않았기에 유감이다.

15. It is time you **went** to bed. (가정법과거)
    = It is time you **should go** to bed. (가정법과거)
    = It is time for you **to go** to bed. (직설법현재)
    네가 잠자리에 들어야할 시간이다.

16. If he **were** my close friend, he **would invite** me. (가정법과거)
    = As he **is not** my close friend, he **doesn't invite** me. (직설법현재)
    그가 나의 절친한 친구라면 그는 나를 초대할 텐데. / 그가 나의 절친한 친구가 아니기 때문에 그는 나를 초대하지 않는다.

17. If I **had had** a bad cold, I **could not have gone** to the party. (가정법과거완료)
    = As I **didn't have** a bad cold, I **could go** to the party. (직설법과거)
    내가 독감을 가지고 있었더라면 나는 그 파티에 갈 수 없었을 텐데. / 내가 독감에 걸리지 않았기 때문에 나는 그 파티에 갈 수 있었다.

18. If he **had not been** killed in the war, he **would be** twenty years old now. (혼합가정법)
    = As he **was** killed in the war, he **is not** twenty years old now. (혼합직설법)
    그가 그 전쟁에서 죽지 않았더라면 그는 지금 20살이 될 텐데. / 그가 전쟁에서 죽었기 때문에 그는 지금 20살이라 할 수 없다.

19. If the weather **hadn't been** good, we **would not have gone** out. (가정법과거완료)
    = The weather **was** good, so we **went** out. (직설법과거)
    날씨가 좋지 않았더라면 우리는 외출하지 않았을 텐데. / 날씨가 좋아서 우리는 외출했다.

20. If I **had gotten** up early in the morning, I **would not have been** late for school. (가정법과거완료)
    = As I **didn't get** up early in the morning, I **was** late for school. (직설법과거)
    내가 아침에 일찍 일어났더라면 나는 학교에 늦지 않았을 텐데. / 내가 아침에 일찍 일어나지 않았기 때문에 나는 학교에 늦었다.

21. If he **had** the book, he **could lend** it to me. (가정법과거)
    = As he **doesn't have** the book, he **can not lend** it to me. (직설법현재)
    그가 그 책을 가지고 있다면 그 책을 빌려줄 텐데. / 그가 그 책을 가지고 있지 않기 때문에 나에게 그 책을 빌려줄 수 없다.

22. If it **had not been** for her help, I **would have failed.** (가정법과거완료)
    = But for her help, I **would have failed.** (가정법과거완료)
    = Without her help, I **would have failed.** (가정법과거완료)
    너의 도움이 없었더라면 나는 실패했을 텐데.

23. If the computer **had not been** very expensive, I **could have bough**t it. (가정법과거완료)
    = As the computer **was** very expensive, I **could not buy** it. (직설법과거)
    그 컴퓨터가 매우 비싸지 않았더라면 나는 그것을 살 수 있었을 텐데/ 그 컴퓨터가 매우 비쌌기 때문에 나는 살 수가 없었다.

24. If I **had arrived** earlier, I **could have met** her. (가정법과거완료)
    = As I **didn't arrive** earlier, I **could not meet** her. (직설법과거)
    내가 더 일찍 도착했더라면 나는 그녀를 만날 수 있었을 텐데. / 내가 더 일찍 도착하지 못해서 나는 그녀를 만날 수 없었다.

25. If I **had not played** with you, I **could have finished** my homework. (가정법과거완료)
    = As I **played** with you, I **could not finish** my homework. (직설법과거)
    내가 너와 놀지 않았더라면 나는 나의 숙제를 끝냈을 텐데. / 내가 너와 놀았기 때문에 나의 숙제를 끝내지 못했다.

26. If you had saved more money in your youth, you would be richer now. (혼합가정법)
    = As you didn't save more money in your youth, you are not richer now. (혼합직설법)
    네가 젊었을 때 더 많은 돈을 저축했더라면 지금은 더 부자일 텐데.

08 단/복수 동사

주어가 3인칭(I, you, we를 제외한 모두)이고 단수(하나)이며 현재 시제일 때 동사 뒤에 s/es를 붙인다.

기본 예문 정리

1. There (are / **is**) a tall building near my house. → 주어가 3인칭/단수/동사는 현재

2. There (**are** / is) tall buildings near my house. → 주어가 3인칭/복수/동사는 현재

3. I (wants / **want**) to be a doctor. → 주어가 1인칭/단수/동사는 현재

4. He can (**play** / plays) the piano. → 주어가 3인칭/단수/동사는 조동사 뒤 동사원형

5. She (**has** / have) a very expensive pen. → 주어가 3인칭/단수/동사는 현재

6. He (**is** / are) tall. → 주어가 3인칭/단수/동사는 현재

7. She (look / **looks**) pretty. → 주어가 3인칭/단수/동사는 현재

8. They (**like** / likes) pizza. → 주어가 3인칭/복수/동사는 현재

9. Tom (**goes** / go) to church every Sunday. → 주어가 3인칭/단수/동사는 현재

10. She (**likes** / like) me. → 주어가 3인칭/단수/동사는 현재

11. I (**bought** / boughts) a pen.
    → 주어가 1인칭/단수/동사는 과거, 과거동사 뒤에는 s/es를 붙이지 않는다.

CHAPTER 02 문장전환 및 이해

12. Changsu (**has** / have) two dogs. → 주어가 3인칭/단수/동사는 현재

13. A cat (**sleeps** / sleep) under the tree. → 주어가 3인칭/단수/동사는 현재

14. He (**likes** / like) soccer. → 주어가 3인칭/단수/동사는 현재

15. On the desk (**is** / are) a map.
    → 주어가 3인칭/단수/동사는 현재, 여기서의 주어는 a map으로서 도치되어 있다.

16. I will (**go** / went) to church. → 주어가 1인칭/단수/동사는 조동사 뒤의 동사원형

17. I don't (**know** / knows) of her.
    → 주어가 1인칭/단수/동사는 현재, 조동사인 don't 뒤에는 동사원형

18. My father (feel / **feels**) tired. → 주어가 3인칭/단수/동사는 현재

19. He (**makes** / make) toy airplanes. → 주어가 3인칭/단수/동사는 현재

20. Jinsu (**likes** / like) to play soccer. → 주어가 3인칭/단수/동사는 현재

21. You (likes / **like**) an apple. → 주어가 2인칭/단수/동사는 현재

22. Seoul (**is** / are) far away from here. → 주어가 3인칭/단수/동사는 현재

23. Do you (**have** / has) a car?
    → 주어가 2인칭/단수/동사는 조동사 뒤 동사원형, 여기서는 do가 조동사 역할을 한다.

24. She (**likes** / like) playing golf. → 주어가 3인칭/단수/동사는 현재

25. They (**made** / mades) me sad.
    → 주어가 3인칭/복수/동사는 과거, 과거동사 뒤에는 s/es를 붙이면 안 된다.

26. We (**wear** / wears) the same uniform. → 주어가 1인칭/복수/동사는 현재

27. My mother (**teaches** / teach) English. → 주어가 3인칭/단수/동사는 현재

28. I (**met** / mets) her in the park.

→ 주어가 1인칭/단수/동사는 과거, 과거동사 뒤에는 s/es를 붙이면 안 된다.

29. Tom (**expects** / expect) her to love me. → 주어가 3인칭/단수/동사는 현재

30. He always (use / **uses**) my computer. → 주어가 3인칭/단수/동사는 현재

31. We (**wait** / waits) for spring. → 주어가 1인칭/복수/동사는 현재

32. He (enjoy / **enjoys**) a computer game. → 주어가 3인칭/단수/동사는 현재

33. Students (is / **are**) busy studying. → 주어가 3인칭/복수/동사는 현재

34. She (keep / **keeps**) a diary. → 주어가 3인칭/단수/동사는 현재

35. We (mets / **met**) her yesterday.
    → 주어가 1인칭/복수/동사는 과거, 과거동사 뒤에는 s/es를 붙이면 안 된다.

36. I (minds / **mind**) her visiting me. → 주어가 1인칭/단수/동사는 현재

37. My mother (**loves** / love) my dad. → 주어가 3인칭/단수/동사는 현재

38. Mary (**loves** / love) playing video games. → 주어가 3인칭/단수/동사는 현재

39. She (**lives** / live) near my house. → 주어가 3인칭/단수/동사는 현재

40. We (heards / **heard**) her singing.
    → 주어가 1인칭/복수/동사는 과거, 과거동사 뒤에는 s/es를 붙이면 안 된다.

41. He will (meets / **meet**) her tomorrow.
    → 주어가 3인칭/단수/동사는 조동사 뒤에는 동사원형이 온다.

42. I (**have** / has) enough money to buy the house. → 주어가 1인칭/단수/동사는 현재

43. She (**wants** / want) to be a movie star. → 주어가 3인칭/단수/동사는 현재

44. To keep a diary in English (give / **gives**) me trouble.
→ 주어가 to부정사인 3인칭/단수/동사는 현재, to부정사는 주어일 경우 단수 취급한다.

45. She (**likes** / like) autumn. → 주어가 3인칭/단수/동사는 현재

46. Taking a walk (**makes** / make) us healthy.
→ 주어가 ing동명사인 3인칭/단수/동사는 현재, ing동명사는 주어일 경우 단수 취급한다.

47. Learning English (**is** / are) difficult.
→ 주어가 ing동명사인 3인칭/단수/동사는 현재, ing동명사는 주어일 경우 단수 취급한다.

48. I (thoughts / **thought**) about what to do.
→ 주어가 1인칭/단수/동사는 과거, 과거동사 뒤에는 s/es를 붙이면 안 된다.

49. That he is smart (**is** / are) true.
→ 주어가 that절인 3인칭/단수/동사는 현재, that절은 단수 취급한다.

50. Whether he will come or not (are / **is**) not certain.
→ 주어가 whether절인 3인칭/단수/동사는 현재, whether절은 단수 취급한다.

문제 연습

1. There (are / is) a tall building near my house.
2. There (are / is) tall buildings near my house.
3. I (wants / want) to be a doctor.
4. He can (play / plays) the piano.
5. She (has / have) a very expensive pen.
6. He (is / are) tall.
7. She (look / looks) pretty.
8. They (like / likes) pizza.
9. Tom (goes / go) to church every Sunday).
10. She (likes / like) me.
11. I (bought / boughts) a pen.
12. Changsu (has / have) two dogs.
13. A cat (sleeps / sleep) under the tree.
14. He (likes / like) soccer.
15. On the desk (is / are) a map.
16. I will (go / went) to church.
17. I don't (know / knows) of her.
18. My father (feel / feels) tired.
19. He (make / makes) toy airplanes.
20. Jinsu (likes / like) to play soccer.
21. You (likes / like) an apple.
22. Seoul (is /are) far away from here.
23. Do you (have / has) a car?
24. She (likes / like) playing golf.

25. She (made / mades) me sad.

26. We (wear / wears) the same uniform.

27. My mother (teaches / teach) English.

28. I (met / mets) her in the park.

29. Tom (expects / expect) her to love me.

30. He always (use / uses) my computer.

31. We (wait / waits) for spring.

32. He (enjoy / enjoys) a computer game.

33. Students (is / are) busy studying.

34. She (keep / keeps) a diary.

35. We (mets / met) her yesterday.

36. I (minds / mind) her visiting me.

37. My mother (loves / love) my dad.

38. Mary (loves / love) playing video games.

39. She (lives / live) near my house.

40. We (heards / heard) her singing.

41. He will (meets / meet) her tomorrow.

42. I (have / has) enough money to buy the house.

43. She (wants / want) to be a movie star.

44. To keep a diary in English (give / gives) me trouble.

45. She (likes / like) autumn.

46. Taking a walk (makes / make) us healthy.

47. Learning English (is / are) difficult.

48. I (thoughts / thought) about what to do.

49. That he is smart (is / are) true.

09 분사구문의 전환

분사구문이란 부사절에서

1) 부사절의 <u>접속사를 생략하고</u>
2) 부사절의 주어가 주절의 주어와 같으면 <u>주어를 생략하고</u>
3) 부사절의 <u>동사에 ing를 붙여</u> 분사구문을 만든다.

부사절을 일정부분을 생략해서 간결한 절로 만든 구문이다.

기본 예문 정리

1. **<u>As he is</u>** rich, he can buy the car. (부사절)
   = **<u>Being</u>** rich, he can buy the car. (분사구문)
   그는 부자이기 때문에 그는 그 차를 살 수 있다.

2. **<u>When the baby was</u>** left alone, she began to cry. (부사절)
   = **<u>The baby Being</u>** left alone, she began to cry. (분사구문)
   그 아기가 홀로 남겨졌을 때, 그녀는 울기 시작했다.

3. **<u>After he finished</u>** his homework, he played a game. (부사절)
   = **<u>Finishing</u>** his homework, he played a game. (분사구문)
   그가 그의 숙제를 끝냈을 때, 그는 게임을 했다.

4. **<u>Because he was</u>** very tired, he went to bed. (부사절)
   = **<u>Being</u>** very tired, he went to bed. (분사구문)
   그는 매우 피곤했기 때문에 그는 잠자리에 들었다.

5. **When she had sung** her song, she was satisfied. (부사절)
   = **Having sung** her song, she was satisfied. (분사구문)
   노래를 부르고 나서 그녀는 만족했다.

6. **While I was** studying, the cell phone rang. (부사절)
   = **While** studying, the cell phone rang. (분사구문)
   내가 공부하고 있을 동안 전화벨이 울렸다.

7. **While the boy wa**s reading a book, he fell asleep. (부사절)
   = While reading a book, the boy fell asleep. (분사구문)
   그 소년이 책을 읽고 있을 동안, 그는 잠이 들었다.

8. **As I have** no time, I can't go with you right now. (부사절)
   = **Having** no time, I can't go with you right now. (분사구문)
   내가 시간이 없어서, 나는 지금 당장 너와 함께 갈 수 없다.

9. **When my school was** over, I played with friends. (부사절)
   = My school **being** over, I played with friends. (분사구문)
   나의 수업이 끝났을 때 나는 친구들과 놀았다.

10. **After our examination was** over, we went to the movie. (부사절)
    = **Our examination (being)** over, we went to the movie. (분사구문)
    시험이 끝났을 때 우리는 영화를 보러 갔다.

11. **As I had finishe**d my work, I went home. (부사절)
    = **Having finished** my work, I went home. (분사구문)
    나는 나의 일을 마쳤기 때문에, 나는 집으로 갔다.

12. **As this writing was** written in haste, it has many mistakes. (부사절)
    = **(Being)** written in haste, this writing has many mistakes. (분사구문)
    이 작문은 서둘러 쓰여서 많은 잘못된 점을 가지고 있다.

13. **As my mother was** angry about my deed, she went out of the room. (부사절)
    = **(Being)** angry about my deed, my mother went out of the room. (분사구문)
    나의 엄마는 나의 행동에 화가 나서 방 밖으로 나가셨다.

14. I want both of you to run the track while you hold each other's hands. (부사절)
    = I want both of you to run the track holding each other's hands. (분사구문)
    나는 너희 둘이 손을 잡고서 트랙을 달리기를 원한다.

15. She walked out of the room, and slammed the door behind her. (부사절)
    = She walked out of the room, slamming the door behind her. (분사구문)
    그녀는 방에서 걸어 나와 문을 쾅 닫았다.

16. Unless you pay in cash, please pay by credit card. (부사절)
    = Unless paying in cash, please pay by credit card. (분사구문)
    현금으로 지불하지 않으려면 신용카드로 지불해주세요.

17. If you do not pay in cash, please pay by credit card. (부사절)
    = Not paying in cash, please pay by credit card. (분사구문)
    현금으로 지불하지 않으려면 신용카드로 지불해주세요.

18. If you turn to the right here, you can see the new restaurant. (부사절)
    = Turning to the right here, you can see the new restaurant. (분사구문)
    여기서 우회전을 하면 새로운 음식점을 볼 수 있을 것이다.

CHAPTER 02 문장전환 및 이해

능동태의 수동태로의 전환

주어가 능동적으로 행위를 하는 주체라면 능동형을 사용하지만 주어가 행위를 전혀 하지 않는 주체라면 be + pp의 수동태의 형태를 취한다.

그리고 주어가 능동적으로 행위를 한다는 것은 행위의 대상을 필요로 한다. 이 대상어가 목적어이다.

그러나 행위를 하지 않는 주체가 주어 자리로 오면 행위를 당하는 입장이라 행위대상이 되는 목적어가 필요없다.

나는 / 쓴다 / 편지를 → 주어인 내가 행위를 한다.
   I write ~

편지는 /쓰여진다 / 나에 의해 → 주어인 편지는 행위를 하지 않는다.
   The letter is written ~

기본 예문 정리

1. I love **her**. 나는 그녀를 사랑한다. (능동태)
   She is loved by me. 그녀는 나에 의해 사랑받는다. (수동태)

2. He studies **English**. 그는 영어를 공부한다. (능동태)
   English is studied by him. 영어가 그에 의해서 공부된다. (수동태)

3. I picked **a flower**. 나는 꽃을 꺾었다. (능동태)
   A flower was picked by me. 꽃은 나에 의해 꺾였다. (수동태)

4. We discussed **the project**. 우리는 그 계획을 토론했다. (능동태)
   The project was discussed by us. 그 계획은 우리들에 의해서 토론됐다. (수동태)

5. He gave **me a book**. 그는 나에게 책을 주었다. (능동태)
   I was given a book by him. 나는 그에 의해 책을 받았다. (수동태)
   A book was given to me by him. 책이 그에 의해 나에게 주어졌다. (수동태)

6. I teach **them English**. 나는 그들에게 영어를 가르친다. (능동태)
   They are taught English by me. 그들은 나에 의해 영어를 배운다. (수동태)
   English is taught to them by me. 영어는 나에 의해 그들에게 가르쳐진다. (수동태)

7. She told **me the news**. 그녀는 나에게 그 소식을 말해주었다. (능동태)
   I was told the news by her. 나는 그녀에 의해 그 소식을 들었다. (수동태)
   The news was told to me by her. 그 소식이 그녀에 의해 나에게 들리어졌다. (수동태)

8. We regard **him** as a hero. 우리는 그를 영웅으로 간주한다. (능동태)
   He is regarded as a hero by us. 그는 우리들에 의해서 영웅으로 간주된다. (수동태)

9. I keep **the door** open. 나는 그 문을 열어둔다. (능동태)
   The door is kept open by me. 그 문은 나에 의해 열린 채로 둔다. (수동태)

10. People elected **him** their president. 사람들은 그를 그들의 회장으로 선출했다. (능동태)
    He was elected their president. 그는 그들의 회장으로 선출되었다. (수동태)

11. He named **the pet** Mary. 그는 그 애완동물을 Mary라고 이름 지었다. (능동태)
    The pet was named Mary by him. 그 애완동물은 그에 의해 Mary라고 이름 지어졌다. (수동태)

12. We believe him to be honest. 우리들은 그가 정직하다고 믿는다. (능동태)
    He is believed to be honest. 그는 우리들에 의해서 정직하다고 믿어진다. (수동태)

13. She forced **him** to clean the room. 그녀는 그가 그 방을 청소하도록 강요했다. (능동태)
    He was forced to clean the room by her. 그는 그녀에 의해 그 방을 청소하도록 강요되었다. (수동태)

14. I expect **him** to come here. 나는 그가 여기에 올 것이라고 기대한다. (능동태)
    He is excepted to come here by me. 그는 나에 의해서 여기에 올 것으로 기대된다. (수동태)

15. I made **him** study hard. 나는 그가 공부하도록 했다. (능동태)
    He was made to study hard by me. 그는 나에 의해 공부하도록 강요되었다. (수동태)

16. I saw **him** go home. 나는 그가 집으로 가는 것을 보았다. (능동태)

He was seen to go home by me. 그는 나에 의해 집으로 가는 것이 보여졌다. (수동태)

17. I saw **him** going home. 나는 그가 집으로 가는 것을 보았다. (능동태)
He was seen going home by me. 그는 나에 의해 집으로 가는 것이 보여졌다. (수동태)

18. We followed **the pattern**. 우리는 그 방식을 따랐다. (능동태)
The pattern was followed by us. (수동태)

19. A problem faced **us**. 어떤 문제가 우리 앞에 직면해 있었다. (능동태)
We were faced by a problem. (수동태)

20. A difficulty confronted **us**. 어려움이 우리 앞에 직면해 있다. (능동태)
We were confronted by a difficulty. (수동태)

21. I heard **him** call my name. 나는 그가 나의 이름을 부르는 것을 들었다. (능동태)
He was heard to call my name by me. (수동태)

22. I will meet **her** tonight. 나는 그녀를 오늘밤 만날 것이다. (능동태)
She will be met tonight by me. 오늘밤 그녀는 나에 의해 만날것이다. (수동태)

23. I have finished **the work**. 나는 그 일을 끝냈다. (능동태)
The work has been finished by me. 그 일은 나에 의해 끝내졌다. (수동태)

24. He was reading **a book**. 그는 책을 읽고 있었다. (능동태)
A book was being read by him. 책이 나에 의해 읽혀졌다. (수동태)

25. People say that she is kind. 사람들은 그녀가 친절하다고 말한다. (능동태)
It is said that she is kind. 그녀가 친절하다고 말해진다. (수동태)
She is said to be kind. 그녀는 친절한 것으로 말해진다. (수동태)

26. People say that she was rich. 사람들은 그녀가 부자였다고 말한다. (능동태)
It is said that she was rich. 그녀가 부자였다고 말해진다. (수동태)
She is said to have been rich. 그녀는 부자였던 것으로 말해진다. (수동태)

27. We believe that he is a doctor. 우리는 그가 의사라고 믿는다. (능동태)
    It is believed that he is a doctor. 그가 의사라고 믿어진다. (수동태)
    He is believed to be a doctor. 그는 의사인 것으로 믿어진다. (수동태)

28. We believe that he was a doctor. 우리는 그가 의사였다고 믿는다. (능동태)
    It is believed that he was a doctor. 그가 의사였다고 믿어진다. (수동태)
    He is believed to have been a doctor. 그는 의사였던 것으로 믿어진다. (수동태)

29. The work made **him** famous. 그 작품은 그를 유명하도록 만들었다. (능동태)
    He was made famous by the work. 그는 그 작품에 의해 유명하게 되었다. (수동태)

30. Do you love **her**? 너는 그녀를 사랑하니? (능동태)
    Is <u>she</u> loved by you? 그녀는 너에 의해 사랑받니? (수동태)

31. Has he cleaned the room? 그는 그 방을 청소했니? (능동태)
    Has the room been cleaned by him? 그 방이 그에 의해 청소되었니? (수동태)

32. Will he study <u>English</u>? 그는 영어를 공부할 거니? (능동태)
    Will <u>English</u> be studied by him? 영어가 그에 의해 공부될 거니? (수동태)

33. Who broke <u>the window</u>? 누가 그 창문을 깼니? (능동태)
    By <u>whom</u> was the window broken? 그 창문이 누구에 의해 깨어졌니? (수동태)

34. <u>What</u> did he make? 그는 무엇을 만들었니? (능동태)
    <u>What</u> was made by him? 무엇이 그에 의해 만들어졌니? (수동태)

35. Do <u>it</u> at once. 그것을 즉시 해라. (능동태)
    Let <u>it</u> be done at once. 그것이 즉시 행해지도록 해라. (수동태)

36. Don't forget <u>it</u>. 그것을 잊지 마라. (능동태)
    Don't let <u>it</u> be forgotten. 그것이 잊혀지지 않도록 해라. (수동태)
    Let <u>it</u> not be forgotten. 그것이 잊혀지지 않도록 해라. (수동태)

37. No student solved <u>the problem</u>. 어떤 학생도 그 문제를 풀지 못했다. (능동태)
    <u>The problem</u> was not solved by any student.
    그 문제는 어떤 학생에 의해서도 풀리지 못했다. (수동태)

38. Nobody believes that he is honest. 어느 누구도 그가 정직하다고 믿지 않는다. (능동태)

He is not believed to be honest by anybody.
그는 어느 누구에 의해서도 정직하다고 믿어지지 않는다. (수동태)

39. He let **me** go home. 그는 내가 집에 가도록 허락했다. (능동태)
I was allowed to go by him. 나는 집에 가도록 허락받았다. (수동태)

40. He had **me** carry the bag. 그는 내가 그 가방을 나르도록 했다. (능동태)
I was asked to carry the bag by him. 나는 그에 의해 그 가방을 나르도록 요구되었다. (수동태)

11 동격의 이해

    명사, 명사(구) → 동격의 콤마(,)
    추상명사 of ing동명사 → 동격의 of
    추상명사 that절 (완전문) → 동격의 that절

동격이란 품사적으로나 의미적으로 명사적 성향의 동질성으로 결합된 형태로서 수식 구조처럼 보인다.

예를 들어, '나는 탐이라는 친구가 있다'에서 의미에서

    '내 친구인 탐' → 내 친구 = 탐 (동격의 관계)

'나는 그 문제를 해결하는 방법이 있다'에서

    '그 문제를 해결하는 방법' → 방법 = 그 문제를 해결한다 (동격의 관계)

'그가 거짓말쟁이라는 소문이 있다'에서

    '그가 거짓말쟁이라는 소문' → 소문 = 그가 거짓말쟁이다 (동격의 관계)

동격의 종류는 위에서 본 것처럼 다음 세 가지 경우가 있다. 주로 두 명사(구)가 콤마를 중심으로 이루어지는 동격의 콤마,

    I have <u>my friend</u>, <u>Tom</u>.
          (명사)   (명사)

추상명사와 ing동명사가 of를 중심으로 이루어지는 동격의 of,

    <u>a way</u> of <u>solving the problem</u>
    (추상명사)   (ing동명사)

추사명사와 that명사절과 이루는 동격의 that이 있다.

    <u>a rumor</u> <u>that he is a liar</u>
    (추상명사)   (명사절)

CHAPTER 02 문장전환 및 이해

1. 동격의 콤마(,)

콤마를 중심으로 앞뒤 같은 명사적 기능을 하는 구조의 결합이며 주로 '~인'으로 해석한다.

I have <u>one aim in life</u>, <u>to be a lawyer</u>.
    (명사) ↑ (to부정사)
      (동격의 콤마)

나는 인생에서 변호사가 되는 하나의 목표를 가지고 있다.

He lives in <u>the city</u>, <u>Seoul</u>. 그는 서울이라는 도시에 살고 있다.
    (명사) ↑ (명사)
     (동격의 콤마)

<u>Tom</u>, <u>the president</u> of the club, cancelled the meeting.
(명사)↑ (명사)
 (동격의 콤마)
    그 클럽의 회장인 탐이 그 모임을 취소했다.

2. 동격의 of

형태는 '추상명사 + ing동명사(명사)' 구조이며 of 뒤에는 명사나 ing동명사가 나온다. 이 경우 앞의 추상명사가 동명사의 의미상의 주어는 되지 못한다.

이 경우, 현재분사인 ing와 구별해야 하는데 현재분사인 경우에는 앞의 수식받는 명사가 의미상의 주어가 되며 of가 오지 않는다.

a <u>baby</u> <u>sleeping</u> in the bed에서 a baby가 sleeping의 의미상의 주어가 된다.
  아기가 잠잔다 (O)

그러나 동격에서는 앞의 명사는 추상명사이며 이 추상명사는 의미상의 주어 역할을 하지 못한다. 따라서 수식받는 추상명사와 ing동명사 사이에 동격의 of가 있다.

'a <u>way</u> of <u>sending</u> a letter'에서 a way가 sending의 의미상의 주어 역할을 못한다.
 방법이 편지를 보낸다 (×) 편지를 보내는 것에 대한 방법(○)

He heard <u>the news</u> of <u>victory</u>. 그는 승리의 뉴스를 들었다.
    (추상명사) ↑ (명사)
      (동격의 of)

<u>The importance</u> of <u>setting goals</u> is clear to most adults.
 (추상명사) ↑ (ing동명사)
    (동격의 of)

목표를 설정하는 중요성은 대부분의 어른들에게 명백하다.

One of the secrets of staying thin is a good night's rest.
　　　　(추상명사)　↑　(ing동명사)
　　　　　　(동격의 of)

날씬함을 유지하는 비결 중의 하나는 밤에 충분한 휴식을 취하는 것이다.

Nowadays, many people are rediscovering the benefits of sharing meals.
　　　　　　　　　　　　　　　　　(추상명사)　↑　(ing동명사)
　　　　　　　　　　　　　　　　　　　　(동격의 of)

요즘, 많은 사람들이 음식을 함께 먹는 이점들을 재발견하고 있다.

Tom didn't give up his dream of becoming a scientist.
　　　　　　　　(추상명사)　↑　(ing동명사)
　　　　　　　　　　(동격의 of)

탐은 과학자가 되려는 그의 꿈을 포기하지 않았다.

We never knew that there were better ways of doing it.
　　　　　　　　　　　　　(추상명사)↑(ing동명사)
　　　　　　　　　　　　　　(동격의 of)

우리는 결코 그것을 하는 더 좋은 방법이 있다는 것을 알지 못한다.

I think about the benefits of having a clean room.
　　　　　(추상명사)　↑　(ing동명사)
　　　　　　　(동격의 of)

나는 깨끗한 방을 갖는 것의 이점들에 대해 생각해본다.

Younger smartphone users have even learned the art of texting one person while they
themselves are talking to another.
　　　　　　　　　　　　　　(추상명사)↑　(ing동명사)
　　　　　　　　　　　　　　　　(동격의 of)

보다 젊은 스마트 폰 사용자들은 자신들이 다른 사람에게 말을 하는 동안에도 또 다른 사람에게 문자 메시지를 보내는 기술을 터득하기까지 했다.

3. 동격의 that

추상명사 다음에 that절이 와서 이 명사절과 추상명사가 서로 동격관계를 이루는 구조이다.

추상명사가 보통명사와 다른 점은 추상명사는 명제의 정의로 의제될 수 있는데 예를 들어, 가능성이라는 추상명사의 정의는 '~가 ~한다'라는 완전문의 명제적 정의가 의제되어야 한다.

'사실' → '그가 예쁘다'라는
'가능성' → '그가 여기로 올 것이다'라는
'소문' → '그가 거짓말쟁이다'라는
<u>the fact</u> → <u>that he is honest</u>
(추상명사)　(완전한 명제적인 문장)

<u>the fact that he is honest</u> 그가 정직하다는 사실

그러나 보통명사는 이러한 명제와 어울리지 않는다.

　책　　 그가 ( )를 샀다
　그 소녀　내가 ( )를 사랑한다
<u>a book</u> - <u>that I bought</u>
(보통명사)　(불완전한 문장)

<u>a book that I bought</u> 내가 산 책

따라서, 추상명사는 완전문과 동격을 이루고 보통명사는 불완전문의 형태인 관계대명사절과 어울리는 구조가 된다.

I found <u>the fact</u> <u>that she is a lawyer</u>. 나는 그녀가 변호사라는 사실을 알았다.
　　　　(추상명사)　(동격의 that명사절)

I don't believe <u>the rumor</u> <u>that he failed the exam</u>.
　　　　　　　(추상명사)　　(동격의 that명사절)
나는 그가 그 시험에 실패했다는 소문을 믿지 않는다.

<u>His belief</u> <u>that God did not create mankind</u> is not shared by many people.
(추상명사)　　(동격의 that명사절)
신이 인간을 창조하지 않았다는 그의 믿음이 모든 사람에게 공감이 가는 것은 아니다.

They justify their silence on <u>the grounds</u> <u>that universities are neutral</u>.
　　　　　　　　　　　　　(추상명사)　　(동격의 that명사절)
그들은 대학이 중립적이라는 근거에 관한 그들의 침묵을 정당화한다.

There is no <u>doubt</u> <u>that we were wrong from the start</u>.
　　　　　(추상명사)　(동격의 that명사절)
우리가 첫 발부터 잘못되어 있었다는 것은 명백하다.

12 독해 시 필요한 연결사들의 모임

1. 추가 연결사

1) moreover 게다가

She is pretty, and **moreover** she studies hard. 그녀는 예쁘고 게다가 열심히 공부도 한다.

2) furthermore 게다가

You have arrived late to the office every day this week, **furthermore**, your work has been unsatisfactory.
당신은 이번 주 내내 늦게 출근했다. 게다가 당신이 한일은 불만족스럽다.

3) besides 게다가

She's pretty. **Besides**, she is smart 그녀는 예쁘다. 게다가 똑똑하기까지 하다.

4) in addition to 게다가

He speaks Japanese well **in addition to** English. 그는 영어는 물론이고 게다가 일본어도 잘한다.

2. 반복연결사

1) in other words 다시 말해서

In other words, we see what we desire. 다시 말해서, 우리는 우리가 바라는 것을 보게 되는 것이다.

2) that is (to say) 말하자면

That is to say, it was unfunny. 말하자면, 그것은 재미가 없었다.

3. 유사연결사

1) similarly 마찬가지로

The United States won most of the track and field events. **Similarly**, in swimming, the top three places went to Americans.

미국이 대부분의 육상 경기에서 우승을 했다. 마찬가지로, 수영에서도 최고 3위 자리들이 미국 선수들에게 돌아갔다.

Such sounds are comparatively clear when they are carried through the earth. **Similarly**, a gentle tapping at one end of a long table can be clearly heard at the opposite end if the ear is pressed against the table.

그런 소리는 땅을 통해 전달이 될 때 상대적으로 잘 들린다. 마찬가지로, 긴 탁자의 한 쪽 끝에서 가볍게 두드리는 소리는 귀를 탁자에 대고 있으면 반대편 끝에서 잘 들릴 수 있다.

2) likewise 마찬가지로

But to be safe, drivers and passengers should always fasten their safety belts. **Likewise**, you should always wear and use safety gear in the laboratory.

그러나 안전하기 위해서 운전자와 탑승자는 항상 안전벨트를 매야 한다. 마찬가지로 실험을 하든 지켜보기만 하든 실험실에서는 항상 보호 장비를 착용하고 사용해야 한다.

When we immunize against a disease, we are in fact injecting a weakened strain of the disease into the body, which is then stimulated to develop the antibodies that enable it to deal with more major assaults later on. **Likewise**, minor conflicts help our relationship develop defense capabilities

우리가 질병에 대한 면역성을 줄 때, 실제로 우리는 몸에 약화된 병원균을 주입하고 있는 것이고, 몸은 향후 더 중대한 공격에 대처할 수 있게 하는 항체를 발달시키도록 자극 받게 된다. 마찬가지로, 사소한 갈등은 우리의 관계가 방어 능력을 키울 수 있도록 돕는다.

4. 비교/대조 연결사

1) on the other hand 한편

On the other hand, my parents enjoy spending their time at home.

한편, 우리 부모님은 집에서 시간을 보내는 것을 즐긴다.

2) whereas ~에 반하여

Some students like mathematics, <u>whereas</u> others do not.
수학을 좋아하는 학생이 있는 데 반하여 싫어하는 학생도 있다.

3) while 하지만

<u>While</u> I admit that it is difficult, I don't think it impossible.
그 일의 어려움은 인정하지만 불가능하다고는 생각하지 않는다.

4) on the contrary ~에 반하여

Latin is not an irrelevant language; <u>on the contrary</u>, it is extremely useful helping students become better writers.
라틴어는 쓸모없는 언어가 아니다. 반대로 학생들이 글을 더 잘 쓸 수 있도록 도와주는 데 상당히 유용하다.

5) instead 대신에

He thanked me <u>instead of</u> getting angry. 그는 성내기는커녕 나에게 감사했다.

6) but 그러나

His wife likes opera, <u>but</u> he doesn't. 아내는 오페라를 좋아하지만 그는 싫어한다.

7) however ~ 라도, 그러나

I hate concerts. I will go to this one, <u>however</u>. 나는 음악회는 싫어하지만 그러나 이번 것은 가겠다.

8) nonetheless 그럼에도 불구하고

There was no news; <u>nonetheless</u>, he went on hoping.
아무 소식도 없었지만 그럼에도 불구하고 그는 여전히 희망을 갖고 있었다.

9) despite ~ 에도 불구하고

They went on a picnic, <u>despite</u> the bad weather. 날씨가 좋지 않았지만 그들은 야유회를 갔다.

10) in fact 실제로는(반대)

I thought the problem would be easy. **in fact** it is very difficult.
나는 그 문제가 처음에는 쉬울 거라고 생각했어. 실제로는 너무 어려워.

5. 결과 연결사

1) therefore 따라서

   I think, **therefore** I am. 나는 생각한다. 그러므로 나는 존재한다.

2) hence 그러므로

   Hence, we are not able to guarantee a firm delivery date.
   따라서 확실한 운송 날짜를 알려 드릴 수가 없습니다.

3) thus 따라서

   Thus, the supernatural is a recurring aspect in many of Shakespeare's plays.
   그러므로, 초자연적인 것은 셰익스피어의 많은 연극에서 반복되어 나타나는 양상이다.

4) so 그래서

   There is not enough land, so people make more room by building up into the sky.
   땅이 충분하지 않아서 사람들은 하늘 높이 지어 올려 더 많은 공간을 만든다.

5) consequently 결국에는

   Consequently, the appointment was a complete waste of time.
   결과적으로, 그 약속은 완전히 시간 낭비였다.

6) as a result 결과적으로

   As a result, the road will be a much safer place for everybody.
   결과적으로는 모두에게 훨씬 더 안전한 도로를 만들 것입니다.

7) accordingly 따라서

   Accordingly, you have to put on your seat belt. 결과적으로, 당신은 안전벨트를 매어야 한다.

6. 결론/요약 연결사

1) in short 결국

   In short, if you want to improve your health, drink lots of water.

요약하면, 만약에 당신의 건강이 나아지길 원한다면 많은 물을 마셔라.

2) in conclusion 결론적으로

In conclusion, the most important way for good health is exercising regularly.
결론적으로, 건강에 있어 가장 중요한 방법은 규칙적으로 운동하는 것이다.

3) in brief 요약하건데

In brief, the meeting was a disaster. 간단히 말해서 그 회의는 완전 실패였다.

4) eventually 결국에는

Eventually, he left his hometown. 결국에는, 그는 그의 고향을 떠났다.

5) in fact 사실은

Children are becoming disconnected from the natural environment. They are spending less and less time outdoors. **In fact**, the likelihood of children visiting any green space at all has halved in a generation.
아이들은 자연 환경으로부터 단절되고 있다. 그들은 점점 더 적은 시간을 야외에서 보내고 있다. 사실, 아이들이 어떤 녹지 공간이라도 방문할 가능성은 한 세대 만에 절반이 되었다.

7. 예를 들면

1) for example 예를 들면

For example, people like to talk about their leisure time.
예를 들면, 사람들은 여가 시간에 관해서 말하기를 좋아한다.

2) for instance 예를 들면

For instance, the use of chewing tobacco has been associated with various cancers.
예를 들어, 담배를 피우는 것은 다양한 암과 관련이 있습니다.

13 부호

1. 콤마(,)

1) 세 개 이상의 동일한 품사의 단어, 구, 절이 나열될 때

   Members share their stories, stresses, feelings, issues, and recoveries.
   구성원들은 자신들의 이야기, 스트레스, 감정, 문제점 그리고 극복 사례를 공유한다.
   ⊃ and 앞의 콤마는 종종 생략되기도 한다.

2) 두 개의 독립절이 등위접속사로 연결되어 있을 경우 접속사 앞에

   Crying is hard on a baby, and it uses up his limited energy.
   울음은 아기에게 힘겨운 것이며, 아기의 한정된 힘을 모두 써버리게 한다.

3) 부사절이 주절의 앞에 위치할 때

   When your child is doing outdoor activities, dress him in long pants and a lightweight long-sleeved shirt.
   당신의 아이가 야외 활동을 할 때에는 긴 바지와 가벼운 긴팔 셔츠를 입혀라.

4) 접속부사 앞뒤

   However, I will do it in my own way. 하지만 나는 나대로의 방식으로 하겠다.
   That depends, however, on what your priorities are.
   하지만, 그것은 당신의 우선순위가 무엇이냐에 달려있다.

5) 생략되어도 무방한 부수적인 정보를 추가할 때

   The book, I don't plan to read, is about butterflies.
   그 책은 내가 읽을 계획이 없는 나비에 관한 것이다.

2. 세미콜론(;)

콤마와 마침표의 중간기능을 하며 접속사를 추가하여 사용하면 안된다. 대조적인 두문장을 나열하거나 앞의 문장을 설명할때 사용된다. 콤마와 접속사의 대용으로 쓰인다.

Reading is not just decoding the letters; it means coming up with your own ideas.
읽기라는 것은 단순히 문자를 해독하는 것이 아니라, 자신의 생각을 만들어 내는 것을 의미한다.

Some people like reading; others do not.
몇몇 사람들은 독서를 좋아하는데 그렇지 않은 사람들도 있다.

3. 콜론(:)

앞 문장에 대한 구체적인 설명이나 나열 혹은 요약을 나타낼 때 사용된다. 뒤에는 단어든 문장이든 구별하지 않는다.

I knew I ate the wrong foods: sweets for breakfast, soda and chips for lunch and second helpings at dinner.
내가 잘못된 음식을 먹고 있다는 것을 알았다. 아침에는 단 음식을, 점심으로는 과자와 음료수를, 저녁은 두 그릇을 먹었다.

Researchers from a North American university discovered the reason of yawning: to protect our brain from overheating
한 북미지역 대학의 연구자들은 하품의 이유가 두뇌를 과열로부터 보호하기 위함임을 알아냈다.